Public Speaking

The Evolving Art

방송문화진흥총서 118

Stephanie J. Coopman • James Lull

2nd Edition

진화하는 발표기술
퍼블릭 스피킹

이수범 • 이시훈 • 이희복 공역

CENGAGE Learning

Australia • Brazil • Japan • Korea • Mexico • Singapore • Spain • United Kingdom • United States

한 경 사

CENGAGE Learning®

Public Speaking

2nd Edition

Stephanie J. Coopman,
James Lull

Original edition © 2012 Wadsworth, a part of Cengage Learning.
Public Speaking: The Evolving Art, Enhanced 2nd Edition
by Stephanie J. Coopman, James Lull.
ISBN: 9780495905646

This edition is translated by license from Wadsworth, a part of Cengage Learning, for sale in Korea only.

ISBN-13: 978-89-93292-78-7

Cengage Learning Korea Ltd.
Suite 1801 Seokyo Tower Building
133 Yanghwa-Ro, Mapo-Gu
Seoul 121-837 Korea
Tel: (82) 2 322 4926
Fax: (82) 2 322 4927

Cengage Learning is a leading provider of customized learning solutions with office locations around the globe, including Singapore, the United Kingdom, Australia, Mexico, Brazil, and Japan. Locate your local office at:
www.cengage.com/global

Cengage Learning products are represented in Canada by Nelson Education, Ltd.

For product information, visit **www.cengageasia.com**

Printed in Korea
2 3 4 5 17 16 15 14

저자 머리말_독자여러분께
Preface

〈퍼블릭 스피킹: 진화하는 발표기술〉을 선택해주셔서 감사합니다. 스피치의 기본은 고대 그리스 시대와 크게 다르지 않습니다만 좋은 스피치를 준비하고 공부하는 방법은 많이 바뀌었습니다. 인터넷과 뉴미디어는 스피치의 주제 선택에서부터 자료조사, 스피치 전달까지 많은 변화를 가져왔습니다.

- 커뮤니케이터는 전례없이 많은 정보에 접근할 수 있습니다.
- 디지털 콘텐츠는 접근이 쉽지만 스피치의 윤리가 더욱 강화되었습니다.
- 커뮤니케이션 기술, 즉 전화, 이메일, 문자서비스, 유튜브 같은 동영상 서비스, 페이스북 등 SNS는 지역과 전세계를 빠르고 쉽게 연결합니다.
- 팟캐스팅, 웹캐스팅, 그리고 프레젠테이션 소프트웨어 같은 디지털 기술은 연사에게 다양한 스피치 전달 방법을 제공합니다.
- 늘어난 미디어는 연사에게 더 많은 비주얼과 대중문화를 활용하게 합니다.
- 세계화와 늘어난 문화 인식으로 연사는 다문화와 문화간 주제를 잘 이해해야 합니다.
- 청중의 기대가 서로 다르기 때문에 때로는 친근하게, 대화하듯이, 프레젠테이션 스타일로 청중의 이해에 맞춘 메시지를 전달해야 합니다.

〈퍼블릭 스피킹: 진화하는 발표기술〉은 디지털 기술, 사회 변화, 문화 이동과 같은 변화를 반영하여 독자가 커뮤니케이션할 수 있습니다. 이 책은 전통적인 스피치 교훈과 오늘날 세계화 시대의 효과적인 스피치를 위한 특별한 가이드라인의 조화롭게 구성하였습니다. 따라서 여러분을 과거와 현재의 스피치를 연결하고 좋은 연사가 되기 위한 다리의 역할을 할 것입니다.

각 장과 다음의 자원은 책을 읽고 공부하는데 도움을 줄 것입니다. Read it을 먼저 읽으면서 시작할 수 있습니다. 이후에 Watch it은 친구들의 스피치 동영상을 살펴볼 수 있습니다. Use it은 상호작용으로 해당 장의 주요 개념을 이해하고 스피치를 개발합니다. 마지막으로 Review it은 공부한 내용을 정리하고 복습할 수 있도록 하였습니다.

대부분의 자료는 무료로 제공되지만 일부는 academic.cengage.com과 iChapters.com에서 구입할 수 있습니다. 이 책으로 스피치 스튜디오를 연습할 수 있습니다. 스피치 스튜디오에서 연습한 동영상 파일이나 최종 연습을 올릴 수 있으며, 친구들 스피치에 조언을 하고 교수님에게 피드백을 받을 수 있습니다.

성공적으로 퍼블릭 스피킹 과정을 이수하게 되면 생활 속에서 만나게 되는 다양한 상황에 맞는 스피치를 할 수 있는 능력을 개발하게 됩니다. 여러분 모두 이러한 능력을 갖춘 연사가 되기를 바랍니다.

산호세주립대학교 교수 스테판 J. 쿠프만
교수 제임스 럴

역자 머리말

Preface

대통령의 연설에서부터 TV와 라디오방송, 일상대화, 강의, 전화통화, 소셜미디어에 이르기까지 소통의 방법으로 스피치는 우리 생활 깊숙이 자리하고 있습니다. 다양한 말하기가 넘쳐나고 있는 것입니다. 단 하루도 말하지 않고 사는 현대인은 없을 것입니다. 그러나 우리는 제대로 된 말하기 훈련을 받아본 적이 없습니다. 정치인이나 방송 진행자, 스피치 전문가를 자처하는 사람이라 할지라도 현장의 감각에 의존할 뿐 제대로 된 교육을 받거나 충실한 텍스트를 접할 기회가 부족한 게 사실입니다. 고백하건대, 커뮤니케이션 전공으로 하는 대학의 커리큘럼에서 조차 스피치를 체계적으로 교육하는 학교는 그다지 많지 않습니다. 설령 있다고 해도 개론수준의 기초과목을 개설하는 정도입니다.

현실에서는 어떻습니까? 방송의 경우 TV에서는 매일 예능 말하기가 유홍 스피치를 대신합니다. 표를 구하는 정치인의 설득 스피치는 유권자의 표심을 얻기 쉽지 않습니다. 연사와 청중이 서로 다른 쪽을 보고 소통하는 것과 같습니다. 왜 이런 일이 생겨날까요? 그것은 말하기에 대한 진지한 공부가 부족했기 때문이 아닐까요? 방송을 비롯한 미디어에서 말하기의 중요성이 커지고 있는 반면 이와 관련한 체계적인 접근과 방법에 대한 저술은 매우 부족한 형편입니다. 오늘날 아나운서가 아니라도 누구나 말을 할 기회를 통해 소통하고 목적한 바를 이룹니다. 이제 설득의 기술로서 스피치에 대한 전략적 접근이 요구됩니다만, 스피치와 관련된 국내 연구 성과는 미국을 비롯한 선진국에 비해서 아직까지 양적이나 질적으로 만족할 만한 수준에 이르지 못합니다. 대학교육에서 읽기와 쓰기, 말하기에 대한 중요성이 높아지고 있는데, 이를 입체적으로 연결하여 비판적 사고(critical thinking)로 이어질 수 있는 서적이 매우 부족합니다. 이 책은 이런 맥락에서 말하기와 관련된 주제를 대학의 교재와 더불어 관심 있는 일반인에게 유용한 텍스트를 공급한다는 의의가 있습니다. 특히, 스피치커뮤니케이션의 기본을 이루는 말하기(public speaking)에 대한 다양한 주제를 다루고 있습니다.

〈Public Speaking: The Evolving Art〉은 퍼블릭 스피킹과 커뮤니케이션 교육에 대한 많은 연구와 과제를 진행해온 산호세주립대학교 커뮤니케이션학과의 스테판 J. 쿠프만(Stephanie J. Coopman) 교수와 제임스 럴(James Lull) 명예교수가 공동 저술한 책으로 미국에서도 오랫동안 사랑받아온 스피치커뮤니케이션 저서입니다. 크게 4부 16장으로 구성되어 대학 1학기 수업에 활용할 교재로 적절합니다. 4부는 1부 입문, 2부 스피치의 개발과 조사, 3부 연사와 아이디어 전달, 4부 스피치 상황으로 내용 구성상 스피치에 대한 이해와 활용, 그리고 실제 상황에 적용할 수 있어 스피치에 관심 있는 일반인의 자기학습에 권할만 합니다. 기존 스피치커뮤니케이션이 이론 중심의 구성인데 반해서 〈퍼블릭 스피킹〉은 이해와 활용, 실제를 두루 경험할 수 있는 실용적인 내용입니다.

따라서 이 책은 정보화 시대에 적합한 말하기 교육의 지침서로도 손색이 없을 것입니다. 더욱이 방송에서와 같이 스피치의 중요성과 파급효과, 교육적 기능이 큰 분야에서의 말하기에 대한 기본적인 소양을 터득하는데 필수적인 서적입니다. 올바른 방송언어를 익히기 위한 토대를 가꿀 수 있는 가이드라인의 역할을 하게 될 것입니다.

이런 맥락에서 이번 번역작업은 이론과 실제를 체계적으로 다룬 본격적 말하기는 공부의 좋은 교재가 될 것으로 확신합니다. 이 책은 우리나라 방송문화의 발전에 큰 역할을 하는 방송문화진흥회의 도움으로 방송문화진흥총서로 세상에 나오게 되었습니다. 또한 어려운 출판환경에서도 좋은 책으로 꾸며주신 도서출판 한경사에도 감사드립니다. 아울러 이번 〈퍼블릭 스피킹: 진화하는 발표기술〉 내용의 번역 오류는 전적으로 역자의 부족임을 고백합니다. 독자 여러분 모두가 이 책을 통해 스피치 달인의 꿈에 한 발 더 다가서기를 바랍니다.

2011. 12. 31

역자 이수범, 이시훈, 이희복

"덕이 있는 사람은 반드시 들을만한 말을 하지만,
말이 들을만 하다고 다 덕이 있는 사람이 아니다
(有德者 必有言 有言者 不必有德)"

— 논어(論語) 헌문(憲問)편

차례
Contents

1부 입문

4부 스피치 상황

1부 입문
GETTING STARTED

1장 스피치 기술의 발전
The Evolving Art of Public Speaking

인식하지 못하지만 사람들은 매일 스피치(public speaking)를 한다. 비록 정식으로 하는 스피치가 아니라도 대부분의 공식적인 말하기와 관련이 있다. 수업 중 질문에 답하기, 직장에서 회의 참석하기, 친구와 콘서트를 주제로 이야기할 때, 또는 동료에게 함께 식사를 하자고 설득하기 등이 그렇다. 이런 형식이 스피치 기술을 향상시키는 기본이 되기 때문에 스피치를 공부할 때는 이와 같은 경험을 잘 이해해야 한다.

대학생들은 강의시간에 발표할 기회가 많기 때문에 쉽게 이해할 수 있을 것이다. 효과적인 스피치 기술은 회사업무에 도움이 된다. 스피치 능력은 소속된 조직에서 자신감을 얻을 수 있기 때문이다. 요컨대, 스피치 수업으로 살면서 만나는 다양한 상황과 목적에 사용되는 커뮤니케이션 기술을 얻을 수 있다.

스피치는 발전하는 기술

스피치
개인이 집단에게 정해진 시간 동안 책임감 있게 이야기하는 상황

READ IT! 정보화 시대를 사는 현대인은 누구나 연사로서 **스피치**(public speech)를 할 기회가 많다. 스피치의 주제를 정할 때 10년전 또는 20년 전의 연사와 달리 인터넷이나 온라인자료를 검색한다. 파워포인트나 키노트 같은 멀티미디어 프레젠테이션 소프트웨어를 이용하기도 한다. 화상회의나 웹캠으로 스피치를 할 수도 있다.

정보와 선택 가능성이 많아지면서 책임도 커졌다. 가령, 연사는 스피치를 위해서 반드시 믿을 수 있는 정확한 자료를 이용해야 한다. 출처를 밝히지 않은 디지털 자료를 무단으로 사용하면 곤란해질 수 있다.

오늘날 청중에게도 더 많은 선택과 책임이 요구된다. 형식이 중요하지 않게 되면서, 청중은 이야기와 시각자료를 활용하고, 개인적이며 대화식으로 스피치하는 연사를 좋아하게 되었다.[1] 게다가 청중은 연사와 같은 물리적 공간에 있지 않거나 온라인 스피치 동영상을 나중에 볼 수도 있다. 또한 청중은 음성인식 소프트웨어를 사용하여 외국어를 동시통역으로 들을 수 있다. 오늘날 연사는 물론 청중도 정보에 쉽게 접근할 수 있다. 프레젠테이션을 하는 동안 인터넷을 통해 사실 여부를 확인할 수 있고 연사의 주장에 대한 정확성을 친구에게 문자메시지로 물어볼 수 있다. 청중도 정보에 쉽게 접근할 수 있기 때문에 연사는 주제를 꼭 확인해야 한다.

●●● THE EVOLVING ART ●●● 디지털 격차

'디지털 격차(digital divide)'의 의미를 잘 아는가? 이 격차는 모든 사람, 특히 저개발국가에서 일상적으로 인터넷에 접속할 수 없다는 것을 말한다. 미국의 성인 20% 이상도 이메일이나 인터넷을 사용할 수 없다. 디지털 격차는 나이, 인종, 교육수준, 인터넷 접속속도[2] 같은 차이 때문에 생긴다. 디지털 격차가 줄어들고 있지만, 연사는 청중 모두가 충분히 온라인에 능숙하지 않다는 것을 알아야 한다.

더 많은 정보와 커뮤니케이션으로 누구나 청중의 주목을 끄는 프레젠테이션을 할 수 있을 것으로 생각하겠지만, 정보시대에도 연설은 여전히 휴먼 커뮤니케이션의 기본 형식이다. 왜냐하면, 공중 커뮤니케이션은 인간 욕구의 기본이며, 공공과 사회의 목적을 수행하기 때문이다.

그러나 경제적, 인구통계적, 기술적, 문화적인 사회의 변화로 연사와 청중도 변하고 있다. 결국, 효과적인 연사와 프레젠테이션이 되기 위해서 청중분석도 바뀌고 있다. 상황과 연사, 그리고 청중에 맞도록 학습되어야 한다. 이것은 멀티미디어를 활용한 학습으로 스피치가 책의 활자를 뛰어넘는 살아있는 텍스트가 되어야 하는 이유다.

지난 2,500년 동안 누가 스피치할 기회와 권위를 가지며, 청중이 고려해야 할 연사의 진실성과 신뢰성, 연사의 정보원과 연설 방법, 청중의 기대 등 연사와 청중에 커다란 변화가 있었다. 이 모든 영역에서 기회, 선택, 기대는 다양해졌으며 연설의 맥락이—때로는 압도적으로—매우 복잡해졌다. 〈표 1.1〉은 고대에서 오늘날 글로벌과 디지털 정보시대에 이르기까지 서구의 스피치 발전 과정을 보여준다. 이 발전 과정에서 연사의 정보원과 전달 과정이 어떠한지를 알 수 있다.

고대와 정보시대를 비교해보면 오늘날 연사와 청중이 더 많은 커뮤니케이션의 기회가 있다. 고대 그리스에서는 대화, 연설, 편지로 정보를 주고받았지만, 지금은 DVD, 위성 라디오, 케이블TV, 인터넷으로 정보를 얻는다. 그리스에서는 사람의 입으로 스피치를 했지만, 오늘날에는 면대면은 물론, 화상회의나 팟캐스팅으로 녹화되어 전달된다. 각 시대 연설의 기본은 비슷하지만 연사가 주제를 조사하는 방법 같은 특정 영역에는 변화가 생겼다. 이 책에서 제시되는 스피치자료는 연사가 알아야 할 스피치의 기초를 가이드라인으로 제공한다.

표 1.1 스피치의 발전 단계

	고대 (그리스, BC 500~100)	중세 (유럽, AD 1000~1500)	산업시대 (산업혁명, AD 17c 중~19c 초)	정보/디지털시대 (정보혁명, 1960~현재)
연사 (인종, 계급, 성, 연령)	교육받은 남자	교육받은 남자, 덜 교육받은 활동적인 남자	교육받은 남자, 교육받은 여자, 조금 또는 교육받지 않은 활동적인 남자, 조금 교육받은 활동적인 여자	교육받은 남자, 교육받은 여자, 조금 또는 교육받지 않은 활동적인 남자, 조금 또는 교육받지 않은 활동적인 여자, 교육받지 않은 여자, 10대와 젊은 성인, 어린이
연사의 신뢰 요인	성격, 논리, 감성	성격, 논리, 감성	성격, 논리, 감성, 정보 문식성, 미디어 문식성, 문화 문식성	성격, 논리, 감성, 정보 문식성, 미디어 문식성, 문화 문식성, 컴퓨터 문식성, 전지구 문식성
연사의 정보원	대화, 필사본(두루마리, 서판 등), 스피치, 통신원	대화, 필사본(두루마리, 서판 등), 스피치, 통신원, 책력, 소책자	대화, 필사본(두루마리, 서판 등), 스피치, 통신원, 책력, 소책자, 신문, 잡지, 라디오, 녹음, 전화, 전보, 모르스 부호, 영화, 뉴스영화, 사진, 마이크로필름카드	대화, 필사본(두루마리, 서판 등), 스피치, 통신원, 책력, 소책자, 신문, 잡지, 라디오, 녹음, 전화, 전보, 모르스 부호, 영화, 뉴스영화, 사진, 마이크로필름카드, 8m 캠코더, 지상파TV, 위성 라디오, 케이블TV, 위성TV, 팩시밀리, 복사, 오디오테이프, 비디오테이프, CD-ROM, DVD, 모바일미디어(PDA, 휴대전화, MP3, 디카, 디캠), 인터넷(웹사이트, 이메일, ftp사이트, 데이터베이스, 검색엔진, 위키스, 블로그, 팟캐스트, RSS 피드, TV, 영화, 뉴스, 잡지, 연설, 음악, 라디오, 소셜네트워크, 리스트서브, 채팅룸, 뉴스알림, 웹캐스트, 웹캠, PDF)
연사의 윤리적 도전	거짓말, 왜곡, 조작, 표절	거짓말, 왜곡, 조작, 표절(인쇄자료)	거짓말, 왜곡, 조작, 표절(인쇄자료), 표절(인쇄자료 이외)	거짓말, 왜곡, 조작, 표절(인쇄자료), 표절(인쇄자료 이외), 표절(디지털자료)
연사의 전달 방법	개인	개인	개인, 매스미디어	개인, 매스미디어, 매개/전자(동시), 매개/전자(비동시)
청중의 기대	웅변, 드라마	웅변, 드라마	웅변, 권위	비형식 웅변, 이야기, 멀티미디어 활용 전달, 스피치 오디오와 동영상 녹화 가능

스피치는 생존 기술

스피치를 준비할 때 스피치하는 상황을 떠올릴 것이다. 그러나 스피치 수업은 커뮤니케이션 불안증, 효과적 듣기, 청중 적응과 공신력 쌓기, 정보 탐색과 활용, 아이디어 구성, 아이디어와 정보 전달과 같은 커뮤니케이션 능력 개발의 기회를 준다.

전달 기술의 개발

정보검색과 아이디어 조직 같은 전달 기술은 맥락이나 상황을 전달한다. 스피치 수업에서 공부한 불안 관리 방법을 인터뷰에서 활용해본다. 스피치 수업에서 배운 여러 기술은 다른 커뮤니케이션 상황에도 도움이 된다.

자신감과 스피치 불안 관리

누구나 스피치할 때 긴장하지만, 좋은 연사는 불안에 대응하는 방법을 안다. 성공적으로 스피치 수업을 마치면 스피치 불안을 관리할 수 있는 자신감을 얻을 수 있다.[3]

적응 과정—두려움이 익숙해지거나 버릇처럼—은 대부분 반복해서 일어나며 편안하게 스피치의 불안을 극복하게 해준다. 가령, 대학에 와서 처음 수업에 들어왔을 때 긴장했을 것이다. 몇 번 출석하면 강의가 어떻게 진행되는지 알게 되므로 곧 편안해진다. 그러나 반복만으로는 부족하다. 긍정적인 경험이 있어야 한다. 수업에 몇 번 출석한 것만으로는 충분하지 않다. 같이 수업을 듣는 수강생과 친해지고, 교수님에게 칭찬 받으며, 첫 번째 과제를 잘 수행하면 점점 안정을 느끼고, 수업에 더욱 열심히 참여하여 더욱 편안해진다.

스피치 수업에서 긍정적 경험을 통해서 적응 과정을 겪게 된다. 스피치에 대해 긍정적인 평가를 받고, 수정해야 할 부분에 조언을 받아 다음 번 스피치를 더욱 잘하게 된다. 이런 결과는 교수님과 수강생들의 인정을 받게 된다. 수업에서 경험한 자신감과 줄어든 불안은 다른 스피치에 적용할 수 있다. 주민회의에서 의견을 내거나 고등학생들 앞에게 대학졸업의 중요성을 스피치할 때 스피치 경험의 중요성을 알게 된다. 2장에서는 스피치의 자신감을 높이고, 심리적·신체적 불안의 관리 전략을 알아볼 것이다.

좋은 청중되기

잘못된 듣기는 사내 회의에서 핵심을 놓치고, 의사의 처방을 오해하거나, 친구의 질문에 잘못 반응하는 등 다양한 문제의 원인이 된다. 스피치 수업은 듣기 능력을 향상시켜줄 것이다.[4]

커뮤니케이션 기술을 쌓기 위해서는 열린 마음으로 집중해서 서로 커뮤니케이션 개요를 청취하는 상호간의 듣기 연습을 목표로 해야 한다. 숙련된 연사는 상대방에 동의하지 않아도 열린 마음으로 듣는다. 3장에서는 효과적인 청중이 되는 방법과 특정 커뮤니케이션 상황에서 다른 사람의 부족한 듣기능력을 보완할 특별한 전략을 살펴볼 것이다.

다양한 청중에 적응하고 공신력 쌓기

청중에 대한 정보를 모으고 분석하는 것은 주제의 인지와 연설에 대한 반응 등 청중의 이해와 관심을 파악하는데 도움이 된다. 소프트웨어를 함께 개발하기로 한 동료나 학생회 선거운동, 그리고 재미있는 친구와 여행 이야기 등 어떤 이야기를 하든지 청중은 전달된 메시지를 통해 알게 된다. 5장에서는 청중에 대한 조사와 분석의 최적 모델을 살펴볼 것이다.

또 다른 관련 기술은 공신력의 구축이다. 연사의 신뢰도는 청중으로 하여금 연사를 능력 있고, 친근하며, 믿을만하고, 역동적으로 보이게 한다. 어떻게 다양한 청중과 주제에 대해서 공신력을 쌓고 관리할 것인가? 결국, 맥락이 어떠하든 공신력은 청중에게 아이디어를 전달하는데 도움이 된다. 예컨대, 교내 학생회가 모금을 한다고 가정해보자. 교직원이 학생 연사를 믿을만한 대변인으로 보았다면 메시지는 훨씬 설득적일 것이다. 5장에서는 공신력의 네 가지 세부 구성요인과 스피치에서 어떻게 사용되는지를 알아볼 것이다.

믿을만한 정보 수집과 활용

정보가 어디에 있는지, 믿을만한지와 스피치 목적에 적합한지 평가하고, 정보의 이용이 연사의 가치관에 어긋나지 않게 윤리적이고 효율적인지를 살펴야 한다. 실제 스피치에서 정보의 탐색과 평가는 확실한 예가 된다. 그러나 일상생활에서도 조사

기술은 필요하다. 최근 연구에 따르면, 미국 인터넷 사용자의 80%가 온라인으로 건강정보를 검색했지만 정보원을 확인한 경우는 매우 드물었다.[5] 따라서 수백만의 미국인은 타당성, 신뢰성, 정확성을 알 수 없는 정보에 의존한다고 볼 수 있다. 스피치 수업에서 체계적으로 정보 검색, 분석과 평가를 공부하면 잘못되고 신뢰할 수 없는 정보를 피할 수 있다. 6장에서는 조사 과정을 깊이 있게 다룰 것이다.

아이디어와 정보의 효과적인 조직

청중은 연사가 연대기(시간의 흐름), 공간(주제 사이의 물리적 관계), 원인과 효과(원인과 결과), 문제해결(문제가 해결되는 과정 규명)과 같은 일반적인 스피치 조직의 유형으로 잘 구성된 메시지를 기대한다. 청중의 이해를 돕기 위해서 연사는 주제와 스피치를 의도적으로 연결한다. 아이디어의 조직은 스피치의 개요와 관련지어야 한다. 이런 개요는 스피치를 벗어나지 않게 하고 전달하고자 하는 주제에 대해 조사, 구성, 전달의 기본적인 계획을 가능하게 한다.

학생 연사는 수업 안과 밖에서 아이디어를 제대로 구성할 방법을 찾아야 한다.[6] 직접 본론으로 들어가거나 더 쉽게 이야기를 이해할 새로운 도구, 일반적인 개요, 조직의 유형, 길찾기 신호를 활용한다. 스피치 전에 요점을 정리하는 것은 아이디어를 강력하게 해준다. 8장에서는 아이디어의 조직과 개요에 대해 알아볼 것이다.

아이디어와 정보의 효과적 전달

효과적인 커뮤니케이션을 위해서는 상황에 집중하고 무엇을 말할 것인가와 청중의 반응 관리를 명심해야 한다.[7] 스피치 상황에서 이런 점을 특별히 유념해야 하는데, 스피치 수업이 다른 상호작용에 도움을 준다는 것에 주의해야 한다.

관련된 기술로는 효과적인 프레젠테이션 미디어의 계획, 준비, 활용이 있다. 대부분 비즈니스 프레젠테이션에서는 파워포인트, 키노트, 또는 다른 디지털 슬라이드 소프트웨어를 활용한다. 친구에게 아프리카 여행을 설명할 때 파워포인트를 사용하지 않는다. 그러나 슬라이드 쇼로 여행 영상을 온라인에 올려놓는다. 11장에서는 프레젠테이션 미디어 활용의 힌트와 전략을 다룰 것이다.

표 1.2 스피치 수업에서 배운 전달 생존 기술

전달 기술	스피치가 어떻게 기술을 개발하는가?	기술이 어떻게 일상에 도움이 되는가(사례)?
자신감 확보와 불안 관리	습관 입증된 전략 활용	익숙하지 않은 사회적 상황에서 사람들과 편안함을 느낌
좋은 청중	듣기 이해 서로 듣기	친구의 이야기 잘 이해, 친구가 내 이야기를 잘 이해
다른 청중에 적응과 공신력 구축	조사방법과 청중분석 능력과 열정 향상	관계를 해치지 않으면서 친구나 동료와 복잡한 주제를 논하기
정보 검색과 평가	적합하고 믿을만한 정보 정확성과 정보의 타당성 평가	함께 작업할 동료를 탐색
아이디어 조직	조직의 유형 이해 정보 탐색 과정 이해	무선 인터넷의 장점과 단점 설명
아이디어를 효과적으로 전달	조심스런 커뮤니케이션 프레젠테이션 자원의 계획과 준비 이해	고등학교에서 대학생활에 대해 스피치할 때 프레젠테이션 자원을 효과적으로 통합

스피치 기술은 생존 기술이다. 즉, 스피치 수업에서 배운 바를 생활에 이용할 수 있다. 〈표1.2〉는 스피치 수업에서 배우는 전달 기술이 어떻게 개발되고 일상에 도움이 되는지를 요약한 것이다.

일반 공중커뮤니케이션 상황에서 효과적으로 말하기

문자메시지, 메신저, 채팅, 블로그를 사용하는 오늘날에도 다양한 상황에서 공중커뮤니케이션에 참여한다. 여기서는 대학 강의실, 회사, 공동체, 행사의 네 가지 상황을 논의한다.

강의실

교수의 질문에 답변하거나, 과제를 제출하거나 아이디어를 설명할 때 수업시간에 스피치를 하게 된다. 결국 학생들은 이야기를 하거나 즉흥적 대화, 공동 과제준비를 포함해 사전에 계획되지 않은 비공식적인 스피치의 기회가 많다.

수업 중 커뮤니케이션(CXC)(communication across curriculum)은 대부분 대학에서 일반적이다.[8] 커뮤니케이션 전공에서의 구두 프레젠테이션뿐 아니라 생물학 수업부터 무용수업까지 대부분 시간에 발표 과제를 포함한 수업 중 커뮤니케이션이 있다. 아직 경험이 없다면 다른 수업에서 스피치 기술을 개발할 기회는 많다.

회사

경제의 기초가 생산에서 정보로 옮겨감에 따라 커뮤니케이션 능력은 사업 성공의 필수 요소가 되었다.[9] 대부분의 조직과 회사의 직원은 대학 졸업 후 취업할 때처럼 효과적인 구두(口頭)와 문자 커뮤니케이션 능력이 중요하다(그림 1.1). 조직에서는 동료, 상급자, 공중과 효과적으로 상호작용하는 직원을 필요로 하며 연구에서는 재학 중 스피치 수업을 잘들은 학생은 졸업 후 직장에서 커뮤니케이션 기술을 발휘하는 것으로 나타났다.[10]

"사회에서는 스피치할 일은 전혀 없을 거야"라고 생각할 수 있다. 물론, 스피치 상황을 피할 수 있다. 그러나 자신의 경력을 쌓을 수 있는 기회를 상실하게 된다. 회계—스피치와 관련이 없는—와 같은 전문직에서도 구두 커뮤니케이션 능력은 사업 수주와 영업에 필수적이다.[11] 몇몇 회사에서는 자사 직원의 스피치 능력을 높이려고 스피치 강사를 초빙한다.[12] 이미 스피치 능력을 갖춘 직원을 선호한다.

그림 1.1 고용주가 가장 중요하게 생각하는 커뮤니케이션 관련 기술

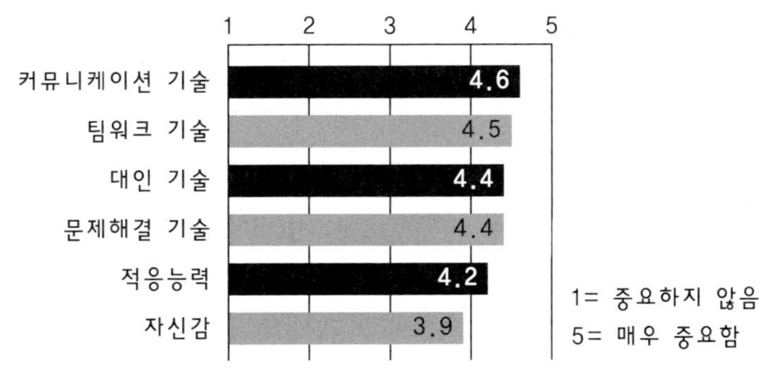

출처: 대학과 고용주협회 조사 결과.

▲ 미시간주의 힐스데일 시장으로 당선된 18살 마이크 세션즈가 스피치 기술로 현직 시장을 낙선시키고 선거에서 이겼다.

공동체

시민이 공동체에서 자신의 의지를 말하는 것은 민주주의의 기본이다.[13] 스피치 기술로 공동체에서 다른 구성원들에게 이야기한다면 풍부한 의견을 교환하여 커다란 소속감을 느낄 수 있다. 요약하면 민주주의의 가장 기본적인 수준에 참여하게 되는 것이다.[14] 스피치 수업에서 배운 기술은 소속된 다양한 공동체 생활에 도움을 준다.

2005년 미시간주의 힐스데일(Hillsdale)에서 열린 시장선거에서 당선한 고등학생 마이크 세션즈(Mike Sessions)의 사례를 보면, 18살이 된 직후 마이크는 미시간주 남중부에 있는 고향의 시장 선거에 후보로 등록했다. 매일 방과 후 마이크는 집집마다 방문했고, 왜 시장 선거에 나왔는지를 설명했다. 레코드 가게인 키와니스 클럽과 소방서에서 마이크는 스피치를 했다. 결국 그는 현직 시장이었던 돈 잉글스(Don Ingeles)와의 대결에서 승리했다.[15]

행사

졸업식, 결혼 피로연, 은퇴 연회, 종친회와 같은 행사에서 스피치가 필요하다. 생일 축하연, 송별회, 이웃 모임, 친구들과 만찬은 참석자들이 짧게 한마디씩 할 때 모임의 의미가 커진다. 이렇게 하면 행사의 가치를 공유하고 연대감이 구축되어 중요한 문화적 기능을 수행한다.

예를 들어 대학 졸업식에서 졸업생은 비공식적으로 몇 마디 소감을 말할 기회가 있다. 수업중 성공적인 스피치 경험은 청중들에게 인상적인 기억을 남기고 개인적으로 존재감을 드러낸다. 작은 스피치 경험은 일생 동안 할 스피치 기술 개발의 좋은 기회다.

스피치의 기초

옛날 사람들은 기본적인 스피치로 생각과 경험을 공유했는데 이것이 공중 커뮤니케이션의 기초를 만들었다. 오늘날에도 주요 상황에서 스피치에서 경험과 생각을 전달한다.[16] 세계화, 매스미디어, 정보기술, 그리고 대중문화로 정의되는 시대에 살고 있지만 개인의 생각과 감정의 표현은 삶의 중요한 역할을 한다.

소피스트 시대 초기(BC 500~300)의 고대 그리스인들은 전통적인 서양의 공중 커뮤니케이션에 관심을 가졌다. 소피스트들은 이곳저곳을 다니면서 학생들에게 민주사회에서 어떻게 커뮤니케이션을 잘 할 것인가를 강의했다. 소피스트들이 웅변가로서 훌륭한 전달에 관심을 둔 반면 소크라테스(Socrates)(BC 470~399)와 그의 제자 플라톤(Plato)(BC 428~348)은 효과적인 스피치의 기본으로 논증을 강조했다.[17]

아리스토텔레스의 수사학

플라톤의 제자, 아리스토텔레스(Aristotle)(BC 384~322)는 당시에는 연설로 부르던 **수사학**(rhetoric)을 체계적으로 연구했다.[18] 아리스토텔레스의 주요 저술 〈수사학〉에서 특정 상황과 청중에게 맞춘—오늘날 **청중중심 커뮤니케이션**(audience centered communication)이라고 부르고 공중 커뮤니케이션의 기초가 되는 스피치의 중요성을 강조했다. 청중에게 초점을 맞추고 공신력을 쌓는 것은 청중중심 커뮤니케이션 방법이다. 예컨대, 동료 수강생에게 공동체 참여를 유도하려면 자원봉사로 참여하는 것이 경력에 도움이 된다는 점을 강조한다. 같은 주제로 청소년의 부모를 설득할 때는 자녀들이 커나갈 공동체를 위한 일이라고 관점을 바꾼다.

수사학
아리스토텔레스의 관점에서 연설

청중중심 커뮤니케이션
특정 상황과 청중에 맞춘 스피치

탄탄한 스피치의 기초는 아리스토텔레스가 이야기한 증거 또는 연사가 특정 청중과 상황에 사용하는 다양한 유형의 논거다. 아리스토텔레스는 세 가지 증거 또는 소구방법으로 로고스(logos), 파토스(pathos), 에토스(ethos)를 정의했다. 로고스는 논리, 사실, 분석에 바탕을 둔 이성적 소구를 말한다. 전통적으로 로고스의 사례에는 과학적 증거의 사용과 법정에서 사건의 진실을 입증하려는 검사와 변호사의 논쟁이 포함된다. 현업에서 보고서를 제출하거나 동료의 성과를 재평가할 때 리더십은 로고스와 관련이 있다. 파토스는 연사가 청중의 감정에 소구할 때 발생하는

데, 감동을 주는 사진이 자선기구의 기금모집에 자주 사용된다. 에토스 소구는 연사의 공신력이나 개성에 좌우된다. 이웃들과 회의를 하거나 수업에서 발표할 때 청중은 개성과 공신력으로 연사의 신뢰성과 믿음을 평가한다.

네 번째 소구의 유형은 문화적 담론이나 이야기에 내재된 가치와 신념에 집중한 미토스(mythos)다.[19] 최근 학자들은 이 개념을 소개하면서 청중에게 소구하는 문화적 가치의 중요성을 제시하였다. 15장에서 네 가지 논거의 유형과 어떻게 스피치 메시지를 지원할 것인지 제시된 세부 가이드라인을 살펴볼 것이다.

▲ 고대 그리스 철학자 아리스토텔레스의 스피치 저술은 최근의 스피치 수업에도 영향을 주고 있다.

키케로와 다섯 가지 기술

로마시대 정치인 키케로(Cicero)(BC 106~43)는 공중 커뮤니케이션의 요소를 '스피치의 기술' 또는 오늘날에도 적용이 되는 접근방법인 수사학의 다섯 가지 법칙으로 유형화했다.[20] 키케로가 주장한 다섯 가지 기술은 발상(invention), 배열(arrange), 표현(style), 기억(memory), 그리고 발표(delivery)로 스피치 연구의 배경을 설명하였다. 다섯 가지 기술은 효율적인 스피치의 가이드라인을 제공한다.

발상

주제 선택과 논쟁 개발과 같이 스피치에서 말하고자 하는 바를 탐구하는 과정

1. **발상.** 발상은 무엇을 말할 것이며, 말하고자 하는 바의 발견에 초점을 맞춘다. 첫 번째 기술로 발상은 스피치에서 사용할 아이디어, 사고의 흐름, 논쟁을 찾는 과정이다. 주제 선정(4장)과 토론의 개발(15장)은 발상의 일부이다.

배열

스피치에서 아이디어의 방법을 조직

2. **배열.** 두 번째 기술은 아이디어를 어떻게 조직할 것인가를 말한다. 이 기술은 스피치의 주요 부분(서론, 본문, 결론)뿐 아니라 제시된 요점의 순서(8장)까지 포함한다. 잘 조직된 스피치는 청중의 주목을 끌고 연사가 제시하는 요점에 집중할 수 있게 한다.[21] 예컨대 어떤 경우 연사가 이야기의 결론을 먼저 제시하는데, 청중이 궁금해 하기 때문이다. 다른 경우 연사는 순서대로 결론은 뒤쪽에서 이야기하는 것은 마지막에 반전을 주기 위함이다.

표현

스피치에 사용된 언어나 단어

3. **표현.** 세 번째 기술은 스피치 내용에 생명을 불어넣는 언어의 문제다(10장). "지난 여름 여행은 재미있었다"와 "지난 여름 여행은 힘들었지만 짜릿한 로키산맥 트래킹이었다" 두 이야기의 차이를 비교해보자. 두 문장은 같은 생각을 보

여주지만 후자가 '짜릿한 트래킹'에 대해 더 알고 싶은 청중의 주목을 끈다.

4. **기억.** 네 번째 기술은 효과적인 스피치를 위해 개인의 기억을 활용하는 것이다. 기억은 단순한 저장을 넘어 스피치 기술 실행의 중요성을 강조한다(12장).[22] 스피치할 때 수업에서 배운 주제, 청중, 상황 등 모든 것을 활용하게 된다.
5. **발표.** 다섯 번째 기술은 스피치가 공중, 즉 청중에게 전달될 때이다. 발표는 스피치할 때 목소리, 제스처, 몸짓과 관련이 있다. 12장은 청중이 좋아하는 발표의 특성과 대화식 발표에 대해 다룰 것이다.

Speaking of ... 문화 간 스피치의 기술

스피치의 다섯 가지 기술은 서구문화의 전통에 뿌리를 두고 있지만 다른 문화에서도 동일한 스피치의 핵심원리로 강조되고 있다. 예컨대 일본의 불교 승려도 같은 원리를 따른다. 특정 가이드라인을 만들어 설법의 주제를 정하고(발상), 생각의 흐름을 조직하고(배열), 사용된 언어의 유형을 정하고(표현), 어떤 정보를 기억하고(기억), 설법을 할 때 목소리와 몸짓을 정한다(발표). 이런 가이드라인은 매우 구체적이어서 특정 조직 유형에 사용된다. 경전을 읊고 핵심 주제를 설명하고, 적당한 예화를 말하며, 진실을 전달한 후 마지막 결론을 맺는다. 물론, 모든 스님이 설법에서 이렇게 하지 않지만 여전히 많은 승려가 전통적인 조직 유형을 이용한다.[23]

기억
효과적인 스피치를 위해 정보를 저장하는 능력

발표
청중에게 스피치 전달

서사
스피치에 사용된 이야기나 커뮤니케이션의 다른 형식

스토리텔링

초기의 공중 커뮤니케이션은 연사가 드라마나 모험처럼 몸짓을 한 스토리텔링 형식과 유사했다. 듣기와 말하기는 **서사**(narratives)나 이야기에 의존하고 개인과 세상을 연결하며, 일어날 일을 상상하고, 형식과 일상적 연결을 결정할 논리를 제공하며, 논리적 순서에서 사건을 구성하는 서사적 사고가 필요하다.[24] 스토리텔링은 휴먼 커뮤니케이션의 기본이 되므로 오늘날 청중은 이야기와 일화, 짧은 서사를 좋아한다.

비록 과거와 오늘날 생활이 많이 다르지만 공중 커뮤니케이션에서 중요한 것은 거리와 시간의 차이에도 불구하고 여전히 진실이다. 친구와 가족 사이 상호작용의 중요성과 마찬가지로 이야기하기는 인간 존재에 같은 의미를 갖는다. 따라서 이야기는 공중 커뮤니케이션의 기초를 이룬다.

연설과 오늘날의 휴먼 커뮤니케이션

스피치는 다른 커뮤니케이션 맥락과 같은 특징을 갖지만 몇 가지는 다르다. 이러한 유사성과 차이점을 이해하면 스피치 기술을 개발할 뿐 아니라 다른 분야에 적용이 가능하다.

휴먼 커뮤니케이션의 맥락

커뮤니케이션 학자들은 휴먼 커뮤니케이션의 유형을 크게 다음과 같이 구분하였다.

- 대인 커뮤니케이션. 두 사람 또는 그 이상의 사람들 사이에서 발생한다. 대인 커뮤니케이션으로 친구, 가족, 동료와 관계를 향상한다.
- 소집단 커뮤니케이션. 3명 또는 그 이상의 사람들 사이에서 업무나 공통의 목적을 위해 상호작용한다. 지역 연극 동아리, 위원회, 프로젝트팀은 소집단의 사례다.
- 조직 커뮤니케이션. 조직 안에서 또는 조직 사이에서 제품생산과 서비스 제공과 같은 공통의 목표달성을 위해 사용된다. 조직은 스피치를 자주하는데, 부서장이 임원들에게 보고하는 것도 여기에 해당한다.
- 매스 커뮤니케이션. NBC 방송, 잡지 피플매거진, XM 위성라디오, 또는 AOL(American Online) 같은 미디어 조직이 제작하고 완전히 익명성을 가진 거대하고 다양한 청중에게 전달된다.
- 공중 커뮤니케이션. 1명의 연사가 제한된 시간 동안에 책임을 지고 집단에게 스피치할 때를 말한다.

휴먼 커뮤니케이션의 전통적 모델

휴먼 커뮤니케이션 2모델은 커뮤니케이션의 요인을 시각적으로 보여준다. 초기 모델은 휴먼 커뮤니케이션을 송신자에서 수신자 일방향(one way)으로 묘사했다. 커뮤니케이션 학자들은 커뮤니케이션 전달모델, 또는 일방향 모델이라고 한다(그림 1.2).

전달모델에 채널과 피드백 요인을 포함해서 상호작용 모델을 발전시켰다. 메

그림 1.2 커뮤니케이션의 전달모델

출처: 라스웰(Lasswell, 1948) 모델을 수정함.

그림 1.3 커뮤니케이션의 상호작용 모델

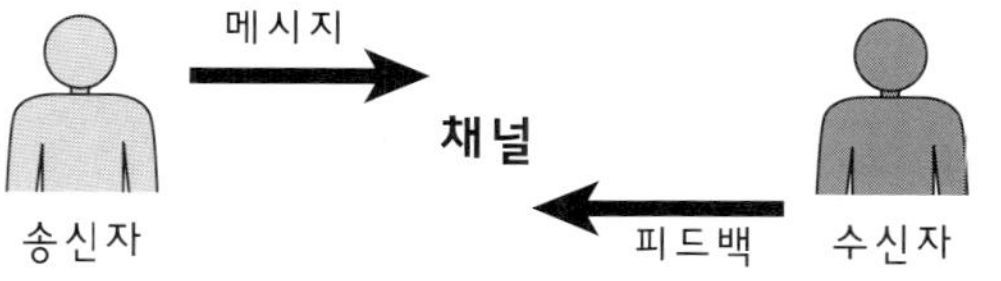

출처: 쉬람(Schramm, 1955), 벌로(Berlo, 1970).

시지는 송신자 또는 정보원으로부터 채널을 통해 수신자에게 전달된다. 채널은 사람이나 전화기, 문자메시지, 웹캠과 같은 커뮤니케이션 상황을 말한다. 수신자는 피드백을 통해 정보원에게 반응하므로 커뮤니케이션은 쌍방향으로 일어난다(그림 1.3). 전달모델과 같이 상호작용 모델은 커뮤니케이션을 메시지와 피드백이 송신자와 수신자 사이를 오가는 모습으로 단순화하였다.

40년전 처음 소개되었을 때 상호작용 모델은 송신자와 수신자를 동시에 커뮤니케이터로 보고 이전의 두 가지 모델을 정교화하였다. 커뮤니케이션에 대한 이런 사고의 전환은 듣기의 적극적인 역할을 강조한 것이다. 모델에서는 소음, 상황, 환경 세 가지 중요한 요인을 포함하였다. 소음은 메시지의 이해를 방해하는 것이다. 상황은 회의실이나 상점 계산대 같은 상호작용의 배경이다. 환경은 현재 사건이나 날씨와 같이 커뮤니케이션에 영향을 주는 외부의 모든 힘을 말한다(그림 1.4).

오늘날 연사를 위한 새로운 커뮤니케이션 모델

비록 교류모델이 스피치 과정을 이해하는데 유용하지만 인터넷과 디지털 커뮤니케이션이 세상에 나오기 오래전에 개발된 모델이다. 최근의 모델이라도 **확산된 커뮤니케이션 환경**(pervasive communication environment)을 고려해야 한다.[25] 휴대폰으로 친구에게 사진을 보내고, MP3로 음악을 다운로드 받으며 노트북으로 동영상을 시청하며, 웹캠으로 동료와 대화한다. 유선전화, 텔레비전, 데스크탑 컴퓨터처럼 지역 특화 미디어는 신문, 책, 라디오 같은 아날로그 미디어처럼 생활에 중요한 역할을 한다. 그러나 모바일 디지털 미디어는 오늘날 정보가 풍요한 세상의 토대를 만들

확산된 커뮤니케이션 환경
시간과 공간을 초월하여 다양한 장소와 형식으로 정보에 접근하고 공유할 수 있는 능력

그림 1.4 커뮤니케이션의 교류모델

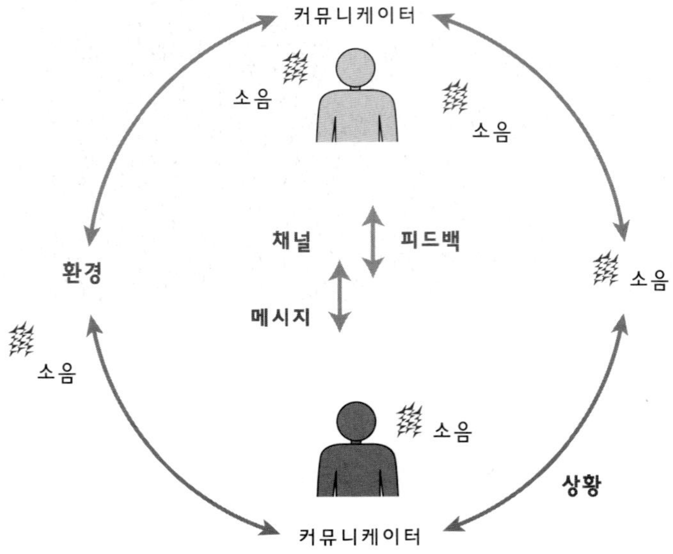

출처: 반룬드(Barnlund, 1970) 모델을 수정함.

었다. 휴대폰이나 PDA같은 모바일 디지털 미디어로 전 세계 어디서나 언제 누구와도 커뮤니케이션할 수 있다. 게다가 디지털 카메라와 오디오 녹음기는 경험한 바를 어디서든 기록할 수 있다. 인터넷은 다양한 미디어와 사람들을 함께 연결하여 확산된 커뮤니케이션 환경을 만들었다.

커뮤니케이션의 교류모델과 확산된 커뮤니케이션 환경 개념의 통합은 스피치의 발전 기술을 정교하게 설명한다. 〈그림 1.5〉는 오늘날 디지털 커뮤니케이션 세상의 스피치에서 8가지 커뮤니케이션 요인—송신자(연사), 메시지, 채널, 수신자(청중), 소음, 피드백, 상황, 환경—을 보여준다.

연사
공중 커뮤니케이션 상황에서 메시지 전달의 책임을 가진 사람

연사(speaker)는 개인으로서, 함께 수업을 듣는 학생, 친구, 가족, 이웃, 동료에 대하여 스피치를 주도하거나 참여하는 핵심적인 역할을 한다. 스피치 상황에서 연사는 이야기의 주된 책임을 맡는다. 스피치 후에 질문이나 보충할 때 청중 역시 연사의 역할을 한다.

메시지
연사가 아이디어, 감정, 생각을 전달하기 위해 사용하는 말이나 비언어적 단서

메시지(message)는 연사의 말(언어적 커뮤니케이션)와 말의 전달(비언어적 커뮤니

그림 1.5 스피치의 새로운 모델

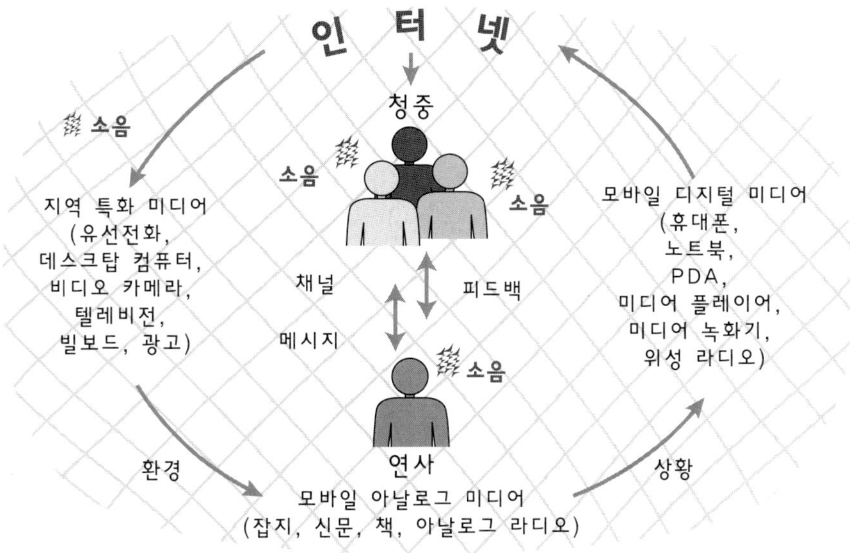

출처: 쿠프맨(Coopman, 2006)

케이션) 모두를 포함한다. 누군가의 말을 전달할 때 무엇을 어떻게 했는지 주목하게 된다. 스피치에서 연사의 요점과 아이디어에 귀를 기울이고 연사의 움직임, 몸짓, 눈맞춤, 목소리의 사용을 눈여겨본다. 키케로의 스피치의 다섯 가지 법칙—연사의 아이디어(발상), 요점의 조직(배열), 연사가 선택한 특별한 말(표현), 연사가 주제에 대해 알고 있는 증거(기억), 실제 스피치의 전달(발표)은 메시지 전체에 반영된다.

채널(channel)은 개인, 인쇄, 전파와 같이 커뮤니케이션에 사용되는 방법이나 미디어를 말한다. 스피치는 다양한 채널을 활용한다. 청중에게 스피치할 때 그림자료를 프로젝트로 띄워서 보여주고, 적절한 음원을 들려주며, 추가정보를 프린트해서 나눠줄 수 있다. 오늘날에는 옛날보다 더 많은 커뮤니케이션 채널이 있다. 연사는 개인이지만 웹캠이나 화상회의, 파워포인트로 청중에게 스피치할 수 있다. 비즈니스에서 파워포인트는 스피치의 대부분을 차지한다. 청중은 문자메시지와 이메일 같은 다양한 채널로 연사에게 반응한다.

채널
커뮤니케이션의 방법이나 미디어

청중(audience)은 연사의 메시지에 의도된 수신자다. 오늘날 청중은 면대면 개인

청중
연사 메시지의 의도된 수신자

차원을 넘어서 확대되었다. 스피치는 나중에 디지털로 녹화되어 온라인으로 전달되기도 하고, 일부 청중은 웹캠으로 스피치를 보기도 한다. 연사 역시 청중이 된다. 스피치할 때 자신이 무엇을 말하고 있는지와 청중의 반응을 잘 살펴본다.

소음

메시지 이해를 방해하는 것

소음(noise)은 무엇인가 메시지의 이해를 방해할 때 생긴다. 소음은 상상하거나 다른 것을 생각할 때처럼 청중의 내부에도 있다. 배고프거나 피곤할 때 역시 소음이 생긴다. 외부의 소음에는 다른 사람들의 이야기나 전화 통화와 같은 소리가 있는데, 연사가 무엇을 말하는지 제대로 이해하기 어렵게 한다. 어두운 조명이나 선명하지 않은 프로젝트, 혼잡한 파워포인트 역시 소음이다. 3장에서 소음과 장애를 제거하는 방법을 살펴본다.

피드백

스피치에 대한 청중의 반응

피드백(feedback)은 청중이 어떻게 메시지를 이해했는지를 반응하는 것이다. 끄덕이거나 웃는 것은 동의와 이해를 나타낸다. 손을 젓거나 찡그리는 것은 연사의 말에 반대하거나, 혼란스럽고, 이해되지 않는다는 것을 말한다. 청중의 피드백은 스피치가 얼마나 잘되며, 목표에 도달하고 있는지를 알려준다. 스피치 수업에서 말할 때 청중의 반응을 살피고, 질문을 들으며, 수업을 마치고 발표에 대해 물어봄으로써 비공식적으로 피드백을 얻을 수 있다. 교수님은 수강생들에게 서면이나 구두평가를 통해 공식적인 피드백을 모은다.

상황

주어진 스피치의 배경

상황(context)은 스피치의 환경이나 배경이다. 상황은 강당, 강의실, 회의실, 시청, 박물관 같이 스피치의 물리적 배경을 말한다. 실제 공간은 연사의 스피치와 청중의 반응에 영향을 준다. 강의실이나 회의실은 수백 명이 모이는 대형 강당보다는 비공식적이다. 조용한 박물관보다 다양한 방해가 있는 시청 밖 청중의 주목을 끌기 위해 더 노력해야 한다. 스피치는 상황에 영향을 받는다. 청중은 선거에 출마한 후보자 지지 연설보다 역사적 사건을 기념하는 스피치에 더 관심이 있다.

환경

스피치에 영향을 주는 외부 주변상황

환경(environment)은 스피치에 영향을 주는 외부 상황을 말한다. 예컨대 스피치가 진행될 때 행사가 있거나 앞뒤에 있으면 청중의 반응에 영향을 준다. 청중은 자신에게 일어날 일과 관련 있는 메시지에 관심이 있다. 퇴직연금의 중요성을 강조하는 스피치는 지역에서 수천 명의 직원이 해고될 때 적절하지 않다.

오늘날의 스피치를 위한 주요 쟁점

어느 시간, 어떤 장소에서든 다른 사람과 정보에 접근이 가능하기 때문에 연사와 청중은 새로운 기회와 위협을 받는다. 윤리, 비판적 사고, 문화 이해, 프레젠테이션 소프트웨어는 연사가 스피치할 때 반드시 알아야 한다.

윤리

윤리는 그리스어로 '성격'을 뜻하는 에토스(ethos), 라틴어로 '도덕성'의 의미를 가진 모레스(mores)에서 유래했으며 참과 거짓에 대한 문화 안에서의 규정이나 기준을 말한다.[26] 시대를 뛰어넘어 윤리는 스피치의 핵심이다. 컴퓨터와 디지털 기술은 옛날 연사와 청중이 당면하지 않았던 윤리적 쟁점을 가져왔다. 예컨대, 디지털 파일 정보의 편리성 때문에 표절은 더욱 쉬워졌다. 다른 사람의 생각이나 작업, 문서를 내 것처럼 제시할 때 표절의 문제가 생긴다. 3장은 윤리에 대해 깊이 있게 다루고, 6장에서는 스피치 상황에서 표절은 물론 자료를 평가할 세부 가이드라인에 대해 살펴볼 것이다.

비판적 사고

디지털 파일 정보에 접근이 가능해 연사와 청중은 주의 깊게 그리고 지속적으로 비판적 사고를 활용해야 한다. 연사는 "이 정보의 출처가 어디인가?"와 "이 증거는 믿을만한가?"를 살펴봐야 한다. 자세한 내용은 6장에서 다루게 된다. 정보에 접근, 선택, 평가 그리고 효과적으로 이용할 수 있는 능력은 정보 문식성(information literacy)이다.[27] 정보의 중요 정도를 구분하는 능력은 일상생활에서 반드시 필요하다. 스피치 주제에 대한 정보를 검색하거나 이동수단의 필요성과 예산에 맞는 최적의 자동차를 찾을 때 정보 문식성은 필수적이다.

문화적 인식

능력 있는 청중과 연사는 서로 다른 문화적 관점을 잘 수용한다. 연사가 비교적 유사하거나 다양한 청중에게 스피치를 할 때 연사는 자신의 관점과 다른 세계관을 가졌다는 것을 항상 명심해야 한다. 오늘날 무엇보다 연사는 다른 문화를 인식하고 존중한다는 것을 잘 보여준다. 5장과 10장에서는 연사의 문화 인식에 대해 살펴볼 것이다.

프레젠테이션 소프트웨어 사용

좋은 전달이 무엇인가에 대해 아리스토텔레스시대 이후 많은 변화가 있었다. 세련된 프레젠테이션 소프트웨어는 대부분의 스피치 상황에서 일정한 수준 이상을 기대하는 청중의 요구에 대응할 수 있다. 청중은 디지털 슬라이드에 적절한 동영상이 포함되고, 토론을 유도할 이미지가 제시된 내용을 기대한다. 프레젠테이션 소프트웨어에 지나친 의존은 메시지를 손상시킨다.[28] 11장에서는 프레젠테이션 소프트웨어와 다른 프레젠테이션 도구의 효과적인 사용의 세부 가이드라인을 살펴볼 것이다.

성공적인 스피치를 위한 간략한 가이드라인

매 순간 최고의 스피치를 약속하는 비결은 없다. 최고의 준비라고 해도 언제나 기대한 결과를 가져오지 못한다. 체계적인 스피치 준비가 여전히 성공할 가능성이 높다. 스피치의 여섯 가지 기본단계는 〈그림 1.6〉과 같다.

1. 목적과 주제를 결정(4장)
2. 청중에 적응(5장)
3. 주제 조사(6장)
4. 아이디어 조직(8장)
5. 스피치 실행(12장)
6. 스피치 전달(12장)

각 단계는 분리되지 않고, 각 부분이 섞여서 통합된다. 예컨대, 청중을 분석(2단계)해서, 주제를 다시 검토(1단계)할 수 있다. 청중에 대한 분석(2단계)은 주제

그림 1.6 스피치의 전달 과정

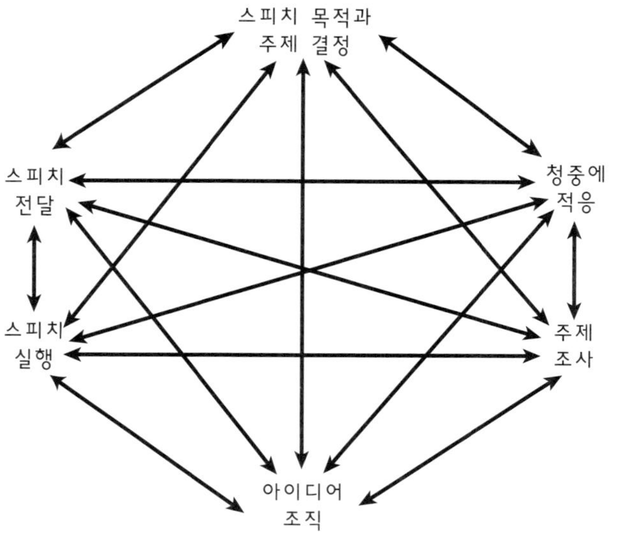

를 조사(3단계)하는데 영향을 준다. 스피치를 실행(5단계)할 때, 아이디어의 전개가 청중(2단계)에 적합하지 않다고 생각할 수 있기 때문에 아이디어(4단계)를 재구성한다.

비록 연사가 스피치의 전달 과정만 신경 쓰는 것처럼 보이지만 유능한 연사는 스피치하기 전에, 그 이면에 더 신경을 쓴다. 스피치 준비 과정 각각을 살펴보자.

목적과 주제 결정

처음에는 스피치의 전반적인 목표나 일반적인 목적을 결정해야 한다. 스피치 수업에서 첫 번째 스피치는 정보를 제공하거나 청중이 주제에 대한 지식을 높이는 데 목적이 있다. 예컨대, 수강생에게 자기를 소개할 때, 수강생들이 연사에 대한 개인 정보 몇 가지를 알고자 한다. 첫 번째 자기소개는 여름방학 때 있었던 재미있는 이야기를 청중에게 이야기하는 것과 같이 이야기와 유머를 사용한다. 설득 스피치는 청중의 행동, 가치, 태도 변화에 목적을 둔다. 예컨대, 청중에게 정기적인 운동의 필요성을 확신하게 하는 것은 설득이 목적이다.

스피치의 개괄적 목적을 결정한 뒤에는 주제를 결정한다. 교수님이 자기소개와 같은 스피치 주제를 과제로 낸다. 다른 경우, 주요 학내 쟁점과 같은 폭넓은 주제를 과제를 요구한다. 어떤 주제를 선택하든 연사와 청중에게 관심을 끌 수 있다.

청중에 적응

청중이 스피치에 관심을 갖도록 주제를 선택해야 한다. 심층 조사로 청중에 맞는 스피치를 구성할 수 있다. 인종, 연령, 성별, 교육, 수입과 같은 인구통계적 특성은 청중의 이해를 위한 주요 단서가 된다. 간단한 사례로 지역의 주택 사업자와 세입자연합회 두 집단에게 저가주택의 필요성을 스피치한다고 가정해보자. 폭넓은 조사 없이는 두 집단이 서로 다른 이해와 주제에 대한 입장을 알 수 없다.

청중에 적응한다는 것은 청중 관련 정보를 스피치 구성에 반영하는 것이다. 특정 시간과 공간에서 청중에게 메시지를 맞춘다. 청중중심 커뮤니케이션은 청중의 참여와 스피치 목적 달성을 돕게 된다. 청중은 직접 이야기를 듣기 원한다.

주제 조사

책, 잡지, 신문, 정부 간행물, 기관 웹사이트, 개인면접 조사를 통해 스피치 정보의 다양한 자료를 얻는다. 그러나 자신이 이미 알고 있는 주제에서 시작한다.

자신의 지식을 기초로 다른 정보원도 찾는다. 도서관에 가면, 원하는 자료가 어디에 많이 있는지 도서관 직원이 잘 요약해 준다. 모든 대학은 학술저널, 신문, 법률, 상업 출판, 수많은 정보원과 연결되는 강력한 전자정보 데이터베이스를 갖는다.

이미 주제에 대해 다양한 정보를 인터넷으로 찾았을 것이다. 그러나 스피치를 위해 필요한 자료를 찾는 것은 또 다른 문제다. 인터넷에서 적절한 정보를 찾으면 주제와 관련된 주요 키워드를 결정하게 된다. 예컨대, 인터넷 검색을 즐기는 수강생에게 소개할 때 이런 방법을 알려준다. '서핑(surfing)'을 구글에서 검색하면 5천만 개 이상의 웹사이트가 나오는데, 검색을 즐기지 않는 변호사에게 이런 방법을 적당하지 않다. '서핑'을 '스포츠', '바다', '서핑보드'와 같이 보다 세부적인 주제로 검색한다.

●●● THE EVOLVING ART ●●● 지나친 정보 검색?

인터넷의 등장으로 정보에 접근할 선택과 기회가 기하급수적으로 늘어났다. 연사는 인터넷을 통해 다양한 정보원으로부터 풍부한 정보를 쉽게 얻을 수 있다. 정부, 대학, 비영리 조직, 뉴스 미디어, 다른 기관의 웹사이트는 연사에게 좋은 정보원이다. 전자 데이터베이스를 통해서 신문, 잡지, 학술저널, 다른 디지털자료에 접근할 수 있다. 스피치 주제 검색은 매우 쉬워졌으나 문제도 늘어났다.

온라인에서 접근 가능한 정보의 폭발은 과잉 정보 때문에 어려움을 겪을 수 있으며, 너무 많은 정보로 인해 제대로 분류할 수 없다. 성공적인 연사는 가장 가치 있는 정보를 찾아 전략적인 주제를 선택하고 부적절한 정보를 바꾼다. 6장에서는 주제를 더 깊이 있게 다룰 것이다.

아이디어 조직

아이디어의 조직은 스피치에서 다루게 될 주요 핵심을 규명하고 서론, 본론, 결론과 같이 논리적 순서를 정한다.

청중을 연사의 생각에 집중하도록 서론부터 주목을 끌어야 한다. 깜짝 놀랄만한 통계, 인용문 활용, 수사적 질문, 이야기 요약, 현란한 시각자료는 청중을 주제에 집중시키는 유용한 전략이다. 또한 "오늘 진행할 두 가지 캠퍼스 서비스는 대학 학점 교류와 컴퓨터 재활용 프로그램이다"와 같이 도입부에서 핵심을 이야기한다. 도입부에서 핵심을 이야기했다면 스피치의 본론에서 논리적인 방법으로 핵심을 구성한다. 예컨대, 경기장으로 설명한다면 첫 번째 단계로 바깥에서부터 시작해서 문을 통해 청중을 공간 구성형식으로 운동장으로 들어오게 한다. 8장에서 주제를 보다 자세히 다룰 것이다.

스피치의 개요는 어떻게 아이디어를 배열했는지 보여준다. 개요를 통해서 핵심의 번호를 매기고 전체 스피치를 지원한다. 성공적인 스피치는 스피치 개발에서 서로 다른 작업, 완전문장, 프레젠테이션 세 가지의 다른 개요를 만들고 사용한다. 〈표 1.3〉은 무엇이 사용되었고(기능), 무엇을 포함했으며(주요 특징), 이 책의 어느 장에서 다루고 있는지 개요의 각 유형을 보여준다.

대부분의 스피치에서 간과된 부분인 유창한 결론은 스피치의 목적을 달성하도록 해준다. 스피치의 마지막에 핵심을 요약할 수 있으며 청중에게 스피치의 결말을 알려야 한다. 따라서 "오늘 제 얘기를 다시 말씀드리면…" 또는 "요약하면 가장 중요한 것은…"처럼 말할 수 있다.

표 1.3 개요의 유형

개요 유형	기능	주요특징	장
작업 개요	처음 주제를 개발하도록 도와주고, 조사를 이끌어준다.	주요 요점와 세부 요점을 포함하며, 조사 과정 동안 개선해나간다.	4장 목적과 주제의 개발
완성문장 개요	스피치를 위한 모든 정보를 명확하게 확인하고, 아이디어들을 순서대로 정리하고, 발표 개요를 개발하기 위한 토대를 마련한다.	완성된 문장을 이용하며, 스피치의 전체 내용과 모든 참고문헌을 써놓고, 준비 과정 동안 개선해나간다.	8장 스피치의 조직화 및 개요잡기
프레젠테이션 개요	스피치를 연습하고 실행하는 데 도움이 된다.	핵심어를 사용하고, 스피치를 연습하면서 고치고, 종종 연습과 최종 발표에서 사용할 노트카드로 변환된다.	12장 스피치 발표하기

마지막에 "이제 정치학을 전공하고, 기업가이며, 장차 이 도시의 시장이 될 베일리를 만나겠습니다"처럼 인상적인 문장으로 마무리할 수 있다. 9장에서 스피치의 효과적인 시작과 마무리에 대해 살펴본다.

스피치 실행

스피치 실행에서 첫 번째, 완전한 문장으로 개요를 잡고, 큰 소리로 어떻게 아이디어가 전달되어 함께 어울리는지 들어본다. 둘째, 다시 한 번 크게 스피치하면서 시간을 확인해야 한다. 어떻게 제한된 시간에 맞추는지와 아이디어와 잘 조화로운지, 명료하고 쉽게 이해할 수 있도록 편집과 재검토가 되었는지를 살펴본다.

셋째, 완전한 문장으로 만든 개요에서 노트카드까지 키워드가 전달되어야 한다. 여기에는 기억을 되살릴만한 단어만을 포함한다. 노트카드에 쓸 내용은 청중에게 스피치할 때 사용할 스피치의 개요다. 그 다음에는 청중이 있는 것처럼 실제로 서서 스피치를 한다. 노트카드를 한 손에 들고 디지털 슬라이드나 포스터와 같은 프레젠테이션 미디어와 맞춰 본다. 노트카드는 암시를 위해 사용하기 때문에 잠깐, 슬쩍 곁눈질로 본다.

완벽한 스피치보다 스피치가 향상되도록 노력해야 한다. 스피치를 실행함에 따라 매번 조금씩 나아질 것이다. 대화식 프레젠테이션을 목표로 했다면 말하는 것처럼 청중에 적응한다.

스피치 전달

스피치할 때 목소리와 몸의 자세, 프레젠테이션 미디어, 청중, 시간을 관리한다. 스스로 기회, 상황, 청중과 주제에 맞는 복장을 준비한다. 말하기로 한 것을 잊지 않기 위해 청중과 눈맞춤을 계속하면서 노트카드를 슬쩍 본다. 커다란 목소리는 청중이 쉽게 들을 수 있다. 목적을 가지고 자연스럽게, 몸짓을 섞어가며 움직이면 무리 없고 편안해 보인다.

첫 번째 스피치를 할 때는 슬라이드, 동영상, 다른 프레젠테이션 미디어가 없다. 그러나 스스로 재즈 음악에 열정이 있다고 소개하면서 10초 정도 음악을 들려주면 청중의 주목을 끌 수 있다. 프레젠테이션 미디어를 확인하기 위해서 당일 스피치 장소에 가서 사용할 장비들을 살펴본다. 때로는 철저히 준비한 프레젠테이션도 기술적인 결함이 생길 수 있다는 점을 유념해야 한다.

스피치를 할 때 청중에 대한 분석은 청중을 관리하는 기본이다. 청중에 대해 알면 스피치에 반응 가능한 단서를 알게 된다. 눈맞춤은 스피치에 대해 반응하는 정도를 알 수 있다.

스피치 시간을 체크하면 속도를 조절할 수 있다. 만약 지나치게 빠르거나 모자라

Watch it!

동영상 링크 1.1: 스피치 친구와 만남

이 동영상은 자닌, 안토니, 에린, 에반이 간단하게 스스로를 소개하고 생활 속 스피치의 역할에 대해 이야기한다. 동영상을 보고 과거에 스피치가 어떠했는지 그리고, 앞으로 스피치에 어떻게 사용할 것인지를 생각해보자.

Use it!

활동 링크 1.1: 스피치 목표는 무엇인가

동영상을 보고난 후 상호작용 활동 링크를 클릭해서 이 장의 내용을 살펴보자. 이 활동은 프롬프터를 포함하는데, 스피치의 단기와 장기 목표를 규명하는데 도움이 된다.

면 스피치를 조정하면 된다. 효과적인 스피치는 상황에 맞게 시간을 관리해야 한다.

첫 번째 스피치의 기초에 대해 알아보았다. 이제 스피치 친구(speech buddy)를 만나보자. 이 책에서 안내를 해줄 것이며 보다 나은 스피치를 위해 조언과 힌트를 줄 것이다.

스피치 친구 소개

스피치 친구는 하루 종일 온라인 동영상에서 스피치를 모니터해주는 동료로 이 책에서 다양한 학습자료로 도움을 준다. 스피치 친구는—자닌(Janine), 안토니(Anthony), 에린(Erin), 에반(Evan)—모두 같이 스피치 수업에 참여한 학생들이다. 이 책을 공부하는 동안 경험한 주요 내용을 포함하며 효과적인 스피치를 준비하고 전달하는 과정을 사례로, 동영상을 소개한다. 스피치 친구는 각 동영상에 함께 하고 원리가 적용된 스피치의 기회를 제공하며 가상 원고로 직접 상호작용할 수 있다.

요약

발전하는 기술로서 스피치는 고대로부터 오늘날 정보시대에 이르기까지 연사는 누구인가? 연사의 공신력은 무엇인가? 어디에서 정보를 얻었는가? 연사가 직면한 윤리적 문제는 무엇인가? 어떻게 연사는 스피치를 전달하는가? 청중의 기대는 어떠한가? 여섯 가지 영역에서 변화해왔다. 수천년 전으로 거슬러 올라가면 초기에는 교육받은 사람만이 제한된 청중만을 대상으로 스피치하던 시대에서 오늘날 거의 모든 사회 구성원이 이야기에 참여하고 다양한 전달 수단을 선택할 수 있도록 스피치가 발전해 왔다.

스피치 수업에서 다양한 전달 기술을 공부했다. 자신감은 높이고, 듣기 기술을 향상하며, 청중에 적응하고 공신력 전략을 배우며, 정보의 위치와 평가 능력을 확장하여, 아이디어를 조직하고 전달하는 기술을 제공하는 성공적인 스피치 전달 방법을 배웠다.

스피치 수업이 첫 번째 스피치이거나 마지막 스피치로 끝나지 않기 바란다. 많은 교수님들은 학생들이 토의, 토론, 프레젠테이션으로 수업에 참여하기를 권한다. 구두 커뮤니케이션 기술은 현업에서 꼭 필요하다. 지역에서 토의에 참석하는 것은 나를 알릴 수 있으며 이웃과 관계를 형성한다. 행사에서 스피치하면 중요한 사회활동과 문화적 의식에 참여한다.

새로운 커뮤니케이션 기술이 사람들의 커뮤니케이션 방식을 변화시켰지만 네 가지 핵심은 시대를 막론하고 스피치의 기본이다. 첫째, 스피치는 청중의 욕구, 지식, 이해에 집중한 청중중심의 커뮤니케이션이 요구된다. 둘째, 연사는 반드시 청중, 주제, 상황에 맞는 우수한 자료를 선택해야 한다. 셋째, 스피치는 발상, 배열, 표현, 기억, 발표의 다섯 가지 기술과 어울려야 한다. 이런 유형은 스피치에 대한 공부와 개발에 가이드라인이 된다. 넷째, 스피치는 서사적 사고를 촉진하고, 커뮤니케이터가 연상을 사용하게 하며, 유형을 인식시키고, 지난 사건을 구조화하여 다른 세계와 관계를 규명한다.

휴먼 커뮤니케이션의 모델은 커뮤니케이션을 일방향으로 본 전달모델로부터 발전되었으며 나중에 수정되었지만 오늘날 복잡한 커뮤니케이션 환경에는 잘 맞지 않는다. 스피치는 연사, 메시지, 채널, 청중, 소음, 피드백, 상황, 환경의 여덟 가지 요소로 구성된다. 연사는 정보 전달의 주된 책임이 있다. 스피치는 주로 개인이 스피치할 때 프레젠테이션 미디어의 통합과 같은 다양한 커뮤니케이션 채널과 관련이 있다. 연사 메시지의 의도된 수신자는 청중이다. 소음은 청중이 메시지를 이해하는 능력을 떨어뜨린다. 청중은 비언어적 반응, 질문과 조언, 그리고 다른 커뮤니케이션 형식으로 연사에게 피드백 한다. 스피치 상황은 물리적 배경과 기회를 포함한다.

오늘날 스피치의 주요 쟁점은 윤리, 문화적 인식, 그리고 프레젠테이션 소프트웨어의 사용이다. 정보에 접근이 늘어나면서 스피치를 위한 연사의 신중한 자료조사와 출처에 윤리적 책임이 따른다. 연사는 반드시 표절 문제를 신경써야 한다. 스피치는 정보 평가와 반영에 비판적 사고가 요구된다. 다른 사람의 관점을 배울 기회가 많기 때문에 연사는 반드시 문화적 감수성을 가져야 한다. 마지막으로 프레젠테이션 소프트웨어가 시각적으로 풍부한 프레젠테이션으로 발전할 수 있었지만 이를 잘못 사용하면 연사의 메시지가 훼손된다.

스피치를 만드는 과정은 6 단계가 있다. 첫째, 스피치 주제와 목적을 결정. 둘째, 청중에게 적응하기 위한 청중분석. 셋째, 주제에 대한 대강의 조사. 넷째, 주제, 목적, 청중에 맞도록 아이디어를 조직. 다섯째, 청중에 적합하게 크게 연습. 여섯째, 스피치할 때 목소리와 몸의 자세, 프레젠테이션 미디어, 청중, 시간을 관리한다.

오늘날 정보와 기술 중심 시대에도 민주사회의 참여를 위해 우수한 스피치 기술은 여전히 개인적 또는 전문적 영역에서 중요한 부분을 차지하고 있다. 스피치 수업은 스피치의 기본을 배울 좋은 기회다. 때문에 스피치를 준비하고 자신의 목소리에 귀를 기울여보자.

●●● REVIEW IT ●●● 학습항목과 복습자료들

책 내부
- 요약
- 주요개념
- 비판적 질문

더 많은 학습 자원
- 스피치 스튜디오
- 퀴즈
- 웹링크

학생 워크북
- 1.1 스피치 소개(각각 소개)
- 1.2 스피치 소개(이야기)
- 1.3 5법칙의 관점에서 연사 평가
- 1.4 메시지를 다른 청중에 적응
- 1.5 커뮤니케이션 모델의 관점에서 스피치 설명

스피치 친구 동영상

동영상 링크
- 스피치 친구와 만남

활동 링크
- 스피치의 목표는 무엇인가

샘플 스피치 동영상
- 아담, 자기소개 스피치
- 안나, '해외유학' 즉흥 스피치
- 유리엘과 켈리 '엘 이큐포 퍼펙토(El Equipo Perfecto)' 자기소개 스피치

스피치 빌더 익스프레스
- 개요
- 서론
- 결론

인포트랙

추천 검색어
- 스피치 기술
- 직장에서 스피치
- 행사에서 스피치
- 공동체 스피치
- 스피치와 스토리텔링
- 자신감 있는 스피치
- 스피치 공포 관리
- 윤리적 스피치
- 휴먼커뮤니케이션 모델
- 디지털 격차

음성 학습 수단
- 안나의 '유학'
- 비판적 사고 질문
- 학습목표
- 장 요약

온라인 자원 안내

이 책 〈퍼블릭 스피킹: 진화하는 발표기술〉을 위한 온라인 자원은 추가적인 샘플 스피치 동영상, 스피치 빌더 익스프레스, 인포트랙 대학편, 학습지원이다. 학습지원에는 주요단어 플래시 카드, 리뷰 퀴즈, 비판적 질문이 있으며, 궁금한 점이 있다면 교수님께 이메일로 보낼 수 있다. 또한, 온라인 자원의 특징은 생동감 있는 웹링크로 해당 챕터와 연결된다. 웹링크에는 미국에서의 가족, 커뮤니티, 회사와 가정, 일상생활, 교육, 건강보호, 시민과 정치적 생활에 인터넷이 미치는 영향에 대한 보고서 〈퓨 인터넷 & 아메리칸 라이프 프로젝트〉가 포함된다. 링크된 사이트들은 정기적으로 관리되고 일정기간마다 추가된다.

주요단어

기억	메시지	발상
발표	배열	상황
소음	수사학	스피치
연사	이야기	채널
청중	청중중심 커뮤니케이션	
표현	피드백	
확산된 커뮤니케이션 환경	환경	

비판적 질문: 확인과 토론을 위한 질문

1. 가족, 친구와 함께 이야기할 때 스토리텔링은 얼마나 중요한가? 가족이나 친구 이야기의 일부에 영향을 주었는가? 이 이야기가 가족 사이에 또는 친구와 사회의 연결에 준 영향을 무엇인가? 이어지는 이야기의 논리적 흐름을 설명할 수 있는가? 이야기는 어떻게 상상력을 자극하였는가?
2. 다음번에는 정보 신뢰성을 조심스럽게 고려해서 다양한 종류의 온라인 정보를 검색하라. 스스로 누가, 왜, 어떤 반응을 기대하며 게시한 정보인가 물어보라. 일을 할 때 비판적 사고 기술과 정보 문식성 기술을 사용하라.

3. 스피치 수업에서 다른 학생들을 고려하라. 수강생 관점에 어떻게 문화 감수성을 사용할 수 있는가? 어떤 정보가 문화적 배경에 대한 감수성을 제공할 수 있는가?
4. 정보시대는 특별히 커뮤니케이션 환경에 위협이 되는 소음의 발생 원인을 차단한다. 연사의 메시지를 방해하는 소음을 없애기 위해 청중에게 어떤 전략을 사용할 수 있는가? 연사로서 청중이 소음을 차단하도록 무엇을 도울 수 있는가?
5. 다른 사람과 커뮤니케이션에서 꼭 알아야 할 것은 무엇인가? 아이디어를 제시할 때 얼마나 많은 청중의 주목을 얻어야 하는가? 다른 사람과 상호작용에서 명심할 것은 무엇인가?

2장 자신감 쌓기
Building Your Confidence

무대 공포, 스피치 공포, 커뮤니케이션 염려, 스피치 불안감 등 어떤 용어로 부르든 간에 퍼블릭 스피킹과 관련된 불편함, 공황 상태, 두려움은 실제로 존재하는 것이며 흔히 볼 수 있다. 미국인들 중 대부분은 퍼블릭 스피킹하는 것을 자연 재해, 암, 죽음과 같이 생명을 위협하는 상황보다 더 두려워한다.[1] 스피치 불안감은 성별, 인종, 연령, 그리고 학생의 경우에는 성적과 무관하게 나타난다.[2]

스피치를 하는 사람은 긴장을 유발시키는 내부 요인이 발생시키는 다양한 감정과 행동을 경험하는데, 떨리는 목소리, 손 떨림, 체온의 변화, 피부 가려움증을 비롯하여 입술이 바짝 마르고, 머릿속이 하얘지며, 심장 박동이 빨라지고, 숨이 가빠지고, 말하는 속도가 빨라지고, 다리가 후들거리고, 손에 땀이 나거나 손발이 차가워지는 것이 이에 속한다.[3] 이러한 증상들은 아무 때나 나타나는데, 즉 스피치를 하기 전, 하는 도중, 하고난 후에 나타난다.

다행히도 대부분의 스피치 불안감 원인들을 제거하고, 증상을 약화시키며, 긴장의 에너지를 긍정적인 방향으로 이용할 수 있는 방법이 있다. 그리고 이미 그 첫 단계는 시작된 셈이다. 퍼블릭 스피킹 수업을 듣는 것은 스피치 불안감을 감소시키는 데 도움이 되기 때문이다.[4] 이 장에서는 왜 퍼블릭 스피킹 상황에서 긴장하는지, 그리고 어떻게 불안감을 관리하고 자신감을 쌓을 수 있는지에 대해 알려줄 것이다. 누구나 공중 앞에서 스피치를 할 때는 항상 약간의 긴장을 하게 된다.[5] 그것은 당연하고 평범하다. 다만, 긴장의 에너지가 스피치를 방해하는 게 아니라 도와줄 수 있도록 불안감을 관리하는 게 중요하다.

스피치 불안감은 무엇인가

스피치 불안감
청중 앞에서 말하는 것에 대한 공포

READ IT! 간단히 말하면, **스피치 불안감**(speech anxiety)은 청중 앞에서 말하는 것에 대한 두려움을 말한다. 스피치 불안감은 불확실성에서 시작된다.[6] 대부분의 사람들의 경우 스피치 상황은 일상적인 것이 아니다. 사람들은 다른 사람들과 매일 커뮤니케이션을 하지만, 스피치와 같이 격식을 갖춘 상황은 아닐 것이다. 다른 사람들과의 매일 일상적인 상호작용이 아니라 공적인 상호작용이라는 낯선 상황으로

그림 2.1 스피치 불안감에 대한 자가진단(PRPSA)

지시사항: 아래의 34문항은 자신에 대해 스스로 점검해야 할 사항들이다. 다음의 기준에 맞게 각 문항별로 자신에게 해당되는 점수를 표시하시오.

매우 그렇지 않다=1, 그렇지 않다=2, 보통이다=3, 그렇다=4, 매우 그렇다=5

______ 1. 스피치를 준비할 때, 긴장되고 불안하다.
______ 2. 수업 중에 발표 또는 스피치를 해야 한다면 불안해진다.
______ 3. 스피치를 할 때, 생각이 뒤죽박죽된다.
______ 4. 스피치를 하고나면, 즐거운 경험이었다고 느낀다.
______ 5. 다가오는 스피치에 대해 생각하면 불안해진다.
______ 6. 스피치하는 것이 두렵지 않다.
______ 7. 스피치를 시작하기 전에는 불안하지만, 시작하고 나면 바로 차분해지고 편해진다.
______ 8. 스피치하는 상황을 기다리게 된다.
______ 9. 수업 중 스피치 과제가 생기면 스스로 긴장하는 게 느껴진다.
______10. 스피치를 할 때 손이 떨린다.
______11. 스피치를 할 때 편안함이 느껴진다.
______12. 스피치 준비하는 게 즐겁다.
______13. 스피치를 하려고 준비했던 것을 잊어버릴까봐 계속 두렵다.
______14. 누군가가 내가 모르는 것에 대해 질문할까봐 불안하다.
______15. 스피치를 자신 있게 하는 모습이 그려진다.
______16. 스피치를 하는 동안 내 스스로를 완전히 장악하고 있다고 느낀다.
______17. 스피치를 할 때 머릿속의 생각이 명확하다.
______18. 스피치를 겁내지 않는다.
______19. 스피치를 시작하기 전에 땀이 난다.
______20. 스피치를 시작하면 심장 박동이 빨라진다.
______21. 스피치를 하기 전 앉아 있는 동안 심한 불안감을 경험한다.
______22. 스피치를 하는 동안 몸의 일부가 매우 긴장되고 경직된다.
______23. 스피치할 시간이 얼마 남지 않았다는 것을 알게 되면 매우 긴장되고 불안하다.
______24. 스피치를 하는 동안 긴장과 스트레스를 조절할 수 있다.
______25. 스피치를 시작하기 직전에 숨이 가빠진다.
______26. 스피치를 하기 직전 또는 한 시간 전에 편안한 기분을 느낀다.
______27. 불안감 때문에 스피치를 더 엉망으로 한다.
______28. 스피치 과제를 할 날짜가 발표되면 불안해진다.
______29. 스피치를 하면서 실수를 하고 나면, 이후의 스피치에 집중하기가 어렵다.
______30. 중요한 스피치 도중에 내면의 무기력감을 느끼게 된다.

그림 2.1 스피치 불안감에 대한 자가진단(PRPSA)(계속)

_______31. 스피치 전날 밤에 잠을 설친다.
_______32. 스피치를 할 때, 심장 박동 수가 빨라진다.
_______33. 스피치를 기다리는 동안 불안함을 느낀다.
_______34. 스피치를 하는 동안 너무 긴장한 나머지 실제로 알던 내용을 잊어버린다.

점수 계산 법 : PRPSA의 점수는 다음의 단계를 통해 계산된다.

1단계: 1, 2, 3, 5, 9, 10, 13, 14, 19, 20, 21, 22, 23, 25, 27, 28, 29, 30, 31, 32, 33, 34의 점수를 모두 더할 것.

2단계: 문항 번호 4, 6, 7, 8, 11, 12, 15, 16, 17, 18, 24, 26의 점수를 모두 더할 것.

3단계: PRPSA 점수 = 72-2단계 총점+1단계 총점.

점수는 34 이상, 170 이하로 나온다. 만약 34 미만이거나 170이 넘으면, 점수 계산이 잘못된 것이다. 131점을 넘으면 스피치 불안감이 심하다는 것을 나타내고, 98점미만은 스피치 불안감이 낮다는 것을 말한다. 98점과 131점 사이는 정상적인 스피치 불안감을 말한다. 스피치 불안감에 대한 연구결과에 따르면 평균 점수는 115점이다.

출처: McCroskey, J. C. (1970)

의 변화는 자연히 긴장을 유발시킨다. 〈그림 2.1〉에 있는 스피치 불안감에 대한 자가진단(PRPSA)(Personal Report of Public Speaking Anxiety)[7]을 통해 스피치 불안감 수준을 알아볼 수 있다.

스피치 불안감의 원인

스피치 불안감은 연사로서 불확실성, 말하기 능력에 대한 불확실성, 아이디어에 대한 불확실성, 청중 반응에 대한 불확실성, 환경에 대한 불확실성, 기술에 대한 불확실성, 평가에 대한 불확실성이라는 7개의 다른 불확실성의 원인에서 파생된다. 이들 원인들은 〈표 2.1〉에 요약되어 있다.

연사로서 불확실성

대부분의 사람들은 스피치를 하는 것보다는 스피치를 듣는 편에 더욱 익숙할 것

표 2.1 스피치에 대한 불확실성과 그에 따른 질문들

불확실성 원인	연사들이 스스로 묻는 질문
연사의 역할	무엇을 해야 하는가?
말하기 능력	무엇을 할 수 있는가?
아이디어	주제에 대해 얼마나 잘 아는가?
청중 반응	다른 사람들이 어떻게 반응할까?
환경	장소에 얼마나 익숙한가 또는 익숙하지 않은가?
기술	기술이 잘 작동할까?
평가	어떠한 인상을 남길까?

이다. 연사의 역할에 관해, 연사들은 '청중들이 내 말을 이해할까?', '노트를 어떻게 활용할까?', '청중들은 무엇을 기대할까?'에 대해 불안해할 것이다. 이러한 불확실성은 스피치를 하기 훨씬 전부터 시작된다. 스피치를 처음 준비하려는 단계에서부터 스피치에 대해 생각하면 심장 박동 수가 빨라지기도 한다.[8] 연사로서 역할에 대한 불확실성이 클수록 스피치에 대해 더욱 불안해진다.

말하기 능력에 대한 불확실성

스피치와 관련된 두 번째 불확실성은 말하기 능력에 대한 것이다. 연사들은 자신이 연사로서 무엇을 할 수 있는가에 대해 궁금할 것이다. 정식으로 주어진 상황에서 커뮤니케이터로서의 능력을 시험해볼 기회는 많지 않았을 것이다. 따라서 연사로서의 능력에 대한 자신감이 없거나, 효과적으로 말하기 위해 필요한 능력을 자신이 갖추고 있는지 확신할 수 없을 것이다. 만약 외국어로 스피치를 한다면, 내용

Speaking of ... **불안감을 증가시키는 정보**

중학교 학생들에 관한 연구에 따르면, 친구들이 퍼블릭 스피킹에 대한 좋지 않은 경험을 했을 경우, 학생들의 불안감은 감소하는 것으로 나타났다. 마찬가지로 반대의 경우도 나타났다. 즉, 퍼블릭 스피킹에 대한 친구들의 좋은 경험은 학생들의 스피치 불안감을 증가시킨다는 것이다. 왜 그럴까? 연구자들은 부정적인 정보가 학생들로 하여금 퍼블릭 스피킹은 그들이 할 수 있는 무언가로 생각하게 한다고 여겼다. 학생들은 퍼블릭 스피킹에 대해 좋지 않은 경험을 한 친구보다 더 잘 할 수 있다고 생각한다는 것이다. 반면, 친구들의 좋은 경험은 학생들로 하여금 효율적인 퍼블릭 스피킹은 하기 어려운 것으로 여기게 한다. 친구들은 매우 특별해서 스피치를 잘 하는 것처럼 보이기 때문이다.[10] 〈스피치 친구 동영상〉을 볼 때, 에반, 자닌, 안토니, 에린은 평범한 학생이라는 사실을 기억하라. 그들은 완벽하지 않으며, 스피치에 관한 그들의 성공담뿐만 아니라 실패담도 이야기해줄 것이다.

을 명확하게 전달하는 능력에 대해 불안해할 것이다. 말하기 능력에 대한 자신감이 적을수록 스피치에 대한 걱정은 커질 것이다.[9]

아이디어에 대한 불확실성

일상적인 대화에서는 말하는 모든 주제에 대해 사람들이 깊이 조사하길 기대하지 않는다. 반면, 스피치 청중은 연사에게 주제에 관한 전문가이길 기대한다. 멍청한 사람이 청중 앞에 서는 것을 바라는 사람은 아무도 없다. 스스로에게 물어보라. 자신의 주제에 대해 얼마나 잘 아는가? 주제에 관한 지식을 확신할 수 없다면, 스피치를 하는 것에 대해 더욱 불안해할 것이다.

청중 반응에 대한 불확실성

주어진 상황에서 어떤 일이 일어날지 매우 잘 안다면, 분명히 편안함을 느끼게 될 것이다. 스피치를 할 때, 연사는 자신의 메시지에 대한 청중의 반응을 정확하게 예측할 수 없다.[11] 스스로에게 물어보라. 청중이 내가 말하는 요점을 이해할까? 그들이 나와 내 생각을 존중할까? 그들이 나의 의견에 동의할까, 반대할까? 그들이 내 스피치에 흥미를 가질까, 아니면 지루해할까? 스피치를 할 때, 연사는 자신의 생각이 거부당할 수도 있다. 스피치에 대한 청중의 반응을 예측할 수 있다고 확신하지 못할수록 더욱 더 불안감을 느끼게 된다.

환경에 대한 불확실성

교실 안의 학생들은 선생님이 앞에 서 있는 것에 익숙하다. 연사는 청중의 앞에 서야 한다. 그 자리에서 보면 교실이 전혀 다르게 보인다. 500명의 사람들로 가득 찬 강당에 서게 되면, 심지어 위협을 느끼게 되기도 한다. 청중의 한 사람으로서 공공 환경에 익숙한 사람도 연사로서는 그 환경에 익숙하지 않을 것이다.[12] 환경에 낯설수록 스피치에 대한 불안감은 커진다.

기술에 대한 불확실성

집에 있는 컴퓨터를 이용해서 메신저와 채팅을 할 수 있다. 인터넷 연결이 끊어지면, 화가 나거나 실망할 수 있지만 당황하지는 않을 것이다. 이와는 대조적으로 스피치를 하면서 이용하던 노트북 컴퓨터가 작동을 멈추면, 연사는 공황 상태에 빠지고 불안감이 고조될 것이다. 스피치를 준비할 때, 연사는 기술적 장비가 제대로 작동할지 점검할 것이다. 기술적 장비에 대한 숙련도가 낮고 제대로 작동하는지 걱정하는 것은 스피치에 대한 긴장을 증가시킨다.

평가에 대한 불확실성

부정적인 평가에 대한 공포는 학생들의 스피치에 대한 불안감의 주요 원인이며, 심장 박동수가 빨라지고, 속이 메스꺼워지는 등의 신체적 증상을 유발한다. 선생님이 스피치를 어떻게 평가할 것인지 알려주더라도 연사는 수업을 듣는 다른 학생들의 반응에 대해 불안해 할 것이다. 이 외에 직장 내 프레젠테이션이나, 회의에서 누군가를 추천할 때와 같은 스피치 상황에서도 다른 사람들이 어떻게 생각할지에 대해 걱정하게 된다.[13] 하지만 연구에 따르면, **스포트라이트 효과**(spotlight effect)로 인해 연사들은 청중이 실제로 보는 것보다 자신들을 더욱 자세하게 관찰한다고 생각하는 것으로 나타났다.[14] 스피치를 하는 도중 발생하는 사소한 것들, 예를 들어 말을 더듬거나 논점을 잃거나 실수로 프레젠테이션 슬라이드를 건너뛰는 행동 등은 연사가 생각하는 것처럼 청중들의 눈에 띄는 행동들이 아니다. 물론 청중들은 연사의 스피치를 평가할 것이다. 하지만 연사의 생각처럼 청중들이 스피치에 그렇게 깊이 집중하지는 않을 것이다.

스포트라이트 효과
사람들이 실제로 관찰하는 것보다 더 자신을 자세히 관찰한다고 생각하는 현상

자신감을 쌓기 위한 전략

다음으로 이 장에서는 스피치를 하기 일주일 전부터 하고난 이후까지 스피치하는 과정을 처음부터 끝까지 순서에 따라 진행하며, 각 단계마다 스피치 불안감을 효율적으로 관리하고 자신감을 쌓기 위해 해야 하는 일들에 대해 알아볼 것이다. 이

를 통해, 스피치가 좀 더 친숙하고 편안한 활동임을 알게 됨과 동시에 스피치 불안감을 관리하기 위한 세부적인 전략을 배우게 될 것이다.

긍정적 태도 갖기

연구에 의하면, 긍정적인 태도를 갖는 것은 다른 사람들 앞에서 말하는 것에 대한 불안감을 해소시켜주는 데 도움이 되는 반면, 부정적인 생각은 불안감을 증가시키는 것으로 나타났다.[15]

스피치 불안감을 지능적인 두려움, 즉 긍정적인 목적을 이루기 위한 자연스러운 반응으로 생각해보라. 지능적인 두려움이라고 생각한다면, 감정이 고조되고, 주위 환경에 대한 감각이 증가하고, 감각 정보에 대해 더욱 주의를 기울이는 등의 두려움에 대한 반응들을 더 좋은 프레젠테이션을 위해 이용할 수 있다.[16] 스피치에 대해 긍정적인 태도를 갖는 것은 자기 실현 암시(self-fulfilling prophecy)가 되어서, 연사가 스피치를 긍정적인 상황으로 받아들임으로써 긍정적인 결과를 이끌어낼 수 있도록 도와준다.

스피치에 대해 긍정적인 태도를 가진다면,

- 청중들과 정보를 공유하고 싶을 것이다.
- 스피치를 다른 사람들에게 윤리적으로 영향을 미칠 수 있는 기회로 여길 것이다.
- 유머와 이야기를 통해 다른 사람들을 즐겁게 해줄 기회를 반길 것이다.
- 스피치와 토론 과정에서 다른 사람들의 하는 말을 귀담아 들을 것이다.

스피치에 대해 긍정적으로 느끼기 위해서는 시간이 필요하다. 하루아침에 이루어지지 않는다. 스피치에 대한 긍정적인 태도 형성은 스피치 불안감을 관리하기 위한 첫 단계이다.

시각화, 제목달기, 긴장 완화

시각화, 제목달기, 긴장 완화는 스피치를 보다 긍정적으로 여기게 해주고, 말할 때 효율성을 높여주는 세 가지 방법이다.

시각화. 시각화(visualization)를 스피치에 적용시켜 보면, 스피치를 하는 동안 일어날 일련의 과정을 긍정적이고, 세부적이고, 실제적이고, 단계적으로 미리 머릿속에 그려보는 것이라 할 수 있다. 스피치 장소와 청중, 그리고 성공적으로 스피치를 하는 자신의 모습을 그려보라. 일이 잘못되는 경우가 아니라 잘 진행되는 것에 초점을 맞춰라.[17] 모든 감각을 이용하여 앞으로 일어날 상황을 실제로 느껴보라. 다음과 같이 자신을 시각화해보라.

시각화
긍정적이고, 실제적이고, 단계적인 사건의 과정을 생각하면서 성공적인 커뮤니케이션 사건을 그려보는 것

- 준비한 노트들을 모으고, 일어서서 강연장의 앞으로 걸어 나간다.
- 청중들과 마주보고, 눈을 맞추고, 미소 지으며 스피치를 시작한다.
- 청중들이 고개를 끄덕이며, 노트에 받아 적으며 주의 깊게 듣는 것을 관찰한다.
- 각 주요 요점을 짚어준다.
- 효율적으로 프레젠테이션 자원들을 통합하여 활용한다.
- 결론을 제시하고 청중들의 박수를 받는다.
- 질문들에 대해 수월하게 답한다.
- 청중들에게 고마움을 표시하고, 자리로 돌아와서 앉는다.
- 효과적인 스피치를 한 것에 대해 자축한다.

심리학자, 선생님, 운동선수, 배우, 그 외의 많은 사람들은 스피치를 할 때 자신의 감정을 조절하는 것이 중요하다고 강조한다. 사람들은 도전적인 상황에서의 성공을 이미 시각화해보았을 것이다. 성공적인 스피치를 미리 시각화해보면, 스피치에 대한 불안감이 줄어들고, 자신감은 늘어날 것이다.[18]

Speaking of ... 캔 두 언어

경험하게 되는 것들을 뭐라고 부르는가? 어려운 상황을 '도전'이라고 생각하는가, 아니면 '난관'이라고 생각하는가? '기회'에 초점을 맞추는가, '한계'에 초점을 맞추는가? 스피치를 귀찮은 일로 여기면 다음 스피치를 할 때도 신나지 않을 것이다. 반면에 스피치가 자신의 생각을 말하고 청중으로부터 반응을 얻는 것이라고 생각한다면, 다음의 스피치를 더욱 열정적으로 기대하게 될 것이다. 그 열정이 스피치를 계획하고 준비하는 과정 내내 동기부여를 해줄 것이다.

제목달기. **제목달기**(relabeling)란 스피치 불안감과 관련된 신체적 반응과 느낌을 긍정적인 단어나 문구를 이용하여 말하는 것이다. 두렵거나 걱정스럽다는 부정적인 단어를 사용하는 대신에 짜릿하고 흥분된다는 긍정적인 단어를 사용해 보라. 목소리가 떨리고 손이 떨리는 느낌을 몸과 마음에 적용시켜서 스피치를 준비하고 실행하기 위해 필요한 에너지를 모으는 데 활용하라. "스피치 때문에 불안하다"라는 말 대신 "스피치를 할 생각에 마음이 설렌다"라고 스스로에게 말하라. 회의적인가? 해보라! 불안감이 마술처럼 사라지진 않겠지만, 제목달기는 스피치에 대한 반응을 긍정적으로 바꿔주고, 불안감을 관리하는 능력을 키워줄 것이다.

제목달기
스피치 불안감으로 인한 신체적 반응과 느낌을 보다 긍정적인 단어 또는 문구로 이름 붙이는 것

긴장 완화 기술들. 긴장 완화 기술(relaxation techniques)은 심장 박동 수가 증가하고 근육이 경직되는 것과 같은 스트레스로 인한 신체적 증상의 감소에 도움이 된다. 좋은 호흡 습관을 가지는 것은 긴장 완화의 기본이 된다. 세 가지 운동은 호흡의 효율성을 증가시키고, 불안을 감소시켜서 긴장 완화를 도와준다.[19]

첫 번째 운동인 **횡경막 호흡**(diaphragmatic breathing)은 횡경막을 이용하여 부드럽고 고르게 숨을 쉬는 것이다. 평평한 바닥에 앉거나 다리를 어깨 넓이로 벌리고 선다. 손을 흉곽 바로 아래 부분에 대고 배를 지그시 누르면서 과장되게 하품하듯이 숨을 쉰다. 천천히 부드럽게 숨을 내쉬며, 배가 이완되도록 내버려둔다.

두 번째 운동인 **명상 호흡**(meditation breathing)은 몸의 긴장을 풀어주는 데 도움이 된다. 횡경막을 이용해서 숨을 쉬는 것으로 시작하지만, 이번에는 숨을 쉬는 과정의 모든 부분에 걸쳐서 어떤 느낌이 드는지에 초점을 맞춘다. 모든 생각을 정리하고 숨쉬는 리듬에 집중해서 들이마시고, 내쉬고, 들이마시고, 내쉰다.

마지막 운동인 **긴장 완화 호흡**(tension-release breathing)은 횡경막 호흡과 몸의 특정 부위 이완을 통합한 것이다. 편안한 자세를 찾아서 자연스럽게 숨을 쉬는 것으로 시작한다. 숨을 쉬는 동안, 근육이 경직된 부위를 찾아낸다. 그 다음 횡경막을 이용해서 숨을 완전히 들이마신다. 천천히 숨을 내쉬면서 경직된 근육을 풀어준다.

표 2.2 시각화, 제목달기, 긴장 완화

전략	간략한 정의	예
시각화	성공적인 프레젠테이션을 그려보는 것	스피치 도입에 대한 청중들의 긍정적인 반응을 떠올린다.
제목달기	불안한 감정을 긍정적인 단어로 부르는 것	'불안함'이란 말 대신에 '생생한' 또는 '활기 찬'이란 말을 사용한다.
긴장 완화	스트레스로 인한 신체적 증상을 감소시키는 것	숨을 쉬는 것에 대한 느낌에 집중하면서 명상 호흡을 한다.

이 과정을 긴장이 완전히 풀렸다는 느낌이 들 때까지 계속한다. 이 운동은 머리부터 발끝까지 또는 그 반대 방향으로 진행하면서 조직적으로 실행할 수 있다.[20]

스피치 불안감을 관리하는 것은 스피치에 대한 긍정적인 태도를 형성하는 것에서부터 시작된다. 성공적인 프레젠테이션의 시각화, 불안한 감정에 새로운 제목달기, 긴장 완화 기술의 이용은 긍정적인 느낌을 증가시키고 불안감을 감소시켜주는 것으로 입증된 세 가지 방법이다. 〈표 2.2〉는 이들 전략들을 요약한 것이다.

스피치 당일 이전에 자신감 쌓기

자신감을 쌓기 위해서는 긍정적인 태도 이상의 것이 필요하다. 스피치를 계획하고 준비하는 전 과정을 효율적으로 마치면, 말하기 능력에 대한 자신감도 생기고 불안감이 감소할 것이다. 다음의 전략들을 이용하여 스피치를 향상시키고 불안감을 관리하라.

스피치 이전에 기획하고 준비 시작

스피치 준비를 일찍 시작하면 스피치 불안감을 줄일 수 있다. 스피치를 준비하기 위한 충분한 시간을 계획하고, 그 일정대로 진행하라. 스피치 준비를 미룬 학생들은 일찍 시작한 학생들에 비해 더 높은 수준의 스피치 불안감을 나타냈다.[21]

Watch it!

동영상 링크 2.1: 스피치 불안감 관리를 위한 전략 활용

이 동영상에서 자닌은 시각화, 제목달기, 긴장 완화의 단계를 검토하여 보여준다. 이 부분은 두 번 시청하는 것이 좋다. 첫 번째엔 각 전략이 어떻게 이루어지는지를 알아보고, 그 다음엔 직접 기술들을 시도할 때 사용하기 위해서 노트에 받아 적으며 보도록 한다.

Use it!

활동 링크 2.1: 스피치 불안감 훈련생

이 활동은 시각화, 제목달기, 긴장 완화 과정을 해보도록 안내해준다. 각 전략을 실행해본 후, 어떤 것이 가장 좋았는지 답해보도록 한다.

관심 있는 주제 선택

만약 연사가 자신의 주제에 매우 관심이 있다면, 자신보다는 주제에 더 초점을 맞출 것이다.[22] 어떻게 주제를 선택하는가에 대해서는 4장에서 더욱 자세하게 다룰 것이다. 여기서는 청중들과 토론을 하고 싶어할만한 몇 가지 주제에 대해 알아볼 것이다. 이들 주제에 대해 얼마나 열광하는가? 잘 알지 못하는 사람들과도 이들 주제에 대해서 이야기해보고 싶은가? 청중들 앞에서 이들 주제에 대해 이야기하는 것을 정말 불안해하는가? 어느 정도 불안한 것은 괜찮지만 특정 주제에 대해 말하는 것에 대해 불안감을 주체할 수 없을 정도라면 그 주제는 피해야 한다. 연사는 매우 중요하고, 다른 사람들이 알아야 한다고 생각하며, 편안하게 말할 수 있는 주제를 선택해야 한다.

●●● THE EVOLVING ART ●●● **스피치 준비를 위한 시간 관리**

일정을 조정하고 시간을 관리하는 것은 쉽지 않다. 이 점에서 보면, 컴퓨터 기술은 매우 고마운 존재다. 기술이 시간을 본질적으로 절약시키지는 못하지만, 일정과 시간을 확인할 수 있도록 도와준다. 휴대폰이나 전자 달력에 있는 전자 일정 알림 기능은 계획된 일정에 맞춰서 일을 진행하도록 자극하여, 스피치 준비를 위해 대략의 계획을 세우는 데 실제로 시간을 사용하게 한다. 스피치를 준비하는 시간표를 만들기 위해서 휴대폰, PDA, 또는 컴퓨터에 있는 달력 기능을 이용하라. 조사 완료와 같은 주요 시점이 다가오는 것을 일깨워주도록 일정 알림 기능 프로그램을 설정하라.

주제에 대한 지식

6장에서 심도 있게 논의되겠지만, 주제에 대해 완벽하게 조사하는 것은 연사로서의 자신감을 키워주고 성공적인 스피치를 하게 해준다.[23] 스피치에서 보여주는 것은 연사가 주제에 대해 아는 것의 매우 작은 부분에 지나지 않는다. 만약 조사를 제대로 하지 않으면, 스피치에 대해 불안해할 것이다.

청중분석

청중들이 어떤 사람들인지, 그들이 주제에 대해 무엇을 아는지, 어떻게 느끼는지, 어떻게 반응할지(5장 참조)에 대한 불확실성을 감소시키기 위해 청중에 대하여 조사하라. 청중에 대해 친숙해지면, 스피치를 기획하는 것이 더 수월해지고 그들이 스피치에 대해 긍정적으로 반응할 가능성이 커진다.[24]

스피치 연습

주제에 대해서 편안하게 말할 수 있다고 느낄 때까지 스피치 연습을 하라(11장 참조). 가능하다면 환경에 대한 불확실성을 줄이기 위해서 교실, 회의실, 강당 등 스피치를 할 장소와 비슷한 곳에서 연습하라. 다른 사람들 앞에서 연습하면 피드백을 해줄 사람을 확보하게 되어서 불안감이 감소한다. 특히 4명 이상의 청중 앞에서 스피치 연습을 할 때, 불안감이 감소할 뿐 아니라 스피치에 대한 평가도 높아진다는 연구결과가 있다.[25] 연습을 하면, 연사 자신과 스피치에 어떤 몸동작이 알맞은지 알 수 있다. 또한 노트를 이용하고, 프레젠테이션 장비들을 함께 사용하는 가장 좋은 방법도 알게 될 것이다.

어떤 사람들은 스피치를 해야 하는 상황이 있어도 심한 불안감을 경험하지 않는다. 불안감이 적은 것이 유리해 보일 수도 있지만, 이는 스피치를 계획하고 연습하는 데 동기부여가 되지 않는 결과를 초래할 수도 있다. 스피치 예행연습을 하지 않는 것은 스피치에 부정적인 영향을 주어 스피치하는 도중의 불안감을 증가시킨다.[26] 최고의 연사들조차도 연습을 한다.

더욱이 스피치에서 실제로 사용할 기술 장비들로 연습하면, 기술에 대해 능숙하지 않을 때 다른 사람들의 부정적인 반응을 두려워하는 **기술공포증**(technophobia)을 감소시킬 수 있다. 기술 장비를 이용한 연습을 하지 않으면 준비가 되지 않은 것처럼 느껴져서, 이는 불안감을 증가시키고 스피치에 부정적인 영향을 주게 될 것이다.[27]

기술공포증

사용자가 기술적인 장비 사용에 익숙하지 않은 것에 대해 다른 사람들이 부정적으로 반응하는 것에 대한 공포

서론과 결론에 대한 이해

스피치를 할 때, 서론을 성공적으로 제시하면 자신감이 커지고, 불안한 마음을 진정시킬 수 있고, 불안감을 증가시키는 걱정스러운 생각들을 감소시킨다.[28] 자신이 현명하고, 자연스럽고, 인상 깊게 결론을 내릴 것이라고 생각한다면, 긍정적인 태도가 증가하고 스피치 내내 불안감이 감소될 것이다. 서론과 결론에 대해 잘 알기 위해 사용하는 유용한 전략 중 하나는 단어 하나하나를 적어보는 것이다. 그 다음 적어놓은 내용을 큰 소리로 여러 번 읽어 보면서, 어떻게 들리는지 들어보고, 수정해야 할 필요가 있으면 고쳐 나가는 것이다. 일단 만족스러운 서론과 결론이 준비되면, 가능한 최선을 다해서 그것을 암기하라. 대체로 스피치하는 내용 전부를 외우지는 않지만 서론과 결론을 외우면 보다 유창하게 발표할 수 있게 되고, 불안감을 줄일 수 있다.

주의 깊은 계획 및 준비는 연사가 직면하는 불확실성을 어느 정도 감소시켜 준다. 이처럼 장기적인 전략을 수립하는 것은 자신감을 증가시키고, 긍정적인 느낌을 갖게 해준다. 다음으로 스피치 불안감을 관리하는 좀 더 단기적인 전략에 대해 알아보도록 하겠다.

스피치 당일 자신감 쌓기

스피치에 대한 긍정적인 태도를 갖고 계획을 세워서 준비를 하고 연습까지 했다면, 스피치에 대한 자신감이 생겼을 것이다. 하지만 여전히 손이 떨리거나 속이 메스껍고, 입이 바짝 마를 것이다. 이러한 마지막 불안감을 어떻게 없앨 수 있을까? 다음의 내용은 스피치 당일의 불안감을 관리할 수 있도록 도와줄 것이다.

스피치 전에 할 일

스피치를 하는 당일, 자신감을 가지면 긍정적인 에너지가 활발하게 작용한다. 다음의 기술들은 스피치를 하는 날에 자신감을 높여주는 방법을 제공해준다.

- 상황에 맞는 옷차림을 갖출 것. 훌륭한 옷차림이 준비가 부족한 스피치를 만회시키지는 못하지만, 환경에 알맞은 옷차림을 갖추었다면 더 편안하게 느낄 것이고, 불안감도 누그러질 것이다. 무슨 옷을 입어야 할지 모르겠다면, 인정받는 연사의 옷차림은 어떤 것일지 생각해보라. 전문가처럼 보이게 해주며, 그 상황에 맞는 옷을 선택하라.
- 모든 노트와 자료들을 정돈해 둘 것. 스피치에 필요한 모든 자료들을 어디에 두

▲ 스피치 상황에 맞는 옷차림은 자신감을 높여주고, 스피치 불안감을 낮춰준다.

었는지 기억하고 찾기 쉽도록 일정 장소에 정리해두어라. 자신의 스피치 차례가 되었을 때, 차분하고 자신 있게 강단 앞으로 걸어 나갈 수 있도록, 스피치 장소에 도착하면 모든 것을 정돈해두어라.

- 일찍 도착할 것. 스피치할 장소에 여유 있게 도착할 수 있도록 충분한 시간을 확보하라. 시간이 다 되어서 급하게 도착하거나, 심지어 늦게 도착한다면, 심한 스트레스를 받게 될 것이다.
- 숨을 고를 것. 스피치를 시작하기 전에 숨을 고르는 것은 긴장을 푸는 데 도움이 된다. 이 장의 앞부분에서 횡경막 호흡과 명상 호흡에 대해 배운 것을 떠올려라. 숨을 완전히 내쉬고 나서 1, 2초 동안 숨을 참고 있다가 천천히 숨을 들이쉰다. 다시 멈추고 나서 이번에는 자연스럽게 내쉰다. 숨을 어떻게 쉬는가에 대해서만 생각하면서 이런 식으로 1분 정도 따라한다. 몸에 필요한 산소가 공급됨에 따라 차분해지는 것을 느끼게 되며, 생각을 비우고 스피치할 것에만 집중하게 된다.
- 목소리를 사용할 수 있도록 준비할 것. 아무도 없는 곳에서 혼자 소리 내어 말하거나, 다른 사람들과 스피치 행사에서 말하면서 목소리를 이용하여 스피치를 할 수 있도록 준비하라. 이를 통해 목소리를 사용할 준비를 할 수 있고, 다른 사람들과 이야기 나누는 것은 긴장 완화에 도움이 될 것이다.[29]
- 스피치에 필요한 모든 기술적인 측면을 사용 가능하도록 준비할 것. 예를 들어, 만약 사용할 노트북과 빔 프로젝터가 자신의 것이 아니라면, 스피치할 장소에 장비들이 있는지 반드시 확인해야 한다. 스피치 장소에 도착하면 장비시스템이 준비되어 있고 제대로 작동하는지 확인해야 한다. OHP를 사용할 때엔 기기가 잘 작동하는지, 스크린 상에 선명한 영상을 보여주는지 확인해야 한다. 이러한 세부사항들을 점검하면서 기술적인 불확실성을 감소시킬 수 있다(10장 참조).
- 다른 연사들에게 집중할 것. 스피치할 차례를 기다리면서 마지막까지 스피치를 연습해보고 다른 사람들이 스피치하는 동안 노트를 검토해보고 싶은 유혹을 느낄 것이다. 이는 자신에게 초점을 맞추게 해주어서 스피치 불안감을 증가시킨다. 그 대신 다른 연사들의 스피치를 적극적으로 들으면 보다 안정될 것이

다. 어쩌면 자신의 스피치에 끼워 넣을 정보도 얻을 수 있을 것이다. 그리고 자신의 메시지를 청중에 맞도록 잘 조정할 수 있게 된다(5장 참조). 연사의 중요 요점을 메모하고, 스피치가 끝난 후 질의응답 시간에 참여하면 다른 사람들이 말하는 것에 더욱 관심을 갖게 될 것이다.

스피치를 하는 당일까지도 시시각각 스피치 불안감을 관리하는 것은 지속적인 계획을 필요로 한다.

스피치를 하는 동안 할 일

스피치를 하기 위한 만반의 준비를 마쳤다 하더라도 스피치를 하는 동안 약간의 불안감을 겪게 될 것이다. 스피치를 하는 동안 불안감을 관리하기 위해서 다음의 전략들을 사용할 수 있다.

- 긍정적인 태도를 보일 것. 스피치를 위해서 자신이 관심을 가지고 있는 주제를 선택하고, 조사를 실시하고, 청중을 분석하고, 아이디어들을 구성하고, 스피치를 연습했을 것이다. 상황에 맞는 옷을 입고, 스피치 장소에 일찍 도착했을 것이다. 주제에 관한 한 전문가가 되었으며, 이에 대해 다른 사람들에게 말할 기회를 얻게 되어 즐거울 것이다. 이제 자신의 차례가 되어 일어서서 스피치를 할 때, 이미 시각화했던 긍정적인 시나리오대로 행동하라.
  - 차분하게 교실 앞으로 걸어 나간다.
  - 청중들과 마주 서서 모든 경청자들을 바라본다.
  - 심호흡을 하고 미소를 짓는다.
  - 명확하고, 자신감 있고, 열정적으로 스피치를 시작한다.
- 약간의 스피치 불안감을 예상할 것. 연사들은 어느 시점에선가 약간의 불안함을 느끼게 될 것이다. 당연한 일이다! 대부분의 연사들은 말하기 직전에 불안해한다. 일반적으로 서론을 말하고 나면 불안감은 점차 줄어들지만,[30] 스피치 내내 여전히 불안감이 요동칠 것이다. 경험이 쌓일수록 불안함을 느낄 때 대처할 수 있는 더 좋은 방법을 찾게 될 것이다. 스피치 불안감을 없애려는 것이 아니라 관리하려는 것이라는 사실을 기억하라.

- **불안감을 생산적인 에너지로 바꿀 것.** 스피치 불안감을 긍정적인 신체 에너지의 발생 요인이라고 이름 붙여라. 이러한 불안함을 이용하여 적절한 제스처, 몸동작, 얼굴 표정, 목소리 톤을 만들어라. 예를 들어, 청중을 대면했을 때 목소리를 크게 내거나, 스피치에서 중요한 부분을 강조할 때 인상적인 제스처를 취하기 위해 불안감이 제공해주는 약간의 에너지를 이용하라.
- **불안감을 확대해석하지 말 것.** 스피치를 하면서 연사는 왜 자신이 이러한 스피치 불안감을 느끼는지 궁금해 하며, 이를 바로 분석하고 싶을 것이다. 하지만 스피치 불안감에 대해 생각하는 것은 스피치하려는 것에 집중해야 할 주의를 분산시키며, 이로 인해 더욱 불안해질 따름이다. 불안감을 인식하되 불안감에 사로잡히지 말라. 나중에 스피치를 되돌아보며 어떤 느낌이었는지 알 수 있을 것이다.
- **스피치 불안감을 언급하지 말 것.** 대부분의 사람들은 스피치 불안감과 같은 자신들의 내면 상태를 다른 사람들이 쉽게 알아챌 것이라고 믿는 **투명성의 착각**(illusion of transparency)을 경험한다. 연구에 의하면, 연사들은 일관성 있게 다른 사람들이 생각하는 것보다 자신이 더 불안해한다고 평가하는 것으로 나타났다.[31] 본인이 스스로 불안하다고 말하지 않는다면, 청중을 알지 못할 것이다. 하지만 스스로 말하게 되면 청중은 불안함의 증상을 찾으려고 하게 되어서 스피치에 집중하지 못할 것이다. 또한 연사도 청중의 주의 깊은 시선을 느끼게 되어 더욱 불안해할 것이다. 대신 긍정적인 태도를 유지하라. 자신감 있게 생각하고 행동한다면, 청중도 그렇게 여길 것이다.

투명성의 착각

사람들이 자신들의 느끼는 감정을 다른 사람들이 실제보다 더 명백하게 알 것이라고 생각하는 경향

- **자신이 아니라 청중에게 초점을 맞출 것.** 청중에 대해 분석을 하면(5장 참조), 자기 자신보다는 청중의 요구와 관심에 집중하게 된다. 그러면 메시지를 효과적으로 발표하기 위해 모든 노력을 쏟게 되어서, 자신을 의식하거나 불안해하는 것이 줄어들 것이다. 청중을 상대방이 아니라 친구라고 생각하는 것도 불안감을 해소시켜줄 것이다.[32]
- **청중의 피드백에 집중할 것.** 연사가 긍정적인 태도를 보이면, 청중도 고개를 끄덕이거나, 미소를 짓거나, 눈을 맞추며 그 에너지를 돌려줄 것이다. 이는 모든 청중이 연사의 의견에 동의하는 것은 아니지만, 자신감은 받아들인다고 볼 수

있다. 이러한 청중의 피드백은 연사로서의 역할에 대한 불확실성을 감소시키고, 불안감을 경감시킨다.

- 사과나 변명을 하지 말 것. 만약 요점을 잘못 말하거나, 중요한 내용과 덜 중요한 내용을 뒤섞어서 말하거나, 발음을 잘못 할 경우에는 간단하게 바로잡고 넘어가라. 예를 들어, 중요한 요점을 빼먹었다는 사실을 알게 되면, 하고 있던 말을 끝마치고 나서 "이것을 맥락에 맞춰 보면…"과 같이 말하면서 실수로 건너뛰었던 지점으로 돌아가라. "제 컴퓨터가 어젯밤에 고장나서 발표할 슬라이드가 없습니다"와 같은 변명을 하지 말라. 변명은 연사의 신용도를 떨어뜨리고, 청중은 부정적으로 반응하게 되어서 스스로 불안감을 키우게 된다.

모든 연사들은 스피치를 하는 동안 약간의 스피치 불안감을 겪는다. 이러한 불안감이나 에너지를 보다 집중도 높고 역동적인 스피치를 위한 이점으로 활용하라.

스피치를 한 후에 할 일

스피치를 마치고 난 후에도 여전히 약간의 불안감을 느낄지도 모른다. 이는 지극히 평범한 상황이다. 이 때, 불안감을 관리하기 위한 몇 가지 방법이 있다.

- 청중의 질문을 주의 깊게 들을 것. 자신의 응답을 준비할 시간을 가져라. 만약 질문을 정확하게 이해하지 못했다면 확인을 위해 질문하라. 예를 들어 "무슨 뜻인지 정확하게 모르겠습니다. 더 자세하게 질문해주시겠습니까?"라고 말할 수 있다. 청중의 질문에 완전히 집중하면, 계속해서 청중에 초점을 맞추게 되어 불안감을 관리하는 데 도움이 된다. 많은 연사들은 정식 스피치가 끝난 후 질의응답 시간 동안 불안한 감정이 눈에 띄게 감소하는 것을 경험한다.
- 스피치를 마친 후에도 스피치 불안감이 나타난다는 사실을 인지할 것. 몇몇 연사들은 실제로 스피치를 할 때보다 자신들의 스피치를 되돌아볼 때 더 불안해진다고 말한다. 이럴 때에는 발표한 전체적인 상황에 대해 생각해보라. 어떤 점이 좋았고, 어떻게 하면 앞으로 더 잘 할 수 있을지 되돌아보라. 절대로 스피치 후에 경험하게 되는 불안한 감정으로 인해 자책하지 말라.
- 긍정적인 태도를 강화할 것. 스피치를 끝낸 것에 대해 자축하고, 발표하기 위해

Watch it!

동영상 링크 2.2: 스피치 불안감 자세히 살펴보기
이 동영상에서는 안토니와 자닌이 등장한다. 우선 그들은 자신들의 지배적인 공포와 스피치 불안감의 원인을 서술하고 나서, 어떻게 그 두려움들을 관리했는지 간단하게 논의할 것이다.

Use it!

활동 링크 2.1: 뭐, 내가 걱정한다고?
이 활동은 스피치와 관련된 자신의 공포를 알 수 있는 기회를 제공해주고, 스피치 불안감을 관리하기 위한 계획을 수립하게 해준다.

했던 모든 작업들을 돌아보라.

- 스피치 불안감을 관리하는 유용한 전략을 찾아낼 것. 스피치를 하면서 가장 편안하다고 느꼈던 순간을 떠올려라. 불안감을 관리하는 데 어떤 전략이 주효했는가?
- 미래의 스피치 상황에서 사용할 수 있도록 불안감 관리 계획을 세울 것. 지금까지 배운 스피치 불안감을 관리하는 방법들을 자신의 성격과 말하는 스타일에 맞도록 수정해야 한다. 미래의 스피치에 적용할 수 있는 불안감 관리 방법들의 목록을 작성하라. 그 다음 자신감을 키워주고 불안감을 해소시켜 줄 추가 전략들을 생각해보라.

대부분의 경우, 연사들은 스피치가 끝나면 스피치 불안감도 사라진다. 하지만 몇몇 연사들은 공식적인 스피치가 끝난 후에도 약간의 불안감을 경험한다.

거의 모든 사람들이 스피치 불안감을 경험한다. 스피치 불안감은 사라지지 않지만, 그것을 관리하는 여러 가지 방법들에 대해 배웠다. 〈표 2.3〉에는 스피치를 하기 전, 하는 도중, 하고난 후에 자신감을 증가시키는 전략들을 요약해놓았다.

표 2.3 자신감을 쌓기 위한 전략들

스피치 당일까지	스피치 당일, 스피치를 하기 전	스피치 당일, 스피치를 하는 도중	스피치 당일, 스피치를 하고난 후
• 긍정적인 태도 유지 • 일찍 스피치 준비 시작 • 관심 있는 주제 선정 • 주제에 정통 • 청중에 대한 심도 있는 분석 • 충분하고 효과적인 연습 • 서론과 결론에 대한 이해 • 시각화 활용 • 제목달기 활용 • 긴장 완화 기술 활용	• 적합한 복장 • 모든 스피치자료 정돈 • 일찍 도착 • 차분히 심호흡 • 목소리 준비 • 기술적 장비 확인 • 다른 연설 경청, 정신적 예행연습 금지 • 시각화 활용 • 제목달기 활용 • 긴장 완화 기술 활용	• 긍정적인 태도 표현 • 약간의 불안감 예상 • 불안감을 생산적 에너지로 변환 • 불안감 확대분석 회피 • 청중에게 불안감 언급 금지 • 자신이 아니라 청중에 집중 • 청중들의 피드백 수용 • 사과 및 변명 금지	• 청중의 질문을 경청 • 불안감 발생 인지 • 긍정적인 태도 강화 • 효율적인 불안감 관리 전략 모색 • 미래의 스피치 불안감 관리 계획 개발

요약

스피치 공포로부터 완전히 자유로울 수 없을 것이다. 하지만 괜찮다. 왜냐하면, 그러한 감정들은 스피치를 준비하게 하는 자극이 되기 때문이다. 스피치를 하기로 예정된 날을 생각하면, 긴장이 되고, "조사를 빨리 끝내야 해", "청중에 대해 좀 더 알아야겠어", 또는 "스피치 연습을 다시 해야겠어"라고 생각할 것이다. 불안함이 자극하지 않는다면, 스피치를 완벽하게 준비하지 않을 것이고, 결과적으로 제대로 스피치를 하지 못할 것이다.

스피치 불안감을 관리하는 중요한 요인은 스피치에 대해 긍정적인 태도를 형성하는 것이다. 시각화, 제목달기, 긴장 완화 기술들은 긍정적인 태도를 형성하고, 연사로서 자신감을 키워주고, 불안감을 감소시켜 준다. 하지만 스피치 공포를 관리하는 것은 올바른 정신적 수양만으로는 충분하지 않다. 완벽한 계획, 준비, 연습은 실제로 스피치할 준비가 완료되었다는 느낌이 들게 해주어서 자신감을 증가시킨다. 모든 연사들은 불안한 감정을 갖고 사는 방법을 배워야 한다. 이 장에서는 이러한 감정들을 관리할 수 있는 여러 가지 실제적인 전략들에 대해 알아보았다.

스피치 불안감을 관리하는 방법을 개발할수록 더욱 연사로서 자신감을 갖게 될 것이다. 자신이 느끼는 불안감은 자신을 압도하는 것이 아니라, 보다 역동적이고, 깊이 관여된 청중 중심의 스피치를 하도록 도와주는 역할을 한다는 것을 명심하라.

온라인 자원 안내

이 책 〈퍼블릭 스피킹: 진화하는 발표기술〉을 위한 온라인 자원은 추가적인 샘플 스피치 동영상, 스피치 빌더 익스프레스, 인포트랙 대학편, 학습지원이다. 학습지원에는 주요단어 플래시 카드, 리뷰 퀴즈, 비판적 질문이 있으며, 궁금한 점이 있다면 교수님께 이메일로 보낼 수 있다. 또한, 온라인 자원의 특징은 생동감 있는 웹링크로 해당 챕터와 연결된다. 링크된 사이트들은 정기적으로 관리되고 일정기간마다 추가된다.

●●● REVIEW IT ●●● 학습항목과 복습자료들

책 내부
- 요약
- 주요단어
- 비판적 질문

더 많은 학습 자원
- 스피치 스튜디오
- 퀴즈
- 웹링크

학생 워크북
- 2.1 자신감 있는 행동 알기
- 2.2 불안한 행동 알기
- 2.3 성공의 시각화
- 2.4 5초 간 들이쉬고, 5초 간 멈추고, 5초 간 내쉬기
- 2.5 독특한 뉴욕

스피치 친구 동영상

동영상 링크
- 스피치 불안감 관리를 위한 전략 활용
- 스피치 불안감 자세히 살펴보기

활동 링크
- 스피치 불안감 훈련생
- 뭐, 내가 걱정한다고?

샘플 스피치 동영상
- 제시카, 자기소개 스피치
- 로렌, '리본 달기' 즉흥 스피치

스피치 빌더 익스프레스
- 개요
- 서론
- 결론

인포트랙

추천 검색어
- 자신감 있는 스피치 실행
- 불안감과 스피치 실행
- 스피치 불안감 관리
- 시각화 기술
- 제목달기 기술
- 긴장 완화 기술

음성 학습 수단
- 제시카의 자기소개 스피치
- 비판적 사고 질문
- 학습목표
- 장 요약

주요단어

기술공포증	스포트라이트 효과	스피치 불안감
시각화	제목달기	투명성의 착각

비판적 질문: 확인과 토론를 위한 질문

1. 연사가 스피치를 할 때 직면하는 불확실성 중 하나는 청중이 자신의 생각에 어떻게 반응할까에 관한 것이다. 청중들이 연사의 생각을 거절하는 상황을 떠올려보라. 거절에 대한 공포가 어떻게 선정 가능한 스피치 주제를 회피하게 하는가? 이러한 회피의 긍정적인 측면은 무엇인가? 선정 가능한 스피치 주제 회피의 단점은 무엇인가?
2. 스포트라이트 효과는 연사가 자신의 행동에 대한 다른 사람들의 인식 정도를 과잉추정한다고 주장한다. 교실에서의 강의나 직장에서의 프레젠테이션 처럼 자신이 청중의 한 사람이었던 최근의 스피치 상황을 생각해보라. 그 때의 연사의 복장, 예절, 제스처, 목소리, 주제, 그 외의 스피치 내용에 대해서 서술해보라. 청중으로서 연사를 얼마나 관찰했는가? 스포트라이트 효과는 어떤 의미를 담고 있는가? 청중의 관찰력이 그만큼 뛰어난가? 아니면 연사들이 그들 자신들에 대해, 그리고 자신들이 다른 사람들에게 어떻게 보일지에 대해 지나치게 걱정하는 것인가?
3. 자신감을 쌓기 위한 장기적인 전략 중 하나는 시각화, 제목달기, 긴장 완화 기술들을 통해서 스피치에 대한 긍정적인 태도를 형성하는 것이다. 긍정적인 태도를 형성하는 것에 대한 부정적인 측면이 있는가? 즉, 연사가 지나치게 긍정적일 수도 있는가? 성공적인 프레젠테이션을 시각화할 때 어떤 점을 주의해야 하는가? 제목달기는 연사가 중요한 걱정 요인을 찾는 것을 방해하기도 하는가? 연사가 지나치게 긴장을 푸는 경우도 가능한가?

3장 윤리적 말하기와 듣기

Ethical Speaking and Listening

Read it

Watch it

Use it

Review it

윤리적 커뮤니케이션(ethical communication)이란, 진실, 공정, 존중 등과 같이 말하기와 듣기의 도덕적 측면을 의미한다. 윤리는 휴먼 커뮤니케이션의 중심이다. 몇 가지 중요한 과정을 거치면서, 디지털 기술은 커뮤니케이션하는 사람들이 다른 사람들과 상호작용할 때 받아들여야 할 윤리적인 책임을 증가시켜 왔다.[1] 사람들은 이제 온라인상의 풍부한 정보에 접근할 수 있게 되었다. 연사들은 어떤 정보를 이용하고 어떤 정보를 회피할 것인지 결정할 때, 어떠한 윤리적 기준을 적용하는가? 연사들은 프레젠테이션을 할 때, 음성, 영상 파일을 쉽게 통합하여 활용한다. 이러한 미디어를 활용할 때, 연사들은 어떤 윤리적 가이드라인을 적용해야 하는가? 일례로 콜린 파웰(Colin Powell)은 이라크 침공 사례를 유엔에 발표하면서 디지털 이미지들을 활용하였다. 이후에 그 중 위성사진과 같은 몇몇 이미지들은 그가 주장한 것처럼 실제 그 지역이 아니었던 것으로 밝혀졌다.[2] 비록 유엔에서는 전쟁 지지 의결안이 통과되지 않았지만, 미국 국회에서는 그 메시지가 설득력 있다고 평가되어서 이라크에 군대를 파병할 수 있도록 대통령에게 권한을 위임하겠다는 표결 결과가 나왔다.

윤리적 커뮤니케이션
다른 사람들과의 상호작용의 도덕적인 측면을 말하며, 진실성, 공정성, 책임, 성실, 존중이 포함됨

청중들 역시 윤리적 딜레마를 야기하는 디지털 기술을 이용하곤 한다. 청중이 연사 모르게 스피치를 녹음할 수 있는가? 2명의 기자들이 미시시피에서 학생들을 대상으로 한 대법원 판사의 스피치를 허가 없이 녹음했을 때, 미국 경찰관들이 녹음된 테이프를 지우라고 강요했다.[3] 공인으로서 판사가 하는 말은 뉴스 가치를 가진다. 하지만 기자들은 스피치를 녹음하려는 의도의 정당성을 입증하지 못했다. 윤리적인 문제는 이처럼 연사와 청중 모두의 과제이다.

수업 내 윤리적 책임

READ IT! 미국커뮤니케이션학회(NCA)(National Communication Association)에 의하면, "윤리적 커뮤니케이션은 진실성, 공정성, 책임, 개인적 성실성, 그리고 자신과 다른 사람들에 대한 존중을 키워줌으로써 인간의 가치와 존엄성을 드높인다"고 하였다.[4] 이 짧은 문장은 연사들에게 명확한 가이드라인을 제공해준다. 예를 들어, 윤

리적인 연사들은 정확한 정보를 제시하고, 화제에 대한 모든 측면을 고려하고, 주제에 대해 주의 깊게 조사하고, 그들 자신과 청중들에 대한 존중을 보여줘야 한다.

커뮤니케이션 분위기
사람들이 서로 커뮤니케이션할 때 형성되는 심리적, 정서적 분위기

위의 문장은 또한 청중에게도 적용된다. 경청하는 기술은 생산적인 **커뮤니케이션 분위기**(communication climate), 즉 사람들이 다른 사람들과 상호작용하면서 형성되는 심리적, 정서적 분위기의 중요한 기반을 마련해준다.[5] 윤리적인 청중은 적극적으로 듣고, 의미 있는 피드백을 제공할 준비를 해서 스피치 행사에 참석한다. 윤리적 연사와 청중은 협동해서 서로를 존중하면서 자신의 생각을 자유롭게 표현할 수 있는 협조적인 커뮤니케이션 분위기를 이끌어낸다. 반대로 청중과 연사가 서로를 존중하지 않고 자유로운 의사 표현이 금지될 때, 방어적인 커뮤니케이션 분위기가 조성된다.

연사와 청중으로서 각 사람이 개인적 책임과 공동 책임을 이행하는, 커뮤니케이터들의 윤리적 공동체(커뮤니티)가 퍼블릭 스피킹 수업 내에서 만들어질 수 있다. 퍼블릭 스피킹 수업에서는 많은 부분의 활동들이 교실 밖에서 이루어지기 때문에 각 학생들에게 높은 수준의 개인적 책임 이행이 요구된다. 이 수업에서 남들보다 뛰어나려면, 스피치 기술을 계발하겠다고 확고하게 다짐해야 한다. 강력하고 신나는 공동체 의식은 연사와 청중으로 협동하겠다는 공동 책임을 발전시켜서 협조적인 커뮤니케이션 분위기를 생성해낸다.

●●● THE EVOLVING ART ●●● 온라인 커뮤니티 만들기

온라인 커뮤니케이션은 퍼블릭 스피킹 수업 내의 커뮤니티를 만들도록 도와준다. 페이스북(Facebook)과 마이스페이스(MySpace)와 같은 소셜네트워크사이트(SNS: Social Networking Sites)는 수업을 같이 듣는 다른 사람들이 볼 수 있도록 자신의 웹페이지를 제작하게 해준다. 같은 수업을 듣는 친구들이 자신에 대해 더 많이 알게 되고, 자신도 다른 친구들에 대해 더 잘 알게 된다. 이러한 정보들은 청중에 대해 쉽게 분석할 수 있게 해주고, 공동체 연대감을 갖도록 도와준다. 또한 이메일이나 채팅을 이용해서 온라인 스터디 그룹을 만들고 수업 내에서 다른 사람들과 상호작용할 수 있다. 협조적인 교실 공동체는 매주 몇 시간씩 직접 만나는 것뿐만 아니라 인터넷 커뮤니케이션을 통해서도 형성된다.

윤리적 커뮤니케이션의 원칙

많은 전문기관들은 윤리 수칙을 적용하고 있다. 일례로 미국연사협회(NSA)(National Speakers Association)는 회원들이 가입할 때 윤리 서약서에 서명을 하게 한다. 미국경영학회(AOM)(Academy Of Management)는 회원들이 가르치고, 연구하고 경영 실습을 할 때 필요한 윤리 원칙들을 수립하였다. 비슷한 예로 미국교육통신공학협회(AECT)(Association for Educational Communication and Technology)는 개인, 사회, 전문성의 서약을 중심으로 한 윤리 수칙을 시행하고 있다.[6] 〈표 3.1〉에는 이들 기관들의 윤리 수칙들을 축약해놓았다.

미국커뮤니케이션학회는 특히 스피치에 적합하도록, 윤리적인 커뮤니케이터를 위한 원칙들의 개요를 제시하였다(그림 3.1).[7] 다음은 이러한 각 원칙에 대해서 논의하겠다.

진실, 정확, 정직, 이성

커뮤니케이션은 한 사람을 다른 사람들과 연결해주는 본질적인 사회적 행동이다. 자신이 존중받기를 원하듯이 다른 사람들도 존중받기를 원한다. 다른 사람들과의 진실하고, 정확하며, 정직하고 논리적인 상호작용에서 이러한 존중이 생긴다. 진실성은 정보가 믿을만한가의 의미를 포함한다. 최근 뉴욕의 한 고등학교 교장은 졸업식에서 다른 사람의 연설 내용을 이용해서 스피치한 사실이 밝혀짐에 따라 해임되었다. 실제 원작자를 언급하지 않은 채 단어를 그대로 인용했기 때문이었다. 오리건주의 한 라디오 방송국에서는 요리사가 출처를 밝히지 않은 채 다른 정보를 이용했다는 이유로 방송담당자가 지역 요리쇼 프로그램을 취소했다.[8]

윤리적인 청중들은 연사의 메시지를 완전히 듣고, 건설적인 피드백을 제공한다. 그리고 스피치가 끝난 후 의례적으로 진행되는 질의응답 순서에서는 자신이 연사의 생각을 주의 깊게 들었다는 것을 보여주는 적절한 질문을 한다.

표현의 자유, 관점의 다양성, 반대에 대한 관용

윤리적 커뮤니케이션이라는 말은 미국 헌법, 특히 다음과 같은 수정 헌법 제1조를 존중한다는 것을 의미한다.

표 3.1 3개의 전문기관의 윤리 수칙

미국연사협회(NSA)의 전문 윤리 수칙	미국경영학회(AOM)의 일반 윤리 원칙	미국교육통신공학협회(AECT)의 윤리 수칙
1조 NSA 회원은 구두 또는 문서 커뮤니케이션에 대한 자격과 경력을 정확하게 표기해야 한다. 2조 NSA 회원은 스피치의 전문성을 위반하거나 신뢰를 떨어뜨리지 않도록 활동하고, 사업을 운영하고, 높은 전문성을 지니고 말해야 한다. 3조 NSA 회원은 의뢰인의 조직을 이해하고, 프레젠테이션의 진보를 위한 접근방법 및 목표를 이해하는 데 근면성을 발휘해야 한다. 4조 NSA 회원은 다른 사람들이 원래 만든 자료, 제목, 주제 창의성을 원작자의 승인 없이 구두 또는 문서로 이용하는 것은 피해야 한다. 5조 NSA 회원은 전문가의 예의, 존엄, 존중을 갖추어 다른 연사들을 대해야 한다. 6조 NSA 회원은 사업상 기밀이나 의뢰인, 대행인, 그리고 다른 연사들의 개인적 사건을 보호하고 존중해야 한다. 7조 NSA 회원은 사기나 불공정 행위로부터 공중을 보호해야 하고, 전문성의 신뢰를 떨어뜨리는 모든 활동을 스피치 전문 분야에서 근절시키기 위해 노력해야 한다. 8조 NSA 회원은 다른 연사나 의뢰인의 시장 진입 또는 공중으로의 접근에 대해, 다른 연사의 경제적 요인, 인종, 교파, 피부색, 성별, 연령, 장애 또는 국적에서 비롯되는 불공정한 제약이나 규제와 관련된 어떠한 협정에도 동참하지 않아야 한다. 출처: 미국연설가협회(NSA)	1. 책임 AOM 회원은 그들이 함께 일하는 사람들(학생, 동료, 운영자, 의뢰인)과 진실한 관계를 형성해야 한다. 회원들은 사회와 자신들이 활동하는 특정 조직에 대한 자신들의 전문적이고 과학적인 책임을 인지해야 한다. AOM 회원은 전문적인 기준을 유지하고, 전문적인 역할과 의무를 명시하고, 행동에 대한 적절한 책임을 이행하고, 불화와 위해를 불러일으키는 이해 갈등을 조정하기 위해 노력해야 한다. 2. 성실 AOM 회원은 과학, 교육, 그리고 그들의 전문성을 실행함에 있어서 정확성, 정직성, 진실성을 장려해야 한다. 이러한 활동을 하면서 AOM 회원들은 훔치거나, 부정행위, 또는 사기와 속임수에 연루되지 않고, 의도적으로 사실을 왜곡하지 않아야 한다. 그들은 약속을 지키고, 현명하지 않거나 불분명한 서약을 피해야 하고, 교육, 학계, 실행에 있어서 최고에 이르도록 노력해야 한다. 그들은 학생, 동료, 조사대상, 그리고 의뢰인들을 존중, 존엄, 공정, 배려를 가지고 대해야 한다. 3. 인간의 권리와 존엄성을 존중 AOM 회원은 모든 사람의 존엄성과 가치, 개인의 프라이버시, 기밀, 자기결정에 관한 권리를 존중해야 한다. AOM 회원은 연령, 성 정체성, 인종, 민족, 문화, 국적, 종교, 성적 기반, 장애, 언어, 그리고 사회경제적 지위를 포함하는 문화적, 개인적 역할의 차이를 인지하고 존중해야 한다. 그리고 모든 사람들을 대할 때, 이러한 요인들을 고려해야 한다. 출처: 미국경영학회(AOM)	1부. 개인적 서약 다른 사람들에 대한 의무를 수행하기 위해서, 회원들은 1. 개인의 학습을 추구하는 독립적인 활동을 장려하고, 전달 미디어 또는 지식의 다양한 관점에 관계 없이 지식에 대한 공개된 접근을 제공해야 한다. 2. 다양한 관점을 가진 자료에의 개인적 접근권을 보호해야 한다. 3. 각 개인이 알맞은 프로그램에 얼마든지 참여할 수 있는 기회를 보장해야 한다. 2부. 사회에의 서약 사회에 대한 의무를 수행하기 위해서, 회원들은 1. 가입한 기관이나 조직을 정직하게 밝혀야 하고, 개인의 관점과 소속기관 또는 조직의 관점이 구별되도록 적절한 조치를 취해야 한다. 2. 직접 또는 간접적인 공공연한 표현에서 교육적인 측면을 고려하여 정확하고 진실하게 사실을 밝혀야 한다. 3. 개인적인 이익을 위해서 기관이나 협회의 특권을 사용하지 않아야 한다. 3부. 전문성에 대한 서약 전문성에 대한 의무를 수행하기 위해서, 회원들은 1. 출판과 학술제를 통해서 문화적, 지적으로 다양한 관점의 기회를 적극적으로 제공해주는 것을 포함하여 전문적인 권리와 책임에 관해서 전문분야의 모든 회원들을 공정하고 평등하게 대해야 한다. 2. 전문적인 결정이나 동료들에게 영향력을 행사하기 위해서 강압적인 방법을 사용하거나 특별한 대우를 약속하지 말아야 한다. 3. 협회의 회원이라는 사실을 상업적으로 이용하지 말아야 한다. 출처: 미국교육통신공학협회(AECT)

그림 3.1 미국커뮤니케이션학회(NCA) 윤리 원칙들

1. 우리는 진실, 정확, 정직 그리고 이성을 옹호한다.
2. 우리는 시민 사회의 본질적인 요소인 정보를 바탕으로 한 책임감 있는 의사 결정을 위해 표현의 자유, 관점의 다양성, 그리고 반대에 대한 관용을 승인한다.
3. 우리는 다른 커뮤니케이터들을 평가하고 그들의 메시지에 반응하기 전에 그들을 이해하고 존중하기 위해 노력한다.
4. 우리는 인간 잠재력을 실현시키기 위해 필요한 커뮤니케이션 자원과 기회로의 접근을 보장하고, 가족, 커뮤니티, 사회의 웰빙(well-being)에 기여한다.
5. 우리는 개인 커뮤니케이터들의 고유한 요구와 특성을 존중하는 배려와 상호이해적인 커뮤니케이션 분위기를 조성한다.
6. 우리는 왜곡, 위협, 강요, 폭력, 그리고 무관용과 증오를 통해 개인과 인간성을 훼손시키는 커뮤니케이션을 비판한다.
7. 우리는 공정성과 정의를 추구하는 개인적인 신념을 장려할 것을 서약한다.
8. 우리는 특정 선택에 직면했을 때, 프라이버시와 기밀 보안을 존중하면서 정보, 의견, 감정을 공유하는 것을 옹호한다.
9. 우리는 우리의 커뮤니케이션으로 인한 단기적, 장기적 결과에 대한 책임을 이행하며, 다른 사람들도 그렇게 할 것으로 기대한다.

출처: 미국커뮤니케이션학회(NCA), 1999.

> 의회는 국교를 정하거나 자유로운 활동을 금지하거나 언론 또는 출판의 자유 그리고 평화적으로 집회를 할 권리 또는 불만사항을 시정하도록 정부에 청원할 권리를 제한하는 법을 만들지 말아야 한다.

이 수정 헌법은 자유, 다양성, 다른 관점에 대한 관용이 민주주의의 본질적인 요소라는 기본 원칙을 내포하고 있다. 스피치에 관해서 이 원칙은 논쟁적인 주제에 대한 자신의 생각을 자유롭게 할 수 있게 해준다. 하지만 자유에는 주제에 대해 조사해야 하는 책임이 따르므로 연사의 스피치에는 충분한 정보에 근거한 관점이 나타난다. 연사들은 복제세포, 사형, 이민 문제와 같이 논란이 될 만한 주제에 대해 확고한 관점을 가지고 있을 수도 있다. 충분한 정보를 바탕으로 한 책임감 있는 스피치를 하기 위해서는 연사가 그 주제에 대해 깊이 연구해서 의미 있는 방식으로 자신의 입장을 표명할 수 있어야 한다.

다른 사람들의 관점을 존중하는 것은 일종의 효과적인 청중이 지니는 특성이다. 이에 대해서는 이 장에서 매우 자세하게 다룰 것이다.[9] 예를 들어, 이 윤리적 원칙은 자신들과 다른 입장의 연사를 피하는 대신에, 자신과 다른 관점을 더 이해하기 위해서 그 프레젠테이션에 참석해서 열린 마음으로 들으라고 주장한다.

타인에 대한 이해와 존중

청중들은 눈을 맞추고, 노트에 받아 적고, 적절한 피드백을 주는 등의 행동을 통해서 자신의 관심을 나타냄으로써 연사의 생각을 존중한다는 것을 보여준다. 연사가 말하는 동안, 주제에 관해 이미 알고 있던 것들을 언급하는 중요한 포인트를 생각하라. 또한 반응하기 전에 연사의 메시지를 완전히 이해하라. 예를 들어, 만약 총기 관리에 대한 연사의 입장에 동의하지 않는다면, 우선 입장을 명확하게 하기 위해서 "만약 제가 당신의 말을 제대로 이해했다면, 당신은 총기 소유에 관한 현행법을 지지하고 있으며, 이러한 법을 개정하는 것은 원하지 않는 것 같습니다. 제가 제대로 해석한 것입니까?"와 같은 질문을 하면서 확인해야 할 것이다.

이와 비슷하게, 연사는 질문을 주의 깊게 존중하며 들어야 한다. 청중들이 자신의 생각에 반대한다면, 청중들로부터 더 많은 정보를 모으기 위해 노력해야 한다. "제가 조사한 바에 따르면, 현행 총기 관련법을 개정하자는 강력한 주장이 있는 것으로 알고 있습니다. 하지만 저는 모든 사람이 그러한 주장에 동의하고 있지는 않는다고 봅니다. 그래서 저는 이 주제에 대한 당신의 생각에 대해서 더 듣고 싶습니다"라고 말할 수 있다. 이에 덧붙여서 반응하기 전에는 질문 도중에 끼어들지 말고 질문을 끝까지 들어야 한다.

커뮤니케이션 자원과 기회에 접근

커뮤니케이션하기 위해 필요한 자원이 없을 경우, 개인들은 그들이 소속된 크고 작은 커뮤니티에 참여할 기회를 얻을 수 없다. 연사들이 이 윤리적 원칙을 지킨다는 것은 스피치 형성 과정을 전개하면서 활용할 수 있는 모든 자원을 이용한다는 것을 의미한다. 윤리적인 연사는 또한 공적인 토론에 참여하고, 다른 사람들도 참여하도록 독려한다. 윤리적인 청중은 사려 깊게 생각하고, 모든 참여자들이 필요한 정보에 접근할 수 있게 해주면서 다른 사람들이 말한 것에 반응한다.

Reuters/Lou Dematteis/Landov

▲ 논란의 여지가 있는 주제에 대해 주장하는 것은 민주주의 사회의 특징 중 하나이다. 하지만 주장을 할 때에는 충분한 정보를 바탕으로 해야 하며, 모든 관점의 의견을 주의 깊게 들어야 한다.

배려와 상호이해의 커뮤니케이션 분위기 조성

협조적 커뮤니케이션 분위기 조성은 모두에게 커뮤니케이션할 평등한 기회를 제공해주고, 생각을 공개적으로 교환할 수 있도록 장려한다. 윤리적인 연사는 특정 청중들의 요구에 맞춘 스피치를 하는 경우도 있다. 예를 들면, 연사가 긴급 대비에 관해서 스피치를 할 때, 초등학교 3학년 학생들과 대학생들에게 각각 전혀 다른 스피치를 할 것이다. 윤리적인 청중은 휴대폰을 끄고, 부적절한 언급이나 주의를 산만하게 하는 행동을 피하고, 연사의 메시지에 초점을 맞추면서 전적으로 연사에게 주의를 집중시킨다.

Speaking of ... 혐오 스피치 대 자유 스피치

산타클라라 대학의 법학대학원 학장이자 마르큘라 윤리 활용 센터의 일원인 제랄드 유엘멘(Gerald Uelmen) 교수는 대학 내의 혐오 스피치 금지 수칙에 대해 찬반 양측의 주장을 모두 논의하였다. 이러한 수칙에 찬성하는 입장에서, 그는 대학이 혐오 스피치를 허락하면, 각 학생들과 대학 내 분위기에 유해할 것이라고 주장했다. 또한 혐오 스피치를 금지하는 것은 명예훼손과 압제에 의존하는 대신 논리적인 논쟁을 부추길 것이라고 주장했다. 이러한 수칙에 반대하는 입장에서, 유엘멘 교수는 이것이 언론의 자유를 보장하는 수정 헌법 1조를 위반하고 있다고 보았다. 또한 학생들이 혐오 스피치 금지 수칙을 위반하게 될 것을 두려워해서 자신들의 의사 표현을 회피하게 될 수도 있다고 주장하였다. 이 주제에 관해 더 많은 것을 알고 싶다면, 센터 웹사이트인 scu.edu/ethics에 게재된 유엘멘 교수의 글을 읽어보자.

저급한 커뮤니케이션 회피와 비난

말은 인간을 다치게 한다.[10] 인종, 민족, 종교, 성적 소수자 집단을 공격하는 말인 **혐오 스피치**(hate speech)는 남을 해치며, 저급하다. 이는 많은 대학들이 혐오스런 스피치를 금지하는 방침을 수용하는 이유다. 연구에 의하면, 이러한 방침들은 효과가 있다. 대학생들은 다양한 관점에 대해 높은 수준의 관용을 가지고 있음에도 불구하고, 혐오스런 스피치에 대해서는 그렇지 않다.[11] 자신의 스피치에서 혐오스런 언어의 사용을 피하고, 혐오스런 언어를 사용하는 사람에게 이의를 제기하라.

혐오 스피치
인종, 민족, 종교, 성적 소수자 집단을 공격하는 말

개인적 확신의 용기 있는 표현

사회 내의 인지된 불의에 대항하는 주장을 내세우는 것은 어렵다. 하지만 종종 그러한 과정을 통해서 사회가 진보하게 된다. 20세기에 들어서 몇몇 사람들이 투표 제도의 개정을 주장하려는 의지를 가졌기 때문에 이전에는 정치적 생활에서 배제되었던 여성과 흑인도 투표권을 얻었다. 이 사건은 표현의 자유가 가장 중요한 상황이라고 할 수 있다. 스피치 주제를 선정할 때, 청중들의 관심을 끌 수 있는 윤리적인 주제를 선정하라.

하버드 대학의 아프리카와 아프리카인 연구 학과의 교수인 헨리 루이스 게이츠 주니어(Henry Louis Gates, Jr.)는 개인적 확신의 용기 있는 표현에 대한 좋은 사례를 제공해준다. 커먼웰스 클럽에서의 스피치에서 그는 다음과 같이 말했다.

> 우리가 여전히 가난한 또 다른 이유는… 흑인 공동체 내의 태도와 행동의 혁신적 변화가 필요하기 때문입니다. 백인 인종차별주의자들이 16세인 당신을 임신시키는 것은 아닙니다. 더 이상 이러한 행동을 할 시간이 없습니다. 이것은 우리를 죽이고 있습니다. 백인 인종차별주의자들이 당신들로 하여금 학교를 그만두게 하지 않습니다. 백인 인종차별주의자들이 당신들로 하여금 숙제를 하지 못하도록 하지 않습니다. 백인 인종차별주의자들이 당신들로 하여금 백인이 되는 것과 같은 평등한 학력이나 지적인 성공을 제공하지 않습니다. 만약 조지 월라스(George Wallace)와 불 코너(Bull Connor)와 오발 파우버스(Orval Faubus)가 앉아서, 1960년대의 부르봉 환상에 매우 심취한 채, "어떻게 하면 계속 흑인들을 통제할 수 있지?"라고 그들이 말해왔듯이 한다면, 그 중 한 사람이 "그거 알아? 우리는 그들이 10대에 애를 가지고, 코카인과 약물을 복용하고, 써굿 마샬(Thurgood Marshall), 마틴 루터 킹(Martin Luther King)이 되기 위함이 아닌, 백인이 되기 위한 평등 교육을 받도록 설득하면 돼. 그러면 우린 그들을 지배할 수 있어"라고 말할 것입니다. 여러분, 이러한 일이 우리에게 일어나고 있습니다. 흑인 전통에서 가장 어두운 측면을 버려야 합니다.[12]

이는 거친 말들이다. 하지만 게이츠 교수는 그가 말한 '흑인 전통'을 다시 찾으려는 생각을 말하기 위해, 청중들에게 이런 생각이 논쟁의 여지가 될 수 있었음에도 불구하고 이 말들을 선택했다. 장애인의 권리, 인종차별적 정보관리, 아동 노동과 같은 주제에 대해 말하고 듣는 선택은 불의에 항거하려는 진정한 결심을 보여준다.

정보, 의견, 감정의 공유

윤리적 커뮤니케이션을 위해서는 가능한 한 많은 정보 수집이 요구되지만, 프라이버시, 기밀 보안을 위해 다른 사람들의 권리를 침해해서는 안 된다. 자신의 주제에 대한 전문가에게 이메일을 보낸다고 가정해보라. 그 사람의 답변을 허락 없이 사용해도 좋은가? 비록 법적으로는 대부분 이메일을 공적인 커뮤니케이션으로 취급하지만, 사람들은 일반적으로 이메일 교환을 개인적 커뮤니케이션으로 생각한다.

이 경우, 스피치에 정보를 포함시키기 위해서는 당사자의 허락을 요청하고 나서 청중들에게 그 출처를 알려야 한다. 명백하게, 조직 내 이메일(listservs), 채팅, 뉴스그룹, 기타 토론방과 같은 공적인 온라인 커뮤니케이션은 개인적인 커뮤니케이션이 아닌 것으로 인식된다. 하지만 어떤 정보에 대해서도 제공하는 사람들에게 확인해보는 것이 가장 좋다.

비윤리적 커뮤니케이션의 위협에 맞서기

윤리와 도덕성이 삶에 영향을 미치지 않는 세상을 상상해보라. 그런 세상에서 살겠는가? 가상의 예를 생각해보자. 어떤 학생 연사가 자연 식품 가게에서 파는 허브 약품의 다양성으로 인한 건강상의 이익을 서술했다고 가정하자. 연사는 주제에 대해 충분히 조사하지 않은 채, 관련 정보 홍보물 하나에만 의존했다. 몇몇 청중들이 약품을 사용하기로 결정했고, 나중에 그 약품들이 비싸기만 할 뿐 전혀 도움이 되지 않는 것으로 알려졌다. 심지어 어떤 청중들은 병이 나기도 했다. 이는 매우 극단적인 예처럼 보이지만, 연사가 제공한 정보에 대해서 청중들이 얼마나 심각하게 받아들이는지 알게 된다면 아마 깜짝 놀랄 것이다.

커뮤니케이션 결과에 대한 책임 수용

이 원칙은 적은 수의 청중들 앞에서 실행한 스피치 내용이 직접적인 상황을 넘어 더욱 크게 확산되고 결국 전자문서보관소에 영원히 저장되는 오늘날의 상황에 특히 적합하다. 일례로, 캘리포니아 주지사인 아놀드 슈워츠네거(Arnonld Schwarzenegger)가 샌프란시스코에서 열린 신문 발행인들과의 모임에서 미국과 멕시코 사이의 국경을 폐쇄해야 한다고 주장했다. 그의 발언은 공적인 반대 운동을 초래하였다. 그는 바로 사과하고, 국경을 폐쇄하자는 것이 아니라 '보안 강화'를 하자는 의미였다고 해명했다. 자신이 말한 것에 대한 책임을 지기 위해 주지사 슈워츠네거는 자신의 말이 불러일으킨 사태를 수습하였다. 누구나 자신이 의도하지 않은 말들을 하게 된다. 말실수를 하게 된다면, 실수를 알아채고 피해를 보상해야 할 것이다.

표절에 대한 인식과 회피

표절
다른 사람의 스피치, 논문, 이미지와 같은 생각이나 창작물을 자신의 것처럼 보여주는 것

전 세계적으로 대학에서의 표절 보고서 또는 다른 형태의 학문적 부정직성의 문제가 대두되고 있다.[13] **표절**(plagiarism)이란, 의도적 또는 비의도적으로 스피치, 논문, 이미지를 포함한 다른 사람의 생각이나 창작물을 가져다가 자신의 것처럼 보여주는 것을 말한다. 최근의 설문조사에서, 대학생들의 3분의 1이 출처를 밝히지 않은 채 인터넷의 정보를 직접 베꼈다고 응답하였다.[14] 이것은 일종의 표절이다. 하지만 말이나 단어를 그대로 옮겨야만 표절인 것은 아니다. 다른 사람들의 생각을 출처를 언급하지 않고 사용하는 것도 표절에 해당한다.

저작권법과 공정사용

저작권
공연, 책, 노래, 영화와 같은 저작자의 고유 창작물을 다른 사람이 도용하지 못하도록 보호하려는 지적 재산권법의 유형

공정사용
다른 사람의 창작물을 일반적으로 교육적 목적, 문학 비평, 뉴스 보도와 같이 저작자의 권리를 침해하지 않는 방법으로 이용하는 것

다른 사람의 창작물을 자신의 것처럼 보여주는 것은 기본적인 윤리 원칙에 어긋날 뿐 아니라 불법 행위이다. 미국 헌법 1조 8항은 **저작권**(copyright) 또는 지적 재산권에 관한 법이다.

> 의회는… 저자와 발명가의 인정받을 만한 작품과 발견에 대한 독점권을 일정 기간 동안 보호해줌으로써 과학의 진보와 유용한 예술을 조장하도록 힘을 발휘해야 한다.

1998년 제정된 디지털 밀레니엄 저작권법을 비롯하여 저작권법은 저작자가 만든 원래의 출판물 또는 미출판물을 다른 사람들이 도용하는 것으로부터 보호해준다. 하지만 **공정사용**(fair use)은 정보의 출처를 명시할 경우에 저작자의 창작물을 제한적으로 이용할 수 있게 해준다. 인용은 청중들로 하여금 연사의 주제에 대해 더

많이 배우고, 제시된 증거들을 확인할 수 있게 해준다. 연사가 제공하는 정보를 청중들이 호의적으로 생각하지 않을 경우, 인용은 그 생각이 연사의 고유한 생각이 아니라는 것을 청중들에게 알려준다.[15] 마지막으로, 출처를 제시하면 연사가 스피치의 주제에 대해 조사했다는 사실을 청중들이 알게 된다.

스피치에서의 인용

효과적인 연사는 스피치 도중에 **구두 인용**(oral citation) 또는 자료의 출처를 간략하게 밝힌다. 다음의 예는 어떻게 구두로 인용하고 강조하는지 보여준다.

구두 인용
스피치 중에 자료의 출처를 간략하게 밝히는 것

> 장애인 권리와 독립생활운동 웹사이트에 의하면, "역사적으로 장애인은 수치, 공포, 동정 또는 조롱의 대상으로 정의되어 왔습니다."
>
> 여기 컴퓨터 바이러스라는 또 하나의 휴일 선물이 있습니다. 디트로이트 자유 언론에 게재된 최근의 논문에서는, 받은 편지함에 스팸 메일들이 넘쳐남에 따라 바이러스와 웜도 따라 넘쳐난다고 하였습니다. 그리고 메신저에서는 감염된 파일이 자신들의 친구들로부터 온 것처럼 보이기 때문에 인스턴트 메시지가 바이러스의 좋은 목표물이 되고 있습니다.
>
> 커뮤니케이션 전문 상담가인 자니스 크리거(Janice L. Krieger)는 연구를 통해 '공유된 주의'로 인해서 공동으로 활발하게 정보를 처리하는 사람들은 위기 상황에서 높은 효율성의 결정을 내린다고 밝혔습니다. 비즈니스 커뮤니케이션 저널에 실린 그녀의 논문은 공군 사관생도들의 커뮤니케이션이 조종실에서 긴급 상황이 발생했을 때 주의를 기울이는 것에 얼마나 기여 또는 방해하는가에 초점을 맞추고 있습니다.

이들 각각의 경우에서 연사는 사용된 특정 정보를 누가 만들었고 발표했는가를 청중들에게 말했다. 6장에서는 스피치에서의 통합적인 구두 인용을 위한 추가 가이드라인에 대해 알려주고, 스피치 개요를 작성할 때 서면으로 인용하는 방법에 대해 설명해줄 것이다.

저작권법은 또한 영화, 노래, 사진과 같은 동영상 및 음성 자료들에도 해당된다. 스피치를 위해 이러한 자료들을 종합해서 사용할 때에도 보다 전통적인 정보를 이용할 때와 마찬가지로 자료 출처에 대해 인용을 해야 한다. 예를 들어, 스피치에 영화의 한 장면을 포함했다면, 그 영화의 제목을 청중들에게 말해야 한다. 이와 마찬가지로, 노래의 한 대목을 들려주기 전이나 후에 노래 제목을 말해야 한다. 이미지의 경우에는 〈그림 3.2〉에서 보는 바와 같이, 프레젠테이션 슬라이드나

그림 3.2 출처를 포함한 이미지의 예

출처를 밝힌 사진	출처를 밝힌 스크린샷

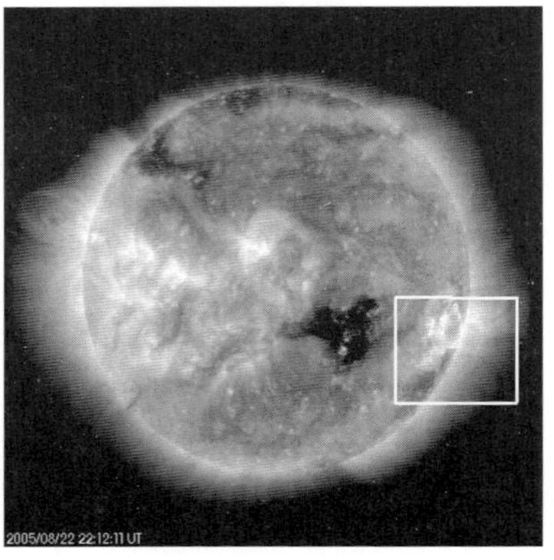

이중 태양 폭발 출처: nasa.gov	위키피디아 메인화면 출처: wikipedia.org

OHP 필름에 간단하게 출처를 포함시켜야 한다.

표절을 피해야 하는 중요성을 인식하는 것은 윤리적인 연사가 되기 위한 일부 요소이다. 스피치를 위해 수집하는 정보에 대해 주의를 기울이고 기록하는 것이 표절을 피하는 첫 단계이다. 하고 싶은 말을 적합한 자료를 바탕으로 정확하게 하기 위해서 조사를 하는 동안 노트를 이용해야 할 것이다. 게다가 연사는 구두로 자료의 인용임을 청중들에게 말해서 연사가 주제에 대해 조사했다는 것을 알림으로써, 자신에 대한 신뢰도를 높여야 한다.

윤리와 문화의 다양성

문화
한 집단이 공유하는 가치, 신념, 활동

윤리적 커뮤니케이션을 수용하는 것은 문화적 차이를 존중하는 것이다.[16] **문화**(culture)는 공유된 가치, 신념, 활동을 의미한다.[17] 문화적 동질성과 차이점은 커뮤니

Watch it!

동영상 링크 3.1: 표절 회피

이 동영상에서 에린은 스피치에서 정확하게 자료를 인용한 사례를 보여주고, 자료 인용을 하지 않았을 때 표절이 되는 사례도 보여줄 것이다. 나중에 참고문헌을 위해서 노트를 사용하려고 할 것이다.

Use it!

활동 링크 3.1: 하지만 이게 표절?

이 활동에서는 출처를 적절하게 명시했는지 결정하기 위해 예시된 스피치에서의 인용을 평가하게 될 것이다.

케이션을 통해서 만들어지고, 강화되고, 나타난다. 예를 들면, 사람들은 가족, 친구, 이웃들과의 직접적인 커뮤니케이션을 통해서, 또는 간접적으로 미디어와 다른 사회기관들을 통해서 자신들의 문화 내에서 사회화된다. 그래서 문화는 한 집단 안에서 사람들이 공유하고 있는 것이며, 그 집단을 다른 집단들로부터 구별짓는 것이다.[18] **문화적 다양성**(culture diversity)은 전 세계의 문화적 배경과 활동에 따른 차이를 의미한다.

문화적 다양성
전 세계적으로 서로 다른 문화적 배경과 활동의 차이

문화적 규범(culture norms)은 문화의 구성원이 어떻게 행동해야 하는가에 대한 규칙이다. 군인 복무규정과 같이 어떤 규범은 외형적이고 명시되어 있다. 하지만 대부분의 규범은 대학에서 특강에 참석할 때 어떻게 행동해야 하는가와 같이 내재적이고 명시되어 있지 않다. 누구도 강의 시간에 어떻게 행동하라고 말해주지 않는다. 그 대신 다른 사람들이 그 강의 또는 그와 비슷한 상황에서 어떻게 행동하는지 보고 배운다. 규범은 법이라기보다 규칙이기 때문에, 커뮤니케이터들은 규범을 바꾸거나 수정하도록 협상할 수 있다. 예를 들어, 같은 수업을 듣는 친구들과 교수님은 스피치가 끝난 후의 질의응답 시간을 매번 같은 방식으로 진행하기보다 어떻게 진행하는 것이 가장 좋을지 논의하기도 한다. 그리고 규범은 일반적으로 시간

문화적 규범
특정 환경에서 사람들이 어떻게 상호작용하고, 메시지들은 어떤 의미를 가지는지에 대한 규정

이 지남에 따라 환경의 변화에 적응하여 변한다. 예를 들어, 휴대폰이 처음 도입되었을 때, 커뮤니케이터들은 사람들이 전화를 걸거나 받는 경우에 대한 어떤 규범도 갖고 있지 않았다. 지금은 특히 공공장소에서의 휴대폰 사용에 대한 명확한 규범이 있다. 대부분의 강사들은 수업 시간 동안 휴대폰 또는 유사한 커뮤니케이션 기기의 전원을 끄게 한다.

어떤 문화에서는 알맞은 것이더라도 다른 문화에서는 그렇지 못한 경우도 있다. 공식적인 스피치를 할 때에 청중들은 연령, 성별, 민족, 장애, 종교, 성 정체성, 사회경제적 수준에 따라 다양한 문화적 차이를 가진다. 효과적으로 청중을 분석하는 것은 스피치를 듣는 청중들의 문화적 규범에 적응할 수 있도록 해준다.

민족중심주의 회피

민족중심주의

자신들의 문화적 배경을 기반으로 하는 세계관이 옳고 우월하다는 신념

민족중심주의(ethnocentrism)는 자신들의 세계관이 다른 사람들의 것보다 우월하다는 신념이다. 물론 개인들이 의식적으로 "내 관점이 우월해"라고 생각하지 않는다. 민족중심주의는 커뮤니케이터들이 "어떻게 저 사람들은 그걸 믿을 수가 있지?" 또는 "40대 이상 혹은 40대 이하의 사람들은 실제로 세계가 어떻게 돌아가는지 알지 못해"등과 같이 말하는 경우에 나타난다. 자신의 관점과 다른 어떤 것이 태생적으로 잘못되고, 이상하거나 나쁜 것이라고 생각하게 된다면, 민족중심주의를 경험하는 것이다.

민족중심주의는 개인이 다른 커뮤니케이터의 능력과 신뢰도를 어떻게 평가하는지에 영향을 미친다.[19] 민족중심적인 사람들일수록 자신들과 다른 사람들을 더 가치가 낮고 무능하게 생각한다. 예를 들어 민족중심적인 청중은 자신과 다른 문화적 배경을 가진 연사에 대해 부정적으로 반응하게 되는 경우이다. 다른 사람의 관점에 동의하지 않는 것은 문제가 되지 않는다. 문제는 자신들이 하는 방식이 항상 우월하다고 생각한다는 점이다.

또한 민족중심주의는 특히 인종, 계급, 성별과 관련된 민감한 화제에 대해 공개적으로 말하는 것을 꺼리게 만들 수 있다.[20] 커뮤니케이터들이 민족중심적으로 생각하면, 그들은 민족적 배경, 종교적 신념, 사회경제적 지위, 성 정체성, 장애, 성별, 그 외 인구통계학적 범주에 따라 사람들을 차별하는 사회문화적 행동에 대해

문제시하기를 꺼릴 것이다. 민족중심주의에 대항한다는 것은 특정 집단의 사람들을 비하하는 방식에 대항한다는 것을 의미한다. 따라서 인권변호사인 조니 코크란(Johnnie Cochran)은 그의 경험들을 열거하면서 청중들에게 어떻게 그가 문제를 인식했고, 어떻게 법에 의해 강화된 방식에 이의를 제기하게 되었는지에 대해 말했다.

> 로스앤젤레스에서는 매우 자주 로스앤젤레스 경찰관들이 여성, 아동, 누구에게나 악명 높은 압력을 행사하고 있습니다. 경찰관이 문제가 있다고 느끼는 사람을 엎드리게 하고, 어깨를 내리치고, 뒤에서 목을 조르고, 굴복시키는 행동들은 충격적이었습니다. 1979~80년에 걸쳐 로스앤젤레스에서 17세의 남자 아이들이 경찰관에 의해 목을 졸린 후에 사망하게 되면서 문제가 발생했습니다. 14명은 흑인이었고, 2명은 황인이었으며, 사회로부터 권리를 박탈당했을 어린 아이들에게 이런 행동들이 행해졌습니다. 그리고 나는 이에 대해 매우 걱정했습니다.
>
> 1981년 경 저는 제임스 토마스 민시(James Thomas Mincey) 사건을 맡았습니다. 그는 목이 졸렸고, 그 자리에서 바로 죽진 않았지만, 그의 어머니가 이를 지켜보았고, 그녀는 유명했던 증인들 중 하나였으며, 우리는 이 사건에서 승소했습니다. 하지만 보다 중요한 승리는 이 사건을 이용해서 로스앤젤레스에서 목을 조르는 행동을 유예시켰다는 점입니다. 대릴 게이츠(Darryl Gates)가 경찰청장이었습니다. 경찰들은 왜 모두 흑인 아이들이 사망했는지 이해하려고 노력했고, 대릴은 유명한 말을 남겼습니다. "음, 여러분들도 아시다시피 '평범한' 사람들은…" 마치 흑인들은 평범하지 않은 것처럼 말했습니다.[21]

코크란은 연설을 통해서 민족중심주의가 초래할 심각한 결과와 오랜 신념에 도전하는 어려움에 대해 말하였다. 그는 또한 흑인들은 평범하지 않다는 투의 경찰청장의 민족중심적 언급에 대해 비난했다.

문화적 세계관이 자신의 모든 인식의 대부분을 차지하기 때문에, 자신이 속한 문화적 신념과 가치에서 벗어나는 것은 어려운 도전이다. 모든 사람들은 사물의 이치에 대해 자신들의 관점을 쉽게 받아들이게 마련이다. 하지만 자신들의 사고방식이 다른 사람의 사고방식보다 우월하다고 생각한다면, 그들은 민족중심주의를 내세우는 것이고, 윤리적 커뮤니케이션 원칙을 어기는 것이다.

성차별 회피

문화적 민감성을 표현한다는 것은 또한 스피치에서 성 역할을 인식한다는 것을 의미한다. 성별을 의미하는 섹스(sex)는 인간의 신체적 조건으로 구분하는 생물학적 인 범주(남자, 여자, 또는 제3의 성)를 의미하는 반면, 성별의 또 다른 표현인 젠더(gender)는 남성적 또는 여성적으로 구분하는 것과 같이 소속 문화에서 사회적으로 형성된 역할을 의미한다.

역사적으로 수많은 시기에 스피치는 여성들에게 금기시되었다. 고대 그리스에서 여학생들은 학교에 가고, 다양한 과목들을 배웠지만, 스피치는 배우지 못했다.[22] 여성에게는 공식적인 입장을 공개적으로 말하는 것이 금지되었다. 미국의 역사 초기에도 비슷한 편견이 나타난다. 여성의 첫 스피치로 기록된 것은 1828년의 인디애나에서 있었다. 20년 후, 여성의 참정권 운동이 시작되면서 더욱 더 많은 여성들이 소리치고, 야유하고, 상한 채소를 던지고, 침을 뱉는 청중들에게 여성의 투표권을 위해 공개적으로 말하기 시작했다.[23]

오늘날에는 여성과 남성의 스피치를 모두 듣게 된다. 하지만 성 역할로 인해서 청중들은 종종 남성 연사와 여성 연사에 따라 다른 기대를 하게 된다. 그 결과, 청중들은 성별에 따라 연사의 신뢰도를 어느 정도 평가하는 경향이 있다. 예를 들어, 청중들은 여성 연사의 자료가 지닌 진실성에 더욱 초점을 맞추고, 남성 연사들은 어떻게 생각을 전개하고, 눈을 맞추고, 목소리를 이용하는지에 더욱 초점을 맞추곤 한다. 연사가 비슷한 행동을 하더라도, 남성들은 여성들보다 더욱 설득적인 것처럼 보인다.[24]

성에 대한 민감성은 연사들로 하여금 의식적으로 언어를 선택하도록 한다. 남자들, 소방관 아저씨, 스튜어디스라는 말 대신에 인류, 소방관, 승무원 등과 같은 성중립적 또는 성차별이 없는 언어를 이용해야 한다. 또한 모든 청중들에게 알맞은 주제를 구성해야 한다. 예를 들어서 팀 운동의 중요성에 대해서 여학생들에게 스피치를 하게 된다면, 청중 모두에게 적합하고 모두가 관심을 가질만한 주제로 말해야 한다. 그러기 위해서 팀 운동을 할 때 어떤 점을 배울 수 있는지 강조하고, 모두에게 유익할 수 있도록 교훈이 그들을 어떻게 더 나은 사회 구성원이 되도록 해주는지에 대해서 말할 수 있다.

듣기와 퍼블릭 스피킹

사람들이 지역 도서관을 어떻게 이용하는지 알기 위해서 도서관 의회의 위원회 회원 중 1명이 '듣기 여행(listening tour)'을 전국적으로 시도하였다. 메인 주의 주 의회는 건강 정책과 재정에 관한 듣기 여행을 실시하여, 주에서 실시할 건강 보장 계획에 관한 사람들의 의견을 알아보았다. 플로리다주의 성 피터스버그에 있는 학교 교장인 클레이튼 윌콕(Clayton Wilcox)은 공립학교의 지역 공동체와의 연계 확대에 대한 학부모들의 생각을 수집하기 위해서 네 번의 듣기 여행을 떠났다. 힐러리 클린턴(Hillary R. Clinton)은 첫 미국 상원의원으로서의 활동을 듣기 여행으로 시작했다.[25] 이와 같이 모든 듣기 여행은 민주 사회에서 듣기의 중요성을 강조해준다.

특히 퍼블릭 스피킹 수업에서, 커뮤니케이터는 대부분 말하는 것에 초점을 맞추고 있다. 하지만 청중 없이는 연사도 없다. 스피치를 하는 날, 윤리적인 청중은 일찍 도착해서, 주의 깊게 듣기 위해 준비하고, 노트에 받아 적고, 연사의 생각과 관점에 대해 알맞게 반응한다. 열심히 듣겠다고 결심하는 것이 윤리적 커뮤니케이션의 매우 중요한 부분이긴 하지만, 이는 단지 시작에 불과하다.

듣기의 특징

히어링(hearing)은 소리를 받아들이는 물리적 과정이다. **리스닝**(listening)이란, 보다 깊이 관여하는 것으로, 받거나 듣기만 하는 것뿐 아니라 선택하고 의미를 부여하고, 그에 반응하고, 감각 자극을 상기하는 것이다.[26] 어떻게 하면 탁월한 청중이 될 수 있는가? 듣는 기술을 계발하기 위해서는 좋은 듣기의 기본 특성들을 이해하는 것이 도움이 된다(표 3.2 참조).

히어링
소리에 대한 물리적 반응

리스닝
언어적, 비언어적 메시지를 듣고, 해석하고, 반응하고, 상기시키는 관여 활동

표 3.2 듣기의 특징

듣기		듣기와 관련된 요소들	
• 창조	• 의도적	• 모든 감각	• 해석
• 역동적 과정		• 반응	• 선별적 행동

듣기는 창조

듣기는 다른 사람들이 말하는 것에 자신의 과거 경험과 지식, 상상력을 활용하는 창조적 활동이다. 청중들은 연사의 말, 목소리의 톤, 몸동작을 인식하고 나서 이들을 이용하여 그 메시지의 의미를 창조해낸다. 예를 들면, 다른 사람들이 그들의 어릴 적 모험에 대해 이야기하면, 청중들은 사람들이 말하는 것과 자신의 성장해 온 경험을 연결시킬 것이다.

듣기는 역동적 과정

듣기는 역동적인 과정으로, 연사와 청중과의 지속적이고 상호변환적인 협동 활동이다.[27] 수업을 같이 듣는 친구들의 스피치를 듣고 나면 피곤함과 동시에 자극이 되는가? 그래야 한다! 듣기는 청중이 관심과 주의를 완전히 집중해서 에너지를 쏟아야 하는 활동이기 때문이다. 하지만 이에 대한 충분한 보상을 받게 된다. 다른 친구의 스피치로부터 얻은 정보들은 새로운 아이디어와 생각이 떠오르게 할 것이다.

듣기는 의도적

듣기는 연사의 메시지가 의미하는 것을 이해하려고 노력하면서 연사에게 집중하고자 하는 의도에 의해 좌우된다. 청중은 각각의 스피치를 주의 깊게 경청하는 데 매진해야 한다. 연사는 청중의 반응과 질문을 경청해야 한다.

듣기는 선별적

듣기를 할 때, 청중들은 청각과 다른 감각 자극을 선별적으로 수용한다. 한편 청중들은 다른 사람들이 하는 말을 들을 것인지 (아니면 듣지 않을 것인지) 의식적으로 결정한다. 평소에 청중들이 자신의 선택을 인지하지 못한다. **정보 과부하**(information overload)는 지나치게 많은 정보를 받게 되어서 의미 있는 방식으로 해석하지 못할 때 나타난다.[28] 선별적 듣기는 매일 받게 되는 모든 정보들 중에서 무엇이 중요하고 무엇이 중요하지 않은지 알아내고 해석하는 데 도움이 된다.

정보 과부하
개인이 지나치게 많은 정보를 받아들여서 의미 있는 방식으로 해석하지 못하는 경우

듣기는 모든 감각을 이용

청중들은 들을 때, 다른 사람들이 무엇을 말하고, 어떻게 말하는지에 집중한다.[29] 신체적 상황, 제스처, 움직임, 목소리의 품질, 눈 맞춤, 얼굴 표정은 다른 사람의 메시지를 해석하는 데 사용된다. 그래서 스피치를 들을 때, 청중들은 이런 모든 상황적 측면을 인식한다. 그 다음 연사의 메시지를 해석하기 위해 정보들을 이용한다.

듣기는 해석

다른 사람의 말을 들을 때, 청중들은 그들의 메시지를 자신의 경험과 지식을 바탕으로 해석하고 의미를 부여한다. 하지만 들으면서 해석하는 것은 철저히 개인적인 과정이 아니다. 메시지를 해석하는 문화적, 사회적으로 공유된 기준이 있기 때문이다.[30]

듣기는 반응

적절한 언어적, 비언어적 반응은 청중들이 스피치에 집중하고 있다는 사실을 연사에게 알려준다. 미소 짓고, 눈을 맞추고, 동의한다는 듯 고개를 끄덕이는 등의 비언어적 단서는 청중이 듣고 있음을 보여준다.[31] 스피치가 끝난 후에는 질문도 할 수 있을 것이다.

듣기의 유형

듣기에는 서로 다른 이유가 있고, 서로 다른 방법이 있다.

- 감정이입하며 들을 때에는 연사가 전달하는 느낌과 감정을 알고 싶어 한다. 예를 들어서 연사가 추도문을 낭독하면, 청중들은 동정심을 갖고 들으면서, 메시지의 감정적인 요소를 이해하려고 한다.
- 감상하며 듣기란 스탠드 업 코미디나 만찬 후의 스피치를 듣는 것과 같이 즐기면서 듣는 것을 말한다.
- 교수님이 강의를 하는 경우와 같이 내용을 알기 위해서 들을 때에는, 청중은 정보를 모으며, 연사의 중심 생각에 초점을 맞춘다.
- 마지막으로 비판적인 듣기는 연사의 신뢰도, 아이디어, 그리고 뒷받침해주는

증거들을 평가하며 듣는 것이다.

대부분의 스피치 상황은 비판적인 듣기를 말한다. 예를 들어, 설득적인 스피치를 들을 때엔 청중들이 연사가 주제를 선택하게 된 동기를 인식하려고 노력할 것이다. 청중들은 재미있는 이야기를 듣고 자신의 비슷한 상황을 떠올리며 웃을 것이다. 또한 중심 생각들을 노트에 적고 싶을 것이다. 감정을 이입하고, 감상하면서 내용을 알기 위해 듣는다면 스피치를 평가할 준비가 된 것이다.

듣기 효과의 향상

연구에 의하면, 강의를 들은 직후 청중들은 연사가 말한 내용의 50% 정도만을 기억하는 것으로 나타났다.[32] 목표를 설정하고, 주위 분산을 막고, 듣기 불안감을 관리하고, 판단을 보류하고, 연사의 주요 요점에 초점을 맞추고, 의미 있는 노트 필기를 하고, 모든 감각을 이용하는 것은 듣기 기술을 향상시키는 데 도움이 된다.

목표 설정

스피치 상황에 따라 다른 듣기 방식이 요구된다. 상황에 알맞은 목표 설정은 듣기 기술을 향상시킨다. 예를 들어 만찬 후 스피치는 일반적으로 여흥을 위한 것이므로, 청중의 목표는 단순히 스피치를 즐기며 듣는 것이다. 연사가 결혼 연회장에서 새로 결혼한 커플을 위한 축배를 들 때에는 청중들은 그 상황에서의 기분에 초점을 맞출 것이다. 하지만 대부분의 수업 중 스피치 상황에서 청중들의 최종 목표는 스피치를 비평하는 것이다. 퍼블릭 스피킹 수업에서 청중은 연사의 감정을 이해하고(감정이입 듣기), 연사의 유머 감각을 즐기고(감상하며 듣기), 연사의 중심 생각을 찾아내고(내용 듣기), 연사의 메시지를 평가해야 하는 최종 목표를 숙지하고 듣는다.

주위 분산 차단

인간의 두뇌는 연사가 말하는 것보다 3배나 빠르게 정보를 처리한다.[33] 그래서 청중들은 내적, 외적인 소음에 주의를 분산시키게 된다. 1장에서 다루었듯이, 소음은 메시지의 이해를 무엇인가가 방해할 때 생긴다. **내적 소음**(internal noise)은 생각,

내적 소음
듣기를 방해하는 생각, 감정, 신체적 감각

감정, 신체적 감각을 포함한다. 어젯밤에 본 영화에 대해 생각하거나, 아침을 거른 것 때문에 배가 고프다고 느끼는 것은 연사에게 모든 주의를 집중하지 못하게 만든다. **외적 소음**(external noise)은 듣기를 방해하는 환경적 조건을 포함한다. 밖에서 나는 소음, 불편한 의자, 적절하지 못한 실내 온도는 열심히 듣는 것을 방해한다. 주의를 분산시키는 요인을 차단함으로써 청중들은 연사가 말하는 것에 집중할 수 있게 된다.

David Young-Wolff/PhotoEdit

▲ 스피치 상황에서 청중들의 주의 분산을 막으려는 이 연사의 행동은 얼마나 효율적인가? 어떻게 하면 이 연사는 청중들로 하여금 자신의 메시지를 더 잘 듣게 할 수 있는가?

외적 소음
듣기를 방해하는 환경적 조건

듣기 불안감
듣게 될 정보를 잘못 알아듣거나, 완전히 이해하지 못하거나, 정신적으로 준비가 되지 않았을 때 발생하는 불안감

듣기 불안감 관리

연사가 스피치를 할 때 불안감을 경험하듯이 청중들도 때로는 불안해한다. **듣기 불안감**(listening anxiety)은 듣게 될 정보를 오해하거나, 불충분하게 이해하거나, 부정확하게 기억하거나, 정신적인 준비가 덜 되었을 때 생긴다. 학생들은 종종 시험을 치르게 될 긴 강의를 들을 때 불안감을 경험한다.[34] 신체적인 증상은 스피치 불안감과 유사하다. 연사에 집중하고, 잡다한 생각을 마음속에서 비우고, 긍정적인 태도를 유지하면서 듣기 불안감을 관리할 수 있다.

판단 유보

판단을 유보하는 것은 커뮤니케이션의 윤리 원칙과 관련이 있다. "다른 커뮤니케이터들의 메시지를 평가하고 그에 반응하기 전에 그들을 이해하고 존중해야 한다."[35] 윤리적 청중은 우선 내용을 듣고 감정이입을 하고 난 후에 연사의 메시지를 평가한다. 공립학교에서의 성 교육, 사형제도, 복지 정책, 원자력 발전과 같이 논란의 여지가 있는 주제들은 즉시 감정적인 반응을 부추긴다. 이들 반응들을 인식하고, 비록 자신의 생각과 같지 않더라도 연사의 생각을 주의 깊게 들어야 한다.

연사의 주요 요점에 집중

연사의 주요 요점에 집중하는 것은 특히 내용 듣기와 비판적 듣기를 할 때 중요하다. 연사가 말한 것을 평가하기 위해서는 먼저 발표된 중심 생각을 이해해야 한다. 연사들은 종종 서론에서 주요 요점을 언급하고, 결론에서 다시 리뷰하면서 그것에 주목하도록 한다.

효율적인 노트 필기

스피치를 들으면서 효율적으로 노트에 받아 적는 것은 연사가 말한 것을 떠올리고, 좋은 질문을 준비하도록 도와준다.[36] 노트에 모든 내용을 적을 필요는 없고, 몇 가지 핵심 단어들만 적으면 된다. 효율적인 듣기를 위한 방법을 소개하자면 한 장의 종이를 세 등분하여 세 칸으로 나눈다. 첫 칸에는 '중요한 점'이라 쓰고, 두 번째 칸에는 '나의 반응', 그리고 세 번째 칸에는 '나의 질문'이라고 적는다. 연사의 스피치를 들으면서 알맞은 칸에 노트를 적어나간다.

모든 감각 이용

듣기 능력을 향상시키기 위해서는 모든 감각을 이용해서 연사가 무엇을 말하는가, 그리고 어떻게 말하는가에 대해서도 관심을 집중해야 한다. 연사의 주요 요점을 들으면서 동시에 제스처, 목소리 톤과 같은 비언어적 단서들을 관찰한다. 청중은 모든 감각을 이용하여 주제에 대한 연사의 감정을 유추할 수 있다.

모노로그

연사와 청중이 스피치 과정에 활발하게 참여하지 않고 다른 사람의 말을 듣지 않을 때 발생

대화

연사가 청중의 필요에 민감하고, 청중의 반응을 들으며, 청중들은 연사의 메시지를 주의 깊게 집중해서 들음으로써 서로 적합하고 효율적으로 반응하는 것

듣기와 대화

커뮤니케이터들은 종종 스피치를 일방향적인 커뮤니케이션 과정 또는 **모노로그**(monologue)라고 생각한다. 하지만 실제 윤리적인 스피치는 연사들과 청중들이 서로 커뮤니케이션하는 **대화**(dialogue)여야 한다. 대화는 기본적으로 내용을 중시하는 것으로, 청중이 연사를 초대해서 아이디어를 표현하도록 서로 협동하는 과정이다. 청중들은 전달되는 스피치를 비판하기보다는 그에 대해 논의하고, 합리적으로 생

각하고, 증명하고, 주장하는 데에 관심을 가진다. 대화는 청중들이 연사를 진심으로 이해하려고 노력하는 윤리를 주장한다.[37]

대화는 얼마나 중요한가? 최근의 직원 만족도 조사에서 가장 높은 점수를 받은 WL 고어 앤 어소시에이츠 회사에 물어보라. 회사의 성공은 상사와 부하직원 간의 효율적인 대화를 통해 가능하다. 최고 10대 기업들에서는 상사들이 종업원들의 피드백을 중요시하고, 종업원들의 불만을 처리한다. 상사들이 말을 많이 할 뿐, 잘 듣지 않는 회사의 종업원들은 엄청난 스트레스를 받고 있으며, 다른 직장을 찾고 싶다고 응답하였다.[38] 사람들은 누구나 일방적으로 전달하려는 곳보다 대화에 참여할 수 있는 곳에서 일하고 싶지 않겠는가?

진정한 대화를 하기 위해서는 연사를 이해하고 청중으로서 잘 들으려는 열정이 필요하다.[39] 효율적인 대화를 하는 한 가지 방법은 좋은 질문을 하는 것이다. 윤리적 청중들은 연사가 제시한 중심 생각을 명확하게 하고 정교화시키는 질문을 한다. 청중이 연사의 의견에 동의하지 않더라도 자신의 관점을 내세우는 것이 아니라 더 많은 정보를 얻는 데 초점을 맞추어 질문해야 한다. 각 질문은 몇 초 내로 해야 한다. 다음과 같은 질문이 좋은 질문이다.

- 개방형(주관식). 어떤, 왜, 무엇, 어디서를 묻는 질문을 한다. 예를 들면, "당신의 제

Watch it!

동영상 링크 3.2: 질의응답에서의 대화 촉진
이 동영상에서 자닌은 연사와 청중 사이의 대화에 윤리적으로 참여하기 위한 팁을 제공해준다.

Use it!

활동 링크 3.2: 발언권이 있습니다
이 활동에서는 스피치 장면을 듣고, 청중들이 해야 할 질문과 제안을 만들게 될 것이다.

안은 지역 주민들에게 영향을 줄 것이라고 생각하십니까?"라고 묻는 대신에 "당신의 제안이 지역 주민들에게 어떤 영향을 줄 것이라고 생각하십니까?"라고 묻는다.

- 직접적. 길이가 긴 서두는 피하고 바로 질문한다. 예를 들면, "향후 10년 동안 이러한 변화들은 어떤 효과를 나타낼 것이라고 생각하십니까?"라고 질문한다.
- 주제 관련. 주제를 고수하라. 연사의 발언 중 부족한 점이 있다고 생각되면, 그것에 관해 질문하라. 하지만 연사의 메시지와 관련이 있어야 한다. 예를 들면, "당신이 말한 것과 실제로 관련이 없다는 것은 알지만, 교사들이 수업 중에 내주는 숙제의 양에 대해서 어떻게 생각하는지 궁금합니다"라고 묻는 대신에 "고등학교 3학년을 위한 이런 새로운 평가 방식과 관련된 몇 가지 단점들을 언급하셨는데, 이 문제에 대해 교사들과 공무원들은 무슨 조치를 취했습니까?"라고 질문하라.
- 정보 출처 요청. 윤리적인 듣기는 협조적인 커뮤니케이션 분위기를 고조시킨다. 반대로 경멸적인 언어를 사용하고 의도적으로 연사의 메시지를 왜곡하면 방어적 커뮤니케이션 분위기가 조성된다.[40] 적극적인 청중으로서 연사가 보다 많은 정보를 제공하도록 독려하는 질문을 하라. 다음의 질문들을 비교해보라.
    1. 대학생들이 파일공유시스템 이용에 관한 몇 가지 통계자료를 언급하셨는데, 그 통계자료들의 출처는 어디입니까?
    2. 언급한 대학생들의 파일공유시스템 이용 관련 통계는 분명히 잘못되었습니다. 어디서 얻으셨습니까? 제가 살펴보고 싶습니다.
- 첫 번째 질문에서는 청중이 연사에게 보다 자세하게 출처를 언급할 수 있도록 기회를 제공하며 정중하게 정보를 요청한다. 두 번째 질문에서는 청중이 연사를 공격해서 연사가 강요당하는 느낌을 받고 방어적으로 반응하도록 한다. 이때 대화는 사라지고, 누가 '옳고' 누가 '그른가'를 가리는 싸움이 지속된다.

청중은 좋은 질문을 하면서 연사가 시작한 대화를 계속 이어간다. 합리적인 청중은 질의응답 시간이 일방적으로 진행되는 것을 피한다. 스피치를 할 때에는 집중해서 듣고, 생각을 자유롭게 교환하도록 유도하는 좋은 질문을 하는 것이 윤리적인 청중의 특징이다.

요약

윤리적 커뮤니케이션은 효율적인 스피치와 듣기의 기본 바탕이 된다. 윤리적 연사들은 정확하고 균형 잡힌 정보를 제공하고, 주제에 대해 주의 깊게 조사하고, 신뢰할만한 출처를 인용하고, 저작권법을 준수한다. 표절은 특히 윤리적 문제를 제기한다. 정보의 출처를 기록하고, 스피치에서 출처를 언급하고, 각 출처를 참고문헌 목록으로 작성하면 표절을 피할 수 있다. 발표할 준비를 완벽하게 하고, 청중에게 알맞은 언어를 사용하고, 청중들을 존중하는 것을 나타내는 예의를 갖추어 스피치를 하는 것은 생산적인 커뮤니케이션 분위기 조성에 도움이 된다.

청중 또한 윤리적 책임을 가진다. 윤리적 청중은 연사에게 열중하고, 다양한 관점을 존중하고, 최종 평가를 하기 전에 스피치를 끝까지 듣는다. 그리고 윤리적인 연사와 청중은 문화적 차이에 대해 진정한 민감성을 가져야 한다.

윤리적인 듣기는 연사들과 청중들이 서로 편안하게 연결시켜준다. 참여 결핍, 결론으로 비약, 주의 분산, 허술한 노트 받아 적기, 부적절한 질문은 스피치 경험의 가치를 떨어뜨린다. 청중이 완전히 참여할 때, 연사와 청중들은 그들 사이의 의미 있는 대화를 이어나갈 수 있다.

온라인 자원 안내

이 책 〈퍼블릭 스피킹: 진화하는 발표기술〉을 위한 온라인 자원은 추가적인 샘플 스피치 동영상, 스피치 빌더 익스프레스, 인포트랙 대학편, 학습지원이다. 학습지원에는 주요단어 플래시 카드, 리뷰 퀴즈, 비판적 질문이 있으며, 궁금한 점이 있다면 교수님께 이메일로 보낼 수 있다. 또한, 온라인 자원의 특징은 생동감 있는 웹링크로 해당 챕터와 연결된다. 웹링크에는 표절 회피와 문화간 커뮤니케이션 기구, 윤리 자원 센터, 국제 청취 협회(ILA)(International Listening Association)에 관한 자료가 있는 웹사이트들이 포함된다. 링크된 사이트들은 정기적으로 관리되고 일정기간마다 추가된다.

●●● REVIEW IT ●●● 학습항목과 복습자료들

책 내부

- 요약
- 주요단어
- 비판적 질문

더 많은 학습 자원

- 스피치 스튜디오
- 퀴즈
- 웹링크

학생 워크북

- 3.1 좋은 질문들
- 3.2 관점
- 3.3 노트 받아적기를 위한 개요 잡기 이용
- 3.4 규범 확인 및 수용
- 3.5 자료 인용

스피치 친구 동영상

동영상 링크

- 표절 회피
- 질의 응답에서의 대화 촉진

활동 링크

- 하지만 이게 표절이라고?
- 발언권이 있습니다

샘플 스피치 동영상

- 척의 개인적으로 의미 있는 스피치 '혐오 범죄의 해부'
- 카라의 초청 연설 '창조론 대 빅뱅 이론'

스피치 빌더 익스프레스

- 개요
- 근거자료들

인포트랙

추천 검색어

- 윤리와 스피치
- 윤리적 커뮤니케이션
- 커뮤니케이션 분위기
- 표절
- 공정사용과 스피치
- 자료 인용과 스피치
- 문화적 다양성과 커뮤니케이션
- 듣기와 스피치
- 듣기 향상
- 효과적 듣기
- 비판적 듣기

음성 학습 수단

- 척의 '혐오 범죄의 해부'
- 비판적 사고 질문
- 학습목표
- 장 요약

주요단어

공정사용	구두 인용	내적 소음
대화	듣기 불안감	리스닝
모노로그	문화	문화적 규범
문화적 다양성	민족중심주의	외적 소음
윤리적 커뮤니케이션	저작권	정보 과부하
커뮤니케이션 분위기	표절	혐오 스피치
히어링		

비판적 질문: 확인과 토론을 위한 질문

1. 대학 강의실에서 연사는 자신이 원하는 주제를 아무거나 선택할 수 있어야 하는가? 아니면 몇몇 주제들은 제한되어야 하는가? 자유로운 표현, 정의 추구, 배려하는 커뮤니케이션 분위기 조성 간의 균형을 어떻게 유지할 것인가? 지금 수강하고 있는 퍼블릭 스피킹 수업에 대해 생각해보라. 학생들이 말해서는 안 될 주제들이 만약 있다면 어떤 것들인가? 왜 그렇게 생각하는가?
2. '혐오 스피치 대 자유 스피치'라는 제목의 'Speaking of...'의 내용을 떠올려보라. 혐오 스피치를 금지하는 법이 필요한가? 특정 종류의 스피치를 금지하는 것은 어떤 의미를 내포하는가? 자유 스피치는 연사가 하고 싶은 것에 대해 누구에게나 말할 수 있다는 의미인가?
3. 비판적 청중이었던 최근의 경험을 떠올려보라. 감정이입 듣기와 감상하며 듣기를 얼마나 잘했는가? 내용 듣기는 얼마나 잘했는가? 연사의 말을 어떻게 평가했는가? 비판적 듣기를 통해서 무엇을 배웠는가?

2부 스피치의 개발과 조사

Development And Researching Your Speech

4장 목적과 주제의 개발

Developing Your Purpose and Topic

다른 사람들과 이야기할 때, 일반적으로 마음속에 목표 또는 목적을 가지고 말한다.[1] 상대방에게 자신의 생각을 이해시키거나 자신의 경험을 알려주기 위해 노력할 수도 있다. 아마도 어떤 주제에 대한 상대방의 의견에 영향을 주거나 무언가를 하도록 동기를 부여하기 위해 노력할 것이다. 어쩌면 단지 웃기려고 할 수도 있다. 목적을 잘 정하는 것은 스피치에서 특히 중요하다. 명확한 목적을 정하는 것은 스피치 준비를 시작할 때 가장 먼저 필요한 작업이다. 연사는 청중들이 무엇을 기대하는지, 그에 대해 어떻게 반응할지, 그리고 결과적으로 무엇을 이룰 것으로 기대하는지에 대해 알아야 한다. 스피치를 준비하는 초기의 주요 4단계가 있다.

- 첫째, 개괄적 목적을 정하라.
- 둘째, 스피치 주제를 평가하고 선정하라.
- 셋째, 개괄적 목적과 주제를 연계하여 구체적 목적을 세워라.
- 넷째, 주제를 발전시키면서 스피치의 주제문을 만들어라.

개괄적 목적의 결정

개괄적 목적

정보전달, 설득 또는 유흥과 같은 전체적인 목표

READ IT! 스피치의 **개괄적 목적**(general purpose)은 전체 목표를 의미하며, "내 스피치가 무엇을 하길 원하는가?"라는 질문에 대한 답이다. 스피치의 개괄적 목적은 대체로 가장 평범한 스피치 형태인 정보전달, 설득, 유흥 중 하나에 해당한다.

정보 스피치

주제

스피치의 주요 대상, 생각, 또는 테마

정보를 전달하기 위해 스피치를 할 때, 목표는 무언가를 서술하고, 설명하거나, 보여주는 것이다. 정보 스피치는 스피치의 **주제**(topic) 또는 주요 대상, 생각, 테마에 관한 청중의 지식을 증가시키기 위한 것이다. 개괄적 목적이 정보를 전달하는 것이라면, 목표는 청중들이 주제에 관한 정보를 이해하고 기억하도록 돕는 것이다. 직장에서의 정보전달 스피치에는 직원 오리엔테이션, 프로젝트 보고가 해당된다. 공동체 내에서는 프로젝트 제안서와 정책 개정이 해당된다.

설득 스피치

설득하기 위해 말할 때에는 듣는 사람들의 신념, 태도, 의견, 가치, 행동을 강화시키고, 수정하거나, 변화시키려고 할 것이다. 이 때 목표는 청중들이 그들 자신의 생각과 행동을 바꾸게 하는 것이다. 설득은 광고나 정치와 같은 것으로 여길 수도 있다. 하지만 한 학생이 친구를 남학생회의 회장으로 추천하는 것, 목사님이 설교하는 것, 공동체의 일원이 재난 방지 활동을 주장하는 것, 또는 대학 총장이 교수들에게 향후 5년의 계획을 제시하는 것 등도 역시 설득 스피치에 속한다.

유흥 스피치

유흥 스피치를 할 때에는 연사가 청중을 사로잡고, 그들이 스피치를 즐기도록 노력한다. 특별한 상황이 가끔 이러한 스피치의 맥락을 제공해준다. 일례로, 만찬 후 스피치를 하는 연사는 매력적이며, 청중을 웃게 만든다. 유흥 스피치는 대체로 농담과 이야기를 포함한다.

스피치 목적을 명심

어떤 형태의 스피치라 하더라도 연사는 정보전달, 설득, 유흥 중 하나의 개괄적 목적에 집중할 것이다. 스피치를 발전시켜 나가는 동안 항상 개괄적 목적을 염두에 두어야 한다. 정보 스피치 도중에 유머를 포함시키더라도 최종 목적은 유흥이 아니라 정보전달이다. 이와 유사한 예로 설득 스피치를 하면서 무언가를 설명하더라도 우선적인 목표는 정보전달이 아니라 설득하는 것이다. 그리고 유흥 스피치를 하면서 연사는 자신의 의견을 표현하더라도 결국엔 청중을 설득하려는 것이 아니라 즐기게 해야 한다는 것이다. 예를 들어, 만약 유흥과 설득을 동시에 하려고 한다면, 둘 중 어느 것 하나도 잘 할 수 없을 것이다.[2] 재미있는 텔레비전 광고를 생각해보라. 아마도 재미있는 부분은 떠올릴 수 있지만, 광고하는 제품은 생각나지 않을 것이다. 하나의 개괄적 목적에 초점을 맞추는 건 스피치 전체의 목표를 이루는 데 도움이 된다.

연사는 언제나 다른 사람들에게 정보를 전달하고, 설득하거나 즐기게 하려고 노력하기 때문에 이런 유형의 스피치나 이들 목적을 정해서 스피치를 하는 건 연사의 커뮤니케이션 기술을 향상시킨다. 그리고 다른 사람들도 정보를 전달하고, 설득하고, 유흥을 위해 스피치를 할 것이다. 스피치의 개괄적 목적을 정하고 난 다음 단계는 스피치 주제 선정에 관한 것이다.

주제 선정을 위한 브레인스토밍

스피치 행사에서 연사는 청중들에게 말할 기회를 얻게 된다. 하지만 무엇에 대해 말할 것인가? 신중하게 주제를 선정하는 것은 효율적인 스피치로 이끌어준다. 그러면 어디서부터 시작해야 할까? 아이디어들을 평가 없이 발생시키는 자유로운 형태인 **브레인스토밍**(brainstorming)부터 시작해보자. 브레인스토밍은 다양한 방법을 통해 할 수 있다. 일상적인 생활 도중에 주제가 머릿속에 갑자기 떠오를 수도 있으니 기록할 준비를 해야 한다. 신문 기사, 웹페이지 영상, 라디오 토크 쇼나 텔레비전 프로그램이 스피치의 주제를 생각나게 할 수도 있다. 새로운 무언가를 실제로 해보는 것도 또 다른 주제를 생각해내는 데 도움이 된다.[3] 새로운 경로로 친구의 집에 가거나, 새로운 음악을 듣거나, 새로운 커피 전문점에서 시간을 보내는 것도 좋은 방법이다.

브레인스토밍
개인이 평가 없이 생각했거나 기록해 놓았던 아이디어들을 자유로운 형태로 발생시키는 것

일정 시점이 되면, 아이디어를 생각해내거나 전에 떠올렸던 생각들을 확장시키기 위해 특별히 시간을 할애하려고 할 것이다. 편안하다고 느껴지면서도 주의를 일깨워주고 집중시켜주는 장소를 택하라. 브레인스토밍에서 중요한 점은 말하고 싶은 모든 주제를 평가하지 않고 적어보는 것이다. 단순하게 마음속에 떠오르는 것을 아무거나 기록하는 것이다. 그리고 창의적으로 생각하라. 이 때 스스로 검열

그림 4.1 브레인스토밍을 위한 규칙

- 가능한 한 많은 아이디어들을 생각해낼 것
- 마음속에 떠오르는 모든 아이디어들을 적어 볼 것
- 아이디어를 평가하지 말 것
- 될 수 있는 한 창의적으로 생각하고, 상상력을 발휘할 것

하려고 하지 말아야 한다.[4] 브레인스토밍 규칙은 많지 않지만 중요하다(그림 4.1).

주요 질문들을 스스로에게 물어보는 것은 브레인스토밍 과정에 집중할 수 있게 해준다. 질문들은 창의력을 북돋워줄 수 있도록 광범위한 질문이어야 하지만, 원래의 목표에서 벗어나게 할 정도로 광범위하지 않아야 한다. 다음은 몇 가지 사례들이다.[5]

- 내가 무슨 말을 하고, 친구들에게 어떤 문자 메시지를 보내는가?
- 내 관심사와 취미는 무엇인가?
- 내가 겪은 남다른 경험은 무엇인가?
- 내가 무엇에 열광하고, 무엇에 대해 논쟁하는가?

이 전략으로 아이디어를 생각해내지 못했다면, 주요 뉴스나 포털사이트 또는 이슈들을 열거해 놓은 dmoz.org.와 같은 검색엔진 페이지의 헤드라인을 확인하라.

블로그나 팟캐스트에서 다루는 주제들도 브레인스토밍을 위한 주제가 될 수 있다. 관심이 생기는 기사나 글을 찾으면, 주제를 적어 놓고, 그와 관련해서 떠오르는 다른 것들도 같이 적어 놓아라.

한 장의 사진이나 다른 이미지가 스피치 주제를 위한 아이디어를 제공해주기도 한다. 특정 이미지는 폭넓게 유포되고, 알려진다. 일례로, 이라크 전쟁의 이미지가 언론에 공개되고 나면, 전 세계의 사람들이 보게 된다. 허리케인 카트리나나 인도양의 쓰나미를 보는 것도 마찬가지다. 이러한 영상들은 구호작업을 위한 자원봉사, 피해 지역의 부자와 가난한 사람들 간의 격차, 자연 재해의 원인, 대비 및

ⓒ Nigel Sawtell/Alamy.

▲ 의미 있는 사건에 관한 인상 깊은 이미지는 스피치 주제의 브레인스토밍에 도움이 된다.

경고를 위한 기술의 사용 등과 같이 주제를 제안해주어 계속 떠오르는 대로 써내려가게 한다.

스피치 주제에 대해 브레인스토밍을 할 때에는, 마음속에 떠오르는 아이디어나 단어의 형태로만 적을 것이 아니라 인상적인 이미지의 형태로도 그려보라. 유투브(Youtube) 동영상이나 페이스북(Facebook)과 같은 소셜네트워크사이트(SNS)(Social Network Sites)에 개인이 올린 동영상도 주제에 대한 아이디어를 제공해줄 수 있다. 스피치를 준비하기 위한 시간계획을 세우기 전에 주제에 대한 브레인스토밍부터 제대로 시작하라. 연구에 의하면, 브레인스토밍은 여러 번에 걸쳐서 실행되었을 때, 가장 잘되는 것으로 나타났다.[6] 며칠 후에 스피치를 해야만 한다는 압박감을 가지고 브레인스토밍을 하는 것은 최고의 아이디어를 생각해내고, 최고의 선택을 하거나 선택한 주제를 정당화하는 데 도움이 되지 않는다.

주제 아이디어의 평가와 선택

최종적으로 주제를 선정하기에 앞서, 자신의 관심사와 지식, 자료 이용 가능성, 스피치를 위한 시간과 환경에 대해 생각해보라. 다음과 같은 주요 사항들을 고려해서 주제를 평가하는 것은 주제를 선택하는 과정을 빠르게 진행시켜줄 것이다.

- 자신의 관심사를 고려할 것
- 청중들을 고려할 것
- 자료 활용 가능성을 고려할 것
- 마감 시간, 스피치 시각, 최근 사건을 고려할 것
- 스피치를 하게 될 환경과 행사를 고려할 것

연사의 관심

주제를 평가할 때, 우선 자신의 관심과 자신이 무엇을 아는가를 고려해야 한다. 다음의 질문들을 스스로에게 물어보라.

- 이 주제에 대해 얼마나 관심이 있는가?
- 이 주제에 대해 무엇을 알고 있는가?
- 이 주제에 대해 얼마나 편안하게 말할 수 있는가?

> **Speaking of ... 청중을 알 것**
>
> 청중들에 적합하지 않은 주제를 선정하게 되면 불편한 반응을 얻게 된다. 청중들은 지루해하거나 주의가 산만해질 것이다. 청중들은 모욕감을 느끼거나 심지어 위협을 당했다고 느낄지도 모른다. 청중에 대해 충분히 분석하면 연사는 자신이 원하는 반응을 얻기 쉬워질 것이다. 연사가 항상 완벽한 주제를 선정하지는 못할 것이다. 때때로 청중에 관한 최고의 정보를 가졌다 하더라도 주제가 맞지 않는 경우가 있다. 하지만 청중의 관심, 필요, 지식수준, 가치, 태도, 신념에 대해 아는 것은 청중에게 알맞은 주제를 선정할 가능성을 매우 높여줄 것이다.

첫 번째 질문에 "별로 관심 없음"이라고 대답한다면, 그 주제는 목록에서 지워라. 연사가 열정을 가지지 않고 스피치를 한다면 청중은 바로 알 것이다. 자신이 열광하는 주제는 연사에게 힘을 북돋워주어서 보다 역동적이고 재미있는 스피치를 하게 해준다. 하지만 주제에 관한 지식이 별로 없을 경우에도 주제에 대해 더 배울 수 있는 기회를 제공해주면 동기부여가 된다. 하지만 잘 알지 못하는 주제를 선정하기 전에 충분한 시간과 주제에 대해 조사할 수 있는 충분한 자료가 있는지 확인해야 한다. 마지막으로 주제에 대해 편안하게 말할 수 있을지 고려해야 한다. 만약 그 주제가 친구들과 얘기하고 싶지 않은 것이라면, 그것에 관한 스피치를 하고 싶지 않을 것이다.

청중

주제를 선정하고 난 후, 청중에 대해 더욱 많이 연구를 해야 하겠지만, 이 시점에서 청중들의 지식과 관심에 관한 일반적인 생각을 얻기 위해 사전조사를 해야 할 필요가 있다. 목록에 적어놓은 주제들을 평가할 때, 청중에 관한 다음의 네 가지 질문을 스스로에게 물어보라.

1. 이 주제가 청중들에게 얼마나 적절한가?
2. 청중들이 왜 이 주제에 대해 알아야 하는가?
3. 나는 청중들이 이 주제에 관심을 가지게 할 수 있는가?

4. 청중들이 주제에 대해 이미 얼마나 많이 알고 있는가?

주제를 평가할 때에는 항상 자신이 청중이라고 생각해야 한다. 청중들이 공감할 수 있는 스피치 주제를 선정하라. 어떤 주제들은 청중들과 직접적인 연관이 없어 보일 수도 있다. 이 때에는 그 연결고리를 제시할 필요가 있다. 하지만 만약 주제가 청중들의 관심을 끌지 못하거나 청중들이 그 주제에 대해 알아야 하는 어떤 이유도 찾지 못한다면, 목록에서 그 주제를 지워야 한다. 이와 더불어 적절성과 흥미, 그리고 지식수준 간의 균형을 맞추어야 한다. 만약 한 가지 주제가 적절하고 흥미가 있지만 청중들이 이미 그 주제에 관해서 많이 알고 있다면, 주제에 색다르게 접근하거나 아니면 목록에서 삭제해야 한다.

자원의 가능성

목록에 있는 스피치 주제들을 좁혀가면서 가능성이 있는 주제에 관한 자료들을 일차적으로 확인해보아야 한다. 청중들은 다양한 자료들에서 얻은 증거들을 듣고, 연사의 스피치를 뒷받침해주는 정보가 너무 빈약하지는 않은지 바로 알아차릴 것이다. 그러므로 주제를 선정할 때에는 적절하고 유용한 자료들을 확보하거나 그에 접근할 수 있는지 확인해야 한다.

시간

잠재적인 주제가 마감 시간, 스피치 시각, 그리고 최근의 사건에 맞는지 고려해야 한다.

마감 시간

성공적인 연사들은 마감 시간을 지킨다. 주제들을 적어놓은 목록을 살펴보라. 각 주제들을 정해진 시간 내에 마칠 수 있는가? 시간적 여유에 따라서 특정 스피치 주제를 좁히거나 넓혀야 할 필요가 있을 것이다.

●●● THE EVOLVING ART ●●● 자료 검색을 위한 대학 도서관 이용

스피치를 할 10개의 주제가 있을 때, 각 주제에 대해 관련 정보를 충분히 활용할 수 있을지 결정하기 위해 일일이 찾고 싶지 않을 것이다. 이러한 사전자료 확인을 어떻게 하면 효율적으로 할 수 있을까? 구글이나 야후는 건너뛰라! 그리고 대학 도서관의 웹페이지 첫 화면으로 바로 가라. 거기서 신문, 학술지, 잡지, 정부 발행물, 그 외 자료들을 모아둔 데이터베이스 링크와 도서관의 서지목록도 볼 수 있을 것이다. 간단한 검색만으로도 각 주제마다 이용할 수 있는 정보들이 얼마나 많은지에 대해 대강의 아이디어들을 얻을 수 있을 것이다. 더욱이 거의 모든 대학 도서관들은 안내데스크의 이메일, 채팅, 전화번호를 알려준다. 가능성이 있는 스피치 주제 관련 자료에 대해 도서관의 사서와 직접 만나서 얘기해보는 것도 유용하다.

스피치 시각

스피치를 해야 하는 시각이 이른 아침인가? 늦은 오후인가? 아니면 저녁인가? 스피치를 하는 시각은 주제 선정에 영향을 준다. 대중 교통수단 이용을 장려하는 스피치는 출퇴근 시간에 하는 것이 좋다. 건강한 식습관을 옹호하는 스피치를 점심시간에 하는 것이 주효할 것이다. 주제를 하루 동안의 기분 변화나 스피치 시간대에 따른 바이오 리듬, 행동적 조건에 맞추도록 노력하라.

최근 사건

시의적절하거나 최근 주제에 관한 스피치는 연사의 신뢰도를 높여주고, 주제를 청중과 관련지을 수 있도록 도와준다. 주제를 선정할 때, 주제가 뉴스에 나온 사건 또는 사람들이 얘기하는 것에 얼마나 부합하는지 생각해보라. 청중들의 감정에 부합하는 최근 사건과 관련된 주제를 선정하고, 이와 관련이 적은 주제는 피하라. 국가 경제의 건전성에 관한 낙관적인 이야기를 높은 실업률 수치가 발표된 날에 하는 것은 매우 부적절하다. 하지만 실업률이 감소할 때에는 적절한 주제가 될 수 있다.

Kay Chernush/Getty Images

▲ 어디서 스피치를 하는지—넓은 강당, 작은 회의실 또는 그 중간 정도의 장소인지—는 주제 선정에 영향을 줄 것이다.

환경과 이벤트

적합한 주제를 선택함에 있어서 스피치를 하게 될 장소 또한 중요하다. 큰 강당에서 하는가? 회의실이나 교실에서 하는가? 천 명, 백 명, 아니면 열 명의 청중 앞에서 하는가? 작은 교실에서 하기에 적합한 스피치 주제는 큰 강당에서는 효과적이지 않을 수도 있다. 교실이라는 환경은 보다 개인적이지만, 강당에서는 연사와 청중 사이의 거리가 훨씬 더 멀다.

장소는 또한 이벤트를 의미하며, 스피치의 내용은 그 이벤트에 적합해야 한다. 예를 들어, 만찬 후 스피치를 할 때, 피부암과 같은 심각한 주제에 대해서 말하고 싶지 않을 것이다. 졸업식에서 스피치를 할 때에는, 암울하고, 불운한 미래를 제시하기보다 학생들의 교육과 장래의 직업에 관한 긍정적인 면에 초점을 맞추어야 한다. 이와 더불어 이벤트 전체를 고려해야 한다. 자신이 유일한 연사인가, 아니면 다른 사람들도 스피치를 하는가? 자신의 스피치 전후에 누가 스피치를 하는지 알고, 자신의 주제가 그들을 어떻게 보조할 수 있을지 생각하라.

구체적 목적의 결정

구체적 목적

연사가 스피치를 하면서 무엇을 성취하는지를 표현한 간결한 문장

구체적 목적(specific purpose)은 스피치를 통해서 연사가 성취하고 싶은 것을 말한다. 구체적 목적을 적을 때에는, 달성하고 싶은 특정 목표를 찾기 위해서 개괄적 목적, 주제, 그리고 청중을 통합해야 한다. 예를 들어 개괄적 목적이 정보전달이고, 주제가 소속 대학의 학생회라면, 구체적 목적은 "청중들에게 대학 학생회의 두 부서인 행정부와 입법부에 대해 알려주는 것"이 될 것이다. 이 문장은 개괄적 목적인 정보전달, 주제인 학생회, 그리고 청중들에게 알리고 싶은 것인 학생회의 두 부서를 통합한 것이다.

구체적 목적은 하나의 목적에만 초점을 맞춘, 주제에 관한 명료하고, 간결한 문장이며, 연사가 원하는 청중들의 반응을 합친 것이다. 정보전달 스피치에서의 구체적 목적은 다음의 예시와 같이 시작할 것이다.

- 청중들에게 …에 대해 알리는 것
- 청중들에게 …를 가르치는 것
- 청중들이 … 알게 하는 것
- 청중들에게 어떻게 … 하는지 보여주는 것

각 문장은 관심의 중심에 청중들을 위치시키고, 이 경우에는 정보전달이라는 개괄적 목적을 직간접적으로 암시하면서 시작된다. 그 후에 다음과 같이 주제를 첨가하게 된다.

- 청중들에게 얼굴인식시스템이 어떻게 작동되는지에 대해 알리는 것
- 청중들에게 시간 관리 전략을 가르치는 것
- 청중들이 캠퍼스 취업 센터에서 제공하는 서비스를 알게 하는 것
- 청중들에게 어떻게 완벽한 사진을 찍는지 보여주는 것

구체적 목적을 명시하는 것은 청중의 관점에서 스피치를 개념화할 수 있도록 도와준다. 이는 청중들이 무엇에 대해 알기를 원하는지, 왜 청중들이 스피치를 들어야 하는지에 대해 연사가 중점적으로 관심을 가지게 해준다. 이런 식으로 생각하는 것은 청중들에게 정보를 전달한다는 처음의 스피치하는 이유에 분명하게 초점을 맞추도록 해준다.

설득을 위한 스피치는 종종 정신적, 감성적 반응을 만들어내려고 하거나, 청중들이 '매일 운동하기', '헌혈하기', 또는 '법안 수립을 지지하기'와 같은 특정 행동을 하도록 부추긴다. 설득 스피치를 위한 구체적 목적 문장은 다음과 같이 시작될 것이다.

- 청중들이 …하도록 설득하는 것
- 청중들에게 …라는 것을 이해시킬 것
- 청중들이 …에 대해 감정이입하게 할 것
- 청중들이 …하도록 동기부여할 것

이를 주제와 결합하면, 다음의 예와 같이 될 것이다.

- 청중들이 캠퍼스 내의 금연을 지지하도록 설득하는 것
- 청중들에게 유전적 변형 음식이 안전하다는 것을 이해시킬 것
- 청중들이 가난하게 사는 사람들에 대해 감정이입하게 할 것
- 청중들이 투표하도록 동기부여할 것

유흥 스피치를 할 때, 구체적 목적은 청중들이 참여하게 하고 재미있도록 해주는 것을 포함한다. 구체적 목적을 제시한 문장은 다음과 같이 시작된다.

- …로 청중들을 즐겁게 해줄 것
- …로 청중들을 재미있게 해줄 것
- …로 청중들을 기쁘게 해줄 것
- …로 청중들을 고무시킬 것

주제와 결합하면 다음의 예들이 된다.

- 사무실 칸막이 안에서 일하는 것을 우습게 표현하여 청중들을 즐겁게 해줄 것
- 가족 여름휴가의 어리석은 점으로 청중들을 재미있게 해줄 것

표 4.1 개괄적 목적, 주제, 그리고 구체적 목적의 예

개괄적 목적	주제	구체적 목적
정보전달	만화 속 여성	미국 신문의 만화에 등장하는 여성의 역사에 대해 청중들에게 알리기
정보전달	야생 버섯	독버섯과 먹을 수 있는 버섯의 차이에 대해 청중들에게 가르쳐 주기
정보전달	긴급 장비	긴급 대비 장비들을 어떻게 조립하는지 청중들에게 보여주기
설득	동물원	동물원의 주요 목적은 많은 동물들을 위한 것이라고 청중들을 설득하기
설득	자전거 헬멧	자전거를 탈 때, 자전거 헬멧을 쓰도록 청중들을 이해시키기
설득	가난	가난하게 사는 지역 주민들에게 청중들이 더욱 감정이입하도록 도와주기
유흥	광고	텔레비전에 나오지 않은 광고 사례들로 청중들을 즐겁게 하기
유흥	영양학	음식 피라미드의 대학생들 버전을 만들어서 청중들을 재미있게 하기
유흥	스포츠	잘 알려지지 않은 종목에서 성공한 선수들의 실제 이야기로 청중들을 고무시키기

Watch it!

동영상 링크 4.1: 브레인스토밍과 주제 평가
이 동영상에서 안토니와 자닌은 브레인스토밍 과정과 주제 아이디어 평가를 보여준다.

Use it!

활동 링크 4.1: 미션 탐색 및 발견
이 활동은 브레인스토밍과 주제 아이디어를 선정해볼 기회를 제공해준다.

- 과거의 평범하지 않은 발명으로 청중들을 기쁘게 해줄 것
- 삶을 단순화시키는 이색적인 방법으로 청중들을 고무시킬 것

연사가 원하는 청중들의 반응을 생각하는 것은 청중들을 자신의 마음속에 최우선으로 생각하도록 해준다. 개괄적 목적, 주제, 청중, 스피치 진행에 맞는 인용 시점 등과 함께 구체적 목적을 적어보라.[7] 〈표 4.1〉은 개괄적 목적, 주제와 구체적 목적과의 연결 사례들을 추가로 제공해주고 있다.

스피치의 구체적 목적은 주제에 대해 조사하고, 뒷받침해줄 자료들을 결정하고, 아이디어들을 구성하고, 언어를 선택하고, 발표 자원들을 통합하는 등의 이후의 스피치 과정 단계에서 중요한 결정들을 내리도록 이끌어준다. 스피치를 준비하면서, "이 인용, 통계 수치, 음성 파일 또는 다른 자료들이 내 구체적 목적을 이루게 해주는가?"라고 스스로에게 물어보라.

주제문 정하기

개괄적 목적은 정보전달, 설득, 유흥과 같이 연사의 스피치가 지향해야 할 방향을

주제문

스피치의 기본이 되는 중심 아이디어를 포함하여 한 문장으로 표현한 것

제시해준다. 구체적 목적은 연사의 스피치가 청중들에게 어떤 영향을 주길 원하는지 말해준다. 연사의 **주제문**(thesis)은 구체적 목적을 이루기 위한 계획을 요약해 놓은 것이다. 주제문은 스피치의 주요 아이디어나 기본 요소를 하나의 문장에 포함시켜서 표현한 것이다. 이 문장은 연사가 스피치하게 될 주제와 주요 아이디어를 한 문장 안에 내재시킨 결정체이다. 스스로에게 "내 스피치를 통해서 청중들이 얻게 될 주요 아이디어는 무엇인가?"라고 물어보라. 그것이 바로 주제문이다.[8]

주제문은 주제를 포함하고 있으며, 구체적 목적에서 파생되었으며, 연사가 청중들로부터 원하는 반응이 무엇인지 명확하게 직접적으로 주장한다. 즉, 주제문은 스피치의 내용을 요약해준다. 다음은 몇 가지 사례들이다.

주제: 원격 진료(telemedicine)

개괄적 목적: 정보전달

구체적 목적: 청중들에게 원격 진료가 건강 관리에서 담당하는 역할에 대해 교육시킬 것

주제문: 원격 진료는 먼 거리에서 의사들 간의 상담, 환자와 의사 간의 상호작용, 그리고 환자들을 관찰하기 위해 새로운 커뮤니케이션 기술을 이용하는 것이다.

주제: 지속 가능한 토지 개발

개괄적 목적: 설득

구체적 목적: 지속 가능한 토지 개발은 지역 경제 발전의 중요한 부분이라는 점을 청중들에게 이해시킬 것

주제문: 지속 가능한 토지 개발은 자연 환경을 보호함으로써 지역 공동체의 직접적인 요구를 나타내며, 우리 도시를 미래의 산업을 위한 수요가 많은 지역으로 자리 잡게 한다.

주제: 온라인 만남 서비스

개괄적 목적: 유흥

구체적 목적: 온라인 만남 서비스를 이용했던 자신의 경험담으로 청중들을 재미있게 해줄 것.

주제문: 프로필을 작성하는 것부터 온라인의 상대들을 검색하고 마침내 만남을

갖게 되기까지의 나의 첫 온라인 만남 서비스 경험은 평생 잊지 못할 경험이다.

각 주제문은 스피치의 주요 요점을 나타낸다. 또한 주제를 다듬어주고, 자료 조사의 지침을 제공해준다.

때때로 연사는 구체적 목적을 적자마자 주제문을 결정할 것이다. 연사는 주제, 성취하고 싶은 것, 어떻게 성취할 것인지에 대한 명확한 생각을 가지고 있을 것이다. 더 일반적으로 주제를 발전시키기 시작함과 동시에 주제문을 만들 것이다.[9] 연사는 주제에 대해 생각하기 시작하면서 사전 조사를 수행하고, 구체적 목적을 이루도록 해줄 세부적인 요점이나 생각을 확인할 것이다. 다음의 내용은 주제를 발전시키고, 작업 개요를 그리는 첫 단계로 연사를 안내해줄 것이다.

작업 개요 수립

스피치의 개괄적 목적을 알고, 주제를 선정하고, 구체적 목적을 결정하고 나면, 작업 개요에 채워 넣을 준비가 된 것이다. 1장에서 주제를 발전시키는 초기 단계를 안내해주고, 개괄적 목적에 집중하고, 구체적 목적을 명확하게 해주는 **작업 개요**(working outline)에 대해 소개하였다. 작업 개요를 발전시키기 위해서는 스피치 주제, 개괄적 목적, 구체적 목적, 주제문, 그리고 연사가 주장하고자 하는 주요 아이디어

작업 개요

주제를 발전시키는 초기 단계를 안내해주고, 개괄적 목적에 집중하고, 구체적 목적을 명확하게 하는 데 도움이 되는 개요

표 4.2 개요의 유형

개요 유형	기능	핵심 특징	관련 장
작업 개요	처음 주제를 개발하도록 도와주고, 조사를 이끌어준다.	주요 요점과 세부 요점을 포함하며, 조사 과정 동안 개선해나간다.	4장 목적과 주제의 개발 ← **현위치**
완성문장 개요	스피치를 위한 모든 정보를 명확하게 확인하고, 아이디어들을 순서대로 정리하고, 발표 개요를 개발하기 위한 토대를 마련한다.	완성된 문장을 이용하며, 스피치의 전체 내용과 모든 참고문헌을 써놓고, 준비 과정 동안 개선해나간다.	8장 스피치의 조직화 및 개요잡기
프레젠테이션 개요	스피치를 연습하고 실행하는 데 도움이 된다.	핵심어를 사용하고, 스피치를 연습하면서 고치고, 종종 연습과 최종 발표에서 사용할 노트카드로 변환된다.	12장 스피치 발표하기

> **Speaking of ... 작업 개요 제한**
>
> 작업 개요에 포함시킬 각 아이디어들에 대해 주의 깊게 고려해야 한다. 너무 많은 요점들을 포함시키는 것은 주제를 개발하는 방법을 배울 때 학생들이 경험하는 가장 큰 문제점들 중 하나이다. 연사는 재미있을지는 모르나 구체적 목적을 진행시키지 못하는 요점들로 인한 스피치의 혼란을 피하기 위해 몇 가지 힘든 결정을 해야 할 것이다. 이 단계에서 효과적으로 연사의 아이디어들을 다듬는 방법에 대해 배우는 것은 스피치를 준비하는 과정을 전개시키는 동안 시간과 노력을 절약할 수 있게 해주고, 이는 스피치의 흐름과 효과를 훨씬 개선시켜줄 것이다.

와 하부 요점을 나타내는 핵심어들을 포함시켜야 할 것이다. 이후에 연사는 완성된 문장으로 개요를 구성할 것이다. 그러고나서 스피치를 준비하는 마지막 단계에서 연사는 발표를 위한 개요를 잡을 것이다. 〈표 4.2〉는 연사가 만들고 이용하는 개요의 유형에 따른 스피치 과정 중에서 연사의 위치가 어디에 해당하는지 보여준다.

정보전달 스피치를 위해서, 학생들이 전공을 선택할 때 고려해야 하는 가장 중요한 요소들에 대해 친구들에게 이야기하기로 결정했다고 상상해보라. 모든 대학생들은 이러한 문제점을 겪기 때문에 이 주제는 청중들에게 친숙하다. 이 때 주제는 '전공 선택'이고, 구체적 목적은 "대학 전공을 어떻게 선택하는지 청중들로 하여금 이해하도록 할 것"이다.

주제 개발을 위한 브레인스토밍

주제 개발의 첫 단계는 연사가 스피치에 담고자 하는 아이디어들을 브레인스토밍하는 것이다.[10] 다음은 학생들이 전공을 선택하려고 할 때 중요하게 고려해야 하는 몇몇 아이디어들이다.

- 졸업 후 직업 목표
- 선택한 분야에서의 대학 평판
- 졸업할 때까지의 소요 시간
- 학생 생활의 목표
- 학생들이 정말 싫어하는 전공
- 자신 있는 기술의 관련 분야
- 학과가 새로운 전공을 허용하는지의 여부
- 전공 관련 직업의 잠재적 수입
- 교수들의 질적 수준

- 학생들이 정말 좋아하는 일
- 전공 졸업생들을 위한 취업 시장
- 전공에서 요구하는 조건
- 대학에 해당 전공이 있는지의 여부
- 학생들에게 도움이 되는 학과의 자원

주요 핵심 선택을 위한 아이디어 모음

일단 주제에 대한 아이디어 목록을 작성하면, 각 아이디어에서 한 단어 또는 짧은 문구를 추출해낸다. 이 작업은 각 아이디어들 간의 연관성을 쉽게 확인시켜줄 것이다. 연사의 아이디어를 포함하고 있는 정확하고 명확한 단어를 선택하라.

- 졸업 후 직업 목표(직업 목표)
- 선택한 분야에서의 대학 평판(평판)
- 졸업할 때까지의 소요 시간(졸업 기한)
- 학생 생활의 목표(개인 목표)
- 학생들이 정말 싫어하는 전공(싫은 것)
- 자신 있는 기술의 관련 분야(잘하는 것)
- 학과가 새로운 전공을 허용하는지의 여부(전공 개설)
- 전공 관련 직업의 잠재적 수입(돈)
- 교수들의 질적 수준(교수)
- 학생들이 정말 좋아하는 일(좋아하는 것)
- 전공 졸업생들을 위한 취업 시장(취업 시장)
- 전공에서 요구하는 조건(요구 조건)
- 대학에 그 전공이 있는지의 여부(커리큘럼)
- 학생들에게 도움이 되는 학과의 자원(학생 지원)

다음으로 아이디어들을 보다 일반적인 범주로 나누어 집단화한다. 각 집단의 아이디어들이 키워드에 부합하는 내적 통일성을 갖도록 하는 것이다. 스피치를 할 때, **내적 통일성**(internal consistency)은 주요 제목이나 세부 제목을 이루는 생각들은

내적 통일성
스피치에서 주요 제목 또는 세부 제목을 이루는 아이디어들 사이의 논리적 연관성

표 4.3 '전공 선택'을 위한 아이디어 집단화

실용적인 고려 사항	학술 자원	개인 성향
• 평판 • 졸업 기한 • 취업 시장 • 돈 • 요구 조건	• 전공 개설 • 교수 • 커리큘럼 • 학생 지원	• 직업 목표 • 개인 목표 • 좋아하는 것 • 싫어하는 것 • 잘 하는 것

서로 논리적 연관성이 있어야 한다는 것을 의미한다. 전공 선택에 관한 스피치를 예로 들면, 아이디어들이 〈표 4.3〉과 같이 실용적 고려사항(평판, 졸업 기한, 취업 시장, 돈, 요구 조건), 학술 자원(전공 개설, 교수, 커리큘럼, 학생 지원), 개인적 고려사항(직업 목표, 개인적 목표, 좋아하는 것, 싫어하는 것, 잘 하는 것)의 3개의 주요 범주에 속하게 된다.

주요 테마에 속하도록 아이디어들을 확인하고 집단화함으로써, 연사는 논리적 범주에 따라 주제를 축소시키고, 핵심 또는 주요 요점이 무엇인지, 어떤 스피치가 되는지 시각화해 볼 수 있다. 테마의 범주에 따라 정리된 생각들은 주요 아이디어들과 각 주요 아이디어에 대해서 말하고 싶은 것으로 구성된 초기 구조가 된다. 예를 들어 전공 선택에 관한 스피치에서 '실용적 고려사항'의 범주에는 평판, 졸업 기한, 취업 시장, 돈, 요구 조건이 포함된다. 주요 제목과 세부 제목들은 초기 작업 개요의 기반을 제공해주며(그림 4.2 참조), 이는 다음의 작업들을 할 수 있도록 도와준다.

그림 4.2 '전공 선택' 초기 작업 개요

주제: 전공 선택

개괄적 목적: 정보전달

구체적 목적: 대학 전공을 어떻게 선택하는지 청중들에게 알려줄 것

1. 실용적인 고려 사항
   A. 평판
   B. 졸업 기한
   C. 취업 시장
   D. 돈
   E. 요구 조건
2. 학술 자원
   A. 전공 개설
   B. 교수
   C. 커리큘럼
   D. 학생 지원
3. 개인 성향
   A. 직업 목표
   B. 개인 목표
   C. 좋아하는 것
   D. 싫어하는 것
   E. 잘 하는 것

그림 4.3 '전공 선택'을 위한 작업 개요에 주제문 추가하기

주제: 전공 선택

개괄적 목적: 정보전달

구체적 목적: 청중들에게 대학 전공을 선택하는 방법을 알려줄 것

주제문: 실용적 고려사항, 학술 자원, 개인적 고려사항은 전공을 선택하는 데 영향을 주는 세 가지 요인이다.

- 스피치의 주제와 주요 아이디어들을 기초로 청중들을 분석하라.
- 키워드 검색을 이용하여 주요 아이디어들을 조사하라.
- 수집한 정보들을 조직화할 때 사용할 완성된 문장 개요를 만들어라.

주제문 작성

전공 선택이라는 주제의 초기 아이디어 집단들은 다음의 주제문을 만들어낸다. "실용적 고려사항, 학술 자원, 그리고 개인적 고려사항은 전공 선택에 영향을 주는 세 가지 요인이다." 이 문장은 스피치의 핵심을 모은 것이고, 어떻게 구체적 목적을 이룰 수 있는지 제시해주고, 임시적인 주제문의 역할을 한다. 〈그림 4.3〉과 같이 이 내용을 작업 개요를 만들기 시작했을 때의 정보들에 추가하라. 청중을 분석하고, 스피치를 위한 조사를 하면서 이 임시 주제문은 바뀔 수도 있지만, 이 정도면 좋은 시작이라고 할 수 있다.

청중을 분석하고 주제를 조사할 때, 스스로 제대로 하고 있는지 확인하기 위해서 작업 개요를 되돌아보라. 스피치를 개발하면서 개요의 중요한 부분이 바뀌는 경우도 있지만, 대체로 연사는 자신의 주요 요점을 계속 고수하고 싶어 하는 경향이 있으며, 작업 개요는 그렇게 하도록 도와주는 신뢰할만한 도구가 된다.

요약

모든 스피치에는 정보전달, 설득, 또는 유흥과 같은 하나의 전체 목표나 개괄적 목적이 있다. 개괄적 목적은 스피치의 특성을 결정한다.

주제를 위한 브레인스토밍을 할 때에는, 생각나는 모든 주제 아이디어를 평가 없이 적어놓아야 한다. 종종 브레인스토밍은 최종적으로 주제 아이디어를 적기 훨씬 전부터 시작된다. 하지만 일정 시점에서 모든 주제 아이디어들을 한데 모으는 시간을 갖는 것은 주제 선택에 대해 보다 명확하게 생각해볼 수 있게 해준다.

연사 자신, 청중, 활용 가능한 자원, 시간, 환경의 다섯 가지 영역에 걸쳐서 주제들을 평가해야 한다. 연사 자신, 청중 그리고 환경에 적합한 주제를 선정해야 한다. 또한 조사가 잘 된 스피치를 하기 위해서 충분한 정보를 찾을 수 있는 주제로 해야 한다.

연사가 이루고 싶은 구체적 목적은 개괄적 목적과 주제를 청중들로부터 얻고 싶은 반응과 결합한 것이다. 주제를 선택할 때, 구체적 목적의 큰 틀도 마련하게 될 것이다.

주제문을 만드는 것은 주제 개발의 중요한 단계이다. 주제문은 연사의 구체적 목적에서 생겨나며, 스피치의 목표를 어떻게 이룰 수 있는지 제시해준다. 하나의 서술적 문장으로 써 놓은 주제문은 연사가 말하려고 하는 주요 요점과 결합되어 있어서 스피치의 내용의 핵심을 담고 있다.

주제를 개발하는 것은 주제와 관련된 아이디어들을 브레인스토밍하는 것에서 시작된다. 다음 단계는 주제를 확인하고 이들을 각 범주에 속하도록 집단화하는 것이다. 이들 범주들은 스피치의 주요 요점이 되며, 말하려고 하는 핵심인 주제문을 제시해준다.

주제, 개괄적 목적, 구체적 목적, 주제문, 그리고 주요 요점은 작업 개요의 기초를 형성한다. 작업 개요는 스피치를 위한 임시 계획을 제공해준다. 이는 주제와 청중에 관해서 더 많이 알게 되면서 바뀔 수도 있다. 이 초기 작업은 청중을 분석하고, 주제에 대해 조사하고, 적절한 근거자료들을 찾고, 생각을 조직화하는 가장 좋은 방법을 결정하기 위한 탄탄한 기초를 제공해준다.

●●● REVIEW IT ●●● 학습항목과 복습자료들

책 내부
- 요약
- 주요단어
- 비판적 질문

더 많은 학습 자원
- 스피치 스튜디오
- 퀴즈
- 웹링크

학생 워크북
- 4.1 주제에 대한 청중의 피드백
- 4.2 브레인스토밍 목록
- 4.3 청중 중심의 구체적 목적
- 4.4 주제문 작성하기
- 4.5 작업 개요 만들고 다시 만들기

스피치 친구 동영상

동영상 링크
- 브레인스토밍과 주제 평가

활동 링크
- 미션 탐색 및 발견

샘플 스피치 동영상
- 티파니의 '육식 금지와 나' 정보전달 스피치
- 후삼의 '성공적인 사업가가 되는 방법' 정보전달 스피치

스피치 빌더 익스프레스
- 목표/목적
- 주제문
- 개요

인포트랙

추천 검색어
- 개괄적 목적과 스피치
- 구체적 목적과 스피치
- 주제문과 스피치
- 브레인스토밍
- 스피치 주제

음성 학습 수단
- 후삼의 '성공적인 사업가가 되는 방법'
- 비판적 사고 질문
- 학습목표
- 장 요약

온라인 자원 안내

이 책 〈퍼블릭 스피킹: 진화하는 발표기술〉을 위한 온라인 자원은 추가적인 샘플 스피치 동영상, 스피치 빌더 익스프레스, 인포트랙 대학편, 학습지원이다. 학습지원에는 주요단어 플래시 카드, 리뷰 퀴즈, 비판적 질문이 있으며, 궁금한 점이 있다면 교수님께 이메일로 보낼 수 있다. 또한, 온라인 자원의 특징은 생동감 있는 웹링크로 해당 챕터와 연결된다. 웹링크에는 스피치 주제를 찾는 데 유용한 아이디어들을 제공해주는 웹사이트들이 포함된다. 링크된 사이트들은 정기적으로 관리되고 일정기간마다 추가된다.

주요단어

개괄적 목적 구체적 목적 내적 통일성 브레인스토밍 작업 개요 주제 주제문

비판적 질문: 확인과 토론을 위한 질문

1. 새로운 생각과 관점에 대한 열린 마음은 비판적 사고 기술을 활용할 수 있도록 도와준다. 어떻게 하면 열린 마음으로 주제 아이디어를 브레인스토밍할 수 있는가? 스피치 주제에 대한 관점을 넓힐 수 있는 방법으로는 어떤 것들이 있는가? 창의적인 주제 아이디어를 생각해내기 위해 뭔가 새로운 것을 시도하려는 전략을 어떻게 적용할 수 있는가?
2. 최근 뉴스에 등장하는 사건이나 화제들을 생각해보라. 이들을 어떻게 주제 아이디어를 위한 도약판으로 활용할 수 있는가? 최근 사건과 화제들이 자신의 주제 선택에 영향을 주겠는가?
3. 주제를 개발할 때, 아이디어들을 생각해내고 이들 아이디어들을 집단화할 때, 주제와 청중에 대해 가지고 있는 가정을 고려하라. 주제에 접근하고 아이디어들을 범주화하기 위한 다른 방법이 있는가? 아이디어들을 다른 식으로 집단화할 수 있는가? 새로운 방법으로 주제에 대해 생각해볼 수 있는가?

5장 청중에 적응

Adapting to Your Audience

Read it

Watch it

Use it

Review it

성공적인 연사는 특정 청중들에게 호소하기 위해 자신의 메시지를 적응시킨다. 마이크로소프트(Microsoft)사의 빌 게이츠(Bill Gates)는 최근 연례 가을 대학 투어를 갔을 때, 방문한 모든 학교에서 컴퓨터의 막강한 역할에 대해 이야기하였다. 하지만 그는 각 청중에 맞게 스피치를 적응시켰다. 미시간대학교에서 그는 "마이크로소프트사는 미시간대학교에서 일 년에 30명 정도를 고용하는데, 이 중 많은 수가 최고 사원에 속한다. … 이에 대해 여러분께 감사드린다. 그리고 우리의 매우 친밀한 관계를 계속 유지해나가길 바란다"라고 말했다. 워털루대학교에서는 "음, 여기 오게 되어서 매우 기쁩니다. 동문들로부터 들었겠지만, 워털루 대학은 마이크로소프트에 굉장히 큰 기여를 하고 있습니다"라며 스피치를 시작했다.[1] 이처럼 간략한 언급만으로도 청중들은 게이츠가 자신들을 염두에 두고 스피치를 준비했다는 것을 알게 된다.

청중에 맞게 스피치를 각색하기 위해서는 스피치를 듣게 될 사람들, 그들의 관심, 관점, 그리고 주제와의 친밀감을 알아야 한다. 청중에 대해 아는 것은 **청중분석**(audience analysis)으로부터 시작된다. 청중을 분석하는 것은 성공적인 스피치를 보장한다. 또한 청중분석은 호의적인 반응을 얻기 위한 결정적인 단계이다.

청중분석

청중들의 요구와 관심을 예측하고 그들에게 반응할 전략을 세우기 위해 청중에 관한 정보를 얻고 평가하는 것

청중분석과 적응은 스피치 준비 첫 단계에서부터 스피치를 실제로 발표하고 난 후까지 계속된다.[2] 청중을 분석한다는 것은 그들의 요구와 관심을 예측하고, 그들에게 반응하기 위한 전략을 수립하는 것을 의미한다. 스피치를 할 때, 청중의 피드백은 또 다른 중요한 정보원이 된다.[3] 청중들이 미소를 짓는가, 찌푸리는가, 눈을 맞추는가, 아니면 창밖을 내다보는가? 자신이 청중들의 비언어적 단서들에 적절하게 반응하고, 그 피드백을 바탕으로 스피치를 적응시킬 수 있도록 미리 준비하라. 만약 스피치가 끝난 후 질의응답 시간이 있다면, 청중들이 하는 말을 주의 깊게 듣고 적절하게 대응하라.

REUTERS/Nicholas Roberts/Landov

▲ 빌 게이츠가 청중들에게 적응하는 한 가지 방법은 스피치를 시작할 때 청중들을 언급하는 것이다.

청중이란 무엇인가

READ IT! 청중이라는 말은 원래 공공장소, 극장, 경기장과 같은 일반적인 공공 환경 또는 준공공 환경 장소에 공통 관심을 공유하며 물리적으로 모여 있는 사람들의 집단을 의미했다. 영화가 등장함에 따라 영화관은 청중들의 또 다른 공공 모임 장소가 되었다. 라디오, 텔레비전, 그리고 인터넷에도 물론 청중이 있지만, 이들 미디어의 청중들은 물리적으로 흩어져 있다. 라디오와 텔레비전이 새로운 것이었을 때, 가족이나 친구들이 모여서 단체 청중으로 그 주변에 둘러앉는 것은 일상적인 일이었다. 하지만 오늘날의 사람들은 하나 이상의 미디어의 청중일 가능성이 더 크다. 여전히 청중이라는 말은 아리스토텔레스 시대의 청중과 더욱 유사한 의미를 지닌다. **청중**(audience)은 연사의 스피치를 듣는 사람들을 의미한다.

청중
연사의 스피치를 듣는 사람들

새로운 커뮤니케이션 기술이 더 넓은 범위의 사람들에게 많은 것을 전달하는 것을 가능하게 해줌으로써 청중에게 호소하는 것은 더욱 어려워지고 있다. 예를 들면, 블로거는 자신의 블로그를 링크시키도록 부추기면서 독자들을 끌어들이기 위해 노력한다. 대학 도서관은 웹사이트가 홍보 도구의 기능을 하고, 학생, 동문, 잠재적 기부자, 그리고 교수들과 접촉할 수 있도록 구성한다.[4] 온라인 마케팅 담당자들도 특정 청중과 접촉하려고 시도한다.[5] 예를 들어 야후 메일이나 핫메일 계정과 연관된 개인 정보는 마케팅 담당자들이 이들 청중들에게 맞추어 자신들의 광고를 편집할 수 있게 해준다. 각 경우에 따라 연사 또는 송신자는 청중들의 관심, 요구, 관점에 호소하도록 메시지를 구성하기 위해 청중들에 대해 가능한 한 많이 배우려고 노력한다.

청중과 연사 간의 연결

성공적인 연사는 청중들을 스피치의 동업자로 인식해서, 연사와 청중이 스피치 상황을 만들기 위해 함께 일한다고 생각한다.[6] 연사는 자신이 청중들과 효과적으로 연결되었을 때에만 성공했다고 할 수 있다. 모든 종류의 청중은 마음속에 "이것이 어떻게 나와 내 경험에 적용되는가?"라는 하나의 기본적인 질문을 가지고 있다. 연사의 메시지를 이해하려고 노력하면서 청중들은 연사가 말하는 것과 자신들을 연결시키려고 한다. 그러므로 청중들에게 스피치를 할 때에는 그들을 재미있게 하고, 흥미를 갖게 하거나 그들의 요구에 반응 또는 그들의 관심을 증가시켜야 한다.[7]

청중 중심

스피치를 하기 전, 하는 도중, 하고난 후에 청중들의 고유하고, 다양하고, 공통적인 관점을 고려하고 경청함으로써 청중을 이해하는 연사를 지칭함

청중들을 완벽하게 분석하는 것은 스피치로의 **청중 중심**(audience-centered)적인 접근의 첫 단계이다. 청중을 분석하고, 청중에 반응하는 것은 미디어 제작자, 작가, 연극 제작자, 정치인,[8] 그리고 모든 연사에게 있어서 매우 중요하다.

교실의 청중

대학의 퍼블릭 스피킹 수업은 대부분의 스피치 상황과 다르다. 대학생들은 스피치를 준비할 때 자동적으로 유리한 점들을 가지게 된다. 퍼블릭 스피킹 수업을 듣는 학생들은 대부분의 다른 수업에서보다 더 자신에 대한 정보를 공유할 것이다. 같이 수업을 듣는 학생들은 서로 잘 알게 될 수밖에 없다. 대부분의 학생들은 그것을 즐긴다. 그리고 어떤 청중들은 경쟁의식을 느끼기도 하겠지만, 스피치 수업을 같이 듣는 대부분의 학생들은 연사가 성공적인 스피치를 하길 바랄 것이다.[9]

이처럼 청중에 대한 특별한 접근은, 처음으로 채점될 스피치를 하기 전에라도, 연사가 청중들에 대한 기본적인 인상을 가진다는 것을 의미한다. 학기가 진행됨에 따라 연사는 3장에서 나온 듣기 기술을 적용하는 것보다 청중들에 대해 더욱 많은 것들을 배울 것이다. 하지만 청중과 친밀해지는 것은 기본적인 인상을 얻는 것 이상으로 더 관여된다는 것이다. 청중에게 스피치를 적응시키기 위해서는 청중들이 어떤 사람들이며, 스피치 주제에 대해 무엇을 알고 어떻게 생각하는가를 미리 가능한 한 정확하게 알아야 한다.

다양한 청중에 적응

청중의 기본적인 특성을 이해하고, 주제에 대한 청중들의 지식과 느낌에 대해 어떤 생각을 가지고 있을 때에만 비로소 효과적으로 스피치를 맞추어서 그들에게 다가갈 수 있다. 정치인들과 광고제작자들은 그들의 메시지를, 자신들이 전달하고

자 하는 특정 집단 또는 하위 집단인 **목표 청중**(target audience)에 맞추어서 자신들에게 투표하거나 자신들의 제품을 사도록 사람들을 설득한다. 연사에게 목표 청중은 자신의 정보전달, 설득, 유흥 스피치를 가장 들려주고 싶어 하는 사람들이다. 예를 들어, 연사가 복잡한 거리의 보행자 안전 표지판을 개선하자고 요구하는 스피치를 커뮤니티 센터에서 하게 되었다. 청중들이 대부분 자신의 의견에 동의하는 이웃 거주자들이라 하더라도, 연사의 목표 청중은 실제로 그 문제를 해결할 수 있는 그 자리에 참석한 시의원들이다. 비슷한 예로 대학의 커리큘럼 변경을 옹호하려고 한다면, 목표 청중을 연사가 바라는 변화를 만들어낼 힘을 가진 사람들인 교수와 행정직원들에 맞추어 스피치를 해야 한다. 마케팅은 제품이나 생각의 판매자가 자신들의 목표 청중이 누구이며, 어떻게 그들에게 연관될 수 있는지 알아야 한다는 말을 기초로 한다. 그리고 마케팅에서와 같이 연사는 자신의 생각을 표현하는 최선의 방법을 결정하기 위해서 목표 청중을 분석해야 한다.

목표 청중

연사가 가장 정보전달, 설득, 유흥을 위한 스피치를 듣길 원하는 특정 집단 또는 하위 집단

퍼블릭 스피킹 수업일지라도 한 교실에 단 1명의 청중만 있는 경우는 없다.[10] 특히 미디어가 세계를 주도하는 오늘날에는 모든 청중들처럼 학생들도 다양한 주제들에 대한 폭넓은 정보에 접근할 수 있다. 그리하여 퍼블릭 스피킹 수업을 같이 듣는 학생들은 같은 경험을 공유하겠지만, 또한 여러 가지 측면에서 다를 것이다. 연사로서의 책임감 중 일부분은 청중들의 배경, 지식, 관심, 의견의 다양성을 인식하고 이에 맞춰서 스피치를 계획하는 것이다.

청중 다양성에 대처하기

인구 총조사자료에 따르면, 미국 정부는 21세기 중반부터 인구 비율이 지금보다 더욱 다양해질 것이라고 전망했다.[11] 오늘날 미국은 문화적, 종교적, 교육적, 경제적 배경의 다양성으로 인한 복잡한 국민 분포를 나타내는, 세계에서 가장 다양성을 가진 나라 중 하나이다. 20세기 후반의 미국 대학 내의 흑인(African American), 남미계(Latino), 원주민(Native American), 아시아계(Asian American) 학생들의 비율은 29%로 이는 1970년 대 중반에 15%에 불과했던 것에 비해 30여 년 만에 거의 2배로 증가한 것이다.[12] 스피치를 할 때, 다양한 청중을 대하게 될 가능성이 더욱 커진 것이다. 스피치를 다양한 배경, 경험, 관심을 가진 사람들에게 적응시키려고 노력을 하다 보

면 벅찰 수도 있지만, 그 다양성은 결과적으로 연사 자신과 청중들이 성공적인 경험을 하도록 해주는 장점이 된다.[13]

다양한 청중들에게 스피치를 하는 것은 긍정적인 결과를 낳을 수 있다. 자신과 다른 배경을 가진 사람들과 상호작용을 할 때, 다음의 방법들을 배우게 된다.

- 주제나 이슈에 대한 다른 관점을 환영하는 협조적 커뮤니케이션 분위기를 더욱 조성하는 방법
- 모든 참여자들이 더 많은 것을 배울 수 있도록 더 풍부한 지식과 정보를 저장소에서 꺼내어 사용하는 방법
- 협동적인 분위기로 긍정적인 집단 내 관계를 돈독하게 하는 방법
- 자신의 문화적 정체성을 잘 나타내고, 다른 사람들의 문화적 정체성을 잘 이해하는 방법
- 차이점들을 인식하고 존중하며 민족중심주의를 피하는 방법
- 논쟁적인 주제에 대해 건설적인 대화를 주장하는 방법

동시에 다양한 청중들이 어려움을 겪게 되기도 한다. 예를 들면 유머의 핵심이 문화적 맥락에 있는 경우, 청중들이 그 맥락을 공유하지 못하고 있다면, 그들은 유머로 재미있게 하려던 연사의 시도를 알아채지 못할 것이다. 게다가 부주의한 언어의 사용이나 정보의 이용을 통해서 청중들의 일부를 소외시키는 것은, 스피치의 목적을 이룰 수 있는 능력을 저하시킨다.

다양한 청중에게 말하는 방법

연사가 다양한 청중들에 적응하며 스피치를 할 때의 많은 전략들이 있겠지만, 연구에 의하면 공통성 확인, 공신력 확보, 특정 청중 집단에 적합한 근거자료 포함, 적절한 언어 사용, 그리고 모든 청중에 대해 지속적인 관심 유지의 다섯 가지 효과적인 기술이 있다. 이들 기술들을 적용하는 것은 얼마나 청중에 대해 주의 깊고 완벽하게 분석을 했느냐에 달려 있다.[14] 이들 기술들은 청중의 다양성을 인식함과 동시에 일체적 커뮤니케이션 분위기를 만든다.

첫째, 주제와 관련해서 청중들 사이의 공통성을 찾는다. 주제에 대한 다양한

의견과 지식을 가진 집단에게 가정 학습(home schooling)에 관한 정보전달 스피치를 한다면, 모든 청중들이 동의할 수 있는 일반적으로 좋은 교육의 중요성을 강조하면서 시작할 것이다.

둘째, 열정, 친근감, 전문성을 통해서 주제의 공신력을 확보하라. 연사가 프레젠테이션에 깊이 관여해서, 따뜻하고, 외향적으로 주제에 관한 지식을 보여준다면, 청중들은 자신들의 지식, 신념, 태도와 상관없이 들으려고 할 것이다.

셋째, 특히 한 집단은 공감하고, 동시에 다른 청중들은 긍정적이거나 중립적인 느낌을 가지게 될 근거자료를 포함시켜라. 예를 들면, 여자 대학 농구에 관한 정보전달 스피치를 하면서 연사는 여자들은 농구라는 운동이 발명된 지 바로 1년 만인 1892년에 스미스 대학에서 처음 농구를 하기 시작했다고 말할 것이다. 여자 농구를 좋아하는 청중들은 이 사실을 특히 중요하다고 생각할 것이고, 다른 청중들은 단순히 흥미롭게 여길 것이다.

넷째, 모든 청중들에게 호소할 수 있는 언어를 사용하라. 청중들이 의미 있다고 여길 만한 단어를 선택하라. 자신의 단어를 정의하고, 동시에 은어와 단지 소수의 청중들만 이해할 수 있는 특별한 언어는 피해야 한다.

다섯째, 모든 청중에게 지속적으로 관심을 가져라. 프레젠테이션을 하는 내내 전체 청중들의 다양한 경험들을 인식하고, 스피치의 일부분에 따라 각 청중 집단을 언급하지 말아야 한다. 예를 들어 청중들에게 보다 많은 정보를 가진 유권자들이 되도록 부추기는 설득 스피치를 할 때에는 청중 내의 각 집단에 맞도록 스피치의 특정 부분을 할애하는 대신에 스피치를 하는 내내 전혀 정보를 얻지 못한 유권자부터 거의 모든 정보를 가진 유권자에 이르는 전체 범위의 청중들에게 호소해야 한다.

이들 기술들을 활용하기 위해서는 가능한 한 청중에 대해서 완벽하게 알아야 한다. 다음으로 기본적인 청중들의 특성을 파악하면서 청중분석을 시작하는 방법에 대해 배울 것이다.

John Giustina/Getty Images

▲ 연사 자신이 청중과 전혀 다르더라도, 공통성을 찾아내고, 공신력을 확보하고, 적합한 근거자료를 제시하고, 적절한 언어를 사용하며, 지속적으로 그들에게 관심을 가짐으로써 청중에게 적응해야 하며, 이는 청중과 연결되는데 도움이 된다.

인구통계 정보 활용

인구통계

성별, 민족, 연령, 사회 계급과 같은 주요 특성에 따라 전체 집단을 더 작은 집단으로 나누는 방법

성공적인 연사는 어떤 스피치 상황에서도 청중의 규모와 청중들의 인구통계 특성을 파악한다. **인구통계**(demographics)는 전체 집단의 주요 특성들이다. 이들 특성들은 종종 전체 집단을 하위 집단으로 나누는 데 사용된다. 주요 인구통계 범주들로는 연령, 성별 또는 성 정체성, 인종, 민족, 교육 수준, 소득 수준 또는 사회 계급, 성적 취향, 장애 유무, 종교 가입, 결혼 유무, 보호자 책임 등이 있다.

효과적인 커뮤니케이터는 자신들의 목표 청중을 찾기 위해 인구통계를 이용한다. 인구통계는 어떤 개인이나 집단의 완벽한 그림을 그려주지는 않지만, 청중의 인구통계를 아는 것은 그들의 요구와 관심을 예상할 수 있도록 해주며, 주제에 대해 어떻게 접근해야 하는지 알려준다.

인구통계자료 수집

교실에서의 학생 연사는 다른 환경에서의 연사들보다 유리한 점을 가지고 있다. 수업 중에 스피치를 하면 교육 수준과 같은 청중들의 몇몇 인구통계 범주는 자명하다. 또한 여성과 남성의 비율을 알 수 있고, 연령대를 가늠하기 쉽다. 그리고 민족적 배경에 대해서도 알 수 있다. 하지만 다른 인구통계 정보는 쉽게 나타나지 않는다. 예를 들어 청중들의 소득 수준이나 사회경제적 계급은 다니고 있는 학교의 유형을 고려하거나 옷차림과 언어와 같은 요인들을 관찰함으로써 때때로 합리적인 가정을 할 수도 있지만 알아내기 쉽지 않다.

교육적인 환경에서의 연사처럼 직장이나 사회적 환경에서의 연사들도 종종 미리 자신들의 청중들에 대해 아는 경우가 있다. 예를 들면, 자신이 속한 직장이나 클럽의 회원들에게 스피치를 할 때에는 청중들의 인구통계 구성에 대해 아마도 잘 알 것이다. 다른 환경에서의 연사들은 대개 스피치 행사를 하기 전에 개인적으로

Speaking of ... 인구통계적 고정관념

인구통계 분석이 사람들의 인종, 연령, 사회적 계급, 성별, 성적 취향 등에 따라 다른 경향을 보이는 태도를 취하도록 가치 있는 통찰력을 제공해줄 수도 있지만, 그럼에도 불구하고 각 청중은 고정관념을 벗어난 경우일 수도 있는 한 사람의 개인으로 대해야 한다. 연사는 어떤 특정 청중에 대해 섣불리 가정하지 말고, 청중 내 하위 집단 간의 실제 차이점에 민감해야 한다. 이 원칙을 명심하는 것은 스피치가 끝난 후 이어지는 질의응답 시간에 특히 중요하다.

청중과 만날 기회를 갖지 못한다. 이런 상황에서 가장 좋은 정보는 연사를 초청한 사람 또는 조직이다. 그들에게 청중의 구성에 관한 정보를 요청하라. 규모와 집단의 목적, 인구통계적 특성, 주제에 대해 무엇을 아는지, 주제에 대해 어떻게 느끼는지, 연사로부터 무엇을 원하는지, 메시지를 그들에게 어떻게 전달하는 것이 가장 좋을지에 대해서도 물어보라. 이 정보를 모으는 것은 특정 집단에게 메시지를 효율적으로 준비해서 전달할 수 있도록 도와줄 것이다.

청중들의 인구통계적 정보는 개인적인 관찰, 조직적인 수집(예를 들면 설문지 사용), 또는 청중들과 친분이 있는 사람들과의 상담을 통해서 얻는 것이 가장 좋다. 하지만 가끔 이러한 방법들은 사용하지 못할 수도 있다. 미국 국민들에 관한 인구통계 정보, 예를 들면 남성과 여성, 다른 인종의 사람들, 북쪽 사람들과 남쪽 사람들의 정치적 성향은 퓨 연구소(Pew Research Center), 갤럽 연구소(Gallup Poll), 조그비 폴(Zogby Poll), 시카고 대학의 전국 여론 연구소(National Opinion Research Center)와 같은 전국적인 여론조사기관의 웹사이트에서 얻을 수 있다.

심리 정보의 활용

청중들의 인구통계와 대조적으로 **심리 정보**(psychographics)는 관점, 가치, 신념, 태도와 같은 심리적 정보에 초점을 맞추고 있다(그림 5.1). 마케팅 담당자들은 회사의 제품이나 서비스를 사도록 소비자들을 부추기는 전략을 개발하기 위해 심리 정보에 의존한다. 예를 들면, 건강한 식생활과 건강하지 못한 식생활은 단지 사람들의 먹는 행동에서뿐 아니라 그들의 음식과 건강에 관련된 가치에서도 차이가 난다. 이들 두 집단에 대해 마케팅 활동을 하기 위해서는 각 집단의 심리적 성향에 맞춘 다른 전략이 필요하다. 마케팅에서처럼, 청중들의 심리 정보를 이해하는 것은 스피치의 개괄적 목적 또는 구체적 목적을 이룰 수 있도록 스피치를 개발할 수 있게 도와줄 것이다.

심리 정보
관점, 가치, 신념, 태도와 같은 청중들의 심리적인 정보

그림 5.1 심리 정보의 모형

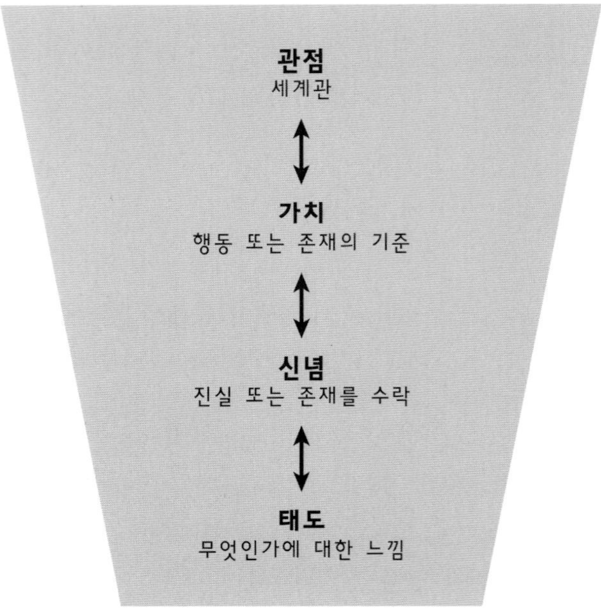

청중의 관점

관점

세계를 조망, 해석, 평가하는 개인의 심리적인 위치 또는 장소

관점(standpoint)은 세계를 조망하고, 해석하고, 평가하는 위치나 장소를 의미한다. 관점은 전형적으로 사회경제적 지위, 성별, 장애 유무, 연령 등과 같은 인구통계 정보를 기반으로 하는 개인의 사회적 위치에서 파생된다. 예를 들면 노동 계급 가족의 장애에 관해서 배우고 있는 카톨릭 라틴 대학 학생, 또는 중상계급의 가족의 40세의 흑인 게이 남자와 같이 개인이 속한 집단은 사회를 보는 관점에 영향을 미친다.[15] 모든 청중 집단은 그들의 가치, 신념, 태도, 행동에 영향을 주는 관점을 다양하게 가지고 있다.

관점을 고려하면, 청중분석은 개인들을 단순히 인구통계학적 범주로 나누는 것을 뛰어넘는다. 관점은 청중들이 세계를 각각 다르게 본다는 사실을 말해준다. 수업 내 청중의 경우에는 모든 청중들이 대학생이라는 경험을 공유할 것이다. 하지만 그들도 사회에서의 각기 다른 위치로 인한 다른 관점을 가지고 있을 것이다. 예를 들면, 1세대 대학생들은 고학력에 대해서 2, 3, 4세대 대학생들과는 다르게 인식할 것이다.

워싱턴주의 그레나이트 폴즈(Granite Falls)에 있는 중·고등학생들의 다양성에 대해서, 시애틀 타임즈의 발행인인 프랭크 블레든(Frank Blethen)은 청중들이 다른 관점을 가지고 있다는 것을 인식하고 다음과 같이 그들을 연결시키고자 노력하였다.[16]

> 존경하는 마틴 루터 킹(Martin Luther King, Jr.) 목사의 기념일. 이것이 무엇입니까? 또한 무엇이 아닙니까? 먼저, 무엇이 아닌가 하면, 흑인 기념일이 아닙니다. 황인 기념일이 아닙니다. 갈색 피부색의 기념일이 아닙니다. 백인 기념일이 아닙니다. 남성들의 기념일이 아닙니다. 여성들의 기념일이 아닙니다. 베이비 붐 세대의 기념일이 아닙니다. X 또는 Y 세대의 기념일이 아닙니다. 가난한 사람들의 기념일이 아닙니다. 부자들의 기념일이 아닙니다. 종교적인 기념일 아닙니다. 상업적인 쇼핑 기념일이 아닙니다. 휴일이 아닙니다.
>
> 그러면 무엇입니까? 미국의 축하기념일입니다. 우리들 각자의 축하기념일입니다. 모든 미국인들의 환희의 순간입니다. 모든 미국인들의 반성의 순간입니다. 다양성의 긴 여행을 새롭게 시작하는 순간입니다. 우리들 각각의 도전의 시간입니다.

블레든의 스피치가 보여주듯이, 청중들의 관점을 확인하는 것은 청중들 사이의 차이점뿐 아니라 동질성도 강조해준다.[17] 같은 세대는 종교나 계급으로 인한 공통적인 관점을 공유할 수도 있다. 이와 달리 특정 사회의 여성은 연령에 상관없이, 그 사회의 남성들과는 다른 공통적인 관점을 공유한다.

청중의 가치

가치(value)는 행동의 기준을 제공해준다. 가치는 자신과 상호작용하는 사람들, 매스미디어, 자신이 속한 사회와 문화로부터 배운다. 좋다 또는 나쁘다, 훌륭하다 또는 볼품없다, 옳다 또는 그르다, 매력적이다 또는 매력적이지 않다와 같이 무언가에 대해 판단할 때 자신의 가치를 표현한다. 예를 들어 환경주의에 관한 연구에서는, 남성보다 여성이 이타주의를 더욱 중요한 가치로 여기는 것으로 밝혀졌으며, 이는 여성이 더욱 환경에 대해 관심을 가지도록 하는 것으로 나타났다.[18] 환경적인 이슈에 대해서 스피치를 하게 된다면, 청중 중의 여성과 남성이 우선적으로 생각하는 가치가 다르다는 것을 아는 것이 스피치를 두 집단에 적응시키는 데 도움이 될 것이다.

가치
행동의 기준을 제공해주는 이상적 생각

기업들은 광고 캠페인을 개발할 때 청중들의 가치를 주의 깊게 분석한다. 혁신적인 광고로 오랫동안 알려져 온 애플은 자사의 매킨토시 대 다른 컴퓨터 광고와의 대결에서 이 문제에 봉착했다. 비록 미국에서는 매우 성공적인 광고였지만, 영국과 일본에서는 광고가 호소력도 없고 재미도 없었던 것으로 나타났다. 회사는 특별히 영국과 일본의 소비자에 맞춘 광고를 제작했다. 하지만 이러한 광고들이 방영된 후에 청중들은 기업에 대해 더욱 반감을 갖게 되었고, 판매 실적도 감소했다. 설문조사 결과 미국에서는 현대적이고 세련되어 보이는 것이 영국에서는 독선적이고 위압적이었다고 알려졌다. 일본에서는 애플사라는 경쟁자가 직접적으로 공격한 것으로, 못마땅하고 불쾌하게 받아들였다.[19]

청중들의 가치에 접근하는 한 가지 방법은 가치와 라이프스타일에 관한 설문조사(VALS)(Values and Lifestyles Survey)이다. SRI 컨설팅 비즈니스 인텔리전스에서 개발한 것으로, 설문조사 응답자 집단을 근본적인 가치와 자원을 기반으로 해서 8개의 범주로 나누는 것이다.[20] 혁신자들(innovators)은 폭넓은 자원과 독립적인 가치, 다양성, 고급 제품과 서비스를 누린다. 사색자들(thinkers)은 전형적으로 고학력이고, 보수적이면서, 많은 정보를 알고 있다. 성취자들(achievers)은 목적 지향적이고 협동, 지속, 그리고 자신들이 지향하는 이미지를 가치 있게 여긴다. 경험자들(experiencers)은 젊고, 활기찬 경향이 있고, 자기 표현, 위험 감수, 새로운 것을 가치 있게 여긴다. 신념자들(believers)은 가족, 공동체에 초점을 맞추고, 전통과 관례를 가치 있게 여긴다. 노력자들(strivers)은 다소 제한적인 자원을 가지고 있지만 앞서나가고, 사회 집단에 적응하는 것을 중요하게 여긴다. 제작자들(makers)은 스스로 하려는 경향이 있고, 자가 충분, 실용적 기술, 자율을 가치 있게 여긴다. 생존자들(survivors)은 거의 자원이 없으며, 종종 생계와 씨름해야 하므로 안전, 보안, 유지를 중요하게 생각한다.

청중들이 중요하다고 생각하는 가치를 아는 것은 그들이 관심 있을 만한 주제를 선정하고, 적합한 근거자료를 확인하고, 정보를 전달하며, 설득적이고 즐길 수 있는 스피치를 할 수 있게 해준다.

청중의 신념

가치와 같이 개인의 신념은 자신의 입장에서 나온다. **신념**(belief)은 한 사람이 진실, 또는 실제로 존재한다고 받아들이는 무언가를 의미한다. 누군가가 이의를 제기하거나 그와 대립되는 새로운 정보가 있더라도 자신의 신념은 좀처럼 스스로 의심하지 않는다. 새로운 연구에 의하면, 다량의 산화방지제를 섭취하는 것은 건강에 좋지 않은 것으로 나타났다. 하지만 산화방지제가 자신의 건강에 도움이 된다고 믿으면, 그 연구결과에 대해 회의적일 것이고, 따라서 계속 자신의 신념을 고수해나갈 것이다.

신념
개인이 진실 또는 존재한다고 받아들이는 것

청중의 태도

태도(attitude)는 무언가에 대해 개인이 어떻게 느끼는가를 말한다. 태도는 사람, 장소, 사물, 사건 또는 생각에 대한 승인 또는 거절, 호감 또는 비호감을 나타낸다. 버스 운전사를 좋아할 수도 있고, 새로운 학생회 건물을 승인하거나, 최근 관람했던 콘서트를 싫어하거나, 도시의 시내 지역 개발 계획을 거부할지도 모른다. 태도는 개인의 관점, 가치, 신념과 관련되어 있지만, 이들 심리 정보 변수들이 항상 일관된 것은 아니다. 예를 들면, 장애를 가진 사람의 입장에서 보면, 공공 교통수단을 보편적으로 이용해야 하는 것을 가치 있게 여기고, 공공 교통수단이 커뮤니티의 근본적인 요인이라고 믿지만, 지역 공공 교통수단 제도를 싫어하는 경우도 있다. 이처럼 심리 정보 요인들 간의 갈등은 부정적인 경험 또는 두 가지의 대립되는 신념 사이의 갈등에서 비롯된다.

태도
어떤 것에 대한 개인의 느낌

심리 정보 수집

행동(behavior)은 개인에 의해 행해지는 관찰 가능한 움직임이다. 관점, 가치, 신념, 태도의 심리 정보 요인들은 교차하며 복잡한 경로를 통해 행동에 영향을 준다. 예를 들어, 노숙자 문제를 중요한 사회적 이슈라고 믿으면, 일주일에 한 번씩 지역 노숙자 쉼터에서 자원봉사를 할 수도 있다. 심리 정보는 행동의 바탕이 되기 때문에 연사들은 종종 청중들의 관점, 가치, 신념, 태도를 알아내기 위해 청중들의 움직임을 관찰한다.

행동
관찰 가능한 움직임

●●● THE EVOLVING ART ●●● 바이트 단위의 청중의 기대

오늘날 청중들은 미디어 소비에 익숙하다. 바이트(byte) 단위로 다양한 미디어를 소비하고, 하나의 미디어에서 다른 미디어로 건너뛰거나, 여러 개의 미디어를 동시에 소비하기도 한다.[21] 블로그들을 보면서 아이팟으로 음악을 듣고, 동시에 문자 메시지를 보내기도 하고, 휴대폰으로 통화를 하면서 유투브의 동영상을 보고, 동시에 수업 강의 파일을 다운로드하기도 한다. 30초짜리 초미니 비디오 게임, 2분 길이의 록 음악의 고전들, 11분 길이의 온라인 텔레비전 드라마가 있는 세계를 경험하는 청중들은 초고속 정보전달을 기대한다. 이 말은 스피치를 할 때, 내용을 각 부분으로 나눈 후 연속해서 말하도록 준비해야 하는 것을 의미하는 것인가? 아니다. 청중들은 스피치를 가볍게 흘려들으려고 할 수도 있겠지만, 또한 요점이 있는 스피치를 듣고 싶어 한다.[22] 여전히 청중들의 주목을 받으려면, 연사는 청중들이 미디어 포화 환경에 있으며, 자신들이 원하는 정보를 찾기 위해 미디어를 선택할 때, 채널 서핑, 하이퍼링크 연결, 스크롤 등을 이용해서 빠르게 전환한다는 것을 고려해야 한다. 청중에 적응하는 것은 연사가 제공하는 정보와 어떤 식으로 전달하는지에 대한 그들의 기대를 이해하는 것과 관련된다.

퍼블릭 스피킹 수업 시간에서의 주의 깊은 관찰은 청중에 대한 심리 정보들을 모으는 데 도움이 될 것이다. 친구들이 수업 전에 무엇에 대해 이야기했는가? 자신들의 스피치를 위해 어떤 주제를 선정하는가? 다른 학생의 스피치에 어떻게 반응하는가? 수업 중에 다른 학생들과 더욱 상호작용하거나 관찰할수록 그들이 누구인지, 어떻게 생각하는지 더 잘 알게 될 것이다.

하지만 연사가 하는 대부분의 스피치는 수업 횟수가 많아짐에 따라 점점 더 알게 되는 학생들 앞에서 하는 것과는 다르다. 어떤 경우에는 청중들에 관한 정보에 미리 접근할 수 없거나, 예를 들면, 도시의 고등학생 또는 볼링단체 회원과 같이 청중들이 속한 집단에 대한 일반적인 지식만을 가지고 추측해야 할 때도 있을 것이다. 하지만 대다수의 경우에 연사는 청중들과 업무 또는 사회적 상호작용을 통해 알게 된다. 이럴 경우에는 청중들에 대해 아는 것들을 떠올려보면, 그들의 관점, 가치, 신념, 태도에 대한 중요한 통찰력을 얻게 될 것이다. 예를 들면, 청중들이 말하는 주제, 그들이 논쟁하는 생각, 그들이 표현하는 감정, 그들이 다른 사람을 처음 만났을 때 하는 행동을 생각해보는 것이다. 프레젠테이션을 하기에 앞서 청중들을 잘 관찰하는 것은 그들의 특성에 맞게 스피치를 적응시키는 데 도움이 된다.

인구통계 정보도 그랬듯이 청중들의 심리 정보를 얻는 다른 방법은 청중 설문

조사를 실시하는 것이다. 아래의 내용에서는 이러한 설문지를 어떻게 개발하는지에 대해 설명해줄 것이다.

청중에 대한 설문조사

연사들은 청중들의 인구통계 또는 심리 정보를 모으기 위해서 **청중 조사 설문지**(audience research questionnaires)를 사용한다. 특히 주제와 관련된 청중들의 관점, 가치, 신념, 태도에 대해 아는 것은 연사가 스피치를 위해 연구하고, 구성해서 발표하는 방법에 지대한 영향을 미친다. 스피치 당일에 앞서 설문지를 잘 개발하고 배부하는 것은 스피치를 하는 동안 청중들을 최우선으로 생각하도록 도와준다.[23]

> **청중 조사 설문지**
> 청중들의 지식과 의견을 측정하기 위해 연사가 사용하는 설문지로 이메일, 웹 기반, 또는 수업 내의 설문조사의 형태를 가짐

효과적인 청중 조사 설문지는 폐쇄형과 개방형의 두 가지 기본적인 유형으로 나뉜다.

폐쇄형 질문

폐쇄형 질문(closed-ended questions)은 응답자들에게 선택할 수 있는 일련의 보기를 제공한다. 예를 들면, 인구통계 정보를 얻기 위해서 연사는 다음과 같은 질문들을 할 것이다.

> **폐쇄형 질문**
> 가능한 응답이 제한되어 있는 질문으로 매우 세부적인 정보를 얻기 위해 물어본다

- 귀하의 성별은 무엇입니까?
  ____ 여성 ____ 남성
- 귀하는 다음 중 어느 민족 집단에 해당됩니까?
  ____ 아프리칸 아메리칸 ____ 아시안 아메리칸 ____ 유러피안 아메리칸
  ____ 라틴/히스패닉 아메리칸 ____ 원주민 ____ 기타

이와 유사하게 스피치 주제에 효과적으로 접근하는 데 도움이 되도록 청중에 관한 기본 사실들을 알고 싶을 것이다. 예를 들어 텔레비전 시청을 금하라거나 보다 선별적으로 시청하라고 청중들을 설득하고자 한다면, 다음과 같은 폐쇄형 질문들을 포함시킬 수 있다.

- 평균적으로 일 주일에 몇 시간 동안 텔레비전을 시청하십니까?

  ____ 0-9 ____ 10-19 ____ 20-39 ____ 40 이상
- 침실에 텔레비전이 있습니까? ____ 예 ____ 아니오
- 보통 왜 텔레비전을 시청합니까?

  ____ 지루하기 때문 ____ 가족이나 친구들과 친해지려고

  ____ 일상 탈출을 위해 ____ 보상으로 ____ 무언가 배우려고

  ____ 즐거움을 위해 ____ 기타

연사는 또한 주제와 관련된 심리 정보를 얻기 위해서 설문지를 이용할 수 있다. 예를 들어 학교의 150주년에 관한 정보전달 스피치를 하려고 한다면, 다음의 질문들을 할 것이다.

- 우리 학교는 훌륭한 교육으로 유구한 역사를 가지고 있다.

  ____ 그렇다 ____ 아니다
- 나는 커뮤니티에 속한 사람들이 우리 학교에 대해 긍정적으로 생각하는 것이 중요하다고 생각한다.

  ____ 동의한다 ____ 동의하지 않는다
- 우리 학교 150주년을 기념하는 행사에 기꺼이 참여할 것이다.

  ____ 그렇다 ____ 아니다 ____ 아마도

응답자의 관점의 확고한 정도를 확인할 수 있는 또다른 폐쇄형 질문 형태를 사용함으로써 청중의 신념에 대해 알아낼 수 있다. 예를 들면,

- 여성은 훌륭한 상사가 된다.

  ____ 매우 그렇다 ____ 그런 편이다 ____ 보통이다

  ____ 그렇지 않다 ____ 전혀 그렇지 않다
- 의료 목적을 위해서 마리화나는 합법적으로 제조되어 한다.

  ____ 매우 그렇다 ____ 그런 편이다 ____ 보통이다

  ____ 그렇지 않다 ____ 전혀 그렇지 않다

이들 질문들의 응답은 응답자들이 무엇을 믿고, 얼마나 확고하게 믿는지 알려줄 것이다. 같은 수업을 듣는 친구들은 이미 이러한 설문지를 경험해보았을 것이다. 따라서 그들은 정보가 담긴 응답을 해줄 것이다.

개방형 질문

폐쇄형 질문들은 청중들의 기본적인 특성과 신념에 관한 중요한 정보들을 제공해줄 수 있다. 하지만 연사들은 대개 더 많은 정보를 원한다. **개방형 질문**(open-ended question)은 응답자들이 자신들의 말로 대답하도록 물어봄으로써 보다 심층적인 정보를 알아내기 위해 고안되었다. 다음과 같은 질문들을 함으로써 추가적으로 통찰력을 얻을 수 있을 것이다.

개방형 질문
주제만을 세분화한 포괄적이고 일반적인 질문

- 사회 보장 제도에 대해서 무엇을 알고 계십니까?
- 우리 커뮤니티에 있는 노숙자들에 대해 어떻게 생각하십니까?
- 우리 학교의 필수 기초 과목을 어떻게 바꿔야 한다고 생각하십니까?
- 자유라는 말이 자신에게 어떤 의미라고 생각하십니까?

질문 형식의 혼합

폐쇄형과 개방형의 질문을 혼합하면 청중들의 입장을 명확히 알고 추가적으로 유용한 정보들을 알 수 있다. 다음은 이에 대한 몇 가지 사례들이다.

- 고등학교에서는 학기를 12개월로 늘려야 하는가?
  ____ 예 ____ 아니오
  왜 그렇게 대답했는가? ____________________
- 남학생회 또는 여학생회에 가입하려고 생각한 적이 있는가?
  ____ 예 ____ 아니오
  왜 그런가, 또는 왜 그렇지 않은가? ____________________
- 권총을 집에 보관하는 것이 좋다고 생각하는가?
  ____ 예 ____ 아니오
  왜 그렇게 생각하는가? ____________________

응답자들이 유용한 대답을 할 수 있도록 개방형 질문들 뒤에는 충분한 공간을 남겨두어야 하며, 설문지는 되도록 짧게 해야 한다.

설문 배포

청중들을 직접 만날 수 있다면, 종이로 된 설문지를 배포할 수 있다. 하지만 그렇지 못하면, 온라인 배포 방법을 이용해야 할 것이다. 온라인으로 청중 조사 설문을 실행하는 가장 쉬운 방법은 무료 설문조사 웹사이트를 이용하는 것이다. 이들 웹사이트는 이용하기 편리하고 응답들을 익명으로 처리해주는 것 이상의 편의를 제공해준다. 종종 설문 응답 데이터들을 정리해서 표로 작성할 수 있는 도구들도 제공해준다. 설문조사 웹사이트를 통해서 청중 조사 설문을 실시하는 것은 교실 밖의 청중들에게도 매우 적합한 방법이다. 이 책의 웹사이트에서 이들 웹사이트들과 다양한 여론조사 사이트의 링크들을 찾을 수 있을 것이다. 설문지를 개발했으면, 청중들에게 연락해서 링크와 완료 마감 시간을 알려주어라.

설문지의 길이를 적당하게 유지하라. 5~10 문항 정도가 청중들의 부담을 덜어주어서 많은 응답을 얻을 수 있게 해준다. 설문지가 너무 길면, 응답자들은 질문에 답하는 데 지쳐서 원하는 만큼 또는 전혀 응답하지 않을 수도 있다. 게다가 필요 이상의 정보를 얻게 될 수도 있고, 이처럼 부적절한 정보로 인해 시간을 허비하게 될 것이다.

수강생 이외의 청중에 대한 설문조사

퍼블릭 스피킹 수업은 연사가 청중들에 대해 많은 정보를 얻을 수 있는 특별한 경우이다. 교실에서 청중 조사 설문지를 나눠주는 것도 다른 스피치 상황과는 달리 훨씬 수월하고 실용적이다. 그리고 정식 설문지를 사용하지 않더라도 청중들에게 질문할 수 있다.

최상의 시나리오는 연사가 미리 청중들이 완료할 설문지를 개발하는 것이다. 예를 들어 지역 커뮤니티 사람들에게 스피치를 한다면, 설문조사의 목적을 간단하게 설명하고 온라인 설문조사 웹사이트 링크를 알려주는 이메일을 회원들에게 보내달라고 지역의 지도자에게 부탁할 수 있다.

하지만 청중들에게 설문조사를 실시하는 것이 항상 가능한 것은 아니다. 때때로 몇몇 사람들에게 중요한 질문만을 해야 하는 경우도 있다. 청중들을 전혀 모른다면 행사를 조직한 사람에게 연락을 해서 청중 중 몇 사람의 이름을 알려달라고 해야 할 것이다. 그 다음 그 사람들에게 이메일을 보내거나 전화를 해서 청중들의 지식수준, 관점, 가치, 신념, 태도에 대해 알 수 있는 질문들을 해야 할 것이다. 청중들과의 직접적인 접근이 불가능하면, 청중들과 친분이 있는 사람들을 조사해야 할 것이다.

© Michael Newman/PhotoEdit

▲ 스피치를 준비하면서 청중에 대한 적절한 정보를 모으면, 스피치를 할 때 청중 중심의 신뢰할만한 스피치를 하게 될 것이다.

스피치에 청중 조사 결과 활용

잘 작성된 청중 조사 설문지를 통해 모은 자료는 두 가지 측면에서 도움이 된다. 먼저 청중들이 어떤 사람들이고, 주제에 대해 무엇을 알고 있고, 그에 대해 어떻게 느끼는지에 대해 연사가 더욱 많이 알게 해준다. 그 다음으로 설문조사 결과는 실제로 스피치를 할 때 직접 언급할 수 있는 자료와 내용을 제공해준다.

청중자료의 유형

스피치 도중에 설문조사자료를 언급하는 것은 청중들의 관심을 끌게 해줄 것이다. 하지만 자료들을 어떻게 이용해야 최대의 효과를 얻을 수 있을까? 통계 요약과 직접 인용의 두 가지 기본적인 정보 활용법이 있다.

통계 요약

통계 요약(summary statistics)은 경향성과 비교 사항을 보여준다. 예를 들어, 수준에 맞는 건강 보험에 가입하는 것은 모든 미국인들의 권리라고 청중의 75%가 믿는다는 결과가 있다. 이것은 "건강 보험이 모든 미국인들의 권리라고 믿습니까?"라는 질

통계 요약

청중 조사 설문지 응답 중 경향성과 비교 사항을 나타내는 정보

문을 통해 얻은 경향성을 보여주는 통계 수치이다. 하지만 설문을 통해서 응답자들의 성별 또한 알아냈기 때문에 몇 가지 간단한 비교를 해볼 수 있을 것이다. 예를 들어 청중 중에 2대 1의 비율로 여성이 남성보다 더 보편적인 건강 보장을 지지한다는 결과를 얻을 수 있다. 이러한 비교 사항은 통계 요약을 유용한 세부 항목들로 나눌 수 있게 해준다.

직접 인용

직접 인용

청중 조사 설문지의 개방형 질문에 대해 작성한 답변 내용

직접 인용(direct quotes)은 개방형 질문에 대해 작성한 응답 내용이다. 예를 들어 "미군 징병 제도를 부활시켜야 하는가?"라는 폐쇄형 질문을 한 다음, 이어지는 개방형 질문인 "왜 그렇게 생각하십니까?"에 대한 몇몇 적극적인 답변을 얻을 수 있을 것이다. 인용을 할 때에는 짧고, 잘 썼으며, 연사가 원하는 요점과 명확하게 연관되는 다음과 같은 답변을 선택해야 한다.

> 징병은 부활되지 않아야 합니다. 왜냐하면 자원 입대가 더욱 동기부여가 되고, 전문적이고, 헌신적이기 때문입니다.

또한 인용은 정확하게 응답자의 감정을 나타내어 청중들의 공감을 얻어야 한다. 더욱이 청중들을 당황하게 만들거나 부정적으로 비치게 하는 인용은 피해야 한다. 이러한 인용이 연사의 요점을 지지한다고 하더라도 이는 연사의 신뢰를 떨어뜨리고 청중들이 귀담아 듣지 않도록 하기 때문이다.

스피치에서 청중자료의 인용

통계 요약과 직접 인용은 청중들의 관심을 끌고, 주요 요점을 지지해주고, 한 요점에서 다른 요점으로 넘어가는 연결고리의 역할도 할 수 있으며, 스피치를 결론짓기 위해 사용할 수 있는 유용한 자료들이다. 예를 들면 다음과 같이 대중 교통수단 이용을 장려하기 위한 스피치를 시작할 수 있다:

> 이 교실에 앉아 있는 90% 이상의 사람들이 공기 오염에 맞서 환경 기준을 강화해야 한다고 주장할 것입니다. 하지만 카풀을 하거나 대중 교통수단을 이용하는 사람들은 소수에 불과할 것입니다. 오늘 저는 여러분들에게 매일 이용하는 교통수단의 유형에 대해서 설명하고 책임 있는 결정을 내리게 함으로써 어떻게 환경을 보호하려는 여러

분들의 흥미를 개인적으로 실천할 수 있는지 보여드리겠습니다.

더 관심이 있다면 다음처럼 인용할 수도 있다.

"그건 다 사기야!" 이 말은 여러분들 중의 누군가가 모든 체중 감량 프로그램의 텔레비전 광고를 보고 한 말입니다. 이들 마법의 체중 감량 프로그램이 실제로 어떤 것인지 자세히 살펴보겠습니다.

청중 조사 설문지를 통해 얻은 정보들도 연사의 중심 생각을 지지하기 위해 이용될 수 있다. 예를 들면, 다음과 같이 스피치 도중에 통계 요약을 포함시킬 수 있다.

지난주에 여러분들이 작성한 설문 결과에 따르면, 여러분들 중 4분의 3이 대학을 졸업하기 위해 전국 평균과 정확하게 일치하는 최소한 5년이 걸릴 것이라고 응답하였습니다. 미국의 대다수 학생들에게 4년 만의 대학 졸업은 예전 일이 되었습니다.

게다가 통계 요약과 직접 인용은 한 요점에서 다른 요점으로 넘어가기 위한 효과적인 전환점이 될 수 있다. 예를 들면,

청중 가운데 누군가가 "오늘날 미국이 해야 할 가장 중요한 것 한 가지는 외국에 좋은 직업을 수출하는 것을 중단하는 것이다"라고 외치면 매우 인상적이겠지만, 가능하겠습니까? 어떻게 될 지에 대해서 이야기해봅시다.

청중 조사 설문지를 통해 얻은 통계와 인용은 스피치의 결론도 효과적으로 개선시킬 수 있다. 주요 통계나 강렬한 인용은 스피치가 끝난 뒤에도 오랫동안 청중들에게 남아 있을 것이다. 다음과 같이 말하면서 정보원을 드러내지 않고 남겨둘 수 있다.

마지막으로 저는 여러분 각 사람이 바르게 행동하고, 대다수의 사람들이 해야 한다고 말한 대로 할 것을 요청합니다. 대학은 강력한 혐오 스피치 정책을 채택할 것과 운영자는 바로 실행할 것을 요구합니다!

결론에서 인용을 할 때에는 다음과 같이 말할 것이다.

여러분들은 이 나라에서 실시되는 대통령 토론의 방식을 재편해야 한다는 제 항의를 들으셨습니다. 여러분의 친구들 중 한 사람이 "세계에서 가장 민주적인 나라가 민주주의의 핵심적인 활동인 대통령 토론에서 다양한 목소리를 나타내지 못할 수 있는가?"라고 질문했듯이 이에 대해 생각해보아야 합니다.

Watch it!

동영상 링크 5.1: 청중 정보 분석과 활용

이 동영상에서 에반은 청중 설문지에 대한 몇 가지 주요 요점들을 검토하고, 스피치에서 설문조사 정보들을 어떻게 이용하는지 보여준다. 동영상을 보면서 청중분석 설문조사를 개발하고 이용하는 것에 대해서 무엇을 배웠는지 생각해보라.

Use it!

활동 링크 5.1: 데이터에 의하면

이 활동에서 세 가지 청중의 사례를 분석하고 이용 가능한 정보를 바탕으로 결정을 내리고, 스피치에서 어떻게 청중 정보들을 이용할 수 있을지 생각해 볼 것이다.

환경에의 적응

스피치 환경은 청중에 적응하는 데 중요한 역할을 담당한다. 스피치를 하는 장소, 상황, 스피치를 하게 될 시간은 스피치를 준비하고 전달할 때 고려해야 할 요인들이다.

장소

큰 강당, 작은 회의실, 학교 학생회 밖의 계단과 같이 스피치를 할 특정 위치 또는 물리적 장소는 연사가 무엇을 말하고 어떻게 말하는지에 영향을 준다. 말하게 될 장소의 장점과 단점을 미리 알아보라. 예를 들어 작은 회의실에서는 스피치를 개인화시키고, 각 청중들과 쉽게 눈을 맞추며 보다 격식 없이 발표를 할 수 있을 것이다. 하지만 격식을 갖추지 않을 경우에 청중들은 서로 귓속말을 주고받고, 친구에게 문자 메시지를 보내거나 이메일을 확인하게 될 수도 있다. 격식을 차리지 않는 환경이라고 해도 연사는 청중들이 자신에게 집중할 수 있도록 일정 정도의 격식은 유지하려고 할 것이다.

넓은 강당도 역시 좋은 점과 나쁜 점을 모두 가지고 있다. 이러한 장소에는 디지털 슬라이드, 동영상을 보여주고 음성을 들려주는 시스템을 갖추고 있다. 많은 청중들의 관심을 유지시키는 데 이러한 장비들의 사용은 매우 중요하다는 사실이 입증되었다. 하지만 청중들은 더욱 익명성을 띠게 되고, 특히 실내가 어둡고 연사에게만 조명을 비출 때에는 더욱 심해서 잡담을 하거나 늦게 도착하거나 일찍 떠나고 싶도록 만든다.

스피치를 하게 될 장소를 분석하라. 연사는 환경에 익숙해져야 한다. 하지만 연사의 입장이 아니라 청중의 입장에서 보아야 한다. 방의 특징과 사용 가능한 기술적 장비들을 적어라. 창문이나 문을 열 때와 같이 소음이 발생할 근원을 확인하라. 단상을 사용할지, 책상을 사용할지, 아니면 아무것도 사용하지 않을지 결정하라. 장소가 가지고 있는 활용가능성과 제약을 미리 아는 것은 환경에 적응하는 데 도움이 된다.

스피치를 하는 지리적인 위치도 또한 고려해야 할 요인이다. 스피치를 하게 될 장소를 언급하는 것은 청중들로 하여금 사전에 연사가 말하려는 맥락을 알도록 해준다. 일례로 타임워너의 회장이자 CEO인 리차드 D. 파슨스(Richard D. Parsons)[24]는 시카고에서의 스피치 도중에 장소에 대해 이러한 의미를 부여하였다:

> 이 도시는 또한 아이티(Haiti) 출신의 흑인으로 1779년 시카고에 처음 정착한 진 뱁티스테 포인트 두 세이블(Jean Baptiste Point du Sable)로부터 시작된 부유한 흑인의 유산을 갖고 있습니다. 그리고 회장이자 세이보이 앤 엔디고(Savoy and N'Digo)의 발행인인 허멘 하트만(Hermene Hartman)은 오래 이어져 온 시카고 출신의 흑인 발행인의 계보를 가장 최근에 이었습니다. 이 계보는 1905년 시카고 디펜더(Chicago Defender)를 창립한 로버트 압보트(Robert Abbott)에서 시작되어 1942년 에보니 앤 제트(Ebony and Jet)의 고향인 존슨 출판 회사를 창립한 존 H. 존슨(John H. Johnson)에 이르기까지 오늘날 우리 중 대다수가 따라가야 할 역할 모델이 됩니다.

시카고의 기원과 혹인 소유의 미디어 사업 개발에서 담당했던 역할에 대한 정보를 통합함으로써 파슨스는 스피치를 하는 환경에 스피치 내용을 연관시켰다.

어떤 경우에는 예를 들면 인터넷 방송이나 원격화상 회의와 같이 연사와 청중이 다른 물리적 공간에 있을 수도 있다. 이들 기술의 가능성과 제약에 대한 정보를 모으는 것은 연사가 환경에 적응하는 데 도움이 된다. 16장에서는 스피치와 뉴미디어에 대해 더욱 자세하게 다룰 것이다.

상황

자발적 청중

스피치 행사에 참석할지 안할지 선택할 수 있는 개인

의무적 청중

행사에 참석해야 한다고 느끼는 개인

상황은 스피치를 하기 위한 이유가 된다. 왜 사람들이 이 행사를 위해 모였는가? 청중들은 자발적인가 의무적인가? **자발적 청중**(voluntary)은 주제에 흥미가 있어서 대학 특강에 참석할 때나 지역에서 한 선거 후보의 유세 연설을 듣는 것과 같이 스피치 행사에 참석하기로 혹은 참석하지 않기로 선택한다. 반면에 **의무적 청중**(captive audience)은 스피치 행사에 반드시 참석해야 한다고 느낀다. 직장에서의 의무적인 직원회의나 의무적인 대학 오리엔테이션은 청중들이 비자발적으로 참석해야 하는 상황이다. 퍼블릭 스피킹 수업의 청중들은 그 수업이 필수과목일 경우에는 의무적이라고 해야 할 것이다. 일반적으로 자발적인 청중들은 자신들이 참석하기로 선택했기 때문에 더욱 열심히 듣는다. 연사가 대하게 될 청중의 유형을 미리 아는 것은 상황에 적응할 수 있도록 도와준다. 예를 들어 허스트 매거진의 사장인 캐슬린 블랙(Cathleen Black)은 잡지 출판인 집단에게 스피치[25]를 시작할 때의 상황을 표면적으로 언급하였다.

> 안녕하십니까? 다시 뵙게 되어 기쁩니다. 제가 마지막으로 오전 세션 중의 연사였던 때는 2002년이었습니다. 그 때는 비록 몇 년 전에 불과했지만, 지금의 세계는 매우 달라졌습니다. 지난번에 저는 출판의 역사를 만들어가고 있는 〈오, 오프라 매거진(O, the Oprah Magazine)〉에 대한 우리의 높은 기대에 대해 말했습니다. 저는 또한 그렇게 되지 못한 〈라이프타임 매거진(Lifetime Magazine)〉에 대한 우리의 높은 기대도 말했습니다. 하지만 '웹'이라는 단어는 단지 두 번, 그것도 지나가듯이 언급했습니다. 저는 소셜네트워킹, 또는 구글이나 블로깅, 또는 롱테일 마케팅이나 상호작용 광고, 또는 초고속 연결이나 태깅, 플랫폼, 그 외의 출판 업계를 재편하고 있는 다른 것에 대해서는 언급하지 않았습니다. 제가 그런 것들을 인지하지 못했던 것이 아닙니다. 닷컴 경제의 폐해가 여전히 지속되었던 것입니다. 그것들이 중요한 요인이 되는 시점이 이렇게 빨리 올 것처럼 보이지 않았습니다. 분명히 우리 중 누군가가 예상했던 것보다 훨씬 빨리 그 때가 온 것입니다.

블랙은 같은 행사에서 했던 자신의 지난 스피치를 현재의 스피치와 연관시켰다. 상황에 자신의 스피치를 적응시키면서 그녀는 청중들에게 연속성을 제공해주었다.

시간

시간에 적응한다는 것은 하루 중 스피치를 할 시간, 스피치를 하게 될 행사 중 순서, 스피치에 영향을 줄 수 있는 최근의 사건에 적응하는 것을 말한다.

하루 중의 시간은 청중들의 주의, 관심, 요구에 영향을 준다. 같은 청중 집단이라도 오전 7시 30분과 저녁 7시 30분은 매우 다르다. 청중들은 저녁보다는 아침에 더욱 주의를 기울인다. 식사 시간 때에 스피치를 하는 것은 매우 어렵다. 청중들이 식사 전에는 배가 고프고, 식사 후에는 나른해지기 때문에 주의가 분산된다.

스피치를 준비할 때에는 행사 도중 어느 때에 스피치를 하는지도 고려해야 한다. 연설을 하는 사람이 자기 자신뿐이라고 해도 스피치 순서가 회의, 워크샵, 휴식 시간 등과 같이 행사의 큰 흐름 도중에 위치할 수 있기 때문이다. 환경에 적응하는 것의 일환으로 다른 행사들과 자신의 스피치 전후에 하게 될 연사들에 대해 알아야 한다. 퍼블릭 스피킹 수업 중에는 다른 연사들이 이전 시간에 스피치를 한 내용이나 자신보다 앞서 스피치를 한 내용을 간단하게 적어두는 것은 다른 연사들이 했던 내용과 자신의 주제를 통합할 수 있게 해준다. 게다가 다른 연사들을 언급하는 것은 청중들이 주제를 개인화할 수 있게 해준다.

최근의 사건을 확인하고 자신의 주제와 관계를 결정하는 것은 스피치를 환경에 적응시키는 또 다른 방법을 제시해준다. 뉴스들을 훑어보는 것은 청중들의 최근 관심사에 대해 알 수 있게 해준다. 덧붙여 스피치에 최근의 사건을 포함시킴으로써 지역, 지방, 전국, 세계 수준의 큰 사건들의 흐름 속에 자신의 주제를 위치시킬 수 있게 된다. 예를 들어, 최근의 실업 증가를 언급하는 것은 청중들로 하여금 취업 준비의 중요성을 이해할 수 있게 해준다.

청중의 신뢰도 확보

청중들의 인구통계 정보와는 상관없이 청중들에게 신뢰를 주는 것은 성공의 중요한 요인이다. 연사의 **신뢰도**(credibility) 또는 그리스의 철학자 아리스토텔레스가 에토스라고 부른 것은 연사의 능력, 공신력, 열정, 그리고 사교성에 대한 청중들의

신뢰도
연사의 능력, 공신력, 열정, 사교성에 대한 청중의 인식

그림 5.2 연사의 신뢰도 차원

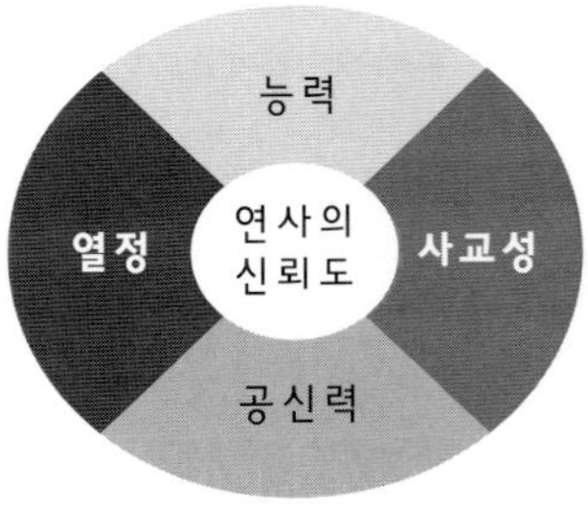

인식에서 나온다. 〈그림 5.2〉와 같이 신뢰도의 네 가지 차원들이 함께 작용해서 청중에게 연사의 전반적인 인상을 준다. 그 인상은 청중들이 스피치를 듣거나 혹은 연사를 믿는 데에 지대한 영향을 미친다.

능력

능력
연사가 특정 주제에 대해 말할 수 있는 자격

능력(competence)은 연사가 특정 주제에 대해 말할 수 있는 자격을 의미한다. 청중들은 연사가 주제에 대한 지식과 정보를 가진 것처럼 보일 때 더욱 신뢰할만하다고 인식한다.[26] 이러한 전문성은 주제와 관련된 특성화된 훈련이나 경험, 또는 주의 깊은 조사를 통해서 나온다. 연사는 적절한 근거자료를 제시함으로써 자신들의 능력을 보여주어야 한다. 청중들은 효과적이고 적합한 근거자료들이 구성하는 것에 대해 각기 다른 기대를 가지고 있다.[27] 청중들을 주의 깊게 분석하면, 그들이 무엇에 관심을 가지고 있으며, 어떻게 설득할 수 있는지에 대한 통찰력을 얻을 수 있다.

공신력

공신력
연사가 정직하고, 윤리적이고, 성실하고, 믿을만하고, 감성적이고, 감정을 이입한다고 청중이 인식하는 것

연사의 신뢰도를 구성하는 두 번째 차원은 **공신력**(trustworthiness)이다. 특정 자격, 정보, 권위와 관련된 능력과는 달리 공신력은 보다 더욱 일반적인 생각이다. 연사가 정직하고, 윤리적이고, 성실하고, 믿을만하고, 감성적이고, 감정이입을 한다고 인식할 때, 청중은 연사가 공신력을 가진다고 간주한다. 아리스토텔레스는 공신력

있는 연사는 청중의 진정한 필요, 요구, 그리고 관심을 마음속에 담고 있음을 나타내는 **선의**(goodwill)를 보여주어야 한다고 주장했다.[28]

선의
연사가 청중의 진정한 필요, 요구, 관심을 마음에 담고 있다고 청중들이 인식하는 것

열정
발표 도중 연사의 행동 수준에 대한 청중들의 인식

열정

신뢰도의 세 번째 차원인 **열정**(dynamism)은 발표를 하는 도중에 연사의 행동 수준을 어떻게 인식하는가를 의미한다. 열정적인 연사는 활발하고, 강력하고, 자신감 넘치고, 말하는 내용과 자신들의 생각을 표현하는 방식에 능숙해 보인다. 청중들은 열정적인 연사의 말을 듣고, 기억하고, 즐기고, 그것에 의해 설득당한다.

사교성

사교성
청중이 연사와 연결되었다고 느끼는 정도

사교성(sociability)은 청중이 연사와 연결됨을 느끼는 정도를 말한다. 사교적인 연사는 청중들이 친근하고, 가깝고, 바로 반응하는 사람들이라고 느낀다.[29] 사교적으로 보이기 위해서는 연사가 얼마나 청중들과 공통된 바탕과 유사점을 공유하고 있는지를 보여줌으로써 청중과 관계를 형성해야 한다. 요르단의 누어 여왕(Queen Noor)은 캘리포니아의 청중 앞에서 말할 때, 다음과 같은 방식으로 청중들에게 다가갔다.

> 캘리포니아는 중동으로의 여행에서 시작점 역할을 해주었습니다. 이곳은 제가 처음으로 세계의 중요한 지역과 연결됨을 알게 해준 곳입니다. 제가 자랄 때, 저의 가족은 한동안 산타 모니카에서 살았습니다. 제 부모님은 바다가 내다보이는 침실을 가지고 있었고, 어느 날 어머니는 거기서 저의 가족에 관한 이야기를 제게 해주었습니다. 어머니의 조상들은 스웨덴에서 여기로 이민해 왔으며, 아버지의 아버지와 삼촌들은 아랍 세계에서 이민해 왔습니다. 나는 대화가 끝난 후 거기 앉아서 창밖으로 태평양을 바라보며, 처음으로 제가 큰 가족, 그리고 넓은 세계와 연결되는 것을 느꼈던 것으로 기억합니다.[30]

비록 미국에서 태어나서 교육받았지만, 누어 여왕은 한동안 그곳에 살지 않았다. 어렸을 때 캘리포니아에서의 경험을 언급한 것은 청중들과 연결되기 위한 방법이었다. 캘리포니아에서의 생활을 이야기함과 더불어 누어 여왕은 따뜻하고 마음을 이끄는 톤의 목소리를 사용하였다.

요약

청중에 적응하기 위해서는 청중을 완벽하게 분석해야 한다. 그렇게 한 후에야 연사는 자신의 목표를 이룰 수 있는 스피치를 구상할 수 있다. 특히 오늘날의 청중들은 다양한 배경, 지식수준, 관심을 가지고 있다. 다양한 사람들의 집단과 상호작용하는 것은 보다 협조적인 커뮤니케이션 분위기를 조성하는 방법을 배울 수도 있고, 자신의 문화적 정체성을 더욱 잘 형성할 수 있다는 점과 같이 많은 유리한 점을 가진다. 다양한 청중에 대해 민감함을 보여주는 것은 성공적인 연사가 가져야 할 중요한 특성이다. 다양한 청중에게 스피치를 하는 기술로는 공통성 찾기, 공신력 확보, 적절한 근거자료 포함, 모든 청중들이 이해할 수 있는 언어 사용, 그리고 스피치 내내 모든 청중들을 인식하는 것이 있다.

청중을 분석할 때에는 인구통계와 심리 정보의 두 가지 유형의 정보를 모아야 한다. 인구통계 정보에는 연령, 교육 수준, 사회경제적 지위, 종교 가입, 민족적 배경, 장애, 그리고 성별이 속한다. 이러한 정보들을 통해서 연사는 청중의 관심과 요구에 대한 몇몇 일반적인 결론을 얻을 수 있다. 스피치를 하도록 연사를 초대한 사람의 관점은 인구통계 정보를 모으는 데 있어서 특히 중요하며, 인구통계와 여론에 관한 온라인자료들도 유익하다.

심리 정보는 관점, 가치, 신념, 그리고 태도와 같은 청중들의 심리학적 자료를 의미한다. 이 정보는 그들에게 동기를 부여해줄 수 있는 것이 무엇인지에 대한 중요한 통찰력을 제공해준다. 대부분의 경우에 연사는 청중들이 무엇을 이야기하는지, 무엇을 읽었는지, 그리고 그들이 참여한 활동과 같이 관찰 가능한 행동들을 기반으로 청중들의 심리 정보를 해석할 것이다.

인구통계와 심리 정보를 모으는 한 가지 방법은 청중 조사 설문지를 이용하는 것이다. 폐쇄형 질문과 개방형 질문을 주의 깊게 구성하면, 청중의 관심과 요구뿐만 아니라 대규모의 청중 내의 다양한 집단들에 대한 가치 있는 정보들을 밝혀낼 수 있다.

청중 조사 설문지를 통해 얻은 정보는 스피치 내용에 포함시킬 수 있다. 폐쇄형 질문은 경향성과 평균을 알려주고, 개방형 질문은 자신들의 언어로 표현한 청중들의 느낌을 보여준다. 청중들의 영리하거나 통찰력 있는 응답을 인용하는 것은 청중들의 관심을 끌고, 연사의 주요 요점을 지지하고, 한 요점에서 다른 요점으로 넘어가는 연결고리를 만들거나 효과적인 결론을 만들어내는 훌륭한 방법이다.

청중에 적응한다는 것은 또한 스피치를 할 환경에 적응한다는 것도 의미한다. 위치는 대강당, 교실, 지역 의회의 계단과 같이 스피치를 할 물리적인 장소이다. 새로운 커뮤니케이션 기술은 연사와 청중이 다른 지리적인 위치에서 행사에 참여할 수 있게 해준다. 상황은 행사의 목적이다. 청중들은 참석 여부를 선택하거나 아니면 의무적으로 참석하게 될 것이다. 스피치를 할 시간은 하루 중 스피치를 하는 시각, 스피치 순서, 그리고 최근의 사건을 포함하며, 또한 스피치 환경에도 영향을 준다.

신뢰도를 높이는 것은 청중이나 환경과 관계 없이 연사로서의 성공을 위한 중요한 요소이다. 능력, 공신력, 열정, 그리고 사교성은 연사의 신뢰도를 형성하기 위해 함께 작용한다.

온라인 자원 안내

이 책 〈퍼블릭 스피킹: 진화하는 발표기술〉을 위한 온라인 자원은 추가적인 샘플 스피치 동영상, 스피치 빌더 익스프레스, 인포트랙 대학편, 학습지원이다. 학습지원에는 주요단어 플래시 카드, 리뷰 퀴즈, 비판적 질문이 있으며, 궁금한 점이 있다면 교수님께 이메일로 보낼 수 있다. 또한, 온라인 자원의 특징은 생동감 있는 웹링크로 해당 챕터와 연결된다. 웹링크에는 퓨 연구소, 갤럽 여론조사, 조그비 여론조사, 시카고 대학의 전국 여론 연구소와 같은 온라인 여론조사 웹사이트들이 포함된다. 링크된 사이트들은 정기적으로 관리되고 일정기간마다 추가된다.

주요단어

가치	개방형 질문	공신력
관점	능력	목표 청중
사교성	선의	신념
신뢰도	심리 정보	열정

●●● REVIEW IT ●●● 학습항목과 복습자료들

책 내부

- 요약
- 주요단어
- 비판적 질문

더 많은 학습 자원

- 스피치 스튜디오
- 퀴즈
- 웹링크

학생 워크북

- 5.1 목표 청중의 신념
- 5.2 청중의 눈으로 스피치 주제 보기
- 5.3 설문지 구성
- 5.4 VALS 설문조사
- 5.5 청중 사례

스피치 친구 동영상

동영상 링크

- 청중 정보 분석과 활용

활동 링크

- 데이터에 의하면

샘플 스피치 동영상

- 매튜의 '음주' 설득 스피치
- 코트니의 '조명 공해' 설득 스피치

스피치 빌더 익스프레스

- 목표/목적
- 중심 문장
- 근거자료
- 서론
- 결론
- 인용 작업
- 개요

인포트랙

추천 검색어

- 청중과 스피치
- 청중분석
- 청중 적응
- 청중 중심
- 교실 청중
- 인구통계 정보
- 심리 정보
- 개인적 가치
- 개인적 신념
- 개인적 태도
- 설문조사 질문
- 온라인 설문조사 서비스
- 조사 정보와 스피치

음성 학습 수단

- 매튜의 '음주'
- 비판적 사고 질문
- 학습목표
- 장 요약

의무적 청중	인구통계	자발적 청중
직접 인용	청중	청중 조사 설문지
청중 중심	청중분석	태도
통계 요약	폐쇄형 질문	행동

비판적 질문: 확인과 토론을 위한 질문

1. 낙태, 줄기 세포 연구, 또는 사형 제도와 같은 논쟁적인 주제를 생각해보라. 정치적 문화적 이슈가 이처럼 양극화되는 경향을 나타내는 것이 편안한가? 극단적인 입장을 취해야만 하는 논쟁은 누구에게 이익이 되는가? 이러한 상황에서 미디어가 일차적인 책임이 있다고 생각하는가? 스피치는 이처럼 이슈에 대한 흑백논리가 아닌 대안으로서의 중간 입장에 대해 생각해볼 기회를 연사에게 어떻게 제공해주는가?
2. 불법체류자들을 위한 사면과 같이 민감한 주제에 대해 남성과 여성이 다를 것이라고 생각하는가? 어떤 정보나 인상을 근거로 그렇게 생각하게 되었는가? 여성과 남성이 생각하고 행동하는 것에 연령은 어떠한 영향을 주겠는가? 연사는 성별의 차이에 대해 주의하고 민감하기를 원함에도 불구하고, 차이점이 존재하지 않을 수도 있다는 점을 간과한다. 예를 들면, 청중 중의 여성들이 남성들보다 가족과 어린이에 관련된 주제에 대해 더욱 관심을 가질 것이라고 가정하는 것은 완전히 잘못된 것일 수도 있다. 이러한 함정에 빠지지 않기 위해서 연사는 어떻게 해야 하는가?
3. 학생들로 구성된 청중들은 다른 청중들과 어떻게 다른가? 학생 집단의 인구통계 정보와 관심은 예를 들면 직장에서의 전문가 집단 또는 클럽의 회원들, 자원봉사단체나 시민단체와 비교할 때 어떻게 다른가? 이처럼 다양한 청중 집단들이 한 주제에 대해 똑같이 친근하게 느끼고, 같은 방식으로 느끼겠는가?

6장 주제 조사
Researching Your Topic

Read it

Watch it

Use it

Review it

대부분의 사람들은 주제에 관한 정보가 필요할 때 온라인을 이용한다.[1] 거기서 정보를 얻지 못하더라도 도서관의 서지 목록이나 신문의 색인과 같이, 적절한 정보를 얻기 위해 이용하는 도구들은 주로 인터넷에 의존한다.

새로운 영역을 탐험하는 조사 과정을 생각해보고, 자신의 조사 결과를 보고하는 것이 스피치라고 생각해보라. 좋은 연구방법을 배우는 것은, 도서관, 관련 기관, 인터넷, 그리고 인터뷰로부터 정보를 찾아낼 수 있는 올바른 내비게이션 도구를 이용하는 것과 같다. 청중들은 연사가 윤리적인 스피치의 중요 요소인 정확하고 최신의 균형 잡힌 정보를 제공해줄 것이라고 기대한다.

조사 과정은 (1) 검색 준비, (2) 정보 수집, (3) 찾은 정보 평가의 세 단계로 이루어진다. 〈표 6.1〉에는 이들 단계들이 요약되어 있다.

표 6.1 조사 과정 단계

준비	확인사항들 • 알고 있는 것 • 다양한 관점과 자원들	 • 알게 된 경로
수집(도서관)	• 책 • 정부 간행물 • 인쇄물 외의 자료들	• 학술지, 잡지, 신문 • 참고자료
수집(관련 기관)	• 지역기관	
수집(인터넷)	• 웹사이트 • 블로그 • 토론 리스트	• 딥웹 • 뉴스그룹
수집(인터뷰)	• 전문가 인터뷰 조사	
평가	정보의 평가 • 신뢰도 • 시의성	 • 타당도

주제 사전조사

READ IT! 주제에 대해 무엇을 이미 알고 있고, 정보들을 어떻게 찾아낼 것인지 결정하는 것은 주제에 대한 조사를 체계적으로 계획하기 위한 첫 단계이다. 여기서는 주제 조사를 위한 준비를 하는 동안 사용할 수 있는 전략을 제안할 것이다.

경험 점검

주제에 대한 생각들을 브레인스토밍 할 때, 이들 생각들과 관련된 자신의 경험을 생각할 것이다. 이들 경험들은 주제에 관한 정보를 찾기 위한 시작점이 된다. 게다가 주제에 대해 무엇을 알고 있으며, 어떻게 알게 되었는지 스스로에게 물어보는 것은 다른 유용한 자원들도 떠오르게 할 것이다.

무엇을 아는가

주제에 대해 이미 아는 것과 관련된 단어의 목록을 작성해보라. 예를 들면, 지구온난화에 관한 스피치를 개발한다면 주제에 대해 다음과 같은 내용이 친숙할 것이다.

- 열대 우림 감소
- 기후 변화
- 쿄토 의정서
- 이산화탄소
- 온실 가스

각 단어를 이용해서 자신이 알고 있는 것을 설명하는 문장들을 적어보라.

어떻게 알게 되었는가

이제 주제에 대한 지식을 어떻게 접하게 되었는지 확인해보라. 뉴스나 잡지 또는 블로그에서 읽었는가? 수업 중에 논의했는가? 라디오나 텔레비전에서 들었는가? 다양한 자료를 통해서 주제에 관한 정보를 접하게 되었을 것이다. 지구온난화에 관한 사례를 보면 다음의 경로를 통해 주제에 대해 배웠을 것이다.

- 화학 수업 시간
- 라디오의 특별 보고서
- 환경단체의 유인물
- 지역 신문의 기사
- 대학의 초청 강사
- 다큐멘터리 영화

이들 각 자료들은 추가 정보를 얻게 해줄 시작점이 된다. 예를 들면, 화학 수업 시간에 노트에 필기한 것을 보거나, 지역 라디오 방송국에 연락해서 전에 들었던 프로그램의 녹음테이프, CD 또는 음성 파일을 요청하거나, 환경단체의 지역 협회를 방문하거나, 뉴스 기사의 사본이나 정기 간행물 자료를 이용하기 위해 도서관에 가거나, 대학의 홍보 부서에 연락해서 연사의 강연 내용이 담긴 비디오테이프를 요청하거나 웹캐스트 자료 보관소를 찾기 위해서 웹사이트를 검색하거나, 아니면 비디오 대여점이나 대학 도서관에서 다큐멘터리 영화 DVD를 빌릴 것이다.

주제에 대해 어떻게 알게 되었는지 탐색할 때에는 추가적인 자료를 찾기 위해서 개인적인 경험을 되살리는 방법도 있다. 주제에 대해 이미 알고 있는 것은 중요하긴 하지만, 이것은 단지 첫 출발점일 뿐이다. 연사는 많은 양의 다양한 자료들로부터 정보들을 모아서 주제에 대한 전문가가 되어야 한다. 주제에 대해 전문가가 되는 것은 연사가 갖게 될 스피치 불안감을 감소시킴과 더불어 자신이 알고 있는 것에 대한 신뢰도와 원래 자료에 대한 신빙성을 결정하게 해준다.

다양한 관점과 자원 확인

다른 사람의 관점에 대해 배우고 존중하는 것은 민주주의 사회의 기본 요소이다. 스피치를 준비하면서 접근하는 정보자료들은 이러한 다양성을 반영해야 한다. 조사를 실행할 때에는 주제에 상관없이 다양한 관점을 추구해야 한다. 가능한 모든 관점을 확인하는 것은 연사가 내린 가정에 이의를 제기해줌으로써 연사에게 도움이 된다. 또한 스피치를 할 때 직면하게 될 거부 반응에 대한 아이디어를 제공해주어서, 연사가 윤리적으로 말할 수 있도록 도와준다.

주제에 대한 다양한 관점을 고려하는 것은 또한 다양한 정보 자원들을 찾아보도록 해준다. 사람들은 정보를 검색할 가능성이 극히 낮은 방법인 하나의 검색엔진에 완전히 의존하는 등[2] 종종 정보에 접근하는 습관을 형성한다. 이 장의 뒷부분에서 언급하겠지만, 어떤 정보들은 지역 도서관에서만 이용 가능할 수도 있다. 예를 들어, 19세기 초반의 대통령 선거 유세에 대한 미디어 기사에 관한 스피치를 한다면, 마이크로필름으로 저장된 그 시기의 신문을 보기 위해 도서관에 가야 할 것이다.

라디오, 텔레비전, 그리고 그 외 다큐멘터리 영화와 잡지나 학술지와 같은 형태의 매스미디어는 유용한 정보를 제공해준다(7장 참조). 스피치에 대해 조사를 할 때에는 주제와 관련된 텔레비전 프로그램 목록을 확인하라. 또는 프로그램 설명을 보기 위해 야후와 구글의 비디오 검색을 이용하라.[3] 지역 라디오 방송국의 웹사이트는 주간 프로그램 목록과 지난 방송 녹음자료를 제공해줄 것이다. 대부분의 라디오 방송국은 웹캐스트도 제공하므로 국가를 초월해서 심지어 전 세계의 라디오 프로그램을 들을 수도 있다. 게다가 미디어의 웹사이트는 스피치 주제에 적합한 음성 또는 동영상 파일 등의 중요한 동영상자료들을 포함하고 있을 것이다.

전문가들은 추가적인 정보 자원이다. 조사를 할 때에는 주제와 관련된 믿을 만한 기관이나 개인을 적어보라. 이 장의 조사 인터뷰 내용을 검토한 후에 이들 전문가들에게 연락해서 스피치를 위한 직접적인 정보를 얻기 위한 인터뷰 일정을 잡아보라.

최신 커뮤니케이션 기술이 종이 없는 사회를 만들지는 못했지만, 인터넷은 도서관을 선반과 종이에서 네트워크와 전자 데이터베이스로 바꾸어 놓았다.[4] 스피치를 연구하면서 때때로 도서관에 가기도 하겠지만, 집이나 학교에서 컴퓨터를 이용하여 대부분의 작업을 온라인에서 할 수 있을 것이다. 대부분의 신문, 학술지, 정부 간행물, 그 외 인쇄자료들은 종이 형태뿐만 아니라 온라인상에서도 이용 가능하다. 정보자료를 온라인상에서 구할 수 없을 때에도 도서관의 서지목록이나 다른 전자 데이터베이스와 같은 온라인 색인은 종종 제공된다.

주제에 대한 다양한 관점을 찾기 위해서는 정보 검색을 이끌어 줄 다음의 질문들을 물어보라.

이 주제에 대해 누가 아는가

주제에 대한 정보의 위치를 알기 위해 검색엔진을 사용하는 것은 사람의 이름을 타자로 치는 것처럼 쉬울 수도 있다. 예를 들어 '디지털 시대의 혁신자'에 대한 스피치를 한다면, '스티브 잡스(Steve Jobs)'나 '팀 버너즈리(Tim Berners-Lee)'와 같은 이름을 검색할 것이다. 또한 교수, 동료, 가족, 친구, 그리고 주제에 관한 전문가와 같이 이미 알고 있는 사람들도 고려해보라.

1차자료

원래의 연구에 나온 저자의 고유한 생각이나 결과를 나타낸 정보

2차자료

원래 자료를 다른 사람이 해석하거나 적용한 자료

조사 중인 주제와 관련된 기관은 어떤 것이 있는가

전문기관의 웹사이트에는 조사 중인 주제에 관한 정보들이 있을 것이다. 예를 들어 새로운 기술과 미디어에 대해 스피치를 한다면, 관련 학술자료를 제공해주는 인터넷 연구자 협회의 사이트(aoir.org)를 방문할 것이다. 게다가 온라인에서도 이용가능한 지역의 옐로우 페이지(Yellow Pages)도 주제와 관련된 기관의 위치를 알려줄 것이다.

주제와 관련해서 어떤 행사가 열렸는가

이 질문에 대한 답은 웹페이지에 게시된 정보나 뉴스, 또는 독서나 강의와 같은 행사에서 찾을 수 있다. 대학의 웹사이트에는 가끔 다양하고 흥미 있는

Speaking of ... **1차자료 vs 2차자료**

1차자료(primary source)는 원래의 연구에 있는 저자의 고유한 생각이나 결과를 나타낸다. 예를 들면 퓨 인터넷과 미국인의 생활 프로젝트를 통해 만들어진 연구 보고서는 프로젝트의 연구자들에 의해 수집된 자료들을 보여준다. **2차자료**(secondary source)는 원래의 자료에 대한 다른 사람의 해석이나 적용이다. 예를 들면 퓨 인터넷과 미국인의 생활 프로젝트의 보고서를 신문 기자가 요점을 잡아서 이야기로 만들면서 이용했을 때, 이는 보고서의 원래 정보를 해석하고 재사용한 것이다. 스피치를 연구하면서 연구자는 일반적으로 부정확하거나 불완전한 다른 사람들의 해석에 의존하지 않은 1차자료를 이용하려고 할 것이다.

주간 행사가 게시된다. 지역의 야후를 통해서 미국 내 대부분의 도시에서 열리는 전통적인 행사나 온라인 행사를 확인할 수 있다. 지역 신문도 확인해보라.

필요한 정보를 어떻게 찾을 수 있는가

같은 정보에 대한 많은 자료들이 있고, 이들 자료를 획득하는 많은 방법들이 있다. 예를 들면, 도서관을 통한 온라인 데이터베이스는 같은 주제에 대한 각기 다른 논문과 이야기들을 제공해줄 것이다. 주제와 관련된 정보 검색을 위한 주제 관련 단어인 **핵심어**(keyword)를 다양하게 설정하면 여러 방향으로 조사를 진행해 나갈 수 있다. 주제에 관한 정보를 온라인에서 검색하기 위해 사용할 최고의 핵심어를 결정하는 것과 더불어 이를 검색할 수 있는 최적의 물리적 장소도 확인하라. 예를 들어 도서관에는 종종 스타인벡 기념관, 베토벤 기념관, 산호세 주립 대학의 캘리포니아 방과 같이 지역 주제를 다루는 특별한 전시관이 있다. 공공 도서관에는 종종 전화번호부, 대학 홍보물, 그리고 역사적 문서를 포함한 광범위한 참고자료 코너가 있다.

핵심어

주제와 관련된 정보를 검색하기 위해 사용하는 주제와 관련된 단어

조사자료 수집

이제 주제에 관해 이미 알고 있는 것을 확인하고, 외부 조사를 할 준비가 되었다. 하지만 어디서 시작할 것인가? 여기서는 도서관, 기관, 그리고 인터넷의 세 가지 우선적인 정보자료들에 대해 알아볼 것이다.

도서관자료 조사

스피치 주제를 조사하는 것은 종종 도서관에서 시작된다. 대학 도서관의 웹사이트는 책, 학술지, 잡지, 신문, 정부 간행물, 참고자료, 그리고 인쇄물 외의 자료들에 대한 링크를 제공해줄 것이다.

도서관에서 제공하는 모든 서비스, 특히 온라인 서비스에는 그리 친숙하지 않을 수도 있다.[5] 도서관의 데이터베이스, 전자 학술지, 온라인 홍보물, 그 외 기타

자료들에 접근하기 위한 정보를 찾기 위해 도서관의 메인 페이지에 있는 도움말 기능이나 도움말 버튼을 이용하라. 도움말 페이지를 검토하는 것은 불필요한 검색을 하는 시간을 절약시켜줄 것이다. 많은 대학 도서관들이 도서관의 자료들을 설명해주고 어떻게 이용하는지 알려주는 온라인 가이드를 제공한다. 게다가 대부분의 도서관들은 이메일 참고 서비스를 제공해준다. 사서와 주제에 대해 의논하기 위해 도서관을 방문하는 것은 적합한 정보를 빠르고 효율적으로 검색할 수 있게 해줄 것이다.[6]

도서관의 소장자료들을 살펴보는 것은 예기치 않은 발견, 기대하지 않았던 유용한 정보를 찾도록 해준다. 도서관 방문은 또한 많은 책들, 학술지와 같은 정기 발행물, 잡지와 신문, 정부 간행물, 참고자료, 마이크로필름 형태의 비인쇄자료들을 비롯해서 도서관에서만 이용 가능한 다양한 자료들을 찾을 수 있게 해준다.

책

비록 오늘날은 디지털 환경이라고 하더라도 책은 여전히 정보의 가장 중요한 자원이다. 전형적으로 책은 신뢰할만한 정보 자원이다. 왜냐하면 책들은 검토를 포함해서 집중적인 편집 과정을 거쳤기 때문이다. 하지만 아무리 최근 사건에 관한 책이고, 또한 지속적으로 발행이 되고 있다고 해도, 책은 언제나 인쇄되는 시간이 어느 정도 걸리게 된다. 그러므로 책은 특히 시의적으로 민감하지 않은 역사적인 정보나 주제에 관해서는 가장 유용한 자원이다. 예를 들어 서핑 문화의 경향에 관한 스피치를 하려고 한다면, 서핑 초창기에 관한 책에서 가치 있는 정보나 사진들을 찾을 수 있을 것이다. 하지만 최근 서핑 기구와 스타일의 발전에 관한 정보가 필요하다면, 책에서 얻을 수 있는 자료들은 너무 시대에 뒤떨어질 것이므로, 잡지나 학술지와 같은 정기 발행물에서 정보를 찾는 편이 더 나을 것이다.

가장 최근의 실업 수치나 대학 졸업 비율과 같은 매우 최신 정보를 원한다면, 책은 옳은 선택이 아니다. 알맞은 책을 찾았다고 하더라도 언제 출간되었는지 알기 위해서, 보통 저자, 제목, 출판사가 나오는 페이지 다음의 저작권 페이지를 항상 확인해야 한다. 도서관 서지목록은 온라인 도서판매자가 하듯이 알려진 책의 출간 연도를 보여준다.

대학의 도서관 온라인 서지목록을 확인하는 것으로 주제와 관련된 책을 찾는 것을 시작하라. 책 제목이나 저자를 알지 못한다면 적합한 책을 찾아주는 핵심어 기능을 이용하라. 유용할 것이라고 생각하는 책을 찾으면, 다음에 학교에 있을 때 대출할 수 있도록 **청구기호**(call number)를 적어 두어라. 아니면 전자책일 경우에는 스크린에서 다시 찾아볼 수 있을 것이다.

청구기호
도서관 분류 체계에서 그 책을 찾기 위해 도서관의 각 책이나 출판물에 부여한 번호

책 검색을 위한 도서관의 온라인 서지목록은 주제와 관련된 링크도 포함하고 있다. 예를 들어 지구온난화에 관한 책을 검색하면 수잔느 모서(Susanne C. Moser)와 리자 딜링(Lisa Dilling)이 쓰고, 캠브리지 대학 출판에서 2007년에 출간한 〈변화를 위한 분위기 창조: 커뮤니케이션 분위기 변화와 사회적 변화 촉진〉이라는 제목을 포함하여 300개 이상의 결과가 나온다. 주제 목록에는 다음의 세 가지 영역에서 관련된 자료 링크가 포함된다.

- 기후 변화
- 환경 과학에서의 커뮤니케이션
- 사회 활동에서의 커뮤니케이션

이들 영역으로의 링크를 클릭함으로써 지구온난화에 대한 스피치에 유용한 다른 도서관자료들을 찾을 수 있다.

학술지, 잡지, 신문

일정한 간격을 두고, 또는 정기적으로 출판된 정기 간행물들에는 학술지, 잡지, 그리고 신문이 해당된다. 도서관에서는 정기간행물들의 기사 전문 데이터베이스를 이용할 수 있다. 렉시스넥시스(LexisNexis)(신문, 잡지, 전문 정보지, 기업 정보), 프로퀘스트(ProQuest)(광범위한 미국과 세계의 뉴스자료 모음), 그리고 사회과학 전문(Social Science Full Text)(사회과학과 학제 간 영역의 학술지)과 같은 이들 데이터베이스에 접근하기 위해서는 도서관의 지시를 따라 해보라.

신문은 주제에 관한 가장 최신의 인쇄된 정보이다. 각 신문의 웹사이트를 검색할 수 있다고 해도 프로퀘스트와 같은 데이터베이스를 이용하면 동시에 다양한 뉴스자료를 검색할 수 있다. 프로퀘스트는 특정 데이터베이스를 선택하거나 시기 범

위를 한정하는 등의 다양한 검색 옵션을 제공해준다. 딥웹은 여러 개의 단어를 입력할 수 있게 해주고, 인용과 초록 같은 자료에 포함되어야 할 단어들을 선택할 수 있게 해준다. 주제 가이드는 검색에 대한 추가적인 핵심어와 주제를 제공해준다.

모든 정기 간행물들이 온라인상에서 이용가능하지 않으며, 특히 저장된 자료들에 접근할 때에는 약간의 사용료를 지불해야 한다. 하지만 종종 아카데미 서치 프리미어(Academic Search Premier), 프로퀘스트 히스토리컬 뉴스페이퍼(ProQuest Historical Newspapers), 디렉토리 오브 오픈 액세스 저널(Directory of Open Access Journals), 글로벌 마켓 인포메이션 데이터베이스(Global Market Information Database)와 같은 온라인 색인을 통해서 적절한 기사를 찾을 수 있다. 그 다음에 종이, 마이크로필름 또는 마이크로필름 카드 형태의 기사를 찾기 위해 도서관으로 가야 할 것이다.

정부 간행물

사이버 범죄, 멸종 위기의 종, 주택, 간호, 태양열, 물은 미국 정부 간행물의 주제들 중 몇 가지를 나열해본 것이다. 온라인에서 무료로 제공되는 미국 정부 간행물의 목록에는 1976년 7월까지 거슬러 올라가는 미국 정부의 세 가지 기관의 서류에 대한 색인이 있다. 새로운 간행물들은 매일 추가된다. 보고서, 논문, 지침서, 전단지, 음성 파일은 정부 간행물 중에서 찾을 수 있는 자료 형태들이다. 예를 들어 태양열에 관한 스피치를 위한 조사를 한다면, 핵심어 검색을 통해서 태양열과 다른 대체 에너지의 형태와 관련된 미국 항공 우주국(NASA)의 서류들, 소비자 가이드, 상원 의원 연설, 재생 에너지 연구소의 보고서를 얻을 수 있다.

참고자료

지도, 도해서, 백과사전, 사전, 다양한 인쇄 색인은 전형적으로 도서관에서만 이용할 수 있는 참고자료들이다. 물 보존에 관한 스피치를 위한 조사를 한다면, 사람들이 혁신적인 보존 전략을 실행하고 있는 지역을 정확하게 나타내주는 지도가 자신과 청중들을 위해 필요할 것이다. 흑인 연감(African-American Almanac)은 흑인들의 성취에 대한 스피치를 계획하고 있다면 유용한 자료가 될 것이다.

이들 자료들은 때때로 스피치에서 사용하는 용어를 정확하게 정의하는 데에도 도움이 된다. 온라인 사전을 찾을 수도 있지만, 보다 특성화된 사전들은 종종 인쇄된 것으로만 얻을 수 있다. 단어와 구의 어원에 관한 모리스사전(The Morris Dictionary of Word and Phrase Origins)은 단어의 어원을 추적하고, 시간이 지남에 따라 어떻게 그 쓰임이 발전되었는지 보여준다. 사전들은 정의를 제공할 뿐 아니라 춤에서 여성 예술가에 이르기까지 광범위한 주제에 대해서도 다룰 것이다. 예를 들면, 레일웨이 쿼테이션 도우사전(Dow's Dictionary of Railway Quotations)에는 노래, 영화, 소설, 텔레비전 방송, 그 외의 자료 내용에서 발췌한 것들이 포함되어 있다. 시각적 사전은 특히 정보전달 스피치를 할 때 유용한 것으로 밝혀졌다. 시각적 사전에는 독자가 단어의 뜻을 이해하는 데 도움이 되는 사진, 그림, 도표, 삽화가 포함되어 있다. 예를 들어 얼티메이트 비주얼 딕셔너리 2000(Ultimate Visual Dictionary 2000)은 3만 이상의 단어들을 상세한 컬러 그림과 함께 정의해준다. 중국 건축에 대한 비주얼 딕셔너리(Visual Dictionary of Chinese Architecture)는 상세한 설명과 선으로 된 그림이 포함되어 있다.

참고자료들을 찾기 위해서 도서관의 온라인 목록을 이용하라. 도서관에 갔을 때 이들 자료들을 찾아볼 수 있도록 소장 위치와 청구번호를 적어 놓아라.

비인쇄자료

만약 마틴 루터 킹의 "나에겐 꿈이 있습니다(I have a dream)"라는 연설을 영화에서 보았다면 시각적 자료 또는 멀티미디어자료의 잠재적인 효과를 이해할 것이다. 물론 말로도 사람들을 움직이게 하지만, 킹 목사가 했던 이 획기적인 스피치를 보고 듣는 것은 청중들에게 훨씬 지대한 영향을 미칠 것이다. 그의 이미지, 즉 제스처, 고개를 끄덕이는 것, 군중들을 바라보는 것, 자유를 위해 싸우라고 청중들을 호소하는 중후한 목소리는 그가 했던 말을 제대로 기억하지 못하더라도 우리의 뇌리에 남아있을 것이다.

테이프나 CD, 또는 컴퓨터나 MP3 플레이어에 다운로드할 수 있는 음성 파일들도 이미지나 단순한 언어적 설명으로는 얻을 수 없는 일련의 톤을 전달해준다. 예를 들어, 시애틀의 음악 경험 프로젝트에서의 전시물에는 지역 힙합 가수와의 인터뷰가 있다. 그들의 목소리로 그들의 이야기를 듣는 것은 인쇄된 문장을 읽음으로써 경험할 수 없는 감성적인 힘을 만들어낸다.

오늘날의 청중은 연사가 스피치를 할 때, 음성, 동영상, 그리고 멀티미디어 자원들을 통합적으로 사용하기를 기대한다. 미디어 아웃렛(Media outlet), 공공 도서관, 공적, 사적 기관, 유투브, 팟캐스트, 블로그들은 모두 스피치를 위해 유용한 비인쇄 부가자료들이다.

기관자료의 활용

스피치에 알맞은 정보를 위해 기관에 연락을 취해야 하는 경우가 생길 것이다. 특히 도시가 교통 문제나 지역 예술 커뮤니티의 재유행을 어떻게 다룰 것인가와 같이 지역 문제를 주제로 다룰 때에는 지역기관이 간혹 다른 곳에서 얻을 수 없는 정보들을 제공해줄 수 있다. 예를 들어 불치병 환자들과 그들의 가족들에게 정신적, 감정적, 진료 및 보살핌을 제공해주는 호스피스에 관한 스피치를 위해 조사를 한다고 가정하자. 물론 전국 호스피스와 완화 보호기관(National Hospice & Palliative Care Organization)의 웹사이트에서 정보를 얻을 수도 있지만, 또한 지역 커뮤니티의 호스피스 보호에 관한 정보도 필요할 것이다.

모든 기관이 웹사이트를 가지고 있는 것은 아니지만, 기본적인 연락처 정보는 온라인상에서 얻을 수 있다. 옐로우 페이지의 특성을 가지고 있는 야후나 넷스케이프와 같은 웹사이트를 이용하면 이러한 온라인 정보를 얻을 수 있다. 연락하고 싶은 기관이 온라인 목록에 없다면, 전화번호부의 옐로우 페이지에서 핵심어 검색을 이용하라. 호스피스의 경우에는 온라인 또는 인쇄된 옐로우 페이지에서 지역 호스피스를 찾을 수 있다. 호스피스에 연락을 해서 유인물이나 다른 정보들을 요청하고, 아마도 관계자와 인터뷰 일정을 잡을 수도 있을 것이다.

인터넷 이용

웹사이트, 딥웹, 블로그, 뉴스그룹, 그리고 토론 리스트는 스피치 연구를 위한 추가적인 자료를 제공해준다. 이미 인터넷에서 정보 검색을 많이 해보았을 것이다. 온라인에 접속해서 항공권, 노트북, DVD 플레이어에 대한 베스트 구매도 해보았을 것이다. 하지만 잘 조사된 스피치를 위해 필요한 정보를 찾을 수 있었는가? 여기서는 그것에 대해 배울 것이다.

웹사이트

인터넷자료라고 하면 모두들 웹사이트에 가장 친숙할 것이다. 하지만 스피치를 위해 필요한 자료를 찾기 위해 자주 이용하는 검색엔진에 몇몇 핵심어를 입력한다고 해서 필요한 정보를 얻을 수는 없을 것이다. 조사 전략을 가지고 목적을 가지고 검색하는 것이 필수적이다. 목적을 가지고 웹 검색을 하도록 돕기 위해서 여기서는 메타검색엔진, 검색엔진, 웹디렉토리를 이용하여 적합한 정보를 찾는 법에 대해 설명할 것이다. 검색도구들에 따라 가장 적합한 웹사이트를 결정하는 방법은 다르다. 하지만 일반적으로 **적합성**(relevance)은 웹페이지의 내용이 검색에서 사용한 핵심어와 얼마나 가깝게 관련이 있는가를 의미한다. 핵심어가 조사하고자 하는 주제를 잘 표현할수록 적합한 정보를 찾을 가능성은 커진다.

적합성
웹페이지의 내용이 인터넷 검색에서 사용한 핵심어와의 관련 정도

〈표 6.2〉의 인터넷 검색도구와 특징들을 개략적으로 보여주는 것부터 시작한다. 여기에 있는 목록의 각 사이트들과 이 장과 관련된 라이브 링크 URL들은 이 책의 온라인자료에서 찾을 수 있다.

메타검색엔진(metasearch engine)은 웹상의 정보를 찾기 위해 다른 검색엔진에 의존한다. 〈표 6.2〉에 열거된 이들 메타검색엔진이 온라인 검색의 최상의 전략처럼 보일수도 있지만, 이들은 심층적인 조사라기보다 광범위한 조사이다. 예를 들어 텔레비전의 역사에 관한 정보전달 스피치를 하려고 한다면, 주제에 대한 보다 일반적인 정보를 원할 것이다. 반면에 리얼리티 쇼와 같은 특정 텔레비전 장르에 초점을 맞춘 스피치의 경우에는 보다 심층적인 정보를 원할 것이다. 여러 검색엔진의 결과를 통합한 메타검색엔진은 다른 검색엔진들을 통해 얻은 결과 중 가장 빈도가 높은 웹사이트와 웹페이지들을 보여준다. 메타검색엔진 결과는 만약 각 검색엔진을 따로따로 이용했다면 얻게 될 웹사이트의 극히 일부만을 보여준다. 결과 목록은 각 검색엔진에서 찾아낸 가장 유명한 웹사이트들일 것이다. 하지만 최고의 정보 또는 가장 적합한 정보는 아닐 수도 있다.

메타검색엔진
실제 정보를 찾는 웹 검색을 하지는 않지만, 다른 검색엔진의 결과들을 종합해주는 검색도구

메타검색엔진은 주제와 관련된 웹사이트 표본들을 제공해주므로 조사의 좋은 시작점이 되어준다. 또한 어떤 메타검색엔진은 스스로 찾지 못하는 특별한 검색엔진도 포함시킨다. 예를 들어 유어넷(YurNet)의 특별 검색 기능은 영화 목록, 주가 목록, 일기 예보, 단어의 뜻, 이베이의 물품, 그리고 전 세계 도시의 실시간 웹캠 화

면을 검색할 수 있게 해준다.

검색엔진(search engine)은 특정 핵심어와 관련된 컴퓨터 문서들을 찾아주는 지능적인 소프트웨어 프로그램을 이용한다. 검색엔진은 색인에 추가된 파일만을 검색해주며, 전체 웹을 색인에 추가시키는 검색엔진은 없다. 그리고 각 검색엔진은 웹을 철저하게 조사하는 고유한 방법을 적용시킨다. 그래서 각 검색엔진은 다른 결과를 만들어내고, 같은 검색엔진이라도 다른 방식으로 하면 다른 결과를 만들어 낼 것이다. '구글과 야후에 물어보세요!'라는 최근의 설문조사 결과, 각 검색도구의 첫 화면에는 단지 3%의 링크만이 같을 뿐 전혀 다른 결과를 보여주었다.[7] 전체적으로 각 검색엔진은 85%의 자신만의 고유한 결과를 만들어냈다. 그래서 원래 하나 또는 2개의 검색엔진만을 이용하는 성향을 가지고 있더라도, 여러 개를 시도해 보는 것이 보다 심층적인 조사를 하는 데 도움이 될 것이다. 게다가 90%의 검색도구 이용자들은 검색결과의 첫 페이지 다음으로 넘어가지 않는다.[8] 계속 넘기다보면 원하던 바로 그 정보를 12페이지 또는 20페이지에서 발견할 수도 있다.

검색엔진
특정 핵심어와 관련된 문서들을 찾아주는 지능적인 소프트웨어 프로그램

전체 웹페이지 수는 현재 50억에 이르기 때문에,[9] 유용한 정보를 빠르게 찾기 위해서는 정확한 검색이 필요하다. 처음으로 메타검색과 검색엔진을 사용하고 싶겠지만, 〈표 6.2〉에 나오는 웹디렉토리는 검색전략을 보다 정교하게 해줄 것이다. **웹디렉토리**(web directories)는 검색 색인이라고도 불리며, 웹페이지를 범주에 따라 위계적으로 조직해준다. 예를 들어 야후의 웹디렉토리에는 비즈니스와 경제, 건강, 교육, 사회과학과 같은 주제 영역들이 하위범주에 나뉘어 포함되어 있다. 범주 또는 핵심어를 이용한 검색을 통해서 디렉토리를 살펴볼 수 있다.

웹디렉토리
웹페이지와 웹사이트를 검색 색인이라고도 부르는 범주에 의해 위계적으로 조직해 놓은 온라인 목록

●●● THE EVOLVING ART ●●● 온라인의 미국 정부 정보

미국 정부는 세계에서 가장 큰 정보 수집체 중 하나이다. 인터넷 이전에는 이들 문서들을 종이 서류나 CD 롬의 형태로만 이용할 수 있다. 현재는 USA.gov 또는 세부 정부 기관의 웹사이트에서 서류를 구할 수 있다. 당뇨, 암, 또는 에이즈와 같은 건강 이슈에 관한 정보를 찾는가? 미국의 건강과 인력 서비스의 웹사이트(os.dhhs.gov)로 가보라. 새로운 커뮤니케이션 기술과 관련된 이슈에 대해 더 알고 싶은가? 연방 커뮤니케이션 위원회(fcc.gov)나 국회 도서관(loc.gov)의 웹사이트로 가보라. 모든 미국 정부의 사이트를 살펴보고 미국 정부의 웹 포탈에서 핵심어 검색을 할 수 있을 것이다.

표 6.2 메타검색엔진, 검색엔진, 특별검색엔진, 그리고 웹디렉토리

	웹 주소	특징
메타검색엔진		
클러스티	clusty.com	비슷한 결과들이 모여진 집단
커리가이드	web.curryguide.com	자신의 선호도를 설정하고 나중의 검토를 위해 검색 결과를 저장
도그파일	dogpile.com	검색엔진과 같이 적합도 순으로 정렬
적스	2jux2.com	주요 검색엔진의 결과와 비교 가능
카투	kartoo.com	상호작용 맵 위에 검색 결과를 시각적으로 전시
익스퀵	ixquick.com	모든 결과와 더불어 각 검색엔진의 10위 내 웹사이트 목록 제공
맘마	mamma.com	검색자원과 선호도를 선택할 수 있는 강력한 검색
비비시모	vivisimo.com	소주제에 따른 군집과 함께 가장 적합한 결과 목록 제공
잽메타	zapmeta.com	지역, 도메인, 호스트에 대한 필터를 포함한 고급 검색
검색엔진		
올더웹	alltheweb.com	결과 제한을 위한 상세 고급 검색 옵션 제공
알타비스타	altavista.com	전 세계의 자료 및 모든 언어 검색
에스크	ask.com	관련된 주제의 질문 검색과 아이디어 제공
기가블라스트	gigablast.com	검색 개선을 위한 제안을 해주는 기가비츠를 포함
구글	google.com	구글 스칼라, 비디오, 와이어리스, 뉴스, 미국 정부와 같은 특성화된 검색엔진 제공
핫봇	hotbot.com	사용하고자 하는 검색엔진을 선택하게 해줌
룩스마트	looksmart.com	광범위한 주제에 대해 5백만 이상의 기사를 검색
라이코스	lycos.com	검색 포럼, 게시판, 토론 검색을 위한 뉴스그룹
와이즈넛	wisenut.com	검색에 초점을 맞추게 해줄 와이즈가이드와 와이즈서치를 포함
야후	yahoo.com	검색 이미지, 뉴스, 지역, 동영상, 그 외 특성화된 콘텐츠 이용 가능
특성화된 검색엔진		
데이팝	daypop.com	매일 업데이트되는 뉴스와 블로그의 "생생한 웹" 검색
인포마인	infomine.ucr.edu	사서가 제작한 학술 자원 검색
메드헌트	hon.ch/MedHunt	약 관련 웹사이트, 뉴스, 회의, 이미지 검색
사이러스	scirus.com	과학 정보에 초점
서치에듀	searchedu.com	교육, 군대, 정부, 사전 및 백과사전 사이트
웹디렉토리		
인포그리드	infogrid.com	전통적인 주제 영역을 포함한 정보, 개인, 라이프스타일, 어린이의 네 분야 목록 제공
조앤트닷컴	joeant.com	세계의 인물과 지역에 따른 검색 가능
사서의 인터넷 색인	lii.org	전문가의 정확한 정보에 의해 신중하게 검토되고 선정된 사이트 목록
오픈디렉토리 프로젝트	dmoz.org	자원하는 사람들의 세계적 네트워크를 통한 글로벌 범위의 디렉토리
웹 최고 디렉토리	webs-best-directory.com	웹사이트와 기사 링크 제공
야후	dir.yahoo.com	원래의 디렉토리 중 하나로 새로 추가된 디렉토리 목록 제공

딥웹

전통적인 메타검색엔진과 검색엔진은 수십억 개의 웹페이지를 놓친다. 전문가들은 이들 '놓친' 웹페이지의 양이 웹의 80%라고 추정한다. 예를 들어 시의적이고 정확한 건강 정보는 특성화된 의학 데이터베이스에서만 얻을 수 있다.[10] 투명 웹 또는 숨겨진 웹이라고 불리며, 대부분의 일반적인 검색엔진으로는 접근할 수 없는 모든 데이터베이스와 토론 목록과 뉴스그룹 댓글과 같이 역동적으로 만들어지는 콘텐츠를 포함하고 있는 **딥웹**(deep web)이 있다.

딥웹에 어떻게 접근할 수 있는가? 브레인부스트와 터보10과 같은 몇몇 특성화된 메타검색엔진들은 데이터베이스 검색엔진을 이용한다. 몇몇 웹사이트들은 수천 개의 데이터베이스의 링크가 있는 디렉토리를 제공한다. 〈표 6.3〉은 딥웹에 접근하기 위한 중요한 몇 가지 포인트들을 보여준다.

딥웹
전통적인 검색엔진으로는 접근할 수 없는 미국 정부가 운영하는 전문 데이터베이스로 구성된 월드와이드웹의 일부분으로 투명 웹 또는 숨겨진 웹이라고도 불림

블로그

블로그(blog) 또는 웹 로그는 주제를 가지고 개인이 정기적으로, 종종 매일 업데이트하는 웹페이지이다. 초창기의 블로그는 대부분 텍스트였지만, 지금은 종종 음성

블로그
웹로그의 줄임말로, 주제를 가지고 정기적으로 업데이트하는 블로그 작가 또는 블로거의 웹페이지

표 6.3 딥웹에 접근하기

이름	웹 주소	특징
브레인부스트	brainboost.com	질문에 기반한 검색
컴플릿플래닛	completeplanet.com	수천 개의 적합한 데이터베이스 검색 가능
지니어스파인드	geniusfind.com	수천 개의 검색엔진과 카테고리별로 구성된 데이터베이스에의 접근 허용
인시윈시	incywincy.com	카테고리에 따라 검색 개선 허용
인비저블웹닷넷	invisible-web.net	예술부터 미국/세계의 역사에 이르기까지 광범위한 데이터베이스 링크
뉴스보야저	newsvoyager.com	미국의 지역 신문 검색
서치엔진 콜로서스	searchengine-colossus.com	검색엔진의 국제적 디렉토리 접근 제공
터보10	turbo10.com	3천 개 이상의 검색엔진 연결

및 동영상 파일이 포함된다.

블로그는 유형과 목적에 따라 나뉜다. 어떤 블로그들은 단순히 개인적인 취미, 의견, 활동에 초점을 맞추고 있다. 의견은 개인적인 신념, 평가, 감수성을 말한다. 반면에 사실은 일어난 사건에 대한 신중한 문서와 확인을 통해서 형성된다.

종업원 블로그, 고용인 블로그, 고객 서비스 블로그로 인해 블로그 세계에 연합이 생겨났다. 대학생들은 서로 네트워크를 형성하기 위해 블로그를 이용한다. 뉴스 블로그는 세계에서 일어나는 사건을 사람들에게 직접 전해준다. 예를 들면, 2004년 12월 26일의 남아시아 쓰나미와 자선 기부자 후원에 관한 보도에서 블로그는 유용한 도구로 판명되었다. 블로그 활동은 또한 선거 기간에 민주당과 공화당의 국가 회의에서 블로거들이 전통적인 언론 연합에 참여한 것에서 볼 수 있듯이 정치적 진행 과정에도 영향을 미친다. 게다가 블로거들은 미국의 종교적, 정치적 지도자들의 스캔들과 사임을 이끌어낸 불법적이고 부도덕한 행동을 폭로하는데 주도적인 역할을 해왔다.

하지만 웹사이트처럼, 블로그도 거짓일 수 있다. 일례로 암과 투병중인 10대 여학생의 블로그가 거짓으로 드러난 경우를 들 수 있다. 그리고 블로그에 있는 정보들이 정확해보일지라도 항상 블로거의 정체를 알지는 못한다. 몇몇 블로거들은 가명을 사용하거나 자신들이 올린 블로그에 대한 이야기와 자신이 관련되어 있음을 밝히지 않는다.[11] 그래서 블로거들이 블로그를 쓰는 동기를 항상 확신할 수 있는 것은 아니다.

블로거들을 감시하는 일상적인 게이트키퍼도 없이, 블로그에서 얻을 수 있는 정보들을 신뢰할 수 있는가? 그렇다. 수백만 명의 사람들이 매일 블로그를 읽고, 그들은 종종 빠르게 확인해서, 잘못되거나 편향되고 부정확한 정보들을 바로잡는다. 규칙적인 블로그 사용자들은 비록 공평하지는 않더라도, 믿을만하고 심층 정보를 포함한 블로그들에 대해 평가를 내린다.[12] 이 장의 뒷부분에서 다루듯이 성공적인 연사는 블로그에서 수집한 것도 포함해서 수집한 모든 자료들을 비판적으로 점검한다. 〈표 6.4〉는 블로그 검색을 시작할 장소를 나열해주고 있다.

표 6.4 블로그와 실시간 웹에 접근하기

이름	웹 주소	특징
블로그덱스	blogdex.net	블로그 상–블로그의 소음–에서의 주제 확장을 보여준다.
블로그디거	blogdigger.com	URL과 미디어 유형에 의한 텍스트 상의 핵심어 검색
블로그스트리트	blogstreet.com	가장 영향력 있는 100개의 블로그 목록
퍼브서브	pubsub.com	실시간 보도자료와 뉴스그룹에 속하는 블로그 추적
테크노라티	technorati.com	블로그와 링크를 감시하는 실시간 검색엔진

뉴스그룹

뉴스그룹(newsgroups)은 특정 주제에 초점을 맞춘 온라인 토론 포럼이다. 웹디렉토리는 일반적으로 다양한 뉴스그룹들이 열거된 뉴스그룹 카테고리를 포함한다. 런더넷(Learn the Net: learnthenet.com)은 관심사에 적합한 뉴스그룹 검색, 뉴스그룹과 메시지 읽기 구독, 메시지 게재, 자신의 뉴스그룹 운영 시작에 관한 유용한 정보를 제공해준다.

뉴스그룹
특정 주제에 대해 참여자들이 토론하는 온라인 텍스트 기반 포럼으로 유즈넷이라고도 불림

구글 그룹은 스피치 수업 학생들이 특정 스피치 주제에 적합한 뉴스그룹 검색을 시작하기에 좋다. 이 사이트는 광범위한 주제에 대한 뉴스그룹을 운영하고 있으며, 디렉토리에는 유형과 주제에 따라 뉴스그룹이 나뉘어 있다. 게다가 핵심어를 이용한 뉴스그룹 검색도 할 수 있다. 인권에 대한 스피치를 조사한다면, '인권'이라는 핵심어를 이용해서 검색을 할 수 있다. 아마도 열거된 결과들 중 'soc.rights.human'이라는 뉴스그룹에서 유용한 정보를 찾을 수 있을 것이다.

토론 리스트

리스트서브(listserv)라고도 부르는 이메일 기반의 **토론 리스트**(discussion list)는 단지 하나의 이메일 주소만을 이용해서 한 집단 내의 사람들에게 이메일을 보낼 수 있게 해준다. 일반적으로 사람들은 여성 소유 사업, 정치, 특이한 애완동물 키우기, 남서 지방 하이킹과 같은 특정 주제나 활동에 관심이 있기 때문에 토론 리스트에 가입한다. 어떤 토론 리스트는 회원 전용이지만 다른 것들은 누구에게나 공개되어 있다.

토론 리스트
단 하나의 이메일 주소만으로 그 리스트에 있는 모든 사람들에게 이메일을 보낼 수 있도록 해주는 이메일 기반의 분배 리스트로 리스트서브라고도 함

표 6.5 토론 리스트에의 접근

이름	웹 주소	특징
카타리스트	lsoft.com/lists/listref.html	해당 국가 또는 회원 규모에 의한 리스트 검색과 리스트 보기 허용
쿨리스트	coollist.com	주제 영역에 따른 토론 리스트 시작, 가입, 탐색 허용
타일닷넷	tile.net/lists	이메일 뉴스레터와 토론 리스트 탐색 또는 검색 허용
야후!그룹	groups.yahoo.com	많은 그룹을 제공해주고 선택하게 해줌: 야후에 가입해야 함.

토론 리스트의 회원들이 조사를 대신 해줄 것으로 기대하지 않아야 하지만, 그들이 자료와 주제에 관한 아이디어를 제공해줄 수 있다. 메시지를 보내기 전에 토론 리스트의 규정과 상호작용의 일반 규칙을 숙지해야 한다. 〈표 6.5〉는 토론 리스트가 있는 곳의 목록이다.

몇몇 전문적이고 학술적인 기관은 회원이 아니어도 가입할 수 있는 토론 리스트를 가지고 있다. 예를 들어 커뮤니케이션과 관련된 이슈를 조사한다면, 미국커뮤니케이션학회(NCA) 또는 아메리칸커뮤니케이션협회(ACA)의 리스트서브에 가입하고 싶을 것이다. 이들 협회의 회원들은 일반적으로 학생들의 조사 과정을 도와주려고 할 것이다.

인터넷 자원으로 조사 극대화

이 장에서는 스피치를 위한 정보를 찾을 수 있는 많은 자료들을 소개해주었다. 효과적인 검색은 시간을 절약해주고, 악화되거나 좌절하는 것을 막아줄 것이다. 다음의 가이드라인은 검색 작업 효과를 극대화시켜줄 것이다.

다양한 키워드 이용

검색도구들은 입력한 핵심어에 기반한 결과들을 생산해낸다. 다른 도서관, 데이터베이스, 검색엔진, 웹디렉토리들은 다른 색인과 핵심어 체계를 이용한다.[13] 신중하게 핵심어를 선정하고, 처음 선택한 핵심어를 대체할 단어를 생각해보라. 예를 들어, '컴퓨터 리터러시'는 '정보 리터러시'나 '컴퓨터 지식', '컴퓨터 학습'으로도 시도해보라. 각 핵심어들은 다른 결과들을 만들어낼 것이다. 어떤 대체 핵심어가 조사에 도움이 될지 모르는가? 에스크와 기가블라스트와 같은 검색엔진이 제안해줄 것이다.

고급 검색 옵션 이용

많은 검색도구들은 핵심어, 날짜, 미디어 유형, 그 외 세부기준을 통해서 검색을 개선시켜줄 고급 혹은 유도 검색 옵션을 제공해준다. 게다가 거의 모든 검색도구에는 특정 검색도구를 이용하는 최고의 전략을 설명해주는 '검색 팁'이 포함되어 있다.

다양한 자원 이용

주제에 관한 다양한 관점을 갖는다는 것은 정보의 다양한 자료를 의미한다. 도서관에는 다양한 시각과 관점을 제공해줄 책, 학술지, 신문, 잡지, 정부 간행물, 참고자료, 그리고 비인쇄자료들이 있다. 기관, 웹사이트, 딥웹, 블로그, 뉴스그룹, 그리고 토론 리스트는 주제에 관한 추가적인 시각을 제공해준다. 모든 자료를 검색할 필요는 없지만, 좋은 자료 수집은 주제에 관한 전문성을 높여준다.

다양한 검색 툴 이용

메타검색엔진, 검색엔진, 그리고 웹디렉토리는 각자 고유한 검색 방법을 이용한다. 웹 전체에 접근할 수 있는 검색도구는 없고, 주제에 적합한 모든 자료를 갖고 있는 데이터베이스는 없다.

스폰서 링크 유의

많은 메타검색엔진, 검색엔진, 웹디렉토리들은 **스폰서 링크**(sponsored links)를 지원한다. 링크는 소유주가 검색 결과 페이지에서의 우선적인 위치나 장소 선점을 위해

스폰서 링크

검색 결과 목록에 링크를 위치시키기 위해 구글과 같은 검색엔진 회사에 비용을 지불한 소유주의 링크, 목록 또는 사이트

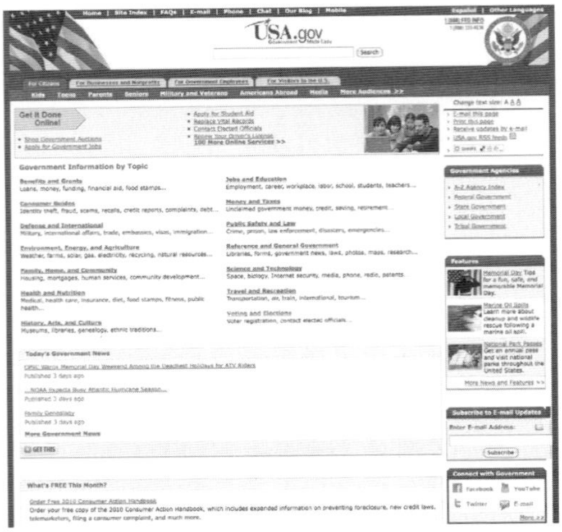
http://www.usa.gov

▲ USA.gov와 같은 정부 사이트, 모든 미국 정부 부처를 위한 웹 포털은 인터넷에서 접근할 수 있는 많은 신뢰할만한 자료들 중의 하나일 뿐이다.

검색엔진이나 디렉토리에 비용을 지불할 때 지원된다. 검색 결과 중에 스폰서된 목록은 페이지의 맨 위에 나타나겠지만, 그 순위는 적합성이 아니라 비용 지불에 의한 것이다. 그 차이를 이해하는 사람들은 검색엔진 사용자 중 40% 미만이라는 연구결과가 있다.[14] 스폰서된 링크는 주제에 꽤 적합할 수도 있지만, 그렇게 가정해서는 안 된다. 링크가 본질적으로 광고라고 생각하고 이들 웹사이트들을 주의 깊게 평가해야 한다. 구글이나 야후와 같은 대부분의 검색엔진은 광고와 스폰서된 링크를 결과 페이지의 위나 옆에 명확하게 표시한다.

저작권 정보

노래(가사 및 멜로디), 이야기, 시, 사진, 또는 이미지 등의 원저작물을 다른 사람들이 이용할 수 있는 법적 권리에 대한 설명

이미지 검색

정보를 검색할 때에는 텍스트 이상을 생각하라. 거의 모든 메타검색엔진과 검색엔진들은 이미지, MP3, 동영상, 음성 파일을 검색하게 해줄 것이다. 다운로드받은 어떤 파일이든 사용하기 전에 **저작권 정보**(copyright information)를 주의 깊게 읽어라.

Watch it!

동영상 링크 6.1: 조사 과정 관리

이 동영상 부분에서 에반은 스피치 주제를 조사하기 위한 몇 가지 주요 전략들을 보여준다.

Use it!

활동 링크 6.1: 조사 탐정

이 활동을 통해서 다양한 조사 전략들을 시도할 기회를 갖고, 그 다음에 자신의 스피치 주제를 조사할 계획을 수립할 것이다.

저작권 정보는 타인의 원래 작업물을 이용하는 것에 관한 법적 권리이다. 웹사이트 이미지, 그리고 비슷한 파일을 스피치에서 사용하는 것은 일반적으로 공정사용법에 의해서, 원저자를 제대로 언급했을 때 사용할 수 있다.

도움말 버튼 이용

모든 검색도구에는 도움말 기능이 있다. 그것을 이용하라! 도움말 부분은 검색을 개선시키기 위해서 불 연산자(Boolean operator)인 'and', 'or', 'not' 또는 그 외의 단어인 (near)와 기호 (+, -)를 어떻게 이용하는지 설명해줄 것이다.

조사 인터뷰 실행

조사 인터뷰는 가치 있는 정보를 얻을 수 있도록 도와준다. 하지만 충분히 준비하고, 참여하는 훈련을 하고, 사후 조사를 해야 할 필요가 있다. 여기서는 이들 요구조건들을 충족시키는 방법과 효과적인 조사 인터뷰를 실시하는 방법에 대해 배울 것이다.

전문가들과의 인터뷰는 중요한 정보들을 제공해줄 수 있다. 하지만 특히 정확한 정보를 바탕으로 한 스피치와 신뢰도를 위해서는 인터뷰를 주의 깊게 계획하고 실행해야 한다. 조사 인터뷰 과정은 다음의 주요 6단계로 구성된다.

1. 인터뷰 목적을 결정
2. 인터뷰 대상 선택
3. 질문 작성
4. 인터뷰 가이드라인 구성
5. 인터뷰 실행
6. 정보 수집

다음의 내용에서는 이들 각 단계를 더욱 자세히 살펴볼 것이다.

●●● THE EVOLVING ART ●●● 인터뷰하기

보통 인터뷰가 직접 만나서 진행된다고 생각하지만, 인터뷰는 전화, 이메일, 채팅, 문자메시지, 인스턴트 메시지, 화상회의를 통해서도 진행될 수 있다. 인터뷰를 하는 것은 이용되는 미디어가 아니라 질문하고 답하는 과정으로 정의된다. 만약 채팅과 같은 실시간 인터넷 미디어를 이용한다면, 그 기록을 보관할 수 있도록 인터뷰를 캡처할 수 있는지 확인하라. 예를 들어서 애플의 아이챗(iChat)과 AOL의 채팅은 어떤 채팅 내용이라도 저장할 수 있게 해준다. 대화를 저장하기 위해 인터뷰 대상의 승낙을 구하라.

인터뷰 목적 결정

스피치 주제에 관해 특정 개인을 인터뷰하는 이유를 확인하라. 다른 자료로부터 같은 정보를 모을 수 있다면, 인터뷰를 할 필요가 없다. 또한 스피치에 전문가의 정보를 어떻게 이용할지도 생각해보라. 그 정보가 얼마나 적합할지 확신할 수 없다면, 인터뷰가 정말 필요한지 스스로에게 물어보라.

전문가가 제공해줄 수 있는 세부 정보에 초점을 맞춰라. 예를 들어 도시 행정에 관한 스피치를 위해 조사를 한다면, 지역 지도자들이 어떻게 일하고 있는지에 대한 내부자의 관점을 알기 위해서 시장과 인터뷰를 하는 것은 매우 유익할 것이다. 그것은 다른 방식으로는 얻을 수 없는 정보이다.

인터뷰 대상 선택

목적과 주제에 대해 이미 알고 있는 것을 고려해서 가이드라인대로 인터뷰 대상을 선정하라. 필요한 추가 정보와 누가 그 정보를 가지고 있는지를 확인하라. 전문성, 인터뷰 가능성, 질문에 대한 답변 의지를 바탕으로 인터뷰 대상을 선정하라. 단지 필요한 정보를 가지고 있다는 것이 그 정보를 알려줄 것이라는 것을 의미하지는 않는다.[15] 인터뷰 대상이 조사자를 신뢰할만하다고 여기면, 원하는 정보를 얻을 수 있는 좋은 기회를 얻을 수 있을 것이다. 신뢰도를 높이기 위해서는 주제와 인터뷰 대상에 대해서 조사를 하고, 주의 깊게 인터뷰를 준비하고, 적극적인 듣기 기술을 사용하고, 인터뷰 대상의 문화적 배경에 민감함을 보여주어야 한다.

질문 작성

물어보려고 계획한 질문들은, 인터뷰 도중에 물어볼 모든 질문과 가능한 탐색 목록이자, 조사자가 인터뷰를 어떻게 시작하고 끝낼 것인지 적어놓은 **인터뷰 가이드**(interview guide)의 기초를 형성한다. 인터뷰 가이드를 원하는 정보를 수집하고, 인터뷰 대상과 생산적인 관계를 형성시켜줄 로드맵으로 생각하라.

인터뷰 가이드

인터뷰 도중에 조사자가 물어볼 모든 질문 및 가능한 탐색 내용, 그리고 조사자가 인터뷰를 어떻게 시작하고 끝낼지에 대해 적어 놓은 목록

질문들은 기본 대 추가, 개방 대 폐쇄, 그리고 중립 대 유도의 세 가지로 구분될 수 있다.[16] **기본 질문**(primary question)은 새로운 주제나 하위 주제를 소개해준다. 상황을 설명해주는 다른 문장이나 질문이 필요 없이 단독으로 쓰일 수 있다. "어떻게 전공을 선택했는가?"와 "대학교 1학년 학생들에게 어떤 조언을 하겠는가?"는 기본 질문의 예들이다. **추가 질문**(secondary question)은 인터뷰 대상의 이전 대답을 정교하게 해달라고 요청하는 것이다. 이들 재확인 질문들은 간단하게 "계속하세요", 또는 보다 직접적으로 "동남아시아에서의 여행 가이드 경험에 대해서 더 말해주세요"라고 할 수 있다. 추가 질문들은 이치에 맞도록 하기 위해 이전의 대답이나 질문에 근거하여 작성한다.

기본 질문

인터뷰 중에서 새로운 주제나 하위 주제를 소개하는 질문

추가 질문

대답을 정교화시키기 위해 인터뷰 대상에게 묻는 질문

개방형 질문들은 폭넓게 만들어지며, "캄보디아 여행을 통해서 알게 된 재미있는 것은 어떤 것이 있습니까?"와 같이 주제만 확인하는 경우도 있다. 폐쇄형 질문들은 정보의 세부 항목을 바라며, "1부터 5까지의 점수 중에 5는 '매우 높다', 1은 '매우 낮다'일 때, 당신은 직장에서의 커뮤니케이션 수준을 몇 점이라고 평가하시겠습니까?"와 같이 인터뷰 대상들의 응답 선택권을 제한한다.

앞의 모든 예문들은 편향되지 않고 공정하며, 단순히 직접적인 답변을 원하는 **중립 질문**(neutral question)들이다. 대부분의 경우에 조사 인터뷰에서 중립적인 질문을 할 것이다. 대조적으로 **유도 질문**(leading question)은 원하는 답변을 하게 한다. "아이들에게 축구가 야구보다 더 좋은 운동이라는 것에 동의하지 않으십니까?"와 "24시가 가장 좋은 텔레비전 프로그램이라고 생각하지 않으십니까?"는 유도 질문의 사례로 "축구와 야구 중 어떤 운동이 아이들에게 더 좋다고 생각하십니까?"와 "24시라는 텔레비전 프로그램에 대해서 어떻게 생각하십니까?"에 비교된다. 아마도 비협조적인 인터뷰 대상들로부터 특정 답변을 듣기 위해서 기자들이 유도 질문들을 사용하는 것을 들었을 것이다. 이 전략은 때때로 기자 회견에서 유효하다. 하지만

중립 질문

편향되지 않고 공정한 질문으로 직접적인 답변을 원하는 질문

유도 질문

질문자가 원하는 대로 답변하도록 묻는 질문

표 6.6 다른 형태의 질문들을 사용해야 할 때

질문 유형	예	사용할 때
기본	직업 경력에 가장 큰 도움이 된 대학 생활 경험은 무엇인가?	새로운 주제나 세부주제 소개
추가	전에 말한 자원봉사 활동에 대해 더 말해주십시오.	인터뷰 대상으로부터 추가 정보 유도
개방형	지역 정치에 어떻게 처음으로 관여하게 되었습니까?	인터뷰 대상이 편안하게 말하게 하고, 주제에 대해 알게 해줌
폐쇄형	어디서 태어났습니까?	정보의 특정 부분을 원하거나 인터뷰 대상이 말하기를 꺼릴 때
중립	프로젝트를 언제 끝낼 계획입니까?	드물게 예외적인 경우를 제외하고는 항상
유도	우리 대학이 친근하지 않다고 말하시겠습니까?	인터뷰 대상이 비협조적일 때

조사 인터뷰에서 유도 질문들은 유용한 정보를 도출하지 못하고, 인터뷰 대상은 종종 놀림당한 기분을 느끼게 된다.

질문들을 작성할 때에는 각 문장을 어떻게 만들지에 대해서 매우 신중한 주의를 기울여야 한다. 일반적인 규칙에 따르면, 질문들은 중립적이고 개방형이어야 한다. 모든 기본 질문들에는 최소한 하나 이상의 추가 질문이 필요하다. 어쩌면 말이 너무 많아서 제지가 필요한 인터뷰 대상자를 선정할 수도 있다. 하지만 인터뷰 대상자는 또한 기대했던 것보다 더 과묵할 수도 있다. 준비된 추가 질문들이 있다면 어떤 상황에도 대처할 수 있을 것이다. 〈표 6.6〉은 인터뷰 질문 유형과 사용할 때를 요약해놓은 것이다.

인터뷰 가이드라인 구성

질문은 작성한 후에는 그 질문들은 순서대로 배열해서 인터뷰를 어떻게 시작하고 끝낼 것인지 결정해야 한다. 어떻게 인터뷰를 시작하는가가 전체 대화의 톤을 결정한다. 시작할 때 주의해야 할 점 두 가지는 (1) 친밀감 형성과 (2) 오리엔테이션을 제공해주는 것이다. 이들을 일찍 성취하는 것은 인터뷰 내내 효과적인 커뮤니케이션의 기반이 된다.[17] 예를 들어 교수님들 중 한 사람을 인터뷰한다면, 최근의

수업이나 수업과 관련된 이야기를 조금 하게 될 것이다. 기업의 회장과 인터뷰를 한다면, 잡담을 최소화하고 인터뷰의 요점을 빨리 얻으려고 할 것이다.

오리엔테이션에서는 인터뷰 대상에게 인터뷰가 어떻게 진행될지 명확하게 알려주어야 한다. 조사 인터뷰를 할 때에는 인터뷰의 목적, 다루는 주제, 주제에 관한 사전 조사, 인터뷰의 소요 시간, 정보를 어떻게 사용할지에 대해서 알려준다. 예를 들면, 질문자는 다음과 같이 말할 수 있다.

> 저는 스피치 수업 중의 세금 개편에 대한 설득 스피치를 위해 조사하고 있습니다. 지역구에서 생각하고 있는 각기 다른 생각에 대해서 읽었습니다. 하지만 이에 대한 개인적인 견해를 듣고 싶습니다. 전화로 진행할 때, 인터뷰는 약 30분 정도 소요됩니다. 왜 우리 지역구의 세금 개편이 필요한지, 어떻게 귀하의 제안이 최근의 문제들을 해결할 수 있는지, 그리고 개편이 지역구 주민들에게 줄 것으로 예측되는 영향에 대해서 질문하겠습니다.

준비된 질문들은 인터뷰의 본론, 중요 부분을 구성한다. 질문들은 논리적인 순서를 따라야 한다. 인터뷰 대상의 지식 범위에 대해 알 수 있는 일반적인 질문들로 시작하고, 다음에 보다 세부적인 질문들을 한다. 같은 하위 주제에 따라 관련 질문들을 모으라. 각 하위 주제 내에서도 일반적인 질문을 하고나서 점차적으로 세부적인 질문으로 넘어가라.

대중 교통수단에 관한 인터뷰를 준비하는 학생은 질문들을 다음의 네 가지 집단으로 나누어 구성하였다.

1. 인터뷰 대상은 어떻게 대중 교통수단 관련업에 종사하기 시작했는지
2. 대중 교통수단의 이용 장려
3. 대중 교통수단에 대한 비판에 대한 답변
4. 대중 교통수단의 향후 개선방향에 대한 인터뷰 대상의 전망

이러한 그룹화는 논리적인 순서대로 구성한다. 인터뷰 대상이 어떻게 대중 교통수단 업종에 관여하게 되었는가와 같이 대체로 쉬운 질문을 하고, 그 다음에 인터뷰 대상은 어떻게 대중 교통수단 이용을 장려할 것인지, 비판에 대해서는 어떻게 답변할 것인지, 그리고 마지막으로 대중 교통수단의 가능한 개선 방안에 대한 견해를 요청한다.

인터뷰를 마무리할 때에는 인터뷰 대상에게 대화에 대한 긍정적이고 만족스러운 느낌을 남겨야 한다. "자, 마지막 질문이었습니다. 감사합니다"라고 끝내는 것은 인터뷰 대상에게 갑작스럽고, 편안하지 않게 할 수 있다. 일반적으로 마무리 단계는 다음의 세 단계를 통해 이루어진다.

1. **결론 미리보기**(conclusion preview)는 인터뷰가 끝나간다는 신호를 알려준다. 인터뷰 대상이 인터뷰가 끝나간다는 것을 준비하도록, "제 마지막 질문은…" 또는 "이제 얼마 안 남았군요…"와 같이 말할 수 있다.
2. **마무리 멘트**(closure statement)에서는 인터뷰에서 알아낸 주요 요점들을 요약하고, 인터뷰 대상의 참여에 감사를 표한다. 스피치를 준비하는 동안 질문이 있으면 인터뷰 대상에게 연락해도 좋을지 물어본다.
3. 마지막으로 **인터뷰 후 대화**(post-interview conversation)는 정식 인터뷰가 끝나고, 녹음기를 끄거나 노트북을 덮고 나서 시작된다. 이 비공식적인 상호작용은 잡담이나 주제에 관한 일반 토론으로 이루어진다. 인터뷰 대상은 긴장을 풀고, 주제에 관련된 중요한 정보를 줄 것이다. 인터뷰 후 대화를 하면서 마지막으로 작별인사를 하고 인터뷰 대상의 협조에 다시 한 번 감사를 표한다.

질문들을 구성하고, 시작과 끝을 결정함으로써 인터뷰 가이드를 완성시킬 수 있을 것이다. 융통성은 효과적인 인터뷰 질문자의 필수 요건이다. 기대하지 못했던 유용한 정보를 인터뷰 대상이 제공해준다면, 인터뷰 가이드를 벗어나는 것을 주저하지 말라. 〈그림 6.2〉는 인터뷰 가이드의 예를 보여준다.

일단 인터뷰 가이드가 준비되면, 여러 번 소리 내어 읽으면서 연습하라. 시작이 온화하고 친근한가? 인터뷰 목적을 말하고 질문할 내용을 미리 알려주었는가? 질문들은 명확하고, 중립적이고, 직접적이고, 대체로 개방형이고, 목적에 적합한가? 마무리는 인터뷰를 정리하며, 인터뷰 대상에게 긍정적인 느낌을 남기는가? 가족, 친구, 수강생들을 대상으로 모의 인터뷰를 해볼 수도 있다. 양 쪽의 관점에 대해 알 수 있도록 인터뷰 질문자와 대상자의 역할을 둘 다 해보라.[18]

그림 6.2 인터뷰 가이드의 예

인터뷰 대상: 로리아 퀴자스(Lauria Quijas), 창립자이자 CEO

기관: 인터넷 아이디어

목적: 회사 창립에 관해 더욱 잘 이해하기 위해서

시작: 제 이름은 배렛 입(Barrett Yip)이고, 시내 대학에서 스피치 수업을 듣는 학생입니다. 저와 만날 시간을 내주셔서 감사합니다. 귀하의 회사 웹사이트를 살펴보았고, 이에 대해 더 많이 알고 싶어졌습니다.

이메일을 통해 인터뷰 일정을 잡을 때 언급했듯이, 회사 설립에 관여하게 된 첫 단계에 대한 스피치를 위해 조사하고 있습니다. 이 인터뷰는 45분 정도 소요될 것입니다. 제가 드릴 질문들은 네 가지 중심 주제들에 관한 것입니다. 인터넷 아이디어를 시작하게 된 동기, 회사의 현재 상태, 회사의 미래에 대한 전망, 그리고 회사를 창립하려고 하는 사람들을 위한 조언에 대한 것입니다. 전에 말했듯이 내용을 정확하게 기록하기 위해 인터뷰 내용을 녹음하겠습니다. 시작하기 전에 질문 있으십니까?

1. 우선 인터뷰 아이디어의 시작에 대해 질문 드리겠습니다. 이 회사를 시작하게 된 동기는 무엇입니까?
   1.1. 처음 동기에 대해 더 말씀해주세요.
   1.2. 그 외에 결정에 영향을 미친 요인은 무엇입니까?
2. 회사를 창립할 때 주저하게 만든 요인은 무엇입니까?
   2.1. 그 문제를 어떻게 해결했습니까?
   2.2. 계속하세요.
3. 인터넷 아이디어 창립 결정에 다른 사람들은 어떻게 영향을 주었습니까?
   3.1. 사람들이 뭐라고 말했는지 예를 들어주세요.
   3.2. 어떻게 반응하셨습니까?
4. 인터넷 아이디어라는 이름은 어떻게 결정했습니까?
   4.1. 다른 어떤 이름들을 생각해보셨습니까?
   4.2. 최종 결정하는 것이 얼마나 어려웠습니까?
5. 오늘날의 인터넷 아이디어에 대해 이야기해보겠습니다. 회사에 대해 전혀 모르는 사람들에게 회사를 어떻게 설명하시겠습니까?
   5.1. 왜 그렇게 생각하십니까?
   5.2. 그렇군요.
6. 웹사이트에 게시된 인터넷 아이디어의 지향 목표는 "인터넷 혁명을 위한 아이디어의 자유로운 교환"을 강조하고 있는데, 어떻게 하면 이를 성취할 수 있습니까?
   6.1. 그 목표 성취를 저해하는 요인들이 있습니까?
   6.2. 자유롭게 아이디어를 교환하도록 어떻게 사원들을 장려합니까?
7. '이전 세대의 사람'으로서 새로운 사원에게 해주고 싶은 이야기는 무엇입니까? [시간이 부족하면 건너뛸 것]
   7.1. 그 이야기는 회사의 관점과 어떻게 일치합니까?
   7.2. 그 이야기에 대해 어떻게 생각하십니까?
   7.3. 인터넷 아이디어에 관한 최근 지역 신문의 기사에서 귀하와 귀사에 대해 호평과 비판을 둘 다 하였습니다. 그 기사에 대해 어떻게 답변하시겠습니까?
   7.4. 사원들은 어떻게 반응합니까?
   7.5. 그 기사는 전반적으로 회사에 어떤 영향을 주었습니까?

그림 6.2 인터뷰 가이드의 예(계속)

8. 이제 미래를 전망하겠습니다. 향후 5년 간 인터넷 아이디어는 어떻게 달라질 것이라고 생각하십니까?
   8.1. 10년 후는 어떻게 생각하십니까?
   8.2. 다른 어떤 변화를 예상하십니까?
9. 지금으로부터 25년 후에 인터넷 아이디어가 신문의 헤드라인을 장식한다고 상상해보십시오. 헤드라인이 무엇일 것이라고 생각하십니까? [시간이 부족하면 건너뛸 것]
   9.1. 왜 그렇게 생각하십니까?
10. 그 헤드라인을 위해 귀하가 담당한 역할은 무엇이라고 생각하십니까?
11. 아시다시피 언젠가 제 회사를 시작하려고 합니다. 자신의 회사를 시작하는 것의 긍정적인 측면은 무엇입니까?
   11.1. 다른 어떤 장점들을 경험하셨습니까?
   11.2. 그것은 다른 새로운 회사에도 적용됩니까?
12. 자신의 회사를 시작하는 것의 단점은 무엇입니까?
   12.1. 사례를 들어주십시오.
   12.2. 창립자는 어떻게 그러한 단점들을 극복할 수 있습니까?
13. 자신의 회사를 시작하려는 창업가들에게 어떤 조언을 하시겠습니까?
   13.1. 다른 제안은 무엇입니까?
   13.2. 다른 혜안은 없습니까?
14. 마지막으로 회사를 시작하는 것에 대해 알아야 할 것이 있다고 생각하십니까?
   14.1. 이 주제에 관해서 제가 스피치에 포함시켜야 할 추가 정보들이 있습니까?
   14.2. 지금까지 다루지 않은 것들 중에 제가 알아야 할 것은 무엇입니까?

마무리: 이로써 준비했던 모든 질문은 끝났습니다. 답변하신 내용의 주요 요점을 간단하게 요약해보겠습니다. [이때 인터뷰 대상의 답변을 빠르게 검토해준다]

지금 다룬 내용에 대해서 확인 필요하면 이메일이나 전화 연락드려도 괜찮겠습니까? 회사 창립에 대해 청중들도 알고 싶어할만한 직접적인 정보들을 많이 제공해주셨습니다. 바쁘신 와중에도 모든 질문에 답해주신 것 감사드립니다. 시간 내주셔서 다시 한 번 감사드립니다.

인터뷰 실행

이제 모든 준비는 끝났고, 인터뷰를 실행할 시간이다. 인터뷰 가이드 사용에 익숙해지고, 인터뷰를 녹음하고, 적당한 장소를 선정하고, 언어적·비언어적 행동을 점검하는 것은 보다 생산적인 인터뷰를 보장해줄 것이다.

인터뷰 가이드 사용에 익숙해지면, 스피치를 하면서 기억을 되살리기 위해 노트카드를 이용하는 방법처럼 인터뷰 가이드를 이용할 수 있다. 인터뷰 대상의 허락 아래 차후의 검토를 위해 인터뷰 내용을 녹음하라. 또한 때때로 장비가 작동하지 않을 수 있으니 인터뷰 대상이 말한 것을 상기시켜 줄 수 있는 주요 용어를 사용하여 노트에도 적어라. 이에 덧붙여서 중요한 비언어적 단서, 자신의 일반적인 인상, 인터뷰 도중에 떠오르는 생각을 적어라. 예를 들어 인터뷰 대상이 불안해하거나 답변을 불확실하게 할 경우에는 노트에 적어 놓아라.

직접 만나서 인터뷰를 할 때에는 이상적으로 조용하고, 방해받지 않는 개인적 공간을 적당한 장소를 선정하라. 웹 채팅이나 전화 인터뷰와 같은 그 외의 실시간 인터뷰를 할 때에는 장소의 주의를 분산시키는 요소들을 최소화시키고, 인터뷰 대상에게도 그렇게 하도록 하라.

한 번에 질문을 하나씩 하라. 기자들은 종종 여러 개의 질문을 하기도 하지만, 이 전략으로는 원하는 정보를 얻는 데 성공하기 어렵다.[19] 인터뷰 대상은 혼란스러워 하며, 일반적으로 질문의 한 부분에만 대답하는 경향이 있다. 예를 들어 "사업을 어떻게, 그리고 왜 시작하셨습니까?"라고 묻는 대신에 2개의 질문으로 나누어서 질문을 만들어라. 먼저 "사업을 시작하게 된 계기는 무엇입니까?"라고 물은 다음에, 인터뷰 대상이 그 질문에 답하고 나면, "어떻게 사업을 시작했습니까?"라고 묻는다.

의도하지 않게 편향된 인터뷰 대상의 답변을 피하기 위해 자신의 언어적, 비언어적 단서를 점검하라. 듣고 있다는 것을 나타내기 위해 "이해합니다"나 "그렇군요"라고 말한다. 질문자가 아니라 인터뷰 대상이 대부분 말하도록 해야 한다. 적극적으로 듣기 기술을 모두 동원해야 한다. 인터뷰 대상이 질문자가 주목하고 있다는 것을 알도록 눈을 맞추며 다른 비언어적 단서를 이용하라.[20]

정보 수집

주제에 관해서 전문가로부터 얻은 정보는 스피치의 각 부분을 개인화시키도록 해주고, 활기를 불어 넣어주고, 신뢰도를 부여해줄 수 있다. 도입을 할 때 관심을 끌 만한 인용을 하면 청중의 주목을 얻을 수 있고, 신뢰도도 높일 수 있다. 다음은 그 사례이다.

> 연사: 인터넷을 하면서 웹사이트가 정보를 모으는 것에 대해 생각해보신 적 있으십니까? 여기 서던대학교의 정보과학 교수인 제이미 앤더슨(Jamie Anderson) 교수는 10년

동안 생각해왔습니다. 앤더슨 교수는 최근의 인터뷰에서 저에게 "그 웹사이트들이 각 방문자에 대해 얼마나 많은 정보들을 수집하는지 사람들이 알게 된다면, 충격을 받고 인터넷 이용을 매우 신중하게 할 것이다"라고 말했습니다. 저는 알고 있습니다. 이것이 제가 개인의 온라인 프라이버시 보호를 위해 헌신하는 이유입니다.

이 연사는 주제의 중요성을 내포하면서 인터뷰 대상이 "여기 서던대학교의 정보과학 교수"라는 점을 알림으로써 청중에게 적합하도록 만들었다. 연사는 인터뷰 대상의 "10년 동안"이라는 신뢰도를 말함으로써 자신의 신뢰도를 높였다.

인터뷰에서 얻은 정보들은 또한 개인적인 자료, 스피치의 본문에서 최근의 증거로 언급할 수 있다. 조사 인터뷰에서 얻은 정보를 인용하거나 요약할 때에는 다음의 예와 같이 인터뷰 대상의 이름과 직위와 주제에 관한 전문가로서 한 일들을 명확하게 밝혀야 한다.

연사: 지역 유기농 농부로 15년 이상 종사한 매 호돈(Mae Hawthorne)은 유기 농업의 혁신에는 세 가지 경향이 있다고 예측하였습니다. 수천 년 전부터 이어져온 효과적인 농업 용법과의 결합, 세계 전역의 농부들을 서로 연결시켜주는 인터넷 사용, 그리고 커뮤니티 지원 농업이다. 다른 사람들도 비슷한 경향을 주장하였습니다. 예를 들면…

여기 연사는 우선 인터뷰 대상의 예측을 요약하여 발표하고, 그 다음으로 다른 자료에서 이를 뒷받침할 정보를 포함시켰다.

연사는 인터뷰 정보를 스피치의 결론에서 다음의 두 가지 방법으로 이용한다. (1) 마무리를 하려는 의도를 내비치고, (2) 청중들이 이에 알맞은 마음의 준비를 하게 한다. 예를 들어, 도입부분에서 인터뷰 대상의 말을 인용했다면, 다음의 예와 같이 결론에서도 같은 사람의 말을 인용할 수 있다.

연사: 우리는 인터넷을 할 때, 우리가 얻는 정보에 초점을 맞춥니다. 하지만 정보과학자들은 우리가 인터넷을 하는 동안 정보를 제공하는 것이 위험하다고 인식합니다. 제이미 앤더슨 교수는 "인터넷의 핵심은 자유로운 정보 교환입니다. 하지만 이용자들은 웹사이트를 방문했을 때 자신들이 어떤 정보들을 제공하는지 알아야 합니다. 그리고 협회는 개인 정보 제공을 제한해야 한다"고 말합니다.

이 인용은 연사가 도입부에서 이용했던 것과 깔끔하게 연결됨으로써, 스피치 초반에 발표했던 정보를 청중들에게 상기시켜준다. 게다가 결론에서의 좋은 인용은 주제에 대한 청중들의 지속적이고 개인적인 인상을 남기게 한다.

조사 인터뷰를 실행할 때에는 융통성 있게 준비하고, 인터뷰 대상이 편안하다고 느낄 커뮤니케이션 분위기를 조성하라. 직접 만나서 하거나 화상 채팅을 통해 인터뷰를 할 때에는 받아적기와 눈 맞춤을 균형 있게 하라. 인터뷰 내용을 녹음할 때에는 인터뷰 대상에게 먼저 양해를 구하라. 오작동이 될 수도 있으니 녹음 기기에만 완전히 의존하지 말라. 관심을 표명하되 특정한 방향으로 대답하도록 대상자를 이끄는 것은 피해야 한다. 주의 깊게 듣고, 확인 질문을 하고, 제대로 진행해 나가기 위해 인터뷰 가이드를 이용하고, 모은 정보들을 스피치의 도입, 본문, 결론 부분에 통합시켜라.

조사자료 평가

스피치에 정보를 포함시킬 때에는 신뢰도, 타당도, 현재성의 세 가지 평가 기준을 적용하라. **신뢰도**(reliability)는 정보의 일관성과 공신력을 의미한다. 정보가 다른 전문가들이 내린 결론과 일치하고, 주제에 대한 권위가 있는 자료일 때 신뢰할만하다. 예를 들어 과학 잡지인 사이언스의 일산화탄소가 지구온난화에 어떤 기여를 하는가에 관한 논문은 결과가 다른 연구자들의 것과 일치하고, 그 잡지가 과학계에서는 존경받는 것이기 때문에 신뢰할만하다.

신뢰도
특정자료의 정보가 가지는 일관성과 공신력

타당도(validity)는 정보를 이루고 있는 논리적 정당성을 말한다. 정보의 타당도를 시험하려면, 저자의 결론을 조사해보라. 논리적인가? 저자는 적절한 증거를 제시하였는가? 예를 들어 사람들의 쇼핑 선호도에 대한 스피치를 조사하면서 지역 상공회의소 소장을 인터뷰한다고 가정하자. 인터뷰 대상은 주차비가 사람들을 내쫓기 때문이라며 모든 시내의 주차장이 무료여야 한다고 주장한다. 하지만 그렇게 주장한 근거는 단지 인터뷰 대상의 거주지 외곽에 위치한 상가의 주차비는 무료인 반면, 시내 주차비는 비싸다는 개인적 경험에서 비롯되었을 뿐이다. 이 근거를 신뢰할 수 없는 최소 두 가지의 이유가 있다. 첫째, 사람들이 시내 쇼핑을 피하는지 아닌지 알 수 없다는 것이다. 둘째, 설령 그렇다고 하더라도 사람들은 이용 가능한 상가의 종류, 집에서의 거리와 같은 다른 여러 이유 때문에 그럴 수 있다는 것이

타당도
자료의 정보에 담겨있는 논리적 정당성

다. 이 경우에는 인터뷰 대상의 결론은 이치에 맞을 수 있지만, 뒷받침할만한 증거가 없다.

현재성

정보의 최신 정도. 최신일수록 현재성이 큼

현재성(currency)은 정보의 최신성을 말한다. 가능한 업데이트된 정보가 필요하다. 공룡과 같이 고대의 역사에 관련된 주제를 조사할 때에도 주제에 관해 알려진 것은 시대에 따라 변한다. 예를 들어 공룡이 멸종한 이유로 가장 잘 알려진 설명은 그 당시에 소행성이 지구와 충돌했다는 이론이지만, 더욱 최근의 설명은 행성의 폭발 또는 화산의 폭발이 원인이라는 것이다. 자료가 언제 인쇄 또는 발행되었는지, 텔레비전 또는 라디오 프로그램이 언제 방송되었는지, 또는 웹페이지가 언제 수정되었는지 확인하는 것은 정보의 현재성을 보여준다.

수집한 자료들은 출처에 상관없이 비판적으로 점검해야 한다. 다음의 나열된 질문들은 정보의 신뢰도, 타당도, 현재성을 결정하는 데 도움이 될 것이다(그림 6.3).

누가 저자인가

누가 정보를 생산했는지 확인하고, 저자의 신뢰도를 점검하라. 저자가 주제에 대한 권위자인가? 예를 들어 스티븐 호킹(Stephen Hawking)은 물리학에서의 혁신적인 글쓰기로 잘 알려져 있다. 하지만 회계학이나 도시 계획에 관한 그의 자료를 신뢰할 수 있는가?

그림 6.3 정보 평가를 위한 비판적 질문

- 누가 저자인가?
- 누가 출판하는가?
- 저자의 목적은 무엇인가?
- 제시된 결론을 뒷받침하기 위해 저자가 제공한 증거는 무엇인가?
- 생략된 정보는 없는가?
- 저자의 가설은 무엇인가?
- 저자가 제시한 추론이나 결론은 무엇인가?
- 정보는 얼마나 최신인가?

누가 출판하는가

출판하는 사람이 특정 관점에 편향되어 있는가? 미국 소총 협회의 웹사이트나 홍보물에 나온 소총 관리에 관한 정보를 완전히 믿겠는가?

저자의 목적은 무엇인가

저자는 사람들을 설득하려고 하는가, 무언가를 판매하려고 하는가? 아니면 단순히 개념에 대한 이해를 도우려고 하는가?

저자가 제공한 증거는 무엇인가

주요 요점을 뒷받침하기 위해 사용된 증거를 조사하라. 저자는 다양한 정보를 이용했는가? 자료들은 얼마나 적절한가? 저자는 단순히 증거 없이 의견만을 표현했는가?

생략된 정보는 없는가

조사를 하면서 주제에 관한 지식 기반이 향상되었을 것이다. 알고 있는 한 저자가 적절한 정보를 생략했는가? 그 정보는 결론이 달라지게 할 수도 있는 것인가?

저자의 가설은 무엇인가

저자의 외형적으로 표현되지 않은 가설을 확인하라. 가설들은 타당한가? 다른 가설들은 얼마나 다른 결론을 이끌어낼 수 있을지 생각해보라. 예를 들어, 저자가 불소는 충치 예방에 도움이 되므로 지역 수돗물을 불소화해야 한다고 주장할 수도 있다. 언급하지 않은 가설은 충치를 예방하는 것이 공중 건강 이슈이고, 해결할 수 있는 가장 좋은 방법은 수돗물의 불소화라는 것이다. 반면에 사람들은 자신들의 치위생에 책임을 져야 하며, 불소를 이용하는 가장 좋은 방법은 치약과 구강 청정제를 통해서라고 가정할 수도 있다. 불소가 충치를 예방하는 데 도움이 된다는 동일한 전제에서 출발했지만, 다른 가정은 상이한 결론을 이끌어냈다.

저자가 제시한 추론이나 결론은 무엇인가

저자의 추론이나 결론은 타당한가? 수집한 정보들을 평가할 때, 저자가 제시한 증거와 설명 또는 결론을 구별하라. 또한 같은 정보에서 추출된 다른 추론이나 결론도 확인하라.

정보는 얼마나 최신인가

저자는 몇 년 지난 통계나 조사를 언급하는가? 예시들은 최근의 사건들인가? 저자의 언어는 문서가 최근에 쓰였다고 하는가? 몇 년 전에 쓰였다고 하는가? 웹사이트와 웹페이지의 경우, 그 페이지에 연결되지 않는 링크가 많은가? 이 모든 것이 정보의 현재성을 나타낸다.

이러한 질문들을 하는 것은 스피치를 위해 수집한 정보들이 타당하고, 신뢰할 만하고, 최신의 정보인지 확인하도록 도와준다.

자원에 대한 언급

연사는 스피치 중 자료를 구두로 언급하거나 문자 형태로 된 참고문헌의 두 가지 방법으로 알린다. **구두 인용**(oral citation)은 연사가 스피치를 하면서 정보의 출처를 언급하거나 인용하는 것이다. 다음은 어떻게 구두 인용을 하는지, 또한 어떻게 강조하는지에 대한 몇 가지 예들이다.

구두 인용

연사가 스피치에서 언급하거나 인용한 정보 출처

- 2008년 2월 앤드류 레빈(Andrew C. Revin) 기자가 블로그에서 "오래된 쇼핑몰을 집에서 걸어갈 수 있는 거리로 탈바꿈", 그리고 "차 없는, 태양열" 도시 창조와 같은 "발명되지 않은" 교외 지역의 예를 들었다.
- 온라인 음악을 검색할 때 생각해야 할 몇 가지가 있다. 2007년 6월의 피츠버그 포스트-가제트의 기사에 의하면, '디지털 음악'이란 용어는 검색하는 사람들을 스파이웨어나 바이러스가 포함된 웹사이트로 이끌 위험도가 높다고 한다.
- 웨스트 버지니아대학교의 대학원생인 폴 매드락(Paul E. Madlock)은 연구를 통해 상급자의 커뮤니케이션 능력은 부하직원의 직장에서의 커뮤니케이션 만족도에

엄청난 영향을 준다고 밝혔다. 2008년 저널 오브 비즈니스 커뮤니케이션에 실린 그의 논문은 상급자의 커뮤니케이션 방법과 부하직원의 업무에 대한 만족도 간에는 직접적인 연관이 있다고 보고하였다.

이들 예에서, 연사는 청중에게 특정 정보를 누가 썼는지 또는 어디서 출판했는지를 말해주었다. 연사가 또한 문서로 된 참고문헌 목록을 주어야 한다면, 이들 출처는 다음과 같이 인용될 것이다.

Revin, A. C. (2008, February 10). Can we uninvent suburbia? Retrieved February 10, 2008 from dotearth.blogs.nytimes.com.

Shropshire, C. (2007, June 5). Study finds searchers for music, movies, not porn, most dangerous. *Pittsburgh Post-Gazette*. Retrieved June 15, 2007, from post-gazette.com

Madlock, P. E. (2008). The link between leadership style, communicator competence, and employee satisfaction. *Journal of Business Communication*, 45(1), 61–78.

〈표 6.7〉은 정보의 출처의 다양한 유형에 따라 문자로 인용하는 방법 또는 **원문 정보**(bibliographic information)로 나타내는 방법을 보여준다. 원문 정보는 저자, 출판일, 제목, 출판 장소, 그리고 출판사로 구성된 자료 출처에 대한 완전한 인용을 말한다. 스피치와 참고문헌 목록에서 알맞게 자료를 제시하기 위해 이 정보가 필요할 것이다. 대부분의 커뮤니케이션 연구자들은 인용을 기록하기 위해 현대언어학회(MLA)(Modern Language Association) 또는 미국심리학회(APA)(American Psychological Association)의 스타일을 이용한다.[21] 어떤 스타일을 이용해야 하는지에 관해서는 교수에게 질문하는 것이 좋다.

원문 정보
저자, 출판일, 제목, 출판 장소, 출판사로 구성된 자료 출처에 대한 완전한 인용

조사 가이드라인

일찍 시작하고, 조사 일정을 잡고, 질문을 하고, 정확한 기록을 유지하는 것, 이들은 단지 주제 조사를 긍정적이고 생산적인 경험으로 만들어줄 가이드라인의 일부

표 6.7 정보 출처 문서화

APA 스타일	
책	Moran, M. (2008). *Do it wrong quickly: How the web changes the old marketing rules*. Upper Saddle River, NJ: IBM Press
책 속의 에세이	Esrock, S. L., Hart, J. L., & Leichty, G. (2007). Smoking out the opposition: The rhetoric of reaction and the Kentucky cigarette excise tax campaign. In L. R. Frey & K. M. Carragee (Eds.), *Communication activism: Communication for social change* (Vol. 1, pp. 385–410). Creskill, NJ: Hampton Press.
학술지 논문	Pais, J. (2008). Random matching in the college admissions problem. *Economic Theory*, 35, 99–116.
신문기사	Dean, M. (2008, February 10). Mobile phone, not PC, bridges digital gap. *San Jose Mercury News*, p. 16A.
웹페이지	Kaiser Family Foundation. (2008). *Study finds television stations donate an average of 17 seconds an hour to public service advertising*. Retrieved March 10, 2008, from http://www.kff.org/entmedia/entmedia012408pkg.cfm
MLA 스타일	
책	Denton, Jr., Robert E., and Jim A. Kuypers. *Politics and Communication in America: Campaigns, Media, and Governing in the 21st Century*. Prospect Heights, IL: Waveland Press, 2008.
책 속의 에세이	Fitzgerald, Brian, and Damien O'Brien. "Bloggers and the law." *Uses of Blogs*. Ed. Axel Bruns and Joanne Jacobs. New York: Peter Lang, 2006. 223–237.
학술지 논문	Pais, Joana. "Speech Anxiety and Rapid Emotional Reactions to Angry and Happy Facial Expressions." *Scandinavian Journal of Psychology* 48 2007: 321–328.
신문기사	Gates, Dominic. "High-tech Business Strategy Dies with Boeing's Flying Web Service." *The Seattle Times* 18 August 2006: A1+
웹페이지	Earthquakes Claim 709 Lives in 2007. 3 Jan. 2008. United States Geological Survey. 11 Feb. 2008 〈http://www.usgs.gov/newsroom/article.asp?ID=1846〉

일 뿐이다. 〈표 6.8〉에는 이들 조사 가이드라인이 요약되어 있어서 주요 요점을 알려주고 상기시켜줄 것이다.

표 6.8 조사 가이드라인

가이드라인	주요 요점과 알림 기능
일찍 시작하기	얼마나 일찍 스피치 개발을 시작하는가는 스피치 시기(학기, 분기, 집중 기간)의 길이, 필요한 자원 접근, 그리고 직접 조사에 달려 있다. 그러므로 달력을 꺼내서 스피치 원고와 스피치 마감이 언제인지 표시하고, 거기서부터 거꾸로 계획해야 한다. 근거자료들을 확인할 충분한 시간을 확보하고(7장), 생각을 정리하여 개요를 잡고(8장), 효과적인 언어로 통합해서(10장), 적당한 발표 미디어를 준비하고(11장), 연습해야 한다(12장).
조사 일정잡기	일일 계획표에 조사 시간을 표시하라. 그 시간을 다른 시간 약속과 같이 생각하고, 지키겠다고 다짐하라.
질문하기	대학 도서관 사서와 교수님은 믿을만하고, 타당하고 최신의 정보 검색을 위한 중요한 자원이다. 주제를 조사하던 중 난관에 부딪히게 되면, 도움을 요청하라. 스피치 당일까지 미룬다면 너무 늦을 것이다.
정확한 기록 보관	찾아낸 각 자료들의 출판 정보를 주의 깊게 기록하라.
각 출처마다 노트적기	자료의 참고문헌 정보를 기록할 때에는 주제에 가장 적합하다고 여겨지는 생각도 적어두라.
필요만큼 수정	조사를 진행하면서 계획하지 않았던 방향으로 가게 될지도 모른다. 세부 목적과 중심생각을 되돌아보라. 세부 목적과 중심생각을 수정할 지 조사 초점을 다시 잡을지 결정하라.
진행할 시기 알기	스피치를 준비할 일정 기간의 시간이 있다. 조사하는 시간이 적으면, 스피치는 내용이 부족할 것이고, 너무 많은 시간을 들이면 스피치를 준비하는 과정의 다른 단계들을 소홀히 하게 될 것이다. 주제에 대해서 편안하게 다른 사람들에게 말할 수 있게 되고, 청중들의 질문에 대답할 수 있다고 생각되면, 앞으로 진행해야 할 때이다.
돌아갈 시기 알기	스피치를 개발하는 과정의 후반에는 자신의 스피치나 자신이 대답하려고 했던 질문에 틈을 발견하게 될 것이다. 이들 틈을 메우기 위해 필요한 추가 조사를 실시하고 물음에 답하라. 청중과 자신감은 연사의 전문성에 달려 있다.

요약

스피치 조사를 위해서는 조사할 준비, 정보 수집, 모은 정보 평가의 세 가지 활동이 필요하다. 주제에 대해 무엇을 알고, 무엇을 모르는가를 결정하는 것에서 준비는 시작된다. 자신의 실제 경험을 바탕으로 조사 전략을 개발하라. 준비할 때에는 또한 다양한 관점과 자료를 확인해야 하고, 특히 자신의 가정에 이의를 제기하는 것들도 살펴보아야 한다.

대학 도서관은 방대한 양의 다양한 자료들이 있어서 정보를 모으기 위한 논리적인 첫 번째 장소가 된다. 도서관 사서와 짧은 이메일 교환 또는 직접 만나서 대화하는 것은 좌절하는 시간을 절약시켜 줄 것이다. 도서관 데이터베이스는 수백 가지의 전문 데이터베이스를 포함하고 있어서 그 정보를 자신의 컴퓨터에 다운로드할 수 있다.

기관은 스피치 주제에 대한 정보를 수집할 수 있도록 또다른 자료를 제공해준다. 지역 회사나 다른 기관들은 종종 청중들에게 특히 적합한 최신 정보들을 제공해줄 수 있다.

그 외 정보자료로는 웹사이트, 딥웹, 블로그, 뉴스그룹, 토론 리스트가 있다. 메타검색엔진, 검색엔진, 그리고 웹디렉토리는 조사자가 요청한 정보를 얻도록 도와준다. 전문적인 검색엔진은 전통적인 검색엔진이 찾을 수 없는 데이터베이스인 딥웹으로 연결되는 창을 제공해준다. 조사를 주의 깊게 계획하고 개선해나감으로써 실제로 유용한 온라인 정보들에서 불필요한 것들을 걸러낼 수 있을 것이다.

전문가 인터뷰는 주제와 관련된 개인적이고 최신의 정보를 얻게 해준다. 계획 및 준비는 성공적인 인터뷰의 근간을 이룬다. 논리적으로 잘 구성된 신중하게 표현한 질문들로 탄탄한 인터뷰 가이드를 개발하는 것은 인터뷰 동안 생산적인 상호작용을 만들어낸다. 융통성과 주제에 대해서 더욱 알려고 하는 특유의 관심은 인터뷰를 할 때 매우 큰 도움이 될 것이다.

정보를 모을 때에는 신뢰도, 타당도, 현재성에 맞추어 그것을 평가해야 한다. 윤리적인 연사는 설득력 있고, 최근의 것이며, 주제를 잘 뒷받침해주는 정보를 제시한다. 정보를 평가할 때에는 "저자의 가정은 무엇인가?"나 "결론 도출을 지지해주는 증거는 무엇인가?"와 같은 비판적인 질문을 해보라.

조사를 제대로 한다는 것은 일찍 시작하고, 주제 조사를 세부적인 일정별로 나누어 설정하고, 문제가 생기면 도움을 요청하고, 정확한 기록을 보관하고, 각 자료마다 정확한 노트를 적어놓고, 필요하다면 수정하거나 방향을 재설정하고, 충분한 정보를 얻은 때를 알고, 조사를 계속해야 할 때를 아는 것이다. 아무리 화려한 언변이라도 부실한 내용을 보완할 수는 없다. 그러므로 스피치 주제에 대한 조사는 완벽하고, 창의적이고, 주의 깊게 해야 한다.

●●● REVIEW IT ●●● 학습항목과 복습자료들

책 내부
- 요약
- 주요단어
- 비판적 질문

더 많은 학습 자원
- 스피치 스튜디오
- 퀴즈
- 웹링크

학생 워크북
- 6.1 교실 내 인터뷰
- 6.2 신화 검색
- 6.3 교수님 인터뷰하기
- 6.4 웹사이트 평가
- 6.5 취미로 시작하기

스피치 친구 동영상

동영상 링크
- 조사 과정 관리

활동 링크
- 조사 탐정

샘플 스피치 동영상
- 도리의 '전래 이야기', 즉흥 스피치
- 샤우라의 '지구상의 유페류와 복족류' 설득 스피치

스피치 빌더 익스프레스
- 목표/목적
- 중심 문장
- 근거자료
- 서론
- 결론
- 인용 작업
- 개요

인포트랙

추천 검색어
- 다양한 관점과 스피치
- 온라인 사서
- 무료 온라인 도서관
- 온라인자료 평가
- 스피치에서 자료 인용
- 구두 인용

음성 학습 수단
- 도리의 '전래 이야기'
- 비판적 사고 질문
- 학습목표
- 장 요약

온라인 자원 안내

이 책 〈퍼블릭 스피킹: 진화하는 발표기술〉을 위한 온라인 자원은 추가적인 샘플 스피치 동영상, 스피치 빌더 익스프레스, 인포트랙 대학편, 학습지원이다. 학습지원에는 주요단어 플래시 카드, 리뷰 퀴즈, 비판적 질문이 있으며, 궁금한 점이 있다면 교수님께 이메일로 보낼 수 있다. 또한, 온라인 자원의 특징은 생동감 있는 웹링크로 해당 챕터와 연결된다. 웹링크에는 퓨 인터넷과 미국인 생활 프로젝트, 미국 정부 간행물 목록, 미국 호스피스와 완화 보호기관, 구글 그룹, NCA 이메일 목록, 그리고 ACA 이메일목록과 같이 온라인 자원의 특징은 스피치를 위해 정보를 조사하는 데 도움이 될 웹사이트들이 포함된다. 링크된 사이트들은 정기적으로 관리되고 일정기간마다 추가된다.

주요단어

검색엔진	구두 인용	기본 질문
뉴스그룹	딥웹	메타검색엔진
블로그	스폰서 링크	신뢰도
웹디렉토리	유도 질문	인터뷰 가이드
저작권 정보	적절성	전화번호
중립질문	참고문헌 정보	추가 질문
타당도	토론 리스트	핵심어
현재성	1차자료	2차자료

비판적 질문: 확인과 토론을 위한 질문

1. 주제 조사의 첫 단계는 이미 알고 있는 것이 무엇인지 정하는 것이다. 알고 있는 것이 어떻게 좋은 조사를 하도록 해주는가? 주제에 대해 이미 알고 있는 것의 신뢰도, 현재성, 타당도를 어떻게 확인할 수 있는가?
2. 책, 학술지 논문, 잡지, 신문이나 다른 인쇄자료들에 있는 것들은 정확한 것들인가? 뉴욕타임즈의 기자였던 제이슨 블레어(Jayson Blair)가 수백 가지의 이야기들을 꾸며내고 표절했던 사건에서 그랬듯이 편집자와 같은 게이트키퍼가 의도적이거나 비의도적인 오류를 범할 수 있다. 그리고 컴퓨터 출판은 저자들이 전통적인 게이트키퍼를 거치지 않도록 해준다. 인쇄자료들의 정확성을 평가하기 위해 비판적 사고 기술을 어떻게 적용할 수 있는가?
3. 블로그들은 편집자나 출판사와 같은 게이트키퍼가 없다는 비판을 받는다. 하지만 블로그를 쓰는 사람은 그만큼 중요하다. 주제에 관한 정보를 찾기 위해 블로그를 검색할 때, 저자를 생각해보라. 다양한 관점을 찾고 있는가? 다양한 관점을 제시해주는 여러 블로그를 어떻게 찾을 것인가?
4. 인터뷰를 통해 얻은 정보를 이용할 때, 어떤 정보를 스피치에 포함시키고, 어떤 정보를 내버려둘 것인지 생각해봐야 한다. 예를 들면, 인터뷰 대상의 특성을 어떻게 규정지을 것인가 또는 다른 사람들이 어떻게 그 정보를 해석하고 어

떻게 인터뷰 대상을 인식하게 될지에 지대한 영향을 줄 수 있는 인용을 스피치 도중에 어떻게 집어넣을 것인가의 문제이다. 윤리적인 연사로서, 인터뷰 대상이 말한 것을 정확하게 표현했다고 확신하기 위해서는 어떤 단계를 거쳐야 하는가?

7장 아이디어 지지하기

Supporting Your Ideas

Read it

Watch it

Use it

Review it

미국의 민권운동에서 마틴 루터 킹의 중요한 역할은 잘 알고 있더라도, 어떻게 그의 연설이 다른 나라사람들에게 영감을 주어 행동에 옮기게 하였는지는 깨닫지 못할 수도 있다. 1989년 중국의 민주화운동을 이끌었던 학생 중 1명인 셴 통(Shen Tong)은 마틴 루터 킹을 기리는 학회에서 다음과 같이 말하며 연설을 시작했다.[1]

> 폭력을 사용하지 않고 저항하는 것, 그것이 바로 비폭력주의의 검입니다. 제가 믿고 있는 이 일이 미국 민권운동에서 일어났었습니다. 저는 알리기 위해서 뿐만 아니라 배우기 위해 이 자리에 왔습니다. 그러니 여러분들이 저에게 가르쳐주셔야만 합니다. 저는 1989년 봄 북경의 천안문 광장에서 비폭력 저항운동이 분명히 일어났었다는 것을 알고 있습니다.

그는 말을 이어 갔다.

> 중국은 4,000년 넘게 폭력과 혁명에 시달렸습니다. 그래서 중국인들은 4,000년 넘게 억압과 폭정을 겪어왔습니다. 새로운 왕조가 세워지면 모든 것을 폭력적으로 파괴했습니다.

그러고 나서 셴 통은 왜 어떤 곳에서는 평화적인 저항이 가능하고 다른 곳에서는 그렇지 못한지를 자신이 이해할 수 있도록 청중들에게 알려달라고 부탁하였다.

> 민권운동과 동유럽처럼 많은 평화적 투쟁들이 성공합니다. 하지만 중국의 젊은이에겐 여전히 의문이 있습니다. 어떻게? 지금은 중국인들이 여러분들이 이루어낸 평화적 투쟁의 사례를 깨닫고, 그 원리를 배우며 실천할 시기입니다.

연설 끝 무렵에, 셴 통은 이 이야기를 들려주었다.

> 제 머릿속에는 학우 1명에 관한 영상이 아직도 선명합니다. 그는 라이플 총이 있었는데… 총을 쥔 손을 머리 위로 올렸지만, 군인들은 그의 말에 귀기울이지 않았습니다. 그들을 경찰봉으로 그를 때리기 시작했습니다. 하지만 그 학우는 땅바닥에 무릎을 꿇은 채 죽을 때까지 머리 위로 총을 올리고 있었습니다.

결론에서 셴 통은 중국의 민주화가 이루어지려면 전 세계의 노력이 필요하다고 주장하였다.

AP Photo/Elise Amendola

▲ 셴 통은 현재 웹 2.0 회사 VFinity의 대표이자 설립자인데, 세계 여러 대학의 초청 강의를 포함하여 다양한 상황에서 공적인 말하기 기술들을 사용하였다.

모든 공동체들은 서로에게서 평화를 배워야 합니다…. 그리고 인권과 세계 평화를 위한 운동으로 역사 속 독재자와 압제자를 주시할 것이고 마틴 루터 킹의 말을 전할 것입니다. "우리는 고통을 주는 당신의 능력을 고통을 참는 우리의 능력으로 대항해 왔습니다. 우리는 폭력에 정신력으로 대항해 왔습니다. 우리는 자유입니다."

지지자료들
가치 있는 아이디어임을 보일 때 사용되는 증거

천안문 민주화 시위의 주동자이자, 시위 기간 중 중국 정부와 협상을 벌였던 학생 대표의 일원이었기 때문에, 셴 통은 스피치에서 활용할 수 있는 엄청난 개인적 경험을 가지고 있었다. 하지만 그는 자신의 입장을 뒷받침하기 위해 경험뿐 아니라 서사, 예시, 정의, 증언, 사실, 통계자료 등 다양한 **지지자료**(supporting materials)을 사용하였다.

지지자료의 유형

READ IT! 지지자료는 설명하고 명료화하며 아이디어의 증거를 제공하는 재료로 스피치의 핵심이다. 주제를 연구할 때에 청중들에게 알려주거나, 설득하거나, 흥미를 유발할 수 있을 만한 지지자료들을 수집하게 된다.

파토스
감정에 호소

로고스
논리에 호소

미소스
문화적 신념이나 가치에 호소

아리스토텔레스는 연사들이 아이디어를 제시할 때, 감정적 호소인 **파토스**(pathos)와 논리적 호소인 **로고스**(logos)가 필요하다고 하였다.[2] 최근 학자들은 문화적 가치나 신념에 호소하는 **미소스**(mythos)도 필요하다고 한다.[3] 셴 통은 학우의 이야기를 통해 비탄, 분노와 슬픔과 같은 감정적 호소를 한다. 또한 민권운동의 사례들과 동유럽의 새로운 민주주의를 언급하여 자신의 입장을 지지하기 위한 논리적 호소도 한다. 그리고 마틴 루터 킹을 인용하여 미국과 다른 문화에서 널리 퍼져 있고 깊이 내재해 있는 자유에 대한 믿음에 호소도 하고 있다.

〈표 7.1〉은 이 장에서 논의할 지지자료들의 유형을 요약한 것이다.

일화
짧은 이야기

서사
극적인 방법의 사건 묘사, 이야기라고도 함

서사

일화(anecdotes), **서사**(narratives) 등은 극적인 방법으로 사건을 묘사하고, 감정에 호소한다. 유명한 문화적, 사회적, 집단적 서사들은 내재된 가치와 신념에 호소한다. 서사의 구조는 일반적으로 처음(begin), 가운데(middle), 끝(end)으로 이루어진다. 홍미

표 7.1 지지자료들의 유형

유형	호소	유용한 경우	장점	약점
서사	감정적, 문화적	청중들을 몰입시킬 때	주제를 생생하게 표현함, 청중들이 주제를 공감하도록 도움	주제에 관해 하나의 관점만을 갖게 함, 스피치의 초점이 흐려짐
예시	감정적	주제를 개인화할 때	주제를 구체적으로 파악하게 함, 복잡한 개념을 간단하게 함	일반화할 수 없음, 대표성이 결여됨
정의	감정적, 논리적	공통의 의미를 정할 때	개념을 명료화함; 주제의 범주를 확실히 함	부정확하고 부적적함, 용어와 관련된 언외적 의미를 간과함
증언	감정적, 문화적, 논리적	연사의 신뢰성을 높이려 할 때	주제에 관한 분명한 입장을 보여줌, 전문적 의견을 보여줌	편견이 깃든 정보(증언자의 신뢰에 의존한)
사실과 통계자료	논리적	문제의 범위를 보여줄 때	동의를 촉진시킴; 주제의 중요성을 위한 기초를 제공함	이해가 어렵거나 압도됨, 조작의 위험성이 있음

진진한 이야기에는 일관성이 있어서 청중들이 플롯을 이해할 수 있다. 또한 이야기는 진실성이 있어 그럴듯해 보인다. 서사는 주제를 극적으로 만들고 청중들이 연사의 아이디어에 공감하도록 도와주며, 가장 설득적인 증거를 만들어낸다.[4]

효율적인 스토리텔링은 드라마적 요소, 영웅과 악당과 같은 흥미로운 등장인물의 창조, 연상 언어(evocative language)의 사용과 같은 몇 가지 시적 허용이 필요하다. 작가 토니 모리슨(Tony Morrison)은 노벨 문학상 수락 연설을 다음과 같이 시작하였다. "옛날 옛날에 한 노파가 살고 있었습니다. 장님이었지만 현명한 노파였지요. 아마 안절부절못하는 아이들을 달래주는 구비전승 시인일지도 모르지요." '옛날 옛적에'라는 말이 나오면 우화(fable)나 전통적 서사라는 것을 알게 된다. 이야기 서두의 애매모호함 때문에 주요등장 인물에 대한 관심이 지속된다. 여자일까? 남자일까? 청중들은 호기심이 발동하고 좀 더 듣고 싶어 한다.

이야기를 할 때에는 다음과 같은 것을 정해야 한다. 어떤 정보를 포함시킬지, 어떤 정보를 뺄 것인지, 이야기를 어디서 시작하고 어디서 끝맺을지, 청중들이 이해했으면 하는 이야기의 교훈이나 핵심 포인트를 어느 정도 줄 것인지, 또 어느 정도 솔직하게 말할 것인지 등등. 지나치게 산만하게 이야기를 하게 되면 청중들이 스피치의 핵심 포인트를 놓칠 수 있다. 예를 들면 모리슨은 서사에서 그리오(griot, 아프리카의 구비전승 시인)라는 단어를 사용했다. 청중 전체가 그 단어의 의미를 알지 못했지만, 그녀는 그 단어의 뜻을 알려주지 않았다. 왜 그랬을까? 이야기의 맥이 끊길 뿐 아니라, 그리오의 정확한 뜻이 이야기에서 별로 중요하지 않았기 때문이었다. 스토리텔링에서는 청중들을 이야기로 끌어들이기 위해 연설처럼 발표, 목소리, 제스처, 얼굴 표정, 몸동작에 주의를 기울여야 한다. 모리슨이 서사 부분에서 억양, 어조, 음의 고저 등을 얼마나 사용했는지 알아보려면 노벨 재단의 웹사이트(nobelprize.org)에서 그녀의 강연을 들어 보라 .

연사는 자신의 이야기, 다른 사람에 대한 이야기, 제도적 이야기, 문화적 이야기라는 네 종류의 서사를 활용한다.

자신의 이야기

셴 통은 자신이 직접 목격한 경험을 말했다. 직접 겪은 이야기는 청중들을 설득할 수 있는 강력한 방법이다. 스피치를 할 때, 자신만의 이야기를 말하면 주제를 개인적인 것으로 전환할 수 있으며 청중도 왜 그 이야기를 사용했는지를 이해하게 된다.

다른 사람들에 대한 이야기

다른 사람들에 대한 이야기는 연사가 직접 목격하지도 경험하지도 못한 사건이다. 펜실바니아 대학의 졸업식 연설에서 U2 리드 싱어인 보노(Bono)는 미국 민주주의의 발전에서 아일랜드의 역할을 설명하기 위해 다음과 같은 이야기를 하였다.

> 1771년에 프랭클린은 미국이 대영제국의 일부로 남아야 하는지, 미국이 영국에게서 배울 점은 무엇인지 모델을 얻기 위해 아일랜드와 스코틀랜드에서 석 달을 보냈습니다. 그는 아일랜드에서 영국이 어떻게 아일랜드 무역을 고사시켰는지, 어떻게 영국 부재지주들이 아일랜드 소작농을 착취하는지를 보았습니다. 그래서 프랭클린은 깊이 고민하였습니다. 프랭클린의 말을 빌린다면, "진흙과 짚으로 만든 누추한 집에서 살았고, 넝마로 된 옷을 입었으며, 주로 감자로 연명했습니다." 이것이 결코 미국의 꿈은 아닙니다. 그래서 독립 투쟁에서 아일랜드가 미국의 모델이 되었던 것이 아니라 미국이 아일랜드의 모델이 되었습니다.[5]

보노의 이야기는 청중들의 역사(미국인들)와 조국의 역사(아일랜드)를 연결시켰다. 그래서 '우리는 영국과 싸워 이겼다. 또한 계속 투쟁 중이다'라고 사실만 언급하는 것보다 훨씬 더 효과적이었다. 미국독립운동에 대한 이야기는 미국에서는 신화적인 것이기 때문에 자유와 독립에 강한 믿음을 갖고 있는 청중들의 반응을 이끌어냈다. 또 매우 신뢰성 있는 벤자민 프랭클린을 언급함으로써 발언의 신뢰를 높였다.

> **Speaking of ... 이야기해보기**
>
> 스피치의 주제에 관해 생각해보라. 그 주제 중에 관심이 가는 것은 무엇이었는가? 어떻게 스피치에 좋은 주제라고 생각하게 되었는가? 왜 그 주제가 청중들의 관심을 끌 수 있을 것이라고 생각했었는가? 그 주제로 친구들, 동료들, 다른 이들과 이야기한다면 어떤 말을 할 것인가? 이러한 문제들을 고려하면 주제와 연관된 자신만의 이야기를 할 수 있을 것이다. 또한 스피치할 때 개인적 이야기를 한두 가지하면 주제와 청중의 결부시킬 수 있고 청중들의 주의를 집중시킬 수 있다.

기관의 이야기

기관의 이야기란 대학, 협회, 교회, 사교 클럽(social club)과 같은 특별한 기관들에 초점을 맞추는 것이다. 이러면 개인이 어떻게 조직과 그 조직의 가치에 맞게 행동해야 하는지를 알려줄 수 있다. 미네소타주 세인트폴의 전 시장, 랜디 켈리(Randy Kelly)는 시장 연두 연설(State of the city address)에서 노숙 청소년들을 위한 임시 주택 프로그램(transitional housing program)에 대해 다음과 같이 이야기하였다.

> 로라(Laura)가 쉼터(Safe house)에 머물다 레젝 하우스(Rezek House)에 왔을 때 17살이었습니다. 그녀의 어머니는 알콜 중독자에 농축 코카인(crack cocaine) 복용자여서 가족을 오래전부터 돌보지 않았습니다. 아버지는 그녀의 급료로 마약을 사려 했지만 거절당하자 집에서 그녀를 내쫓았습니다. 로라는 레젝에서 1년 간 머무르면서, 학교에 다시 다녔고 임금이 더 나은 직업을 찾았습니다… 로라는 지금 다른 곳으로 옮겼지만 잘 지내고 있습니다… 우리 스스로를 바보로 만들지 맙시다. 여러분 모두가 비극, 건강 문제, 실업을 겪을 수 있고 어려움에 처해 불운을 겪을 수 있습니다. 그래서 나는 우리 모두, 세인트폴에 사는 모두가 가장 어려움에 처한 사람들을 이해하기를 바랍니다. 인간띠 연대에 관심을 갖고 꾸려가고 공고히 다지고 바로 잡읍시다. 그것이 바로 우리의 도시입니다.[6]

이 이야기는 세인트폴의 주민들이 어떻게 행동해야 할지를 제안하고 있다. 열심히 일하라. 교육을 받아라. 그리고 다른 사람들도 잘 살 수 있도록 도움을 주어라. 로라의 성공은 일과 학교를 잘 절충한 스스로의 노력과 도시가 제공한 임시 거처 덕분이었다. 이 이야기의 '다른 사람들을 돕는 것이 모든 사람들의 삶을 개선시킨다'는 교훈을 이해하기 위해 꼭 세인트폴에 살 필요는 없다.

문화적 이야기

우리는 아주 어릴 때부터 문화적 이야기를 듣고 읽는다. 그래서 문화적 이야기를 신화나 우화라 생각했을 수도 있다. 기본적 가치나 행동양식을 전하는 문화적 이야기들은 미소스를 가장 잘 드러낸다. 토니 모리슨[7]은 노벨상 수상 연설을 세대를 아우르는 사람들 간의 커뮤니케이션에 대한 이야기로 시작했다.

> 옛날 옛적에 한 노파가 살고 있었습니다. 장님이었지만 현명한 노파였습니다. 아니면 늙은 남자였던가요? 어쩌면 안절부절못하는 어린아이를 달래주는 구비전승 시인일지도 모르고요.
>
> 제가 알고 있는 이야기에서는, 그 노파는 미국 흑인 노예의 딸로 마을 밖 작은 집에서 혼자 살고 있습니다. 이 노파가 현명하다는 평판은 비길 데도 없고 의심할 여지도 없습니다. 그 노파는 동족 사이에 법과 같은 존재이면서 법을 위반하는 사람이기도…
>
> 어느 날, 젊은이 몇 명이 이 노파의 천리안을 반박하고 그녀가 사기꾼이라는 것을 증명하기 위해 찾아왔습니다. 그들의 계획은 단순했습니다. 즉, 그녀의 집에 들어가 질문 한 가지를 던지는 것입니다. 노파와 그들과의 차이에 따라 답이 달라지는 것이었습니다. 즉 그들이 심각한 장애라고 생각하는 차이점, 바로 그녀가 장님이기 때문에 답이 다를 수밖에 없는. 노파 앞에 서서 1명이 묻습니다. "노파, 지금 나는 손에 새 한 마리를 들고 있습니다. 이 새가 살았는지 죽었는지 말해보세요."
>
> 노파가 대답하지 않자, 그 사람은 다시 묻습니다. "내가 손에 들고 있는 새가 산 새입니까? 죽은 새입니까?"
>
> 그러나 노파는 여전히 대답하지 않습니다. 노파는 눈이 멀어 그들의 손에 무엇이 있는지는 커녕 찾아온 사람들을 볼 수도 없습니다. 노파는 그들의 피부색, 성별, 국적도 알 수 없습니다. 하지만 그들의 목적이 무엇인지는 알고 있습니다.
>
> 노파의 침묵이 너무 오래 지속되자, 젊은이가 웃음을 참느라 고생합니다.
>
> 마침내 노파가 말합니다. 노파의 목소리는 부드럽지만 단호합니다. "잘 모르겠군. 젊은이 손에 있는 그 새가 살았는지 죽었는지는 모르겠지만, 그 새가 젊은이 손에 있다는 것은 알고 있다네. 그 새는 젊은이의 손 안에 있지."

모리슨은 이 이야기의 문화적 교훈을 설명했다. 사람들이 어떻게 자신들의 행동에 대한 도덕적 함의와 권력을 행사하는지. 그녀는 스피치 전체를 서사로 엮었다. 언어를 상징하는 새와 작가를 상징하는 노파 등 문화적 서사를 사용해, 모리슨은 청중들이 어디서 들어봤을 것 같은 친숙한 내용을 전하면서 작가로 환영받지 못했던 자신의 낯선 경험을 청중들이 잘 이해할 수 있게 하였다.

예시

예시(examples)는 사물의 큰 그룹이나 분류를 표현하는 보기(illustrations)나 사례(case)다. 예시를 사용하면 아이디어가 좀 더 구체화되고 화제를 개인화하여 청중의 감정에 호소할 수 있다. 셴 통은 민권운동과 동유럽 경우처럼 많은 비폭력 투쟁들이 계속되고 있다고 말했다. '비폭력 투쟁'은 청중들에게 약간 모호할 수도 있지만, 미국인 대부분은 민권운동과 폴란드의 결속운동은 잘 알고 있었다.

예시
사물의 큰 그룹이나 분류를 나타내는 설명이나 사례

특히 복잡한 아이디어를 가진 스피치인 경우, 예시를 들면 청중들은 주제의 핵심이나 개념들을 더 잘 파악할 수 있다. 지역봉사활동에 관한 연설을 들을 때 청중들은 막연해 할 수 있다. 이 때 지역 공공 도서관에서 자원봉사 하는 것, 초등학생들에게 수학을 가르치는 것과 같은 몇몇 예시를 들면 청중들은 분명하게 자원봉사활동의 의미를 머리에 그리게 된다.

하지만 만약 예시가 소속집단을 대표하지 못하면 사람들에게 오해를 불러일으킬 수 있다. 예를 들면, 2004년 사이언스지 논문에 보더콜리종인 리코(Rico)가 200개가 넘는 단어와 물건을 정확하게 연결시킨다고 발표되었다.[8] 하지만 리코처럼 언어를 인식할 수 있는 능력이 있는 개는 거의 없는데, 모든 개의 학습 능력, 심지어 보더콜리종의 학습 능력에 리코의 사례를 사용하여 오해가 발생하였다.

다음에는 스피치에서 사용할 수 있는 일반적 예시, 구체적 예시, 가상적 예시(가설)인 세 종류의 예시를 살펴보자.

일반적 예시

셴 통이 사용한 것 같은 일반적 예시(general examples)는 세부사항을 제공하지 못한다. 그래서 연사는 청중들이 자신이 인용한 상황, 사람, 물건이나 사건을 잘 알고 있기를 기대한다. 예를 들면, 만약 요세미티 국립공원이나 그랜드 캐넌을 언급했는데 청중 대부분이 이 장소들을 알고 있다고 한다면, 위치나 미국 국립공원이라는 설명을 할 필요가 없다.

구체적 예시

구체적 예시(specific examples)는 청중에게 훨씬 더 자세한 사항들을 알려 준다. 유엔 전 사무총장 코피 아난(Kofi Annan)[9]은 2004년 유엔총회 연설에서 세계 전역에서 법이 무시되고 있다는 자신의 생각을 뒷받침하기 위해 구체적 예시들을 사용하였다.

> 이라크에서 시민들이 냉혹하게 학살당했습니다. 구조대원, 저널리스트, 비전투원들이 인질로 잡혀 잔혹한 방법으로 살해당했습니다. 동시에 불명예스럽게도 이라크 죄수도 학대를 당했습니다.
>
> 다르푸르에서는 전 인구가 난민이 되었습니다. 그들의 집들은 파괴되었고, 강간이 자행되고 있습니다.
>
> 이스라엘에서는 어린이와 시민들이 팔레스타인 자살 폭탄 테러의 표적이 되고 있습니다. 팔레스타인에서는 집이 파괴되고, 영토가 점령되고, 이스라엘의 과도한 무력 사용으로 민간인 사상자들이 발행하였습니다.

이 예시들은 현재 진행되는 사건들이기 때문에, 아난이 단순히 각 지역만을 언급했어도 청중은 그가 말하려던 문제를 알 수 있었을 것이다. 대신에 그는 자신의 생각을 아주 효과적으로 강조하기 위해 각 지역에 대해 노골적이고 생생하게 설명하였다.

가상적 예시

실제 사건에 기초한 일반적, 구체적 예시와는 반대로 가상적 예시(hypothetical examples)는 짐작(conjecture)과 추정(supposition)에 의존한다. 즉, 가상적 예시를 들면서 연사는 청중이 뭔가를 상상하도록 한다. 운동에 대한 스피치를 할 때, 연사는 다음과 같은 가상적 예시를 사용할 수 있다. "일반인(average person)의 전형적 하루를 검토해 봅시다. 보통 잠자리에서 일어나 곧장 부엌으로 가기보다는, 스트레칭을 하고 나서 몇 분간 제자리에서 조깅을 하며 몸을 풉니다. 다음에는…"

가상적 예시가 효과적이기 위해서는 개연성이 매우 높아야 한다. 즉 청중들이 그 상황이 실제로 일어날 수 있다고 믿어야만 한다. 기후변화와 같은 현안을 해결할 방법을 주장하기 위해, 로키산연구소의 수석 과학자 아모리 로빈스(Amory Lovins)는 청중들에게 다음과 같이 말하였다.

> 멋지고 생기 넘치며 매우 안전한 불과 몇 세대 후의 세상을 상상해보십시오. 활기찬

도시와 유쾌한 교외 지역, 비옥하고 번영된 시골을 조용히 달리는 연비가 매우 높거나(갤런당 120~200마일), 기름을 연료로 사용하지 않고 오염물질 대신 깨끗한 물을 내뿜거나 아무 것도 배출하지 않는 차들이 달리는 세상을 상상해보십시오. 그리고 스프롤(대도시 주변부의 무계획적인 발전)이 더 이상 진행되지 않아 보조금도 낭비하지 않는 곳, 그래서 결속력이 더 강한 가족들이 앞 베란다에서 더 좋은 음식을 먹고 더 많은 아이들이 놀이를 하는 번영된 지역을 상상해보십시오. 그 곳은 새 빌딩들과 주차된 전기 자동차가 지금은 비효율적인 낡은 빌딩의 동력을 공급하기에 차고도 넘치는 에너지를 생산할 수 있는 곳입니다. 빌딩이 사람들을 건강하고 행복하게 만들어 주고 더 생산적이고 창조적이도록 도와주는 그래서 있을 때 평온하고 떠나면 후회하는 그런 곳을 상상해보십시오.[10]

미래가 어떤 모습일지 가상적 예시를 사용하여, 로빈스는 청중들이 마음속에 삶을 그려보는 대안적 방식을 취하였다. 가상적 예시는 무엇이 일어날지 무엇이 일어나지 않을지를 청중들에게 보여주는 좋은 방법이다. 청중들이 뭔가를 상상하게 하라. 그러면 제안 시 설득력이 생길 것이다.

정의

정의(definitions)는 뜻을 설명하고 기술하는 것이다. 단어는 외연적 의미와 함축적 의미가 있다. **외연적 의미**(denotative meanings)는 사전적 정의다. 즉 연사나 작가가 일반적으로 특정한 단어가 나타낸다고 동의하는 의미이다. **함축적 의미**(connotative meanings)는 개인이 특정 단어에 지니고 있는 지극히 사적인 연상이다. 의자처럼 쉬운 단어조차도 옥스퍼드 영어사전에 다섯 가지가 기술되어 있을 정도로 다양한 사전적 의미가 있으며, 함축적 의미는 무수히 많다. 연사는 청중들이 용어의 의미를 어떻게 해석해야 하는지 분명히 하고 싶을 때 정의를 사용한다. 그래서 연사는 논리적 호소를 위해 사전적 정의를 사용한다. 오레고니언(The Oregonian)의 주필인 피터 바티아(Peter K. Bhatia)는 미국신문편집자협회(American Society of Newspaper Editors)의 연차총회에서 정의를 사용하여 에드워드 시톤(Edward Seaton)을 소개하였다.

정의
단어의 본질, 정확한 의미를 설명하는 것

외연적 의미
사전에서 찾을 수 있는 합의된 단어의 정의

함축적 의미
개인의 경험 때문에 연상되는 단어의 독특한 의미

사전에는 위엄(dignity)이 존경할만한 가치가 있는 자질이라고 정의되어 있습니다. 저는 올해 여러 방면에서 활동을 한, 그 정의대로 산 에드워드를 보았습니다. 그가 지난 여름 미국신문편집자협회 책무에 대한 토론 기간 동안 적대적인 청중 앞에서 꿋꿋이 대처하는 것을 보았습니다. 그는 주변사람들이 감정적이어도 늘 차분하였고, 늘 사려

깊었으며, 늘 귀 기울였고, 늘 침착함을 유지했습니다.[11]

우선, 바티아는 단어의 일반적 의미를 정하기 위해 청중들에게 '위엄'의 의미를 정의하였다. 다음으로, 시톤을 위엄있다고 묘사하는 것이 적절하다는 것을 설명하면서 시톤의 행동이 그 정의에 어떻게 부합되는지를 설명하였다.

연사가 일반적으로 사용하는 두 종류의 정의는 기능에 의한 정의와 유추에 의한 정의다.

기능에 의한 정의

연사가 기능으로 뭔가를 정의할 때는 그것이 무슨 일을 하고, 어떻게 작동하는지를 설명한다. 만약 음성파일 기록의 역사에서 CD를 논의한다면 CD롬의 사전적 정의는 청중들에게 별로 큰 도움을 주지 않을 것이다. 왜냐하면 그들은 CD가 무엇인지 이미 알고 있기 때문이다. 하지만 어떻게 작동하는지 청중들이 알고 있을까? 아마도 아닐 것이다. 마샬 브레인(Marshall Brain)은 '어떻게 사물이 작동하는가(HowStuff Works)' 웹사이트에서 CD에는 레이저로 읽히는 아주 작은 요철들이 나선형 도안에 배치되어 있다고 설명한다. 이 설명은 아주 단순하지만 실제 과정은 이보다 훨씬 더 복잡하다. 하지만 CD가 어떻게 작동하는지 정의함으로써 CD 라이터가 왜 흔해졌는지, 어떻게 좋은 CD플레이어를 구매할 수 있는지 같은 다른 토론을 할 수 있게 된다.[12] 단어를 정확히 그리고 동의의 방식으로 정의함으로써 사전적 그리고 기능적 정의는 청중의 논리에 소구하게 된다.

유추

유사점으로 두 가지를 묘사하는 비교 방식

은유

두 사물 사이의 함축적 비교를 하는 스피치 방식

직유

단어 '~같은, ~처럼'을 사용하여 두 사물 사이를 분명하게 비교하는 스피치 방식

유추에 의한 정의

유추(analogy)는 어떤 것과 다른 것의 유사한 점이 무엇인지로 설명한다. 연사가 청중에게 새로운 것을 이해시키려 할 때 주로 유추를 사용한다. 즉, 청중이 잘 알지 못하는 것을 정의하기 위해 잘 알고 있는 것을 언급하는 유추를 사용하는 것이다. 예를 들면, 응급처치방법 학습의 중요성을 강조할 때, 연사는 다음과 같이 말할 수 있다. "그것은 시험공부와 비슷합니다. 즉 일어날 수 있는 모든 상황을 대비해야 하거든요."

은유(metaphor)와 **직유**(simile)도 때로 유추의 범주에 속한다. 직유가 분명한 비교

를 하는 반면 은유는 함축적 비교에 의존한다. 셴 통은 스피치에서 "폭력을 사용하지 않고 저항하는 것, 그것이 바로 비폭력의 검입니다"라는 은유를 사용했다. 그는 물리적 충돌 없이 저항한다는 매우 추상적인 내용을 청중에게 설명하려고 청중들이 잘 알고 있는 검을 언급하였다. 토박이 미국 연설가들은 스피치에서 은유를 광범위하게 사용한다.[13]

문학의 장치로서 은유는 시적 요소들을 청중의 감정에 호소하는 정의와 연결시킨다. 예를 들면, "깊은 슬픔, 특히 누군가의 죽음으로 야기되는"[14]과 같은 비탄(grief)의 사전적 정의는 틀링깃족 일원을 추도하는 스피치에서 사용된 것과 같은 은유의 깊은 맛을 표현하지 못한다.

> 강에, 호수에 비가 내립니다. 강물이 불어납니다. 넘친 강물은 나무 아래로 흘러갈 겁니다. 강둑의 흙들은 무너질 것이고요… 흙은 부서져서 강물을 따라 떠내려가겠지요. 강 아래로… 그러면 바람이 모래 위에 불어오겠지요. 바람이 불고 나면 고운 모래 위에 물결이 생기겠지요. 고운 모래에 물결이 생기면, 그것은 물가로 떠내려갈 것입니다. 그것은 거기에서 물결에 가루가 되겠지요…… 아침이 되면 태양이 그 위에 빛날 것입니다, 아침에. 태양이 그 위로 빛나면 그것은 마르기 시작하겠죠. 내 형제들이여, 저의 소망은 여러분이 이제부터 이처럼 되는 것입니다. 누구든 말입니다.[15]

강, 흙, 바람, 태양의 은유는 우리를 감동시킨다. 그리고 사전적 정의로는 할 수 없는 방식으로 깊은 슬픔이 무엇인지 우리가 더 잘 이해할 수 있게 해준다.

비유적 유추는 두 대상 간에 약간의 유사성 외에 공통점이 거의 없는 경우에 비교하는 것이다. 비유적 유추는 사물, 절차, 아이디어를 독특하고 새로운 방식으로 병치시켜 청중의 관심을 높인다. 예를 들면, 직업을 구하는 방법을 설명하는 연사가 친구들을 위해 디너파티를 준비하는 것과 비교할 수도 있다. 이때 연사의 기술과 관심을 청중에 맞출 필요가 있다.

문자 유추(literal analogy)는 비유적 유추처럼 시적인 감성을 표현하지는 못한다. 하지만 대신에 청중들의 논리적 감각에 호소한다. 문자 유추가 잘 이루어지려면 비교대상이 여러 면에서 비슷해야 하고 연사의 의견과 관련이 있어야 한다. 중요한 유사점이 없다면 유추는 실패한다. 예를 들면, 디트로이트 시내 여객수송수단의 찬성자들은 유추에 의해 불행히도 시애틀 모노레일과 같은 공공수송시스템을 보급하려고 시도했다. 두 곳의 기차가 구조적 시스템은 비슷하지만, 본질적으로

디트로이트와 시애틀은 비슷하지 않다. 디트로이트는 볼티모어나 세인트루이스처럼 좀 더 오래되어 도시가 난개발된 곳들과 비슷하다. 시애틀은 신도시로 잘 정돈된 도시이며, 사람들은 모노레일하면 그 시스템이 만들어졌던 1962년 세계 박람회를 연상한다. 그래서 시애틀의 모노레일은 꾸준히 승객이 있지만, 디트로이트 여객수송수단은 그렇지 못했다.[16]

정의는 어떤 종류든 모두 청중이 주제를 이해하는데 도움을 준다. 그리고 연사와 청중이 비슷한 방식으로 주제에 관해 생각할 가능성을 높여준다. 정의는 또한 말하지 않을 내용, 또는 사용하지 않을 단어를 청중들에게 안내한다. 예를 들면 스트레스에 관한 스피치에서, 연사는 특정한 상황에서 발생하는 상황적 스트레스와 결코 없어지지 않는 만성적 스트레스의 차이점에 대해 말할 수도 있다. 그럴 때 이렇게 말한다. "오늘 저는 상황적 스트레스에 초점을 둘 것입니다."

정의를 내리면 말할 주제를 더욱 명확히 할 수 있지만, 몇 가지 문제가 있다. 용어를 아주 명확하게 정의한다 할지라도, 청중들은 그러한 단어에서 여러 함축된 의미들을 연상한다. 예를 들면 1장에서 스타일을 스피치 시 사용되는 언어로 정의하지만, 패션과 연관시키거나 어떤 것을 할 수 있는 재능을 연상할 수도 있다. 또 정의가 부적절할 수도 있다. 이것은 연사는 정확한 용어를 위해 표준사전의 정의를 사용할 때 주로 일어난다. 1장에서는 키케로가 발상(invention)을 연사가 스피치에서 말하고 싶어하는 것을 찾아내 언급하는 것이라고 정의하였다. 하지만 키케로의 접근을 설명하기 위해, 뭔가 새로운 것을 창조한다는 발상의 사전적 의미를 사용한다면 그것은 부적절하다. 왜냐하면 그 용어가 스피치에서 쓰이기에는 정확하지 않기 때문이다.

●●● THE EVOLVING ART ●●● 사전들

아마도 American Heritage Dictionary of the English Language(bartleby.com/61), Cambridge International Dictionary(dictionary.cambridge.org) 그리고 Merriam-Webster Dictionary(m-w.com).와 같은 온라인 영어사전을 이용하는 것이 익숙할 것이다. 특수사전들은 좀 더 전문적이고, 정확하며, 명확한 단어의 뜻을 제공한다. 이러한 사전들을 어떻게 찾을 수 있을까? 우선은 OneLook Dictionary(onelook.com)에서 찾을 수 있다. 단어를 입력하면 OneLook은 거의 1,000개의 사전을 검색해준다. '스피치'를 입력하면 일반사전, 예술, 과학사전들에 있는 거의 25개가 넘는 정의를 확인할 수 있다. '의사소통(communication)'의 경우도 20개도 넘는 분야별 특수사전(topic-specific dictionary)뿐만 아니라 24개의 일반사전들이 나타난다. 야후에는 경제, 법, 음악과 같이 주제별로 사전들이 나타난다. 구글사전에는 상징과 수화와 라임사전도 있다. 다중언어사전은 단어를 다양한 언어로 해석해준다. 야후, 구글, 알타비스타 그리고 그 외의 여러 가지 검색엔진의 사전 검색에서는 남아프리카 공용 네덜란드어부터 이디시어까지 알려준다.

증언

연사는 **증언**(testimony)을 사용할 때, 주제에 연관되어 있는 개인적인 의견이나 경험에 의존한다. 생각을 뒷받침하기 위해 증언을 사용하는 것은 청중이 자료를 신뢰할 때만 가능하다. 연사는 전문가, 유명인사, 일반인의 증언을 사용한다. 전문가의 경우 그 주제에 대한 광범위한 연구, 활동, 강연, 논문에서 신뢰성을 얻을 수 있다. 유명인사는 청중들이 그 사람과 주제 간에 논리적 연계가 있다고 생각해야 한다. 마지막으로 일반인의 증언이 신뢰성이 있으려면 주제와 관련된 개인적 경험이 있어야 하고 자신의 생각을 분명하게 표현할 수 있어야 한다.

증언
어떤 주제에 대한 개인적인 의견이나 경험

전문가 증언

전문가 증언의 효과는 주제와 관련된 개인이나 그룹의 자질에 달려 있다. 셴 통은 비폭력 저항집회의 탄압에 대한 자신의 견해를 뒷받침하기 위해 유명한 민권운동 지도자 마틴 루터 킹의 말을 증언으로 활용했다. 청중들은 마틴 루터 킹의 말이 전문가 증언이라고 생각한다. 왜냐하면 그 화제의 경우 마틴 루터 킹의 말은 권위가 있기 때문이다. 그가 오랫동안 미국 민권운동에 참여했기 때문에 그를 신뢰할 수 있는 것이다.

유명인사 증언

유명인사 증언의 효과는 그 사람의 지명도나 전반적인 인상에 달려있다. 즉 청중들은 화제에 대한 그 사람의 지식이 아니라 명성이나 스타의 영향력에 주목한다. 예를 들면 배우 윌리암 메이시(Willian Macy)는 실화에 근거한 영화에서 뇌성마비역을 했다. 후에 메이시는 전미 뇌성마비협회의 이사가 되었다. 청중은 그가 영화에서의 역할로 유명하기 때문에, 장애에 대해 그가 말하는 것들을 신뢰한다. 전미뇌성마비협회의 또 다른 일원인 슈퍼맨 크리스토퍼 리브도 목의 경추 2개가 부러지는 사고 후에 줄기세포 연구의 강력한 지지자가 되었다. 배우로서의 그의 명성뿐만 아니라 장애인으로서의 경험 때문에 그의 생각은 신뢰를 준다.

일반인 증언

일반인 증언에는 전문가가 아니며 잘 알지도 못하지만 그 주제와 관련된 경험을 한 사람들이 포함된다. 신문기자들은 종종 사회면 기사에 일반인 증언을 사용한다. 예를 들면 대학생들을 대상으로 절약방법에 대한 스피치를 한다면, 연사는 돈을 모으는 학생들의 전략을 알아보기 위해 몇 명과 인터뷰할 수도 있다.

사실과 통계자료

사실
실제 경험에 근거한 관찰

통계자료
숫자 데이터나 정보

에토스
연사의 신뢰성에 기반한 호소

연사들은 논리적 호소를 유도할 때 전형적으로 사실과 통계자료에 의존한다. **사실**(facts)의 근거는 감각이다. 관찰은 경험에 기반을 두고 있다. **통계자료**(statistics)는 주택의 평균 가격이나 올해 대학의 신입생과 같은 숫자 데이터나 정보다.

보통, 연사들은 사실이나 통계자료를 수집할 때 타인에 의존한다. 5장에서 설명한 것처럼, 작가의 신뢰도, 또는 **에토스**(ethos)는 청중들이 정보가 정확하다고 믿는 정도에 영향을 미친다. 자료의 신뢰성은 사실이나 통계자료에서 특히 중요하다. 매우 믿을 수 있는 자료들의 신뢰여부도 사실로 확인되지 않으면 흔들리게 된다. 2004년 대통령 선거 기간 동안, CBS 텔레비전 매거진(심층보도프로그램) 60분(60 minutes)은 부시 대통령의 주방위군 복무와 관련된 메모들을 시청자들에게 보여 주었다. 그 문서의 진위 여부에 대한 문제가 생기자, CBS 뉴스는 리포터들이 그 정보를 철두철미하게 검증하지 못했다고 밝혔다. 당시에 CBS 방송국 경영진들은 그 자료가 맞다고 믿었지만, 2주 후에 그들은 자신들이 속았고 그 메모들은 가짜라고 인정했다.[17] 믿을 수 없는 자료를 사용했기 때문에, CBS 뉴스는 신뢰성이 손상되었다.

보통 사실과 통계자료들은 객관적이라고 생각할 것이다. 하지만 이것을 해석할 경우에는 여전히 주관적이며 조작 가능성이 있다. 예를 들어, 만약 연사가 "이 캠퍼스에서 도난당한 자전거의 수는 작년의 4배입니다"라고 말했다면, 청중은 자전거 절도가 심각하다고 결론내릴 것이다. 하지만 만약 작년에 자전거 2대가 도난당했다면, '4배'는 올해에 8대가 도난당했다는 것을 의미한다. 반대로, 만약 작년에 50대가 도난당했다면, 올해는 200대이므로 연사는 자전거 절도를 더 심각한 문제라 말할 수 있는 강력한 사례를 갖게 될 것이다.

사실과 통계자료는 논리에 호소하기 때문에, 일반적으로 청중들은 설득적 상황일 때 통계자료와 사실들을 접하게 된다.[18] 하지만 때로 연사들은 청중이 들어 불쾌할 정도로 사실과 통계자료로 청중들을 압도한다. 스피치를 뒷받침하기 위한 자료로 사실과 통계자료를 선택할 때는 항상 청중들을 염두에 두어야 한다. 그들이 어떻게 반응할 것인가? 만약 당신이 청중이라면 어떻게 생각할 것인가?

사실

스피치에 사실을 넣을 때, 스스로 관찰한 것에만 국한하지는 않고, 다른 사람들이 관찰한 사실들도 넣어야 한다. 예를 들어, 조지 워싱턴이 대통령이 되었을 때 살지 않았다면, 당신은 다른 사람들의 기록으로 그의 대통령직을 알게 된다. 이를 위해, 국회 도서관에(loc.gov) 있는 역사적 문서들을 검토하고, 워싱턴의 취임 연설을 읽을 수 있다. 셴 통이 "중국은 4000년 넘게 폭력과 혁명을 겪어 왔습니다"고 말했을 때, 그는 자신이 관찰한 것보다는 다른 사람들이 기록해 놓은 역사적 사건에서 벌어진 사실들을 진술한 것이다.

일반적으로 사실은 참, 거짓은 확인하기 위한 논쟁을 발생시킨다. 그런데 청중들이 항상 사실을 연사가 말한 식으로 해석하지는 않는다. 예를 들어 스펙터 하킨(Specter-Harkin)의 줄기세포 연구를 지지하는 법안의 조속한 통과를 촉구하는 의회 증언에서 영화배우 마이클 제이 폭스(Michael J. Fox)[19]는 두 가지 사실을 이야기하면서 시작했다.

> 줄기세포연구 문제는 파킨스씨병 환자이자 미국 정부를 제외하고 파킨스씨병 연구에 가장 많은 비영리 자금을 제공하는 재단의 수장으로서 알고 싶은 유일한 것입니다.

폭스는 자신에 관한 두 사실을 언급하며 이야기를 시작했다. 이 사실들을 기초로, 청중들은 폭스가 줄기세포연구에 관해 잘 알고 있다고 추론하고 결론을 내릴 수 있었다. 이어서 폭스는 법안과 관련된 또 다른 사실을 제시하였다.

> 저는 또한 미국 공공기관에서 광범위한 지지가 있다는 것을 알고 있습니다. 여론조사를 보십시오. 자신의 삶을 연장시키려고 하는 사람들을 포함하여 대다수 미국인이 찬성한다는 것을 알 수 있습니다. 68명의 종교지도자들도 이 법안을 지지하고 있다고 들었습니다. 대다수의 미국인들이 같은 결론을 내리고 있습니다. HR 810 법안으로 연방정부의 규제를 완화하는 것이 단지 낙태를 반대하는 것이 아닙니다. 그것은 삶을 연장시키는 것입니다.

이러한 두 사실—수많은 종교 지도자들이 그 법안을 지지하고, 미국인 내에 줄기 세포 연구 규제 목소리가 거의 없다는—때문에 폭스는 상정된 법안이 '삶은 연장시키는 것'이라고 이야기했다. 하지만 대다수 미국사람들이 줄기세포 연구를 위한 연방 정부의 재정지원을 지지한다고 할지라도, 특별법이라는 표현에는 동의하지 않을 수도 있다. 연사가 제시한 사실을 청중들이 연사와 다르게 추론할 수도 있다는 것을 안다면, 아이디어를 제대로 뒷받침하는 사실들을 사용하는데 도움이 될 것이다.

●●● THE EVOLVING ART ●●● 믿을 수 있는 사실과 통계자료 확인

인터넷에서는 마우스를 몇 번만 클릭하면 사실과 통계자료를 찾을 수 있다. 모든 자료들이 똑같이 신뢰할 수 있는 것은 아니다. 어떤 자료는 다른 자료들보다 좀더 믿을만하다. 미국정부의 포털 사이트인 USA.gov(usa.gov)와 미국정부관계기관에서 수집한 통계자료들을 모아 놓은 게이트웨이 사이트 FedStat(fedstats.gov)는 미국에 관한 사실이나 통계자료를 찾고자 할 때 믿을만한 자료를 제공하는 기관이다. 국제적인 통계로는 유엔의 웹사이트(un.org)를 방문하면 된다. 이 사이트는 식량농업에 관한 주제들을 다루는 파오스타드(FAOSTAT/faogtat.fao.org)와 어린이 노동문제에 주안점을 두는 국제노동기구(International Labor Organization/ilo.org), 나라간 교육, 기술, 문학, 과학과 문화 통계자료를 비교하는 유네스코 통계연구소(UNESCO Institute for Statistics/uis.unesco.org)를 포함하여 광범위한 데이터베이스를 관리한다. 각 국가나 지역들도 유럽연합의 웹사이트 유로스타트(EUROSTAT/ec.europa.eu/eurostat), 중국 통계청(the National Bureau of Statistics of China), 남아프리카 공화국 통계청(Statistics South Africa/statssa.gov.za)와 같은 그들의 통계 웹사이트를 지원하고 있다.

통계자료

통계자료를 사용하여 연사는 문제의 중요성을 수치화할 수 있고, 그룹 사이를 시기별로 비교할 수 있다. 예를 들어, 컴퓨터 의존성 증가가 신원도용 사건의 증가로 이어진다는 주장을 한다고 하자. 만약 이 주장이 사실이라면 어떻게 해결할 수 있을까? FTC(Federal Trade Commission) 웹사이트(ftc.gov)에 들어가 보면 명의도용 사기의 최근 통계들을 볼 수 있다. 2005년에 FTC는 명의도용 고소의 37%가 신원도용이었다고 보고했다. 또 FTC가 소비자 사기고소를 686,000건 받았으며, 대략 255,000건이 신원도용과 관련되어 있다는 것을 알면 그 숫자는 중요해진다. FTC는 또한 카테고리별 사기고소 건수도 비교하고 있다. 인터넷 경매 12%, 외화 할인(foreign money offers) 8%, 자택상점(shop at home)/카탈로그 세일 8%, 경마나 복권 7%, 인터넷 서비스와 컴퓨터 사기 5%. 만약 신원도용에 관한 스피치를 준비한다면, 이 통계자료들은 신원도용이 많은 미국인들에게 영향을 미치고 있다는 주장을 할 때 훌륭한 지지자료가 될 것이다.

9.11테러가 발생하고 두 달이 채 지나지 않아, 윌리암(William O. Lipinski)은 미 하원 연설에서 의회에서 항공 안전을 다루는 법안이 통과되어야 한다고 동료를 설득하

Watch it!

동영상 링크 7.1: 최상의 지지자료 선택하기
에린은 여러 유형의 지지자료들을 논하고 설득적 스피치에 사용한 적이 있는 지지자료의 예들을 소개하고 있다.

Use it!

활동 링크 7.1: 지원시스템 활용하기
이 활동에서는 학생들의 스피치에서 사용되었던 여러 유형의 지지자료들을 살피고 평가해야 한다. 이를 토대로 자신은 스피치 시 적절한 지지자료를 제시했는지 평가해보게 된다.

기 위해 통계자료를 사용하였다.

> 9월 11일 이후, 항공 산업은 눈에 보일 정도로 침체되었습니다. 뉴어크(Newark) 공항, 레이건 국립 공항, 휴스톤 공항은 비행이 35% 감소하였습니다. 또 시애틀 공항, 보스턴 공항, 라 과르디아 공항, 포트랜드와 샌프란시스코 공항에서는 25% 넘게 비행이 감소하였습니다. 또한 최고의 31개 항공사 모두 비행이 18% 감소했습니다. 9.11이후, 유나이티드 에어라인과 어메리칸 에어라인은 22%를 감소했습니다. 노스웨스트 항공은 11%, 유에스 에어웨이는 25%, 델타항공 15%, 알라스타 에어라인은 26%, 콘티넨탈 항공은 44%입니다.[20]

"사람들이 다시 비행기를 타는 것을 여전히 꺼려한다"는 자신의 추론을 뒷받침하기 위해 비행장과 항공사의 통계자료를 사용함으로써, 연사는 "2011년 9월 11일의 비행기 납치사건 이후 비행기 이용객이 더 적어졌다"는 것을 청중에게 설명했다.

대중 미디어로 스피치를 지지하기

지지자료의 신뢰도는 출처의 신뢰도에 달려있다. 대중 미디어가 출처일 경우도, 다른 출처들과 같은 수준의 신뢰도가 적용해야 한다. 선택한 모든 자료들이 연사의 목적에 도움이 되도록 하기 위해 **미디어 신뢰도**(media credibility)—뉴스 잡지, 텔레비전, 라디오, 인터넷의 신뢰도—에 대한 의식과 지식을 활용할 수 있다.

미디어 신뢰도
텔레비전, 인터넷, 신문, 라디오, 뉴스 잡지 같은 커뮤니케이션 미디어에 청중들이 지니고 있는 신뢰도나 믿음

청중들은 노골적인 편향이나 극도의 이기적 분위기가 없는 대중 미디어를 좀 더 신뢰하는 것 같다. 여론이나 광고에서 독립하여 사실적인 정보만을 유지하는 것이 미디어의 신뢰도를 확립하고 유지할 수 있는 방법 중 하나다. CNN, CBS, 뉴욕타임즈, USA 투데이처럼 대부분의 존경받는 언론조차도 최근의 스캔들 때문에 평판이 실추되었다. 그리하여 미국 대중들의 절반 이상이 언론기관들을 신뢰하지 않는다. 그럼에도 불구하고 미국인들은 기존의 정치나 양당제도보다는 새 미디어를 좀 더 호의적으로 바라보았으며, 언론이 미국 정치의 중요한 감시역할을 하고 있다는데 이견이 없다.[21]

여기서는 다양한 언론의 신뢰도를 점검해보기로 한다. 그래서 어떤 곳에서 스피치에 활용할 가장 믿을만한 지지자료를 제공하는지 알아보자.

미디어 신뢰도와 인터넷

1992년에는 단지 2%의 미국인만이 인터넷으로 뉴스를 보았다. 10년이 좀 지나자 그 수는 35%까지—약 5,000만 명—증가했다. 거의 전미 인구의 1/4이 매일 인터넷에서 뉴스를 본다고 한다. 특히 젊은이들에게는 인터넷이 모든 종류의 정보를 얻는 가장 선호하는 출처가 되고 있다. 10대의 거의 90%가 정기적으로 인터넷을 사용하며 인터넷 접속 시 뉴스를 찾아보는 경우도 75%가 넘는다. 2006년 중간 선거 기간(midterm election)에는 미국인 중 31%가 후보자에 대한 정보를 보려고 온라인에 접속하였다.[22]

이제 인터넷으로 뉴스를 보는 것은 피할 수 없다. 미국인의 거의 3/4이 상시 인터넷 사용자이고,[23] 매일 로그인하여 뉴스 헤드라인을 바로 확인한다. 또한 많은 사람들이 뉴스 사이트의 자동알림 기능을 등록한다. 미국인들의 1/4이 그 날의 뉴스를 알아보기 위해 우선 인터넷을 이용한다. 허리케인 카트리나의 여파로, 인터넷 유저 중 절반이 주요 미디어 웹사이트를 찾았고, 재앙에 관한 뉴스를 블로그에 올렸다.[24]

인터넷은 전통적 뉴스 출처의 필수적 허브 역할을 담당하면서 높은 신뢰도를 얻게 된다. 예를 들어, 인터넷은 미국 내 주요 신문 매체의 전달자 기능을 하며, 다른 많은 나라의 상황도 마찬가지다. 인터넷은 TV 네트워크가 추가 정보를 보내는 곳이며 하루 24시간 동안 자료를 업데이트하는 곳이다. 보통 사람들은 친숙한 신문, TV 네트워크의 뉴스 웹사이트를 더 신뢰한다. 그래서 CNN 웹사이트

(CNN.com)는 가장 방문객이 많은 웹사이트 중 하나다.[25] 흥미롭게도 많은 사람들이 ABC 뉴스나 USA 투데이의 뉴스를 텔레비전이나 신문보다는 웹사이트에서 본다.[26] 디지털 시대로 진화하여 미디어 간의 기술적 차이들이 더 커지게 되면, 더 많은 사람들이 믿을만한 뉴스자료를 인터넷에서 얻게 될 것이다.

미디어 신뢰도와 텔레비전

인터넷이 점점 대중화되어가긴 하지만 텔레비전은 여전히 미국인에게 가장 인기 있는 뉴스 출처다. 예를 들어, 9.11 테러 당일, 사람들은 그 비극적인 사건에 관한 뉴스를 보기 위해 텔레비전을 제일 먼저 켰다. 텔레비전은 매우 시각적이다. 텔레비전의 이미지가 쉽게 조작되고 변경된다는 것을 알고 있어도, 뉴스 보도를 직접 보게 되면 미디어자료들을 여전히 믿는다. 또한 TV는 다른 커뮤니케이션 미디어에 비해 한 가지 이점이 더 있다. 많은 가족이나 사람들에게 TV 뉴스 시청은 습관적인 하루 일과 중 하나라는 점이다. 인터넷과 함께 자라온 사람들조차도 온라인보다 텔레비전에서 뉴스를 더 많이 본다.

하지만 모든 TV 뉴스 출처의 신뢰도가 같은 것은 아니다. 연구결과 CNN과 CBS의 60분(60 Minutes)은 매우 신뢰성 높은 TV뉴스 출처다. 그리고 지역 뉴스캐스트들도 케이블이나 상업방송의 뉴스보다는 더 양호해 보인다. 그래서 미국인들은 보통 상업방송 ABC, NBC, CBS, FOX보다 케이블 TV를 더 신뢰한다.[27]

미디어 신뢰도, 신문과 뉴스 잡지

텔레비전 뉴스의 경우처럼, 신문의 신뢰도의 핵심도 어떤 지역의 것이냐이다. 즉, 사람들은 케이블 TV뉴스, 네트워크 TV뉴스, 주요 국영 신문을 보는 것보다 지역 신문을 보는 것을 더 선호한다. 50%가 넘는 미국인이 신문을 매일 읽는다.

신문 정기구독자들은 신문을 가끔 읽는 사람들보다 뉴스, 특히 정치 뉴스에 더 관심이 있는 편이다. 신문은 텔레비전보다 이슈들을 더 깊이 있고 폭넓게 다룬다. 신문 독자들은 주어진 정보를 분석하고 이야기의 함축된 내용을 생각해볼 시간이 더 있다고 느낀다. 마찬가지로 신문 기자들과 편집자들은 TV뉴스방송처럼 시간의 제약이 없기 때문에, 이야기를 전개하고 표현할 시간을 좀더 확보할 수 있다.

보통은 주간 발행 뉴스 잡지가 대부분의 중앙지보다 신뢰도가 낮다고 인식되지만, 어떤 사람들은 타임, 뉴스위크, 유에스 뉴스 앤 월드 리포트 같은 주간 뉴스 잡지에 있는 해석적 설명들을 좋아하기도 한다.[28]

미디어 신뢰성과 라디오

최초의 대중적인 전자 미디어인 라디오는 여전히 정보를 전파하는데 중요한 역할을 하고 있다. 특히, 지역 뉴스 방송국의 경우는 더욱 그렇다. 라디오는 텔레비전과 함께 뉴스를 즉시 보도하고 업데이트하고 있으며 자동차 중심의 미국 사회에서 여전히 언론매체로서의 지위를 갖고 있다. 내셔널 퍼블릭 라디오 같은 국영 미디어의 경우 지역 TV보다는 덜하지만 신문보다는 신뢰도가 더 높다. 미국인 중 15%는 여전히 지역 라디오에서 뉴스를 접하고 있는데, 이는 65%가 넘는 지역 TV, 지방과 국영 신문(각 28%)보다는 덜하지만 인터넷 뉴스 매체(11%)보다는 높다.[30]

Speaking of ... **신문보도의 정확성과 신뢰성**

최근 한 연구에서 미국 내에서 발행되는 14개 신문을 대상으로 신문의 정확성과 신뢰성의 관계에 대해 조사하였다. 보도 오류를 찾아내기 위해 연구자들은 기사에 언급되어 있는 사람들에게 그 보도 기사를 보냈다. 기사를 받은 사람들은 날짜나 주소가 잘못된 것이 없는지, 또 오해의 소지가 있는 인용과 지나치게 과장된 내용처럼 주관적인 문제들도 검토하였다. 연구결과 가장 부정확도가 높은 것이 61%였다. 그리고 발생 빈도는 낮지만 주관적인 문제가 가장 다루기 어려운 것으로 드러났다. 당연한 일이지만, 뉴스의 부정확 비율이 높아질수록, 신뢰성은 낮아졌다.[29] 이것은 신문의 보도가 항상 부족한 정보라는 의미는 아니다. 실수의 대부분은 철자가 잘못되고 숫자가 뒤바뀌는 것과 같은 사소한 것이었다. 하지만 이 연구의 시사점은 비판적 관점을 견지하면서 다양한 출처로부터 자료를 모아야 하며, 또 모은 자료들 역시 비판적으로 평가해야 하고, 가능하면 발견한 자료를 정확하게 제시해야 한다는 것이다.

미디어 신뢰성을 이용하여 스피치 개선하기

모든 청중들이 언론 미디어를 아주 신뢰성 있는 자료라고 생각하는 것은 아니다. 하지만 꼭 필요할 때 언론 미디어를 출처로 인용하기를 주저하지 말라. 언론 미디어에서 스피치에 필요한 참고자료, 예시, 설명 등을 얻을 수 있으므로 언론 미디어를 효과적으로 활용할 수 있는 방법을 생각해보자.

참고자료로 대중 미디어 출처 인용하기

다양한 미디어의 신뢰성을 사람들이 어떻게 평가하는지를 알면, 스피치 시 언급한 자료를 청중들이 어떻게 평가할지 어느 정도는 예측할 수 있다. 이 장에서 배운 것처럼, 공영텔레비전 방송인 CNN, 존경받은 신문인 내셔널뉴스매거진과 프라임타임 TV 뉴스매거진은 상업방송의 TV 뉴스보다 더 신뢰를 준다. 독자적인 사이트들이 문제가 많은 반면에, 주요 미디어기관의 온라인 매체가 신뢰도가 높다. 라디오의 경우, 내셔널 퍼블릭 라디오(National Public Radio)를 제외하고는, 다른 라디오들은 신뢰도가 매우 높은 편이 아니다.

신뢰도의 여부는 청중에 따라 다르다. 고학력자들과 같은 수준 높은 청중의 경우, TV 뉴스의 참고자료보다 신문에 나온 참고자료에 대한 신뢰성이 높다. 1,600명이 넘은 인터넷 이용자를 대상으로 한 연구에서는 모든 연령대의 응답자가 신문을 가장 믿을만한 자료라고 했다. 중장년층은 지역의 뉴스 속보를 보기 위해 지역 텔레비전 방송국 웹사이트를 찾는 반면에 젊은 층은 신문 웹사이트를 방문하는 것으로 보고되었다.[31] 대부분의 공화당원들과 무소속의 거의 절반은 미국 언론이 너무 비판적이라고 생각하는 반면, 민주당원은 단지 1/4 정도가 그렇게 생각한다.[32] 그리고 신뢰도가 낮은 웹사이트인 USA 투데이나 피플(People)같은 잡지의 자료를 출처로 사용한다면, 어떤 청중에게도 깊은 인상을 주지 못할 것이다.

뉴스 미디어에서 찾은 최신자료들을 활용하면 주제와 주제를 지지하는 정보에 시사성을 부여할 수 있다. 출처가 다른 정보들의 밸런스를 잘 유지하면서 뉴스 미디어자료들을 사용하면 논지를 잘 뒷받침할 수 있으며 특정 목표를 홍보할 수 있다. 그러므로 스피치를 할 때는 평판이 좋고 적합한 자료들을 활용하고, 그 자료들을 명확하게 제시하라.

설명이나 예시와 같은 인기 있는 미디어자료 활용하기

누구나 가능하면 다이나믹하고 흥미 있게 스피치하고 싶어 한다. 그러므로 아이디어를 뒷받침하고 예를 들기 위해 동영상, 사진, 오디오 클립, 텍스트 같은 효과적인 미디어 콘텐츠를 사용하면 훨씬 도움이 된다. 이 때 이 자료들은 스피치의 성격을 드러내기 때문에, 미디어 예시가 토의나 논의를 발전시킬 수 있는 중요한 것

Watch it!

동영상 링크 7.2: 미디어 신뢰성 평가하기
이 동영상에서 에반은 스피치에서 지지자료로 활용할 수 있는 대중 미디어의 예시들을 이야기하며 신뢰성을 강조하고 있다.

Use it!

활동 링크 7.2: 기자증
이 활동에서, 학생들의 스피치에서 사용된 미디어 자료들을 평가하게 된다. 그러고 나서 자신의 스피치에 사용할 믿을만한 자료를 선택하는 법을 배우고 이를 적용하게 된다.

인지 확인해야 한다. 그리고 사용한 모든 프리젠테이션 미디어나 미디어자료들의 신뢰성을 옹호할 준비를 하여라.

스피치를 할 때마다 화제, 청중, 상황 및 자신에게 맞는 다양한 지지자료를 활용하여라. 지지자료들을 주의해 선택하고 스피치 흐름과 구조에 잘 맞게 배치하라. 아이디어를 얼마나 잘 뒷받침하느냐에 따라 청중들의 반응이 달라질 것이다.

요약

주제를 조사하다보면, 자신의 관점이나 생각과 연관되는 정보를 발견할 것이다. 이러한 지지자료들은 스피치의 핵심이 된다. 지지자료들은 잘 이용하면 주제의 중후함과 진지함을 보여줄 수 있고 신뢰도를 높일 수 있다. 지지자료들은 또한 청중의 감정, 이성, 문화적 믿음에도 영향을 미칠 수 있다.

지지자료에는 다섯 가지 유형이 있다. 서사를 활용하면 극적으로 주제를 제시할 수 있으며 청중들이 스스로 주제를 발견하게 된다. 서사를 활용하는 스피치에는 자신의 이야기나 타인의 이야기들, 기관의 이야기들, 문화적 이야기들이 포함될 수 있다.

예시를 사용하면 아이디어의 추상성이 줄어들고 주제가 개인화된다. 일반적인 예시는 광범위하여 세부적인 사항들을 제공하지 못한다. 구체적 예시는 좀 더 자세한 사항들을 알려준다. 가상적 예시는 청중이 상황을 상상해야 하는 추정이 기반이 된다. 개연성이 있어야 효과가 있다. 예시는 청중이 주제를 더 잘 이해하도록 돕지만, 사례가 소속 집단을 대표하지 못한다면 오해를 불러일으킬 수 있다.

정의는 연사와 청중이 공통 의미를 정할 때 사용한다. 개념을 명료화하고 주제의 범주를 확실히 하기 위해 정의를 사용한다. 정의는 기능 또는 단어나 개념 유추로 설명할 수 있다. 특수사전들의 경우 표준사전보다 좀 더 기술적인 단어의 의미를 제공할 수 있다. 사전을 지지자료로 사용할 경우, 연사는 단어의 의미를 정의해주어도 청중이 함축적 의미를 연상할 것이라는 것을 알아야 한다.

전문가, 유명인사, 일반인들은 주제에 대한 경험이나 증언을 제공할 수 있다. 증언의 효율성은 청중이 증언자를 얼마나 신뢰할 수 있느냐 없느냐에 따라 판가름난다.

사실과 통계자료는 청중들의 이성적 사고 과정에 호소하는 것이다. 이 지지자료를 사용하여 청중에게 주제의 범위와 중요성을 설명할 수 있다. 그러나 도표와 수치를 보여주는 프리젠테이션 미디어를 사용하지 않고 사실과 통계자료만 과다하게 사용하면 청중들이 압도될 수 있다. 또한 수치와 통계자료는 여러 식으로 해석될 수 있으며, 잘못 해석될 수도 있다.

인터넷, 텔레비전, 신문, 뉴스 잡지, 라디오 같은 주요 커뮤니케이션 미디어의 자료, 설명, 예시 등을 현명하게 사용하면 프리젠테이션의 내용과 스타일을 향상시킬 수 있다. 신뢰성 여부에 의해 그 미디어는 다른 수준의 신뢰를 받게 된다. 예를 들면, 미국인 대부분이 지역 신문과 텔레비전 방송을 선호하지만, 점차 인터넷 뉴스 미디어에서 우선 정보를 얻는 경우가 증가하고 있다.

●●● REVIEW IT ●●● 학습항목과 복습자료들

책 내부

- 요약
- 주요단어
- 비판적 질문

더 많은 학습 자원

- 스피치 스튜디오
- 퀴즈
- 웹링크

학생 워크북

- 7.1 지지자료에 관한 워크숍
- 7.2 자료의 신뢰성
- 7.3 지지자료의 다양성
- 7.4 지지자료의 명확성
- 7.5 서사 첨가하기

스피치 친구 동영상

동영상 링크

- 최상의 지지자료 선택하기
- 미디어 신뢰성 평가하기

활동 링크

- 지원시스템 활용하기
- 기자증

샘플 스피치 동영상

- 크리스 '인상파 회화', 정보 스피치
- 피터 '음주 운전', 설득 스피치

스피치 빌더 익스프레스

- 목표/목적
- 논지 진술
- 지지자료
- 서론
- 결론
- 인용된 작품
- 개요

인포트랙

추천 검색어

- 지지자료와 공적 말하기
- 지지자료의 신뢰성
- 서사와 공적 말하기
- 예시와 공적 말하기
- 정의와 공적 말하기
- 증언과 공적 말하기
- 미디어 신뢰성과 공적 말하기
- 스피치에서 미디어 활용하기

음성 학습 도구들

- 크리스의 '인상파 회화'
- 비판적 사고 질문
- 학습목표
- 장 요약

온라인 자원 안내

이 책 〈퍼블릭 스피킹: 진화하는 발표기술〉을 위한 온라인 자원은 추가적인 샘플 스피치 동영상, 스피치 빌더 익스프레스, 인포트랙 대학편, 학습지원이다. 학습지원에는 주요단어 플래시 카드, 리뷰 퀴즈, 비판적 질문이 있으며, 궁금한 점이 있다면 교수님께 이메일로 보낼 수 있다. 또한, 온라인 자원의 특징은 생동감 있는 웹링크로 해당 챕터와 연결된다. 웹링크에는 아메리칸 헤리티지 영어사전의 온라인 버전과 유엔의 웹사이트 등 스피치 시 신뢰할만한 정보르 발견할 수 있는 웹사이트들이 포함된다. 링크된 사이트들은 정기적으로 관리되고 일정기간마다 추가된다.

주요단어

로고스	미디어 신뢰성	미토스
사례	사실	서사
에토스	외연적 의미	유추
은유	일화	정의
증언	지지자료	통계자료
파토스	함축적 의미	

비판적 질문: 확인과 토론을 위한 질문

1. 인간은 이야기를 말하고 듣는 것을 좋아한다. 그래서 청중은 스피치 시 이야기를 기대한다. 특히 매력적인 이야기를 기대한다. 스피치 시 서사 사용의 부정적인 면은 무엇인가? 어떻게 하면 청중들이 이야기를 즐기는 동시에 비판적으로 들을 수 있는가?
2. 비판적 청중은 연사가 단어를 어떻게 정의하는지를 세밀하게 검토한다. 만약 청중이 연사가 내린 정의를 받아들이기만 한다면 정의는 스피치에서 매우 효과적이다. 최근에 청중으로 참여한 공적인 말하기 상황을 되돌아보라. 연사의 정의에 이의를 제기했었는가? 그 용어를 다른 방식으로 정의한 것이 있다면 그것은 무엇인가? 그 정의로 스피치의 본질과 연사의 결론이 어떻게 변화하였는가?
3. 연사의 말 중 전문가, 유명인사, 일반인의 증언을 들었을 때 어떻게 확신할 수 있었는가? 무엇 때문에 증언에 회의가 들었는가?
4. 라디오, 텔레비전, 신문, 뉴스 잡지, 인터넷 중에 뉴스를 보려 할 때 가장 신뢰가 가는 미디어는 무엇인가? 매체별로 신뢰하는 이유는 무엇이고, 신뢰하지 않는 이유는 무엇인가? 만약 동료들에게 투표에 부친다면, 어떤 대답이 나오리라 예상하는가? 여러분을 포함한 동료들은 미디어 신뢰도를 어떤 방식으로 판단하는가?

8장 스피치의 조직화 및 개요잡기

Organizing and Outlining Your Speech

스피치 내용을 잘 조직해야 청중들은 보다 쉽게 아이디어를 따라오며, 하고자 하는 말을 잘 이해한다. 또한 잘 조직된 스피치는 내용의 흐름을 벗어나지 않으며, 스피치의 목적과 주제를 상기시켜준다. 제시하고자 하는 요점에 대한 순서를 치밀하게 계획하면, 좀 더 자신감을 얻을 수 있다. 스피치를 조직하는 것은 여행 계획을 세우는 것과 같다. 목적지에 어떻게 가는지 알고 있다면, 스트레스를 받지 않을 것이다. 마찬가지로 스피치가 잘 조직되어 있다면, 청중들은 스피치의 어디쯤에 와 있는지, 어디에 있었고, 어디로 갈 것인지 고민하지 않아도 된다. 조직을 잘 못하면 청중들은 힘들게 스피치의 조각을 짜 맞출 수밖에 없다. 그리고 중요한 내용을 빼놓을 수도 있다. 세심하게 스피치를 조직하면 구체적인 목적을 성취하고, 계획한대로 청중들이 반응을 할 가능성을 높여줄 것이다.

스피치의 요소

READ IT! 모든 스피치는 도입, 본문, 전환사, 결론의 네 부분으로 나눠져 있다(그림 8.1참조). 스피치의 첫 부분인 도입에서는 청중들의 관심을 끌어야 하고, 목적과 주제를 제시하고, 공신력을 설정하며, 스피치의 주요 내용을 미리 말해주어야 한다. 스피치의 본문에서는 연사가 말하고자 하는 모든 주제문과 세부 내용을 포함해야 한다. 한편 연사는 전환사, 단어, 구, 문장, 문단 등을 사용해서 도입에서 본문으로, 하나의 주제에서 다음 주제로, 본문에서 결론으로 이동해야 한다. 결론에서는 스피치를 정리하면서 주요 내용을 되짚어주고, 주제를 다시 말해주며, 마지막 말을 해준다.

스피치를 할 때에는 도입에서 시작해, 본문과 결론으로 진행한다. 그렇지만 스피치를 구성할 때에는 대부분 본문과 전환사를 먼저 개발하고, 도입을 두 번째로, 결론을 마지막으로 만든다. 〈그림 8.1〉에서는 비논리적으로 보이는 순서에 숨어 있는 논리를 보여준다. 본문에서 무엇을 말할 것인지 먼저 알고 난 후에야 도입과 결론을 개발할 수 있다. 하지만 스피치의 본문을 써나가는 도중에, 도입에서 무엇을 말할 것인지 생각해야 하며, 스피치를 끝낼 멋진 마무리에 대한 아이디어를 얻

그림 8.1 스피치의 구성

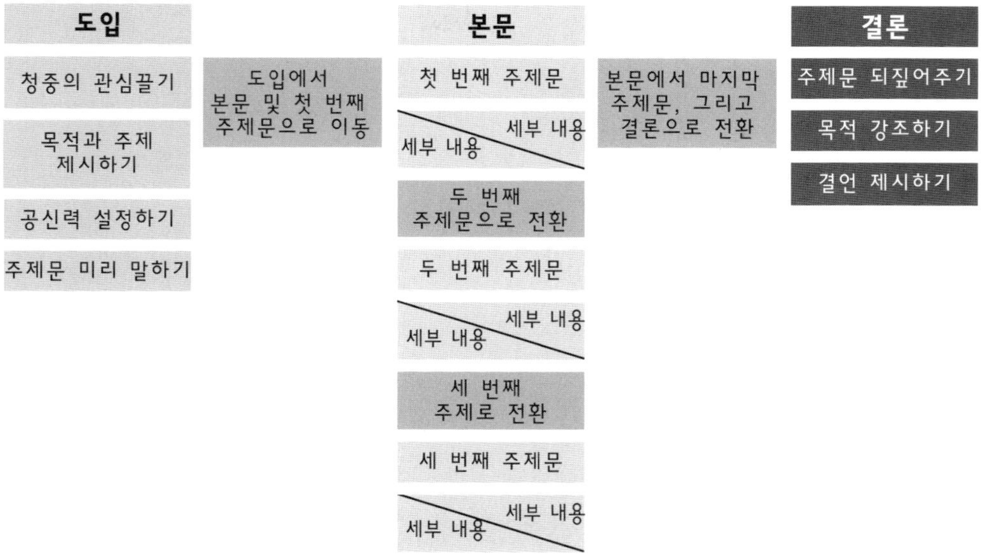

게 된다는 것을 알게 된다. 스피치를 조직한다는 것은 일반적인 연설문 만들기와 같이 언제나 하나의 순서만을 따라가는 것은 아니다.

이 장에서는 스피치의 본문을 개발하고, 요점을 연결하는 방법에 중점을 둘 것이다. 이 방법은 여느 연사들이 시작점으로 삼는 방법이기도 하다. 9장에서는 스피치를 어떻게 시작하고 끝내는지에 대해 다룬다.

스피치 본문의 조직화

본문(body)은 스피치의 액션이 실행되는 부분이다. 정보를 주고, 설득을 하고 청중을 즐겁게 해주는 것이다. 이 부분에서는 본문에서 중요한 요소에 대해 자세히 알아보고자 한다(그림 8.2).

본문
스피치의 중간에 있는 중요 부분. 주요 내용과 세부 내용이 포함되어 있음

그림 8.2 스피치 본문의 구성 요소

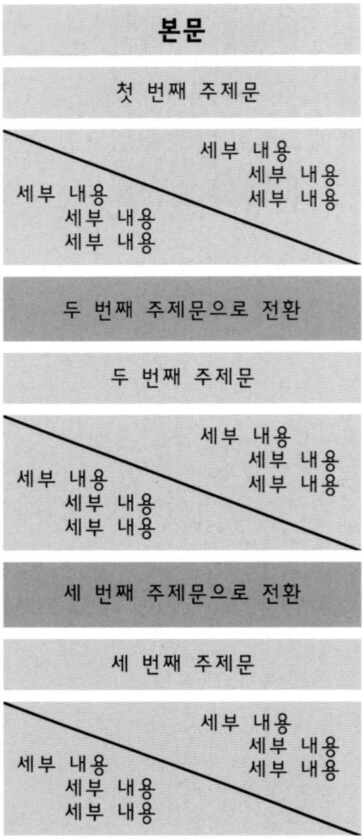

주요 요점 개발하기

개요작성은 주요 요점을 개발하는데 유용한 가이드를 제공해준다(4장). 개요작성은 주제, 개괄적인 목적, 구체적인 목적, 주제문, 주요 요점과 하위 내용을 위한 키워드를 포함한다. 개요작성을 살펴보면서, 명확성, 관련성, 균형의 원칙을 적용하면 자신의 스피치에서 무엇을 추가하고 삭제할 것인지를 확인하는데 도움이 된다.

명확성

주요 요점은 청중들에게 스피치가 무엇에 관한 것이며, 청중에게서 어떤 반응을 원하는지에 대한 명확한 아이디어를 포함해야 한다. 또한 명확하게 구체적 목적을 뒷받침해야 하며, 자신의 주제문과 일치시켜야만 한다. 아래의 예시에서 주요 요점이 어떻게 주제문의 제시된 아이디어로부터 개발되는지 살펴보라. 그것은 행복이라는 주제를 명확하게 하는 작업이다. 이 주요 요점은 또한 구체적인 목적을 뒷받침하고 있어, 연사가 청중들에게 정보를 주고자 하는 목적을 달성할 수 있도록 하고 있다.

주제: 과학적으로 접근해본 행복

개괄적 목적: 정보전달

구체적 목적: 청중들에게 행복의 과학에 대한 정보를 주기 위하여

주제문: 과학자들에 의하면 행복의 세 가지 요소에는 일상 활동에 참여하고 다른 사람과 어울리는 것, 더 넓은 목표를 위한 의미 있는 방식에 기여하는 것, 그리고 일상생활에서 기쁨을 찾는 것이라고 한다.

주요 요점:

1. 행복의 첫 번째 요소는 활동에 참여하고 타인들과 어울리는 것이다.
2. 행복의 두 번째 요소는 자신이 하는 일이 좀 더 넓은 목표로 향하는 의미 있는 방식에 기여하는 것이라고 느끼는 것이다.

3. 행복의 세 번째 요소는 간단히 일상생활에서 자신이 하고 있는 일에서 기쁨을 찾는 것이다.

약간만 주제에 대해서 말하고자 하는 바를 바꾸게 되면 구체적인 목적과 주제문이 달라진다. 즉, 주요 요점도 달라진 초점에 맞추어서 바뀌어야 하는 것이다. 예를 들면,

주제: 행복에 대한 신화

개괄적 목적: 정보전달

구체적 목적: 청중들에게 행복에 대한 신화에 대해서 알게 하기 위하여

주제문: 과학자들은 행복에 대한 공통적인 신화에 대해 파헤쳤다. 이 신화는 돈이 행복을 준다, 지식이 행복을 준다, 젊음이 행복을 준다는 것이다.

주요 요점:

1. 과학자들이 거짓이라고 증명한 첫 번째 신화는 '부가 행복을 준다'는 것이다.
2. 과학자들이 밝혀낸 두 번째 신화는 '많이 알면 행복해진다'는 것이다.
3. 과학자들이 파헤친 세 번째 신화는 '젊음이 행복의 비결'이라는 것이다.

위의 예시는 행복이라는 같은 소재에 대해 두 가지의 접근으로 소재 개발에 있어서 초기 단계가 중요하다는 것을 보여준다. 즉, 소재를 명확하게 다듬고, 구체적인 목적을 기술하고, 주제문을 쓰는 단계가 중요하다.

관련성

주요 요점은 주제와 직접적인 관련이 있어야 한다. 주제에 대해 조사를 해가면서 흥미로운 정보를 찾게 되는데, 그러한 정보들은 얼핏 보기에도 스피치와 관련이 있어야만 한다. 흥미롭고 사소한 자료를 포함시키고 싶은 생각이 들 수도 있지만, 자신의 주제와 직접적으로 관련이 없는 것이라면 구체적인 목적을 달성하는데 도움이 되지 않는다. 전문가라면 스피치에 포함시킬 주제에 대해서 언제나 많이 알고 있겠지만 목적 달성에 방해가 되는 정보는 포함시키지 않도록 한다. 계속해서 구체적인 목적과 주제문을 되짚어보고, 실제로 관련이 있는 요점이 무엇인지 확인한다.

주요 요점은 주제뿐 아니라 다른 주요 요점과도 깊게 관련이 있어야 한다. 아래의 주요 요점을 살펴보자. 이는 정보전달 스피치를 위한 주요 요점들이며, 미국의 공상과학 작가인 옥타비아 버틀러(Octavia Butler)에 대한 것이다.

주제: 옥타비아 버틀러의 업적

개괄적 목적: 정보전달

구체적 목적: 청중들이 옥타비아 버틀러의 주요 업적에 대해서 잘 알게 하기 위해서

주제문: 옥타비아 버틀러는 많은 업적을 남겼다. 2개의 휴고(Hugo)상과 네뷸러(Nebula)상, 맥아더 지니어스 그랜트, 펜 아메리칸 센터에서 생애 공로상 수상 등이다.

주요 요점:

1. 버틀러는 공상과학 소설을 통해 2개의 휴고상과 네뷸러상을 수상했다.
2. 1995년 버틀러는 최초로, 당시까지는 유일하게 공상과학 작가로서 맥아더 재단으로부터 '지니어스 그랜트'를 수상했다.
3. 버틀러는 펜 아메리칸 센터 라이프타임 어치브먼트 어워드를 1999년 작으로 수상했다.

각각의 주제문은 버틀러가 인지도를 얻게 된 주요 수상경력에 초점을 맞추고 있다. 버틀러는 다른 방법으로도 성공을 했었는데, 12살에 공상과학영화 대본을 쓰기도 했고, 자신의 소설 〈Kindred〉를 25만부 판매하기도 했다. 이러한 중요한 업적들이 있지만, 이것은 그녀가 수상한 상에 대한 논의와는 직접적으로 상관이 없다.

© Matthew Jordan Smith/Corbis

▲ 옥타비아 버틀러에 관한 정보 스피치는 그녀 인생 전반의 성취물보다는 그녀가 수상한 주요 저술상에 초점을 두는 것이 좋다.

균형

주요 요점들끼리 어떻게 균형을 이루고 있는가에 대해서도 생각해보아야 한다. 각각의 주요 요점들은 서로 관련이 있으면서 중요성이 동일해야만 한다. 모든 요점들이 중요성에 있어서 완벽하게 동일하지는 않을 것이

다. 그렇지만 하나의 요점이 다른 요점들보다 훨씬 더 중요하거나, 훨씬 못 미치는 것이어서는 안 된다. 하나의 사건에 대해 정보를 전달하는 스피치의 예시를 하나 들어보자.

주제: 앤 아버(Ann Arbor) 거리의 아트페어

개괄적 목적: 정보전달

구체적 목적: 앤 아버 거리에서 매해 개최되는 길거리 아트페어에는 많은 재미가 있다는 것을 청중에게 알리기 위하여

주제문: 사람, 장소, 그리고 예술이 매해 열리는 앤 아버 거리 아트페어를 흥미로운 이벤트로 만들어 참여를 하게 한다.

주요 요점:

1. 공연자, 예술가, 자원봉사자, 관람객들은 앤 아버 거리 아트페어를 생동감 있게 만든다.
2. 미시간대학으로 돌아가면, 앤 아버는 낯설지 않게 사람들이 환영을 받는다는 느낌을 준다.
3. 도자기에서부터 보석류에 이르기까지 거의 20가지의 서로 다른 타입의 예술들이 감각의 향연을 제공한다.

이 예시에서 보면, 앤 아버 거리 아트페어의 세 가지 특징이 이 이벤트에 동등하게 기여를 하고 있다. 아마도 각각의 요점에 대해서 동일한 시간을 할당할 계획을 세우게 될 것이다.

만약 자신이 논의하고자 하는 주요 요점 전체가 중요성에 있어서 동일하지 않다면, 중요하지 않은 요점에는 시간을 적게 소요함으로써 대략 균형을 맞출 수 있을 것이다. 앤 아버 거리 아트페어에 함께 어울리는 사람들에 대한 스피치를 생각해보자.

주제: 앤 아버 거리 아트페어의 사람들

개괄적 목적: 정보전달

구체적 목적: 앤 아버 거리 아트페어의 사람들에 대해 청중들에게 정보를 주기 위하여

주제문: 앤 아버 거리 아트페어의 사람들은 진행진, 자원봉사자, 예술가, 공연자, 관람객들로 이루어진다.

주요 요점:

1. 진행진들은 이 이벤트를 계획하기 위해 한 해 동안 일에 매진한다.
2. 자원봉사자들은 전시회 안내를 하기도 하고, 길 잃은 아이를 부모에게 찾아주는 등 모든 일을 한다.
3. 거의 200명의 예술가들이 창작품을 전시한다.
4. 공연자들은 모든 사람들이 들떠있도록 한다.
5. 수천만 명의 관람객들이 전 세계에서 매해 이 행사에 참여하기 위해 온다.

아마도 예술가나 공연자에 대해서 이야기하는데 더 많은 시간을 할애할지도 모른다. 그들이 이 아트페어에 참가를 하는 이유 자체이기 때문이다. 또는 진행진이나 자원봉사자들이 행사 뒤편에서 하는 일에 강조를 할 수도 있다. 강조점이 무엇이든 간에, 각각의 요점에 비슷한 양의 시간을 사용함으로써 균형을 유지할 수 있다. 예를 들어서, 예술가와 공연자에 대해 각각 2분씩 사용하고, 진행진이나 자원봉사자, 관람객에 대해서는 1분씩 할당할 수 있다.

각 주요 요점의 균형을 평가하는 데는 스피치에 포함되는 요점의 숫자가 적절한지 확인하는 것도 필요하다. 요점의 개수가 적절한지 결정하는 것을 도와주기 위해, 다음의 것을 고려해보길 바란다. (1) 구체적인 목적을 달성하기 위해서 어떤 정보가 꼭 들어가야만 하는가? (2) 얼마 동안 스피치를 할 수 있는가? 앤 아버 거리 아트페어의 사람들에 대해서 정보전달 스피치를 하는데 5분이 주어졌다고 해보자. 이 시간 동안 각각의 요점에 대해서 적절하게 이야기를 하고, 도입부나 결론부에서 충분한 관심을 끌어낼 수가 있겠는가? 아니다. 각각의 요점에 최소 1분씩은 할당해서, 청중들에게 깊은 정보를 주기에는 주어진 시간이 부족하다. 더 많은 시간을 확보하거나, 요점의 수를 줄여야 한다. 만약 할당된 시간을 조정할 수 없다면, 요점의 개수를 줄여야 한다. 예를 들어서, 아트페어에 참여하는 예술가나 공연자와 같은 창작자들에게만 초점을 맞출 수 있을 것이다. 혹은 진행진이나 자원봉사자처럼 눈에 띄지 않는 사람들에 대해서 이야기할 수 있을 것이다. 혹은 서로 상호작용하는 두 집단인, 예술가와 관람객에 집중할 수 있다.

주요 요점을 조직하기 위한 유형

일단 스피치의 주요 요점을 선택했다면, 명확하고 논리적인 유형으로 조직해야 한다. **조직화의 유형**(patterns of organization)은 주요 요점들을 배열하는 구조로서, 청중들이 아이디어 사이의 관계를 이해할 수 있도록 도와준다. 효과적인 조직화의 유형을 선택하기 위해서는 스피치 주제와 개괄적 목적, 구체적 목적, 주제문 등을 세심하게 살펴보아야 한다.

조직화의 유형
스피치 주제문의 배열 구조

연사는 공통적으로 여섯 가지 조직화의 유형을 사용한다. 추가적으로 설득을 위한 스피치에서 주로 사용되는 유형인 먼로(Monroe)의 동기부여 절차는 14장에서 논의하였다. 〈표 8.1〉에서는 이 장에서 논의된 조직화 유형들을 개략적으로 정리하였다.

연대기적 구성

연대기적 유형(chronological pattern)은 아이디어들을 시간 순서대로 배열하는 것이다. 예를 들어 새집을 짓는 법에 대한 스피치를 한다면, 청중들이 가장 먼저 해야 할 것으로 시작하고, 두 번째로 해야 할 것을 다음에 설명하는 방식으로 이어갈 것이다. 완성의 순서대로 각각의 단계를 다루게 되는 것이다.

연대기적 유형
어떤 것이 어떻게 발전되었는지 혹은 시간 순서에 따라 어떻게 발생했는지를 통해 스피치를 조직하는 유형

또한 연대기적 유형을 사용해서 주제와 관련된 역사의 자취를 따라갈 수 있다. 예를 들어, 한 스피치에서는 인터넷의 역사에 대해 다루면서 중요한 사건에 초점을 맞출 수 있다. 1969년 인터넷의 전신인 아르파넷(ARPANET)이 개발되었고, 이후 30년 뒤에 팀 버너스-리(Tim Berners-Lee)가 웹에 대한 아이디어를 냈다는 식이다.[1] 이러한 사건 혹은 전환점들은 스피치를 위한 주요 요점을 제공한다.

주제: 인터넷의 역사

개괄적 목적: 정보전달

구체적 목적: 청중들에게 인터넷의 역사상 중요한 사건에 대해 알려주기 위해서

주제문: 인터넷의 역사상 4번의 중요한 전환점이 있었다. 첫 번째는 ARPANET(Advanced Research Projects Agency)이 주요 미국 대학을 연결한 것이다. 두 번째는 이모티콘이 가장 먼저 사용된 것이며, 세 번째는 팀 버너스-리가 하이퍼텍스트에 대한 아이디어를 발전시킨 것이다. 마지막으로 냅스터(Napster)가 시작된 것이다.

표 8.1 조직화의 유형

유형	간략한 정의	유용한 상황	제공 내용	학생 예문
연대기	무언가가 발전되거나 시간에 따라 발생하는 방식	다루는 주제의 역사, 사건의 순서, 절차의 단계에 대해서 자세히 설명	시간에 따라 어떻게 펼쳐지는지 알게 해줌	주제: 일자리 찾기 주제문: 일을 찾기 위해서는 네 가지 단계가 필요하다. 자기분석, 이력서 만들기, 지원, 이후 추적.
공간	물체와 장소 간의 물리적 혹은 방향적 관계	물체, 장소, 혹은 무언가가 어떻게 디자인 되었는지 설명	주제 간의 관계를 가시적으로 이해할 수 있게 해 줌	주제: 나의 고향, 오레건주의 포틀랜드 주제문: 포틀랜드는 4구역으로 나눠져 있다. 북서, 북동, 남동, 남서쪽이다.
주제	동일한 중요성을 가지 하위 주제들을 배열	주제를 구성하는 요소들에 대해 설명	주제 안에 존재하는 하위요소들을 이미지화함	주제: 사용할 수 있는 지역 대중교통 주제문: 우리 지역의 기본적인 대중교통은 경전철, 트롤리, 버스이다.
서사	사건을 이야기나 작은 연속적인 이야기로 드라마틱하게 다시 이야기	청중들에게 몰입하거나 참여를 할 수 있게 독려	연사의 시각을 공유할 수 있는 토대가 됨	주제: 카약 모험 주제문: 위스콘신과 미시간주의 경계에 있는 메노미니강에서 카약을 타는 것은 하얀 포말과 짜릿한 탑승감 그리고 재미가 있다.
인과	어떻게 하나의 행동이 특정한 결과를 만들어냈는지 보여줌	2개 이상의 사건 간의 인과적 관련성을 보여줌	조건이나 사건 간의 관계를 보여줌	주제: 당뇨와 다이어트 주제문: 설탕을 너무 많이 섭취해서 최근 당뇨에 걸린 미국인이 급격히 증가했다.
문제 해결	문제를 말해주고, 가능한 해결책을 제시	청중들이 특정한 행동의 방향성에 동의를 하는데 확신을 줌	문제를 해결하기 위한 특정 해결책에 대해 고민하는데 논리를 줌	주제: 텔레커뮤니케이션 주제문: 많은 수의 사람들이 장거리 출퇴근을 하기 때문에 보다 많은 회사들이 텔레커뮤니케이션을 촉진해야 한다.

주요 요점:

1. 1969년 ARPANET이 4개의 주요 미국 대학을 연결했다.
2. 1979년 공상과학 소설 이메일 리스트에 올라있는 사람들이 온라인에서 감정을 표현하기 위한 수단으로 첫 번째 이모티콘을 사용했다.
3. 1989년 팀 버너스-리는 하이퍼텍스트에 대한 아이디어를 개발했고, 이것은 추후 월드 와이드 웹의 기초가 되었다.
4. 1999년 숀 팬닝(Shawn Fanning)은 냅스터 발명, P2P(peer-to-peer)로 파일을 공유할 수 있게 되었다.

공간적 구성

공간적 유형(spatial pattern)을 사용하는 스피치는 장소와 같은 물리적 관계에 기초를 하여 주제문들을 연결시킨다. 이 유형은 특히 공간이나 물체에 대한 정보전달이나 오락 스피치에 적합하다. 예를 들어, 방에 대해 설명한다고 하면 이 방에 있는 물체와 각각의 물체에 준하여 장소를 확인해야 한다. "방으로 걸어 들어가면, 밝은 주황색 소파가 먼 벽 쪽에 있고, 플라즈마 텔레비전과 수족관이 마주하고 있다." 태양계에 대한 정보전달 스피치는 각각의 행성들을 태양으로부터 멀어지는 순서대로 소개할 수 있다. 수성, 금성, 지구, 화성, 목성, 토성, 명왕성, 해왕성 등. 이와 비슷하게, 가보았던 흥미로운 장소에 대해서 즐거움을 주고자 할 때는 스피치를 하고 있는 장소에서 가장 먼 곳에서 시작해서 가까운 곳으로 진행해 올 수 있다.

Speaking of ... 타임머신

연대기적 구성 유형은 시간을 따라 앞으로도 나아갈 수 있지만, 되돌아 갈 수도 있다. 영화제작자들은 가끔 이런 전략을 사용해서 핵심적인 영화의 결말을 말해주고 나서 시작점으로 돌아간다. 스티븐 스필버그의 1972년 이스라엘 올림픽 팀을 공격했던 테러리스트에 대해 그린 영화 뮌헨(Munich)에서 이런 기법을 사용했다. 연대기적 순서에 따라서 사건을 보여주는 것은 청중들이 첫 번째 단계 또는 사건에 대해서 알지 못할 때뿐이다. 서스펜스의 요소를 통해 청중들의 관심을 끌 수 있어야 한다. 그래야 청중들은 무엇이 이미 알고 있는 결말로 이끌었는지 알고자 하는 기대를 가지며 듣게 될 것이다. 예를 들어서, 오늘날 대부분의 사람들은 인터넷에 친숙하다. 하지만 예전의 인터넷은 어떠했는지 아는 사람은 거의 없다. 따라서 이런 경우는 연대기적 유형에 알맞다고 할 수 있다.

공간적 유형
물체나 장소 간의 물리적 또는 방향적 관계에 따라 스피치를 조직하는 유형

주제: 내가 가봤던 흥미로운 장소

개괄적 목적: 오락

구체적 목적: 내가 가봤던 흥미로운 장소들의 이야기를 통해 청중들을 즐겁게 해주기 위해서

주제문: 메인주의 귀신이 떠도는 히치본(Hitchborn) 여관, 테네시주의 소금, 후추 쉐이커 박물관, 몬타나주의 부트힐(Boot Hill) 묘지의 쥐묘, 시애틀의 지하 도시가 내가 가봤던 재미있는 곳이다.

주요 요점:

1. 메인주의 귀신이 떠도는 히치본 여관은 페놉스콧 베이 근처에 있으며, 아마도 여기에서 가장 멀리 떨어진 곳일 것이다. 그렇지만 때로 나는 아직도 유령들이 바로 여기에 있는 것처럼 느껴진다.
2. 서남쪽으로 여행을 하다보면, 테네시 갤틴버그의 소금, 후추 쉐이커

박물관에 다다르게 될 것이다.

3. 서북쪽으로 향하다보면, 몬타나의 버지니아 시에 도착하게 되는데, 부트힐 묘지에 매장된 3개의 악당 쥐묘를 발견할 수 있다.
4. 마지막으로 계속해서 서쪽으로 가다보면, 여기서 가장 가까운 재미있는 장소에 도착하게 되는데, 시애틀의 지하도시이다.

주제별 구성

주제별 유형

동등한 중요성을 가진 세부 주제들을 배열함으로써 스피치를 조직하는 유형

주제별 유형(topical pattern)은 주제를 구성내용, 요소, 관점 등을 기준으로 세부 주제로 나눈 것이다. 예를 들어, 골프를 칠 때 사람들이 배우는 것에 대해 스피치를 할 때, 학생들은 세 가지에 대해 논의했다.

주제: 골프를 치는 사람들에게서 배우기

개괄적 목적: 정보전달

구체적 목적: 청중들에게 골프를 치고 있는 사람들에게 무엇을 배울 수 있을지 알려주기 위해서

주제문: 사람들이 골프를 칠 때, 그들은 예상치 못한 상황을 다루는 법, 인내심, 타인에 대한 배려를 보여준다.

주요 요점:

1. 골프를 치고 있는 사람들을 살펴보면, 예상치 못한 상황에 대처하는 법에 대한 통찰력을 얻을 수 있다.
2. 골프를 치고 있는 사람들을 보면, 그들이 어떻게 인내를 하는지 알 수 있게 된다.
3. 골프를 치고 있는 사람들을 보면 다른 사람들을 어떻게 배려하는지 알 수 있게 된다.

이러한 요점들은 골프를 치는 사람을 관찰함으로써 사람에게서 배울 것이 있다는 주요 주제와 명확하게 관련이 있다. 그렇지만 이러한 요점들도 골프와 관련이 있을 수 있다. 예를 들면, "골프는 하기 좋은 게임이다"라든지 "골프는 어느 나이에나 할 수 있다"라는 것이다. 이런 내용은 이 스피치에 맞지 않는데, 연사가 초점을 맞추고자 하는 주제를 구성하는 세부 주제가 아니기 때문이다.

서사적 구성

서사적 유형(narrative pattern)을 이용하면, 주요 요점을 이야기의 형태로 만들게 된다. 감사의 스피치 또는 스피치의 도입부에는 주로 서사 형식을 따른다. 청중은 흥미롭거나 기억할만한 이야기를 알게 된다. 이렇게 서사적 유형은 스피치에 몰입하게 하는 구성의 선택 대안이 된다.[2]

서사적 유형
이야기나 짧은 이야기의 시리즈로 사건을 극적으로 개작하여 스피치를 조직하는 유형

많은 이야기들은 아래의 순서를 따른다. 장면을 설정하고, 최초의 갈등을 기술한다. 행동을 증가시킨다. 갈등을 배가시킨다. 갈등이 최고조에 달하고, 최종 결말에 다다른다.[3] Fabergé 달걀의 역사에 대한 정보전달 스피치를 살펴보자.

주제: Fabergé 달걀

개괄적 목적: 정보전달

구체적 목적: 청중들에게 Fabergé 달걀의 역사에 대한 정보를 주기 위해서

주제문: Fabergé 달걀의 역사는 충성심, 부, 도적질, 법적 싸움, 해피엔딩을 담고 있다.

주요 요점:

1. 첫 번째 Fabergé 달걀은 러시아의 시저 알렉산더 3세를 위해 1885년에 Imperial Easter 달걀로 제작되었다.[4] (장면 설정)
2. 1918년 러시아의 황제 가문이 도륙 당한다. (최초의 갈등)
3. 그들의 저택이 수색되었을 때, 8개의 달걀이 사라졌다. (행동의 증가)
4. 거의 100년이 지나서 러시아의 백만장자가 사라진 달걀을 사들였다. (갈등 증가)
5. 법정 공방이 시작되었다.(갈등 고조)
6. 마침내 몇 년 전에, 한 때 사라졌던 8개의 달걀이 러시아로 환수되었다. (최종 결과)

AFP/Getty Images

▲ Fabergé 달걀의 역사는 흥미로운 내용을 주기 때문에, 정보전달 스피치를 위한 서사적 구성 유형에 잘 맞는다.

●●● THE EVOLVING ART ●●● 비선형적 서사

서사적 구성 유형은 아리스토텔레스 시대의 서사보다는 선형성이 약하다. 그 시대의 이야기들은 시작에서 중간, 끝의 순서로 진행되었다. 오늘날의 청중들은 인터넷의 비선형성에 익숙해져 있다. 한 지점에서 다른 지점으로 클릭하면, 그 중간에 있는 많은 내용은 훌쩍 뛰어넘을 수 있다. 이제 서사는 간혹 예상할 수 없는 방식으로 펼쳐지는데, 크래쉬, 펄프 픽션, 메멘토와 같은 영화에서는 시간과 인물을 초월해 앞뒤로 움직인다. 새로운 방식으로 자신의 아이디어의 구조를 잡는 서사를 사용하면 청중들을 끌어들일 수도 있고, 혹은 혼동시킬 수도 있다. 서사의 주요 내용이 어떻게 서로 맞아 들어가는지 단서를 제공하면 청중이 이야기를 따라오고 스피치에 흥미를 유지하는 데 도움이 될 것이다.

인과적 구성

인과적 유형

어떻게 행동이 특정한 결과를 유발하는지 보여줌으로써 스피치를 조직하는 유형

인과적 유형(cause-and-effect pattern)은 하나의 행동이 또 다른 행동을 이끌어낸다는 아이디어에 기초하고 있다. 이 유형을 사용할 때에는 명확하고 세심하게 원인과 결과를 연결시켜야만 한다. 이를 위해서는 적절하고 효과적인 보충자료들이 제공되어야 한다. 대부분 설득 스피치에서 사용되지만, 정보전달 스피치에서도 인과 유형이 사용될 수 있다. 예를 들어서, 명상의 긍정적 효과에 대한 정보전달은 인과적 구성 유형에 잘 맞는다.

주제: 명상의 긍정적 효과

개괄적 목적: 정보전달

구체적 목적: 청중들에게 명상의 긍정적 효과에 대해 알려주기 위하여

주제문: 적은 산소를 사용하고, 심장 박동을 낮추고, 뇌파를 바꿈으로써, 명상은 안정시키고, 만족감을 느끼게 하고, 창조적으로 생각할 수 있도록 도와준다.

주요 요점:

1. 명상은 몸에 세 가지의 변화를 준다.
   A. 명상을 할 때 적은 산소를 사용한다.
   B. 명상을 할 때 심장박동이 적어진다.
   C. 명상을 할 때 쎄타파(백일몽과 관련된 뇌파)의 주파수가 증가한다.
2. 이러한 몸의 변화는 세 가지의 주요 효과를 나타낸다.
   A. 보다 많은 안정감을 느끼게 한다.

B. 좀 더 만족감을 준다.

C. 좀 더 창조적으로 생각하게 해준다.

설득 스피치를 위해 인과 유형을 사용할 때, 청중들은 특정한 상황이나 사건을 발생시키는 원인에 대해 동의해야 한다. 미국의 노숙자에 대한 주제를 가지고 생각해보자.

주제: 미국의 노숙자

개괄적 목적: 설득

구체적 목적: 청중들에게 교육과 건강보험의 부족으로 노숙자가 발생한다는 것을 확신시키기 위해서

주제문: 교육의 기회가 부족하고 적절한 건강보험에 접근할 수가 없기 때문에 미국인들이 점차 노숙자가 되어 간다.

주요 요점:

1. 미국의 노숙자 발생에는 두 가지 주요 원인이 있다.
   A. 미국 교육시스템의 심각한 불평등은 일부 사람들에게 한정된 교육 기회를 부여하고 있다는 것을 의미한다.
   B. 많은 미국인들은 보험이 없거나 정규 건강보험을 감당할 수가 없다.
2. 위의 두 가지 조건이 미국 노숙자를 양산하는데 두 가지의 결과를 가져온다.
   A. 양질의 교육 없이 개인들은 살 집을 마련할 돈을 얻을 수 있는 직업을 구하지 못한다.
   B. 적정한 건강보험 없이 사람들은 종종 치료를 받을지 집세를 낼 지 결정해야만 한다.

청중들이 처음의 원인인 미국 교육시스템의 불균형과 적정한 의료보험의 부족에 대해 동의한다면, 노숙자 양산에 기여하는 결과에도 동의할 가능성이 많다. 반대로 위에서 말한 원인에 동의하지 않는다거나 다른 이유를 발견했다면, 설득이 잘 되지 않을 것이다.

문제해결 구성

문제해결 유형

문제를 기술하고 가능한 해결책을 제안함으로써 스피치를 조직하는 유형

연사가 **문제해결 유형**(problem-solution pattern)을 사용한다면, 구체적인 딜레마나 문제가 특정한 행동의 방향이나 해결책을 필요로 한다는 것을 청중들에게 확신시키고자 할 것이다. 확실히 현존하는 문제를 설정하는 것은 청중을 설득하기 위한 토대를 만들어 해결책이 시행되어야만 한다고 생각하게 만든다. 학교 축구팀이 계속해서 지출을 하고 있으며, 벌어들이는 것보다는 많은 재정을 소비한다고 가정해보자. 설득 스피치에서 축구팀을 해체해야 한다고 제안하는 것이 적절할 것이다. 그렇지만 청중이 문제가 없다고 생각한다면, 해결책을 지지하지 않을 가능성이 많다.

주제: 우리 학교의 축구팀 해체

개괄적 목적: 설득

구체적 목적: 청중에게 더 이상 우리 학교에 축구팀이 필요 없다는 것을 확신시키기 위해서

주제문: 우리 학교의 축구팀은 학교의 자원을 고갈시키기 때문에 없어져야만 한다.

주요 요점:

1. 우리학교의 축구팀은 매년 적자를 보고 있다.
2. 축구팀은 학교의 재정에서 다른 프로그램에 쓸 돈을 고갈시키고 있다.
3. 우리 학교의 축구팀은 없어져야만 한다.

게다가 연사가 제안한 해결책이 앞서 말한 이슈를 잘 해결할 것이고, 합당하게 실행될 수 있다는 것을 증명해줘야만 한다. 예를 들어서, 공기 오염을 문제로 밝히고 미국의 모든 가정이 자동차 사용을 제한해야 한다는 해결책을 내놓았다고 치자. 청중들, 특히 미국에서는 이 해결책은 너무 극단적이거나 실행하기 어렵다고 생각할 가능성이 많다. 따라서 청중들에게 자동차 사용을 포기할 것을 요구하기보다는 좀 더 작은 실천을 하도록 촉구할 수 있을 것이다. 예를 들면, 일주일에 하루 정도 차를 타지 않는 것이다. 이러한 해결책은 문제에 대한 균형 잡힌 반응을 제공할 것이고, 청중이 합당하다고 생각할 수 있는 행동 변화를 제시한다.

스피치를 조직하는 여섯 가지 유형에 대해서 배워봤다. 이는 연대기, 공간, 주

표 8.2 스피치 조직 유형의 응용: 단일 주제(투표하기)

유형	개괄적 목적	구체적 목적	주제문	주요 요점
연대기	정보 전달	청중들에게 미국 투표의 역사상 주요했던 헌법개정에 대해 알려주기 위해서	15차, 19차, 24차 등 미국 내에서 투표에 관한 세 번의 헌법 개정이 있었다.	1. 15차 미국 헌법 개정에서는 모든 미국 시민들이 인종, 피부색, 이전의 노예상태와 상관없이 투표를 할 수 있는 권한을 부여했다. 2. 19차 헌법 개정에서는 여성들에게 투표할 수 있는 권리를 주었다. 3. 24차 개정에서는 인두세 혹은, 세금 내는 사람에게 투표할 수 있게 하는 관행을 철폐했다.
공간	정보 전달	청중들이 전형적인 투표지의 배치에 대해 알 수 있도록 하기 위해서	투표지의 배치는 크게 네 부분으로 나눠진다. 선거 제목과 설명, 지시내용, 투표해야 할 인물과 항목, 투표를 기록하는 공간이다.	1. 투표 제목과 설명은 투표지의 맨 위에 배치된다. 2. 어떻게 투표를 끝내는지가 설명되어 있다. 3. 후보, 공약, 입장, 발의안 등이 특정한 순서로 나열된다. 4. 투표를 기록할 공간은 보통 오른쪽에 배치된다.
소재	정보 전달	청중들이 다른 민주주의 국가에서는 어떻게 투표가 이뤄지는지 알게 하기 위해서	필리핀, 남아공, 호주는 미국과 다른 투표 체계를 가지고 있는 민주주의 국가의 예시이다.	1. 필리핀의 투표시스템 2. 남아공의 투표시스템 3. 호주의 투표시스템
서사	오락	대학 캠퍼스 학생회장 선거 출마의 재미있는 측면을 청중들과 공유하기 위해서	학생회장 선거에 나가는 모험은 나의 학업에 거의 종지부를 찍을 지경이었지만, 예상치 못한 결말을 가져왔다.	1. 우리 학교 학생회장 선거일은 나에게 있어서 운명의 날이었다. 2. 선거 출마로 나는 거의 학교에서 추방될 뻔했다. 3. 정치학 교수님이 내 전공을 바꿀 것을 제안했다. 4. 이 이야기의 끝은 나조차도 놀랍다.
인과	설득	미국은 표준화된 연방차원의 투표 규정이 필요하다는 것을 청중들에게 설득하기 위해서	투표 규정과 국내의 각 주들 간의 절차가 달라 투표일에 투표 문제를 야기시켰다.	1. 지역과 주 정부는 투표 절차에 책임을 지고 있다. 2. 투표 기준의 상이성은 국가, 주, 지역 차원의 끊임없는 투표 문제를 일으키고 있다.
문제 해결	설득	청중들에게 미국에서 대안적인 투표 절차를 고려하는 것을 촉구하기 위해서	사람들에게 투표 방식의 유연성을 주는 것은 선거일에 선거구에 오지 못하는 문제를 해결할 수 있다.	1. 많은 사람들이 투표를 하지 못한다. 선거일에 선거구에 오는 것이 힘들기 때문이다. 2. 대안적인 투표방법(예, 우편 투표)은 선거구에 오지 못하는 문제를 해결할 것이다.

Watch it!

동영상 링크 8.1: 조직의 유형 복습하기
안토니는 스피치의 주요 내용을 조직하는데 공통적으로 사용되는 조직의 유형을 복습하는 것을 도와준다.

Use it!

활동 링크 8.1: 모든 것은 그 안에 있다
이 활동은 잘못 조직된 개요를 교정할 수 있는 기회를 제공하고 개요를 잡기 위해 사용되는 조직의 유형을 확인할 수 있도록 한다.

제, 서사, 인과, 문제해결이다. 〈표 8.2〉에서는 '투표하기'라는 하나의 주제가 조직 유형에 따라서 어떻게 바뀌는지 보여주고 있다.

전환사로 아이디어 연결하기

결속성
아이디어 간의 명백하고 그럴듯한 연결

전환사
스피치의 조직과 주요 내용의 명확한 연결 과정에서 스피치의 위치를 표시하기 위해 사용하는 단어, 구, 문장 또는 문단

효과적인 말하기는 주제를 잘 조사하는 것 이상으로, 자료를 논리적인 방식으로 조직하여 발전시키는 것을 필요로 한다. 스피치는 또한 **결속성**(coherence)을 가지고 있어야 한다. 즉 아이디어 간의 연관성이 드러나 보이고 그럴듯해 보여야 한다. **전환사**(transition)는 이러한 결속성을 만드는데 중요한 역할을 한다. 전환사는 하나의 아이디어 혹은 스피치의 한 부분에서 다음 부분으로 이동하는 방향을 지시하는데 도움을 준다.[5] 효과적인 전환사는 다음의 특징을 가지고 있다.

- 부드럽고 명확하게 도입부에서 본문으로 이동한다.
- 본문 내에 있는 하나의 주요 내용에서 다음의 주요 내용으로 이동한다.
- 본문에서 결론으로 빠져 나간다.

〈표 8.3〉에서는 전환사에 사용되는 어휘와 구가 제시되어 있다.

대부분의 전환사는 짧고 쉽게 스피치를 통합시키며, 이것을 뺀다면 청중은 혼란스러워 할 것이다. 짧고 명확한 전환사를 사용하는 것은 특별한 노력 없이도 청중이 스피치의 내용의 방향을 잡을 수 있도록 도와준다. 이 부분에서는 보다 자세하게 주요 세 부분에서 어떻게 전환사를 사용할 수 있는지 살펴본다. 이 주요 부분은 첫 번째 주요 요점을 도입하는 부분, 하나의 주요 요점에서 다음의 주요 요점으로 가는 부분, 마지막 주요 요점을 마치고 결론으로 들어가는 부분이다.

첫 번째 주요 요점 도입하기

스피치에서 도입을 하고 나면 본문의 첫 번째 주요 요점으로 이동할 준비가 된 것이다. 이 작업을 부드럽게 하기 위해서 간단한 전환사를 포함하여 스피치의 방향을 나타내는 **이정표**(signpost)를 제시해주어라. 이정표는 첫째, 다음, 마지막으로 등과 같은 순서 전환사를 포함하며, 청중들이 스피치의 어디쯤 와 있는지, 어느 방향으로 가는지 알게 해준다. 다음과 같이 말할 수 있다.

이정표
스피치에서 주요 이동을 표현해주는 전환사로서 청중에게 구성을 명확히 해줌

표 8.3 전환사의 유형

전환사의 유형	단어 혹은 구	예시
순서	첫째, 둘째, 셋째, 다음으로, 그런 다음, 마지막으로	첫째 저는 캘리포니아 선교의 역사를 살펴볼 것입니다.
강조	유사하게, 또한, 이와 같이, 게다가	또한 여러분들은 지역 초등학교에서 교사로 자원봉사할 수 있습니다.
대조	그러나, 그렇지만, 대조적으로, 반면에, 그렇지 않다면, 그럼에도, 대신에	그렇지만 최선의 전략은 미리 준비를 잘하는 것입니다.
시간	~할 때, ~하는 동안에, 현재, 이전에, 후에, 지금, 최근에, 그때, 동안, 후에	이 과정 동안 시계를 잘 보고 시간을 지켜야 합니다.
인과	그러므로, 그래서, 결과적으로, 따라서, 왜냐하면, 이 이유로, 결론으로	그러므로 지금 돈을 관리하는 법을 배우는 것은 미래에 재정적 문제를 피할 수 있도록 도와 줄 것입니다.
요약/결론	요약하면, 요약해봅시다, 마지막으로, 다시 되짚어보면, 앞에서 논의했듯이	마지막으로, 좋은 공부 습관은 무엇이 효과적이고 그렇지 않은지 평가하는 것을 요합니다.

- 지금, 도입부에서 언급한 첫 번째 내용을 좀 더 발전시켜 보겠습니다.(그런 다음, 첫 번째 내용을 언급한다)
- 말했듯이, 우리는 먼저 (첫 번째 내용)에 대해 생각해볼 것입니다.
- 먼저, 저는 (첫 번째 내용을) 설명할 것입니다.

전환사를 말로 하고 나서, 첫 번째 주요 내용을 이야기하기 시작하라.

주요 요점 간의 전환사

본문 내 하나의 주요 요점에서 다음 주요 요점으로 이동할 때, 내부 전환사를 사용해서 명확하게 가고 있는 방향의 이정표를 제시해주어라. 인간의 생물학적 세포 복제에 대한 스피치의 본문에서 이동을 할 때 어떻게 말할 수 있는지 예시를 살펴보자.

- 지금 저는 인간의 생물학적 세포 복제가 무엇인지 설명했습니다. 두 번째 내용으로 넘어가서, 인간 복제가 의학 연구에 주는 이익은…
- 우리는 인간의 생물학적 세포 복제의 기초에 대해서 알았습니다. 이제 의학 연구에 무엇을 제공하게 되는지 생각해 봅시다.
- 보시다시피, 인간의 생물학적 세포 복제는 복잡하고 흥미로운 주제입니다. 이만큼 흥미로운 주제가 또 있는데, 그것은 의학 연구에 대한 잠재성으로, 앞으로 좀 더 자세히 살펴보고자 합니다.

내부 요약

주요 내용이나 세부 내용에 대한 리뷰로 다음 내용으로 이동하기 전에 제시됨

내부 요약(internal summaries)은 좀 더 긴 전환사로 청중이 하나의 주요 내용에서 다음 내용으로 넘어갈 수 있도록 도와준다. 이러한 전환사는 청중에게 이전에 제시된 정보들을 상기시켜, 보다 확실히 이해할 수 있도록 한 후, 다음 내용으로 넘어갈 수 있게 한다. 이어지는 예시는 워싱턴 D.C.에 있는 국제 스파이 박물관에 대한 정보전달 스피치로 연대기적 전환사를 사용했다.

> 따라서 스파이 행위의 기초에 대해서 배우고, 위장을 선택하는 것으로 박물관 투어를 시작하게 될 것입니다. 박물관의 첫 번째 부분에 완전히 몰입하면 남은 여행을 계속해서 즐길 수 있습니다. 스파이 도구, 무기, 벌레 등은 다음 전시에서 발견하게 되는 것으로 자신이 스파이라는 입장에서 이러한 것들을 보게 되면 모든 것이 보다 흥미로

워집니다. 그런 다음 박물관의 세 번째 부분에서는 활동 상 거래의 속임수들을 보게 될 것입니다. 여기에서는 스파이 활동의 역사에 초점을 맞춰 봅니다. 일부 비밀요원들은 당신을 놀라게 할 것입니다. 이제 국제 스파이 박물관에서 보여준 좀 더 최근의 역사로 가봅시다.

8개의 주요전시와 특별전시를 통해, 청중은 이전에 제시된 정보에서 벗어날 수가 있다. 이미 이야기된 처음의 3개의 전시에 대해서 기억을 되새겨주면 연사는 확신을 가지고 다음 내용인 네 번째 전시로 이동할 수 있게 된다.

다음의 예시에서 연사는 강화와 대조의 전환사를 내부 요약에서 사용하여, 라디오 주파수 식별 태그에 좀 더 안전을 기울일 필요가 있다는 설득 스피치를 했다.

다음으로 넘어가기 전에, 간단히 라디오 주파수 식별 태그, 혹은 RFID의 기초에 대해서 다시 살펴보고자 합니다. 이러한 ID 태그들은 이제 보편적인 것이 되고 있습니다. 우리는 애완동물에게 이것을 사용합니다. 컴퓨터칩을 삽입해서 애완동물을 잃어버렸을 때를 대비해서 정보를 담아 둡니다. RFID는 미국 정부에서 발행하는 새로운 전자여권에서 사용됩니다. 이러한 작은 칩에는 이름, 출생지, 생일과 같은 개인 정보가 담깁니다. 또한 전자여권에서는 얼굴 인식 소프트웨어에서 사용될 수 있도록 고안된 디지털 사진이 포함되어 있습니다. RFID에는 상당한 양의 정보를 담을 수 있습니다. 병력이나 재정 상태에 대한 경력, 기타 개인 정보 등등. RFID는 값싸게 생산되고 쉽게 제조됩니다. 그렇지만 다음에 살펴보듯이, 컴퓨터 바이러스에 쉽게 감염이 됩니다.

●●● THE EVOLVING ART ●●● 프레젠테이션 미디어를 통해 전환하기

스피치의 구성요소인 프레젠테이션 미디어, 예를 들어 디지털 슬라이드, 프로젝트, 오디오 클립은 말과 함께 사용되어 내용 간의 부드러운 전환을 하도록 한다. 말로 전환할 수도 있다. "다음 슬라이드에서 보여주듯이…", "이전의 차트에서는 요즘 대학생들이 일반적으로 자신들의 돈을 어떻게 사용하는지 보여드렸고, 이 차트에서는 과거에 대학생들이 어떻게 돈을 사용했는지 보여드리겠습니다" 그리고 "다음의 음악 클립은 힙합 문화에 대한 마지막 내용으로 안내합니다" 등으로 표현될 수 있다.

이러한 예시들에서, 프레젠테이션 미디어를 통해 자신이 말하고자 하는 바를 명확하게 연결시킨다. 또한 비언어적인 전환을 사용할 수 있는데, 단순히 다음 슬라이드로 바꾸거나, 전환사를 말하면서 오디오 클립을 들려줄 수도 있다. "주요 이유에 대해서 살펴봅시다(주요 내용 리뷰 슬라이드를 클릭)", "지금 저는 과정의 첫 번째 단계를 설명해 드렸습니다. 다음 단계로 넘어가도록 하겠습니다(두 번째 단계 필름을 보여준다.)…"혹은 "클래식 음악에 대한 또 다른 신화로 넘어가 보겠습니다. 클래식이 지루하다는 것이죠(오디오 클립을 시작한다)…" 와 같이 할 수 있다. 프레젠테이션 미디어로 전환하는 것은 끊김이 없고 보다 역동적인 프레젠테이션을 할 수 있게 해준다.

이 내부 요약은 RFID가 무엇을 위해 사용되는지에 대한 설명과 컴퓨터 바이러스가 유발할 수 있는 잠재적 문제들 사이의 기초적인 연결 고리를 제공한다.

내부 요약은 연사에게 두 가지의 기능을 한다. 첫째, 연사가 말한 주요 내용을 청중들이 상기할 수 있게 한다. 둘째, 이전의 내용을 다음의 내용과 연결한다. 반복적이지 않고 길게 늘어뜨리지 않으면서 자신이 말한 것을 청중들에게 상기를 시킴으로써 아이디어를 강화시키면, 청중들이 자신의 내용을 기억할 가능성은 더욱 많아진다.

결론으로 들어가는 전환사

마지막 주요 요점에서 스피치의 결론으로 가고 있다는 것을 청중이 알게 하라. 결론을 들을 준비를 시키는 것이다. 결론으로 가는 전환사는 몇 개의 단어나 구 이상의 무언가를 필요로 한다. 마지막 주요 내용에서 실제 결론의 내용으로 가는 전환사는 가능하면 끊김 없이 연결하라. 이러한 요약하기를 이용하고, 결론을 맺는 구들의 예시들을 살펴보자.

Watch it!

동영상 링크 8.2: 효과적으로 연결하기—전환사
이 동영상에서 에린은 다른 종류의 전환사에 대해 설명해준다. 동영상을 보면서 전환사의 역할과 유형이 무엇인지, 각 유형을 효과적으로 만드는 것은 무엇인지 이 장에서 배운 것을 되새겨 보라.

Use it!

활동 링크 8.2: 친절하게 지시해주기
이 활동은 샘플 스피치에서 전환사를 평가할 수 있는 기회를 주고, 더 향상될 수 있는 방법을 제시해준다.

- 요약하면, 저는 (전환사와 주요 내용들을 다시 살펴봄) 에 대해서 다뤄보았습니다.
- 기억을 되살려보기 위해서(전환사와 주요 내용을 다시 살펴봄) 주요 내용을 다시 살펴보시죠.

스피치의 마지막을 청중들에게 표시해주기 위해서 전환사를 사용하게 되면, 청중들은 빨리 끝내겠구나 하고 기대를 하게 된다. 10분 이하의 스피치에서는 일반적으로 결론은 1분 남짓 정도가 된다. 스피치를 마치겠다는 것을 표시해주었는데 몇 분 동안 더 이어나간다면 청중들은 잘못 안내를 받았다고 생각할 것이다.

아이디어 함께 모으기: 전문 개요서

스피치를 작업하면서 3개의 서로 다른 개요서를 만들었던 것을 생각해보라. 첫 번째는 작업 개요서로, 다루고자 하는 주요 내용을 처음에 확인하기 위해 개요서를 작성하는 것이다(4장 참조). 두 번째는 전문 개요서로, 내용을 좀 더 심화시키기 위해 완성된 문장으로 작성된 개요서이다(이 장에서 다룸). 세 번째는 프레젠테이션 개요서로서 스피치를 하는데 쓰기 위한 것이다(12장 참조). 〈표 8.4〉에서는 이러한 개요서들을 살펴보고 있다.

전문 개요서의 목적

작업 개요서는 스피치를 하기 위해 조사하고 구성하기 위한 포괄적인 방향성을 주는 반면, 실행 개요서는 스피치를 실행하고 전달하는데 도움을 주고, **전문 개요서**(complete-sentence outline)는 상당히 자세한 설명과 아이디어들이 서로 연결되는 방식을 제시해준다.

전문 개요서는 다른 두 유형의 개요서보다 더 깊은 정보를 제공한다. 전문 개요서는 전체 개요서 혹은 준비용 개요서라고도 일컬어지며, 완전한 문장을 이용해서 명확하게 생각을 반영하고 자신의 주제에 대해서 조사를 한다.[6] 그렇지만 염

전문 개요서
정식적인 개요서로서 완전한 문장을 사용해서 모든 내용을 개발. 이것 이전에는 스피치에 대한 조사와 뒷받침할 자료들을 확인하는 것이 필요. 여기에는 스피치 주제, 개괄적 목적, 구체적 목적, 주제문, 도입, 주요 요점과 세부 내용, 결론, 전환사, 참고문헌이 포함됨

표 8.4 개요의 유형

개요 유형	기능	특징	해당 장
작업 개요	처음 주제를 개발하도록 도와주고, 조사를 이끌어준다.	주요 요점와 세부 요점을 포함하며, 조사 과정 동안 개선해나간다.	4장 목적과 주제의 개발
현위치 → 완성문장 개요	스피치를 위한 모든 정보를 명확하게 확인하고, 아이디어들을 순서대로 정리하고, 발표 개요를 개발하기 위한 토대를 마련한다.	완성된 문장을 이용하며, 스피치의 전체 내용과 모든 참고문헌을 써놓고, 준비 과정 동안 개선해나간다.	8장 스피치의 조직화 및 개요잡기
프레젠테이션 개요	스피치를 연습하고 실행하는 데 도움이 된다.	핵심어를 사용하고, 스피치를 연습하면서 고치고, 종종 연습과 최종 발표에서 사용할 노트카드로 변환된다.	12장 스피치 발표하기

두해두어야 할 것이 전문 개요서는 스피치의 계획을 반영한 것으로, 프레젠테이션할 때 말 할 모든 것을 적는 것은 아니다.

전문 개요서 형식화하기

상징과 표식을 사용함으로써, 개요서는 시각적인 표시를 제공해 스피치가 서로 어떻게 짜였는지 볼 수 있도록 한다. 개요서는 아이디어의 우선순위를 보여준다. 처음부터 끝 부분, 그리고 이것이 어떻게 관계를 맺고 있는지 보여주는 것이다. 일반적으로 상위에 로마자(Ⅰ, Ⅱ, Ⅲ)를 써서 스피치의 주요 요점을 표시해주고, 그 옆 빈칸에 주요 요점을 쓴다. 주요 요점 아래 있는 첫 번째 세부 요점은 한 단계 들여쓰기를 하고 대문자(A, B, C)를 쓴다. 그 아래 세부 요점들은 숫자(1, 2, 3)로 쓰고 다시 한 단계 들여쓰기를 하다. 긴 스피치에서는 그 아래 더 세부 요점을 덧붙일 필요가 있다. 이 때는 소문자(a, b, c)를 쓰고 또 한 단계 들여 쓰고, 한 단계 더 세부적인 요점을 쓸 때는 소문자 로마자(ⅰ, ⅱ, ⅲ)를 쓰고, 또 다시 한 단계 들여 쓰면 된다. 숫자나 문자열에 대한 예시를 〈그림 8.3〉에서 제시하였다.

다음의 기본적인 규칙은 전문 개요서를 형식화하는데 필요한 안내를 해줄 것이다.

그림 8.3 기본적 개요서 형식

1. 첫 번째 주요 요점
    - A. 첫 번째 하위 요점
        1. 첫 번째 세부 요점
        2. 두 번째 세부 요점
            - a. 첫 번째 세세부 내용
            - b. 두 번째 세세부 내용
                - i. 첫 번째 세세세부 내용
                - ii. 두 번째 세세세부 내용

정보를 확인하기 위한 개요서의 서문 작성

주제, 개괄적 목적, 구체적 목적, 주제문을 개요서의 맨 위에 나열해 놓는 것은 개요서를 발전시켜 나갈 때 방향을 놓치지 않도록 해준다. 명확하게 각각의 항목에 이름을 붙여라. 예시는 다음과 같다.

주제: 좋은 사진 찍기

개괄적 목적: 정보전달

구체적 목적: 청중들에게 사진 잘 찍는 법을 보여주기 위하여

주제문: 사진을 잘 찍기 위한 네 가지 가이드라인은 가까이 가라, 복잡한 배경은 피하라, 움직이는 사진을 찍어라, 광원을 확인하라 등이다.

완전한 문장으로 요점과 세부 요점 서술하기

완전한 문장으로 요점과 세부 요점을 쓰는 것은 좀 더 완전하게 생각을 발전시키도록 도와줄 것이다. 작업 개요서에서는 단지 키워드나 구만 포함되어 스피치의 대략적인 생각만을 포함시키게 된다. 그런 다음 완전하게 이 대략적인 생각들을 발전시켜 나간다. 전문 개요서에서는 생각을 좀 더 명확하게 표현하기 위해서 요점과 세부 요점을 완전한 문장으로 작성한다. 그리고 각각의 요점과 세부 요점을 하나의 아이디어로 정리하기 위해, 각 요점이 한 문장이 되도록 한다.

전공 선택하기에 대한 스피치(4장 참조)를 하기 위해 마련한 작업 개요서와 전문 개요서의 주요 요점을 비교하면 두 가지의 개요 유형이 가지는 중요한 차이점을 알 수 있다(표 8.5). 전문 개요서는 각 주제문이 어떻게 개발되었는지 보여준다. 예를 들어서, "전공을 선택하기 위한 실용적 고려사항은 전공의 명성, 졸업에 드는 시간, 취업 시장, 가능한 연봉, 전공을 위한 필수 요소 등이 있다"라는 문장은 하나의 주요 요점에 다섯 가지 세부 요점을 담고 있다. 작업 개요서에서, '실용적 고려사항'이라는 구는 연사가 이 주제를 어떻게 발전시켜 나갈지에 대한 충분한 정보를 주지 않는다.

주요 요점을 순서대로 나열하라

스피치를 할 순서대로 주요 요점을 나열하라. 이러한 방식으로 스피치의 주요 요점을 확인할 수 있을 것이다.

I. 첫 번째 주요 요점
II. 두 번째 주요 요점
III. 세 번째 주요 요점

중요성의 수준을 유지하라

개요서에서 같은 수준에 있는 모든 항목은 같은 수준의 중요성을 가지고 있어야 한다. 즉, 모든 주요 요점은 동등한 중요성을 가지고 주제와 관계를 맺어야 한다는 것이다. 또 모든 세부 요점은 동등한 중요성을 가지고 주요 요점과 관련을 맺어야

표 8.5 작업 개요서와 전문 개요서를 위한 주제문

작업 개요서의 주제문	전문 개요서의 주제문
Ⅰ. 실용적 고려사항	I. 전공을 선택하는데 있어서 실용적 고려사항은 전공의 명성, 졸업에 걸리는 시간, 잡 마켓, 가능한 연봉, 전공을 위한 필수요소 등이다.
Ⅱ. 학술 자원	II. 학술 자원은 프로그램의 개설, 학과 교수, 커리큘럼, 학생 지원 등이다.
Ⅲ. 개인적 성향	III. 개인적 성향은 직업 목표, 개인적 목표, 즐기고 싶은 것, 싫어하는 것, 잘하는 것 등이다.

한다. 예를 들어서, 사업상 매너에 대해 스피치를 한다고 했을 때, 주요 요점은 다음과 같을 수 있을 것이다.

I. 전화 에티켓은 전화상 대화의 네 가지 부분을 위해 필요하다.
II. 면대면 에티켓은 대인간의 대화의 세 가지 부분을 위해 필요하다.
III. 온라인 에티켓은 메시지 교환의 세 가지 부분을 위해 필요하다.

모든 세 가지 항목은 중요성에 있어서 동등하다. 커뮤니케이션 하는 방식을 이야기했기 때문이다. 네 번째 주요 요점으로 '상사와의 에티켓'을 넣었다면 맞지 않을 것이다. 이것은 직장에서 커뮤니케이션 하게 되는 특정한 사람을 지칭했고, 이 아이디어는 사람들과 커뮤니케이션하는 방식에 대한 주요 요점의 하위 아이디어이기 때문이다.

주요 요점을 뒷받침하기 위한 하위 아이디어

하위(subordinate)라는 용어는 '아래'라는 의미의 라틴어 'sub'와 '순서를 매긴다'는 뜻의 'ordinare'에서 나온 것이다.[7] 따라서 하위 아이디어들은 주요 요점 밑에 있으면서, 주요 요점을 뒷받침하기 위한 증거와 정보를 제공한다. 사업상 매너에 대한 스피치에서 첫 번째 요점과 하위 요점은 다음과 같을 수 있다.

I. 전화 에티켓은 전화 대화의 네 가지 부분을 위해 필요하다.
   A. 전화를 받는 에티켓 규칙이 있다.
   B. 전화를 거는 에티켓 규칙이 있다.
   C. 전화 대화를 할 때 의무를 지켜야 하는 에티켓 규칙이 있다.
   D. 전화를 끊는 에티켓 규칙이 있다.

이 예시에서 각각의 하위 요점들은 에티켓 규칙을 전화 대화의 다른 부분에 적용해서 주요 요점을 뒷받침하는 정보를 제공하고 있다.

하위 요점의 개수 확인하기

요점이나 하위 요점을 뒷받침할 정보를 2개 이상 찾을 수가 없다면, 자신의 아이디어를 구성하는 방법을 다시 점검해보고, 추가 조사를 고려해보고, 그 주제에 추가적인 설명이 필요한지 결정해보라. 미디어 리터러시에 대한 정보 스피치의 주요 요점과 하위 요점은 다음과 같다.

I. 미디어 리터러시는 개인이 매개된 커뮤니케이션의 효과적인 소비자 혹은 생산자일 것을 요구한다.
   A. 미디어 리터러시는 정보 리터러시와 다르다.
   B. 미디어 리터러시는 디지털 리터러시와 다르다.
II. 미디어 리터러시는 세 가지 요소로 이뤄져 있다.
   A. 첫 번째 요소는 매개된 커뮤니케이션을 분석하는 것이다.
   B. 두 번째 요소는 매개된 커뮤니케이션을 평가하는 것이다.
   C. 세 번째 요소는 매개된 커뮤니케이션을 창조하는 것이다.
III. 미디어 리터러시를 가지고 있는지 판단할 수 있는 세 가지 방법이 있다.
   A. 텔레비전 뉴스와 같은 미디어 메시지를 분석해본다.
   B. 잡지 광고와 같은 미디어 메시지를 평가해본다.
   C. 웹페이지와 같은 미디어 메시지를 만들어본다.

각 주요 요점은 최소한 2개 이상의 하위 요점을 가지고 있다는 점을 눈여겨 보길 바란다. 예를 들어서, 세 번째 요점이 다음과 같았다면, 그 요점이 강력한지 의문을 던져 보아야 한다.

III. 미디어 리터러시를 위한 시험이 있다
   A. 미디어 리터러시 시험을 본다.

스피치에서 무조건 빼야만 하는 것일까? 정보를 더 찾아보아야 하나? 청중들은 아마도 자신들의 미디어 리터러시에 대해 궁금해 할 것이다. 따라서 주요 요점을 좀 더 명확히 기술해주고, 그런 다음 주요 요점을 더욱 발전시켜 나가는 것이 가장 좋은 선택이었다.

도입, 결론, 전환사를 포함하고 이름 붙이기

개요서 준비는 스피치의 모든 세부사항을 포함하는 것이기 때문에, 도입, 결론, 전환사를 개요서에 통합해 넣어야 한다. 일부 강사들은 도입과 결론을 문단의 형태로 쓰라고 요청할 수 있다. 다른 강사들은 스피치의 부분들을 개요서 형태로 제시하라고 말할 수도 있다. 〈그림 8.4〉는 예시로 전문 개요서를 보여주고 있다. 또한, 〈그림 8.4〉에서 보여주듯이 전환사에 이름을 붙여보라. 이것은 스피치를 할 때, 기억해서 사용할 수 있도록 도와준다.

기호와 들여쓰기의 일관적 시스템 활용

일반적으로, 연사들은 아래와 같은 기호와 들여쓰기 체계를 사용한다.

I. 첫 번째 주요 요점
  A. 첫 번째 하위 요점
    1. 첫 번째 세부 요점
      a. 첫 번째 세세부 요점
      b. 두 번째 세세부 요점
    2. 두 번째 세부 요점
  B. 두 번째 하위 요점

스피치 참고문헌 정리하기

개요서 마지막에는 스피치에 쓰인 참고문헌을 정리해, 자신이 포함시킨 모든 뒷받침자료들의 출처를 밝힌다. 〈그림 8.4〉에 나온 준비 개요서에서, 참고문헌이 미국심리학회 규정으로 정리되었다. 일부 강사들은 현대 언어학회 규정을 쓰도록 하고 있기도 하다.[8] 강사와 함께 어떻게 참고문헌의 형식을 사용할 수 있는지 알아보도록 하라(좀 더 많은 참고문헌 정리법은 6장에 제시되어 있다).

그림 8.4 전문 개요서의 사례

제목: 필리핀 국기의 색깔
개괄적 목적: 정보전달
구체적 목적: 청중에게 필리핀 국기의 색깔의 의미를 알려 주기 위해서
주제: 필리핀 국기의 가장 중요한 부분은 세 가지 주요 색깔인 빨간, 파랑, 흰색이다.

도입

I. 빨강, 파랑, 흰색, 그리고 갈색으로 된 3개의 별과 하나의 빛나는 해는 무엇인가?(잠깐 쉬기)
  A. 제가 지금 입고 있는 셔츠의 그림이 바로 필리핀 국기입니다.
  B. 제가 입고 있는 옷에 익숙하다면(이 셔츠는 바롱 타갈로그라고 불린다), 아마도 제가 속해 있는 문화권인 필리핀의 물건에 대해서 말할 것이라고 생각하실지도 모르겠습니다.

II. 스피치에 대해서 생각하기 시작했을 때, 저는 제 자신에게 세 가지 질문을 해보았습니다.
  A. 우리 문화에서 중요한 것이 무엇이 있는지?
  B. 필리핀인들이 가치를 두는 것은 무엇인지?
  C. 무엇이 많은 의미와 역사를 가지고 있는지?

III. 저는 "역사에 대해서 알라, 자기에 대해서 알라. 역사가 없이 자신도 없기 때문이다"라는 모토와 함께 자라왔습니다.
  A. 필리핀 국기는 나 자신이 누구인지 알도록 도와줍니다.
  B. 이 국기는 필리핀인들의 역사에 대해 많은 것을 말해줍니다.
  C. 이 국기는 필리핀인들의 문화를 반영합니다.

IV. 오늘 저는 필리핀의 역사와 문화와 관련해 국기의 가장 중요한 부분이 무엇인지 말씀드리려고 합니다. 그것은 바로 빨간, 파란, 하얀 색깔입니다.

전환사: 먼저, 저는 국기의 빨간색의 중요성에 대해 설명 드리겠습니다.

본문

I. 빨간색은 필리핀 국기의 첫 번째로 중요한 색깔이라고 할 수 있습니다.
  A. 빨간색은 용기를 나타냅니다. 따갈로어로는 마 타팡이라고 합니다.
  B. 용기는 필리핀인들에게 스페인 통치하에서 자유로울 수 있도록 했습니다.
    1. 스페인인들은 300년 이상 필리핀인들을 통치했습니다.
      a. 스페인인들은 금과 향신료 때문에 필리핀 지역에 흥미를 가졌습니다.
      b. 필립 2세 왕은 결국 제국을 넓히기로 결정하고, 이 나라를 취하였습니다.
      c. 프라이어스(스페인의 신부)가 필리핀인들을 통치했습니다.
    2. 용기는 필리핀인들이 스페인인들에게서 자유를 얻을 수 있도록 했습니다.
      a. 1892년, 안드레 보니파치오는 비밀 혁명 조직인 카티푸난을 결성했습니다.
      b. 1898년, 필리핀인들은 미국의 도움으로 스페인으로부터 자유를 쟁취할 수 있었습니다.

전환사: 알 수 있듯이, 빨간색은 필리핀인들에게 상당한 의미를 가지고 있습니다. 파란색 또한 중요한 의미를 담고 있습니다.

II. 파란색은 필리핀 국기의 두 번째 중요한 색깔입니다.
  A. 파란색은 정의 혹은 따갈로어로 저시티시아를 의미합니다.
  B. 필리핀인들은 삶을 살아가고, 정부를 운영하는데 정의를 아주 중요하게 생각합니다.

그림 8.4 전문 개요서의 사례(계속)

1. 필리핀인들은 삶에 있어서 정의를 중요하게 여깁니다.
2. 필리핀인들은 정부에 있어서 정의를 중요하게 여깁니다.
   a. 필리핀인들은 자치의 영역에 뛰어듭니다.
   b. 영연방이 마뉴엘 루이스 쿠에존을 초대 의장으로 선출합니다.

전환사: 마지막으로 저는 국기의 마지막 색깔에 대해서 말씀드리겠습니다.

III. 흰색은 필리핀 국기의 세 번째로 중요한 색깔입니다.
 A. 흰색은 평등, 따갈로어로 팬테이 팬테이를 나타냅니다.
 B. 필리핀인들은 평등을 삶에 있어서 아주 중요하게 여깁니다.
  1. 필리핀의 인종적, 종교적 다양성은 평등을 특히 중요하게 만들었습니다.
   a. 필리핀에는 다양한 인종이 있습니다. 50만 이상의 중국인, 6만 명의 니그리토, 7,000명 정도의 미국인과 유럽인이 있습니다.
   b. 여러 가지 주요 종교들도 있습니다. 기독교인, 무슬림, 토속 종교를 믿는 사람들이 있습니다.
  2. 필리핀인들은 남녀 간의 평등을 중요시합니다.
   a. 아시아의 많은 국가의 남성들과는 달리, 필리핀의 남편들은 아내를 동등하게 대합니다.
   b. 필리핀의 아내들은 보통 가정 경제를 책임지고 있습니다.

전환사: 제가 스피치 초반부에 제기했던 질문을 다시 한 번 살펴보았으면 합니다.

결론

I. 제가 답해보고 싶은 질문 세 가지가 있었습니다.
 A. 우리 문화에서 중요한 것은 무엇인가?
 B. 필리핀인들이 가치를 두는 것은 무엇인가?
 C. 무엇이 많은 의미와 역사를 가지고 있는가?

II. 필리핀의 국기는 우리에게 우리나라의 문화에 대해 많은 것을 알려줍니다.
 A. 필리핀인들은 상당한 용기를 가지고 있는 사람들이고, 이것이 국기의 빨간색으로 나타나있다는 것을 알게 되었습니다.
 B. 우리는 필리핀인들이 정의의 사람들이며, 이것이 국기의 파란색으로 나타나 있다는 것을 알게 되었습니다.
 C. 그리고 필리핀인들은 평등을 가치 있게 생각하며, 이는 국기의 하얀색에 나타나 있음을 알 수 있었습니다.

III. "역사를 알자, 자신을 알자. 역사 없이는 자기도 없기 때문이다"라는 모토와 함께, 저는 솔직하게 바로 여기에서 우리나라의 국기를 알기 전보다 나 자신과 정체성에 대해서 더 많이 알게 되었다고 말씀드릴 수 있습니다. 그리고 저는 필리핀인의 한 사람이라는 것을 자랑스럽게 생각하게 되었습니다.

참고문헌

햄리, R. (2003). 고안된 에덴: 모호하고 논쟁의 여지가 있는 타사데이의 역사. 뉴욕: 파라, 스타러스, 지라웃스.

키아토스키, L. (2005). 소개: 필리핀의 세계화, 변화 그리고 다양성. 도시 인류학 및 문화 시스템과 세계 경제 개발 연구, 34, 305–316.

니클스, G. (2002). 필리핀: 문화. 뉴욕: 크랍트리.

페티에라, R. (2006). 문화, 사회 과학 & 필리핀 국가. 아시아 사회과학지, 34, 86–102.

라파엘, V. L. (2000). 필리핀 역사의 하얀 사랑과 사건들. 더함: 듀크 대학 출판사.

라모스, F. (1995). 새로운 국기가 될 것인가? 아시아위크, 25(21), 6–12.

요약

효과적으로 스피치를 조직하는 것은 청중들에게 명확한 메시지를 전달할 수 있도록 도와준다. 모든 스피치는 네 부분으로 구성되어 있는데, 도입, 본문, 전환사, 결론이다.

스피치의 본문은 스피치를 하려는 대부분의 요소인 주요 요점과 뒷받침자료가 포함된다. 작업 개요서는 구체적 목표, 주제, 주제를 위한 초기 아이디어 등으로 된 대강의 그림으로 스피치에 마지막으로 쓰일 주요 요점을 선택하는데 안내서가 된다. 주요 요점을 선택하고 발전시킬 때에, 명확성, 관련성, 균형의 원칙을 적용해보라. 주요 요점은 구체적인 목적을 뒷받침해야만 하고 명확하게 청중으로부터 원하는 반응을 나타낼 수 있어야 한다. 또한 주요 요점은 주제나 다른 주요 요점과 관련이 있어야만 한다. 그리고 주요 요점들은 관련성의 중요도에 있어서도 균형을 이루어야 한다.

6개의 조직 유형이 공통적으로 스피치를 구성할 때 사용이 되는데, 이는 연대기, 공간, 소재, 서사, 인과, 문제해결이다. 연대기 유형은 시간 순서대로 내용을 배열하는 것이다. 공간 유형은 대상이나 장소간의 물리적인 방향적 관계를 분리해준다. 서사 유형은 하나의 이야기나 여러 이야기로 사건을 극적으로 다시 말해주는 것이다. 인과 유형은 어떻게 특정한 행동이 특정한 결과를 나타냈는지 보여주는 것이다. 마지막으로 문제해결 유형은 문제를 기술하고 문제에 대한 가능한 해결책을 제시한다. 효과적인 조직 요소는 주제, 구체적 목적, 그리고 청중으로 완성된다.

전환사는 스피치의 요소를 서로 연결시킨다. 전환사의 유형에는 순서, 강화, 대조, 연대기, 인과, 요약 및 결론 등이 포함된다. 전환사는 청중을 위해 이정표를 제시하는데, 스피치의 어디쯤 와 있는지 알 수 있도록 한다. 내부 요약은 좀 더 긴 전환사로 청중에게 이전에 다루었던 내용을 상기시킨다. 전환사를 사용할 주요 장소는 도입과 첫 번째 주요 요점 사이, 각 주요 요점 사이, 마지막 주요 요점과 결론 사이이다.

전문 개요서는 스피치의 모든 부분을 기록한 부분이다. 가장 구체적인 개요인 전문 개요서는 주제, 개괄적 목적, 구체적 목적, 주제문, 도입, 주요 요점, 하위 요점, 결론, 전환사, 참고문헌을 포함하고 있다. 스피치에 대해서 조사하고 적절한 근거자료를 확인하면서, 이 개요서는 수정 및 재작성된다. 전체적인 개요서를 발전시키는 것은 명확히 스피치에서 포함시키고 싶은 정보를 확인하고 아이디어를 순서화해서 시각화할 수 있도록 도와준다.

●●● REVIEW IT ●●● 학습항목과 복습자료들

책 내부

- 요약
- 주요단어
- 비판적 질문

더 많은 학습 자원

- 스피치 스튜디오
- 퀴즈
- 웹링크

학생 워크북

- 8.1 하위주제 셔플
- 8.2 말해보기, 설명하기, 증명하기, 결론내기
- 8.3 균형 확인
- 8.4 구성 바꾸기
- 8.5 전환사 실행하기

스피치 친구 동영상

동영상 링크

- 조직의 유형 복습하기
- 효과적으로 연결하기—전환사

활동 링크

- 모든 것은 그 안에 있다
- 친절하게 지시해주기

샘플 스피치 비디오

- 가니엘 '소아과 의사가 되기 위해 교육받아야 하는 것', 정보전달 스피치
- 카라 '현관계단의 왼쪽' 자기소개 스피치

스피치 빌더 익스프레스

- 목표/목적
- 주제 말하기
- 구성
- 개요
- 뒷받침자료
- 전환사
- 도입
- 결론
- 언급된 작업
- 스피치 개요 완성하기

인포트랙

추천 검색어

- 스피치 구성하기
- 스피치 개요짜기
- 스피치의 주제
- 스피치의 하위주제
- 스피치를 위한 구성 유형
- 스피치에서의 전환사
- 전문 개요
- 완전한 문제 개요
- 준비 개요
- 스피치 개요서 형식화하기

음성 학습 도구

- 가니엘의 '소아과 의사가 되기 위해 교육받아야 할 것'
- 비판적 사고 질문
- 학습목표
- 장 요약

온라인 자원 안내

이 책 〈퍼블릭 스피킹: 진화하는 발표기술〉을 위한 온라인 자원은 추가적인 샘플 스피치 동영상, 스피치 빌더 익스프레스, 인포트랙 대학편, 학습지원이다. 학습지원에는 주요단어 플래시 카드, 리뷰 퀴즈, 비판적 질문이 있으며, 궁금한 점이 있다면 교수님께 이메일로 보낼 수 있다. 또한, 온라인 자원의 특징은 생동감 있는 웹링크로 해당 챕터와 연결된다. 웹링크에는 공공 스피치를 보고, 어떻게 구성되어 있는지 평가할 수 있는 사이트(예: C-SPAN.org)들이 포함된다. 링크된 사이트들은 정기적으로 관리되고 일정기간마다 추가된다.

주요단어

결속성	공간 유형	내부 요약
문제해결 유형	본문	서사 유형
연대기 유형	이정표	인과유형
전문 개요서	전환사	조직의 유형
주제별 유형		

비판적 질문: 확인과 토론을 위한 질문

1. 아마도 서사는 선형적인 형식으로 펼쳐질 것이다, 즉 처음 부분에서 시작해서 중간, 그리고 끝으로 이동한다고 생각할지도 모른다. 하지만 이야기는 다양한 방식으로 말해질 수 있다. 서사 유형으로 구성할 수 있는 주제 하나를 생각해 보라. 사건의 순서를 배열하는 다른 방식은 무엇이 있는가? 어떠한 순서가 청중을 위해서 가장 좋다고 생각하는가?
2. 본문 조직화하기에 관한 부분에서는 하나의 주제에 6개의 다른 유형을 적용하는 예시를 포함했다. 하나의 주제를 선택하고, 이와 같이 해보면서 각 유형에서 다루었던 주제를 확인해보라. 어떻게 주제가 조직의 유형을 적용함에 따라서 바뀌게 되는가?

3. 일상의 대화에서, 커뮤니케이션을 하는 사람은 전환사를 사용하지 않는다. 단지 내용에서 내용으로 건너뛸 뿐이다. 그렇지만 공공 연설에서 청중들은 연사가 전환사를 사용해서 서로 다른 스피치의 부분이 서로 맞아 들어가는지 보여주는 것에 의존한다. 개인적으로 혹은 온라인으로 보게 된 스피치를 선택하라. 연사의 전환사는 어떻게 효과적인가? 어떻게 연사들은 전환사를 이용해서 스피치에 대한 평가에 영향을 미치는가?
4. 개요서 작성은 스피치의 모든 요소를 시각화하고 아이디어가 효과적인 방식으로 구성되었는지 판단할 수 있도록 도와준다. 각각의 부분에서 "아이디어를 이렇게 표현하는 것이 최선인가? 다른 것은 없는가?"라고 자문해볼 수 있다.

9장 스피치의 시작과 끝
Beginning and Ending Your Speech

최근 테드(TED: 기술Technology, 엔터테인먼트Entertainment, 디자인Design) 컨퍼런스에서 비영리 어큐먼재단의 CEO인 자클린 노보그래츠(Jacquelin Novogratz)는 새로운 접근 방식으로 개발도상국의 빈민들을 돕자는 스피치를 시작했다.[1]

> 제가 12살이었을 때 있었던 일을 이야기하면서 이 스피치를 시작하고자 합니다. 저의 삼촌인 에드는 아름다운 파란색 스웨터를 저에게 주셨습니다… 구불구불한 얼룩말이 배 쪽으로 걸어가고, 킬리만자로산과 메루산이 가슴께로 지나갔고, 역시나 구불구불한 모양이었습니다. 저는 될 수있는 대로 이 옷을 입었고, 내가 가진 것 중에서 가장 멋진 것이라고 생각했습니다. 9학년의 어느 날이 될 때까지 말입니다. 매트 무솔리노는 고등학교에서 나의 확고부동한 천적이었는데, 들뜬 목소리로 노보그래츠산으로 스키를 타러 갈 수 있으므로 더 이상 멀리 스키 타러 갈 필요 없겠다고 말했습니다. 나는 아주 분하고 놀림을 당한 것 같아서 즉시 집으로 달려갔고, 이 끔찍한 스웨터를 입도록 놔두었다며 엄마에게 분통을 터뜨렸습니다. 우리는 한 자선단체로 가 어느 정도는 의식을 치루는 것처럼 이 스웨터를 버렸습니다. 이 때 저는 다시는 이 스웨터에 대해 생각하지도 보지도 않을 것이라고 생각했었습니다.
>
> 11년 후로 훌쩍 뛰어넘어, 저는 르완다의 키갈리에서 일하는 25살이 되었습니다. 저는 가파른 비탈면에서 조깅을 하고 있었는데, 이때 내 앞에 10피트인 작은 소년을 보았습니다. 11살짜리인 이 아이는 제 스웨터를 입고 저를 향해 달려왔습니다. 저는 "아냐, 이건 불가능해"라고 생각했습니다. 그런데 너무 궁금해져서 그 아이에게 달려갔습니다… 그 아이의 칼라를 잡고, 뒤집어 보았습니다. 제 이름이 있었습니다. 이 스웨터 칼라에 적어 놓았던 것이죠.
>
> 저는 이 이야기를 전합니다. 이것은 저에게 연결성을 나타내 주는 하나의 메타포로 다가왔기 때문입니다. 우리 모두가 이 지구상에서 연결성을 가지고 있죠. 그래서 우리는 자주 우리의 행동—혹은 행동하지 않음—이 절대 본적도 없고 알지도 못하는 다른 사람들에게 무언가를 하게 될지 잘 깨닫지 못합니다. 이 이야기는 원조가 무엇이고 무엇을 할 수 있는지에 대해서 좀 더 넓은 맥락적 이야기를 해주기 때문에, 나는 이야기를 하는 것입니다. 이 스웨터는 버지니아의 한 자선단체로 들어가서 더 넓은 산업 속으로 이동해갔습니다. 여기는 수만 톤의 헌옷을 아프리카와 아시아로 가져다주었습니다. 저비용의 의류를 제공하는 매우 좋은 일입니다. 그리고 동시에 아마도 르완다에서는 지역 소매 산업이 붕괴되었을 것입니다.

많은 청중들이 직접 경험을 하지 못했을 주제에 대해서 말을 하면서, 노보그래츠는 청중들과 관련이 있는 이야기로 주의를 끌었다. 고등학교에서의 끔찍한 경험이 긍정적 행동을 이끌어 의류를 자선단체에 기부하게 만들었다는 이야기이다.

그런 다음 연사는 그 스웨터가 어찌 되었는지 최근의 소식을 전해주었다. 그녀는 르완다에서 자신의 스웨터를 입고 있는 소년을 만난 것이다. 해피엔딩으로 보였지만, 그렇지 않았다. 노보그래츠는 옷을 기부한 것이 르완다 경제에 피해를 입혔다는 점을 다시 설명했다. 예상할 수 없이 꼬여있는 이 짧은 이야기는 청중들의 관심을 끌고 개발도상국의 빈민에게 원조를 하는 것에 대해 새로운 방식으로 생각해 볼 수 있도록 청중들을 준비시켰다.

스피치 결론에서, 노보그래츠는 청중들에게 사람들이 서로 연결되어 있다는 것이 무엇인지 상기시켜 주었다.

> 가난의 역사를 만들 수 있는 기회는 상당히 많습니다. 이것을 옳게 하기 위해서, 우리는 비즈니스 모델을 만들어서 문제시되고, 측정할 수 있도록 아프리카인이나 인도인과 함께 일하여, 이 범주에 맞는 모든 개발도상국가의 사람들이 스스로 이러한 일을 할 수 있도록 해야 합니다. 왜냐하면 결국 가장 중요한 것은 참여이며, 거저 주는 것을 진정으로 원하지 않는다는 것을 이해하는 것이기 때문입니다. 그들은 스스로 결정을 내리길 원합니다. 그들은 자신의 문제를 스스로 풀어나가길 원합니다… 그래서 저는 여러분 모두에게 다음번엔 이렇게 생각해보시기를 요청합니다. 어떻게 우리가 다음의 생각과 기회를 가지고 참여할 수 있을지 말입니다. 우리 모두가 정말로 이 과정의 한 부분이 되며, 우리와 그들이라는 이분법에서 벗어남으로써, 그리고 이것은 우리 모두에 관한 것이며, 우리가 함께하는 세계의 모든 인종들이 안에서 공유하며 살아가길 원한다는 것을 깨달음으로써 가난의 역사를 만들어 나가길 바랍니다.

짧은 마무리 말과 함께, 연사는 스피치의 시작과 끝을 명확히 연결시키고, 깔끔하게 스피치의 각 부분을 결합하고, 자신의 연설의 목적을 강화하고 있다.

스피치의 시작과 끝은 자신의 의도를 달성하기 위한 아주 중요한 순간이라고 할 수 있다. 8장에서는 스피치의 중심 요소인 본문을 발전시켜가고, 스피치의 각 부분을 전환사를 통해 연결시키는 법에 집중했다. 이 장에서는 스피치의 네 부분에 대한 논의를 끝마치기 위해, 도입과 결론에 대해 좀 더 생각해보기로 한다.

도입부 발전시키기

READ IT! 스피치의 **도입부**(introduction)에서는 청중들의 관심을 끌고, 스피치에서 성취하고자 하는 것을 설명하고, 주제에 대한 전문가로서 자기 자신을 설정하고, 청중들에게 무엇을 이야기할 것인지 말한다(그림 9.1). 도입부는 청중들에게 본문에서 제시할 주요 아이디어를 예고한다.

도입부
스피치의 시작으로, 관심끌기, 주제문과 목적 진술, 연사의 공신력 설정, 주요 요점 예고 등이 포함됨

청중의 관심끌기

첫인상을 다시 만들 기회는 없다. 첫인상이 인식에 미치는 영향은 **초두효과**(primary effect)라고 한다. 청중들은 연사가 스피치의 가장 처음에 말한 것을 기억하는 경향이 있다. 이때가 가장 매력적이기 때문이다. 또한 청중들은 스피치의 첫 순간에 연사에게 관심을 집중할 것인가, 아닌가를 결정하기도 한다.[2]

도입의 첫 번째 요소는 **관심끌기**(attention getter)이다. 이는 스피치에서 흥미를 만들어내기 위해서 사용하는 도구이다. 효과적인 관심끌기는 주제와 관련이 있어야 하고 청중들이 당신의 이야기를 들을 수 있도록 독려할 수 있어야 한다. 유용한 관심끌기 기법은 질문하기, 특별히 가슴에 사무치는 이미지에 대해 말하기, 간단한 노래 클립을 틀어주기 등이다. 효과적인 관심끌기를 위해서, 스피치의 목적과 도입에 쓸 수 있는 시간, 가장 창의적인 방법, 증명된 기술, 주제와 관련된 프레젠테이션 미디어 등에 대해 고려하라.

초두효과
청중들이 본문에서 제시된 것보다 스피치의 시작 부분에서 제시된 것에 보다 많은 관심을 갖고 기억을 되살릴 가능성이 많음

관심끌기
도입의 첫 번째 요소로, 주로 스피치에 대한 관심을 만들어내기 위해 고안됨

그림 9.1 도입의 요소

도입부

청중의 관심끌기

목적과 주제문 제시하기

공신력 설정하기

주요 요점 예고

목적 고려하기

관심끌기의 기본은 스피치의 개괄적 목적, 선택한 주제, 염두에 두고 있는 구체적 목적 등에 따라 달라진다. 모든 관심끌기는 당신의 주제가 청중들의 시간과 에너지를 쏟아도 아깝지 않다는 것을 바로 명확히 해주어야만 한다. 그렇지만 효과적인 관심끌기는 그 이상의 역할을 한다.

- 주제의 중요성과 관련성에 대한 주의를 집중시켜서 주제가 청중들과 어떻게 관련되어 있는지 보여준다.
- 청중의 관심사를 자극해서 주제에 대해 좀 더 들어볼 수 있도록 이끌어낸다.
- 연사와 청중을 연결시켜서 적절한 관심끌기를 선택한 것에 대한 자신감을 보여준다.
- 떨림을 줄여서 잘 기획되고, 잘 실행된 시작부를 스피치할 수 있도록 한다.
- 테마를 소개해 스피치의 요소에 함께 참여하도록 한다.

이어지는 예시에서는 오프라 윈프리의 효과적인 관심끌기를 보여준다. 오프라가 2002년 에미상에서 첫 번째 밥 호프 휴메니테리안 상을 수상할 때이다.

Frank Micelotta/Getty Images

▲ 토크쇼 진행자이면서 사업가인 오프라 윈프리는 매력적인 공공 연설가로 잘 알려져 있다. 오프라는 관심끌기를 잘 이용해서 청중들이 자신의 말에 경청하도록 유도한다.

> 여러분 감사합니다. 감사합니다. 톰 [행크스], 밥 그리고 돌로레스 [호프], 집에서 시청하고 계신 여러분, 저를 뽑아주신 여러분. 감사합니다. 좋은 인간으로서 존재하고자 노력하는 것보다 저에게 중요한 것은 없습니다. 그래서 오늘 밤 이 자리에 있고 첫 번째로 이 영광을 수여하게 된 것을 말로는 다 표현하지 못하겠습니다. "나는 하나의 인간이다. 어느 인간도 나에게 낯선 사람이란 없다." 테렌스가 기원 전 154년에 이 말을 했고, 제가 몇 년 전에 처음 이 말을 읽었는데, 그때 저는 그 의미의 깊이를 알지 못했습니다.[3]

오프라의 처음 감사 말은 그녀를 뽑아준 톰 행크스와 호프 부부와 같은 협회 멤버들에게 감사를 한 것이다. 그런 다음 오프라는 시상식에 참여해준

사람들과 TV를 보는 사람들인 더 넓은 청중들과 연대감을 형성했다. 그리고 다음과 같이 이야기하면서 주제에 집중시켰다. "좋은 인간이 되려고 노력하는 것보다 저에게 더 중요한 것은 없습니다." 이것은 대부분의 사람들을 관련시키는 무언가이다. 윈프리는 청중들을 끌어들이기 위해 "그 의미의 깊이를 알지 못했습니다"라고 말했다. 간단하면서도 시간을 초월하는 인용문은 스피치의 본문으로 자연스럽게 이동해갈 수 있는 전환사가 되었다.

도입에서 주제를 만드는 것은 스피치의 각 부분을 하나로 모으는 데 도움이 된다. 윈프리가 자신의 수상 스피치를 이어나가면서, 인간으로 존재하기와 비슷한 희망과 꿈나누기라는 주제를 강조했다. 이야기를 이용해서 스피치를 위한 주제를 제시할 수도 있다. 예를 들어서, 스피치를 짧은 인간에 대한 관심을 나타내는 이야기로 시작하고 의도적으로 끝을 맺지 않고 끝내는 것이다. 그런 다음, 몇 분 뒤에 스피치를 마칠 때 관심끌기에서 소개했던 이야기나 인물을 다시 지칭하는 것이다. 이야기의 한 부분으로 시작하고, 나머지 이야기로 끝을 맺는 것은 스피치의 결속성을 높여준다. 청중들은 스피치의 요소들이 서로 어떻게 얽혀있는지 이해하면서, 당신의 스피치 조직 기술이 좋다는 점에서 당신을 좋게 볼 것이다.

설득 스피치를 위한 관심끌기(14장)에서, 다음의 항목 또한 달성하기를 원할 것이다.

- 목적의 심각성 설정하기
- 주제의 논쟁적인 특성 극화하기
- 설득의 과정을 시작하면서 강력한 논리적, 문화적, 감성적 소구 제시하기

빌 코스비는 자신의 '파운드 케익 스피치'의 도입 부분에서 이러한 목적을 달성했다. 이 스피치는 NAACP 파티에서 한 것으로 Brown v. 교육 이사회의 50주년을 기념하기 위한 것이었다.

Speaking of ... **청중들을 끌어들여라. 내보내지 말고**

청중들의 관심을 끄는 데 다른 것보다 효과적인 전략들이 있다. 아마도 다음과 같은 고전적인 말을 사용하는 연사들을 만나봤을지 모르겠다.

- 안녕하세요. 저는 _____입니다. 오늘은 어떠세요?
- 음, 어, 음, 저의 스피치는 _____에 대한 것입니다.
- 조금 떨립니다. 웃고, 멈추고, 다시 웃음
- 오늘, 저는 _____에 대해서 말씀드리겠습니다.
- 안녕하신가요?

이런 실수를 피하고 청중들을 스피치로 끌어들이기 위해서 다음의 좋은 출발 전략으로 시작하라.

- 효과적인 관심끌기를 개발하면서 창의적인 에너지를 주입하라.
- 관심끌기를 청중, 주제, 상황, 연사 자신에게 맞추라.
- 특별히 관심끌기를 위해서 스피치의 시작 부분에 분리된 공간을 만들어두라.
- 특별한 이야기가 담긴 스피치로 관심끌기를 시도하라.

> 신사 숙녀 여러분. 이 사람들은[미국 대연방 법원의 판사]… 문을 열었습니다. 그들은 우리에게 권리를 주었습니다… 그리고 오늘날 우리의 도시와 공공 학교에서는 50%의 낙오자들이 생겨났습니다. 우리의 이웃 중에서는 감옥에 간 사람이 있습니다. 더 이상 미혼모라고 해서 당황스럽지 않습니다. 결혼하지 않은 채 갖게 된 아이의 아버지가 될 것인지, 도망갈지 고민하는 소년도 당황스럽지 않습니다. 여러분, 빈민이나 저소득 계층의 사람들은 이러한 거래에 얽매이지 않습니다. 우리 대부분이 자라온 이웃에서, 양육이 계속 이뤄지지 않고 있습니다. 옛날에 우리는 학교를 빠질 수 없었습니다. 보는 눈들이 있었기 때문이죠. 그리고 어머니는 버스에서 내려 집으로 가기 전에, 정확하게 당신이 어디에 갔었고, 누가 집으로 들어갔었고, 당신이 무엇을 가졌고, 어디에서 얻게 된 것인지 등을 알고 있었습니다. 지금의 부모들은 알지 못합니다.[4]

사실과 예시를 들어가며, 코스비는 주제의 심각성을 강조했다. 코스비는 청중들의 경험을 "우리 대부분이 자라온 이웃"이라고 말하면서 그때와 지금의 차이를 극화시켰다. 마지막으로, 그는 청중들의 감정을 자극했다. 부모들은 자신들의 아이가 무엇을 하는지 알지 못한다고 말하면서 청중들의 관심을 끌었다. 코스비의 뜨겁게 달구는 도입부는 청중들을 놀라게 해서 집중하게 만들고, 경각심을 갖도록 했다.

시간 고려하기

관심끌기는 길 필요가 없다. 주제에 대한 관심을 끌어야 하지만 본문을 위해 필요한 시간을 뺏을 필요는 없다. 어떤 관심끌기는 15초에 끝난 것도 있다. 다른 관심끌기는 상황에 따라서 1분 이상을 차지하기도 한다.

여기에서 전국 유방암 연합장인 프란 비스코(Fran Visco)가 어떻게 이 조직의 창립자 교육 컨퍼런스 회의에서 스피치를 시작했는지 볼 수 있다.

> 지난 해, 우리는 너무 많은 여성을 유방암으로 잃었습니다. 그리고 우리는 너무 많은 유방암 후원인들을 잃었습니다. 이 회의장에서 침묵의 순간을 가지고 있는 여성들과 엘바 플리처(Elva Fletcher), 이 회의에 기여했던 이들뿐 아니라, Y-Me의 창립자인 앤 마코우(Ann Marcou)를 잃었습니다. 그리고 유방암 연합의 스태프이며, NBCC의 이사였으며 우리를 대신하여 눈부신 활동을 했지만, 다발성 골수종으로 사망한 잰 프래트너(Jan Platner)를 잃었습니다. 정말로 힘든 한 해였습니다. 하지만 우리가 무엇을 더 해야 하는지 가슴에 남길 수 있는 해였기도 했습니다.[5]

비스코는 재빨리 청중들의 관심을 얻기 위해, 주제를 개인화하여 최근 사망한 유방암 후원자들의 이름을 불렀다.

창의성 활용하기

효과적인 관심끌기를 만들고 전달하는 것은 공공 스피치 연사에게 특별한 도전을 선사한다. 이는 상상력을 잘 이용하는 것을 요구한다. 자신에게 물어보라. "나는 어떻게 청중들을 창의적이고 효과적인 방식으로 주제로 끌어들일 수 있을까?" 연방법원의 판사인 산드라 데이 오코너(Sandra Day O'Connor)는 스탠포드 대학의 졸업식 연설에서 자신의 창의적인 면을 보여줬다. 도입부에서 산드라는 변호사들과 자기 자신을 놀림감으로 삼았다.

> 졸업식 연설은 특히 어려운 과제입니다. 연사에게는 주제가 주어지지 않습니다. 그리고 아무것도 아닌 것에 관한 것이지만 마음을 뒤흔드는 스피치를 통해 모든 졸업생들에게 영감을 줄 수 있길 기대 받습니다. 이러한 점 때문에 그렇게도 많은 변호사들이 졸업식 연사로 의뢰를 받는 것 같습니다. 그들은 할 말이 없을 때에도 상당히 많이 이야기하는데 익숙해져 있거든요. 그리고 이 상황은 헤네시 학장이 변호사일 뿐 아니라 선임 판사이기도 한 사람을 졸업식 연사로 요청하게 했죠. 저는 텍사스에서 태어났습니다. 텍사스 사람들은 오래된 판사는 오래된 신발과 같다고 말합니다. 모든 것이 낡았는데 혀만 살았다는 것이죠. 그러니까 우리는 오늘 무엇보다도 시간을 채우는데 문제는 없어 보입니다.[6]

오코너의 부드러운 유머는 반응이 좋았다. 대부분의 사람들은 연방 법원의 판사를 재미없고 심각할 것이라고 예상했기 때문이다. 그래서 오코너의 전략은 청중들을 매혹시켰고 의심할 여지없이 청중의 관심을 끌었다.

증명된 전략을 사용하도록 노력하기

지금까지는 일반적인 접근방식과 생각을 통해서 도입부에 청중들의 관심을 끄는 것에 대해서 배웠다. 청중, 주제, 자신에게 최선이 좋은 것이 무엇일지 결정 해야만 한다. 그렇지만 여기에 시도해볼만한 증명된 몇 가지의 전략이 있다.

- **놀라운 사실이나 통계를 인용해서 주제에 대한 관심을 불러일으킨다.** 예를 들어서 "대학생의 4분의 3이 자신이 준비한 영역에서 일자리를 잡지 못한다는 것을

알고 계십니까?"라고 말해보라. 혹은 "질병통제국에 의하면, 당신이 탄저병에 걸릴 확률이 번개를 맞을 확률보다 훨씬 적다고 합니다. 2배나 적다고 합니다" 라고 말해보라. 그렇지만 이 접근방법에는 주의를 기울여야 한다. 이 방법은 특별히 창의적이지 않다. 제시하는 사실이 통계적으로 정말로 놀랍거나 경고를 하는 것이 아니라면 많은 반응을 이끌어내지 못할 것이다.

- **감정을 불러일으키는 인간애에 관한 짧은 이야기를 하라.** 예를 들면, 아동학대의 위험에 대해서 청중들을 설득하기 시작하기 위해, 부모의 방관으로 인해 건강에 문제가 생겨 아프게 되고 결국 죽게 된 한 아이에 대한 이야기를 할 수 있다. 청중들의 기본적 인권에 대한 감각에 호소해 아이는 학대에 약하다는 점을 지적할 수 있다. 이야기를 관련시키면서, 간단하게 유지하고, 주제, 배경, 사건 등에 적합하게 하라. 자클린 노보그래츠가 이 장의 시작 부분에서 보여준 예시에서 한 것과 같이 하라.
- **주제를 소개하기 위해 유머를 말해 청중들의 관심을 끌어라.** 유머는 관심을 자극하는데 매우 유용한 수단이 될 수 있다. 교육자들은 수년 동안 유머가 과목에 대한 학생들의 관심을 끌고, 학생들과 인간으로서 연결될 수 있는 효과적인 방법이 될 수 있다는 점을 알게 되었다.[7] 함께 웃을 때, 우리는 서로 하나가 된다. 그렇지만 이러한 긍정적인 경험은 선생님이 학습자료와 관련된 유머를 할 때만 효과가 있다.[8] 이와 유사하게, 텔레비전 광고 프로듀서들은 유머가 주의를 끌 수 있지만 광고된 제품을 기억하지 않으면 낭비만 된다는 것을 알게 되었다. 이 원칙을 공공 연설에 적용해서, 청중들에게 정보를 주거나 설득을 확실히 해야지, 단순히 웃게만 해서는 안 된다는 것을 알게 된다. 청중들은 유머를 이야기하고 있고, 유머러스한 일화를 이야기하고 있다는 것을 감지하자마자 주의를 집중하기 시작할 것이다. 사람들은 웃고 즐기는 것을 너무나도 좋아한다. 따라서 그들은 확실히 당신이 청중의 반응을 이끌어 낼 기회를 주게 될 것이다.

MIGUEL RIOPA/AFP/Getty Images

▲ 해리포터 시리즈를 써서 가장 잘 알려져 있지만, J. K. 롤링의 가난한 삶에서 부유한 삶으로 변한 자신의 이야기는 청중들의 관심을 끈다.

- **청중에 관해 알고 있는 정보를 이용하라.** 청중 조사는 청중들에게 도발적이고 흥미롭게 생각할 자료를 만들어낼 것이다. 예를 들어서, 유기견의 안락사에 관한 정보전달 스피치를 이렇게 시작할 수 있다. "교실에서 진행한 조사에 의하면, 거의 4분의 3이 안락사라는 단어의 의미를 모르고 있었습니다." 청중 조사는 청중의 관심을 끄는데 효과적인 방법이다. 사람들은 자기 자신에 대해 듣기를 좋아하기 때문이다. 그렇지만 청중들이 자신들에게 관심을 갖는 것으로는 부족하다. 이 자료 자체를 충분히 흥미롭게 해서 청중들이 계속 듣도록 해야만 하는 것이다.
- **청중들이 답하거나 생각해보았으면 하는 질문을 하라.** 주제가 청중에게 얼마나 중요한지에 대한 아이디어를 얻기 위해서, 다음과 같은 질문으로 시작할 수도 있다. "여러분 중 얼마나 오늘 아침에 주차공간을 찾지 못하셨습니까?", 혹은 "은퇴를 위한 저축에 대해 생각해보신 적이 있으십니까? 그렇다면, 손을 들어 주십시오." 어떤 연사들은 수사적 질문을 하기도 한다. 청중들이 대답을 하길 원하지 않고, 다만 주의를 끌기 위해 질문을 하는 것이다. 수사적 질문의 예시는, "우리는 어떻게 미래의 기술에 최선을 다해 대비할 수 있을까요?", "우리는 정말로 먹는 물에 대해 잘 알고 있습니까?" 등과 같다. 수사적 질문은 청중이 질문에 대한 답을 생각해보도록 한다. 그렇지만 연사가 스피치 내에서 답을 해 줄 것이라고 기대한다.

프레젠테이션 미디어 곁들이기

효과적인 공공 스피치 연사들은 종종 자신의 스피치를 프레젠테이션 미디어를 가지고 시작한다. 예를 들어서 전통 하와이 춤에 대한 스피치를 한다고 상상해보라. 전통춤에 대해서 알고 있기 때문에, 간단히 전통적인 움직임을 보여주면서 스피치를 시작한다. 앞서서 무언가를 말할 필요도 없다. 단지 디

> **Speaking of ... Laughing with You, Not at You**
>
> 유머를 스피치에서 활용하면 다양하게 긍정적인 효과를 얻을 수 있다. 예를 들면 주의집중을 시킬 수 있고, 청중들이 연사를 좀 더 편안하게 느끼게 할 수 있다. 그렇지만 어떤 유머는 스피치를 산만하게 하거나 연사의 공신력에 흠집이 나게 할 수도 있다. 이를테면 능력이 부족하거나 똑똑하지 못하게 보이는 유머는 청중들이 이 연사의 말을 왜 들어야 하는지 의문을 품게 만들 수도 있는 것이다.[9] 공격적인 농담은 즉각 청중들의 외면을 받게 된다. 그리고 너무 유머를 많이 쓰게 되면 청중들은 농담에 너무 치중한 나머지, 연설에서 말하고자 하는 바에 집중하지 않게 된다. 이것은 마치 텔레비전 광고에서 우스운 장면이 시청자들에게 회상은 잘 되지만 광고한 상품이 무엇인지를 잊어버리게 하는 것과 같다.

지털 슬라이드에 삽입된 음악 클립을 틀고 춤을 추기만 하면 된다. 몇 초가 지나면, 청중들이 본 것이 무엇인지 설명하고 스피치의 주제를 말해준다.

청중의 주의를 집중하고 관심을 자극하기 위해서 시각자료를 보여주면서 설명을 할 수도 있다. 예를 들어서 색깔이 많고 아주 자세하게 근육을 보여주는 이미지를 걸어놓고 MRI 기술에 대한 스피치를 시작할 수 있다.

프레젠테이션 미디어는 잘 기획되고, 기술적으로 결함이 없고, 잘 실행이 되며, 명확하게 주제와 관련이 있을 때 효과적으로 관심을 끌 수 있다. 어떠한 관심끌기를 하든지, 간결성이 핵심이다. 30초는 짧은 시간처럼 보인다. 그렇지만 5분 스피치에서는 전체 스피치 시간의 10분의 1을 차지한다. 그리고 청중들이 관심끌기를 위해 준비된 프레젠테이션 미디어를 듣거나 보고 있을 때 자신은 무엇을 할지 생각해보아야 한다. 특히 스피치의 시작부에서 청중들의 관심을 얻고자 한다면, 청중들이 30초의 필름 클립을 볼 때 그 공간으로 끼어들어가 시작하는 자신을 발견하고 싶지는 않을 것이다. 11장에서는 프레젠테이션 미디어를 기획하고 사용하는 방법에 대해 자세하게 살펴볼 것이다.

목적과 주제문 제시하기

이제 청중들의 관심을 끌었다면, 부드럽게 도입의 다음 요소로 넘어가야 한다. 이를 최고로 잘 하는 방법은 바로 단도직입적으로 관심끌기의 마지막 단어에서 스피치의 목적과 주제의 제시로 넘어가는 것이다.

구체적인 목적은 명확하게 청중에게서 얻고자하는 반응을 표현한다는 점을 기억하라. ("청중들이 재즈 댄스의 기초 단계를 배울 수 있도록 도와준다", "청중들이 아라비아 숫자가 수학에서 로마숫자들을 대체한 방법에 대해 가르쳐준다") 스피치를 전달할 때, 자신의 목적을 이 말 그대로 사용해서 표현하지 않을 수 있다. 그렇지만 청중들은 스피치의 목적이 무엇이며, 그들에게서 무엇을 원하는지 알아야만 한다. 전 포드 대통령의 비서였던 마리 피셔(Mary Fisher)의 스피치의 도입부를 생각해보자. 피셔는 1992년 공화당 집회에서 '에이즈의 속삭임'이란 스피치를 했다. 그때 많은 사람들은 에이즈에 걸린 사람은 '나쁜 사람'이며, 결함이 있다고 생각했다.

선거가 있는 해라는 상황에서, 저는 여러분, 여기 이 큰 홀에서, 혹은 집에서 조용하게 듣고 있는 여러분들이 에이즈 바이러스가 정치적 산물이 아니라는 것을 아셨으면 합니다. 여러분이 민주당원이든 공화당원이든 상관이 없습니다. 흑인이냐 백인이냐, 남성이냐, 여성이냐, 동성애자냐 이성애자냐, 어리냐, 늙었느냐를 묻지도 않습니다. 오늘 밤 저는 에이즈단체를 대표합니다. 이 단체의 구성원들은 미국 사회의 모든 영역에서 어쩔 수 없이 떠밀려 왔습니다. 저는 백인이고, 엄마이지만, 필라델피아 병원에 튜브를 끼고 힘겨워하는 흑인 아이와 함께 하는 1인이기도 합니다.[10]

어떻게 스피치의 목적을 알 수 있는가? 마리는 명확하게 "나의 목적은 당신을 포함한 모든 사람들이 에이즈에 걸릴 수 있다는 것을 믿도록 하는 것이다"라고 말하지 않았다. 그녀는 좀 더 미묘하게, 어떻게 사람들이 흑인/백인, 여성/남성, 동성애자/이성애자, 젊은이/노인 등으로 다른 사람들을 범주화하고, 때로는 폄하하는지에 대해서 말하고 있다. 따라서 그녀는 자신의 목적을 설정하여, 청중들이 왜 그녀가 그곳에 있고 사람들에게 무엇을 믿게끔 하고 싶은지 알게 한다. 마리는 그런 다음 자신의 주제문을 말한다. 에이즈는 미국 사회 모든 영역에 영향을 미치고 있으며, 에이즈는 선택할 수 있는 것이 아니라는 것이다.

일반적으로 스피치의 목적과 주제문을 제시하는 것은 몇 문장 되지 않는다. 관심끌기를 하면서, 계속 하고 싶지는 않을 것이다. 그렇지만 청중들에게서 무엇을 기대하는지, 그리고 전하고 있는 기초적인 아이디어는 무엇인지 청중들이 알게끔 하고 싶을 것이다.

공신력 설정하기

이제 청중의 관심끌기를 하고, 청중들이 스피치에서 자신들이 무엇을 얻게 될지 알게 되었으면, 연사 자신이 해당 주제에 있어서 권위자라는 것을 알려줄 필요가 있다. 도입부는 당신이 완전히 주제에 대해 조사를 했다는 것을 보여줄 첫 번째 기회이다. 도입부의 다른 부분과 함께, 자기 자신을 공신력 있는 연사로 보여주는 것은 몇 분밖에 걸리지 않는다. 그렇지만 이 순간은 청중들이 경청을 하게 만든데 중요한 역할을 한다. 예를 들어서, 나이젤 에킨(Nigel Atkin)은 캐나다 빅토리아대학교에서 원주민단체에 대한 연설을 하는데, 도입부에서 다음과 같이 말하였다.

저는 최근 빅토리아 재단과 함께 일하면서 재단과 4개의 지역 트러스트 자문 위원회, 그리고 많은 캐나다 원주민들, 독립단체, 많은 원주민 지도자들이 원하는 것을 효과

Chris Bernacchi/AFP/Getty Images

▲ 청중들은 자신의 업계에 대해서 말하는 전문가들을 상당히 공신력이 있다고 본다. 예를 들어 항공 안전 전문가가 사고 현장의 평가에 대한 이야기를 하는 것을 공신력이 있다고 보는 이유는 직접적인 경험을 가지고 있기 때문이다.

적으로 유도할 메티스와 지역의 원주민 조직들 사이의 커뮤니케이션을 이어주는 것을 도와주었습니다. 메티스와 지역 원주민 조직의 지도자들은 자신들의 아이들과 가족들을 위한 법적 능력과 행정 서비스를 원하고 있습니다.[11]

바로 청중들은 연사가 이 주제에 대해서 자신의 경험을 통한 지식을 쌓았다는 것을 알게 된다. 이와 유사하게 스피치 주제가 물에 빠진 사람을 구하는 방법이고, 자신이 인명구조원으로 일한 적이 있다면, 이렇게 말할 수 있을 것이다. “인명구조원으로 5년 동안 일하면서, 저는 성공적으로 세 가지 기술을 이용해 물에 빠진 사람들을 구했습니다.” 짧게 자신의 경험을 언급하면 청중들에게 이 주제에 대한 전문성을 가지고 있다는 것을 알려줄 수 있다.

아니면 이 주제에 대해 조사한 것을 말해주면서 자신의 공신력을 청중들에게 알려줄 수 있다. 직장에서의 안전과 건강을 유지하는 법에 대한 스피치를 한다고 예를 들어보자. 주제에 대해 수집한 정보를 다음과 같이 말할 수 있을 것이다. “미국 노동부에 따르면, 매년 4만 명 이상의 사람들이 직장에서 다치거나 질병에 걸린다고 합니다.”

주요 요점의 예고

성공적인 연사는 청중들이 스피치 전체에 집중할 수 있도록 하기 위해서 스피치의 구조를 이야기해주고, 주요 요점을 반복해준다. 따라서 연사는

- 도입부에서 본문에서 무엇을 이야기할 것인지 예고한다.
- 본문에서 주요 요점과 세부 요점을 제시해준다.
- 결론에서 주요 요점을 다시 말해준다.

주요 요점 예고하기

도입부의 마지막 요소이며, 여기에서 본문에서 다룰 주제가 언급됨

주요 요점 예고하기(preview of main points)는 스피치에서 어떤 내용을 이야기할 지 청중들에게 간단하게 말해주어서, 스피치에서 무엇을 다룰지에 대한 기대감을 형

성한다. 예고하기는 청중들이 하나의 주요 요점에서 다음 주요 요점으로 옮겨가면서 요점들을 따라갈 수 있도록 도와주는 첫 단계이다. 전환사는 도입부의 다양한 요소들을 함께 연결시키도록 도와준다. 예를 들어서, 허브 정원에 대한 정보전달 스피치를 다음과 같이 시작할 수 있다.

간단한 실내 허브 정원을 가꾸는 것은 쉽고 재미있습니다(주제문 말하기). 오늘 자신만의 정원을 설치하는 법에 대해서 배우겠습니다(목적 말하기). 시작하면서(전환사), 저는 필요한 기본 장비들에 대해 설명해 드리겠습니다. 이것은 제가 몇 년 동안 허브정원 가꾸기를 하면서 알게 된 것입니다(공신력 설정하기). 다음으로(전환사), 저는 실내 허브 정원에 식물을 심는 법을 알려드리겠습니다. 마지막으로(전환사), 저는 허브를 행복하고 건강하게 유지하기 위한 팁을 알려 드리겠습니다(주요 요점 예고).

비슷하게, 명상에 대한 설득 스피치는 다음과 같이 시작될 수 있다.

명상을 일상으로 가져오면 스트레스를 줄이고 수명도 늘릴 수 있습니다(주제문 말하기). 저는 정기적으로 명상을 합니다. 오늘 아침에도 이 스피치를 준비하는 과정의 일부로 명상을 했습니다(공신력 설정하기). 라이프스타일에 균형을 잡기 위해 명상을 일상생활의 일부로 만들려면 필수적인 단계를 거쳐야 합니다(목적 말하기). 삶의 균형을 증진시켜주는 서로 다른 유형의 명상이 있는데, 이를 통해 명상을 쉽게 매일의 일상 활동으로 통합할 수 있습니다(주제 강화하기). 명상을 시작하는 법을 명확히 말해주기 위해, 저는 첫 번째로(전환사) 명상의 긍정적 영향에 대해 설명해 드리겠습니다. 그런 다음(전환사) 저는 여러 가지 다양한 명상에 대해 설명해 드리겠습니다. 유형을 설명한 후(전환사), 저는 어떻게 매일 명상을 시작할 수 있는지 설명해 드리겠습니다(주요 요점 예고).

심지어 재미를 위한 스피치에서도 명확하게 주요 요점을 미리 말해주어야 한다.

일부 사람들은 배워야 할 모든 것은 유치원에서 배웠어야 한다고 주장합니다. 하지만 저는 제가 배워야 할 모든 것을 고등학교 1학년 때 배웠습니다(주제문 말하기). 선생님께서 말해주려고 했던 것이 무엇인지에 상관없이 여러분들은 제가 배운 모든 교훈을 높게 평가하실 것입니다(목적 말하기). 이 말이 이상하게 드릴 것입니다. 하지만 저는 보통의 십대가 아니어서, 다큐멘터리를 썼다는 식으로 고등학교 1학년 시절을 기록합니다(공신력 세우기). 저의 여러 가지 기발한 통찰력을 가지고 여러분들을 기분 좋게 해드리기 전에(전환사), 제 고등학교 생활의 배경을 말씀드리겠습니다. 둘째로(전환사), 저는 제가 배운 가장 중요한 교훈을 설명드리겠습니다. 마지막으로(전환사), 저는 이 교훈을 최근, 심지어 이 교실에서 어떻게 적용을 했는지 말씀드리겠습니다(주요 요점 예고).

Watch it!

동영상 링크 9.1: 효과적으로 시작하기—도입
에반은 샘플 스피치 도입부를 보여주고 각각을 평가할 수 있는 방법을 설명해준다. 동영상을 보면서, 스피치 도입의 역할 뿐 아니라 효과적인 도입부의 요소와 특징에 대해 배운 것을 기억해보라.

Use it!

활동 링크 9.1: 출발하기
이 활동은 여러 샘플 스피치의 도입부를 평가할 수 있는 기회를 제공하고 향상될 수 있는 방법을 제시해준다.

결론 개발하기

최근효과
청중은 본문에 나온 내용보다 끝에 제시된 내용을 보다 잘 기억함

주요 요점들을 제시했으면, 이제 그것을 정리해야 한다. 그렇지만 스피치는 아직 끝나지 않았다. 초두효과—스피치의 도입부가 청중들의 주의와 기억에 결정적인 영향을 미친다는 이론—의 바로 뒷면에는 **최근효과**(recency effect)라는 것이 있다. 최근효과는 청중들이 본문에 포함된 정보보다 연사가 마지막으로 제시한 정보를 보다 잘 기억한다는 것을 말한다.[12] 당연하게도, 청중들은 시작이나 끝만 기억하는 것은 아닐 것이다. 그렇지만 초두효과 및 최근효과는 목적을 성취하는데 있어서 도입부와 결론의 중요한 역할을 강조하는 것이다. 도입부는 청중들이 당신의 생각을 듣도록 준비시키고, 결론은 말한 것을 강화시킨다.

결론
스피치의 끝이며, 여기에서 연사는 주제문을 다시 말해주고, 목적을 강화하며, 마무리를 제시함

결론(conclusion)에서 주요 요점을 다시 말하고, 스피치의 개괄적 목적과 구체적 목적을 강화하고, 마무리를 제공하여 청중이 스피치가 끝났다는 것을 알도록 한다(표 9.2). 결론을 사용해서 청중들과의 친근한 분위기를 계속 유지하면서 내용을 강화시켜라. 다만 효율적으로 해야 한다. 청중들은 스피치가 끝으로 가고 있다는 것을 알게 되면 활기를 띠게 된다.[13] 청중들은 말이 끝날 것을 예견하면서, 마지막 말을 잘 들으려고 할 것이다. 말, 표정, 몸의 움직임은 모두 프레젠테이션이 목적

그림 9.2 결론의 요소

결론

주제문 다시 말하기

목적 강화하기

결언 제시하기

을 가지고 마무리되었다는 것을 보여주어야 한다. 효과적인 결론을 준비하고, 실행하고, 전달함으로써, 주요 내용을 강화하고, 행동의 촉구와 설득적인 논의를 강화하고, 메시지에 대한 지속적인 인상을 청중들에게 남기도록 한다.

주요 요점 다시 말하기

결론을 이용해 청중들에게 본문에서 제시한 주요 내용을 상기시키도록 하라. **주요 요점 다시 말하기**(review of main points)는 일반적으로 전환사의 단어나 구를 따라서 본문에서 결론으로 이동한다는 것을 나타낸다. 즉, 본문에서 결론으로 가는 전환사를 만들었다면, 재빨리 스피치의 주요 요점을 다시 말해 요약해준다. 주요 요점을 다시 말하면, 청중들이 어디쯤 와 있는지 알 수 있다. 하지만 구체적인 정보는 전달하지 않는다. 여기에 몇 가지 예시가 있다.

주요 요점 다시 말하기
스피치의 결론부에 속하는 것으로 본론에서 제시했던 주요 요점을 다시 간략히 언급하는 것

정보전달 스피치에서

마지막으로(전환사), 오늘 여러분은 윈드서핑을 시작하는 법을 배웠습니다. 저는 윈드서핑의 역사와 필요한 장비, 어디에서 타볼 수 있는지 설명했습니다(주요 요점 다시 말하기).

설득 스피치에서

이 스피치에서 다룬 것을 살펴봅시다(전환사). 저는 학습 습관을 개선하는 법과 곧바로 성적을 향상시키는 방법에 대해 말씀드렸습니다. 저는 학생들 스스로가

만들어내는 공통적인 문제와 어떻게 이런 실수가 수업에서 나쁜 결과를 나타내는지, 그리고 성적을 올리기 위해서 무엇을 해야 하는지에 대해 설명드렸습니다(주요 요점 다시 말하기).

오락을 위한 스피치에서

이제(전환사) 여러분들은 스타일 있게 배낭여행하는 비법을 알게 되었습니다. 배낭여행 가이드를 매우 잘 대해야 한다, 적절한 장비를 가져와야 한다, 그리고 근처 리조트 호텔을 예비로 예약해야 한다는 것이었습니다(주요 요점 다시 말하기).

목적 강화하기

결론은 구체적인 목적을 강화할 수 있는 마지막 기회를 주기 위해 자신의 정보가 중요한 이유를 강조하고, 논의를 확고히 하고, 청중에게 마지막 소구를 하거나(설득 스피치에 해당) 마지막 웃음을 줄 수 있다(오락 스피치에 해당).

기억할만한 메시지

하나 이상의 문장으로 스피치의 결론부에 속하며, 연사의 주제문을 잊지 않도록 하기 위해 고안됨

구체적인 목적을 강화하기 위해, **기억할만한 메시지**(memorable message)를 제공하여 청중들의 관심을 잡아끌어, 스피치에서 제시한 정보나 설득적 논의가 무시되거나 거절당하지 않도록 만들어라. 말할 것은 짧고 명확하며, 강력하고 놀라워야 한다. 아래의 예시를 보자.

- 우리는 결국 과학자들이 오랫동안 의심을 가져왔던 것을 증명하는 단서를 찾았습니다. 인간은 영장류에서 진화되었다는 것입니다.(새로운 DNA 증거를 보고하는 정보전달 스피치)
- 자신에게 맞는 직업을 선택하기 위한 세 가지는 일이나 직업에서 이상적으로 원했던 것, 해야만 하는 것, 정말로 하고 싶지 않은 것을 확인하는 것입니다.(일이나 직업을 선택하는 법에 대한 정보전달 스피치)
- 이제 결정할 시간입니다. 포기하실 것인지, 몸을 만들어 갈 것인지?(대학생들에게 운동 프로그램을 권하는 설득 스피치)
- 여러분들은 새로운 축구 경기장에 댓가를 지불해야 할 한 사람이 될 것입니다!(새로운 경기장 건설에 반대하는 설득 스피치)

결언 제시하기

때때로 연사들은 스피치의 맨 끝부분이 가장 어렵다는 것을 알게 된다. 그리고 영광스럽고 부드럽게 빠져나가길 원한다. 아마도 "이상입니다", "네, 음, 제가 말할 것은 모두 마쳤습니다" 혹은 "다한 것 같습니다"라고 말하는 것을 들어본 적이 있을 것이다. 결론은 청중에게 인상을 남길 마지막 기회이고, 좋게 끝나기를 원한다.

결언을 제시할 수 있는 많은 전략들이 있다. 청중, 주제, 자신에게 가장 효과적인 것이 무엇인지 결정해야만 한다. 여기에 시도해볼만한 몇 가지 구체적인 기술들이 있다.

- 인용으로 끝낸다. 작가인 리타 마에 브라운은 "위생에 관한 통계에서, 미국인 4명 중 1명은 정신 질환을 앓고 있다. 최고로 친한 친구 3명을 생각해보라. 그들이 괜찮다면, 당신이 이상한 것이다"라고 말했습니다."[15] (오늘날 정신 차리고 살아가기라는 오락 스피치)
- 극적인 말을 하라. 그리고 제가 말하는 10분 동안, 아프리카에서는 10명의 사람들이 말라리아로 사망했습니다.(세계 전체의 말라리아의 영향에 대한 정보전달 스피치)
- 도입부를 언급하라. 이제 저는 도입부에서 시작했던 이야기를 마치려고 합니다. 그리고 이 이야기는 해피엔딩입니다. 저는 겨울 방학에 멕시코에서 2주를

●●● THE EVOLVING ART ●●● 결론에서의 이미지 사용

도입부에서 청중들의 상상을 포착할 수 있는 방법에 대해 생각했을 지도 모른다. 하지만 결론에서 시청각적 이미지를 사용하는 것은 보다 더 기억을 잘 시키고 목적을 강화할 수 있다.[14] 몇 개의 비디오 장면이나, 특히 가슴에 와닿는 사진, 혹은 매우 짧은 오디오 클립 등과 같은 프레젠테이션 미디어를 신중하게 사용하면, 청중들의 상상력을 촉발시킬 수 있다. 예를 들어서, 이 장의 처음 부분에 있었던 샘플 스피치의 결론에서, 자클린 노보그래츠는 르완다 남자와 이야기하는 자신의 디지털 사진을 보여주면서 청중에게 이렇게 말했다. "그날의 마지막에 그것은 참여였고, 사람들은 거저 주는 것을 정말로 원하지 않는다는 것을 이해했기 때문입니다. 그들은 자신들의 결정을 스스로 하길 원합니다. 그들은 자신의 문제를 스스로 풀길 원합니다." 강력한 시각 이미지는 그녀가 말한 것을 강화시켜주어, 청중들에게 바라는 행동을 떠올릴 수 있는 여지를 많이 남겼다. 키노트나 파워포인트 같은 프레젠테이션 소프트웨어들은 이미지와 동영상, 소리 등을 스피치에 통합시킬 수 있는 유용한 도구를 제공하여, 청중에게 지속적인 영향을 줄 수 있을 것이다.

보낼만한 돈을 마련할 수 있는 여름일을 찾았습니다.(좋은 여름일을 찾을 수 있는 법에 대한 정보전달 스피치)

- 이후의 사건에 대해 말해주라. 후에, 미국 법무부와 함께 협력하여, AMBER Alert 계획이 모든 50개 주에서 통과되었습니다.(미국 실종자들을 위한 방송사의 긴급편성 프로그램에 대한 정보전달 스피치)
- 연사와 청중의 연결성을 강화하라. 여러분들과 같이, 저도 자유가 기본적인 것이라고 생각했습니다. 그렇지만 이제 저는 우리 문화에서 자유를 어떻게 보고 있는지 알게 되었고, 이 정보를 여러분과 공유했습니다. 우리 모두는 이 공통된 단어를 여러 가지 다른 방식으로 생각하고 있다는 것을 알게 되었습니다.(자유를 정의하는 정보전달 스피치)
- 청중에게 감사하라. 우리 학교에 출석하는 모든 학생들을 위해 필수 과목의 수를 줄이고, 선택 과목의 수를 늘리자는 저의 제안을 고려해주셔서 감사합니다.(졸업 요건을 바꾸자는 설득 스피치)

Watch it!

동영상 링크 9.2: 효과적으로 끝내기—결론
에반은 샘플 스피치 결론을 소개하고 각각을 평가하는 다른 방식을 강조한다. 동영상을 보면서 스피치 결론의 역할과 효과적인 결론의 요소와 특징에 대해 배운 것을 기억하도록 한다.

Use it!

활동 링크 9.3: 정리하기
이 활동은 여러 샘플 스피치의 결론을 평가할 수 있는 기회를 제공하고, 개설될 수 있는 방법을 제시한다.

요약

스피치 도입에서 청중들의 관심을 끌고, 목적과 주제를 제시하고, 공신력을 설정하고 스피치의 주제문을 미리 말해준다. 관심을 끌기 위하여 구체적인 목적과 스피치에 주어진 시간이 얼마인지 고려하라. 또한 창의성과 상상력을 이용하여 청중들이 좀 더 경청하고, 주목하고 스피치를 듣고 싶어 하도록 만들어라. 주제를 명확히 제시하여 청중들이 연사가 기대한 반응이 무엇인지 이해할 수 있도록 하라. 청중들이 주제에 있어서 전문가라는 것을 알게 하라. 주제문을 미리 말해주면서 도입부를 마쳐라.

결론에서는 주제문을 다시 말하고, 구체적인 목적을 강화하고, 결언을 제시하라. 결언을 제시하는 전략들은 인용, 극적인 말, 도입부 언급, 이후의 사건, 연사와 청중의 관계성 강화, 청중에 대한 감사 등이다. 구체적인 목적을 이루기 위해서 청중에게 오래가고 긍정적인 인상을 남기도록 하라.

●●● REVIEW IT ●●● 학습항목과 복습자료들

책 내부
- 요약
- 주요단어
- 비판적 질문

더 많은 학습 자원
- 스피치 스튜디오
- 퀴즈
- 웹링크

학생 워크북
- 9.1 명확한 미리 말하기
- 9.2 도입과 결론
- 9.3 주목할만한 인용문
- 9.4 따라할만한 도입부
- 9.5 LOL

스피치 친구 동영상

동영상 링크
- 효과적으로 시작하기–도입
- 효과적으로 끝내기–결론

활동 링크
- 출발하기
- 정리하기

샘플 스피치 비디오
- 케이티, '왜 PI인가?', 정보전달 스피치
- 마리 피셔, '에이즈의 속삭임', 설득 스피치

스피치 빌더 익스프레스
- 도입
- 결론

인포트랙

추천 검색어
- 스피치 도입
- 관심끌기
- 스피치에서의 유머
- 공공 연설에서 공신력 설정하기
- 스피치 결론

음성 학습 도구
- 케이티의 '왜 PI인가?'
- 비판적 사고 질문
- 학습목표
- 장 요약

온라인 자원 안내

이 책 〈퍼블릭 스피킹: 진화하는 발표기술〉을 위한 온라인 자원은 추가적인 샘플 스피치 동영상, 스피치 빌더 익스프레스, 인포트랙 대학편, 학습지원이다. 학습지원에는 주요단어 플래시 카드, 리뷰 퀴즈, 비판적 질문이 있으며, 궁금한 점이 있다면 교수님께 이메일로 보낼 수 있다. 또한, 온라인 자원의 특징은 생동감 있는 웹링크로 해당 챕터와 연결된다. 웹링크에는 공공 스피치를 보고, 어떻게 구성되어 있는지 평가할 수 있는 사이트(예: C-SPAN.org)들이 포함된다. 링크된 사이트들은 정기적으로 관리되고 일정기간마다 추가된다.

주요단어

결론	관심끌기	기억할만한 메시지
도입	주요 요점 다시 말하기	주제문 예고
초두효과	최신효과	

비판적 질문: 확인과 토론을 위한 질문

1. 청중의 관심을 끄는 것은 스피치 도입의 기본적 기능이다. 윤리적인 연사는 청중들의 관심을 끌고자 할 때 무엇을 고려해야만 하는가?(3장의 윤리적 커뮤니케이션 윤리 부분을 언급할 수 있음) 예를 들어, 통계나 사실이 너무나 놀라운 것이라면 어떻게 할까? 이 이야기가 청중을 어떻게 잘못 유도할 수 있겠는가?
2. 연사들은 종종 스피치의 결론을 무시하여 최근효과를 이용할 기회를 놓치고 만다. 자신의 스피치에 효과적인 결론을 개발하기 위해서 명심해야 하는 것은 무엇인가?

10장 효율적 언어 사용

Using Language Effectively

2004년에 보스톤에서 열린 민주당 전당대회에서, 버락 오바마는 청중을 놀라게 했고, 그 자신을 국가의 주목할만한 인물로 만들었다. 디지털 슬라이드나 비디오 클립 하나 없이 오바마는 청중을 감동시켰고, 한 신문사에서 "말의 힘"이라고 보도했을 만큼 국민에게서 찬사를 받았다.[1] 언어는 청중들을 듣게 만들고, 그들의 감정을 휘저어 놓으며, 그들의 감각을 자극하는 단어들로 구성되어 있다. 스피치의 마지막 부분에서 오바마는 다음과 같이 말했다.

> 나는 좀 더 의미 있는 것에 대해 말하고 있습니다. 그것은 모닥불 주위에 둘러 앉아 자유를 노래하는 노예들의 희망입니다. 이주민들의 먼 미래를 향한 희망… 웃긴 이름을 가진, 미국에도 자신을 위한 기회가 있을 것이라고 소망하는 앙상한 아이의 희망… 어려움에도 굴하지 않는 희망. 불확실함에도 지지 않는 희망. 희망의 무모함이란![2]

이 인용문은 다음과 같이 요약할 수 있다. "희망은 우리의 목표를 이루는데 중요하다." 하지만 이런 말들은 오바마가 이룰 수 있었던 것을 정확하게 묘사할 수는 없다. 왜 그런가? 이것이 이 장에서 배울 내용이다.

언어의 기본 개념

언어
사람들이 서로 의사소통하기 위해 사용하는 단어의 체계

READ IT! **언어**(language)는 사람들이 다른 사람들과 의사소통할 때 사용하는 단어의 체계로 정의할 수 있다. 언어의 힘은 듣는 사람들이 마음속에서 이미지로 형상화할 수 있게 만드는 능력에서 나온다. 그러한 이미지들은 청중들에게 정보를 주고, 그들을 설득하고, 또 즐겁게 만든다. 연사의 말은 청중들을 생각하고, 사유하고, 숙고하고, 느끼고, 평가하고, 말 하고자 하는 것에 대해 대답하도록 장려한다.

상징
단어와 같이 사람, 장소, 사물, 생각 등 다른 무언가를 의미하는 것들

단어들은 어떤 역할을 하는가? 단어는 사물, 사람, 장소나 사건 등 구체적인 것에 대해 의미를 부여하는 상징이다. **상징**(symbols)은 자유, 정의, 행복과 같이 좀 더 추상적인 것들을 나타낼 수 있다. 단어는 당신의 마음에서 다른 사람들의 마음으로 정보나 생각을 전달할 수 없다. 대신에 단어는 사람들의 마음속에 있는 생각과 의미들을 말로 표현하게 도와준다. 그래서 버락 오바마가 "그것은 모닥불 주위에

앉아 자유를 노래하는 노예들의 희망이다"라고 말 했을 때, 그 말들은 각각의 청중들에게 서로 똑같지는 않은 이미지로 형상화할 수 있었다. 이 예시는 언어의 자의적이고, 모호하고, 추상적이고, 역동적인 본질을 잘 나타낸다.

언어는 자의적이다

전 세계에는 약 6,800개 이상의 언어들이 사용되고 있다. 이렇게 많은 언어가 사용된다는 것은 단어들의 의미가 자의적이라는 것을 알려준다.[3] 단어와 그것이 무엇을 나타내는지에 직접적인 연관이 없기 때문에, 다양한 집단의 사람들은 하나의 대상에 대해서 각기 다른 단어들을 사용한다. 〈그림 10.1〉은 어떤 생각을 가지고 있을 때, 그러한 생각을 하게 한 사물과 생각을 표현하기 위해 선택한 단어 사이에 직접적인 연결고리가 있다는 것을 증명한다. 하지만 그 사물 자체와 선택한 단어 사이에는 직접적인 연관이 없다.

'나무'라는 단어를 생각해보자. 독일어로 이 단어는 'boom'이다. 그리스어로 이

그림 10.1 단어, 사고, 대상 간의 자의적 관계

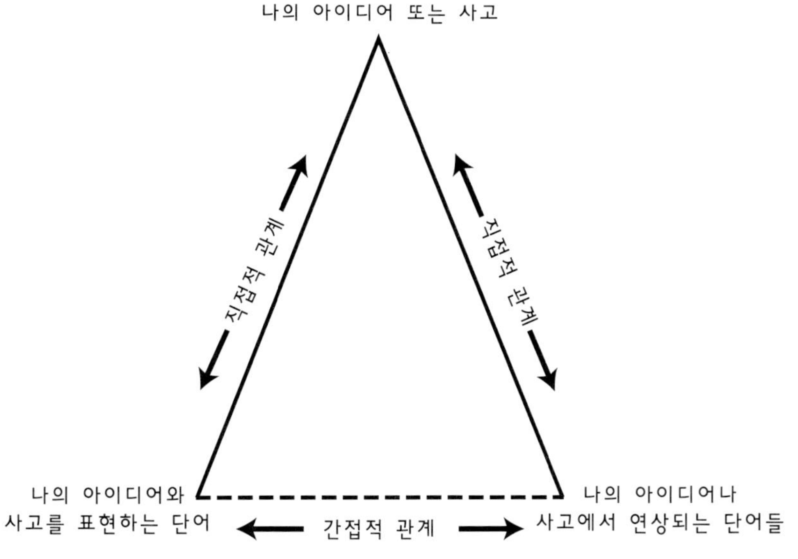

출처: Ogden & Richards(1923).

것은 'δεντρο'이다. 일본어로는 '木'며, 스페인어로는 'árbol'이다. 각각의 언어는 영어로 'tree'라고 불리는 사물에 대해서 다양한 표현방법을 가지고 있다. 이것이 언어가 자의적인 이유이다.

의사소통을 하는 사람들은 생각과 아이디어를 표현하기 위해서 단어를 사용한다. 단어와 그것이 의미하는 것의 관계는 언제나 우리들의 마음을 거쳐 간다.[4] 〈그림 10.2〉의 예가 보여주듯이, 어떤 사람들은 야자수를 보고 플로리다에서 보낸 휴가를 연상하며, "야자수가 플로리다키스 제도(Florida Keys)를 회상하게 한다"라고 말한다.

연사는 가끔 단어들이 그 자체만으로는 존재하지 않는다는 사실을 잊어버린다. 사물과 단어 사이에는 어떠한 직접적인 관계가 없다. 따라서 사람들이 단어에 부여하는 의미들은—그들의 **해석**(interpretations)들은—당신이 의도하는 바와 다를지도 모른다. 전 교육부 장관인 론 페이지(Ron Paige)는 다른 몇 명의 도지사들과 교육

해석
단어에게 의미를 부여하는 개인 내부에서 이루어지는 절차

그림 10.2 단어, 사고, 그리고 대상: 예시

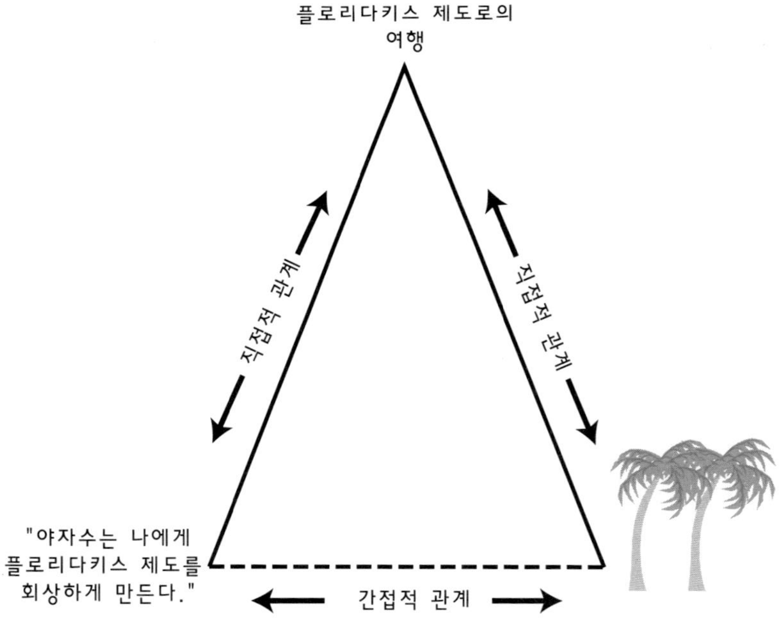

출처: Ogden & Richards(1923)

개혁안에 대해 논하던 중, 전미교육협회를 '테러 집단'이라고 지칭했을 때 그 사실을 깨달았다.[5] 페이지는 이 교사들의 조직이 회원들의 소망을 바꾸어 놓았고, 잘못 대변하고 있다고 주장했다. 하지만 그에게 동의했던 사람들조차도 '테러리스트'라는 단어에서 연상되는 부정적인 느낌이 페이지의 주장을 흐려놓았다고 말했다. 교사들과 정치가들이 그가 전미교육협회에 대해 한 발언을 비난하고 나서야, 그는 단어 선택에 대해 사과했다.

언어는 모호하다

연사는 그들이 'X'라고 했을 때, 다른 사람들이 'X'라고 받아들일 거라고 생각하기를 좋아한다. 하지만 항상 그런 것은 아니다. 언어는 모호하다. 왜냐하면 단어들은 여러 가지 의미를 가지고 있고, 개인은 단어와 그것의 개념에 대해 그 나름대로의 의미와 연상하는 바가 있기 때문이다. **지시적 의미**(denotative meanings)라는 것은 사전에서 찾는 정의처럼 공식적이고, 말 그대로의 의미이다. **함축적 의미**(connotative meanings)는 경험을 바탕으로 가지고 있는 독특한 의미이다.

지시적 의미
사전에서 찾아지는, 모두가 동의하는 단어의 의미

함축적 의미
개인 각자의 경험에 기반한 단어의 독자적 의미

의미가 확실할 것이라고 생각하는 단어들조차도 여러 가지 의미를 가지고 있다. 예를 들어 '차(car)'라는 단어가 있다. Compact Oxford English Dictionary는 '적은 수의 사람을 운반하기 위한 동력을 가진 운반기구', '철도 위의 운반수단, 혹은 4륜차'라고 두 가지로 정의한다. 하지만 이것은 시작에 불과하다. Webster's Revised Unabridged Dictionary는 7개의 정의를 가지고 있다. 그 중에 '전쟁이나 승리를 위한 전차', '엘리베이터나 승강기의 칸', '살아있는 생선들을 위한 구멍이 뚫린 떠다니는 박스' 등이 있다. Investorwords.com은 재정적 의미의 '차'를 '상품의 선물 거래에 기초가 되는 수량'이라고 정의한다. Dorland's Illustrated Medical Dictionary에 따르면, CAR은 Canadian Association of Radiologists(캐나다 방사선협회)의 약자이다.[6] 그리고 이것들은 단지 지시적 의미들일 뿐이다. 독립, 경제적 부담, 여행 등 당신이 '차'라는 단어에 대해서 연상하는 모든 의미들을 생각해보라.

언어의 모호한 특성은 스피치 과정의 모든 면에 영향을 미친다. 당신이 주제를 선택할 때, 당신이 사용할 단어를 선택하고 그것을 정의하라. '표절'이라는 주제를 학술적 정직성으로 표현할 것인가, 아니면 학술적 부정직성으로 표현할 것인가? 지역사회의 미개발지역에 대한 계획을 수정하기 위한 스피치를 할 때, 공허한 공간이라고 말할 것인가, 아니면 미개발 지역이라고 할 것인가? 갈수록 국제화되고 있는 우리 사회의 현실에 대한 스피치에서, 당신은 반국제화와 국제적 정의라는 용어 중 어떤 것을 선택할 것인가? 일례로, 학술적 정직성과 부정직성이라는 용어의 차이에 대해서 생각해보자. 부정직성이라는 말은 부정적인 의미를 함축하고 있다. 그래서 듣는 사람들은 시험에서 부정행위를 하거나 스피치 개요를 표절해서 사용하는 것 등을 생각하게 된다. 정직성이라는 단어는 시험을 위해서 공부를 하거나 스피치 주제를 선택하기 위해서 신중하게 조사를 하는 것 등 긍정적인 연상을 하게 한다. 이 두 단어 사이에서 선택을 하는 것은 스피치의 **어조**(tone)나 전반적인 분위기에 영향을 미칠 것이다.

어조

말하는 상황에 맞는 기분이나 분위기에 맞추어서 언어를 사용하는 것

어떻게 주제를 표현하느냐는 당신의 생각을 구조화하고, 청중들을 분석하고, 조사를 하며, 근거자료들을 선택하는 데 기준이 될 것이다. 스피치를 할 때(12장 참조), 주제의 틀을 정하고, 그것을 정의하는 데 사용하기로 한 언어는 청중들이 메시지를 어떻게 해석하는가에 영향을 미친다. 언어의 모호한 특성이 가장 강하게 나타나는 때는 바로 스피치를 할 때다. 청중들이 스피치에 반응하는 방식은 부분적으로 연사의 언어 선택에 달려있다. 모호성이 항상 나쁜 것만은 아니다. 심지어 우호적으로 작용할 수 있다. 버락 오바마의 스피치에서 미국인들이 공유하는 특성을 강조한 것을 사례로 들 수 있다.

> 오늘밤, 우리는 우리나라의 대단함을 확인하기 위해서 모였습니다. 이것은 우리나라의 고층 빌딩들이나 군사력, 경제 규모 때문이 아닙니다. 우리의 자부심은 약 200년 전의 선언에서 요약된, 정말 단순한 전제에 근거합니다. "우리는 자신 있고, 모든 사람들이 평등하다는 진실을 믿습니다. 모두가 창조주에 의해 기본권과 같은 능력을 부여받았다는 것을 믿습니다. 삶, 자유, 그리고 행복을 추구할 수 있는 권리를 가지고 있음을 믿습니다"라는 선언이 그것입니다. 간단한 꿈에 대한 신념, 작은 기적에 대한 믿음, 이것이 미국인의 본질입니다.

단순한 꿈, 작은 기적, 삶, 그리고 자유 — 이 단어들은 미국인들에게 여러 가지 의미를 가진다. 하지만 이 단어들은 미국 문화에 깊이 녹아 있어, 미국인들에게 보통 긍정적인 것들을 생각하게 한다. 청중들이 이 단어들을 듣고 긍정적인 연상을 한다고 할지라도, 그 단어들을 정의하는 것은 모두 다를 것이다.

언어는 추상적이다

우리는 모든 감각들을 동원해서 세계를 경험한다. 빵 굽는 냄새를 맡고, 친구가 웃는 것을 보고, 초콜릿 한 조각을 맛보고, 컴퓨터 키보드를 만지며, 직장 동료의 웃음소리를 듣는다. 이러한 것들은 물리적인 세계에서 존재한다. 커뮤니케이터가 말하고, 듣고, 쓰고, 읽을지라도, 그것들이 의미하는 바는 추상적이다. 손을 이 책에 올려놓고 인쇄된 단어들을 만질 수 있다. 하지만 그 단어들이 무엇을 의미하는지는 마음속에 있다.

모든 단어들이 추상적이지만 추상적 정도에 있어서는 차이점을 보인다. 어떤 단어들, 예를 들어 "내 친구 Kyoung"이라는 말은 꽤 구체적이다. '인류'와 같은 단어들은 굉장히 추상적이다. 〈그림 10.3〉은 단어들이 추상적인 정도에 따라 어떻게 다른지를 보여준다. 이 예에서는 '생물'이라는 단어가 가장 추상적이다. 이 말은 식물과 동물, 사람과 곤충 등을 지칭할 수 있기 때문이다. 이 단어들은 '캘리포니아의 몬트레이 베이(Monterey Bay)에 사는 유명한 해달인, 12살이 된 핑크 화이트(Pink-White)'처럼 특정한 생물이 될 때까지 점점 더 구체적인 단어가 된다.

미 국회의원 타미 발드윈(Tammy Baldwin)은 워싱턴에서 동성애자 권리를 위한 새천년 행진(Millenium March for Gay and Lesbian Rights)에서 스피치를 할 때, 다양한 단계의 추상적인 단어들을 잘 활용했다. 스피치의 모든 요점에서, 그녀는 추상적인 단어들에 대해 구체적인 예시들을 제시했다.

우리가 희망을 품을 수 있다는 데 의심을 하지 마세요. 의회가 증오 범죄(hate crime)에

표 10.3 언어의 추상성 정도

핑크 화이트, 12살의 캘리포니아 해달
캘리포니아의 해달
해달
바다의 포유동물
포유동물
생물

더 추상적임 ⟷ 덜 추상적임

> 대한 정의를 확장하는 법안을 통과시켜 줄 것이라는 데 의심을 갖지 마세요. 하지만 자유로운 세상에 살겠다는 꿈을 가지고, 그것이 실현되게 만들어야 합니다. 따라서 동성애 파트너의 사진을 책상에 놓고 살 수 있는 세상을 꿈꾼다면, 그들의 사진을 책상에 올려놓으세요. 그러면 당신은 그러한 세상에서 살게 될 것입니다.[7]

추상적이지만 강력한 단어들을 사용함으로써, 발드윈은 청중들에게서 동의를 이끌어냈다. 그리고 나서, 덜 추상적인 용어들을 사용함으로써 그녀는 청중들에게 어떻게 하면 그 추상적인 생각을 실행할 수 있는지 말했다.

언어는 역동적이다

시간과 같이 언어는 변화한다. 세상에 대해서 더 새로운 것들을 알아가고, 새로운 경험들을 하면서 새로운 단어들을 만들어간다. 인터넷이 발달하기 전에, **피싱**(phising), **이메일**, **블로그** 등과 같은 단어들은 존재하지 않았다. **메리암웹스터사전**의 11번째 개정판에는 5년 전 출판한 10판에는 없던 10,000개의 새로운 단어들이 추가되었다.[8]

이와 유사하게 구체적인 사건들이 단어의 의미를 변화시킨다. 예를 들어, 9.11 테러 이후에 지하드(jihad)라는 단어는 부정적인 의미를 함축하게 됐다. 하버드 대학 졸업 스피치에서 생물의학공학과 졸업생인 제이드 무하마드 야신(Zayed Muhammed Yasin)은 지하드의 본래 의미를 다음과 같이 설명했다.

> 내 신념을 바탕으로 하는 언어에서, 아랍어로 **투쟁**(struggle)이라는 단어가 지하드입니다. 이 단어는 무슬림임을 주장하는 사람과 그렇지 않은 사람 모두에게 그 의미가 오염되고, 오해를 하고 있습니다. 그리고 지난 가을, 국가적, 그리고 개인적으로 막대한 손실을 입으며 우리는 이 오염의 결과를 지켜봤습니다. 무슬림들이 동경하는 지하드라는 단어의 가장 진실되고 순수한 형태는, 바른 것을 행하고, 사적인 이익 대신 정의를 추구하고자 하는 신념입니다. 이것은 개인적으로 도덕적인 행동을 하고자 하는 개인의 투쟁을 의미합니다.[9]

야신은 스피치에서 9.11 테러의 지하드라는 단어에 대한 영향을 인정했고, 부정적인 의미들을 긍정적인 의미들로 대체시키려고 노력했다.

커뮤니케이터들은 끊임없이 단어의 의미를 바꾼다. 인터넷의 도래는 스팸, 악성 댓글, 쿠키와 같은 새로운 단어들을 출현시켰다. 웹페이지(webpage)라는 단어가

●●● THE EVOLVING ART ●●● 신조어 찾아다니기

거의 매일 새로운 단어들이 영어에 추가된다. 더 많은 것을 알고 싶은가? 워드 스파이(Word Spy(wordspy.com)), 맥밀란 영어사전(MacMillan English Dictionary (macmillandictionary.com)), 월드 와이드 워드(World Wide Words(wordlwidewords.com))와 같은 웹사이트들은 최신 추가목록을 제공해준다. ADS(The American Dialect Society, Americandialect.org)에서는 그 해 가장 영향력 있었던 단어를 발표한다. 예를 들면, ADS 회원들은 투표로 2007년의 '그 해의 단어'로 '최우대 금리보다 낮은; subprime'이라는 단어를 선택했다. 10년 전, '밀레니엄 버그(컴퓨터의 2000년 인식 오류)'가 1순위로 꼽혔다.

인쇄된 책들의 페이지라는 단어에서 생겨났다는 것을 알 수 있다. 하지만 웹사이트에서 페이지들을 스크롤(scroll)한다는 것은 고대 이집트에서 파피루스 종이로 된 문서들을 펼쳐서(unroll) 읽었다는 것과 비슷하다.[10]

2004년 12월 26일 쓰나미가 아시아를 폐허로 만들어 놨을 때 이후로 많은 사업체들이 그 단어를 사용하는 것에 대해 다시 생각했다. 예를 들어 토요타는 셀리카 쓰나미(Celica Tsunami)라는 이름을 셀리카 스포츠 패키지(Celica Sport Package)라고 고쳤고, 오하이오에 있는 워터파크는 쓰나미 수영장을 화이트캡(Whitecap)으로 고쳤다.

언어는 다른 방식으로도 역동적이다. 당신은 아마 "말뿐이고, 행동은 하지 않는다", "행동이 말보다 많은 것을 말해준다" 등을 들어봤을 것이다. 하지만 언어는 행동이다. 당신은 언어를 사용할 때 목적을 달성한다. 예를 들어 공적인 자리에서 이야기를 할 때, 연사들은 정보를 주고, 설득하며, 듣는 사람들을 즐겁게 한다. 연사들은 청중들을 더 깊이 생각해보게 하고, 큰 소리로 웃게 하고, 새로운 것을 배우게 하며, 그들의 관점을 바꾸고, 행동을 취하게 한다. 예를 들어 빌 클린턴은 그의 두 번째 임기에서 TV를 통해 국민들에게 모니카 르윈스키와의 관계에 대해서 스피치했다. 스피치의 한 부분에서, 그는 다음과 같이 말했다.

> 나는 확실히 르윈스키와 적절하지 않은 관계를 가졌습니다. 사실, 이것은 잘못된 것입니다. 이것은 판단의 치명적인 일탈과, 내가 완벽하게 책임을 가져야 하는 부분에 대해서 개인적인 실패라고 할 수 있습니다. 나는 이 일에 대한 대중의 의견과 나의 침묵이 거짓된 인상을 만들어냈다는 것을 알고 있습니다. 나는 아내를 포함한 사람들을 오도했습니다. 나는 뼈저리게 후회했습니다.[11]

이 스피치는 클린턴 대통령의 행동에 대한 사과의 역할을 했다. 우리는 일상생

> **Speaking of ...** 우정과 친밀감을 형성하는 언어
>
> 친구들이나 가족들과 말하고, 인스턴트 메시지를 하고, 수다를 떨고, 문자를 주고받을 때, 사용하는 언어를 주의 깊게 관찰해 봐라. 다른 사람들이 당신이 말하고자 하는 바에 대해 알고 있는가? 가족이나 친구와의 모임은 공유한 경험에 따라서 그들만의 단어를 만들어낸다. 커뮤니케이터는 보통 그 모임 외부의 사람이 그 말의 뜻이 무엇이냐고 질문할 때까지 자신들이 새로운 단어나 의미를 만들어낸다는 것을 알아차리지 못한다. 그룹 내의 언어는 사람들을 결합시켜 주지만, 동시에 다른 사람들을 소외시킨다. 이러한 언어는 결혼 축배를 들 때나 이별 파티를 할 때 등 특별한 경우에만 사용해야 한다. 하지만 이런 언어들은 또한 정보를 주거나, 설득시키는 스피치에서도 발견된다. 만약 청중들이 당신이 사용하는 언어를 공유하지 않는다면, 그들은 당신의 말을 해석하는 데 어려움을 겪을 수 있다.

활의 대화에서 비슷한 행동들과 말들을 한다. 말로 다른 사람들에게 약속하고, 침착하게 만들고, 힘내게 하고, 칭찬하고, 고발하고, 헐뜯고, 지지하고, 비판하고, 영향을 미친다.

언어와 문화

언어와 문화는 떼어놓을 수 없다. 어떻게 언어를 사용하는가는 문화에 영향을 주고, 문화는 사용하는 언어와 그것을 어떻게 해석하는가에 영향을 미친다. 미국인들이 '시간'이라는 말을 어떻게 사용하는지 생각해보자. "이것은 시간 낭비야", "당신과 시간을 보내는 것을 좋아합니다", "시간은 돈이다" 등의 말을 할 것이다. 이것들이 미국 문화에 대한 어떤 것을 말해주는가? 대부분의 미국인들은 시간을 다른 사람들에게 주거나(당신에게 내 시간의 몇 분을 줄 수 있다), 뺏을 수 있는(당신의 시간을 많이 빼앗지 않을 것이다) 하나의 상품이라고 생각한다. '내' 시간, '네' 시간 등을 말함으로써 시간을 '소유'할 수 있는 것이라고 생각한다. 사람들이 사용하는 단어들은 문화에서 중요시되는 것과 그렇지 않은 것에 대한 실마리가 된다.

미국인들은 스피치와 말하는 것을 매우 중요시한다. 미국 헌법은 언론의 자유를 보장한다. 로젯의 밀레니엄 신사전(Roget's New Millennium Thesaurus)은 '말하다(speak)'에 대해 약 70개의 동의어를 나열하고 있다. '분명히 말하다(articulate)', '수다를 떨다(blab)', '의견을 제시하다(hold forth)', '고함쳐 말하다(rap)', '발음하다(vocalize)', '시끄럽게 지껄이다(yap)' 등이 그 예이다. 하지만 말하는 것의 반대편인 듣는 것에 대해서는 어떤가? 다른 사람의 견해에 대해 귀 기울이는 것이 외교의 또 다른 중요한 면이지 않는가? 물론이다! 하지만 말하는 것만큼 중요시되지는 않는다. 로젯의 밀레니엄 신사전에는 '듣다(listen)'이라는 단어에 대한 동의어를 '말하다'의 반도 안 되는 33개

로 나열하고 있다.[12] 커뮤니케이터들이 말하는 것보다 더 많이 듣고 있다 할지라도 미국 문화는 듣는 것보다 말하는 것에 훨씬 더 많은 강조를 하고 있다.

문화는 단어들이 의미하는 것이 무엇인지, 그리고 그 단어들에 대해 연상해야 하는 바를 알려준다. 예를 들어 허리케인 카트리나(Katrina)의 영향으로, 뉴올리언스와 다른 지역에서 집을 버리고 떠나게 된 사람들을 어떻게 부를지에 대해서 논쟁이 일어났다. 그들은 희생자인가? 생존자인가? 갈 곳을 잃은 사람들인가? 난민들인가? 이 단어들은 각각 다른 것을 연상시킨다. 일반적으로 난민은 정치적이나 종교적인 박해를 피하기 위해서 국경선을 넘는 사람들에게 쓰이는 말이다. 그래서 이 말은 루이지애나와 미시시피에서 지금 집을 잃은 사람들을 미국 시민이 아닌 것으로 표현한다. 하지만 '갈 곳을 잃은 사람들'이라는 말은 이 사건의 규모를 잘 반영하지 못한다. 대부분의 언론들은 이 사람들이 마주한 비참한 상황을 잘 묘사하지 못할지라도, '피난민'과 '홍수 피해자'라는 단어를 택했다.[13] 그리고 한 단어를 다른 단어 대신에 사용하기로 하는 것은 다른 결과를 가져올 수 있다. 예를 들어, 사람들은 같은 차라도, '낡은 차'보다 '중고차'로 표현됐을 때 더 많이 살 것이다.

공적인 자리에서 말하는 문맥에서, 연사들이 속어, 전문용어, 숙어, 완곡어, 상투적 표현 등을 사용할 때 문화적 특성이 가장 뚜렷하게 나타난다. **속어**(slang)는 'whatever', 'all that', 'my bad' 등 대인 관계에서 보통 사용되는 비공식적인 언어이다. 공적인 스피치가 친구들과의 대화보다 더 공식적이기 때문에 스피치에서 속어를 사용하는 것을 피할 것이다. 속어는 청중들에게 당신이 그 자리를 심각하게 생각하지 않고, 준비가 되지 않았다고 생각하게 한다. 친구들은 속어를 사용해도 괜찮다고 생각하겠지만, 스피치에서 속어를 사용하는 것은 연사에 대한 신뢰감을 훼손한다.

속어
특정한 부류 내에서 주로 사용되는 비공식적인, 표준어가 아닌 언어

전문용어(jargon)는 특정한 직업이나 과목에서 사용되는 기술적인 언어이다. 이라크 전쟁이 시작됐을 때부터, MRE(meal, ready to eat), IED(improvised explosive device), SOP(standard operating procedure) 등 몇 개의 군사용어는 전보다 더 널리 쓰이게 되었다. 속어와 전문용어는 둘 다 그 단어의 의미가 무엇인지에 대한 내부 관계자들의 지식을 필요로 한다. 만약 군사 문화에 속해 있다면 아마 군사적 용어를 내면화했을 것이다. 이와 유사하게 커뮤니케이션 기술에 관련된 전문용어들이 최근 자주 일

전문용어
어떤 직업이나 특정한 주제와 연관이 있는 사람들이 사용하는 기술적인 언어

상 대화에서 사용되는 것을 볼 수 있다. 사람들은 인스턴트 메시징을 하고, 블로그를 하며, 채팅을 한다. 컴퓨터 사용자들은 스팸, 바이러스, 웜에 대해 걱정하고, 그들이 무선으로 연결할 수 있는 핫스팟(hotspot)을 찾아다닌다.

관용어
직역된 의미와는 다른 뜻을 가지고 있는 표현

관용어(idioms)란 글자 그대로의 의미와는 다른 실질적인 의미를 갖는 표현들을 말한다. 관용어를 제대로 이해하기 위해서, 사람들은 일상생활에서 그 표현들을 자유자재로 쓸 수 있는 능력을 가져야 한다. 여기에 몇 가지 관용어들의 직역적인 의미와, 실질적인 의미를 비교해 놓았다.

- That test was a piece of cake.
  — 직역: 그 시험은 케이크 조각이었다.
  — 의역: 그 시험은 쉬웠다.
- You'd better hit the books if you're going to pass your classes.
  — 직역: 강의를 이수하고 싶다면 너는 책들을 손이나 다른 물체로 쳐야 한다.
  — 의역: 강의를 이수하고 싶다면 너는 공부를 해야 한다.
- Would you lend me your ear for a few minutes?
  — 직역: 당신의 귀를 떼어 내서 몇 분간 나에게 줄 수 있습니까?
  — 의역: 내 말을 몇 분간 들어줄 수 있습니까?

만약 영어를 사용하며 자랐다면, 이 관용어들을 사용하고 들으며 익숙해졌기 때문에, 직역한 것을 보고 웃었을 것이다. 아마 그것들을 왜 그렇게 해석하는지 생각조차 하지 않을 것이다.

완곡어
용납할 수 없거나 다른 사람의 기분을 상하게 하는 단어들 대신에 사용되는 단어

연사는 사람들이 싫어하거나, 감정을 상하게 하는 언어에 대해서 **완곡어**(euphemisms)를 사용한다. 예를 들어, 포르노는 '성인영화'로, 그러한 영화의 배우들은 '성인배우들'로 불린다. 만약 청중들의 감정을 상하게 할까봐 걱정이 된다면 완곡어가 도움이 될 수 있다. 하지만 대부분의 완곡어들은 청중을 혼란스럽게 한다. 예를 들어, 단체들은 보통 직원들을 해고하는 것을 '축소'나 '규모의 적정화'라고 말한다. 이것은 덜 격하게 들릴지 모르지만, 직업을 잃은 당사자들에게는 아니다.

상투어
너무 남용되어서 실질적 의미를 갖지 않는 표현

상투어(clichés)란 진부하거나 분명해서 너무 자주 쓰이기 때문에 별다른 뜻이 없는 어구들이다. 한때 이 표현들은 독자적인 뜻을 가지고 있었지만, 남용되면서 그

의미가 흐려졌다. 이것의 예는 '큰 그림', '틀을 깨는 발상', '늦었다고 생각되는 때가 가장 빠른 때다' 등이 있다. 상투적 표현은 그것을 말하는 사람들에게 두 가지 방법으로 어려움을 준다. 첫째는 속어나 전문용어, 관용어, 완곡어와 같이 듣는 사람들이 상투어를 잘 이해하기 위해서 같은 문화적 지식을 공유해야 한다는 것이다. 둘째는 상투적 표현이 남용되기 때문에, 듣는 사람들이 말하는 사람의 메시지를 이미 알고 있는 내용이라고 생각하고, 흥미를 잃을 지도 모른다는 것이다.

만약 미국에서 성장했고 영어가 모국어라면, 아마 "Hey dude, whazzup?", "My ISP is down", "We're on the same page", "I fell on my tush ice skating", "Money doesn't grow on trees" 등의 말을 들었을 때 당황하지 않을 것이다. 하지만 당신의 청중 모두가 속어, 전문용어, 관용어, 완곡어, 상투적 표현을 이해할 수 있을 만큼 문화적 지식을 공유하고 있는 것은 아니다. 이런 표현들이 스피치의 중요한 부분이 아니라면, 사용하는 비중을 최소화해라.

언어와 젠더

왜 스피치에 대한 강의에서 언어와 젠더의 관계를 논하는가? 첫째, 청중이 연사의 말을 어떻게 해석하는지는 청중들의 성별에 따라 달라질 수 있다.[14] 힘 있는 언어와 힘 없는 언어에 대한 연구에서 하나의 사례를 찾아보자. 힘 있는 언어는 말하는 사람의 주제에 대한 확신을 전달한다. "이 제안은 우리 고객을 사로잡을 것이다!"

라는 말과 "우리 팀의 노력은 우리를 성공으로 이끌었다"라는 말은 말하는 사람의 자신감을 확실하게 표현한다. 청중들은 힘 있는 언어를 사용하는 사람을 역동적이고, 자신 있는 사람이라고 생각한다. "그럴 것 같아", "조금", "그렇지?" 등의 힘 없는 말은 불분명함을 나타내고, 말하는 사람을 신뢰할 수 없게 만든다.[15] 일상대화에서도 청중은 불분명해 보이는 사람의 말을 믿지 않는 경향이 있다. 만약 그런 힘 없는 언어를 사용하고 있다고 생각한다면 자신에게 왜 그러냐고 질문하라. 자신 스스로 자신의 정보에 대해 확신하지 않는가? 만약 그렇다면 힘 없는 언어로 말을 해도 된다. 힘 없는 언어를 습관처럼 사용하고 있는가? 그렇다면 그런 언어를 사용하지 않도록 주의를 기울여라.

부가의문문
문장의 의미를 되새기기 위해 문장의 끝에 추가되는 질문

조사자들은 보통 **부가의문문**(tag questions)을 힘 없는 언어로 분류한다. 연사들은 "이 제안은 고객들을 사로잡을 것입니다. 그렇지 않나요?"와 같이, 말의 끝에 부가의문문을 첨가한다. 남성들은 보통 "그렇지 않나요?"를 불확실함으로 생각한다. 하지만 여성들은 보통 "그렇지 않나요?"를 다른 사람들에게 의견을 발언할 기회를 주는 것으로 생각한다. 유사하게 **애매한 발언**(hedges)들 또한 남성과 여성에게 다르게 받아들여진다. 여성들은 "우리 팀의 노력이 아마도 우리를 성공으로 이끌었을 것이다"라는 말을 그들에게 성공을 가져다주는 다른 요소들이 존재한다는 것을 인정한다는 의미로 해석한다. 남성들에게는 '아마도'라는 말은 그 말을 하는 사람들이 자신을 의심하고 있다는 뜻으로 받아들여진다.[16] 추가로 청중들은 여성들이 부가의문문이나 회피하는 발언들을 사용할 때 자신감이 없다고 생각하지만, 그런 말들이 남성에 의해 사용될 때는 그다지 큰 영향을 미치지 않는다.[17]

애매한 발언
'아마도'와 같이 문장의 의미를 모호하게 만드는 단어

힘 있는 언어들은 비슷한 오해들을 가져올 수 있다. "이 조사는 그 프로그램의 실패를 확신합니다", "직원들의 사기가 이렇게 높았던 적이 없습니다" 등과 같은 말들은 확실함과 확신을 전달한다. 하지만 여성들에게 그러한 언어는 거만함과 오만함을 나타내는 것이다.

둘째로, 청중들의 일부를 배제하거나 격하시키는 표현을 사용하는 것은 그들이 당신의 말에 더 이상 귀 기울이지 않게 한다. 청중 모두를 동등하게 대한다고 확신하려면 **성차별하지 않는 언어**(nonsexist language)나 어떤 성도 연상시키지 않는 언어를 사용하라. 스튜어디스와 승무원이라는 단어의 차이를 생각해보자. 첫 번째

성차별하지 않는 언어
양 쪽 어떤 성도 연상시키지 않는 단어

단어는 여성의 이미지를 연상하게 한다. 하지만 두 번째 단어는 여성일 수도 있고 남성일 수도 있다. 〈표 10.1〉은 성차별을 하는 언어를 대신할 수 있는 언어들을 소개하고 있다. 성차별을 하지 않는 언어를 사용한다는 것은 사람들을 언급할 때 사용하는 순서도 포함한다. 일반적으로 듣는 사람들은 나열된 것들 중 가장 첫 번째가 제일 중요하다고 생각하고, 가장 마지막에 나열된 것이 가장 중요하지 않다고 생각한다. 언제나 '남자와 여자', '소년과 소녀', '남편과 부인'이라고 말을 하는가? 한 성별을 다른 성별에 우선시하지 않기 위해서, 성별을 나타내는 용어의 순서를 바꾸어 봐라.

또한 남성이나 여성을 격하시키는 언어를 사용하지 말라. 예를 들어, '여성 외과의사'라고 하는 것은 여성이 외과의사를 하는 것이 특이하다고 말하는 것이다. 하지만 2005년에 미국 외과의사중 25%가 여성이었고, 의과대학의 학생 중 50%가 여성이었다.[18] 그리고 "학생은 그녀나 그의 전공에 대해 주의 깊게 생각해야 한다"라는 말은 "학생들은 그들의 전공에 대해 주의 깊게 생각해야 한다"에서처럼 복수어를 사용하여, 성적으로 중립적인 대명사를 사용하라. 성별을 반영한 언어를 사용하지 말라.

표 10.1 성차별적 언어를 비성차별적 언어로 바꾸기

이런 말 대신…	이것을 사용하자
Mankind(인류)	Humankind, humanity(인류)
Man hours(근무 시간)	Staff hours, hours
The common man(보통 사람)	Ordinary people, average person
Chairman(사장)	Chair, chairperson
Freshman(신입생)	First-year student
Waitress/waiter(여자 웨이터/ 웨이터)	Server
Male nurse(남자 간호사)	Nurse
Lady lawyer(여자 변호사)	Lawyer
Career woman(직업을 가진 여성)	professional

스피치에서 성별을 반영하지 않거나, 중립적인 언어를 사용하는 것은 또한 여성과 남성의 업적을 표현할 때 유사한 언어를 사용한다는 것을 의미한다. 스포츠에서부터 정치적인 캠페인까지, 여성과 남성은 보통 매우 다른 방식으로 표현되어 왔다.[19] 예를 들어 스포츠 중개인들은 전형적으로 남성 운동선수를 신체적인 능력 위주로 표현하는 반면, 여성 선수들은 성격이나 외모, 성적인 매력 등으로 묘사하는 경향이 있다.[20] 운동선수로서 "그의 실력은 대단합니다!"와 "그녀는 새로운 팀 유니폼이 정말 잘 어울리네요!" 중 어떤 말을 더 듣고 싶은가?

이러한 편견은 양쪽에 적용된다. 간호사로 일하는 남성에 대해 말할 때, "그는 조심스럽고 친절합니다"라고 말할지도 모른다. 하지만 그런 성격들은 모든 간호사에게서 기대되는 성격이지 않은가? 2004년 대통령 선거에서 우리는 'soccer moms'나 'NASCAR dads'라는 말을 들은 적 있다. 하지만 NASCAR 팬들 중 40%가 여성이고,[21] 많은 수의 아버지들이 아이들의 축구 경기를 하는 것을 보러 간다.

여태까지 언어의 일반적인 특징들과 성격에 대해 배웠다. 쓰인 언어와 말하는 언어는 일반적으로 같은 특징들을 가지고 있지만, 이 둘은 중요한 점에서 차이점을 보인다. 청중들은 말을 읽기보다는 듣고, 스피치에서 구어를 사용한다. 이 장의 나머지는 구어에 대해 더 자세하게 초점을 맞추고 있다.

구어와 문어

구어와 문어가 다양한 방식으로 차이점을 가지기 때문에, 청중들은 외워서나 단어 단위로 읽는 식의 스피치를 지루하고, 따라가기 힘들다고 느낀다. 청중은 연사가 대화에서 사용하는 언어로 즉흥적으로 스피치하는 방법을 좋아한다(12장 참조). 문어와 구어의 구체적인 차이점에 대해 탐구해보자.

역동적 vs 정적

얼굴을 마주하는 공적인 대화 상황에서 말하고 질문하기 위한 시간은 제한이 있다. 더욱이 공적인 스피치는 연사와 청중들이 모여서 그 자리를 채울 때, '그 순간에' 만들어진다. 결국 말이라는 것은 역동적이다. 참가자들이 어떻게 스피치를 녹음한다고 하더라도 그들이 말하는 것은 한 때이고, 영원하지 않다. 듣는 사람들은 들었던 것의 일부를 기억해내지만, 연사가 말했던 때로 돌아가 그것을 다시 들을 수는 없다. 반복은 구어의 일시성을 극복하는 데 도움이 되고, 청중들은 연사가 하는 말을 잘 기억해내기 위해 반복을 기대한다. 따라서 연사들은 주된 내용에 대해 개요를 설명하고, 요약을 하고, 가장 중요한 내용과 결론에 대해서 리뷰를 해야 한다. 반대로 문어는 정적이다. 독자들은 같은 문단을 계속해서 반복적으로 읽을 수 있다. 그래서 청중이 원하는 것처럼 반복을 원하지 않는다.

즉시성 VS 거리감

구어의 즉시성은 스피치에 여러 차원으로 영향을 미친다. 첫째로, 청중은 연사가 말을 하는 즉시 메시지를 받는다. 그리고 거의 동시에 반응을 보일 수 있다. 대조적으로 작가들은 독자들로부터 즉각적인 반응을 받을 수 없다. 둘째로, 스피치는 모든 감각을 동원한다. 청중들은 단어들이 어떻게 말해지는지 듣고, 연사가 어떤 비언어적인 의사표현을 하는지 본다. 동작, 움직임, 억양 등은 연사가 하는 말의 문맥을 제공해준다. 셋째로, 즉시성은 연사가 그 스피치가 행해지는 장소의 상황을 언급할 수 있게 한다. 그래서 연사들은 "나는 오늘 오후에 날씨가 따뜻할 것을 대비해서 여러분들이 옷을 입은 것을 볼 수 있다", "당신들 중 몇 명이 다음 주의 기말고사에 대비해서 공부를 했을까?" 등의 말을 할 수 있다. 미국 노동부 장관 엘렌인 카오(Elaine L. Chao)는 다양성상 시상식(Diversity Awards Ceremony) 중 50명의 최우수 라틴아메리카계 여성(Latina)에게 스피치를 시작했을 때, 스피치 상황에 대해서 말했다.

> 배리(Barry), 감사합니다. 조지 W. 부시(George W. Bush) 정권에서 이렇게나 많은 라틴아메리카계 여성들을 보는 것은 정말 기쁩니다. 라틴아메리카 여성들에게 정말 좋은 기회들을 제공해주는 조직들에게 경의를 표하기 위해서 4년 연속으로 이 자리에 오게 된 것을 정말 감사하게 생각합니다. 오늘, 우리는 라틴아메리카 여성들의 노동력을 가져오는 모든 가치를 축하하고, 인정할 것입니다.[22]

카오는 또 스피치 상황에 대한 다른 언급들을 했다. 예를 들어, "내가 오늘 오후에 가장 먼저 할 일은…"과 "오늘 경의를 표할 다른 직원들은…" 등이 있다. 당신이 스피치 상황에 대해서 언급을 할 때, 이것이 간단할지라도 청중들은 연사가 마치 그들과 개인적인 대화를 나누고 있는 것처럼 느낀다.

비공식적 VS 공식적

친구들, 이웃들, 직장 동료, 그리고 다른 사람들과 대화를 할 때, 언어는 비교적 비공식적이다. "헤이, 안녕(Hey, What's up)?", "오늘 어때(How's your day)?" 등의 말을 할 수 있다. 속어와 전문용어를 사용한다. 문장들은 짧고 가끔은 완전하지 않기도 하다. 일반적으로 대인관계에서는 자신의 생각을 표현할 수 있는 완벽한 단어를 선택하는 데 별로 관심이 없다. 대조적으로 스피치를 할 때 사용하는 언어들은 일상생활에서보다 더 공식적이지만 대화체인 경우가 많다. 하지만 청중 중에 당신의 친구들이 있다고 하더라도 스피치에서는 친구들과 대화할 때처럼 일상적으로 이야기를 하지 않는다.

되돌릴 수 있는 VS 되돌릴 수 없는

어떤 말을 했다면 이것은 이미 발언된 것이다. 이것을 주워 담으려고 노력할 수 있지만, 청중은 연사가 말한 것을 이미 들어버린 상태일 것이다. 예를 들어 "죄송합니다. 저는 남 다코타가 아니라 북 다코타를 말하려고 했습니다"라고 말함으로써 즉시 말해버린 것을 수정할 수 있다. 또한 문장을 재구성할 수 있다. 예를 들어, 2005년 아카데미상 시상식 쇼 직전에, 사회자 크리스 록(Chris Rock)은 그 시상식을 바보스럽고, 자신은 절대 보지 않을 것으로 말했다. 그는 나중에 그가 청중의 감정을 상하게 하려고 했던 것이 아니라, 웃기려고 했다고 말했다. 질의응답 시간은 또한 스피치에서 말했던 내용을 더 분명히 하고, 자세하게 하는 데 도움을 준다. 안젤리나 졸리(Angelina Jolie)는 수단의 다르푸르(Darfur)를 방문하자마자 기자클럽에서 국제연합 난민 고등 판무관의 친선 대사로서 그녀의 임무에 대해서 말했다. 졸리의 난민 아이들의 곤경에 대한 공식적인 발언이 끝난 뒤에, 기자들은 그녀에게 설립을 도왔던 국제 난민, 이주민 어린이 보호센터와 같은 여러 분야에 대한 더 자세한 내용을 부탁했다. 이러한 질문들은 어린 난민들의 궁핍함에 대한 미국과 UN의 스피치 계획에 대해 더 자세하게 말할 기회를 제공했다.[23]

구어와는 달리, 문어는 우리가 거의 무한대로, 적어도 문서를 제출해야 하는 시점까지는 교정을 할 수 있게 한다. 예를 들어 이 책은 수많은 교정을 거쳤고, 올바른 글을 청중에게 전달하기 위해 다수의 초고와 수정본이 만들어졌다.

서술적 VS 사실적

가끔 이야기를 읽을지라도, 이야기라는 것은 말로 하는 의사소통에 그 근원을 둔다. 비공식적이고 즉시성을 가진 구어는 극적이고 매력적인 이야기를 말하는 데 좋은 수단이 된다. 구어는 청중들을 참여할 수 있게 하고, 가끔은 비언어적인 반응과 추가적인 정보를 포함할 수 있게 한다. 다음에 친구들이나 가족과 함께 있을 때, 누군가가 이야기할 때 어떤 상황이 벌어지는지 잘 관찰해보라. 어떤 사람들은 별것도 아닌 대화나 묘사에 흥분할지도 모른다. 이야기할 때, 이것은 가끔 집단적 작업이 된다.

쓰인 글은 청중들이 내용과 숫자들을 다시 읽을 시간을 준다는 점에서 사실과 통계, 그리고 다른 전문적인 정보를 더 이해하기 쉽게 다룬다고 할 수 있다. 청중들은 그러한 기회를 누릴 수 없다. 연설에서 너무 많은 사실이나 통계자료를 다루는 것은 청중들이 한꺼번에 너무 많은 내용을 이해할 수 없기 때문에 그들의 집중을 방해하게 된다.

운율 VS 형상

구어는 청중들이 단어들을 해석하는 데 도움이 되는 운율이나 흐름을 가지고 있다. 예를 들어 연사의 음조는 질문과 함께 높아지고, 문장의 마지막 부분에서 내려간다. 연사들은 청중들이 그의 생각에 대해 생각할 시간을 주기 위해 잠시 정지하기도 하고, 어떠한 주장을 강조하기 위해서 크게 말하기도 한다. 음조, 속도, 말투, 크기를 포함한 목소리의 질은 연사의 말에 더 깊은 의미를 준다.

대조적으로 문어는 이미지를 많이 가지고 있다. 작가와 출판사들은 독자가 읽기 편하게 하고, 그들의 흥미를 고조시키기 위해 특정한 글씨체와 형식을 택한다. 도표와 차트로 내용을 정리하는 것은 작가의 생각을 더 분명하게 전달한다. 예를 들어, 이 책은 핵심 내용들을 시각적으로 요약하고 강조하기 위해서 표와 그림들을 포함하고 있다.

스피치에서 청중 중심적인 언어를 사용하는 것에 대한 다음 내용을 읽으면서, 구어와 문어의 차이점을 명심하라.

청중 중심의 언어

청중을 분석하는 일은 스피치를 할 때 사용하는 언어가 청중에게 사용하기 적합한지를 규명하는 것이다. 청중에 맞춰진 언어를 사용하는 것은 메시지가 청중에게 울려 퍼지게 하는 것을 도와준다. 연사는 예상되는 청중과 상황에 기초해서 단어를 다양하게 선택한다. 예를 들어 신입생들을 학생회에 소개할 때와 집에서 친구들과 모임을 가질 때 각기 다른 환영하는 말을 사용할 것이다.

연사로서 성공하는 것은 당신의 청중에게 호소력을 갖는 언어를 사용하는 것

표 10.2 청중 중심의 언어

언어를 문맥에 맞춰라	• 장소를 언급함으로써 • 현재의 사건들에 대해 언급함으로써 • 스피치 중 발생하는 일에 대해 발언함으로써
언어를 개인화하라	• 청중들을 분석한 정보를 통합함으로써 • 다른 연사들이 '우리', '우리를', '당신', 그리고 '나'라는 단어를 사용하는 것을 주목함으로써
포용적 언어를 사용하라	• 차별하거나 그룹으로 나누는 언어 사용을 피함으로써
언어를 시각화하라	• 직유 • 은유 • 병렬 • 운율 • 두운법 • 대조를 통합함으로써
당신의 언어로 상상력을 자극하라	• 상상하게 유도함으로써 • 유머를 사용함으로써

에 달려 있다.[24] 여기서는 〈표 10.2〉에서 설명된 것과 같이 스피치에서 청중 중심의 언어를 사용하는 것에 대해 설명하고 있다. 상황에 따른 언어를 사용하고, 당신의 언어를 개인화하고, 포용적인 언어를 사용하고, 시각적인 언어를 사용하며, 언어와 함께 상상력을 자극해야 한다.

문맥에 따른 언어를 사용하라

퍼블릭 스피킹의 즉시성은 장점으로 작용한다. 물리적 위치, 현재의 사건들과 스피치 상황들에 대한 의견을 통합하는 것은 스피치를 자연스럽게 하고 청중들에게 흥미를 준다. 예를 들어 직장에서 발표해야 하는 리포트에 대해서 "이 프로젝트에 대한 아이디어는 이 방에서, 그리고 이 회의실에 앉아 있는 여러분들과 함께 시작되었습니다"라는 말과 함께 시작할 수 있다. 아니면 신입생 환영회에서 스피치를 할지도 모른다. "이 캠퍼스, 사람들, 건물들과 전통들은 지금 아마 익숙하지 않을지도 모릅니다. 하지만 이번 학기가 끝날 때쯤 지금 여러분 주변에 있는 것들은 거의 집처럼 친숙하고 안락하게 느껴질 것입니다"라고 말할 수 있다. 이처럼 말하고 있는 맥락에 대한 직접적인 언급은 청중들의 관심을 획득하고 유지할 수 있으며, 스피치를 하기 위해 준비를 했다는 사실을 알리는 데 도움을 준다.

넬슨 만델라의 HIV/AIDS 의식 캠페인에 대한 기금을 마련하기 위해 남아프리카에서 열린 콘서트에서, 음악가 애니 레녹스(Annie Lennox)는 여러 가지 방법으로 그 맥락을 스피치에서 활용했다.

> 우리는 오늘 받아들이기 힘든 상황에 대해 여러분들에게 알려주려고 이 자리에 모였습니다. 제가 말하려는 요지는 여러분들에게 경고를 주는 것입니다. 그리고 여러분들은 AIDS가 전례 없이 유행병이 되었다는 사실에 대해 알고 있어야 합니다. 그 중에서, 여기와 아프리카의 일부에 있는 남성, 여성, 아이들 사이에서 AIDS는 대량 학살을 초래하고 있습니다. 여러분들에게 몇 가지 사실을 알려드리겠습니다. 아프리카에서는, 아시아에서 쓰나미로 인해 죽는 사람들보다 더 많은 사람들이 AIDS로 인해 매년 죽어가고 있습니다. 이 경기장 안에는 대략 25,000명 정도의 사람이 있습니다. 주위를 둘러보고 느껴 보십시오. 그리고 그 숫자에 2를 곱해보십시오. 매일, 이만한 경기장 2개에 꽉 차는 숫자의 사람들이 HIV로 인해 죽어가고 있습니다. 끔찍합니다… 생각해보십시오. 그리고 감염된 사람들의 10명중 6명이 여성입니다.[25]

레녹스는 말하고자 하는 바의 목적을 말하면서 스피치를 시작했다. 아시아에서의 쓰나미로 인한 사상자의 수와 아프리카에서의 AIDS 사망자 수를 비교하는 것은 현재의 재앙적인 사건에 대한 그녀의 주제와 연결되었다. 그리고 나서 청중들에게 경기장 안에 있는 25,000명의 사람들을 '둘러보고' 그 수의 2배의 사람들이 HIV로 매일 죽어가고 있다는 것을 상상해보라고 요청했다. 레녹스 "50,000명의 사람들이 매일 HIV로 죽어가고 있습니다"라고 말했을 수도 있다. 하지만 2개의 경기장이라고 시각화하는 것이 더 큰 효과가 있었다.

문맥에 맞게 말하는 것은 스피치 중 발생하는 사건들에 반응을 보이는 것을 포함한다. 만약 사람들이 감사 스피치를 할 때 박수를 많이 친다면, "여러분이 저에게 동의를 하는군요" 또는 "저는 여러분들의 열정과 함께 합니다"라고 말할 수 있다. 스피치 수업에서, 당신은 "여러분 중 많은 분들이 고개를 끄덕이고 있습니다", "몇 분은 당혹스러워 하시는 것 같군요" 등을 말함으로써 청중에게 확실하게 반응할 수 있다.

언어를 개인화하라

공적인 자리에서 스피치를 할 때 대부분, 연사와 청중은 같은 물리적 공간에 있다. 화상 회의를 할 때에도, 청중과 연사는 서로를 듣고, 본다. 연사로서 이것은 스피치를 개인화시킬 수 있는 기회를 준다. 즉 청중과의 대화와 청중의 참여를 유도할 수 있도록 청중에게 맞추어진 언어를 사용함으로써 개인화가 가능하다.

스피치 수업에서는 청중들의 스피치와 그에 대한 분석을 통해서 청중에 대해서 알아간다. 설문지를 통해 정보를 얻는 것은 청중들이 스피치에 집중하는 것을 도와준다. "설문지의 여러분들의 응답을 보면, 여러분들 중 대략 반 정도는 일주일에 1번 운동을 합니다. 그리고 25% 정도는 거의 매일 운동을 합니다" 또는 "설문지의 여러분들의 응답은 제가 주제의 범위를 좁히는 데 도움을 주었습니다"라고 말할 수 있다.

수업 중 한 사람에 대해 언급함으로써 스피치를 더욱 더 개인화할 수 있다. "손드라(Sondra)가 몇 주 전 스피치에서 말했듯이…"나 "몇 분 전 스피치에서 트렌트(Trent)는 말했습니다…" 등의 표현을 통해서 전에 발표한 스피치에 대해서도 언급할 수 있다. 스피치를 하며 청중 중 한 사람의 비언어적인 의사소통 행위에 대해서도 언급할 수 있다. "다나(Dana)는 내 의견에 회의적인 것 같군요. 더 자세히 설명하겠습니다" 등을 말할 수 있다.

청중들은 스피치에서 '우리, 우리의, 너, 그리고 나'와 같은 대명사를 사용하는 등 비공식적 구어 사용을 바라기도 한다. 이런 대명사들을 사용하는 것은 청중들을 스피치 속으로 포섭시키는 것이며, 더 잘 집중할 수 있게 한다. 예를 들어 만약 학생회 회의를 하고 있다면, "우리는 캠퍼스의 세 가지 중요한 이슈에 대한 인식을 높여왔습니다" 또는 "여러분이 이 세 가지 캠퍼스의 중요한 이슈에 대해 인지도를 높였다는 것이 자랑스럽습니다"라고 말할 수 있다.

'우리, 우리를'과 같은 단어들은 청중들이 연사와 같은 경험, 가치관, 신념, 태도 등을 공유하는 느낌을 준다. 1995년에 브라운대학교에서 열린 아시아계 미국인 집회(Asian American Convocation) 스피치에서 "아는 것이 힘이다"라는 주제를 발표한 유리 코치야마(Yuri Kochiyama)는 다음과 같이 말했다.

> 우리가 아시아인들을 어떻게 평가합니까? 우리는 획일적인 존재가 아닙니다. 우리는 많은 인종을 포함하고 있습니다. 우리는 아시아계 이민자들이고, 아시아계 미국인들이고, 아시아 혼혈이고, 아시아 국적을 가진 사람도 있고, 아시아인 입양아들이기도 하며, 자신들을 '1.5'라고 칭하는 한국인도 있습니다. 우리는 계급, 종교, 문화, 언어 그리고 정치적 성향에 따라 분류됩니다. 하지만 우리의 다양성에도 불구하고, 이 사회의 인종주의와 차별 습성은 우리를 '아시아인'이라며 배척할 뿐만 아니라 "주변인, 외국인, 미국인이 아닌 사람들"이라고 생각합니다.[26]

코치야마는 '우리'라는 단어를 모든 문장에서 사용한다. 청중에게 같은 관점에 있다는 것을 알려주려고 하는 것이다.

청중들은 또한 연사가 '여러분'이라는 단어를 사용할 때 더 집중한다. 스피치 마지막 부분에서, 코치야마는 청중들에게 직접적으로 다가갔다.

> 이상과 열정, 그리고 모든 민족에 대한 사랑을 가지고 인종주의나 배타주의, 제국주의 등에 반대하는, 여러분들의 어린 아시아계 미국인 학생들과 다른 배경의 모든 학생들을 위해서… 여러분이 할 수 있는 것은 그들을 지지해주는 것입니다. 여러분들은 또한 흑인, 푸에르토리코 사람들, 미국 원주민인 정치범들을 지지할 수 있습니다. 여러분이 만들고자 하는 세상은 이해심이 많고, 조화로우며 모두 동등한 기회를 가질 수 있는 곳입니다. 인간의 존엄성과 기본적 권리가 모두에게 충족될 수 있는 세상일

Speaking of … 얼마나 개인적인 것이 개인적인 것인가?

언어를 개인화하는 것은 청중들의 이해관계와 요구에 대해 배려하면서 말하고 있다는 인상을 준다. 하지만 얼마나 개인적이어야 할까? 청중들이 잘 알고 있지만, 동시에 당혹스러울 수 있는 언어를 사용해야 할까? 당신에게는 모욕적이지만 청중의 이해를 돕기 위해서라면 개인적인 정보를 말해야 하는 것일까? 구어의 비공식적인 측면은 연사 자신의 개인 정보에 대해 말하고 나서 나중에 후회하게 만든다. 스피치는 공적이라는 것을 기억하라. 친구들과 쓰는 말, 친구에게 하는 이야기 등은 스피치에 맞지 않을 것이다.

> 것입니다. 여러분 다음 세대에게 여러분의 발자취를 남기십시오.[27]

여러분이라는 말은 코치야마의 스피치를 더욱 더 설득력 있게 만든다. 다음의 똑같은 스피치는 여러분이라는 말 대신에 학생들이라는 단어를 사용하고 있다.

> 이상과 열정, 그리고 모든 민족에 대한 사랑을 가지고 인종주의나 배타주의, 제국주의 등에 반대하는, 어린 아시아계 미국인 학생들과 다른 배경의 모든 학생들을 위해… 학생들이 할 수 있는 것은 그들을 지지해주는 것입니다. 학생들은 또한 흑인, 푸에르토리코 사람들, 미국 원주민인 정치범들을 지지할 수 있습니다. 학생들이 만들고자 하는 세상은 이해심이 많고, 조화로우며 모두 동등한 기회를 가질 수 있는 곳입니다. 인간의 존엄성과 기본적 권리가 모두에게 충족될 수 있는 세상일 것입니다. 학생들은 다음 세대에게 발자취를 남겨야만 합니다.

학생들과 그들이라는 단어는 청중과 그 주제 사이에 거리감을 형성한다. 대조적으로 여러분이라는 말은 그 스피치를 더 개개인과 관련이 있게 만들고, 청중들이 스피치 속에 초대되는 것처럼 느끼게 한다. 이 사례에서 여러분이라는 말은 청중들 자신이 행동을 취해 변화를 이룰 수 있다고 말하고 있다. 학생들, 그리고 그들이라는 단어들은 그러한 장면에서 청중들을 없애고, 그들 즉, 학생들이 이 문제를 해결할 주체가 될 것이라고 말하는 것이다.

'나'라는 대명사를 사용한다면 청중들에게 연사가 그 주장을 생각한 사람이라는 것을 알리는 것이다. "학생들이 스피치 수업을 듣는 것은 중요하다"라는 말은 "나는 학생들이 스피치 수업을 듣는 것이 중요하다고 생각 한다"라는 말과 같은 의미나 힘을 가질 수 없다. 첫 번째 예시에서 연사는 그 주제에서 떨어져 있다. 청중들이 그 말에 대해서 동의를 하는지 아닌지 알 수 없다. 하지만 두 번째 예에서는 연사는 견고한 입장을 취하고, 청중들은 연사의 입장을 확실히 알 수 있다.

포용적인 언어를 사용하라

▲ 포용적인 언어를 사용하는 것은 모든 청중들을 이야기에 집중하게 만든다.

스피치에서 **포용적인 언어**(inclusive language)를 사용하는 것은 한 집단이 다른 집단에 비해 우월하다는 느낌을 주는 말을 피하는 것이다. 배타적인 언어는 의도하지 않았다고 하더라도 차별과 집단화를 초래한다. 어떤 사람의 인종, 계급, 성별, 나이, 장애 여부, 성적 취향 등과 같은 것을 강조하는 언어는 배타적인 언어이다.

앞에서 다루었던 언어와 성별의 관계에서, 성차별주의의 언어와 그렇지 않은 언어를 비교했었다. 성차별적인 언어는 배타적인 언어의 명백한 예시이다. 하지만 연사는 다른 방법으로도 어떠한 집단을 차별할 수 있다. 여기에 몇 가지 예시가 있다.

포용적인 언어
한 부류를 다른 부류들에 비해 우선시 하지 않는 말

- 쟈넷트(Jeannette)와 그녀의 라틴인 친구 마리아(Maria)는 지역사회에서 급식 봉사 활동을 한다.
  문제: 왜 마리아가 라틴인이라는 것을 명백히 하는가? 쟈넷트가 백인이라는 것을 추정하게 하기 위한 것인가?
- 그 장애인 배우는 공연을 정말 잘했다.
  문제: 만약 그 사람이 장애가 없었다면, "그 장애가 없는 배우는 공연을 정말 잘했다"라고 말해도 괜찮은가? 물론 아니다. 그렇다면, 지금 논하고 있는 배우에 대해서 어떻게 말하는 것이 가장 옳은 것일까? "주인공 역을 맡은 배우가 공연을 정말 잘했다"라는 말이 가장 적합할 것이다.
- 그녀는 승무원 팀에서 가장 나이가 많다.
  문제: 나이가 많은, 늙은, 고령의 라는 표현은 그 사람이 나약하고, 건강이 나쁘다는 인상을 준다. 만약 그 사람이 이룬 것에 대해 나이가 중요하게 작용한다면, "70살에, 그녀는 승무원 팀에서 가장 활동적인 사람이다"라는 식으로 나이를 표현해라. 만약 나이가 그다지 중요하지 않다면, 그것을 언급하지 말고 "그녀는 승무원 팀원 중 1명이다"처럼 표현하라.

- 아프리카의 원시인들은 문화에 대한 이야기들을 말로써 다음 세대에 전승했다. 문제: '원시적인'이라는 말은 불완전하고 무능한 인상을 준다. 과거 시간대에 대한 언급을 하려는 것이기 때문에, 조상라는 표현이 더 적합한 말이다.

이것이 사소한 구분이라고 생각할지 모르지만, 배타적인 언어가 여러 번 사용되면 배척되는 부류와 배척당하지 않는 부류 모두에게 영향을 미치게 된다.

포용적인 언어를 사용하는 것은 포괄적인 언어로만 사람을 표현하는 것을 말한다. 가끔 말하고자 하는 요점이 사람을 여러 가지 부류로 나누는 것일 수 있다. 린다 카베즈-톰슨(Linda Chavez-Thompson)이 호텔과 레스토랑 직원을 대상으로 한 이민자 컨벤션에서 스피치할 때, 미국 이민자의 예시로 그녀 자신과 다른 사람들의 인종적 배경에 대해서 언급했다.

> 우리 운동에서 이민은 우리 정체성의 핵심입니다. AFL-CIO의 경영자들을 보세요. 존 스위니(John Sweeney)는 아일랜드의 앤트림(Antrim) 카운티에서 온 이민자의 아들입니. 리치 트럼카(Rich Trumka)는 폴란드와 이탈리아 광부 집안출신입니다. 그리고 나는 멕시코계 미국인의 딸입니다. 이민자들은 통일운동의 역사입니다. 하지만 과거에는 너무 자주, 새로운 이민자들에게 호의적이지 않았습니다.[28]

이 경우, 각 개인의 인종적 배경에 대한 언급을 하는 것이 청중들에게 이민자라는 유대감을 주었고 포용적인 언어로 작용했다. 카베즈-톰슨(Chavez-Thompson)은 '불법 이주자'라는 말 대신 '서류상에 없는 노동자들', '장애인 노동자' 대신 '장애를 가진 노동자들'이라는 말을 사용하는 등 스피치의 다른 부분에서도 포용적인 언어를 사용했다.

시각적인 언어를 사용하라

직유와 은유는 2개의 비슷한 대상을 비교하는 간단한 비유법이다. 직유, 은유, 대비, 운율, 두운법, 대조 등의 표현방법은 말에 힘을 실어주고 청중들이 연사 생각을 시각화하는 것을 도와준다.

직유(simile)는 두 가지가 서로 공통적인 요소를 가진다는 것을 제시한다. 직유는 "그 이야기는 오래된 친구와 같다", "그 차는 바퀴달린 깡통처럼 부드럽게 굴러갔다"와 같이 비교를 위해 '—같은', '—처럼' 등의 언어를 사용한다. **은유**(metaphor)는 하

직유

'~와 같은'이라는 말로 표현하여 일반적으로 유사하지는 않지만 같은 특성을 공유하는 두 가지를 비교하는 언어 장치

은유

2개의 유사하지 않은 것들의 공통점을 보여주는 언어 장치

나를 다른 것과 동등하게 한다. 이것은 추상적인 것을 더 구체적인 것으로 비교한다. 예를 들어 "삶은 롤러코스터와 같다", "생각은 야생화와 같다"는 은유법이다.

직유와 은유는 청중들이 보통 잘 어울린다고 생각하지 않는 2개를 연결 지어 설명함으로써 스피치를 더 잘 기억할 수 있게 한다. 예를 들어 퍼체이스 대학(Purchase College)의 총장 토마스 J. 슈바르츠(Thomas J. Schwarz)의 취임식에서, 그는 "그리고 〈자유로운 학문과 끊임없는 교육〉 프로그램이 예술에 대해 어떠한 위협도 가하지 않는다는 것을 분명하게 해라. 밀물은 모든 배를 뜨게 한다"라고 말했다.[29] 물론 그 프로그램들은 배가 아니며, 재정 지원의 증가는 밀물이 아니다. 하지만 슈바르츠가 형상시킨 이미지는 그가 "모든 사람들에게 이익이 될 것이다"라고 말할 때보다 청중들의 마음속에 더 오래 각인될 것이다.

직유와 은유는 또한 청중들과 친숙하지 않은 것을 친숙한 것과 비교함으로써 그것을 더 쉽게 이해할 수 있게 한다. 예를 들어 미국 공중 위생국장인 해군 중장 리차드 카모나(Richard H. Carmona)는 어린 시절의 컨퍼런스 스피치에서 다음과 같이 말했다.

> 의사들이 장애인들을 너무 자주 버스의 뒤쪽으로 몰아넣었다는 것이 정말 부끄럽습니다. 실제로, 발달적으로 또 육체적으로 장애를 가진 사람들에게 너무 오랫동안 관심을 주지 않았습니다.[30]

카모나의 '버스의 뒤쪽'이라는 표현은 지금은 불법이 된 관행인 미국 남부에서 아프리카계 미국인들을 버스 뒤쪽의 좌석에 앉도록 강요한 것과 같은 친숙한 것을, 청중들이 잘 알지 못할 것 같은 장애인들에 대한 의료라는 주제와 비교한 것이다.

대구법(parallelism)은 연사가 같은 구, 단어, 절 등을 강조하기 위해서 여러 번 사용하는 것을 말한다. 솔트 레이크 시티(Salt Lake City)에서 가정폭력에 대해 스피치한 엘레인 와이즈(Dr. Elaine Weiss) 박사는 그 주제에 대해 이야기를 할 때, 대구법을 사용했다.

대구법

같은 구, 단어, 절들을 여러 번 반복해 강조하는 것

> 저는 머물렀습니다… 왜냐하면 제 잘못이라고 생각했기 때문입니다… 저는 머물렀습니다… 왜냐하면 그것을 개선할 수 있을 거라고 믿었기 때문입니다… 마침내, 그리고 가장 중요한 것은, 내가 도움을 청할 곳이 없어서 머물렀다는 것입니다… 저는 머물렀고, 머물렀고, 머물렀습니다… 그리고 어느 날 저는 떠났습니다.[31]

마지막 구절인 "그리고 어느 날 저는 떠났습니다"라는 말은 "나는 머물렀다… 왜냐하면"이라는 말의 반복사용 덕분에 효과를 보일 수 있었다. 대구를 사용함으로써, 와이즈는 지속적인 긴장감을 제공했다. 즉 청중들은 떠났다는 것은 알지만, 언제 떠났는지는 모르고 있고, 그 결과 계속해서 청중들을 집중시킨다.

운율

보통 마지막 음절끼리 유사한 음을 가진 단어들을 사용하여 요점을 강조하는 것

어린 시절부터 **운율**(rhymes)에 대해 들어 봤을 것이다. 운율을 형상하는 단어들은 대부분 마지막 음절에 유사한 음을 가지고 있다. 광고주들은 상품이 우리의 기억 속에 각인되게 하기 위해서 운율을 사용한다. 예를 들어 토마스 쿡(Thomas Cook)이라는 여행사는 "Don't just book it. Thomas Cook it"이라는 슬로건을 내세운다. 그리고 알카 셀저(Alka Seltzer)는 "Plop, plop, fizz, fizz, oh what a relief it is"라는 용어를 만들어냈다. 1995년 오제이 심슨(O. J. Simpson)이 그의 전처를 살인한 것에 대한 재판에서, 그의 변호사 조니 코크란(Johnnie Cochran)은 지방 검찰청 검사장의 흐름을 지적하기 위해서 "If it doesn't fit, you must acquit"이라는 말을 했다. 이 어구 하나만으로는 배심원들의 무죄 판결을 이끌어내지 못했다. 하지만 이 운율은 배심원들이 변호사가 검사의 주장이 증거에 기반하고 있지 않았다는 것을 말하려 했다는 것을 시각화하게 했다.

두운법

보통 첫 번째의 자음을 공유하는 단어들을 반복하는 것

보통 첫째 자음이 같은 음을 가진 단어를 사용하는 것을 **두운법**(alliteration)이라고 한다. 발음하기 어려운 어구들은 보통 두운법의 예가 된다. "She sells sea shells by the sea shore"와 "Fat frog flying past fast"와 같은 말들이 그 예이다. 두운법은 청중들이 회상하는 것을 도와주지만, 말하기 힘들 법한 두운법의 사용은 금하는 게 좋다. 터스키지(Tuskegee)대학교에서의 스피치에서 보잉사의 부회장인 샤뮤엘 젠킨스(Samuel P. Jenkins)는 보잉사의 윤리강령 홈페이지에 대해서 다음과 같이 설명했다. "We established a special portal so anyone could reach us anytime from anywhere, anonymously if necessary."[32]

대조법

평행 구조로 2개의 명백히 대조적인 구절을 배열하는 것

대조법(antithesis)은 2개의 명백하게 대조적인 구절을 평행적으로 병렬시키는 것을 말한다. 대조법으로 그 구절들은 서로 반대의 의미를 갖게 되지만, 두 단어들은 서로 협력적인 관계를 갖게 되는 것이다. 대조법은 2개의 서로 근접하지 않는 단어들을 나열함으로써 청중들의 주의를 끌게 한다. 예를 들어 NASA 우주 비행사 닐 암스트롱이 달에 발자취를 남긴 첫 번째 사람이 되었을 때, 그는 "이것은 어떤

남자의 작은 발자국이면서, 인류의 거대한 도약이다"라고 말했다. 암스트롱이 대조법을 사용한 것은 인류의 엄청난 성취에 대해 언급하면서 달의 표면에 발자국을 남겼다는 그의 작은 행동을 강조하는 것이다.

언어로 상상력을 자극하라

두 가지 언어 기법이 청중들의 상상력을 자극할 수 있다. **상상하게 만드는 것**(invitation to imagine)과 유머를 사용하는 것이다. 상상력을 자극하는 것은 청중들이 마음속에 어떤 장면이나 상황을 창조하게 만든다. 어떤 장소나 연속된 사건 등을 시각화하는 것은 청중들을 주제에 대해 더 몰입하게 만든다.

상상하게 만드는 것
청중에게 어떤 장면이나 상황을 마음속에 그려보라고 요청하는 것

청중들을 상상하게 만들 때 상상력을 이용하라. 예를 들어 청중들에게 "눈을 감고 상상해보세요"라고 말하는 것보다 덜 직접적인 접근을 하는 게 낫다. 간접적인 언어는 청중들을 더 의욕적으로 참여하게 만든다. 다음과 같은 말을 사용할 수 있다.

- 광부들은 지하 250피트 아래에 갇혔고, 물이 차오르고 있었다. 그들의 생존 여부를 모르는 상황에서, 그들이 어떤 심정이었을 거라고 생각하는가?
- 콜로라도의 베일(Vail)에서 스키를 타며 주말을 보내는 것이 좋은 아이디어라고 생각되는가?
- 이런 상황에서 어떻게 대처했을까?

가장 훌륭한 이야기들은 언급은 하되, 전체를 말하지 않는 것이다. 청중들에게 알고 있을 거라고 확신할 수 있는 사건과 상황, 진술들이나 농담들을 상기시킴으로써 상상력을 자극할 수 있다. 시카고대학교의 교수 마샤 C. 너스바움(Martha C. Nussbaum)은 조지타운대학교에서의 스피치에서 이 전략을 사용했다. 그녀는 "몇 분간 멈춰서 에우리피데스(Euripides)의 〈The Trojan Women〉이라는 비극 드라마의 결말에 대해 생각해보시기 바랍니다"라는 말과 함께 스피치를 시작했다. 그러고나서 청중들이 그 이야기의 줄거리를 파악할 수 있도록 4문장으로 요약해서 말하는데 그쳤다.[33]

숙련된 연사들은 특히 저녁 후 스피치와 같이 특별한 자리에서 청중들과 소통

하기 위해서 간혹 농담을 던진다. 유머러스한 이야기들과 일화들은 연사의 긴장을 풀어줄 수 있고, 청중들과 공통점을 공유하게 한다. 유머의 적절한 사용은 연사가 청중들에게 확신과 스피치의 목적에 적합하게 감성적인 분위기를 가질 수 있도록 도와주고, 즐겁고 기억에 남을만한 경험을 제공해준다.

효과적으로 말한 재미있는 이야기들은 청중들로 하여금 상상하고, 시각화하며, 연사가 말하고자 하는 바에 대한 적극적인 참여를 유도한다. 스피치의 시작이나 결말을 멋지고, 기억에 남게 만들고 싶다면 짧은 유머를 사용해서 청중들을 집중하게 만들어라. 예를 들어 와바쉬대학교(Wabash College)의 더스틴 드닐(Dustin DeNeal)은 학위 수여식에서의 스피치에서 다음과 같이 이야기했다.

> 저는 알아요. 알아요. 여러분들은 제목을 보고 생각을 합니다. "이게 도대체 무슨 의미이지?" 음, 솔직히, 저는 확신할 수는 없습니다. 하지만 제가 와바쉬(Wabash)에서 가져갈 수많은 교훈들 중 가장 중요한 것의 하나가 만일 정말 모른다 해도, 말하는 바를 알고 있는 것처럼 보이게 가장하는 것입니다. 그 점에 대해서 BS 캠퍼스의 예술가 크리스 모리스(Chris Morris)에게 정말 감사합니다. 아니, 진정으로 감사합니다.[34]

드닐과 청중과의 친숙함이 스피치의 제목을 재미있게 말하고, 청중의 관심을 얻을 수 있었다.

스피치에서 짧은 이야기들과 재미있는 관찰들을 포함시키는 것은 스피치의 주제에 대해 더 자세히 설명하고 청중들에게 주제를 잘 소개하는 것을 도와준다. 드닐은 그의 스피치에서 "우리는 남들이 가지 않은 길을 택했고, 남자만 있는 조직에 들어오기 위해서 4년이나 보냈다. 우리는 무슨 생각으로 그랬을까?" 등의 말을 하면서 여러 번 유머를 사용했다.

농담과 일화를 스피치에 포함시키는 것이 우호적인 조건 하에서는 긍정적으로 작용하지만, 유머는 잘 계획하고, 연습한 후 사용하지 않으면 말하고자 하는 바를 벗어나기도 한다. 자신의 단점이나 실수에 대해 농담을 하는 것 같이 자기를 비하하는 유머는 연사에 대한 신뢰성에 해를 끼친다.[35] 유머의 사용에 있어서 초보 연사들은 다음 내용을 숙지해야 한다.

- 농담이나 일화가 연사, 주제, 청중 그리고 상황에 알맞은지 확인하라.
- 청중의 집중을 얻기 위해 전략적으로 유머를 사용하고, 요점을 확실히 하고,

생각을 잘 표현한 후 마무리를 재치 있게 하라.

- 농담이나 유머를 너무 길게 말하지 말라.
- 인터넷이나 유머 책에서 발췌한 듯한 진부한 유머는 피하라.

▲ 코미디센트럴(Comedy Central)의 프로그램인 콜버트 리포트(Colbert Report)의 진행자 스테판 콜버트(Stephen Colbert)는 정치적 사건들에 대해 청중의 관심을 끌기 위해서 유머를 사용한다.

만약 농담을 던지거나 재미있는 답변을 하는 데 서툴다면, 스피치에서 농담을 하지 마라. 몇 명의 조사자들은 남성보다 여성이 문화적, 사회적 인식 때문에 스피치에서 농담을 하기에 더 서툴다고 말한다.[36] 유머를 서툴게 사용하는 것은 청중에게 전달하고자 하는 말에 해를 끼친다. 예를 들어 리더십에 대해서 상을 받을 때, 마이애미 돌핀스 선수 주니어 서(Junior Seau)는 게이를 비하하는 농담을 던졌다. 그가 그 다음날 사과를 하긴 했지만, 그의 발언은 청중의 감정을 상하게 했고, 그에 대한 신뢰감을 떨어뜨렸다.

Watch it!

동영상 링크 10.1: 언어로 청중들을 몰입시키기
안토니는 스피치에서 청중 중심의 언어를 사용하는 여러 가지 전략들에 대해 말하고 있다.

Use it!

활동 링크 10.1: 몰입되었군!
이 활동에서 스피치에서 청중들을 몰입시킬만한 언어를 설명해보자.

언어 사용 가이드라인

청중들에게 메시지를 전달하기 위해서 선택하는 말들은 연사의 신뢰성을 형성하고, 목적을 달성시키는 데 중요한 역할을 한다. 언어 선택은 주제와 상황, 청중에게 적합해야 한다. 윤리적인 발언은 연사 자신과 청중들을 존중하는 언어 사용을 요구한다. 이번 장에서는 스피치에서 언어를 잘 사용하기 위한 지침들을 제시하고 있다. 구어를 사용하고, 의미 있는 단어들을 선택하고, 명백함과 모호함의 균형을 잘 맞춰라. 간결하며, 공격적이거나 모욕적이지 않은 언어를 사용하고, 반복을 하고, 한 단어를 너무 자주 사용하지 말라.

구어를 사용하라

청중은 연사들이 대본을 읽으면 쉽게 흥미를 잃는다. 청중들에게 직접 이야기를 하듯이, 대화에서와 같이 개인적이고 살아있는 언어를 사용하라. "학생들이 대학 캠퍼스에서의 시민적인 자유를 누리기 위한 지식을 갖게 하기 위해서 이 주제에 대해 더 깊이 생각해보는 것은 아주 중요하다"라는 말과 "나는 우리가 캠퍼스에서 시민적 자유를 누리는 것에 대해 더 자세히 알아가기 위해서 이 주제를 선택했다"라는 말을 비교해보라.

의미 있는 단어를 선택하라

청중들이 연사가 하는 말을 이해하지 못하고, 흥미를 잃기를 원하지 않는다면 전문용어, 관용어, 완곡어, 속어, 상투어들을 사용하지 말라. 만약 기술적인 용어를 꼭 사용해야 한다면, 그것을 정확하게 정의하라. 특정한 이해관계를 갖고 있는 집단은 가끔 청중들을 스피치에 몰입시키기 위해서 전문용어나 기술용어들을 사용한다. 하지만 전문용어의 잦은 사용은 그들을 좌절시킬 수 있다. 전문가라고 하더라도 전문용어를 남발하는 것은 듣는 것을 이해하기 힘들고, 지루하다고 생각하게 한다.[37] 청중을 철저히 분석하는 것은 정확성과 이해, 양자 간의 균형을 맞추게 하는 데 도움이 될 것이다. 청중의 수준보다 더 높거나 낮지 않는, 그에 맞는 언어를 선택하라.

명백함과 모호함의 균형을 맞춰라

명확한 언어는 이해를 돕는다. "많은 사람들이 이 제안에 찬성한다"라는 말과 "350명의 사람들이 이 제안에 찬성했다"라는 말을 비교해보자. '많은'이라는 말을 '350명'으로 바꿈으로써 연사는 그 제안에 대한 지지를 더 구체화했다. '많은'이라는 말은 수천, 수만, 수백만, 또는 10보다 적은 수를 의미할 수 있다. 하지만 때로는 모호한 언어가 사람들에게 먹힐 수 있다. 거의 모든 사람들이 "우리는 아이들에게 가능한 최고의 교육을 시켜야 한다"라는 말에 동의할 것이다. 이런 말은 청중들이 더 자세한 논의를 하도록 장려한다. 만약 모두가 지지하지는 않을 만한 말로 스피치를 시작한다면 청중은 동의보다는 동의하지 않는 영역에 집중할 것이다.

간결하게 하라

간결한 언어는 불필요한 단어들을 배제한다. "우리 컴퓨터 프로그램과 소프트웨어의 최신 버전을 주기적으로 받을 필요가 있다"(17단어)와 "우리는 컴퓨터 소프트웨어를 주기적으로 업데이트해야 한다"(7단어)를 비교해보라. 어떤 쪽이 청중들에게 더 듣기 좋을 거라고 생각하는가? 스피치 연습을 하면서 사용하고 있는 단어들을 들어보고, 가능한 한 말하고자 하는 바를 간결하게 표현하도록 노력하라.

공격적이고 감정을 상하게 하는 언어는 피하라

함축적인 의미들은 감정을 깊이 휘저어 놓을 수 있다. 사람들은 감정과 단어들, 단어들과 경험들을 연결시킨다. 연사는 부정적인 의미를 함축하는 단어를 사용하고 싶지 않을 것이다. 어떤 집단을 격하시키는 단어를 절대 사용하고 싶지 않을 것이다. 청중들에게 조치를 취해야 한다고 요구하거나 그들의 능력에 대해 질문을 던지는 것과 같이 청중들이 기분 나쁘게 받아들일 수 있는 언어는 스피치를 듣고 싶지 않게 만들고, 연사 자신의 신뢰감에 상처를 입힌다.[38]

반복하라

언어의 일시적인 특성을 기억하라. 청중은 그들이 어떤 것을 다시 읽는 것처럼 멈춰서 뒤로 돌아가 연사가 말하는 것을 다시 들을 수 없다. 개요나 마무리, 명확한

Watch it!

동영상 링크 10.2: 언어의 선택
에린은 스피치를 위해서 언어를 효율적으로 선택하는 방법에 대한 몇 가지 팁을 주고 있다.

Use it!

활동 링크 10.2: 틀린 단어, 옳은 단어
이 활동에서 연사들이 선택한 말들에 대해 평가해보고, 개선점에 대해 설명해보자.

주제 전환, 요약 등을 제시함으로써 반복하라. "자, 이제 생각해보자", "내가 조금 전 말했듯이," "마지막으로, 나는 …에 대해 말할 것이다"등의 몇 마디로 연사가 말했던 것과 앞으로 말할 것에 대해서 청중들을 상기시킬 수 있다.

단어 선택에 매몰되지 말라

때때로 연사들은 그들의 스피치를 잘 표현할 수 있는 단어를 선택하는 데 너무 급급해서 정보를 제공하고, 설득하고, 청중을 즐겁게 한다는 스피치의 목적을 잊을 때가 있다. 스피치 연습을 하면서, 여러 가지 구절들을 사용해보고, 어떻게 들리는지 들어봐라. 만약 올바른 단어를 선택하는 데만 집중했다면, 청중들과 적응할 수 있는 융통성을 잃게 될 것이다.

요약

언어는 생각에 활기를 넣어준다. 적절히 선택된 단어들은 청중을 집중하게 하고, 스피치의 요점들을 시각화하는 것을 돕고, 말한 것을 청중들이 기억해내는 것을 수월하게 한다. 언어라는 것은 다른 사람들과 커뮤니케이션할 때 사용하는 단어들의 체계를 지칭한다. 언어는 자의적이고, 모호하고, 추상적이며, 살아있는 특징을 가지고 연사에게 기회를 주기도 하고, 도전을 요구하기도 한다. 언어는 자의적이기 때문에 청중들은 의도하지 않은 방향으로 연사의 말을 이해할 수도 있다. 언어가 모호하기 때문에 말의 함축적 의미와 지시적 의미를 둘 다 생각해야 한다. 또한 언어는 추상적이기 때문에 형태가 있는 물건과 구체적인 행동보다는 생각과 개념들을 논할 때 더 고민해야 한다. 한편 언어는 살아있기 때문에 사용하는 언어와 그것이 어떻게 쓰였는가는 시간에 따라 달라질 수 있다.

언어와 문화는 서로 의존적이다. 문화를 통해서 언어가 어떤 의미를 갖고 있는지 배우고, 언어는 문화를 이해할 수 있게 한다. 속어, 전문용어, 관용어, 완곡어와 상투적인 말 등은 언어와 문화의 관계를 잘 보여준다. 청중이 연사와 문화적 배경을 공유하지 않을 수도 있기 때문에 스피치의 중요한 부분을 차지하지 않는다면 너무 문화적 지식을 요구하는 말은 선택하지 않는 편이 좋다. 스피치를 할 때는 또한 청중의 성별이 말을 이해할 때 어떤 영향을 미칠지 생각하면서, 성별과 언어의 관계에 대해 고려해보아야 한다. 추가로 성차별적인 언어를 사용하지 말고, 청중 중 일부를 차별하지 않도록 해라.

역동적이고, 즉시성을 가지며, 비공식적이고, 되돌릴 수 없고, 서술적이고, 운율을 가진다는 점에서 구어는 정적이고, 거리감이 있고, 공식적이며 되돌릴 수 있고, 여러 가지 사실을 묘사할 수 있으며 형상이 풍부한 문어와 차이점을 가진다. 청중들에게 스피치를 할 때, 대화를 하듯이 하며 청중에게 맞추어진 언어를 사용해라. 청중에게 알맞은 언어란 문맥에 맞는 언어를 말하며, 언어를 개인화하고, 포용적인 언어를 사용하며, 시각적이고 상상력을 자극하는 언어를 선택하는 것이다.

성공적으로 청중들을 사로잡는 언어를 사용하기 위해서, 의미 있고, 명백함과 모호함이 균형적인 언어를 사용하고, 간결함을 추구하며, 공격적이거나 모욕적인 언어 사용은 피하고, 반복을 하고, 단어의 선택에 너무 집착하지 마라.

온라인 자원 안내

이 책 〈퍼블릭 스피킹: 진화하는 발표기술〉을 위한 온라인 자원은 추가적인 샘플 스피치 동영상, 스피치 빌더 익스프레스, 인포트랙 대학편, 학습지원이다. 학

●●● REVIEW IT ●●● 학습항목과 복습자료들

책 내부

요약

주요단어

비판적 질문

더 많은 학습 자원

스피치 스튜디오

퀴즈

웹링크

학생 워크북

10.1 문어체와 구어체

10.2 문장 정밀 분석하기

10.3 단락 만들기

10.4 대통령 스타일

10.5 각색

스피치 친구 동영상

동영상 링크

언어로 청중들을 몰입시키기

언어 선택

활동 링크

몰입되었군!

틀린 단어, 옳은 단어

샘플 스피치 비디오

스테이스, '쓰러진 병사들' 기념식 스피치

브랜디, '야생에서의 음식 먹기: 해서는 안 될 것!', 정보제공 스피치

스피치 빌더 익스프레스

목표/목적

주제 진술

조직화

개요

지지자료

전환사

서론

결론

제목

인용 작업

스피치 개요 완성하기

인포트랙

추천 검색어

언어와 스피치

언어와 문화

언어와 젠더

비성차별적 언어

구어 대 문어

포괄적인 언어

스피치에서 숫자

상상력과 언어

음성 학습 도구

브랜디의 '야생에서의 음식 먹기: 해서는 안 될 것!'

비판적 사고 질문

학습목표

장 요약

습지원에는 주요단어 플래시 카드, 리뷰 퀴즈, 비판적 질문이 있으며, 궁금한 점이 있다면 교수님께 이메일로 보낼 수 있다. 또한, 온라인 자원의 특징은 생동감 있는 웹링크로 해당 챕터와 연결된다. 웹링크에는 macmillandictionary.com, worldwidewords.com 등 언어가 어떻게 지속적으로 진화하고 있는지 보여주는 웹사이트들이 포함된다. 링크된 사이트들은 정기적으로 관리되고 일정기간마다 추가된다.

주요단어

관용어
대구법
대조
두운법
부가의문문
비성차별적 언어
상상으로의 초대
상징
상투어
속어
애매한 표현
언어
완곡어
운율
은유
음조
전문용어
지시적 의미
직유
포용적인 언어
함축적 의미
해석

비판적 질문: 숙고와 토의를 위한 질문들

1. 모호함이 긍정적인 결과를 가져다 줄 수도 있지만, 이것은 또한 연사의 진짜 목표를 흐리게 만들 수 있다. 모호한 언어를 사용하고 있는지 잘 생각해 바라. 오해의 여지가 있거나 남들을 속일 수 있는 모호한 언어를 사용한 적이 있는가? 아니면, 다른 사람이 이런 식으로 오해하게 하거나 속인 적이 있는가? 결과는 어땠는가? 그것 때문에 기분이 어떻게 되었는가? 그 경험을 통해서 어떤 것을 배웠는가?
2. 직유와 은유는 청중들이 연사의 생각을 시각화하는 것을 도와준다. 학교를 묘사하는 직유법과 은유법에 대해서 생각해 바라. 학교 캠퍼스를 시각화하는 데 그것들이 어떤 도움을 주는가? 다른 직유와 은유들은 학교의 어떤 면을 드러내거나 숨기는가? 어떤 것을 비교하기 위해서 직유와 은유를 사용할 때, 연사들이 가져야 하는 윤리적 책임감은 무엇이 있을까?
3. 욕설은 스피치 대해 청중의 관심을 끌고, 더욱 큰 효과를 줄 수 있다. 하지만 이것이 당신이 원하는 효과인가? 스피치에서 당신은 욕을 해야 하는가? 어떤 발표에서 발표자가 욕설을 하는 것을 듣거나 읽었던 것을 회상해보라. 어떻게 반응했는가? 그것이 발표자가 의도했던 반응이라고 생각하는가? 공적인 스피치에서 그러한 말을 사용하는 것이 과연 적절한가? 왜 적절하거나 적절하지 않은가?

3부 연사와 아이디어 전달
Presenting Yourself and Your Ideas

11장 프레젠테이션 미디어 결합하기
Integrating Presentation Media

프레젠테이션 미디어

프레젠테이션 소프트웨어와 실시간 웹 접속부터 플립 차트와 유인물에 이르기까지 연사가 구두로 전달하는 정보를 강조, 명료화, 보완할 수 있는 기술적, 물적 자원들

최근에 시청각자료의 기술적 발전은 스피치를 향상시킬 수 있다. **프레젠테이션 미디어**(presentation media)는 연사가 말하는 정보를 명확하게 강조하고 보완하는데 사용되는 키노트, 파워포인트와 같은 프레젠테이션 소프트웨어부터 플립 차트(flip charts)와 유인물에 이르기까지 다양한 기술적, 물적 자원들을 말한다. 프레젠테이션 미디어가 잘못 사용되기 때문에, 오늘날 이러한 자원들을 언제, 어떻게 사용하는지를 알아야 한다. 파워포인트와 같은 프로그램은 메시지를 향상시킬 수 있지만, 상상력이 없는 프레젠테이션 미디어는 청중을 지루하게 한다.

그러나 여러 가지 자원을 스피치에 결합하면, 낮은 기술의 프레젠테이션 미디어를 사용하더라도 스피치를 향상하고, 메시지를 강화할 수 있으며, 스피치의 목적을 달성할 수 있다. 이 장에서는 최근에 가장 많이 사용되는 프레젠테이션 미디어, 좋은 디자인의 기초, 그리고 프레젠테이션 미디어를 효과적으로 사용하기 위한 지침에 대해 알아본다.

왜 프레젠테이션 미디어를 사용하는가

READ IT! 청중은 창조적인 기술과 상징을 사용하는 연사를 더 선호한다. 프레젠테이션 미디어를 적절히 사용하면, 인상적인 스피치를 할 수 있다. 프레젠테이션 미디어를 사용하는 방법을 배우는 것은 일련의 기술적인 절차를 배우는 것이다. 또한 프레젠테이션 미디어의 사용은 적절하게 동기부여를 하고, 구두 발표하는 정보를 명료하게 하고, 지원하며, 각색하고, 예시를 보여주거나 보완한다.

청중을 사로잡거나 연결고리를 만들기 위해, 혹은 청중의 상상력을 자극하고 전체 의미와 무슨 말을 해야 하는지를 명확히 하고, 독창성을 보여주기 위해서 프레젠테이션 미디어를 사용한다. 프레젠테이션 미디어의 적절한 사용은 청중에게 주제 또는 주장에 대한 추가적인 정보를 제공하여 특별한 것을 제공한다. 그러나 다른 모든 스피치에서처럼 프레젠테이션 미디어를 결합하는 이유가 있어야 한다. 프레젠테이션 미디어는 다음의 목적이 있다.

- 스피치 주제에 대한 관심을 도출하기 위하여

- 말로만으로는 정확히 설명할 수 없는 아이디어를 묘사하기 위하여
- 정서적 반응을 유도하기 위하여
- 요점을 명확하게 하기 위하여
- 사실과 사례를 그림으로 보여주어 주장을 강조하기 위하여
- 스피치의 주요 아이디어에 대한 청중의 기억을 돕기 위하여

프레젠테이션 미디어의 각 유형은 〈표 11.1〉에 요약한 것처럼 장점과 단점을 가지고 있다는 것을 명심하라. 이 장의 나머지 부분에서는 많이 사용되는 프레젠테이션 미디어의 적절한 활용방법을 살펴보고, 최적의 방법을 생각해보고자 한다.

표 11.1 프레젠테이션 미디어의 장점과 단점

유형	장점	제한점
OHP 필름	기술적 단순성, 사용이 쉬움	필름의 위치와 순서, 연사가 화면을 보고 말하기 쉬움
플립 차트와 포스터	청중의 피드백과 아이디어 문서화	전문적으로 보이지 않으며 모든 청중이 다 보기 어려울 가능성 있음
화이트보드와 칠판	즉각적인 생각의 기록	사용 시간이 오래 걸리며 느리고, 준비하지 않은 것처럼 보일 수 있음
다큐멘트 카메라	영상을 섬세하게 투사하며 확대, 이미지 캡처 및 3D 표현 가능	고가의 장비, 사용의 복잡성
동영상	청중의 감정을 유발하며 사례 묘사	스피치 속도와 청중의 집중 간섭
유인물	스피치 후 청중의 기억 증대하고 주요 아이디어 재강화	프레젠테이션의 지속성 방해, 낭비됨
모델	구체적인 자료 제공하고 청중이 스피치 내용과 개념을 시각화하는 것을 도움	너무 작거나 세밀할 수 있으며 대규모 청중에게 부적절
오디오 미디어	분위기 설정하고 상상력 촉발	스피치 시간 감소, 주의분산
디지털 슬라이드	문자, 그림, 동영상, 소리의 혼합	과잉사용·지루함·스피치 내용 소홀, 연사가 화면을 보고 말하기 쉬움
실시간 웹 접속	새로움, 현재의 정보	접속과 다운로드가 시간이 느리며 시스템의 불안전성

시각적 디자인의 기초 이해하기

〈표 11.2〉에 제시된 시각적 디자인에 대한 일반적인 지침을 따르면 시각적 프레젠테이션 미디어는 최대 효과를 얻을 수 있다. 명확하고 간결하게 만들기 위해 노력해야 한다. 예를 들어 하나의 디지털 슬라이드에 너무 많은 정보들을 담고 있다면, 청중들은 슬라이드를 보지 않거나 스피치를 듣는 대신에 슬라이드를 읽기만 할 것이다. 청중이 기억하기 바라는 스피치의 요점에 관심을 갖게 하고, 요점을 명확히 드러낼 수 있을 정도로 시각적 자료를 신중하게 선택하라. 추가적으로 말보다 이미지가 내용을 전달할 때, 시각적 자료를 사용하라. 예를 들어 클로즈업 이미지는 종종 강력한 영향력을 갖는데, 개인적이고 친밀하게 인식되기 때문이다. 청중들의 지루함을 방지하기 위해서 스피치 내용을 시각적 미디어의 일관된 테마로 개발함으로써 다양성과 일관성의 균형을 맞춰야 한다. 마지막으로 큰 글씨는 청중이 쉽게 볼 수 있게 하고, 스피치의 요점을 빨리 파악할 수 있게 한다.

표 11.2 시각적 디자인의 일반적 지침

단순하게 하라	너무 많은 정보를 시각화하는 것을 피하라. 시각적 자료의 힘은 즉각적이고 명확해야 한다. 시각적 자료를 단순하게 함으로써 청중과 최대한의 개인적 접촉을 유지할 수 있다.
유일한 핵심 아이디어를 강조하라	시각적 프레젠테이션을 이용하여 아이디어에 대한 관심을 끌려면, 주요 요점이나 가장 중요한 지지자료에 관해서만 명확히 시각적으로 묘사하라.
말로 표현할 수 없는 것을 보여줘라	시각 미디어의 최고 활용은 쉽게 구두 또는 텍스트로 표현할 수가 없는 자료를 보여주는 것이다. 사진, 그림, 간단한 차트 및 도표를 통해서 그 목표를 달성할 수 있다.
사진과 같은 이미지는 클로즈 업하라	실제 효과를 창출하는 사진, 동영상과 같은 이미지를 선택하고 제시하라. 클로즈업은 특히 청중의 감성적 반응을 창출하는데 매우 효과적일 수 있다.
관리할 수 있는 이미지의 숫자를 유지하라	너무 많은 이미지는 청중을 피곤하게 한다. 8~10개의 이미지가 대부분의 프레젠테이션에서 최대 숫자이다.
일관성과 다양성을 결합하라	만약 여러 개의 이미지를 사용하는 경우, 청중에게 재미를 줄 정도로 디자인의 변화를 주되 심미적 일관성을 유지하라. 예를 들어 동일한 색상 또는 형식 글꼴을 사용하되, 내용은 변화를 주어라. 아니면 같은 스타일을 유지할 수 있도록 이미지와 사진을 혼합하라.
큰 글자체를 사용하라	큰 글자체를 사용하라. 그러면 청중은 텍스트를 쉽게 읽을 수 있다. 긴 텍스트의 블록들을 보여주지 말라.

전통적인 시청각 미디어 사용하기

퍼블릭 스피치에서는 전통적인 시청각 미디어인 OHP 필름, 플립 차트와 포스터, 화이트보드와 칠판, 다큐멘트 카메라, 동영상, 유인물, 모델, 녹음기 등이 사용된다.

OHP 필름

업무와 관련된 스피치 상황에서 대부분의 연사는 디지털 슬라이드 및 다큐먼트 카메라를 사용하지만, OHP 필름은 아직도 강의실에서 자주 사용되고 있다. OHP를 사용하려면 먼저 보여주고 싶은 자료 필름을 만들어야 한다. **OHP 필름**은 스피치 도중 오버헤드 프로젝터에 의해 표시되는 투명 비닐 종이이다. 컴퓨터에서 프레젠테이션, 워드 프로세싱, 또는 그래픽 소프트웨어를 사용하여 컬러 또는 흑백으로 높은 품질의 OHP 필름을 만들 수 있다. 컬러가 더 비싸지만, 많은 활용 프로그램이 효과를 발휘하고 부가적인 투자 가치를 창출한다.

대부분의 강의실에는 OHP 필름을 보여줄 수 있는 프로젝터를 갖추고 있다. 만일 강의실에 프로젝터가 없다면 스피치 당일 강의실에 설치해야 한다. 강의실에 있는 OHP의 위치를 확인하라. 이동형 스탠드에 올려야 하는가? 아니면 탁자나 스탠드에 OHP를 올릴만한 물리적 공간이 있는가? 스피치 하루 전에 반드시 확인하라.

OPH 필름
오버헤드 프로젝트에 의해 표시되는 투명 아세테이트 페이지

스피치를 할 때 자연스럽게 OHP 필름을 결합하려면 다음의 지침을 적용할 수 있다.

- OHP 필름은 해당 내용을 이야기할 때만 보여주어라. OHP에 첫 번째 슬라이드를 놓고, 스피치를 시작하기 전에 집중하고 프로젝터를 꺼라. 이미지를 보여줄 요점에 도달하면 프로젝터를 켜라. 일반적으로 이미지를 보여줄 경우에만 프로젝터를 켜야 한다. 마찬가지로 마지막으로 보여준 이미지와 관련 없는 자료에 대해 몇 분간 이야기한다면 프로젝터를 꺼라. 컴퓨터를 꺼라. 이어서 빠른 속도로 몇 개의 이미지를 보여주려고 한다면, 프로젝터를 켜 두는 것이 좋다. 최종 이미지 제시가 끝나면 프로젝터를 끄는 것이 좋다. 프로젝터가 이동형 스

탠드에 장착되어 있다면, 연단 중앙에서 나머지 스피치를 하기 위해서 스탠드를 밀어내라.

- **사용할 순서대로 시트에 번호를 매겨라.** 각각의 OHP 필름에 약 1/4 인치 크기의 작은 스티커 또는 접착 종이를 사용해라. 그곳에 번호를 명확히 적고 이미지 우측 상단 모서리에 위치시켜라. 스티커 부착 방향의 일관성을 유지하여 OHP에 필름을 놓을 때, 스크린에 바른 방향으로 보이게 하라. 그리고 사용할 순서에 따라서 OHP 필름 더미를 만들어라. 그러면 번호 스티커는 페이지의 같은 위치에 있게 된다.
- **스피치를 하기 전에 OHP 필름을 가지고 연습을 해라.** 프로젝터의 정확한 위치를 찾는 방법, 프로젝터 켜고 끄는 법, 프로젝터 유리판에 필름을 정확하게 놓는 방법, 스크린에 초점을 맞추는 방법 등을 익혀야 한다. 그리고 실제 청중하게 이야기하는 것과 같이 가상의 청중을 앞에 두고 연습하라.

플립 차트

플립 차트

대형 종이 패드로 이젤에 놓고 스피치하는 동안 연사가 마커로 글이나 그림을 기록하는 것

때때로 연사는 상호작용적 브레인스토밍 세션에서 도출되는 좋은 아이디어를 문서화하고 싶어 한다. 이를 수행할 수 있는 훌륭한 미디어가 **플립 차트**(flip chart)이다. 플립 차트는 연사 가까이 놓거나 이젤(easel)에 대형 종이 시트를 기대어 놓는다. 직접 만나서 하는 브레인스토밍 세션에서는 일상적으로 플립 차트를 사용한다. 상대적으로 소수의 사람이 참석하는 긴 회의라도, 상호작용적 회의를 할 경우에는 청중들이 활기차 있게 된다. 많은 청중이 있는 대형 공간에서는 플립 차트가 청중의 관심을 끌 수 없고 청중들 간의 상호작용 활동을 촉진하는 역할도 수행할 수 없다.

Don Hammond/Design Pics/Corbis

▲ 직장에서 대부분의 연사들이 프레젠테이션을 할 때 디지털 슬라이드를 사용하지만, OHP 필름 사용법을 익히는 것이 좋다. 그것은 준비와 사용에 용이하여, 교육 현장에서 여전히 많이 사용되고 있다.

화이트보드와 칠판

컬러 펜으로 **화이트보드**(white board)에 쓰거나 백색 분필로 칠판에 쓰는 것은 플립 차트나

이젤을 사용하는 것과 같은 결과를 얻을 수 있다. 그러나 보드는 청중과 아이디어에 대해 브레인스토밍 할 때만 사용하고, 프레젠테이션 자료로 사용해서는 절대 안 된다. 전화번호, 웹 주소, 우편 주소와 같은 것을 게시하기 위해 사용하지 말라. 보드에 무언가를 쓰기 위해 청중에게 등을 보이는 것은 연사의 준비가 부족하고 전문성이 없는 것으로 보일 수 있다. 그와 같은 정보는 스피치 중에 디지털 슬라이드에 넣거나 스피치 종료 후 배포할 유인물에 담는 것이 더 효율적이다.

화이트보드
마커로 쓰거나 그릴 수 있는 매끄러운 흰색 판

다큐멘트 카메라

다큐멘트 카메라(document cameras)는 오버헤드 프로젝터와 같은 기능을 가지고 있지만, 훨씬 더 정교한 특성을 가지고 있다. 투명 필름의 이미지를 전구와 거울을 이용하여 보여주는 오버헤드 프로젝터와 달리 다큐멘트 카메라는 이미지를 캡처하고 보여주는 비디오카메라이다. 다큐멘트 카메라는 이미지의 특정 부분을 확대할 수 있고, 나중에 사용할 이미지를 캡처할 수 있으며, 오버헤드 프로젝터의 부족한 기능인 매우 세밀한 이미지를 보여줄 수 있다. 모든 프레젠테이션 미디어와 마찬가지로, 보여줄 이미지를 사전에 잘 준비하고 다큐멘트 카메라 사용법을 연습해라. 그러면 다양한 기능을 사용하는데 어려움이 없을 것이다.

다큐멘트 카메라
3D 시각적 자료를 포함하여 이미지의 캡처와 표시를 하는 비디오카메라를 이용하는 프로젝션 장치

동영상

스피치에서 동영상의 사용이 꼭 필요한지 살펴보자. 동영상을 보여주는 것은 청중의 감정적인 반응을 이끌고 스피치 내용의 기억을 향상시킨다.[1] 하지만 스피치 분위기와 연사, 청중 사이의 관계를 방해할 수 있다.

유튜브 같은 온라인 동영상 사이트에서 검색, 관련 동영상을 찾는 것이 훨씬 쉽다. 스피치에 동영상 클립을 결합하기로 결정하였다면 다음의 지침을 고려하라.

- 동영상의 길이를 생각하라. 다른 시각 미디어인 이미지나 텍스트를 보여주는 동안에는 연사가 스피치를 계속한다. 하지만 동영상 클립의 오디오를 끄지 않고서는 스피치를 할 수 없다. 이 경우 소중한 스피치 시간을 잃게 된다. 게다가

긴 동영상은 청중의 관심을 멀게 만든다. 효과를 극대화할 수 있는 동영상의 길이를 선택하라.

- 스피치와 연결된 동영상을 보여줘라. 청중에게 끊임 없이 스피치가 전달될 수 있도록, 동영상으로 전환하여 시작하고, 동영상을 끝내고 스피치로 돌아올지를 결정하라.
- 가능하면 디지털 슬라이드 안에 동영상을 넣어라. 파워포인트나 키노트와 같은 프레젠테이션 소프트웨어는 슬라이드에 동영상을 넣을 수 있다. 따라서 DVD 프로젝터와 같은 별도의 장비의 사용을 피할 수 있다.

동영상을 사용하는 데 스피치의 가장 중요한 요소를 소홀히 하지 않아야 할 것은 내용과 전달이다. 또 스피치 목적을 진정으로 달성하기 위한 방법으로 동영상과 스피치 주제의 관계를 만드는 것이 중요하다. 청중은 간단한 동영상을 시청할 수 있다. 하지만 청중에게 정보를 제공하거나 설득을 하지 못할 수 있다.

유인물

유인물

스피치 전, 중간, 후에 배포되는 관련 정보가 포함된 종이 인쇄물

종이 **유인물**(handout)은 경우에 따라서 매우 효과적이다. 예를 들어 설득 스피치를 한 후, 자선단체 웹사이트 주소를 인쇄한 유인물을 청중들에게 제공할 수 있다. 청중에게 응급상황에서 어떻게 심폐소생술을 하는지를 묘사한 그림을 나누어 줄 수 있다. 아동포르노를 강력히 처벌하는 법률을 추진하기 위해서 상원의원에게 쓴 편지의 사본을 나누어줄 수 있고, 청중을 격려하기 위해서 사인을 해주거나 편지를 보낼 수 있다.

어떤 연사는 다른 프레젠테이션 미디어와 함께 유인물을 사용한다.[2] 예를 들어 새로운 암 치료약의 효과를 그래픽으로 요약하고 사진으로 상세하게 보여주기 위해 디지털 사용할 수 있고, 새로운 치료에 대한 추가 정보를 찾을 수 있도록 웹사이트의 목록을 유인물로 나누어 줄 수 있다.

유인물을 사용한다면 언제 배포할 것인지를 잘 생각해야 한다. 세 가지 선택이 있다. 스피치 전, 스피치 중, 그리고 스피치 후이다. 청중에게 정보가 필요한지는 어떤 선택을 할지를 결정하는데 도움이 된다. 또 유인물의 배포와 같은 물리적 행

●●● THE EVOLVING ART ●●● 스피치의 확장

숙련된 연사들은 청중의 경험을 확대하거나 높이기 위해서 원래의 프레젠테이션을 넘어서 다양한 기법들을 사용한다. 예를 들어 연사나 스피치에서 언급한 인물, 기관들과의 연락방법, 적절한 인터넷자료의 위치, 제공된 디지털 슬라이드를 복습하는 방법 등이 적힌 유인물을 사용한다. 또 청중의 이메일 주소를 모아서 스피치 후에 슬라이드자료를 보내줄 수 있다. 어떤 경우에는 디지털 슬라이드를 보여주지 않고 나중에 청중들에게 메일로 보내준다.

동이 스피치 수행에 어떻게 영향을 미칠지를 생각해보아라. 유인물을 강의실 전체에 돌리는 것은 소란스럽고 청중의 관심과 집중을 방해한다. 게다가 청중이 유인물을 읽을 경우 연사에게 주목하지 않는다. 이러한 모든 것을 고려할 때, 연사의 공식적인 연설이 끝난 후 유인물을 배포하는 것이 제일 좋다.[3]

모델

모델

실제 사물을 재현하는, 보통 축소된 크기로 제작되는 복제물

어떤 주제에서는 스피치에서 논의되는 소재를 재현하는 물리적 **모델**(models)이 도움을 주거나 스피치의 시각적 자원을 추가할 수 있다. 모델은 물리적 구조를 포함하는 과학적 주제를 기술하고 설명하는데 유용하다. 예를 들어 원자의 분자구조는 모델로 표현할 수 있다. 화석 유적의 축소된 복제는 멸종된 종족의 특성을 설명하는 데 도움이 된다. 사실 뇌 해부학 또는 청각의 생리학과 같은 의학과 생물학적 주제의 스피치는 적절한 모델이 없다면 프레젠테이션 하기가 어려울 것이다.

모델을 사용해야 하는 스피치 주제의 다른 유형도 있다. 도시설계자나 건축가는 종종 자신의 아이디어를 설명하기 위해 모델을 사용한다. 예를 들어 도시 또는 학교의 새로운 빌딩을 제안하기 위한 모델은 청중들이 건물이 어떻게 생겼는지 시각화하는데 도움을 준다. 물리적 모델을 사용하는 것의 대안으로 스크린에 3차원으로 움직이는 모델을 보여주는 소프트웨어 프로그램을 사용하기도 한다. 이러한 방법은 물리적 모델 사용의 두 가지 단점을 해결했다. 하나는 작은 크기로 청중에게 보여주는 데 한계가 있고, 다른 하나는 스피치 중에 모델을 다루거나 보여주기가 어렵다는 점이다.

녹음기

시각적 이미지처럼 소리도 심상을 자극하고 상상력을 촉발시키며 분위기를 설정할 수 있다. 소리는 말로 표현하기 어려운 사례를 들려준다. 도시를 지나는 새로운 고속도로 건설을 좋지 않은 아이디어라고 확신할 수 있는가? 시끄러운 교통 소음이 담긴 테이프를 들려줘라. 마사지 테라피를 시연하기 위해서 어떻게 분위기를 잡을 수 있을까? 부드럽게 연주되는 수십 초의 조용한 음악으로 시작하라. 당연히 청중을 고려하라. 청중을 공격하거나 차별하는 음악이나 소리는 안 된다. 세속적이거나 성적으로 노골적인 언어가 포함된 노래와 같은 것은 피해야 한다.

오디오 기술은 상대적으로 다루기가 쉽다. 만일 오디오 장비가 제공되지 않는다면, 포터블 CD, MP3 플레이어, 스피커 등을 준비해라. 오디오 파일을 디지털 슬라이드에 삽입하면 더 좋다. 그러면 오디오의 시작과 끝맺음을 자연스럽게 전환할 수 있다. 모든 사람들이 들을 수 있도록 볼륨을 높여라. 그러나 청중을 괴롭힐 정도로 크게 높이지는 않아야 한다. 어떤 연사들은 스피치의 일부분으로 노래를 하거나 어쿠스틱 기타를 연주하기도 한다. 이 역시 효과적이다. 하지만 스피치와 콘서트를 혼동해서는 안 된다.

컴퓨터 기술 이용하기

스피치 상황에 따라 프레젠테이션을 향상하기 위해 컴퓨터 사용할 수 있다. 가장 많이 이용되는 두 가지 컴퓨터 기술이 디지털 슬라이드와 실시간 웹 접속이다.

디지털 슬라이드: 해야 할 것과 하지 말아야 할 것

파워포인트는 프레젠테이션 소프트웨어와 동의어가 되었다. 하지만 매킨토시 사용자들이 알고 있듯이, 애플도 사용하기 쉬워서 빠르게 인기를 얻고 있는 프레젠테이션 소프트웨어인 키노트를 보유하고 있다. **프레젠테이션 소프트웨어**(presentation software)는 컴퓨터 사용자가 멀티미디어 슬라이드 쇼를 통해서 정보를 보여줄 수 있게 한다.

프레젠테이션 소프트웨어
멀티미디어 슬라이드 쇼를 통해 정보를 보여줄 수 있는 컴퓨터 소프트웨어

파워포인트와 키노트스피치뿐만 아니라 코렐 프레젠테이션, 로터스 프리랜서 그래픽 그리고 매직포인트와 같은 프레젠테이션 소프트웨어는 대부분의 스피치 목적에 적합한 가장 많이 사용되는 역동적인 멀티미디어 도구이다. 이 소프트웨어들은 슬라이드 프로젝터의 장점을 살렸고, 기술적 단점을 없앴다. 그러나 모든 스피치나 상황에서 디지털 슬라이드의 사용이 적절하지 않다. 많은 청중들이 파워포인트 중심으로 스피치가 전달되는 것에 피곤해하고 있다. 몇몇 강의실과 회의실에서는 파워포인트의 사용을 금하고 있다.[4] 하지만 적당히 사용한다면 프레젠테이션 소프트웨어는 매우 효율적일 수 있다.

사람들은 파워포인트나 키노트를 사용하는데 있어서 이미 편안함과 자신감을 갖고 있다. 만약 초보자라면 온라인 도움말 및 소프트웨어와 함께 제공되는 설명서를 참조하라. 학교에서도 프레젠테이션 소프트웨어를 사용하는 방법을 배우는 강좌를 수강할 수 있다. 중급자라면 프레젠테이션 소프트웨어가 더 대화에 적당하고 몰입할 수 있게 하는 프레젠테이션을 하는데 도움을 줄 수 있다.[5] 하지만 기억하라. 프레젠테이션 소프트웨어가 스피치를 하지는 않는다. 연사보다 더 두드러져서는 안 된다.[6] 연사는 '스피치'를 하는 것이지 '파워포인트 프레젠테이션'을 하는 것이 아니다. 연사와 연사의 메시지가 중심이 되어야만 한다.

디지털 슬라이드의 효율적 사용을 위해서 다음 지침을 따르라.

- 주의 깊게 스피치를 개발하고, 디지털 슬라이드로 어떻게 구두자료를 지원할 수 있을지 고려하라. 반대 접근법을 하지 말라. 디지털 슬라이드를 많이 준비하고 나머지 프레젠테이션을 덜 준비하지 말라. 스피치의 성공은 연사가 말한 내용에 좌우된다.[7]
- 디지털 슬라이드를 절제해서 사용하라. 청중은 너무 많은 시각적 정보에 피곤해하고, 시각적으로 지루하면 관심을 다른 곳으로 옮긴다.[8] 디지털 슬라이드를 부적절하게 사용하면 청중은 감정적으로 스피치를 외면하고, 연사와 청중간의 중요한 공감대는 훼손된다.[9] 디지털 슬라이드를 청중과 연사 그리고 스피치 주제와 연결을 유지시킬 방법을 사용하라.
- 창의성과 명확성 그리고 예측가능성과 즉흥성의 균형을 맞춰라. 프레젠테이션 소

프트웨어 프로그램이 제공하는 표준 템플릿, 클립 아트, 그리고 애니메이션 기법에 의존하지 말라. 파워포인트가 널리 사용되고 있기 때문에 모두가 예측가능한 시각적 형태를 알 수 있다. 조사에 따르면 일반적으로 청중들이 디지털 슬라이드를 OHP 필름보다 선호하지만, 소프트웨어의 애니메이션과 사운드 효과는 부정적이다.[10] 청중의 이해를 위해 슬라이드는 명확하고 쉽게 만들어라.

다음 절에서는 슬라이드 디자인과 프레젠테이션을 위한 컴퓨터 하드웨어 다루는 방법 등을 구체적으로 살펴볼 것이다.

디지털 슬라이드 디자인 요령

프레젠테이션 소프트웨어를 이용한다면 다른 시각 미디어보다 고려해야 할 요소들이 많다. 예를 들어 하나의 슬라이드에서 다음 슬라이드로 시각적 장면 전환을 할 수 있고 그래픽자료에 애니메이션을 주는 특수효과를 선택할 수 있다. 이 기능은 그래픽자료를 애니메이션 효과를 나타낸다. 이러한 기능은 다른 프레젠테이션 미디어를 압도할 수 있는 장점이지만, 전략적으로 절제해야 한다.

〈표 11.2〉에서 제시했던 시각적 디자인의 일반 지침은 디지털 슬라이드를 디자인하는 데 있어서도 대부분 알아야 할 내용이다. 프레젠테이션 소프트웨어를 사용하면 디지털 슬라이드를 디자인할 때, 다음과 같은 지침을 염두에 두어라.

- **텍스트 또는 숫자 중심으로 하지 말라.** 프레젠테이션 소프트웨어의 가장 효과적인 사용은 텍스트나 숫자가 시각적 재현이다. 시각자료는 정적일 수도 있고 동적 이미지일 수도 있다(그림 11.1 참조).
- **각 슬라이드의 소구점 수를 제한하라.** 텍스트를 사용하는 경우, 길이가 길거나 글이 많은 슬라이드로 청중을 지루하게 하지 말라. 슬라이드마다 최대 4~6개의 소구점을 사용하라(그림 11.2 참조).
- **각 소구점의 글자 수를 제한하라.** 각 소구점마다 몇 단어 또는 간단한 구절을 사용하라(그림 11.3 참조).
- **글꼴 유형을 크고 간결하게 만들라.** 글꼴 크기를 크게 하고(제목은 40포인트 이상의 크기, 본문 텍스트는 20포인트 이상의 크기), 필기체나 지나치게 추상적

그림 11.1 너무 많은 텍스트

애국심의 정의

메리암웹스터사전: 사랑 또는 자기 나라에 대한 헌신

위키낱말사전: 국가에 대한 사랑, 자신의 국가의 안녕에 대한 헌신, 애국자의 미덕과 행, 자신의 나라를 구하려는 마음에서 나오는 열정

울트라링구아 온라인사전: 나라에 대한 사랑과 그것을 위해 희생하는 의지

캠브리지 국제 영어사전: 자신의 나라를 사랑하고 그것에 자부심을 느끼는 것

인포플리즈사전: 헌신적인 사랑, 지원, 자신의 나라에 대한 수호, 국가적 충성심

워즈미스 영어사전: 자신의 나라에 대한 사랑, 헌신, 충성심

그림 11.2 너무 많은 소구점

공연 예술의 유형

- 저글링
- 무용
- 서커스
- 마술
- 오페라
- 뮤지컬
- 스토리텔링
- 예술 축제
- 불꽃 예술
- 다양한 엔터테인먼트
- 코미디

그림 11.3 글자가 많은 소구점

교육의 구성 요소

- 지식 — 이해하고 있다고 확신하는 것 또는 어떤 주제를 알고 있는 것
- 학습 — 어떤 주제를 공부하는 과정에서 지식과 지혜를 얻는 방법
- 교수법 — 예술과 과학 모두에서 고려되는 것으로, 교사들이 교육 과정에서 사용하는 방법

그림 11.4 크고 명확한 폰트 유형

세계의 독립기념일
• 아프가니스탄 — 8월 19일
• 과테말라 — 9월 15일
• 폴란드 — 11월 11일
• 잠비아 — 10월 24일

인 스타일을 피하라. 독이성을 높일 수 있는 글꼴을 사용하라(그림 11.4 참조).

- 스피치 주제와 시각적 자료의 톤에 맞는 장면전환을 선택하라. 프레젠테이션 소프트웨어는 한 슬라이드에서 다음 슬라이드로 전환하는 방법이 있다. '검은색으로 전환'하거나 '디졸브'를 사용하는 것이 좋은 선택이다. 키노트는 '페이지 넘기기'와 '회전문'과 같은 3D 장면전환을 제공한다.
- 특수 효과를 피하라. 특수효과는 일정 부분에 움직임을 주려고 슬라이드의 시각적 부분을 조작할 수 있다. 예를 들어 왼쪽이나 오른쪽 또는 상단이나 하단에서 이미지를 '날아가게' 할 수 있다. 보통 이러한 효과는 청중을 귀찮게 하고 주의를 분산시킨다. 어떤 특수효과든지 스피치의 목적과 직접적으로 관련된 것만 사용해야 한다.

●●● THE EVOLVING ART ●●● 컬러 사용하기

디지털 슬라이드에 컬러를 사용하기로 결정하였다면 높은 대비를 이루거나 배경과 글자 간의 가장 큰 차이를 가져오는 컬러를 선택하라. 컬러의 대비가 높을수록 청중들이 배경과 글자를 구분해서 보기가 쉽고, 읽기도 쉬워진다. 예를 들어 어두운 파란색과 같은 어두운 배경 컬러로 디지털 슬라이드를 디자인할 때는 연한 노란색과 같이 더 밝은 컬러로 글자를 꾸며 대비를 강하게 한다. 캠퍼스와 관련된 프레젠테이션에서는 대학교의 컬러와 같이 이벤트 또는 조직과 관련된 컬러를 슬라이드에 적용하면 좋다.

하드웨어 설정 요령

프레젠테이션 소프트웨어를 위한 하드웨어의 사용은 주로 학교가 소유하는 장비에 의존하게 되며, 실습 조교의 도움을 받을 수 있다. 다행히도 많은 학교와 기업들이 파워포인트, 키노트스피치와 이와 유사한 소프트웨어를 다루기 위한 장비를 잘 갖추고 있다. 스피치할 장소에는 컴퓨터와 LCD 프로젝터가 제공될 수 있다. 그러한 경우 연사는 디지털 슬라이드가 저장된 USB나 외장하드만 지참하면 된다. 스피치 전날 장비가 있는 방에 가서 사용법을 확인하라.

장비를 쉽게 사용할 수 없는 경우, 연사는 자신의 노트북을 사용할 수 있고 학교에서 제공하는 프로젝터에 연결할 수 있다. 이 방법을 많은 연사들이 선택한다. 왜냐하면 자신의 컴퓨터를 사용하는 것이 가장 편안하기 때문이다. 어떤 설정을 사용하든지 신중한 계획이 필요하다. 자신의 노트북을 가지고 스피치하러 가도 제대로 기능을 작동하는 방법을 알아둬라.

만약 스피치하는 동안 강의실 전체를 이동하기 원할 경우에는 리모트 컨트롤 장치를 사용해라. 프레젠터를 사용하면 강의실의 어떤 위치에서든지 원하는 때에 슬라이드를 넘길 수 있다.

실시간 웹 접속

오늘날 점점 더 많은 강의실과 회의실에 인터넷 접속이 가능해지고, 특정 프레젠테이션에는 매우 유용한 역동적인 자료원으로 웹사이트를 보여줄 수

VALERY HACHE/AFP/Getty Images

▲ 앨 고어 부통령은 〈불편한 진실〉이라는 다큐멘터리로 아카데미상을 수상했다. 영화는 다양한 청중을 대상으로 지구온난화에 대한 이야기를 담고 있고, 요점을 극화하기 위하여 디지털 슬라이드의 강력한 이미지를 사용하고 있다. 스피치의 메시지를 강화하는 창의적인 방법으로 여러분은 어떻게 디지털 슬라이드를 사용할 수 있는가?

Speaking of ... 키노트 슬라이드 쇼 아카데미상을 수상하다

〈불편한 진실〉은 2006 아카데미영화제 최우수다큐멘터리상을 수상했다. 영화는 미국의 전 부통령인 앨 고어가 지구온난화에 관한 전 세계 순회 스피치를 하는 것을 따라가고 있다. 카메라는 연단에 있는 고어로부터 팬 아웃하고, 청중은 작아진 연사가 있는 커다란 디지털 슬라이드를 보게 된다. 도표, 차트, 이미지, 비디오, 오디오를 상상력이 풍부하게 사용하여 고어는 그의 주장을 입증해주는, 때로는 재미없는 기술적 통계로 청중을 사로잡는다. 인간은 지구촌 기후 변화의 원인이며, 지금 지구를 구하기 위한 행동에 나서야만 한다. 고어의 스피치와 키노트 슬라이드는 지구온난화의 심각성에 대한 전 세계의 인식을 높이는데 기여하였다.

실시간 웹 접속(RWA)
스피치하는 동안에 시각적 자료나 정보원으로 실시간 인터넷자료를 쓰는 것

웨비던스
스피치하는 동안에 근거로서 보여주는 웹자료들로 실시간 웹 접속이나 웹페이지 캡처 소프트웨어를 사용함

있다. 스피치 구성에 활용할 때, 이러한 기능을 **실시간 웹 접속(RWA)**(real-time web access)이라고 한다. 아이디어의 조사, 특정 주제의 현 상황에 대한 검토, 연사의 목적이나 주장을 지지해주는 웹사이트가 있는 기사의 표시 등과 같은 웹에 있는 특별한 내용을 보여주기 위해서 RWA를 사용할 수 있다. 이러한 웹 증거 또는 **웨비던스**(webidence)는 정적인 디지털 슬라이드가 갖지 못하는 느낌을 프레젠테이션에 준다.[11] 청중들이 실시간으로 작동된다는 것을 이해하기 때문에 검색이나 조사 과정에 청중의 참여를 높일 수도 있다.

RWA와 웨비던스의 즉흥성은 연사가 장점으로 활용할 수 있다. 하지만 스피치하는 동안 실시간으로 웹페이지를 표시하려는 경우, 사전에 접속이 가능한지 그리고 연사의 의도대로 사이트를 볼 수 있는지 등을 확인해야 한다.

프레젠테이션 미디어 사용 요령

프레젠테이션 미디어는 효율성을 향상시킬 수 있지만 정확하게 사용하지 않을 경우 메시지로부터 벗어날 수도 있다. 다음의 요령들은 스피치에 프레젠테이션 미디어를 성공적으로 결합하는데 도움이 된다.

Watch it!

동영상 링크 11.1: 디지털 슬라이드 사용
에린은 디지털 슬라이드를 사례를 소개하고 성공한 그리고 실패한 디자인의 요점을 설명한다.

Use it!

활동 링크 11.1: 파워포인트 수정
이 활동은 몇몇 디지털 슬라이드를 평가할 수 있는 기회를 제공하고 그것들의 개선방안을 제안한다.

강의실과 청중을 고려하라

프레젠테이션 미디어에서 최대 효과를 얻기 위해서는 스피치하는 동안 장비에 쉽게 접근할 수 있는지 확인을 해라. 프로젝트의 이미지와 높이와 거리를 확보하여 청중 모두가 쉽게 볼 수 있다. 이미지를 청중 모두가 쉽게 볼 수 있도록 높이와 거리를 확보하여 투사하라. 어떤 경우 더 나은 위치로 테이블을 이동할 수 있다.

디지털 슬라이드 또는 스크린을 필요로 하는 다른 미디어를 사용할 때, 이미지가 투사되는 곳으로 몸을 돌리지 말라. 디지털 슬라이드 및 실시간 웹 접속의 장점중 하나는 동일한 이미지가 연사의 컴퓨터 화면에 나타나는 것이다. 단순히 컴퓨터 화면을 봄으로써 대형 스크린에 무엇이 비춰지는지를 항상 정확히 알 수 있다.

미디어를 사용하여 연습하라

스피치를 연습할 때, 디지털 슬라이드, 다큐멘트 카메라 이미지 그리고 다른 프레젠테이션 미디어를 결합해라. 그래야만 스피치에 그러한 요소들을 매끄럽게 포함시킬 수 있다. 때로는 스피치 중에 미디어의 사용을 잊을 수 있기 때문에 프레젠테이션 미디어를 사용할 때를 노트카드에 기록해두어라.

일찍 도착하여 스피치를 위한 기술적 장비를 체크하면 긴장감을 관리할 수 있고 기술적 사고를 방지하는데 도움이 된다. 가능하면 청중이 강의실에 들어오기 전에 선명도 및 투사 이미지의 위치를 확인하라. OHP 필름을 순서대로 하라. 스피커의 음질을 확인하라.

프레젠테이션 미디어가 스피치 경험을 향상시키지만, 고장에 대비해야만 한다. 때로는 빠른 수리가 가능하지만, 그렇지 않은 경우에는 계획했던 기술적 장비의 사용 없이 스피치를 지속해야만 한다. 이러한 경우에는 즉흥적으로 대처해야만 한다. 칠판 또는 화이트보드를 사용하라. 요점을 보여주기 위해 청중중 지원자를 찾아라. 주요 이미지 또는 도표가 담긴 OHP 필름과 같은 백업용 시각자료를 준비하라.

효과적으로 기술적 장비를 관리하는 것은 계획과 연습이다. 디지털 슬라이드,

Watch it!

동영상 링크 11.2: 프레젠테이션 미디어 결합
안토니는 스피치를 효과적으로 하기 위해 프레젠테이션 미디어를 결합하는 연사들의 사례를 소개한다.

Use it!

활동 링크 11.2: 사례 A
이 활동은 다른 종류의 프레젠테이션 미디어의 효과성을 평가하는 것을 연습한다.

OHP 필름, 오디오 클립, 그리고 프레젠테이션의 다른 기술적 구성요소들은 스피치 하루 전에 잘 디자인해라. 기술적 장비를 사용하여 연습하라. 그래서 프레젠테이션의 자연스러운 일부가 되도록 해라.

미디어가 아니라 청중에게 이야기하라

어떤 프레젠테이션 미디어를 사용하든지간에 청중에게 초점을 맞춰라. 프로젝션 미디어를 사용할 때에는 스크린을 보고 싶게 된다. 하지만 스크린을 보면 청중에게 등을 보이게 되는 것이다. 청중은 무시되는 느낌을 받을 것이고 주목은 약화될 것이다. 대신에 컴퓨터 화면과 같은 미디어 장비 위의 실제 이미지를 살짝 쳐다봐라. 프레젠테이션 미디어를 가지고 연습할 때, 연습용 청중 또는 실제 청중이 자리할 위치를 바라보는 노력해라.

요약

연사는 주제에 대한 주목을 끌고, 아이디어를 묘사하고, 감정적 반응을 불러일으키고, 요점을 명료화하고, 주장을 입증하고, 청중의 기억을 돕기 위해서 프레젠테이션 미디어를 사용한다. 시각적 미디어를 효과적으로 디자인하기 위한 일반적 지침은 단순하게 하라, 한 가지 주요 아이디어를 강조하라, 말을 할 수 없는 것을 보여줘라, 사진과 다른 이미지의 클로즈업하라, 다양성과 일관성을 결합하라, 그리고 크고 읽기 좋은 글자체를 사용하라 등이다.

OHO 필름, 플립 차트와 포스터, 화이트보드와 칠판, 다큐멘트 카메라, 동영상, 유인물, 모델, 녹음기와 같은 전통적인 시청각 미디어는 스피치를 풍부하게 해준다. 디지털 슬라이드는 가장 흔히 쓰이는 프레젠테이션 미디어이다. 디지털 슬라이드에 의존하지만, 키노트와 파워포인트와 같은 소프트웨어 프로그램의 역동적인 시청각자료를 만드는데 유연성을 제공한다.

프레젠테이션 미디어는 스피치의 필수적 구성요소의 하나로 간주되기 때문에 세심한 준비와 전달이 필요하다. 연사는 프레젠테이션 미디어의 효과를 극대화하고 사용과 관련된 일반적 문제점을 피할 수 있다. 프레젠테이션 미디어 사용을 성공하는 열쇠는 균형이다. 스피치를 적절하게 지원할 수 있는 미디어를 제공하라. 이용 가능한 자원들을 가지고, 청중과 아이디어를 나누는데 있어서 최고의 전달시스템은 바로 연사 자신이라는 점을 기억하라.

온라인 자원 안내

이 책 〈퍼블릭 스피킹: 진화하는 발표기술〉을 위한 온라인 자원은 추가적인 샘플 스피치 동영상, 스피치 빌더 익스프레스, 인포트랙 대학편, 학습지원이다. 학습지원에는 주요단어 플래시 카드, 리뷰 퀴즈, 비판적 질문이 있으며, 궁금한 점이 있다면 교수님께 이메일로 보낼 수 있다. 또한, 온라인 자원의 특징은 생동감 있는 웹링크로 해당 챕터와 연결된다. 웹링크에는 어떻게 프레젠테이션 슬라이드를 개발하고 시청률과 같은 통계자료의 배경정보를 담고 있는 게티스버그 파워포인트 프레젠테이션이 포함된다. 링크된 사이트들은 정기적으로 관리되고 일정기간마다 추가된다.

●●● REVIEW IT ●●● 학습항목과 복습자료들

책 내부
- 요약
- 주요단어
- 비판적 질문

더 많은 학습 자원
- 스피치 스튜디오
- 퀴즈
- 웹링크

학생 워크북
- 11.1 브레인스토밍 이미지
- 11.2 프레젠테이션 미디어 효과
- 11.3 슬라이드냐 유인물이냐?
- 11.4 가치가 있나?
- 11.5 슬라이드 편집하기

스피치 친구 동영상

동영상 링크
- 디지털 슬라이드 사용하기
- 프레젠테이션 미디어 결합하기

활동 링크
- 파워포인트 수정하기
- 사례 A

샘플 스피치 비디오
- 아만다, '가정 내 폭력' 문제해결 스피치
- 신디, '미국 국기 에티켓', 정보제공 스피치

스피치 빌더 익스프레스
- 시각적 보조자료

인포트랙

추천 검색어
- 프레젠테이션 요령
- 시각적 보조자료와 스피치
- 시각적 보조자료 디자인 요령

음성 학습 도구
- 아만다 '가정 내 폭력'
- 비판적 사고 질문
- 학습목표
- 장 요약

주요단어

다큐멘트 카메라	모델	실시간 웹 접속(RWA)
웨비던스	유인물	프레젠테이션 미디어
프레젠테이션 소프트웨어	플립 차트	화이트보드
OHP 필름		

비판적 질문: 확인과 토론을 위한 질문

1. 이 장에서 프레젠테이션 미디어 사용법에 초점을 맞추었지만, 언제 사용해서는 안 되는가? 프레젠테이션 미디어를 사용하지 않는 이유는 무엇인가?
2. 최근에 참석했던 스피치 행사나 잘했던 것으로 기억되는 스피치를 생각하라. 연사가 프레젠테이션 미디어를 사용하는 것이 효과적이었는가? 어떻게 스피치에 미디어가 추가되었는가? 프레젠테이션 미디어가 스피치를 벗어난 적이 있었는가? 어떻게 프레젠테이션 미디어의 사용을 향상시킬 수 있는가?
3. 디지털 시청각 파일이 있다면 원래 사진, 동영상, 노래, 녹음된 대화 등을 수정하는 것이 쉽다. 스피치를 위한 프레젠테이션 미디어를 만들 때 연사의 윤리적 책임은 무엇인가?

12장 스피치 발표하기

Delivering Your Speech

발표(delivery)는 공중 앞에서 스피치하는 것을 말한다. 스피치할 때는 청중과 만나기 전에 언어와 시각자료를 발표한다. 학자들은 공중을 대상으로 한 스피치에서 효과적인 발표의 중요성을 강조해 왔다.[1] 스피치의 기획, 조사, 구성 전 과정에서 발표의 기술을 발전시키지 않으면 목표를 달성하기 어렵다. 목소리의 크기, 제스처, 스피치의 시간관리 등은 발표의 한 요인이다.

발표
스피치의 공적 프레젠테이션

스피치 담당교수는 학생들이 점차 성장해 나갈 것을 알기 때문에 처음부터 완벽한 스피치를 기대하지 않는다. 하지만 학생들은 인상적인 스피치를 하려고 노력하고, 스피치의 목표 달성을 위해 최선을 다할 것이다. 이 장에서는 적절한 발표방법 선택, 연사의 발표에 영향을 주는 요인에 대한 이해, 목소리 몸짓 스피치의 청중 관리, 프레젠테이션 개요 준비, 스피치 연습과 같은 효과적인 발표를 위한 몇 가지를 살펴볼 것이다.

발표방법의 선택

READ IT! 발표방법에 따라 즉흥 스피치, 개요서 스피치, 원고 스피치, 암기 스피치 네 가지 유형이 있다. 〈표 12.1〉은 스피치 네 가지 발표방법의 개요와 적절한 상황을 설명하고 있다. 가장 좋은 방법은 스피치의 내용을 잘 알리고 청중들을 환기시킬 수 있는 발표방법을 선택하는 것이다.

즉흥 스피치

인간은 자연적이며 의도적인 커뮤니케이터다. 집, 회사, 어느 곳이든 매일 대화 속에서 매 순간 떠오르는 생각을 계속 말한다. 사전 준비나 연습도 없이 하지 않는다.

공중을 대상으로 스피치할 때 사전 준비를 거의 하지 않는 경우를 **즉흥 스피치**(impromptu speaking)라고 한다. 즉흥 스피치는 스스로 생각하고 스피치하는 방법을 알려준다.

즉흥 스피치
연사가 조금 또는 거의 준비를 하지 않고 스피치하는 경우를 말함

즉흥 스피치는 스피치 수업에서 조사, 사전 준비, 원고 없이 즉석에서 스피치

표 12.1 발표방법

발표방법	개요	이점	단점	주요 상황
즉흥 스피치	사전준비 없는 스피치	유연성, 자연스러움	사전조사 없음. 체계화되지 않음. 연사가 준비할 시간이 없을 때	청중의 질문에 응답
개요서 스피치	사전에 계획, 조사, 조직, 실행된 스피치	연사가 전문적인 주제를 개발하고, 구성을 자연스럽게 하며, 청중의 반응에 맞출 수 있음	스피치를 위한 조사, 조직, 실행에 시간이 소요됨	강의실, 실제 업무, 지역 공동체 회의
원고 스피치	단어 하나하나를 써서 준비한 스피치	단어를 정확하게 선택할 수 있으며 스피치 시간을 정확하게 지켜줌	구어보다는 문어를 사용, 청중의 반응에 적용하기 어려움	정치 스피치
암기 스피치	암기에 의한 스피치	메모 없이 연사가 스피치 가능, 같은 스피치를 여러 번 반복	인위적으로 보임, 강력한 실행이 뒷받침 되어야함	짧은 행사 스피치

하는 방법을 배울 수 있을 뿐 아니라 강의실 밖에서 조직화되지 않은 스피치 상황에서도 적용할 수 있다.

즉흥 스피치를 하는 연사는 현장에서 주제가 주어지거나 짧은 시간만 허용된다. 즉흥 스피치는 사람들을 놀라게 하지만 생각해보면 인생 자체가 즉흥적이다. 예컨대 수업시간에 질문을 받거나 학생회 회의에서 발언을 할 때 즉흥적으로 말하게 된다. 이런 맥락에서 즉흥 스피치는 이미 자주 사용하는 커뮤니케이션 방법이다.

즉흥 스피치에서는 무엇을 준비해야 하는가? 〈그림 12.1〉은 스스로 생각을 정리하고 질문한다. 스피치는 논리 정연해야 한다. 스피치의 개괄적 목적—청중에게 주제가 정보전달, 설득, 유흥을 제공하는가? 실수를 걱정하지 않아야 한다. 누구도 완벽한 즉흥 스피치를 하지 않는다.

개요서 스피치

개요서 스피치(extemporaneous speaking)는 발표하기 전에 조심스럽게 조사, 조직, 연습을 준비한다. 이 방법은 즉흥 스피치의 신선함을 활용하지만, 개요서로 스피치하는 연사는 시간과 실행의 여유가 있다. 이런 특징 때문에 개요서 스피치는 '구조화된 자발

개요서 스피치
연사가 스스로 조사, 조직, 연습, 발표를 구성하는 스피치

그림 12.1 즉흥 스피치의 개발과 조직

- 스피치의 주제는 무엇인가?
- 주제에 대한 연사의 생각과 느낌은 무엇인가?(아이디어를 떠올릴 키워드와 구절을 사용)
- 어떻게 아이디어를 주제에 맞춰 조직할 것인가?(생각의 순서를 정리)
- 스피치를 시작하는 좋은 방법은 무엇인가?(도입부에 사용할 문장이나 구절을 작성)
- 스피치를 마무리하는 좋은 방법은 무엇인가?(결론에 사용할 문장이나 구절을 작성)

성'이라고도 한다. 자발적으로 스피치할 때 사전에 꼼꼼하게 준비하지 않고 자연스럽게 전달한다. 개요서에 의한 스피치는 전달하는 메시지에 신선하게 참여를 유도하고, 청중들과 상호작용할 기회를 극대화하여 스피치 목표를 달성할 수 있다. 비록 즉흥 스피치, 원고 스피치, 암기 스피치가 시간과 공간 필요로 하지만, 개요서 스피치는 구조화된 자발성이 효과적이기 때문에 가장 일반적이며 바람직한 스피치다.

원고 스피치

정치인이나 세계적인 인물은 청중과 카메라 앞에서 직접 원고를 보면서 스피치한다. 연사가 주요 내용을 적은 스피치 원고를 텔레프롬프터에 띄워서 읽는다. **원고 스피치**(manuscript speaking)는 스피치에서 발표할 실제 내용을 원고에 담는다. 잘못된 스피치는 비극적인 오해-평화협정 회담과 같은 때-를 가져올 수도 있는데, 원고 스피치는 정확한 내용을 발표할 수 있다. 일반인의 경우 이렇게 심각한 상황에서 스피치할 기회는 거의 없다.

원고 스피치
연사가 세부 내용이 적힌 원고를 읽는 스피치

원고 스피치가 쉬울 것이라고 생각할 수 있지만 원고를 작성하고 그대로 청중에게 발표해야 한다. 그러나 연설 중에 청중과 눈을 마주칠 기회가 적어서 반응을 확인하고 피드백하기 어렵다. 게다가 세부 원고 전체를 직접 쓸 때 구어보다는 문어를 사용한다. 문어체는 구어체보다 더 복잡하고 개인적이지 않기 때문에, 즉 듣기보다는 읽기 언어를 사용하기 때문에 청중들은 문어체 스피치를 이해하기 어렵다. 청중은 개요서 스피치를 좋아하기 때문에 어쩔 수 없는 상황이 아니라면 원고 스피치는 피하는 것이 좋다.

암기 스피치

암기 스피치는 연사가 원고 전체를 기억해서 청중에게 발표하는 스피치를 말한다. **암기 스피치**(memorized speaking)는 스피치 내용을 잊어버릴 걱정이 있을 때 가장 좋은 방법이다. 그러나 암기 스피치는 몇 가지 문제가 있다. 첫째, 몇 문장이나 단어를 잃어버린다면 주제로 돌아가기 어렵고 스피치를 계속하기 힘들다. 둘째, 스피치할 때 청중의 반응에 맞출 수 없다. 셋째, 스피치가 인위적이거나 자연스러움이 부족하다.

암기 스피치
연사가 원고를 암기하고 발표하는 스피치

암기 스피치는 다른 경우에 더 적합한 방법이다. 결혼식 주례나 수상소감과 같은 짧은 스피치의 경우 말하고자 하는 바를 정확히 알고, 사전 준비 없이 말했다가 나중에 후회하게 된다. 가령 소개, 주요 내용, 결론과 같이 스피치를 부분별로 나눠서 기억하면 불안감은 줄어들고 자신감은 높아진다.

발표에 영향 주는 요인 이해

스피치 상황과 유형은 스피치 성공을 결정하는 외부 요인이다. 여기서는 각 연사의 스피치 발표에 영향을 주는 문화, 젠더, 언어 유창성과 말투, 신체장애 네 가지 주요 요인을 설명한다.

문화

청중은 멋진 스피치를 기대한다. 커다란 목소리로 힘차게, 그리고 열정적인 움직임, 제스처, 주장과 재능을 강조하기 원한다. 학생들은 사회와 학교가 다르기 때문에 이런 역동적인 스피치를 하기 어렵다.

연사가 청중 앞에서 어떻게 해야 하는지는 문화에 따라 달라진다. 예컨대 중국에서는 "빈 수레가 요란하다"라고 한다. 사실 중국, 일본, 한국, 베트남, 그리고 동아시아 사람들은 정서상 주목받는 것을 꺼린다. 아시아 문화가 수동적이라는 것은 아니다. 권위, 권력, 장점, 지식이 오히려 설득력을 갖는다. 문화는 청중이 연사를 이해하는데 영향을 준다. 예컨대 미국 청중은 아시아 청중에 비해 적극적이다.[2] 문화, 사회, 가족환경을 살펴보면 청중의 기대에 맞는 새로운 방법을 찾을 수 있다.

젠더

과거에 청중은 연사를 남성과 여성으로 구분했다. 예컨대 여성을 의상이나 신체적 매력만으로 판단한 것에 비해 남성은 지위와 신뢰도가 높을 것으로 여겨졌다.[3] 수년 사이에 많은 것이 변했는데, 모렌 도우(Maureen Dowd), 콘돌리자 라이스(Condoleezza Rice), 매들린 알버트(Madeleine Albright), 오프라 윈프리(Oprah Winfrey) 같은 영향력 있고 유창한 사람들은 모두 존경받는 여성이다. 연구에 따르면 청중은 여전히 연사의 성에 따라 평가를 달리하는 것으로 나타났다.

대학의 스피치 수업에서 진행된 조사결과 성별은 연사의 능력을 평가하는데 큰 영향을 주지 못했다. 남성과 여성은 동일한 능력을 갖고 있는 것으로 나타났다. 그러나 비슷한 연설을 하더라도 남성 연사가 더 영향력 있고 설득적이다. 게다가 청중은 남성과 여성의 설득력을 다르게 이해한다. 여성 연사의 공신력은 정보원의 신뢰성에 좌우된다. 이와 반대로 남성 연사의 공신력은 정보원의 신뢰성뿐만 아니라 눈맞춤, 아이디어의 조직, 목소리의 변화와 같이 다양한 요인에 영향을 받는다.[4] 물론 앞서 논한 것과 같이 연사의 신뢰성은 성별은 말할 것도 없이 다양한 요인으로 구성된다. 눈맞춤을 피하고, 단조롭게 말하며, 자신의 주장이 분명하지 않으면 청중에게 부정적인 인상을 준다. 같은 맥락에서 목소리, 눈맞춤, 스피치의 조직에 의존하는 남성 연사는 청중에게 나쁜 평가를 받게 된다.

스피치 발표에서 가장 위협적인 주제는 여성의 얼굴이 감정을 드러낸다는 점이다. 여성은 일반적으로 남성에 비해 목소리 톤은 높으나, 크기는 작아서 잘 알아듣기 어렵다. **높낮이**(pitch)는 연사의 음성이 높거나 낮음을 말하고, **크기**(volume)는 목소리의 세기를 말한다. 이러한 차이는 여성이 남성보다 성대가 짧은 생물학적인 차이와 부분적으로 문화적 차이—소녀는 소년에 비해 빨리 대답하는— 때문이다.[5] 이유가 무엇이든 여성 연사는 주로 남성 연사가 자신의 목소리를 발표할 때보다 더 열심히 해야 한다. 사람들은 자기 방식으로 듣기 때문에 커다란 목소리와 낮은 목소리는 불편을 줄 수도 있다. 그러나 좋은 목소리 크기는 스피치—메시지를

높낮이
목소리의 높고 낮음

크기
연사 목소리의 크고 작음

AP Images/Tiffany Michalka

▲ 여성의 목소리가 남성에 비해 듣기 어렵기 때문에 여성 연사는 청중이 잘 알아듣도록 전략을 세워야 한다. 마이크를 쓸 때에도 큰 소리로, 조금 천천히 낮게 말하면 청중이 쉽게 이해할 수 있다.

듣고자 하는 청중에게—에서 꼭 필요하다.

청중은 목소리 높낮이로 여성 연사의 신뢰성을 판단한다. 질문하기 위해서 목소리를 높이는 것도 한 방법이 된다. 다음을 큰 목소리로 읽어보자. "퍼블릭 스피킹에서 젠더와 발표의 관계는 어떠한가(How are gender and delivery related in public speaking)?" 마지막 단어 '스피킹?'을 말할 때 자연스럽게 목소리가 높아지는 것을 알 수 있다. 다음을 크게 읽어보자. "퍼블릭 스피킹에서 성은 목소리 특성에 영향을 준다(Gender affects vocal characteristics in public speaking)." 이번에는 '스피킹'을 말할 때 목소리가 낮아진다. 연사의 목소리가 문장 마지막에서 높아지면 청중은 신뢰가 떨어지고 정보를 불신하게 된다. 연구결과에서 여성은 남성에 비해서 이러한 경향이 있다.[6] 따라서 여성 연사는 이런 문제를 바로보고 스피치 실행 과정에서 수정할 필요가 있다.

언어 유창성과 말투

말더듬기는 연사에게 가장 일반적인 장애다. 한 연구결과에 따르면 미국에 대략 300만 명의 말더듬이가 있으며 이들은 어렸을 때부터 장애가 있었고 성장 후에도 계속되었으며,[7] 이들은 과민하고, 부끄러워하며, 내성적이면서 겁이 많았다. 연구결과는 훌륭한 연사는 이런 특성이 완전하게 발견되지 않았지만, 청중들에게 부정적으로 말을 더듬는 것처럼 보이기도 한다. 말을 더듬는 사람은 사실 인정과 눈맞춤 두 가지 전략을 선택해서 부정적인 인식을 바꿀 수 있다. 말솜씨가 부족하다고 시인하는 것만으로도 청중의 호감을 얻을 수 있다. 청중과의 눈맞춤만으로 말더듬을 멈출 수 없지만, 긍정적으로 보이고 더 많은 반응을 이끌어낸다. 게다가, 눈맞춤은 연사 스스로를 청중에게 집중하게 해서 스피치의 불안을 없애준다. 청중의 반응을 살펴보기 좋으며 적절하게 반응할 수 있다.[8]

말투

특정 인종이나 지역의 사람들이 사용하는 어휘, 문법, 발음

말투는 발표에 영향을 주는 또 다른 요인이다. **말투**(dialect)는 한 집단의 사람들

이 쓰는 어휘와 문법, 그리고 발음을 말한다. 잘 모르지만 사람은 누구나 일정한 말투가 있다. 미국의 경우에는 남부와 뉴잉글랜드 같은 특정 지역에서 아프리카계 미국인 영어와 케이준(Cajun, 프랑스인 후손으로 프랑스어 고어의 한 형태인 케이준 언어를 사용하는 미국 루이지애나 사람), 또는 크레올리 영어(Creole English, 서인도 제도에 사는 유럽인과 흑인의 혼혈인의 말)를 사용한다.[9] 연사의 말투는 발음과 사용하는 단어로 알 수 있다. 예컨대 케이준 영어는 'the'의 'th'를 't'나 'd'로 발음한다. 'make a bill'의 의미를 '물건을 사다(buy groceries)'로, 'making groceries'를 '식료품점에 가다(go grocery shopping)'로 이해한다.[10]

말투는 풍부한 문화적 전통과 집단의 결속을 보여준다. 비록 역사적으로 스피치를 공부하는 학생이 뉴스진행자의 말투를 보면서 미국식 주류 영어를 배웠지만 말투는 가장 열등한 스피치 방식이다.[11] 말투의 중요성은 청중이 연사의 말을 빨리 이해하는데 있다. 같은 말투의 집단과 이야기할 때 어떤 말을 사용할지 미리 이야기하지 않는다. 그러나 청중 앞에서는 잘 이해할 수 있도록 사용할 말을 조심스럽게 선택해야 한다. 이것은 뉴스진행자처럼 하라는 의미인가? 아니다. 만약, 단어를 분명하게 고르고, 발음이 정확하며, 청중과 익숙하지 않은 개념을 정확히 정의하면, 말투와 청중 사이의 차이를 없앨 수 있다.

신체적 장애

공공장소의 프레젠테이션에서 일정한 신체적 장애를 가진 연사는 불편을 겪는다. 다음 부분은 연사가 보행하거나, 시각 혹은 청각장애를 극복할 전략에 대한 내용이다.

보조기구를 사용하는 연사

연사가 목발을 사용하거나 보조기구를 사용하는 사람이라면 스피치 전에 몇 가지를 고려해야 한다. 첫째, 스피치하는 동안 다른 고민 없이 무대 위를 움직이는 방법과 공간을 남겨놓아야 한다. 움직이는 공간에 장애물이 없어야 하고 쉽게 접근할 수 있어야 한다. 둘째, 프레젠테이션하는 동안 편안하게 서 있을 수 있어야 한다. 셋째, 개요서를 잘 활용해야 한다. 스피치하는 동안 계속 서 있다면 피곤하고, 개요서를 제대로 보기 어려울 것이다. 이 경우 앉아서 스피치를 할 수도 있다.

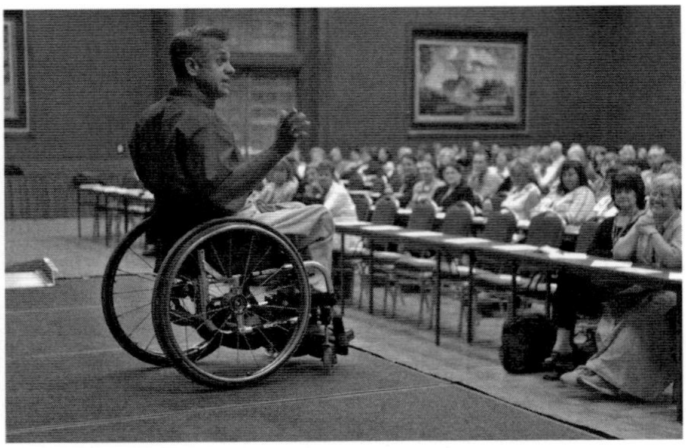

© Bob Deammrich/ The Image Works

▲ 움직이면서 스피치하려면 사전에 계획을 짜서 걱정을 덜어야 한다. 예컨대 무대 위에 어떻게 등장하고 퇴장할 것인가를 살펴본다.

휠체어를 탄 연사의 경우 특별히 보여주는 것과 음성 발표에 신경을 써야 한다. 청중과 연사 사이의 테이블과 같이 커다란 물건이 가리지 않도록 해야 한다. 이렇게 하면 청중이 물리적으로 가까워 끝까지 연사에게 주목한다. 연사의 움직임이 자유로워지면 스피치의 주장을 강조하기 좋다.

연습으로 가장 효율적인 음성 발표가 가능하다. 되도록 똑바로 서서, 심호흡을 하고, 스피치하면 된다. 목소리 크기를 조절하고, 실제 스피치할 장소와 비슷한 회의실에서 친구를 앞에 두고 연습한다. 친구를 앉혀놓고 목소리가 잘 발표되는지 확인한다. 만약 목소리 발표에 문제가 있다면 마이크를 사용한다.

시각장애 연사

미국에는 천만 명의 시각장애인이 있다.[12] 시력이 나쁜 연사는 스피치 내용을 모두 암기해야 한다는 문제가 있다. 짧은 스피치의 경우 암기는 좋은 전략이지만 긴 스피치는 매우 어렵다. 점자로 된 메모는 도움이 된다. 점자를 해독할 수 없다고 해도 커다란 글자는 읽을 수 있으므로 키워드를 커다랗게 적은 카드를 사용하면 좋다.

노트는 시각장애인 연사에게 보이지 않으므로 세 가지 대안을 생각해야 한다. 첫째, 스피치의 주요 내용을 MP3(iPad 같은)나 다른 디지털 오디오녹음기에 저장해서 만족할 때까지 들으면서 연습한다. 이어폰을 이용해 MP3를 듣는 것이다. 둘째, 점자를 사용해서 스피치 원고를 쓰고 비장애인에게 디지털 원고로 만들어 MP3로 듣는 것도 전략이다. 스피치를 들으면서 동시에 발성하는 것이 쉽지는 않지만 꼭 연습해야 한다는 것을 기억해야 한다. 셋째, 스피치 원고를 적어서 비장애인이 보여주는 것이다. 스피치 후에 질의응답까지 준비해야 한다.

청각장애 연사

갤러딧 조사기구는 미국에만 2,030만 명의 청각장애인이 있는 것으로 추정했다.[13]

청각장애를 가진 연사의 경우 듣거나 말하기에 불편을 느낀다. 만약 미국수화(ASL)(America Sign Language)를 사용한다면 수화와 수화 대 음성 번역이 가능하다. 발성에 자신이 있다면 스피치를 크게 한다. 질의응답 시간에 청중에게 질문을 크고 또렷하게 하거나 마이크를 이용한다.

장애를 갖고 있다면 자기 신체적, 인지적, 감각기관에 적합한 방법을 택한다. 왜 그런 방법을 택했는지 청중에게 설명할 필요는 없다.[14] 스피치에 영향을 줄 장애가 있다면 청중에게 가장 좋은 스피치를 하도록 교수와 논의하기 바란다.

목소리 관리

목소리는 청중의 관심, 강조점, 감정의 촉발, 메시지의 내용을 발표하는 주요 수단이다. 좋은 목소리 크기, 음성의 품질, 최소한의 휴지(休止), 또렷한 발성과 발음은 효과적인 스피치의 주요 요소이다.

크게 말하기

스피치의 시작부터 청중이 들을 수 있도록 말해야 한다. 일반적인 수준에서 목소리를 높이는 것이 쉽지 않다면 연습이 필요하다. 충분한 크기의 목소리는 꼭 필요하다. 청중은 목소리를 듣기 위해 긴장하지 않는다. '충분한 목소리'에 자신이 없다면 스피치할 공간이나 유사한 장소에 친구와 함께 가서 연습을 해본다. 친구를 멀리 두고 목소리를 높여서 쉽게 들을 수 있는지 확인한다.

목소리의 속도, 높이, 크기 변화

차이는 또렷하지만 단조로움은 지루하다. 스피치에서 모든 주장이나 주제를 같은 무게와 방식으로 발표할 수 없다. 일부 스피치는 가볍게, 나머지는 신중하게 다룬다. 빠른 **속도**(rate), 높고 커다란 목소리는 힘과 활기를 느끼게 한다. 느린 속도, 낮은 목소리, 부드러운 목소리는 엄숙하고 사색하는 분위기를 보여준다. **모노톤**(monotone) 또는 높낮이의 변화가 없으면 연사가 스피치 주제에 대해 겁을 내거나

속도
연사가 스피치하는 속도

모노톤
연사가 자신의 목소리에 변화를 주지 않는 것

> **Speaking of ...** 목소리 휴지 없애기
>
> 모든 대화에서 한 쪽이 이야기할 때 다른 한 편은 쉰다. 그러나 이야기가 끝나지 않았는데 쉬게 될 때가 있다. 이 때 다음에 할 이야기의 형식을 만들거나 원하는 단어를 생각하게 된다. 다른 사람이 뛰어들거나 이야기를 시작하지 않도록 '아' 또는 '음'하는 소리를 낸다. "나는 아직 할 얘기를 남았다"는 뜻이다. 이런 습관은 스피치로 옮겨진다. 스피치할 때 쉬게 되면 어떤 일이 생기는가? 청중이 이야기를 시작하는가? 물론 그렇지 않다. 그러나 오랜 습관을 저절로 나온다. 목소리 휴지를 사용할 때 자주 쉬면 청중은 기다릴 것이다. 또한 스피치 연습을 통해 '아', '음'과 같은 소리를 줄여야 한다.

흥미가 없다는 것을 말한다. **다양한 목소리**(vocal variety)는 청중을 주제에 맞도록 하고 감정을 자극한다.

목소리 휴지의 회피

어떤 연사는 청중 앞에서 빠르게 이야기를 하고, 다른 연사는 천천히 한다. 스피치할 때 도입부에 걸리는 시간을 확인해야 한다. 연습할 때와 시간 차이가 없는가? 시간이 부족한가? 남는가? 만약 시간이 남는다면, 스피치 속도를 조절해야 한다. 스피치 내용에 집중할 때 불안이 사라지는가? 단어를 함께 사용해서 청중이 내용을 이해하지 못했는가? 스피치 내용을 급하게 발표해서 숨이 가쁘지 않는가? 다른 한편으로 연습 때보다 소개에 많은 시간을 사용했다면 너무 천천히 스피치했기 때문이다. '아', '음', '알다시피'와 같은 **목소리 휴지**(vocalized pause)를 많이 사용하는가? 이런 언어 충전제는 특별한 정보의 발표 없이 사용된다. 이것은 자신감이 없어 보이기 때문에 연사의 공신력을 떨어뜨린다.[15]

다양한 목소리
스피치 발표 의미에 영향을 주기 위해 연사 목소리의 크기, 속도, 높이의 변화를 줌

목소리 휴지
연사가 뭔가를 말하려고 할 때 중간에 집어 넣는 말

단어의 분명한 표현과 정확한 발음

일상생활의 스피치는 격식이 없고 엉성하다. 대부분의 연사는 단어로 끝을 맺고("I'm leaving soon"), 소리 전체를 건너뛰며("I'm gonna leave in twenny minutes"), 단어를 붙여 쓰는("Waddaya think?") 등 **표현**(articulation)이 형편없다. 일반 대화에서 이런 표현은 문제가 되지 않지만, 스피치에서 청중이 이해하는데 애를 먹거나 연사의 공신력을 떨어뜨리게 된다. 정확하지 않은 **발음**(pronunciation) 역시 공신력에 영향을 준다. 주로 많이 실수하는 발음으로는 'get'을 'git'으로, 'escape'를 'excape'로, 'picture'를 'pitcher'로, 'recognize'를 'reckanize'가 있다. 정확한 발음을 모르면 사전을 찾아보면 되는데, 온라인사전의 경우 오디오 파일이 있어 정확한 발음을 들을 수 있다. 소수의 청중을 대상으로 하는 스피치에서는 발음이 부정확하면 지적

표현
특별히 말의 뜻이 이해되도록 스피치를 하는 물리적 과정

발음
연사가 이해하기 쉽도록 정확한 단어를 사용하여 소리를 내는 행위

해 달라고 말하고, 청중들이 정확히 알아듣도록 크게 발음해야 한다(이 장의 마지막 부분에는 스피치 실행에 대해 더 자세히 나와 있다).

신체 사용

스피치 불안증을 줄이기 위해서 어떻게 몸을 움직여야 하는지 안다. 스피치할 때 얼굴 표정과 몸동작을 효과적으로 활용하는 대강의 내용을 이해한다.

Watch it!

동영상 링크 12.1: 목소리 발표 다시보기
이 동영상에서 자닌과 안토니가 효과적/비효과적 목소리 발표의 사례를 보여준다.

Use it!

활동 링크 12.1: 말하기
여기서는 먼저 여러 연사의 목소리 발표를 평가하고 본인의 목소리 발표의 문제를 생각해본 뒤 배운 것을 적용해본다.

상황에 맞는 의상

외모는 중요하지 않다고 생각하겠지만 청중은 그렇지 않으며 특별히 스피치에서는 더욱 중요하다. 연사의 옷차림은 스피치를 살려주고 청중이 인식하는 연사에 대한 역동성과 전체 신뢰도에 영향을 준다. 스피치 상황에 맞는 의상은 청중을 충분히 고려하고 배려했다는 것을 보여준다. 마찬가지로 외모 때문에 원하지 않는 주목을 끌 필요는 없다. 일부 스피치 강사는 일상 대화와 스피치를 구분하여 강조하기 위해 기업 비즈니스에서 스피치할 때 정장을 강조한다. 복장은 정장만을 고집하는 것은 아니지만 학교에서보다는 한 단계 격식 있는 옷을 입어야 한다. 이 조언은 학생뿐만 아니라 일반 연사에게도 해당되는데, 청중들의 옷차림보다 조금 더 정장에 가까운 옷을 입어야 한다. 뒷부분에서 이런 걱정을 좀 더 쉽게 풀어줄 것이다.[16]

청중 대면과 눈맞춤

청중은 마루, 노트, 창밖의 나무, 방안의 벽지가 아닌 연사의 스피치를 알고 싶어 한다. 맨 앞줄에서 뒷좌석 구석까지 청중을 고루 살펴보라. 단순하게 여기저기 눈만 돌리는 거나, 가운데 앉은 친구, 수강생, 교수님만 찾으면 안 된다. 청중에게 눈을 맞추지 않으면 청중이 보이지 않을 뿐 아니라 청중들도 연사를 못 보게 된다.[17] 강의실 구석에서 청중에게 말하거나 등 돌린 채 스피치를 하면 안 된다. 칠판이나 보드에 글씨를 쓸 때에도 쓰기를 마친 뒤 돌아서서 말해야 한다. 디지털 슬라이드(power point)나 오버헤드 프로젝터(Over Head Projector)를 사용할 때도 스크린이 아닌 청중에게 말해야 한다. 재빨리 그리고 어쩌다 한 번 노트를 힐끔 보고 기억을 떠 올려야 한다. 좋은 눈맞춤은 연사가 능력 있고, 믿을만하며, 역동적이고, 사교적이라는 것을 말해준다.

알맞은 얼굴표정

얼굴을 통해 연사의 감정 상태가 표출된다. 미소, 눈살 찌푸림, 어리둥절한 표정이 쉽게 말해준다. 스피치와 보내고자 하는 메시지에 맞게 얼굴 표정을 지어야 한다. 예컨대 미국이 수단의 내전에 개입해야 하는가와 같은 심각한 주제를 이야기할 때는 웃으면 청중은 연사의 의도를 오해하게 된다. 인사할 때 미소는 스피치를 하기 전에 이 자리에 함께해서 기쁘다는 뜻을 담고 있다.

좋은 자세 유지

자세(posture)는 서 있는 위치의 몸의 상태를 말한다. 스피치할 때 가장 좋은 자세는 어깨를 펴고, 머리를 세우고, 손은 살짝 쥐고 옆에 붙이며, 무릎은 조금 유연하게 구부리며(절대 무릎을 고정하지 말 것!), 발바닥은 살짝 벌리고 마루에 붙이며, 몸무게는 몸 전체로 나누는 것이다. 편하게 움직이며 자세를 잡으면 된다. 똑바로 서면 자신감을 보일 수 있다. 두 발로 체중을 나눠 서 있으면 몸의 중심을 잡을 수 있어 몸이 흔들리는 것을 막아준다.

자세
연사가 서서 몸을 가누고 있는 방법

목적을 가지고 자연스럽게 움직이기

몸의 움직임을 효과적으로 하기위한 방법은 사전에 계획하되 스피치하는 동안 자연스럽게 보여야 한다. 스피치를 계획할 때 어떤 몸동작이 내용을 발표하는데 도움이 될지 생각해야 한다. 몸동작이 요점을 말하는데 강조가 되는가? 자신감을 보여주는가? 청중의 주목을 끄는가? 무엇을 얻을 것인지 원하는 것을 생각해보자. 예컨대 청중에게 한 걸음 다가서서 개인적으로 감동을 주고자 할 때 효과적이다. 몇 발짝 좌우로 움직이는 것은 한 가지 생각에서 다른 쪽으로 관점을 바꾸는 것을 의미한다.

어떤 몸동작을 사용하든지 목적을 드러내야 한다. 예컨대 긴장해서 마구 왔다 갔다 한다면 청중은 연사의 이야기를 놓치고 왜 그러는지 궁금해 할 것이다. 게다가, 눈앞의 일을 회피하거나 드라마틱하게 보려고 할 것이다. 역사적인 스피치에서 연사는 분명한 의미를 가진 몸동작을 보이는데, 손가락 3개를 꼽으면 "나는 세 가지 중요한 주제를 말하려고 한다"라는 뜻이다. 오늘날 청중은 자연스럽고 대화하는 것 같은 형식의 스피치를 더 좋아한다.

물리적인 장벽 없애기

스피치 상황에서 강단은 필요하지 않다. 사실상 강단은 연사와 청중 사이의 물리적 장벽이 되기 때문에 불필요하다. 또한 연사의 몸이 강단 뒤로 가려져서 몸 전체를 사용해 메시지를 발표할 수 없다. 강단을 사용하면 "좋아, 청중이 볼 수 없으니 스피치에 집중할 수 있어 걱정이 없다"라고 할 수 있지만, 불행하게도 그렇지 않다. 대신 청중은 연사가 함정에 빠졌다고 생각할 것이다. 노트북이나 시각자료를 올려놓을 강단이나 테이블을 사용할 필요가 있으면 옆에 세워놓되 뒤에 숨지 않아야 한다.

긍정적인 마인드의 전파

효과적인 스피치를 위한 가장 좋은 전략은 긍정적인 마인드를 발표하는 것이다. 얼굴표정, 자세, 몸짓, 눈맞춤, 옷차림, 목소리 모든 것이 청중에게 연사가 준비되었고, 믿을만하며, 열정적이라는 것을 말해준다. 인사말 첫줄을 마치기도 전에 청중은 연사의 기분이 어떤지, 스피치 기회를 갖게 된 것을 즐거워하는지를 안다. 공신력을 떨어뜨릴 정도로 자기를 비하하거나 단점을 부각시켜 웃음을 사는 일은 피해야 한다. 청중이 생각하는 것보다 연사는 더 과민하다는 것을 명심하고 신뢰감이 있다는 것을 보여줘야 한다.[18]

목소리와 자세와 관련한 스피치 발표 전략의 내용은 스피치를 역동적이고, 참여 가능하며, 즉흥적인 프레젠테이션을 가능하게 한다. 〈그림 12.2〉는 전략을 요약한 것이다. 점차 자연스럽게 사용할 수 있을 것이다. 자신감을 쌓이면 스피치에서 자신만의 스타일을 개발하게 된다.

그림 12.2 효과적인 발표 전략

- 크게 말하기
- 목소리의 속도, 높이, 크기 변화
- 목소리 휴지 피하기
- 표현은 정확하게, 발음은 또렷하게
- 상황에 맞는 옷차림
- 청중 한 명, 한 명과 눈맞춤
- 알맞은 얼굴 표정 보이기
- 좋은 자세 유지
- 목적과 자연스러운 움직임
- 물리적 장벽 없애기
- 긍정적인 마인드 전파

Watch it!

동영상 링크 12.2: 몸동작 발표 다시보기
이 동영상은 스피치 친구에 대한 설명과 몸동작 발표의 다른 측면을 설명한다.

Use it!

활동 링크 12.2: 서 있는 자세
이 활동은 다양한 연사의 몸동작 발표를 평가하고 자신의 몸동작 발표와 비교하여 이 장에서 배운 내용을 적용할 수 있다.

청중관리

청중에 대해 조사하고 연사뿐 아니라 청중의 목표에 맞도록 메시지를 구성하는 것으로 청중관리를 시작해야 한다(6장). 청중이 좋아하고 관심 갖는 스피치를 개발하려면 스피치 내용이 열정적이고 참여 가능하도록, 청중의 반응을 이끌어내야 한다. 스피치 시간과 공간을 청중의 시간을 고려해 장애인 포함 여부를 살피고, 과격하거나 부정적인 청중에 대처할 수 있도록 하며, 질의응답 시간도 구성해야 청중의 반응을 얻어낼 수 있다.

공간에 맞춘 스피치

연사와 청중이 편안한 공간을 준비해야 한다. 작은 변화로도 청중의 이목을 집중할 수 있다. 예컨대 커다란 테이블이 있는 작은 회의실에서는 청중의 의자를 돌려서 연사와 디지털 슬라이드를 잘 볼 수 있다. 이렇게 하면 청중끼리 대화할 가능성이 줄어든다. 조명이 세거나 번쩍 거리면 빛을 낮추거나 몇 개를 꺼서 청중을 편안하게 한다. 출입문과 다른 문을 닫아서 방해받지 않아야 한다. 커다란 뮤직홀에서 마이크 사용을 꺼리거나 강단 뒤에 서 있을 필요는 없다. 청중은 연사가 보여야 더욱 믿음을 갖고 친근하며 스피치에 집중하게 된다.

청중의 관여

스피치는 청중과 대화하는 것이다. 혼자만 이야기하는 독백과 달리, 대화는 연사와 청중 사이의 상호작용 커뮤니케이션이다. 물론 연사가 이야기의 대부분을 하지만 청중 역시 이야기할 수 있다. 청중의 피드백에 주의하면서 청중의 관여를 이끌어야 한다(3장).

스피치에 청중의 참여를 유도하는 방법은 다음과 같다.

비언어 메시지
언어를 사용하지 않고 움직임, 몸동작, 얼굴표정, 목소리 품질, 시간의 사용, 공간, 접촉으로 행하는 커뮤니케이션

- 스피치에서 다른 사람의 말을 인용한다("타샤(Tasha)의 지난 주 스피치에서는…")
- 청중 한사람의 이름을 부른다("헥터(Hector), 지난 번 함께 본 동영상 어떠했니?")
- 도와줄 지원자를 찾는다("실험을 도와줄 2명이 필요합니다.")

청중을 살펴보면서 스피치해야 한다. 흥미가 있는지? 지루하지 않은지? 혼란스럽지 않은지? 지지하는지? 반대하는지? 열광적인지? 어려워하는지? 얼굴표정과 어조 같은 **비언어 메시지**(nonverbal message)는 두 가지 이상의 뜻으로 해석될 수 있다. 따라서 청중을 관리할 때 스피치가 잘 발표되는지 살펴봐야 한다. 만약 주제에 대해 어렵게 생각하는 사람이 있다면 "앤야(Anya), 어렵지요? 다른 사람은 잘 이해하니까 나중에 자세히 설명해 주겠습니다"라고 해야 한다. 청중이 손을 흔들면 반대하고 고개를 끄덕이면 동의하는 것과 같은 비언어 메시지는 뜻이 분명하다. 청중의 행동에 대해 이야기함으로써 관심을 갖고 있다는 점을 알려야 한다. 손을 흔들 때는 "동의하지 않는군요. 자세히 이야기를 드리면 마음이 바뀔 것입니다", 고개를 끄덕일 때는 "반응을 보니까 이미 같은 경험을 하신 분이 많군요"라고 해야

John Oates/Alamy

▲ 청중에게 실연을 위한 지원자를 찾는 것은 스피치에 청중의 관여를 높일 수 있는 좋은 방법이다.

한다. 이 전략은 청중을 스피치에 몰입하게 한다.

청중의 시간을 존중

“시간을 허비하지 말라”, “시간을 지혜롭게 써라”, “시간은 금이다”와 같이 시간과 관련 있는 문구들을 잘 알 것이다. 청중은 연사가 시간을 효율적으로 사용하기를 원한다. 기억할 것은 스피치 시간은 청중의 시간이기도 하다는 것이다. 따라서 스피치 시간은 연사의 목적 달성과 정보를 제공 받은 청중이 만족하게 구성되어야 한다.

스피치할 때는 시간을 잘 확인해서 시간 안에 마칠 수 있어야 한다. 각 부분별로 얼마만큼의 시간의 시간을 사용했는지 알아야 한다. 이렇게 하면 스피치할 때 시간조절에 도움이 된다.

스피치가 적절하게 주의 집중하기 위해서 시간을 살피면서 스피치를 진행해야 한다. 예컨대 세 가지 주제를 이야기할 때 한 가지 주제에 절반의 시간을 써버리면 나머지 주제를 설명하기 충분히 설명하기 어렵다. 다른 한편으로 청중의 피드백을 수용하려면 주제 이외에 여유시간을 남겨 놓아야 한다. 예컨대 결론에서 사례를 잊거나 결론을 짧게 끝낼 수 있다. 개요서 스피치의 한 부분으로 프레젠테이션을 조절해야 한다.

발표와 주목을 위해 여러 가지를 챙겨야 하는데 어떻게 시간을 체크할 수 있을까? 스피치 강사는 학생들을 위해 타임카드를 사용한다. 예컨대 스피치 시간이 5분 스피치를 한다면, 강사 혹은 학생 중 1명이 얼마나 시간이 남았는지 알려준다(이 방법은 실제 회의와 다른 행사의 스피치에서도 사용한다). 강사가 시간을 알려주는 방법을 사용하지 않으면 시계나 스톱워치로 스피치 시간을 체크하면 된다.

불편함이 있는 청중에 대한 배려

스피치할 때 인지적, 감각적, 신체적 장애를 가진 청중이 스피치에 충분히 참여할 수 있도록 배려해야 한다. 연사의 목표는 일부가 아닌 전체 청중을 대상으로 한다. 첫째, 편의시설을 제공해야 할 청중은 얼마나 되는지 확인한다. 예컨대 듣기에 어려움이 있는 청중이 있다면 통역기를 준비해야 한다. 둘째, 청중과 마주해서 누구나 연사를 잘 볼 수 있어야 한다. 목소리를 막는 장애물이 없어야 한다. 셋째, 목소리를 크고, 정확하게, 빠르지 않게 한다. 특별히 통역을 할 때는 통역사가 말을 옮길 시간이 필요하다. 넷째, 디지털 슬라이드나 오버헤드 프로젝터와 같은 시각자료로 이미지와 내용을 설명해야 한다. 마지막으로 청중을 위해 준비할 것을 정확히 모르면 스피치 전에 개별적으로 물어봐야 한다.

무례하거나 적의청중 다루기

때로는 심지어 스피치 수업을 비롯해 스피치하는 동안, 또는 마친 후에 부정적인 태도를 나타낼 수 있다. 어떤 주제는 감정을 자극할 수 있다. 사형제도나 총기제한법과 같이 논쟁적인 스피치를 할 때 동의하지 않는 청중의 부정적인 반응에 사전 준비가 필요하다. 대응할 때는 침착해야 한다. 청중과 논쟁에 빠지면 연사의 공신력에 영향을 받는다. 적의(敵意)청중에게 연사가 반대의견에 대해 이해하고 있음을 알려줘야 한다. 만약 계속 소란스러우면 스피치를 마친 뒤 따로 이야기하도록 제안하라.

질의응답 시간 준비

스피치를 마치면 안도의 한 숨과 함께 자리에 앉고 싶을 것이다. 그러나 청중은 뭔가를 묻고 싶은 순간이다. 청중에게 질문이 있는지 물어보고 대답해야 한다. 다음의 가이드라인은 질의응답 시간에 적용해보라.

- 청중에게 질문할 시간을 충분히 주고 질문을 조심스럽게 청취하라.
- 다른 청중이 질문을 못 들었다면 반복해서 알려줘라.
- 가능하며 제대로 답하라.
- 질문에 대한 답을 모르면 사실을 인정하고 필요한 정보를 확인하여 알려주라.

어떤 연사는 질문에 대한 답을 모르면 바보처럼 보일까봐 질의응답 자체를 두려워한다. 그러나 청중이 질문을 할 때는 연사를 평가하려는 것이 아니라 더 많은 정보를 명확히 알고 싶기 때문이다. 질의응답 시간을 최선을 다해 친근한 대화로 한다면 스피치는 좋게 끝난다.

프레젠테이션 개요 준비

스피치 개발단계에서 작업의 개요를 사용했다(4장). 8장에서 설명한 완벽한 문장 개요(complete-sentence outline)는 스피치의 자세한 모든 부분을 포함한 작업을 위해 정교화되었다. **프레젠테이션 개요**(presentation outline)는 완벽한 문장 개요를 다듬어서 단어와 구절로 주요 부분과 연결을 열거하였다. 작업 개요(working outline)와 같이 프레젠테이션 개요는 간단하다. 비록 스크린이나 한 장의 종이에 제시되지만 프레젠테이션 개요는 주로 실행과 최종 프레젠테이션을 위해 주로 사용된다. 〈표 12.2〉는 세 가지 유형의 개요를 요약한 것이다.

프레젠테이션 개요
완벽문장을 요약해서 단어와 구절만 사용해 스피치 내용 사이를 연결

프레젠테이션 개요를 만들고 사용하는 방법을 알면 기본적으로 개요서 스피치의 기술이 된다. 프레젠테이션 개요는 다음과 같다.

- 쉽고 정확하게 정보를 모을 수 있는 방법을 안다.
- 정보를 명확하고 잘 정돈된 방법으로 제시한다.
- 스피치할 때 청중을 개인적으로, 실제로 참여시킨다.

일부 학생은 청중 앞에서 몇 마디만 하고 자신감을 개발하는데 어려움을 겪는다. 프레젠테이션 개요는 연사가 많은 아이디어를 효과적으로 준비할 수 있다.

표 12.2 개요의 유형

개요 유형	기능	핵심 특징	관련 장
작업 개요	처음 주제를 개발하도록 도와주고, 조사를 이끌어준다.	주요 요점와 세부 요점을 포함하며, 조사 과정 동안 개선해나간다.	4장 목적과 주제의 개발
전문개요	스피치를 위한 모든 정보를 명확하게 확인하고, 아이디어들을 순서대로 정리하고, 발표 개요를 개발하기 위한 토대를 마련한다.	완성된 문장을 이용하며, 스피치의 전체 내용과 모든 참고문헌을 써놓고, 준비 과정 동안 개선해나간다.	8장 스피치의 조직화 및 개요잡기
프레젠테이션 개요	스피치를 연습하고 실행하는 데 도움이 된다.	핵심어를 사용하고, 스피치를 연습하면서 고치고, 종종 연습과 최종 발표에서 사용할 노트카드로 변환된다.	12장 스피치 발표하기 ← **현위치**

키워드 정리

키워드

주요 관심사의 주제나 요점을 밝히는 단어

프레젠테이션 개요에서 **키워드**(keyword)는 온라인 검색에서 사용하는 키워드와 매우 유사하다. 주요 관심의 주제나 요점을 말한다. 키워드는 완전한 문장 개요의 문장과 같은 순서로 연사가 스피치에서 말하고자 하는 가장 중요한 요점이다.

비록 프레젠테이션 개요가 매우 짧지만 충분히 조사와 개발을 거쳐 스피치를 완성한 다음에 만들어진다. 스피치에서 프레젠테이션 개요나 노트카드를 사용하면 프레젠테이션 개요와 완벽한 문장 사이 앞뒤로 움직일 필요성이 있는데 앞부분과 뒷부분을 살펴볼 수 있다. 스피치에서 제시할 기억을 생각해내도록 아이디어를 요약하고 정보를 키워드로 바꾼다. 〈그림 12.3〉은 프레젠테이션 개요의 예다.

그림 12.3 프레젠테이션 개요 사례

제목: 풍수(Feng Shui, 風水)

주목 요인: 풍수의 원리를 설명하는 네 가지 충격적인 그림 제시

주제: 만약 풍수의 원리와 역사를 이해하고 일상의 삶에 적용한다면 사람들은 더 많은 긍정적인 에너지를 갖게 될 것이다.

예고: 풍수의 원리, 역사, 그리고 풍수 디자인이 적용된 사례를 소개

Ⅰ. 원리
A. 에너지/기(氣)
  1. 좋은 풍수
    a. 건강, 긍정 에너지
    b. 행운
  2. 나쁜 풍수
    a. 어려움
    b, 불행
B. 흐름
  1. 화합
  2. 균형
C. 디자인
  1. 외부원리

그림 12.3 프레젠테이션 개요 사례(계속)

a. 색
b. 형식
2. 내부원리
a. 색
b. 형식

II. 역사
A. 고대 중국에서 기원
1. 5,000~6,000년 전 문화
2. 팔괘(八卦) 지도
B. 원리의 기원
1. 공간 개념
2. 지역 개념
3. 색의 개념
a. 건강한 색
b. 사랑의 색
C. 최근의 여가
1. 미국에 전파된 개념
2. 다른 국가에 전파된 개념

III. 적용
A. 생활공간
1. 집
2. 아파트
3. 기숙사
B. 사용 공간
1. 방 제안
2. 목적 공간
3. 요인의 연결
C. 모형과 색의 사용
1. 원형
2. 곡선
3. 색
4. 빛

다시 말하기: 풍수의 기본 원리, 역사, 적용으로 풍수에 대한 알아보았음.

강조된 목표: 풍수는 중국문화에서 수천 년간 지속되어 왔음. 그 이유가 있을 것임.

맺음말: 사람들이 잘 사용하지 않았지만 풍수는 인간 삶에 긍정 에너지를 만들어 왔음. 감사인사.

프레젠테이션 개요에서 노트카드로 정보 이전

프레젠테이션 개요를 완성하면 스피치에서 사용할 5*8인치 노트카드로 정보를 옮겨야 한다. 노트카드에 키워드를 적어 스피치하는 동안 요점을 기억하고 활용한다. 노트카드에 순서대로 번호를 적어 전체를 구성하고 쉽게 찾을 수 있도록 한다. 너무 많은 문장이나 인용, 긴 정보를 적지 말고 키워드만을 기록한다. 노트카드는 스피치할 때 쉽게 읽을 수 있을 만큼 충분하다.

프레젠테이션할 동안 한 손에 노트카드를 쥔다. 카드를 다음 장으로 넘길 때만 양손에 카드를 든다. 청중은 스피치할 때 연사가 머리로 모든 것을 암기하지 않고 기억을 찾을 때 노트카드를 참고하는 것을 알고 있다. 살짝, 한눈에 노트카드의 요약된 내용을 보라. 스피치 흐름을 잃으면 얼굴을 노트카드에 숨기는 것이 잠깐 보는 것이다. 가장 좋은 방법은 청중을 바라보다 힐끔 노트카드를 보는 것이다.

개인적 암시 만들기

스피치할 때 노트카드는 개인적 암시장치(cueing system)이다. 연사에게 암사를 주고 기억을 되살리며 다음 이야기를 알려준다. 스피치 안과 밖에서 주제에 대해 알게 해준다. 노트카드가 할 말을 대신해 주지는 않고 생각나게 해준다. 또한 발표 상황에서 하나의 요점에서 다음으로 쉽게 넘어가도록 도와준다.

프레젠테이션 개요와 노트카드는 활용할만한 도구다. 잘 개발하고 활용하면 프레젠테이션 개요는 자신만의 아이디어와 스타일을 가능하게 할 좋은 수단이 된다. 노트카드는 연사가 청중과 정보화되고, 잘 구성되며 자연스럽게 좋은 관계를 유지할 때 요점을 놓치지 않도록 도와준다.

●●● THE EVOLVING ART ●●● 긴 인용구를 시각화하기

스피치에 멋진 인용—비록 길지만—을 할 수 있다. 이미 긴 전체 문장을 노트카드에 옮길게 아니라고 했다. 노트를 보면서 청중의 주목을 하나 둘씩 잃을 게 아니다. 어떻게 해야 할까? 프레젠테이션에서 인용이 필수적이라면 프레젠테이션 자원에 포함시켜라. 청중이 인용한 것을 기억하기 위해서 한 사람을 지목해 읽도록 한다.

스피치의 발표 연습

> **Speaking of ... 종이 vs 카드**
>
> 스피치할 때 왜 종이대신 노트카드를 사용하는가? 서 있는 동안 손에 종이를 들고 서 있어 보라. 접히고 구겨져서 읽을 수 없게 된다. 종이에 몇 개의 단어를 써서 몇 분간 스피치에 단서로 활용해보라. 어디쯤인지 알겠는가? 요점을 잃었는가? 종이는 카드 사이즈로 줄여도 방해되고 다루기 불편하다. 노트카드는 반면, 카드종이로 만들어서 일반 종이, 노트, 복사용지보다 무겁고 두껍다. 따라서 잘 접히지 않고 내구성이 있다.

효과적인 실행은 시간을 잘 지킨 것만 의미하지 않는다. 실제로 너무 많이 연습하면 자연스러움을 잃게 된다. 반복된 연습이 스피치의 성공을 보장하는 것은 아니다.[19] 중요한 것은 연습의 질이다.

연습은 단순한 행위가 아니다. 스피치를 준비할 때 완벽한 준비를 위해 다른 방법과 다른 장소에서 연습할 수 있다. 물론, 청중 앞에 서기 전에 충분한 준비를 한다. 그러나 충분히 연습했다고 해서 청중에게 발표되는 것은 아니다. 잘 짜이고 예측된 스피치가 아니라 날카롭고 잘 구성된 스피치가 필요하다.

스피치에 버전 달기

같은 정보와 준비 과정을 거쳐도 매번 스피치할 때마다 다른 스피치가 된다. 완벽한 스피치를 하려고 할 필요가 없다. 대신 최고의 새로운 스피치 버전을 만들면 된다. 만약 내일 같은 스피치를 하게 된다면 오늘 한 것과 똑같은 방법으로 하지 않아도 된다. 스피치를 만드는 방법은 프레젠테이션의 모습과 소리 모두를 자연스럽고 신선하게, 가장 좋은 버전을 만드는 것이다.

스피치 전체를 그대로 다시 하거나 기억을 똑같이 떠올리지 않아도 된다. 충분한 준비와 연습 후에는 어떤 스피치가 좋은지 알게 된다. 예컨대 연습할 때 좋았던 단어나 구절을 기억해낼 수 있다. 같은 방법으로 할 게 아니라 아이디어를 분명하게 발표할 수 있는 자신 있는 방법을 알게 될 것이다.

무대에서 스피치 연습하기

좋은 연습은 기술이며 전체 스피치 준비 과정에 배어든다. 유연성과 적응능력은 주제를 연구하고, 아이디어를 조직하며, 스피치에 사용할 언어를 정하고, 프레젠테이션에 포함하려고 계속 수정하고 재고해야 하기 때문에 연사에게 매우 중요하다. 문장 개요(8장)를 다시 보면서 잘되고 잘못된 스피치의 부분을 찾아보라. 무대 위에서 부분 부분을 나눠서 연습하라. 스피치 내용의 수정이 쉽게 끝날 것이라고 생각하지 마라.

스피치의 부분 연습

이 단계 연습에서 스피치가 잘 이해되는지, 키워드가 기억을 살려주는지, 프레젠테이션 도구들이 잘 작동하는지 확인한다. 또한 스피치 키워드를 크게 발음해서 스피치 내용과 이해가 잘 발표되는지 살펴본다. 큰 소리로 연습함으로써 연사의 생각이 잘 이해될 수 있는지 알 수 있다. 어떻게 정확하고, 분명하게, 웃기게, 신중하게, 설득적으로 발표할 수 있을까? 큰 소리로 연습하면 실제 스피치에서 청중의 즉각적이고 생산적인 피드백을 받을 수 있다. 책상에 앉거나 소파에 눕거나 바닥에 누워 있어도 청중과 대면한 상황을 가정하고 소리 내어 스피치 연습을 해본다. 들으면서 수정하고 스피치의 개인적 부분을 보완한다.

이 단계에서는 실제로 프레젠테이션 도구들을 활용하면서 스피치를 연습한다(11장). 작은 것이나 사용이 간편한 것이라도 연습에 포함하여 실제 스피치에서 자연스럽고 문제가 없도록 연습해야 한다.

스피치 전체 연습

스피치 각 부분을 연습한 후에 전체를 연습해야 한다. 이 때 서 있는 자세, 노트카드 쥐는 법, 다양한 프레젠테이션 도구를 활용해야 한다. 준비한 모든 미디어를 실제와 같이 사용해서 시간조절과 요점의 전개를 살펴봐야 한다. 도입과 결론을 완벽하게 할 수 있다(9장).

이 단계에서 친구, 가족, 동료, 다른 사람의 건설적인 피드백을 받을 수 있다. 몸의 움직임이나 몸동작과 같이 프레젠테이션의 일부분에 대한 조언을 구하려면 스피치 전에 부탁을 한다. 그리고 그 조언을 가감 없이 수용해서 반영한다. 연구에서는 4명 이상 앞에서 연습하는 것이 스피치 연습에 적당하다고 하였다.[20] 스피치 모습을 동영상으로 몇 분 분량을 녹화하면 자신의 모습과 목소리를 점검할 수 있어 개선에 도움이 된다.

●●● THE EVOLVING ART ●●● 디지털 슬라이드 스토리보드 만들기

필름메이커(Filmmakers)는 동영상의 장면을 만들기 위한 스토리보드 만들기에 사용된다. 각 보드는 동영상 내러티브의 중요한 요점을 표현한다. 만약 스피치를 스토리로 생각하면 주요 장면을 설명할 수 있다. 각 장면은 디지털 슬라이드에 담겨진다. 스토리보드 작업은 청중을 사로잡을 주요개념을 어떻게 잘 구성하게 한다. 따라서 디지털 슬라이드를 사용하면 청중에게 시각적으로 아이디어를 제시할 수 있다.

스피치의 시간

전체 스피치를 정해진 시간에 한다. 시간 관리의 중요성을 간과해서는 안 된다. 스피치할 때 요약을 발표해야 할 시간을 지켜야 한다. 실행하는 동안 적절한 스피치의 내용에 관심을 두지만 얼마나 시간이 걸릴지 확인한다. 내용이 중요하지만 시간에 맞춘다. 스피치 길이가 얼마나 될 것인지와 더불어 프레젠테이션 동안 자신감과 자기통제를 꼭 기억한다.

Watch it!

동영상 링크 12.3: 스피치 연습

이 동영상은 〈스피치 친구〉가 어떻게 스피치를 했는지 설명과 시범이 포함되어 있다.

Use it!

활동 링크 12.3: 위에서부터 가져오기

이 활동은 먼저 효과적인 계획을 세우기 위해서 다른 스피치 시나리오를 평가하고 자신의 스피치 연습을 계획하고 개발하기 위한 기회를 제공한다.

요약

연사가 사용하는 네 가지 발표에는 즉흥 스피치, 개요서 스피치, 원고 스피치, 암기 스피치가 있다. 대부분의 스피치는 개요서 스피치를 하기 원하는데 조심스런 계획과 유연성의 균형이 가능하다.

연사의 발표에 영향을 주는 몇 가지 요인에 문화와 젠더가 포함된다. 문화적인 요인은 스피치를 공부하는 학생에게 새롭게 적용 가능한 기술을 요구한다. 마찬가지로 여성 연사는 스피치 발표 과정에서 청중이 남성과 여성 연사를 다르게 평가한다는 것을 생각해야 한다. 예컨대 청중들이 남성 연사의 공신력을 평가할 때 다양한 요인을 고려하지만, 여성 연사의 공신력을 평가할 때는 주로 신뢰성만 가지고 평가한다. 또한 목소리가 작고 톤이 높은 특성 때문에 목소리 발표에 어려움이 있다. 그럼에도 잘 준비된 연사는 성에 대한 청중의 부정적인 인식을 뛰어넘는다.

발표에 영향을 주는 또 다른 요인으로 언어 유창성, 말투, 신체적 장애가 있다. 언어 유창성에는 말더듬기와 말투가 있다. 연구결과, 말을 더듬는 연사는 사실을 인정하고 청중과 눈맞춤 하는 것이 가장 좋은 방법이라는 것으로 나타났다. 모든 연사는 청중의 이해를 위해 자신의 말투를 확인하고 교정해야 한다. 신체적으로 장애가 있는 연사는 청중과 연사 자신을 위해서 발표 과정의 필요한 방법을 찾는다.

스피치를 잘 발표하는 것은 목소리, 몸동작, 청중을 효과적으로 관리하는 것을 의미한다. 목소리와 몸동작의 관리 전략으로는 좋은 목소리의 변화, 확실한 언어 표현, 상황에 맞는 옷차림, 청중과의 눈맞춤이 있다. 청중을 효과적으로 관리하기 위해서는 스피치 공간을 필요에 따라 조정, 스피치에 청중을 참여, 청중의 시간을 존중, 불편이 있는 청중을 위한 고려, 반대의견 또는 무례한 청중을 차분히 대응, 질의응답 준비, 가능한 완벽한 응답을 한다.

스피치를 위해서 충분한 조사, 계획, 조직, 그리고 탄탄한 기본을 준비한다. 프레젠테이션 개요는 스피치를 잘 조직하고, 참여가능하며, 전문적인 프레젠테이션으로 만든다. 프레젠테이션 개요와 노트카드는 스피치할 때 개인적 암시의 장치 역할을 한다. 무대에서 스피치할 때 문장 개요를 정리해서 요약된 프레젠테이션 개요로 바꾼다. 프레젠테이션 자원은 필요한 수정을 거쳐 스피치 실행에 포함한다. 스피치 당일 새로운 스피치 버전을 준비하기 위해서 스피치 연습시간이 필요하다. 가능하면 정해진 시간에 맞춰 스피치를 수정한다.

스피치 발표는 모든 계획과 준비를 통해 가능하다. 스피치는 연사가 빛날 수 있는 기회이며 이를 위해 능력과 자신의 스타일을 보여준다.

온라인 자원 안내

이 책 〈퍼블릭 스피킹: 진화하는 발표기술〉을 위한 온라인 자원은 추가적인 샘플 스피치 동영상, 스피치 빌더 익스프레스, 인포트랙 대학편, 학습지원이다. 학습지원

●●● REVIEW IT ●●● 학습항목과 복습자료들

책 내부
- 요약
- 주요개념
- 비판적 질문

더 많은 학습 자원
- 스피치 스튜디오
- 퀴즈
- 웹링크

학생 워크북
- 12.1 연사 모델
- 12.2 한 사람에게 커다란 생각의 발표
- 12.3 청중의 순환
- 12.4 발표 방식의 청취
- 12.5 공간을 음악으로 채우기

스피치 친구 동영상

동영상 링크
- 목소리 발표 다시보기
- 몸동작 발표 다시보기
- 스피치 연습

활동 링크
- 말해보기
- 서 있는 자세
- 위에서부터 가져오기

샘플 스피치 동영상
- 캐서린, 'Is that Kosher?' 정보 스피치
- 티파니, 자기소개 스피치

스피치 빌더 익스프레스
- 목표
- 주제문
- 조직
- 개요
- 지지자료
- 발표
- 소개
- 결론
- 제목
- 작업인용
- 스피치 개요 완성

인포트랙

추천 검색어
- 스피치 발표
- 물리적 스피치 발표
- 음성 스피치 발표
- 스피치 연습
- 불안감과 스피치 발표

음성 학습 수단
- 리사의 'TV끄기'
- 비판적 사고 질문
- 학습목표
- 장 요약

에는 주요단어 플래시 카드, 리뷰 퀴즈, 비판적 질문이 있으며, 궁금한 점이 있다면 교수님께 이메일로 보낼 수 있다. 또한, 온라인 자원의 특징은 생동감 있는 웹링크로 해당 챕터와 연결된다. 웹링크에는 미국 수사학, 히스토리 채널의 고전 스피치, 하와이대학교 마우이 대학 스피치학과에서 잘 정리하여 운영하는 웹사이트들이 포함된다. 링크된 사이트들은 정기적으로 관리되고 일정기간마다 추가된다.

주요단어

개요서 스피치	높낮이	말투
모노톤	목소리 크기	발음
발표	비언어적 메시지	비율
암기 스피치	원고 스피치	음성 다양성
음성 휴지	제스처	즉흥 스피치
키워드	표현	프레젠테이션 개요

비판적 질문: 확인과 토론을 위한 질문

1. 스피치 수업에서는 주로 개요서 스피치를 다룬다. 나중에 어떤 상황에서 개요서 스피치를 하게 될 것인가? 날마다 즉흥 스피치를 하게 되며 특히, 강의실에서 더욱 그럴 것이다. 최근에 즉흥 스피치를 한 경험을 말해보라. 학교에서는 대체로 원고 스피치와 암기 스피치를 하지 않는다. 이런 스피치를 하게 될 때는 언제인가?
2. 과거에 스피치를 어떻게 했었는가? 어떻게 하면 실행 전략이 효과적인가? 앞으로는 어떤 계획을 세울 것인가?
3. 청중을 사로잡는 방법은 연사 개인의 능력에 맞추는 것이 좋다. 강의실에서 스피치는 어떠한가? 강의실 밖에서는 어떠한가?
4. 스피치 후에 연사의 생각과 결론에 의문을 품고 도전하는 사람이 있다. 어떻게 자연스럽게 합리적인 토론이 가능한가?

4부 스피치 상황
Speaking Situations

13장 정보 스피치

Informative Speech

정보 스피치는 정보나 경험에서 얻은 지식, 연구, 교육을 내용으로 한다. 오늘날의 연사는 과거에는 보기 드물었던 정보 스피치의 장점을 활용한다. 온라인으로 전 세계에서 모인 정보를 쉽게 활용할 수 있다. 정보원에 제한 없이 접근할 수 있으며, 지구상 어느 곳에 있는 누구라도 정보를 주고받을 수 있다. 디지털 커뮤니케이션 기술 때문에 상호작용과 정보공유가 가능하게 되었다. 온라인에서 구직활동, 수강신청, 건강 정보탐색, 다문화 학습, 제품과 서비스 판매, 정보 교환이 가능하다.[1] 연사는 스피치 주제를 조사하고, 주요 주장의 근거를 제시하며, 청중에게 추가 정보와 연사의 통찰력을 제공할 정보환경의 장점을 활용할 수 있다.

정보 스피치의 특징

READ IT! **정보 스피치**(informative speaking)는 연사가 주제를 깊이 이해하고 청중의 인지도를 높이며 지식을 고취시킨다. 연사는 정보를 이야기할 때 청중이 스피치에서 무엇인가 배우기를 원한다. 이를 위해 연사는 청중과 정보를 나누는 것이다.

정보 스피치
연사가 주제를 심도 있게 이해하고, 인지도를 높이며, 지식을 전달하는 프레젠테이션

모든 휴먼 커뮤니케이션의 바탕에는 정보가 있으며 공유할 때 사람들 사이의 연결이 가능해진다. 정보를 이야기할 때 청중과 중요한 연결이 생기는 것이다. 연결이 있으면 청중은 의미 있는 스피치, 정확한 정보, 확실한 메시지를 알게 된다. 이것은 〈그림 13.1〉 정보 스피치의 세 가지 기능에 잘 나와 있다.

정보 스피치의 의미

정보 스피치는 연사가 청중에게 스피치 주제에 대한 개인적인 의미를 부여할 수 있게 한다. 예컨대 연사는 자기만의 메시지를 위해 스피치 안에 이야기를 넣는다. 오늘날 디지털 미디어 제작자도 멀리 있는 사람과 상호작용을 위해 개인적 경험을 콘텐츠로 만든다. 가령, 문자 메시지와 이메일, 휴대폰 카메라, 파일 공유는 정보를 다른 사람과 나누는 수단이다. 정보 스피치 연사는 디지털 자원과 개인화된 전략을 활용할 수 있다.

그림 13.1 정보 스피치 기능

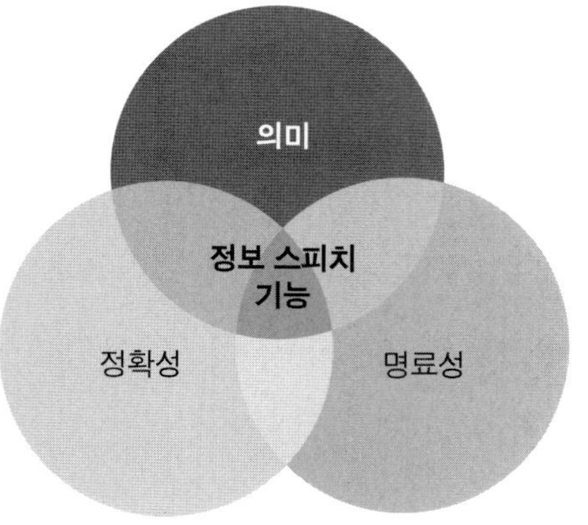

정보 스피치의 정확성

정보 환경이 급변함에 따라 청중의 정보 정확성에 대한 기대감이 높아졌다. 예컨대 전통적인 뉴스미디어는 내부의 사실 관계를 조사하는 담당자를 통해 기사의 신뢰성을 쌓아왔다. 최근에는 온라인 뉴스, 블로그, 온라인 토론장, 게이트와처(gatewatcher)를 정보원으로 활용한다. **게이트와칭**(gatewatching)은 정보의 흐름을 살펴보고 여기서 뉴스를 만들어내는 방법이다.[2] 이 과정을 통해 언론사는 더욱 조심스럽게 기사의 정확성을 확인할 수 있다. 정보 스피치에서도 이 방법을 적용하면 청중에게 정확한 정보를 효과적으로 제공할 수 있다. 청중은 게이트와처로서 주제 선택, 자료 수집, 스피치 구성, 언어, 전달, 프레젠테이션 미디어 등 스피치의 정확성을 확인한다.

게이트와칭
정보의 유통을 분석하고 평가해서 뉴스를 취재함

정보 스피치의 명료성

청중은 스피치가 명료하고 쉽게 전달될 때 잘 이해한다. 명쾌한 스피치는 모호하지 않고 일관성이 있으며, 혼란스럽고 복잡한 내용을 쉽게 풀어낸다. 명료성은 정보 스피치를 준비하는 연사에게 커다란 문제다.[3] 정보 스피치를 정확하게 이해하기 위한 바탕을 제공하려면 청중분석과 주제에 적합한 자료를 선택해야 한다.

정보 스피치의 유형

정보 스피치에는 다섯 가지 유형이 있다.

1. 대상과 장소 스피치
2. 사람과 생명체 스피치
3. 과정 스피치
4. 사건 스피치
5. 생각과 개념 스피치

이 유형은 일반 주제의 범위를 보여줄 뿐 서로 배타적인 것은 아니다. 예를 들면, 발명가와 같이 유명한 사람 스피치는 그의 발명 정보를 담아야 한다. 장소 스피치 역시 그 곳에서 일어난 사건을 말해야 한다. 일반적으로 정보 스피치에서는 하나의 주된 관점을 강조해야 한다.

대상과 장소 스피치

대상

사람들이 인지할 수 있는 어떤 무생물이나 자료

장소

지정학적 위치

대상(object)은 생명체가 아닌 자료로 사람의 감각기관이 인지할 수 있는 것이다. **장소**(places)는 지리적인 위치를 말한다.

주제	스피치 제목
아이맥스 영화관	"극장을 넘어서: 아이맥스 영화"
	"사상 세 번째로 큰 아이맥스 영화"
티후아나(Tijuana)	"멕시코 국경 도시의 도전, 티후아나"
	"티후아나의 기쁨"
스노보드 장비	"스노보드 장비의 초기 구매자"
	"500달러 이하로 스노보드 장비를"
은(銀) 광산	"콜로라도의 가장 큰 은광산"
	"오늘의 은광산은 어떠한가?"
외계인	"외계인에 대한 고대인의 신념"
	"외계인을 다룬 코미디 영화"

의료용 레이저 기술	"최근 의료용 레이저 기술의 진보"
	"의료용 레이저의 일반적 유형"
태국음식	"태국음식의 신비한 향신료"
	"건강한 대안으로서 태국 음식과 음료"
블로그	"무엇이 블로그를 성공으로 만드는가?"
	"더 데일리 리드: 내가 즐겨 찾는 블로그"
활화산	"라틴 아메리카의 활화산"
	"화산폭발의 원인"
민속예술	"우리 민족의 민속예술"
	"유명한 미국의 민속예술"

연사 자신의 관심과 지식은 훌륭한 스피치 주제를 만들어낸다. 가끔 학생들은 청중이 좋아하지 않는 주제에 대해 스피치하려고 한다. 사전조사와 전달을 통해 연사에게 중요하고 좋아하는 주제를 청중에게 전달할 수 있다. 자신의 태어난 고향을 생각해보라. 어떻게 방문객들에게 매력적인 장소로 이야기할 수 있을까? 프레젠테이션 도구를 활용해서 청중에게 가장 매력적인 장소로 스피치할 수 있는가? 방문자들에게 고향의 매력이 없다면 고향에 사는 사람에게는 어떤 장점이 있을까? 재미, 또는 확실한 경험이 있었을까? 누구에게도 재미 없을 것이라는 생각 때문에 주제를 과소평가하지 말라. 얼마나 재미있게 만들 것인가를 고민하라.

사람과 생명체 스피치

사람과 생명체 정보 스피치의 주제를 정할 때는 연사 자신이 좋아하는 인물이나 청중들이 더 알고 싶은 생명체를 선택한다. 청중에게 의미 있는 사람이나 생명체는 무엇인가? 잘 알려진 유명인이나 덜 알려진 사람인가? 세계적인 인물이나 우리 주변의 가까운 사람인가? 긴 칼 뿔 오릭스(scimitar horned oryx)나 줄무늬 얼룩상어(banded bamboo shark)와 같은 이국적인 생물에 관심이 있는가? 아니면 대머리독수리(bald eagle)이나 병코 돌고래(bottle nose dolphin)처럼 잘 아는 것들인가? 정보 스피치의 주제와 제목의 사례는 다음과 같다.

주제	스피치 제목의 예
미쉘 위(위성미, 골퍼)	"여성골프에 부는 아시안의 바람"
	"프로골프의 새로운 슈퍼스타, 미쉘 위"
"말하는 고릴라" 코코	"만약 고릴라가 말을 한다면? 뭐라고 할까?"
	"말하는 고릴라 코코로부터 배우는 인간의 스피치"
스테판 콜버트	"코미디언 스테판 콜버트의 인생"
	"스테판 콜버트의 다양한 역할"
공룡	"공룡이 세상을 지배한 시대"
	"공룡의 멸종에 대한 토론"
글로리아 L. 벨라즈퀘즈	"글로리아 벨라즈퀘즈의 음악"
	"글로리아 벨라즈퀘즈는 어떻게 성공한 멕시코계 여성 미국인이 되었나?
달라이 라마	"달라이 라마의 인생"
	"달라이 라마에게 듣는 평화의 길"
영국의 윌리엄스 왕자	"윌리엄 왕자와 영국의 왕위"
	"윌리엄 왕자는 누구인가?"
지역 예술가	"로란드 디아즈의 예술 탐구"
	"로란드 디아즈의 역경과 성공"
타란튤라(거미)	"타란튤라에 대한 진실"
	"가장 무서운 거미의 진화, 타란튤라"
캐서린 D. 설리반	"첫 번째 여성 우주인, 캐서린 설리반"
	"당신도 캐서린 설리반과 같은 우주인이 될 수 있다"

대부분의 청중은 다른 사람과 생명체에 대해 관심이 많은데, 이 때문에 전기(biography)와 디스커버리 채널(Discovery Channel)이 인기가 높다. 신중한 청중분석과 탄탄한 조사를 한 후 준비한 정보 스피치의 주제는 청중을 사로잡게 된다.

●●● THE EVOLVING ART ●●● 온라인 전기(傳記)

청중은 멋진 유명인의 스피치를 듣고 싶어 한다. 다행히 인터넷 검색은 유명인과 일반인의 과거와 현재에 대한 많은 이야기를 찾아준다. 미시간대학의 문헌정보대학에서 만든 인터넷공공도서관(The Internet Public Library: ipl.org)은 유용한 검색엔진이다. 여기에는 일반인의 전기뿐만 아니라 예술가와 건축가, 저자, 연예인, 음악가와 작곡가, 정치인과 권력자, 그리고 과학자와 발명가 등 특정 분야의 전기가 포함되어 있다.

과정 스피치

과정 스피치(process speech)—어떤 일이 있었고, 어떻게 진행되었으며, 어떻게 발전되었는지를 알려주는—는 진행 과정에 청중을 참여시키고 과정을 이해를 돕는다. 과정에 대한 정보 스피치의 주제와 제목의 사례는 다음과 같다.

과정 스피치
일의 완성, 작업, 발전에 대한 스피치

주제	스피치 제목의 예
DNA 샘플 일치	"어떻게 범죄 기소에 DNA가 사용되는가?"
eBay에서 물건 팔기	"물건을 eBay에서 파는 방법"
	"eBay에서 물건을 팔 때 해야 할 것과 하지 말 것"
안전하게 새 차 운전하기	"새 차를 안전하게 운전하는 방법"
	"새 차 안전성 시험 결과"
브라질 삼바 댄싱	"브라질 삼바 쉽게 배우기"
	"브라질 삼바 춤 동작에 혼합된 문화"
컴퓨터 바이러스 제거	"컴퓨터 바이러스 제거하는 기본 단계"
	"컴퓨터 바이러스 제거할 때 실수하지 않는 방법"
산불 진압방법	"산불 진압할 때 사용하는 전술과 기술"
	"산불 제거를 위해 알아야 할 것"
캠핑 장비 구입	"싼 값에 캠핑 장비 구입하기"
	"예산에 맞는 캐핑 장비 선택"
TV 뉴스 만들기	"TV뉴스는 어떻게 만들어지나?"
	"TV뉴스의 최신 디지털 기술"
지구 기상변화 추적	"지구 기후변화의 주요 지표"

팟캐스팅(podcasting)	"수천 년간 변화된 지구의 기후 추적" "첫 번째 팟캐스팅을 만들기 위한 기본 준비" "사람들을 끌어들이는 팟캐스팅"

청중을 단순히 과정만 이해시킬 것인지 스스로 실행하도록 할 것인지 결정하기 전에 청중에 대한 분석을 끝낸다. 예컨대, 방송전공 학생은 뉴스진행자가 TV뉴스 제작에 대해 이야기할 것을 기대한다. 반대로 스피치 수업의 학생은 과정을 배우는 것만으로도 충분하기 때문에 뉴스제작에 대한 것은 원하지 않는다. 게다가 이미 과정을 모두 알고 있다면 더욱 관심을 갖지 않는다. 예컨대 많은 학생은 아이팟이나 MP3 플레이어를 갖고 있다. 아이팟 사용방법은 대학생에게 적절한 스피치 주제가 아니다. 그러나 학생들은 아이팟을 만드는 방법은 모른다. 따라서 스피치는 청중의 커다란 관심사항인 과정을 설명해야 한다.

사건 스피치

사건

개인적 경험이나 관련한 다른 지식의 의미 있는 발생

사건(events)은 개인적 경험 또는 대상의 지식이 의미심장하게 발생한 것이다. 사건은 과거, 현재, 미래에 일어난다. 사건은 공적으로 발생할 필요는 없으며 개인에게 중요한 활동도 사건이다. 콘서트 투어, 휴일 예배, 시장, 체육대회 같은 사건은 반복해서 일어난다. 정보 스피치의 하나인 사건 스피치는 기억을 돕는 사건에 특별한 의미를 부여하고 연사와 청중에게 어필한다. 사건에 대한 스피치의 주제와 제목의 예는 아래와 같다.

주제	스피치 제목의 예
대학 졸업식	"졸업식: 가장 커다란 미국의 의식" "졸업식의 성격 변화"
생일파티	"완벽한 생일파티를 위한 10가지 필수요소" "다문화에서 생일축하"
음력 정월	"동양의 새해 풍습" "미국에서 중국인들의 신년 퍼레이드"

케네디 대통령 암살	"왜 케네디 대통령의 암살에 빠져드는가?"
	"케네디 대통령 암살사건이 대통령 경호방법을 어떻게 바꾸었나?"
월드컵	"월드컵, 누가 뛰는가?"
	"월드컵의 문화적 의미"
캠퍼스 취업의 날	"취업의 날에 성공적으로 취업하기"
	"학교 취업의 날에 알아야 할 기본"
그래미상	"대중문화로서 그래미상 수상식"
	"그래미상의 어제와 오늘"
AIDS 걷기 캠페인	"세계적 위기에 대응하자"
	"공동체를 위해 함께 걸읍시다"
아기의 탄생	"임신과 출산 과정의 기대"
	"시대를 통해본 산파의 역할"
라마단	"이슬람 9월의 역사, 라마단"
	"라마단 동안 금식의 중요성"

예컨대 휴머니즘을 바탕으로 만들어진 주택 완공 기념행사를 생각해보자. 이 주택 건설의 계획과 촉진, 진행 과정, 행사의 참석자와 이유, 그리고 사회적 의미를 말할 수 있다. 사건에 대한 정보 스피치를 개발할 때 다양한 측면을 고려하면 연사는 청중에게 가장 흥미로운 스피치를 준비할 수 있다.

생각과 개념
두뇌활동으로 사고, 이해, 신념, 인식, 원리를 포함

생각과 개념 스피치

인간의 두뇌활동은 사고, 이해, 신념, 인식, 원리와 같은 **생각과 개념**(idea and concept)을 낳는다. 생각과 개념은 구체적인 자료보다 추상적이다. 그러나 물리적인 세상에서 생각과 개념은 오랫동안 구체적 자료만큼 현실화되었다. 예컨대 모금 활동은 누군가의 "공동체 센터의 새 컴퓨터를 사

David Young-wolff/PhotoEdit

▲ 휴머니즘에 입각해 주택을 제공하는 헤비타트(Habitat)의 수혜자를 축하하는 행사에서 준공식을 제안했기 때문에 자연스럽게 청중에게 어필되었다.

기 위해 모금해야 한다"는 생각에서 시작된다. 이와 같이 모터쇼에서 새로운 콘셉트카는 자동차 디자이너의 생각을 실제로 보여준다. 그러나 모든 생각과 개념은 추상에서 시작하며 대부분 추상의 수준에 머문다. 정보 스피치에서 생각과 개념을 전달할 때, 연사는 주로 생각과 개념의 근원과 주요 요소를 설명한다. 이런 주제의 특성은 입증하기 매우 광범위하고 복잡해서 연사가 시간 안에 설명할 수 있는 주제를 선택한다. 아래는 생각과 개념 정보 스피치의 주제와 제목의 예이다.

주제	스피치 제목의 예
자유	"1776년 독립선언의 자유정신으로 돌아가자"
	"911 이후 자유에 대한 정의"
종교 근본주의	"종교 근본주의의 뿌리"
	"종교 근본주의자가 된다는 것의 의미"
일렉토랄 컬리지	"미국 일렉토랄 컬리지: 어떠한 역할을 하는가?"
	"일렉토랄 컬리지의 역사를 찾아서"
결혼	"문화 간 결혼에 대한 관점"
	"시대에 따라 결혼 문화는 어떻게 바뀌었나?"
카오스 이론	"카오스 이론 밖으로 카오스 끌어내오기"
	"일상에 카오스 이론 대입하기"
개인의 인권	"인권은 무엇인가?"
	"UN이 정한 개인의 인권"
댄스 치료	"심리적 기술로서 댄스치료"
	"효과적인 댄스 치료법"
멕시코문화운동(Chicanismo)	"멕시코계미국인(치카노스)는 누구인가?"
	"치카니스모 문화적 의미의 어제와 오늘"
틈새 마케팅(niche marketing)	"틈새 마케팅은 어떻게 생겨났나?"
	"다문화 사회의 틈새 마케팅"
원거리 학습	"원거리 학습의 기원"
	"원거리 학습의 미래"

생각과 개념 스피치의 주제는 복잡하고 논쟁적이다. 이런 주제를 피할 이유가 없다. 반대로 청중은 흥미를 자아내고 도발적인 주제를 좋아한다.

정보 스피치의 구체적 목적과 주제문

정보 스피치 개발의 구체적 목적은 주제를 잘 이해하고, 인지를 높이거나 지식을 향상하는 개괄적 목적을 반영해야 한다. 정보 스피치에서 연사의 개괄적 목적은 '청중의 이해 돕기' 또는 '청중의 이해 얻기'와 같은 구체적 목적을 위한 '정보제공'이다.

구체적 목적을 문장으로 표현하려면 '청중에게 무엇을 알려주려고 하는가?'라고 스스로 물어본다. 그 다음 주제문은 '그들이 알고자하는 것은 무엇인가?'라고 물어보면 된다. 명심할 것은 특별한 목적과 주제문은 청중에게 의미를 명확히 하고 주요 생각을 정확히 표현하며, 청중의 관심을 끌 수 있게 명확해야 한다. 〈표 13.1〉은 정보 스피치의 다양한 유형을 설명하는 구체적 목적과 주제문의 예이다.

정보 스피치의 구성 유형

8장에서 살펴본 시간, 공간, 주제, 이야기, 원인결과 네 가지 구성 유형은 정보 스피치에서 기능을 한다. 정보 스피치의 유형을 선택할 때 주제와 특별한 목적을 달성을 도와줄 한 유형을 선택한다.

시간 유형

시간 유형은 어떻게 사람 또는 대상이 일정한 시간 동안 개발되었는지를 설명한다. 이 유형으로 개발 각 단계의 중요성을 강조할 수 있다. 시간 유형은 대상, 장소, 사람과 다른 생명체, 그리고 과정에 대한 정보 스피치의 역할을 한다. 아래의 예는 시간 유형이 생명체의 라이프 사이클 단계에 따라 설명한 예이다.

표 13.1 정보 스피치의 구체적 목적과 주제문

정보 스피치	주제	구체적 목적	주제문
목표와 장소	태국음식의 신비한 향신료	청중에게 태국음식의 신비한 향신료를 알림	태국음식의 레몬그래스, 양강근, 고수 세 가지 향신료의 독특한 향
	극장 이상의 감동 아이맥스	아이맥스가 기존 극장과 다르다는 것을 알림	기술적 완성과 관람 장치가 기존 극장과 다르다
사람과 다른 생명체	글로리아 벨라스퀘즈는 어떻게 성공한 멕시코계 여성미국인이 되었나	청중에게 글로리아 벨라스퀘즈가 어떻게 성공한 여성이 될 수 있었는지를 알게 함	글로리아 벨라스퀘즈는 노래, 소설, 음악을 통해 성공할 수 있었다.
	타란튤라에 대한 진실	타란튤라에 대해 청중의 이해를 도움	타란튤라는 인간에게 치명적이지 않으며 비교적 오래 살고 크게 자라는 애완동물
과정	도그쇼는 어떻게 진행되는가	프로페셔널 도그쇼가 어떻게 진행되는지 알려줌	프로페셔널 도그쇼는 개를 유형화하여 나누고, 기준에 따라 판정하며 전체 쇼에서 품종, 그룹, 쇼에 따라 우승견을 선정
	자신의 팟캐스트 만들기	팟캐스트를 만드는 방법을 청중에게 알려줌	팟캐스트를 만들기 위해서 콘텐츠, 녹화, 팟캐스팅하기
사건	취업의 날	캠퍼스에서 열리는 취업의 날의 특성을 이해하게 함	인사 담당자와 만남, 인턴십 찾기, 경력 워크샵 등록 등 캠퍼스의 취업의 날
	그래미상 수상식	그래미상 시상식의 역사와 주요 사건을 알려줌	1959년 첫 번째 시상식, 1971년 첫 TV 중계, 1984년 마이클잭슨 8개 상 석권, 2008년 시상식 취소 등 역사 속의 그래미상 시상식의 주요 사건
생각과 개념	카오스 이론	카오스 이론의 이해와 일상에서의 적용	카오스 이론이 어떻게 조직, 작은 집단, 개인의 날마다 생활에 작용하는가를 이해
	인권	UN이 정한 인권에 대한 교육	1984년 UN의 세계인권선언이 동등한 권리, 가치, 모든 사람의 존엄을 알림

주제: 나비의 일생

개괄적 목적: 정보제공

구체적 목적: 청중에게 나비의 인생을 이해하는데 도움을 줌

주제문: 나비는 일생 동안 알, 애벌레, 번데기, 변태의 4단계 라이프 사이클을 거친다.

요점:

1. 나비의 라이프 사이클 첫 번째 단계는 알

2. 두 번째 단계는 모충으로 알려진 애벌레
3. 세 번째 단계는 준비기간으로 알려진 번데기
4. 네 번째 단계는 변태를 거쳐서 나비로 바뀜

정보 스피치에서 일의 진행을 잘 설명하는 시간 유형은 청중을 단계별로 이끌 수 있는 가장 좋은 방법이다.

주제: 항공여행 짐 꾸리기

개괄적 목적: 정보제공

구체적 목적: 청중이 항공여행을 할 때 여행가방을 어떻게 꾸려야 하는지를 알려줌

주제문: 항공여행 짐을 꾸리려면 목록을 작성하여, 금지된 품목을 체크하고, 꼭 필요한 것만 취하여, '돌돌말기' 기술을 사용하며, 깨질 가능성 있는 것은 플라스틱 용기에 담는다.

요점 :

1. 첫째, 여행에 필요한 모든 품목을 적는다.
2. 둘째, 여행 보안국(TRA)의 웹사이트를 방문해 금지 품목을 확인한다.
3. 셋째, 리스트와 비교해서 금지된 품목을 삭제한다.
4. 넷째, 꼭 필요한 것만 남기고 줄인다.
5. 다섯째, '돌돌말기' 방법으로 짐을 꾸려 공간을 줄이고 주름을 방지한다.
6. 여섯째, 플라스틱 용기에 깨질만한 물건을 담는다.
7. 마지막, 다시 한 번 빠뜨린 게 없는지 목록을 확인한다.

공간 유형

공간 유형은 대상과 위치 사이의 물리적, 혹은 직접적인 관계를 설명한다. 이 유형은 대상, 장소, 사람, 그리고 다른 생명체의 정보 스피치에서 제 역할을 한다. 예컨대, 만약 연사의 목적이 어느 장소, 영역, 특정한 곳의 공간을 강조하는 구체적 목적이 있다면 다음의 예와 같이 조직에 공간 유형을 사용하면 된다.

주제: 주니(Zuni) 인디언 보호구역

개괄적 목적: 정보제공

구체적 목적: 청중이 북아메리카의 주니 인디언 지역에 대해 친근하게 느끼도록 함

주제문: 주니 인디언 보호구역은 뉴멕시코 서쪽 내륙, 뉴멕시코 카톤 카운티, 애리조나 아파치 카운티에 걸쳐 있다.

요점 :

1. 부족 정부는 애리조나 주 경계에 있는 뉴멕시코 서부에 있다.
2. 주니 부족은 뉴멕시코 카톤 카운티, 뉴멕시코 주의 서쪽에 있는 보호구역 남쪽에 거주한다.
3. 주니 부족은 애리조나 주 아파치 카운티에 땅과 집을 갖고 있는데 이 공간은 나바호 족과 함께 공유한다.

공간 유형은 또한 아래 스피치와 같이 사람과 다른 생명체에 대한 정보 스피치에 적당하다.

주제: 중세에 세계를 여행한 구드리더 트로브자나도티(Gudridur Thorbjarnardottir)

개괄적 목적: 정보제공

구체적 목적: 중세 시대를 살았던 구드리더 트로브자나도티의 여행에 대해 알려줌

요점 :

1. 구드리더 트로브자나도티는 아이슬란드가 고향이다.
2. 그녀는 그린랜드에도 살았다.
3. 그녀는 어쩌면 지금의 미국이었을 빈랜드(Vinland)를 탐험했다.
4. 그녀는 로마로 가서 그녀의 여행을 교황에게 보고했다.

주제 유형

주제 유형을 사용할 때는 주제를 내용, 요소, 주제의 일부를 강조할 부주제로 나눈다. 대부분 정보 스피치 주제는 주제 유형으로 구성하는데, 부주제가 스피치의 요

점이다. 예컨대 청중이 단순히 과정을 이해하기 원한다면 주제 유형을 사용해서 과정의 주요 특징을 설명한다.

주제: 도그쇼(Dog Show)

개괄적 목적: 정보제공

구체적 목적: 청중에게 프로페셔널 도그쇼가 어떻게 진행되는지 알림

주제문: 프로페셔널 도그쇼는 개의 유형별로 그룹으로 묶고 기준에 따라 판정하며, 품종, 그룹, 쇼에 따라 부분별 승자를 선정함.

요점:

1. 커다란 프로페셔널 도그쇼에서 품종으로 구분하고, 스포츠견이나 기능견과 같이 그룹으로 나눈다.
2. 개성, 나이, 성과 같은 품종 기준에 따라 판정한다.
3. 각 품종의 우승견은 분야별로 다시 경쟁한다.
4. 분야별 우승견은 쇼에서 겨뤄 최우수견으로 최종 선정한다.

생각과 개념 스피치에서 단순한 주제의 요점을 단순히 기술하기보다 자세히 설명할 때는 주제 유형이 분명하게 설명하는데 도움이 된다.

주제: 세계화

개괄적 목적: 정보제공

구체적 목적: 세계화의 주요 유형 가운데 차이점을 이해하는데 도움을 줌

주제문: 경제, 종교, 정치, 문화, 미디어 다섯 가지 세계화의 유형이 있다.

요점 :

1. 문화 집단 사이의 무역과 상거래는 경제적 세계화를 말한다.
2. 종교적인 사상과 대화의 전파는 종교적 세계화를 말한다.
3. 국제 정치의 영향력 흐름은 정치적 세계화를 말한다.
4. 한 곳에서 다른 한 곳으로 문화적인 상품의 이동은 문화적 세계화를 말한다.
5. 새로운 커뮤니케이션 기술로 세계를 연결하는 것은 미디어 세계화를 말한다.

이야기 유형

이야기 유형은 연사가 사건을 이야기나 짧은 이야기 연재로 말한다. 대상, 장소, 사람, 다른 생명체 정보 스피치를 할 때 가장 좋은 유형이다. 이야기 유형은 시간 유형과 같이 일반적인 대상 스피치에서 사건의 극적인 전개를 강력하게 강조한다.

주제: 앉은뱅이 별, 명왕성

개괄적 목적: 정보제공

구체적 목적: 청중이 명왕성은 왜성이라는 것을 이해할 수 있게 함

주제문: 명왕성의 이야기는 해왕성의 발견으로 시작되는데, 1900년대 초 커다란 모양 때문에 명왕성이라 이름 지었으나 최근 명왕성은 왜성으로 강등되었다.

요점:

1. 명왕성 이야기는 1840년 해왕성의 발견으로 시작된다.
2. 19세기 후반의 과학자들은 신비한 행성이 해왕성의 궤도에 영향을 준 것으로 믿었다.
3. 20세기 초 명왕성이 발견되고 명명되었다.
4. 국제천문협회(IAU)는 명왕성이 다른 태양계의 위성과 같은 궤도를 돌고 있는지 의심하기 시작했다.
5. 2006년 국제천문협회는 명왕성은 왜성으로 한 단계 내렸다.

이야기 유형은 주제의 긴장과 극적인 감각을 더해 이야기로 흡수해서 한 사람 일생의 시간의 흐름에 따라 잘 설명한다.

주제: 오프라 윈프리(Oprah Winfrey)

개괄적 목적: 정보제공

구체적 목적: 청중이 오프라 윈프리 인생의 주요 전환점을 알게 함

주제문: 가난한 부모 밑에서 태어난 오프라 윈프리는 동기 부여되어 초등학교에서 고등학교, 대학까지 마침내 성공한 TV 토크쇼 진행자로 남아프리카공화국에 불우 여학생을 위한 학교를 개교하고 자신의 자리로 돌아왔다.

요점:

1. 오프라는 1954년 미시시피의 가난한 미혼모의 딸로 태어났다.

2. 밀워키로 이사한 후 초등학교와 중학교에서 매우 동기 부여되고 성공적인 학생이 되었다.
3. 오프라는 공부를 좋아했고 공부는 고등학교와 대학교를 거치면서 그녀 인생의 중심에 자리하게 되었다.
4. 마침내 TV토크쇼의 진행자로 매우 성공적인 자리에 오르게 되었다.
5. 남아프리카공화국의 불우한 가정의 흑인 소녀들을 위해 학교를 세웠고 이것은 자신의 자리로 돌아 오게 한 삶의 소명이라고 말했다.

원인결과 유형

원인결과 유형은 행위가 특별한 결과 어떻게 만드는가를 잘 설명한다. 이 유형은 원인을 동반한 사건의 정보 스피치에 적합하다. 예를 들어, 뉴질랜드 원주민 마오리족의 축제를 설명한다.

주제: 마오리족의 신년축하, 마타리키(Matariki)

개괄적 목적: 정보제공

구체적 목적: 청중에게 마오리족의 신년축하 행사에 대한 인식을 갖게 함

주제문: 마오리족의 신년축하 의식, 마타리키는 현재 뉴질랜드의 공식 휴일이 되었으며 마오리족의 문화유산을 회복하고 계승하는 노력의 결과이다.

요점:

1. 18세기 영국이 뉴질랜드를 점령할 무렵 마오리인들이 살고 있었다.
2. 영국의 지배에 따라 마오리의 문화유산을 잃게 되었다.
3. 2004년 마오리족의 문화유산 회복 노력의 결과 뉴질랜드의 공식 휴일이 되었다.
4. 마오리족의 신년축하 행사, 마타리키는 별무리의 등장을 말하며 새해를 알리는 전통적인 신호이다.
5. 마타리키 전통은 뉴질랜드 마오리족 사이에 폭넓게 지켜지고 있다.

travelstock44/Alamy

▲ 마타리키 신년축하 행사를 소개하는 정보 스피치에 어떤 조직 유형이 적당한가? 어떻게 유형의 변화가 스피치의 관점을 바꾸는가?

효과적인 정보 스피치 가이드라인

스피치의 성공은 사전계획과 준비에 따라 크게 좌우된다. 아래의 가이드라인은 성공적인 정보 스피치 준비와 스피치 기술의 다양한 내용을 더해줄 것이다.

스피치에 정보를 포함

스피치를 할 때 특별히 주제에 강한 의견이 있다면 연사는 주제에 대해 평가를 하거나, 의견을 포함하여 제안한다. 그러나 정보 스피치에서는 개인의견 강조를 피한다. 스피치가 정보의 공유 수준을 지킨다. 기술, 설명, 또는 입증할 뿐 청중에게 무엇을 생각하고 행동할지를 말해서는 안 된다.

연사에게 흥미로운 주제를 선택하는 순간 스피치를 통해 청중에게 얻고자 하는 실질적인 기대 목표에 영향을 준다. 예를 들어 열대우림에 대해 스피치한다면, 스피치의 구체적 목적과 주제문은 무엇인가? 청중이 스피치를 듣고 난 후 무엇을 생각하고 행동하기를 바라는가? 스피치에서 주제의 복잡성과 제한된 시간 때문에 열대우림의 특징에 집중해 청중의 일반적인 인식 수준만 높이는 합리적인 목표가 적당하다.

주제: 열대우림

개괄적 목적: 정보제공

구체적 목적: 열대우림의 특징에 대해 청중을 학습함

주제문: 열대우림의 특징은 높은 강우량, 특별한 수종, 4개의 밀림층으로 구성되었다는 점이다.

요점:

1. 열대우림에는 많은 양의 비가 온다.
2. 열대우림에는 특정한 나무들만 산다.
3. 열대우림은 4개의 초목지대가 있다.

요점은 청중에게 정보전달에 집중하고 주제에 대한 입장을 밝히지 않는다. 이 경우 정보전달과 설득 사이의 차이점을 구분하는 방법은 열대우림 주제는 환경정

책의 옹호가 없는 설명이라는 점에서 정보전달 스피치다.

만약 정보전달을 목표로 하면서 설득 스피치에서 벗어나지 않는다면, 청중에게 받아들여질 정보 스피치를 한다.

스피치 주제를 생동감 있게

정보 스피치는 연사가 긍정적인 태도와 청중에게 의미 있는 주제를 연결해서 보여줄 때 효과가 있다. 청중의 상상력을 자극하고 살아있는 언어로 요점을 설명하면 스피치 주제의 맥락을 성공적으로 만든다. 예컨대 요르단의 라니아 여왕은 뉴욕 국가역사박물관에서 열린 고대 중동의 페트라시 전시관 개관식에서 도시의 역사에 대한 정보 스피치를 하였다.[4] 아래는 스피치의 일부이다.

> 마법의 붉은 장미 도시 페트라—오늘 밤 누군가를 매혹할—는 지구상에 있는 한 도시에 지나지 않습니다. 그러나 인간의 정신세계에 많은 것을 증명하고 사암과 혈암에 오랜 역사를 아로새겨 놓았습니다.
>
> 그러나 페트라는 단순한 역사적 유물 이상입니다. 페트라는 인류에 지속적으로 메시지를 주고 있습니다. 페트라에서 인류—우리와 같은 보통의 생각을 가진—는 돌로 만들어진 벽에서 잠재적인 미와 웅장함을 보았습니다. 다른 사람들은 불모와 황량한 황무지로 볼 때 우아함과 찬란함의 가능성을 상상했습니다.
>
> 가장 중요한 것은 불가능에 도전하는 비전과 용기를 가졌다는 것입니다. 페트라는 불가능은 없다는 것과 가장 황량하고 쓸모없이 버려진 상황에서도 희망의 약속이 있다는 가르침을 주었습니다.
>
> 꿈과 계획, 그리고 최상의 노력이 있으면 불가능은 없습니다. 페트라의 기적은 사실이며, 수천 년간 계속되어 온 마법입니다. 요르단에서는 페트라를 '희망의 유적'이라는 자부심을 갖고 있으며, 지역과 전 세계 사람들과 함께 나누어야 할 자부심과 책임을 느낍니다.

라니아 여왕은 불과 몇 마디의 스피치로 "잃어버린 돌의 도시"라는 스피치를 살아있고 전시 내용과 작품에 적합한 맥락을 제공했다. 페트라의 이야기를 통해 최근의 세계와 연결하여 중동의 이슬람 국가인 요르단과 서구세계 사이에 다리를 놓는 역할을 했다. 이 전시 개막식에서 그녀의 스피치와 함께 프레젠테이션 자료가 함께 제시되어 메시지의 전달력을 높였다.

청중에게 주제 연결

연사와 청중 사이의 거리를 좁히기 위해 기술이 사용되는데, 유능한 연사는 주목을 끌고 주제에 다가서기 위해 청중을 격려한다. 주제가 낯선 청중에게 청중의 일상생활과 연결하여 설명한다. 주제에 익숙한 청중에게는 연사와 청중의 공통점을 강조해서 관심을 유도한다. 스피치에서 무엇을 얻을 수 있는지 청중을 돕고 인생에 어떤 교훈이 있는지 설명한다. 소니 온라인엔터테인먼트의 크리에이티브 임원인 라프 코스터(Raph Koster)는 '게임을 위한 편 이론'이라는 제목의 게임개발자회의에서 언어, 사례, 유머를 연결해서 스피치했다.[5]

> 안녕하세요? 저는 게이머 라프입니다(청중의 웃음). 왜 게이머라는 사실을 인식해야 합니까? 왜 "안녕하세요? 저는 게이머 라프입니다"라는 인사에 부끄러워해야 합니까? 왜 이런 인사를 해야 하죠? 왜 게임을 사람들에게 드러내지 못하죠? 왜 다른 사람들에게 설명하거나 왜, 무엇을 하는지 정당화해야 합니까?
>
> 왜 그리고 어떻게 게임이 움직이는지 기본 과정으로 돌아가면, 펀의 이론이 여기서 나옵니다.
>
> 사람들은 실제로 패턴매칭에 능합니다. "생각"이나 의식은 실제로 커다란 돈을 벌 수 있는 게임이라는 단순화된 생각을 주장하려고 합니다. 매칭게임을 세트로 만드는 것이죠. 물건을 제 자리에 옮겨 놓기, 그리고 이동하기… 실제로 좋은 사례는 얼굴입니다. 얼굴에 대한 데이터는 엄청납니다. 얼굴에 대해 관심을 가진 것은 수십 년에 불과합니다. 새 감시인이 새를 찾듯, 뇌의 얼굴인식 부분은 활성화되었습니다. 얼굴을 어디에서나 볼 수 있습니다.
>
> 때문에 어떤 패턴을 반복해서 다시 봅니다. 신경 연결망을 만드는 것입니다. 이제 그것을 '펀'이라고 부르겠습니다.
>
> 패턴 만들기는 생존을 위해서 필요합니다. 펀은 패턴을 성공적으로 흡수했을 때 뇌가 주는 피드백입니다. 패턴을 이해할 필요가 있는데, 이해하지 못하면 죽습니다. 따라서 HAS 뇌는 어떤 소질을 익힐 때 긍정적인 피드백을 줍니다. 일반적으로 펀은 하찮은 것으로 생각합니다. 소질은 문제가 되지 않습니다. 이것은 게임의 중요성을 강조합니다. 펀은 '하찮은 것이 아니라 인간 본성과 생존을 위한 기본이다'라고 말합니다. 따라서

Tom A. Peter/The Christian Science Monitor/ Getty Images

▲ 기억에 남는 연사의 특징은 스피치가 살아있고 청중에게 주제를 연결시켰다는 것이다. 시민권의 지도자 마틴 루터 킹 주니어, 빌 클린턴 대통령, 텍사스 주지사 안 리차드는 고전적 사례다. 다음 번 스피치에서 어떻게 청중에게 멋진 스피치를 할 것인가?

우리가 하는 일은 인간을 멸종으로부터 구하는 일입니다(웃음).

처음 시작부터 코스터는 연사 자신이 청중과 강력하고 자연스럽게 관계가 있음을 강조했다. "안녕하세요? 저는 게이머 라프입니다." 청중은 그가 누구인지 다 알고 있었기 때문에 이 영리한 인사를 웃음으로 맞았다. 라프는 온라인 게임업계에 세계적인 인물이며, 청중은 그가 말하는 것을 듣기 위해 모인 것이다. 두 번째, 명확하게 "저는 게이머입니다"라고 분명히 말함으로써 청중이 자신을 못 알아볼 것이라고 돌려 말해 온라인 게임의 슈퍼스타 지위를 재미있게 만들었다. 청중 대부분이 온라인 게이머였기 때문에 그는 청중과 유대감을 쌓을 수 있었다.

프레젠테이션에서 연사는 언어를 사용해 온라인 게이머들과 경험을 다시 확인하였다. 게임에서 쓰는 비공식적인 언어를 사용하고 게이머를 "우리"라고 지속적으로 지칭했다. 그의 목소리는 낙관적이며 신선했다. 키워드 펀(fun)을 아이디어 설명에 사용했다. 마침내 게이머와 연사의 펀이 연결되어 주제를 공유했다. "펀은 패턴의 성공적으로 흡수할 때 뇌가 주는 피드백이다."

정보의 교육

정보 스피치는 단순히 정보의 나눔 이상의 의미를 갖는다. 성공적인 정보 스피치 연사는 청중에게 가르치듯 정보를 전달한다. 스피치를 듣고 난 후 주제의 특징과 중요성을 이해할 수 있다.

청중에게 가르치기 위해서는 스피치 주제가 청중의 삶이나 가치에 합당하다는 것을 보여줘야 한다. 본능적으로 사람은 어떤 방식으로 자신의 삶에 도움이 되는 정보에 반응한다. 정보 스피치 연사는 청중에게 귀를 기울여야 할 이유를 주어야 한다. 아래 사례는 진 마이클 코스튜(Jean-Michel Cousteau)가 2001년 미국 의회 위원회에서 지구 해양의 연구와 보존의 필요성에 대한 스피치다. 주제를 어떻게 911의 비극과 기술적으로 연결하였고, 청중을 가르치기 위해 청중 중심의 언어를 사용하였는지 살펴보자.[6]

특별히 최근의 사건을 살펴보면, 많은 분들이 왜 바다의 날을 만든 것인지 궁금해 할 것입니다. 비극과 시도의 시대에도 인간의 본성은 불변성을 추구합니다. 불변성이란 무엇입니까? 개인 차원에서 가족의 안전을 말하며, 사랑이 변하지 않기를 바라는 것입니다. 직업 차원에서는 하는 일이 잘되고 돈을 잘 버는 것입니다. 저는 또 다른 차원의 불변성—날마다 당연하게 생각했던—을 제안하고자 합니다. 우리를 둘러싼 물리적 환경—지구, 하늘, 물의 순환—의 불변성입니다.

사실 우리 모두는 물의 위성에 삽니다. 지구의 2/3가 물로 덮여 있으며 가장 많은 물은 염분이 있는 바닷물입니다. 잘 아시다시피 바다는 지구의 삶에 가장 중요합니다. 기후를 변화시켜 생명을 위한 비를 내리고, 단백질의 근원이 되며, 생명연장의 약물의 자원이 됩니다. 아직 우리는 이렇게 중요한 자원인 바다를 그냥 묵인하고, 오염시키며, 그와 같은 활동을 하기에 한계에 이르렀다는 것을 무시한 채 고갈시키고 있습니다. 지난 한 해에만 미국에서는 92종의 어종이 남획되어 사라졌습니다. 해안가 습지는 모두 사라질 것이라는 경고등이 켜졌습니다. 오염된 물이 산호초의 멸종에서부터 근해의 해산물까지 영향을 주고 있습니다. 얼마나 오염이 심한지 한 예로 세인트로렌스 바닷가의 인근의 흰돌고래는 유독성 폐기물로 인해 멸종 위기까지 이르렀습니다.

코스튜의 도전은 특별히 해양오염과 바다 자원 보존의 중요성에 대한 청중 교육이었다. 메시지를 청중과 연결하기 위해서 그는 '불변성'을 강조했다. 사람들은 가정과 직장생활에서 안정성과 신뢰성을 원한다고 그는 말했다. 또 물의 공급과 같은 물리적 환경에서 예측 가능성을 원한다고 했다. 코스튜는 청중에게 생존의 본질과 같은 가장 기본적인 이해 메시지를 주제로 교육하였다.

그는 또한 너무 많은 기술적 정보를 제공하지 않고 전 세계 물의 공급과 같은 관련 자료의 설명과 심각성을 적절하게 사용하였다. 코스튜는 더 나은 물의 환경을 다짐하기 위해서 청중이 해양오염의 상황을 알아야 한다고 생각했다. 스피치에서 청중이 정보를 전달받는 것이 아니라 주제에 대한 지식과 이해를 얻게 하였다.

정보전달을 위해 프레젠테이션 미디어 이용

정보 스피치는 자주 프레젠테이션 도구를 사용하게 된다. 스피치를 몇 분밖에 할 수 없기 때문에 프레젠테이션 미디어의 사용은 제한된다. 주제를 소개하기에 적합한 이미지나 오디오, 비주얼 참고자료는 요점을 효과적으로 설명한다. 프레젠테이션 미디어를 선택할 때는 신중하게 사용할 이미지에 직접 주목하고 영향력을 높여야 한다.

청중 앞에서 최고의 연사가 되기 위해서 프레젠테이션 미디어가 꼭 필요하며,

Watch it!

동영상 링크 13.1: 정보 스피치

이 동영상에서 자닌와 에반이 정보스피치를 전달한다. 자닌의 스피치는 코닥카메라에 대한 것이고 에반은 테크노 뮤직에 관한 것이다.

Use it!

활동 링크 13.1: 정보전달

이 과정은 정보 스피치를 분석할 기회를 가지며 자신의 스피치에서 적용해본다.

천천히 그리고 확신과 리듬감 있게 전달해 청중의 스피치에 참여를 높여야 한다. 예컨대, 슬라이드는 설명과 일치된 시간에 바꿔야 요점을 전달할 수 있다. 프레젠테이션 도구를 잘 사용한 연사의 정보 스피치는 청중에게 긍정적인 경험을 준다.

요약

정보 스피치를 할 때 연사는 주제에 대한 청중의 깊은 이해, 인식의 고취, 지식의 함양을 원한다. 정보의 공유를 위해 청중과 효과적으로 연결되기 위해서 스피치는 의미 있고, 정확하고, 명확해야 한다.

대부분의 정보 스피치는 장소, 사람, 다른 생명체, 과정, 사건, 그리고 생각과 개념을 주제로 한다. 정보 스피치로 일반적이며 구체적 목적을 얻으려면 전체 목표—주제에 대한 이해나 과정의 작용을 설명—를 반영해야 한다. 시간 유형, 공간 유형, 이야기 유형, 원인결과 유형 등 몇 가지 구성의 유형은 정보 스피치를 잘하도록 돕는다. 정보 스피치에서 유형의 선택은 스피치의 개괄적 목적과 구체적 목적과 맞아야 한다.

●●● REVIEW IT ●●● 학습항목과 복습자료들

책 내부
- 요약
- 주요단어
- 비판적 질문

더 많은 학습 자원
- 스피치 스튜디오
- 퀴즈
- 웹링크

학생 워크북
- 13.1 짧은 정보 스피치
- 13.2 청중 결과
- 13.3 교사의 채점
- 13.4 청중 주목
- 13.5 변화 시도

스피치 친구 동영상

동영상 링크
- 정보 스피치

활동 링크
- 정보전달

샘플 스피치 비디오
- 커트, 'THE Illongot Head hunter' 정보 스피치
- 제프, '콜로라도 포트 콜린스의 역사' 정보 스피치

스피치 빌더 익스프레스
- 목표
- 주제문
- 조직
- 개요
- 지원자료
- 전달
- 소개
- 결론
- 제목
- 인용
- 스피치 개요 완성

인포트랙

추천 검색어
- 정보 스피치
- 정보 스피치 주제
- 전기
- 작동방법
- 공동체 사건
- 스피치를 위한 조직 유형

음성 학습 수단
- 커트의 'THE Illongot Head hunter'
- 비판적 사고 질문
- 학습목표
- 장 요약

효과적인 정보 스피치 전달의 5단계는 첫째, 설득보다 정보 스피치, 둘째, 청중의 상상력을 자극할 주제와 화려한 언어로 살아있는 스피치, 셋째, 스피치 주제를 청중에게 의미 있는 방법으로 연결, 넷째, 정보를 제공하여 알림, 다섯째, 정보전달을 위한 프레젠테이션 미디어 사용이다.

온라인 자원 안내

이 책 〈퍼블릭 스피킹: 진화하는 발표기술〉을 위한 온라인 자원은 추가적인 샘플 스피치 동영상, 스피치 빌더 익스프레스, 인포트랙 대학편, 학습지원이다. 학습지원에는 주요단어 플래시 카드, 리뷰 퀴즈, 비판적 질문이 있으며, 궁금한 점이 있

다면 교수님께 이메일로 보낼 수 있다. 또한, 온라인 자원의 특징은 생동감 있는 웹링크로 해당 챕터와 연결된다. 웹링크에는 최고의 정보 스피치 사례를 제공하는 웹사이트들이 포함된다. 링크된 사이트들은 정기적으로 관리되고 일정기간마다 추가된다.

주요단어

게이트와칭	과정	목표
사건	생각과 개념	
장소	정보 스피치	

비판적 질문: 확인과 토론을 위한 질문

1. 스피치의 명료성은 단지 연사의 생각을 이해할 수 있게 하는 문제인가? 아니면 윤리적인 문제제기인가? 전문적인 연사, 특히 정치인은 왜 의도적으로 분명하게 메시지를 밝히지 않는가?
2. 정보 스피치할 때는 이미 알고 있는 주제를 선택하는 것은 좋다. 만약 이런 주제를 선택한다면 어떻게 청중에게 흥미로운 경험을 만들 구체적 목적을 개발할 것인가?
3. 정보 스피치와 설득 스피치의 차이로 인해서 때로는 청중이 이해하는 데 어려움이 있다. 정보 스피치의 주제를 선택할 때 이점을 고려한다. 어떻게 정보 스피치의 경계 안에서 주제를 정할 수 있는가?

14장 설득 스피치
Persuasive Speech

LA시장으로 안토니오 비야라이고사(Antonio Villaraigosa)가 당선되었을 때 LA에 사는 수백만의 멕시코계 미국인의 커다란 희망이 되었다. 비야라이고사는 동부 LA의 가난한 멕시코인 거주지에서 성장했다. 17살이 되었을 때 고등학교에서 두 번이나 낙제했다. 그러나 마음을 바로잡고 열심히 일했고, 수준 있는 교육을 잘 받았다. 게다가 비야라이고사는 뛰어난 설득 스피치 능력을 갖게 되었다. **설득 스피치**(persuasive speech)에서 연사는 청중의 신념, 태도, 의견, 가치, 그리고 행동을 강조하고, 수정, 또는 변화시킨다. LA에서 처음으로 당선된 멕시코계 시장은 영감을 주는 여러 스피치를 통해 예산 삭감과 불확실한 결제성장에서 시민들에게 밝은 미래에 대한 비전을 심어주었다. 그의 첫 번째 시정 연설에서 비야라이고사는 다음과 같이 말했다.

설득 스피치
연사가 청중의 신념, 태도, 의견, 가치, 행위의 강화, 수정, 변화를 위해 하는 스피치

> 오늘은 이 도시의 상태가 어떠한지에 대해 말씀드리지 않고 어떠해야 하는지에 대해 말씀 드리겠습니다. 9달 전 시청 서쪽 계단에서 여러분 앞에 섰습니다. 그리고 새로운 미래의 LA를 위한 꿈을 여러분께 물었습니다. LA는 21세기의 위대한 글로벌 도시로 발전해 나갈 것입니다. 세계 수준의 교통시설로 시민들은 공동체에 더욱 가까워질 것입니다. 아이들은 학교에 안전하게 걸어서 등교할 수 있습니다. LA 어디에서도 아이들이 누군가에게 물건을 빼앗길 염려가 없습니다.
>
> 그리고 어디에서 온 누구인지에 관계없이 미래를 꿈꿀 수 있습니다. 아프리카계, 멕시코계, 백인, 아시아계… 동성애자나 일반인이나, 부자거나 가난하거나… LA시민은 그의 재능을 보여줄 수 있습니다.[1]

안토니오 비야라이고사는 어떻게 청중과 연결하는지, 희망과 꿈을 움직이는지, 그리고 행동하게 하는지 알기 때문에 미국 정치계의 거물이 되었다. 그의 스피치는 간결하고 설득적이었다.

이 장에서는 설득 스피치의 기본을 알아보고 15장에서 설득 상황에서 논쟁의 요소를 어떻게 적용하는지 공부한다. 14, 15장은 효과적이고 윤리적인 설득 스피치를 위한 특별한 전략을 함께 다룬다.

설득의 정의

설득

언어, 이미지, 다른 커뮤니케이션 수단을 사용해서 사람들의 태도, 신념, 가치, 행동에 영향을 주는 것

READ IT! **설득**(persuasion)은 언어, 이미지, 다른 커뮤니케이션 수단을 사용해 다른 사람의 신념, 태도, 가치 행동에 영향을 주는 것이다.[2] 사람들은 지속적으로 설득 메시지의 바다에 빠져든다. 의사는 환자에게 식이요법을 실시할 것을 처방한다. 회사 동료는 업무를 도와달라는 문자메시지를 보낸다. 온라인 광고는 제품과 서비스를 팔기 위해 팟캐스트와 게임을 활용한다.

이런 설득 메시지 정보를 받는 것과 달리 정보 스피치와 설득 스피치는 접근 방법이 다르다. 정보 스피치 연사는 주제에 대한 청중의 이해를 돕는 전문가의 역할을 한다. 반대로 설득 스피치 연사는 청중이 받아들였으면 하는 관점의 판매자와 제안자의 역할을 한다. 설득 스피치 연사는 주제의 전문가지만 청중이 수용하기 원하는 관점을 강조하면 설득력이 사라진다. 설득 스피치 연사는 정보 스피치 연사가 중립적인데 반해 주제에 분명한 입장을 가진다. 예컨대, 디지털 카메라에 대한 정보 스피치에서 연사는 청중에게 카메라의 역사를 설명해서 주제를 보다 잘 설명한다. 반대로 설득 스피치 연사는 전통적인 아날로그 카메라가 디지털 카메라보다 우수하다고 주장한다.

설득 스피치 연사는 사실 문제, 가치 문제, 정책 문제의 세 가지 문제를 강조한다. 각 유형의 스피치가 청중을 설득하려는 목표를 가질 때 연사가 추구하는 청중의 반응은 서로 다르다. 설득 스피치의 유형은 연사가 특별한 목적과 주제문 개발, 요점의 선택, 생각의 조직에 영향을 준다.

사실 문제 스피치

사실 문제

어떤 것에 대한 참과 거짓의 문제

사실 문제(question of fact)는 무엇이 참이고 거짓인지를 묻는다. 사실 문제를 다루는 스피치에서 연사는 청중을 어떤 일이 일어났고 일어나지 않았는지, 한 사건이 다른 사건의 원인이 되었는지를 설득한다. 예컨대, 형사 법정에서 변호사는 무죄를 주장할 때 검사는 피고가 불법행위를 했다고 판사를 설득한다.

7장에서 사실의 정의를 살펴본 것처럼 사실은 개인과 타인의 경험의 관찰, 또는 실제에 기초한 결론의 추정이다. 사실 문제를 다루는 스피치에서 연사와 청중은 사실과 추정 사이를 조심스럽게 구분한다. 사실과 추정 사이에 불분명한 스피치의 사례는 2003년 2월 5일 UN에서 행해진 전 국무장관 콜린 파월(Colin Pawell)의 연설이다.[3] 이 연설에서 파웰은 이라크 지도자 사담 후세인(Saddam Hussein)이 미국을 포함한 다른 나라를 공격할 대량살상무기를 가지고 있다고 주장했다. 위성 이미지, 작가의 그림, 정보자료, 오디오 테이프, 다른 정보를 활용하여 파웰은 공격이 임박했음을 강조했다. 그러나 파웰의 주장은 증거를 바탕으로 한 추론으로 밝혀졌다.[4] 예를 들어 위성사진은 트럭 몇 대를 보여주었지만 급수차량과 소방차량이었고 파웰이 주장한 생화학 작업 제독차량은 아니었다. 몇 년 후 이라크에서 대량 살상무기가 발견되지 않자 파웰은 나중에 신빙성 없는 정보로 판명된 정보를 바탕으로 스피치한 것을 후회했다고 밝혔다.[5]

사실 문제 스피치는 무엇이 관찰되고 알려졌는지, 어떻게 관찰이 이뤄졌는지, 그리고 새로운 관찰이 사실로 생각해온 사람들을 바꿔 놓았는지, 세 가지 대표적인 주제를 말한다. 일반적으로 개인은 참과 거짓을 구분할 수 있기 때문에 증거에 동의한다. 그러나 어떤 경우 사람들은 관찰한 것이나 관찰이 이뤄진 과정에 동의하지 않는다. 최근 연구에서는 보통의 미국인은 자신의 문제를 1985년 3명과 이야기했지만 2명으로 줄어든 것으로 나타났다. 문자 메시지나 온라인 채팅과 같은 다른 상호작용 방법은 제외되었지만 질문이 면대면으로 진행되었다. 연구결과에 동의할 수 있지만 질문이 어떻게 구성되었는지는 동의할 수 없다. 증거는 반박될 수 있기 때문에 연사는 반드시 제시된 증거의 설명이 맞는지 의심하는 청중을 설득한다.

사람들은 새로운 관찰을 기반으로 증거를 수정한다. 옛날 담배광고에서는 의사가 환자에게 담배를 처방했다. 최근 담배 포장에는 공중 보건의가 담배는 폐암, 뇌졸중, 혈관질환을 유발하는 유해물질이 다량 포함되었다는 경고를 싣고 있다.[6] 많은 연구에서는 흡연의 영향과 흡연으로 인한 몸의 변화를 다루었다.

스피치의 설득은 연사의 목소리와 믿을만한 증거를 통해 사실 문제를 전달한다. 증거와 통계자료는 사실 문제를 전달하는 스피치의 기본적인 토대가 된다. 그러나 연사는 증거를 지원하기 위해서 사례, 입증, 정의, 이야기를 사용한다. 예컨대, 안전벨트 맬 것을 강조하는 스피치에서 연사는 고속도로 순찰대원과 인터뷰나 교통사고에서 안전벨트 덕분에 생명을 지킨 사람의 이야기를 인용한다.

사실 문제 스피치의 구체적 목적, 주제문, 요점

설득 스피치에서 개괄적 목적은 설득이고, 구체적 목적은 "청중을 설득해서(어떤 행동을 하게 하려고)" 또는 "청중에 (어떤 방식으로 생각하게) 확신을 주도록"과 같이 시작한다.

사실 문제를 스피치할 때 참과 거짓에 대해 청중이 연사의 주장을 믿거나 동의하기를 바란다. 연사의 관심은 청중의 생각이 강화되거나 변화되는 것이지만 다음의 예와 같이 왜 청중이 그런지에 관심이 없다.

주제: 세계 원유 생산이 최고에 달함

개괄적 목적: 설득

구체적 목적: 세계 원유 생산량이 한계에 달했다는 것을 청중에게 확신시킴

주제문: 세계 원유 생산량과 더 이상 확대하기 어렵다는 역사적 증거를 제시한다.

이 사례는 주제, 개괄적 목적, 구체적 목적, 주제문이 사실 문제에 답하기 위해 제시된 것을 설명한다. 이 스피치에서는 "세계의 원유 생산량이 한계에 이르렀는가?"라고 질문한다. 구체적 목적과 주제문은 청중이 "역사적 증거가 세계의 원유 생산이 한계에 이르렀고 더 이상 증산이 어렵다"라고 동의할 답을 제시한다.

사실 문제 스피치의 요점을 만들 때는 "이 주장이 참(또는 거짓)이라고 생각할 수 있는 증거는 무엇인가?"라고 스스로에게 물어보라. 예컨대, 자폐증의 원인에 대한 스피치에서 주제문은 연사가 자폐증의 원인과 관련 있는 이론을 전달할 것이라고 제시해야 한다.

주제: 자폐증의 원인

개괄적 목적: 설득

구체적 목적: 청중에게 자폐증의 원인은 알 수 없다는 것을 확신시킴

주제문: 비록 자폐증의 원인에 대한 이론은 많지만 원인은 아직 알려지지 않았다.

요점:

1. 자폐증의 유전 이론은 이 병이 유전자의 상호작용의 변형에 의해 생겨나지만 연구는 결론을 내지 못했다.
2. 바이러스 이론은 연구의 함의가 지속적이지 않지만, 자폐증이 바이러스 감염에 의해 발병한다고 주장한다.
3. 어린이 백신과 잘못된 부모의 관리가 자폐증의 원인이라는 가설은 아직 지지받지 못하고 있다.

사실 문제 스피치의 조직 유형

정보 스피치와 더불어 설득 스피치의 조직 유형은 연사의 구체적 목적과 주제문으로 구성된다. 8장에서 논의한 조직 유형은 설득 스피치에서 사용될 수 있다. 사실 문제를 전달하는 스피치에서는 연사는 주로 시간 유형, 공간 유형, 주제 유형, 그리고 원인결과 유형으로 요점을 정리한다. 주제문은 어떻게 스피치를 잘 조직할 것인가를 안내한다. 예컨대, 원유 생산을 다룬 스피치의 주제문은 연사가 원유생산의 역사를 제시하기 위해 시간 유형으로 제안하여 아래에서 다시 한 번 제시하였다.

조직 유형: 시간 유형

주제: 세계 원유 생산

개괄적 목적: 설득

구체적 목적: 청중에게 세계 원유 생산이 한계에 이르렀다는 것을 확신시킴

주제문: 세계 원유 생산량과 더 이상 확대하기 어렵다는 역사적 증거를 제시한다.

요점:

1. 전 세계적으로 새로운 유전 발견 비율은 1960년 이후 감소하고 있다.
2. 1970년 미국의 원유 생산은 최고에 달했다.
3. 1976년 마지막 주요 유전이 중동에서 발견되었다.

4. 지난 10년간 원유 생산은 증가하지 않았다.
5. 원유 수요는 지난 5년 동안 4배 증가했다.

다음의 두 가지 사례는 사실 문제 스피치가 공간 유형과 주제 유형에 따라 어떻게 조직되었는지를 보여준다.

조직 유형: 공간 유형

주제: 해외여행에서 건강관리

개괄적 목적: 설득

구체적 목적: 청중이 다른 나라를 여행할 때 만나는 건강 문제를 인식함

요점:

1. 남아프리카를 방문할 때는 건강 문제에 신경써야 한다.
2. 동아시아를 방문할 때는 다른 건강 위협에 주의해야 한다.
3. 남아시아를 방문하는 미국인은 중요한 건강 문제와 만나게 된다.
4. 아프리카를 여행하는 미국인 몇 가지 건강 문제에 위협을 받는다.

조직 유형: 주제 유형

주제: 비타민 알약의 효과

개괄적 목적: 설득

구체적 목적: 청중에게 비타민 알약이 건강을 증진시키지 못한다는 것을 확신시킴

요점:

1. 비타민의 섭취는 건강을 위해 필요하다.
2. 충분한 비타민 섭취는 알맞은 식사습관으로 가능하다.
3. 천연 비타민의 섭취를 위해 비타민 알약을 복용할 필요는 없다.
4. 비타민 알약은 건강의 위험을 초래한다.

연사는 하나의 행동이나 사건이 다른 하나에 영향을 주는 것을 입증, 또는 반증할 때 사실 문제 스피치의 조직에 원인결과 유형을 사용한다.

조직 유형: 원인결과 유형

주제: 레스토랑과 바에서 금연

개괄적 목적: 설득

구체적 목적: 청중에게 레스토랑과 바에서 금연이 사업을 활성화한다는 것을 확신시킴

주제문: 레스토랑과 바에서 금연은 이 제도 아래의 사업체를 활성화한다.

요점:

1. 많은 주와 도시는 레스토랑과 바에서 금연을 실시한다.
2. 후원자와 비영리 기구의 추정에 의하면, 금연이 시행된 후 레스토랑과 바의 매출이 늘었다.

사실 문제의 스피치 조직에서 원인결과 유형을 적용한 연사는 A행위가 B행위를 만드는 원인을 분명하게 보여준다. 금연의 사례는 매출 증가와 후원의 증가를 통계적으로 보여준다. 연사는 상관관계와 인과관계를 혼동해서는 안 된다. 두 행위는 연결되어 보이지만 모두 연결된 것은 아니다. 예를 들어, 아침에 일어날 때 알람시계가 울린 날은 울리지 않은 날보다 더 피곤하게 느껴진다. 알람시계가 피곤하게 만든 것인가? 물론 아니다. 알람시계가 울지 않은 날은 잠을 더 푹 잤다고 설명한다. 게다가 특별히 복잡한 주제의 경우 단순효과에 다양한 이유가 있다. 예컨대, 안전벨트는 생명을 지키지만 지난 20년간 고속도로 교통사고 사망률의 감소가 안전벨트 때문만은 아니었다. 차의 안전 성능이 향상되었고, 보다 정교한 도로공학과 음주운전의 감소는 고속도로 교통사고 사망자 수를 낮추는데 기여한 것이다.

가치 문제 스피치

가치 문제(question of value)는 어떤 가치, 의미, 품질, 상황의 주관적 평가를 요구한다. 가치 문제는 어떤 의미 있는 대상에 대해 좋고 나쁨, 옳고 그름, 아름다움과 추함, 지루함과 신남, 재미와 심각성과 같은 질적 판단을 묻는다. 따라서 가치 문제는 참

가치 문제
대상에 대한 주관적 판단으로 가치, 의미, 품질, 상황을 평가함

> **Speaking of ... 미국정부에 대한 미국인의 가치 이해하기**
>
> 미국인의 가치는 어떠한가? 미국인은 다양하기 때문에 쉽게 답할 수 없다. 미 국무부의 국내정보 부서는 웹사이트(america.gov)에 미국인의 가치에 대한 두 가지 정보를 올려놓았다. 하나는 미국인의 생활, 교육, 예술, 다양성과 같은 토론 주제이다. 다른 하나는 미국이 노력하는 민주주의와 전 세계의 인권이다. 이 웹사이트는 국민을 대상으로 하는데 특별히 해외 미디어 관리자, 정부 관료, 지도자 뿐 만아니라 일반 공중을 대상으로 한다. America.gov로 가서 살펴보라. 국내 공동체에 어떤 가치를 알리려고 했는가? 미국민에게 어떤 가치를 전달하고자 했는가? 이런 가치를 아는 것은 어떻게 스피치에 도움을 줄까?

과 거짓의 증명보다는 개인의 의견과 문화적 신념을 전달한다. 사실 문제 스피치와 같은 가치 문제 스피치는 청중을 설득하는데 집중하지만 청중의 행위나 행동의 변화를 묻지 않는다.

가치 문제 스피치는 전쟁의 윤리처럼 시간을 초월한 주제뿐만 아니라 페이스북을 비롯한 소셜미디어에서의 윤리와 같은 최근의 문제를 다룬다. 주제는 지구온난화를 잘 전달하는 것과 도시의 열악한 건축물 비판 같은, 밝은 내용까지 진지하다. 주관적 기준의 적용을 토대로한 토론은 결국 불일치의 수준에 이른다. 가치 문제가 논쟁을 입증할 수 있기 때문에 특별히 주제에 대한 의견이 다른 설득 스피치와 동시에 만들어진다.

가치 문제 스피치의 구체적 목적, 주제문, 요점

가치 문제 스피치에서 연사의 구체적 목적을 알리면 주제의 품질이 높아진다. 어떤 것이 좋고 나쁨, 옳고 그름, 도덕과 비도덕, 최고와 최악이라고 생각하는가? 연사의 입장을 분명하게 해서 청중이 스피치를 듣고 난 후에 연사를 정확하게 알아야 한다. 주제문은 연사의 입장을 잘 설명한다.

주제: 대중예술

개괄적 목적: 설득

구체적 목적: 청중에게 대중예술이 모두에게 좋다는 것을 확신시킴

주제문: 대중예술은 상업지역을 활기차게 하고, 주거지에 더 나은 생활을 만들고, 관광을 장려하며, 지역 예술가 공동체에 활력을 주기 때문에 모두에게 좋다.

가치 문제 스피치의 요점은 연사의 주장을 분명하게 하고 입장을 강력하게 지지한다. 가치 문제를 다루는 스피치에서는 재활용은 좋은 것이고 쓰레기는 나쁜

것이라는 것처럼 확실히 비논쟁적인 주제에 관심을 갖는다. 그러나 가치 문제 스피치는 개인의 판단을 반영하기 때문에 사형, 낙태, 안락사, 동물의 권리와 같이 논쟁적이고 민감한 주제를 자주 다룬다. 주제에 대한 연사의 입장을 밝히는 것은 특별히 부정적인 청중에게 합리적으로 보인다.

요점을 준비할 때 어떤 종류의 자원이 청중에게 연사의 입장을 알리고 확신을 가지며 태도를 바꾸는데 도움이 될 것인지 스스로에게 물어보라. 어떤 생각이 연사의 입장을 지지하고 어떻게 조직할 수 있을까? 스피치를 듣고 난 후 청중이 주제에 대해 무슨 생각을 할까? 학교 바우처의 가치는 좋은 사례다. 이 주제는 부모, 교사, 행정가, 교회, 공교육에 관심 있는 집단 사이의 논쟁을 가져온다. 이 논쟁을 전달하는 방법은 지역의 넓은 범위에서 교육의 개혁을 입증한다.

주제: 학교 바우처

개괄적 목적: 설득

구체적 목적: 청중에게 학교 바우처는 초중등학교 교육 문제를 가장 잘 해결한 방법임을 확신시킴

주제문: 미국과 다른 나라에서의 학교 개혁운동은 학교 바우처가 초중등학교의 문제를 해결한 가장 좋은 방법이다.

요점:

1. 호주에서 초등학교와 중학교 개혁운동은 다른 선택을 넘어선 학교 바우처 프로그램의 우수성을 입증한다.
2. 일본의 교육 개혁운동 역시 학교 바우처 제도를 지지한다.
3. 최근 캐나다 공립학교시스템은 학교 바우처 프로그램이 어떻게 미국에서 성공했는지를 보여준다.
4. 미국 학교의 시범 프로그램은 학교 바우처 프로그램이 현재의 문제를 해결할 수 있음을 보여주었다.

가치 문제 스피치의 조직 유형

가치 문제 스피치에서 연사는 주로 요점을 시간 유형, 공간 유형, 주제 유형으로 배열한다. 설득 스피치에서 청중을 확신시킬 수 있는 가치 문제 스피치 패턴의 적

절한 조직 유형을 선택한다. 예컨대 영화에서 컴퓨터로 만든 가상의 이미지(CGI)에 대한 스피치를 할 때 시간 유형은 CGI 이전시대에 환영받던 제작방법을 이야기하고, CGI 기술의 영화가 옛날만 못하다는 논쟁을 강화한다.

조직 유형: 시간 유형

주제: 영화에서 컴퓨터로 만든 가상의 이미지(CGI)

개괄적 목적: 설득

구체적 목적: 청중에게 CGI로 만든 영화가 일반 영화보다 열등하다는 것을 확신시킴

주제문: CGI를 사용한 영화는 좋은 스토리보다 CGI기술에 집중하기 때문에 CGI 기술을 사용한 영화는 CGI를 사용한 영화보다 열등하다.

요점:

1. CGI 이전에 할리우드는 '시민 케인', '선셋 블루바드', '뻐꾸기 둥지위로 날아간 새'와 같은 이야기 구조가 탄탄한 영화를 만들었다.
2. CGI는 1970년 초에 영화 '웨스트월드'에서 소개되었고 이어 CGI에 대한 관심을 끌었으며 좋은 이야기를 가진 영화제작은 멀어졌다.
3. 최근 CGI의 강조는 '캐러비안의 해적'처럼 좋은 이야기 구조의 영화를 사라지게 했다.

조직의 주제 유형은 비슷하게 중요한 주제의 가치 문제 스피치에서 역할을 한다. 아래는 서로 다르게 기여하는, 그러나 주제문에 동일하게 중요한 세 가지 요점의 예이다.

조직 유형: 주제 유형

주제: 피부를 투명하게 보이는 제품

개괄적 목적: 설득

구체적 목적: 청중에게 피부를 투명하게 보이는 제품은 비윤리적이라는 것을 확신시킴

주제문: 피부를 투명하게 보이는 제품은 사용자에게 신체적으로 심리적으로 문제를 일으킬 수 있으며 하얀 피부가 검은 피부보다 우월하다고 암시하기

때문에 비윤리적이다.

요점:

1. 피부를 하얗게 하는 화장품은 사용자에게 신체적 문제를 일으킬 수 있다.
2. 피부를 하얗게 하는 화장품은 사용자에게 심리적으로 문제를 일으킬 수 있다.
3. 피부를 하얗게 하는 화장품은 하얀 피부가 검은 피부보다 우월하다는 인종적 편견을 만든다.

가치 문제 스피치의 사례는 앞부분에서 살펴본 학교 바우처 스피치와 같이 공간 유형을 사용하여 조직한다.

정책 문제 스피치

정책 문제(question of policy)는 어떤 행동의 방향을 취해야 하는지 또는 문제를 어떻게 해결해야 하는지를 묻는다. 여기서 반드시 해야 하는(should) 것은 스피치에서 사실 문제나 가치 문제보다 정책 문제를 다룬다는 단서가 된다.

정책 문제
선택해야 할 행동의 방향이 무엇인지, 또는 문제를 어떻게 해결해야 하는지를 물어보는 문제

정책 문제는 미국의 이민정책 같은 현재의 논쟁 주제나 운동을 해야 한다는 것 같은 덜 논쟁적인 주제를 포함한다. 정책 문제는 민주주의의 전파와 같은 일반적인 주제에서 대학에서 학술적 정직성 같은 특수한 범위까지 해당된다. 아래 예는 정책 문제를 다루고 있다.

- 소비자는 미국에서 생산된 제품만 구매해야 하는가?
- 미국의 고등 교육에서 보충수업을 없애야 하는가?
- 개인정보의 도난으로부터 어떻게 자신을 지킬 수 있는가?

정책 문제 스피치는 청중에게 특별한 입장에 대한 행동이나 지지(또는 반대)를 선택(또는 포기)하도록 요구한다.[7] 연사는 관여, 사회적 정치적 운동에 대한 지지, 주장에 대한 반대, 또는 행동의 변화를 즉각적으로 요구해야 한다. 예컨대 연사는 다음과 같이 제안한다.

UPI Photo/Michael Kleinfeld/Landov

▲ 정책 문제에 대한 스피치는 청중에게 공동체의 문제를 다루거나 해결하는 행동을 취하도록 요구한다. 공동체의 어떤 문제가 설득 스피치의 좋은 주제가 될 것인가?

- 대학생은 캠퍼스의 정크푸드 금지 탄원에 서명해야 한다.
- 사람들은 동물의 권리를 지지해야 한다.
- 지역민은 반드시 지역 법의 변경에 반대해야 한다.
- 누구나 운동에 참여해야 한다.

일반적으로 정치는 정부, 조직, 학교, 팀, 클럽과 같은 기구를 위한 공식적인 정책이다. 정치는 기구를 만들고 집행하는 지배, 법률, 계획, 행동의 형식을 취한다. 예를 들면 지역에 알맞은 집을 더 많이 지어달라고 주장하는 것은 정책 문제에 해당한다. 그러나 위에서 설명한 것과 같이 정책 문제는 개인, 집단, 기구, 사회, 문화적 수준의 다양한 쟁점을 다룬다. 또한 정책 문제는 소비자가 의류를 구입할 때 잘 살펴보고 정체성이 상실되지 않도록 지켜야 하는 것 같은 개인적 반응을 요구한다.

정책 문제 스피치의 주제를 정할 때는 총기제한, 사형제도, 안락사와 같은 논쟁적 공공정책을 고집할 필요는 없다. 만약 주제를 둘러싼 최근의 토론이 없다면, 이 주제를 피할 수 있다. 생각이 필요한 주제나 잘 알려진 주제에 대한 자신의 입장은 청중에게 이전에 여러 번 들었던 것보다 더욱 흥미로울 것이다. 가장 중요한 것은 청중과 공감할 수 있는 주제를 신중하게 선택하는 것이다. 예를 들면, 정책 문제는 전 세계적인 인권, 사회정의, 환경 문제와 관련지을 수 있다. 연사는 성조기 소각, 교회와 정치의 분리, 애국법의 제한과 같은 미국 의회나 정부의 정책의 다양한 의견으로부터 논쟁적인 주제에 대한 입장을 주장하기 원할 것이다. 지역 대중교통의 개발, 교사의 봉급인상, 부정적 정치 캠페인의 금지에 대한 결정은 정부 정책으로부터 파생된 토론할만한 사례이다. 한편 보다 특별한 주제는 대학, 직장, 지역 공동체로부터 나온다.

●●● THE EVOLVING ART ●●● 논쟁 주제를 위한 온라인 자원

퀸트라 토픽 클라우드 앤 구글스 소사이어티(Quintura's topic cloud and Google's Society)와 같은 온라인 자원의 이슈 페이지는 다양한 유형의 스피치 주제를 보여주고 있다. 게다가 더 일반적인 아래 사이트는 정책과 논쟁 주제에 특별하게 주목한다. 일반적인 사이트와 보다 특별한 사이트 모두를 사용하면 주제를 선택하고 조사하는데 도움이 된다.

정책 주제의 연감_policyalmanc.org
시민권, 지구온난화, 선거자금 개혁과 같은 미국의 공공 정책 주제에 대한 배경지식을 제공하는 독립적이고 비정파적인 서비스. 유형과 주제, 사이트 검색에 의한 열람.

논쟁에 대한 찬성과 반대_procon.org
전자 투표기계, 의료용 마리화나, 이라크전쟁과 같은 논쟁적 주제에 관여하는 비영리, 비 정파적인 웹사이트. 사이트의 개요는 각 주제와 관련된 찬성과 반대, 자원의 연결을 제공.

국제토론교육협회(IDEA)_idebate.org
국제토론교육협회(IDEA)(International Debate Education Association)는 비록 사이트의 목표 청중이 학생 토론자이지만 누구나 사용할 수 있다. 최근 주제와 관련한 찬성과 반대에 대한 심도 있는 토론이 있으며, 기구의 후원은 다양한 주제로 수백 개의 논증을 검색할 수 있는 Debatepedia이다.

많은 대학 도서관에서 최근 주제의 분류를 검색할 수 있다. 몇 가지 사례는 샌 안토니오의 팔로알토대학교(accd.edu/PAC/LRC/issues.htm), 아이오아주 댄버에 있는 세인트 앰브로스대학교(library.sau.edu/bestinfo/Hot/hotindex.htm), 그리고 산디에고 주립대학교(infodome.sdsu.edu/research/guides/hot/supersites.html)이다. 만약 도서관 웹사이트에서 주제 분류를 찾을 수 없다면 도서관 직원에게 문의하면 된다.

정책 문제 스피치의 구체적 목적, 주제문, 요점

사실 문제나 가치 문제 스피치와 달리 정책 문제 스피치는 행동을 요구하고, 청중이 특별한 행동에 참여하도록 강요한다. 연사는 청중에게 잘 인쇄된 고용계약서에 사인할 때처럼 내용을 조심스럽게 읽고 서명에 참여하며 미래를 위한 행동에 즉시 참여를 요구한다. 연사는 때로 청중이 교내 스케이트보드 금지에 찬성하거나 지역의 새로운 법안에 반대하는 단순히 수동적 지지만을 요구한다.

청중이 행동하거나 동의하기 원하는 것을 분명하게 지적하기 위해서 구체적 목적을 적어야 한다. 요점을 만들 때는 왜 현재의 목표나 상황의 변화가 필요한지, 어떤 혜택이 있는지, 스피치로부터 청중이 취해야 할 주장이 무엇인지를 정확하게 제시한다. 스피치를 준비할 때 연사는 스스로 아래 질문한다.

- 무엇으로 나의 입장을 보여줄 것인가?

- 청중의 태도가 긍정, 부정, 정보 없음, 냉담 중 어느 쪽에 가까운가?
- 청중이 내가 제안한 답으로 움직여야 할 이유는 무엇인가?

아래는 예는 청중에게 행동을 취하고 입장의 지지를 요구하며, 주제문으로부터 요점에 이르는가를 보여준다.

주제: 개인의 재난 준비

개괄적 목적: 설득

구체적 목적: 청중에게 지역에서 일어나는 자연재해를 스스로 잘 준비해야 한다는 것을 설득함

주제문: 개인의 재난 준비로 자연재해에서 생존할 기회를 늘릴 수 있다.

요점:

1. 허리케인 카타리나와 최근의 자연 재해는 기상이변 대응에 실패했음을 입증한다.
2. 최근 지역에서 일어난 자연재해는 대부분의 사람들이 사전 준비가 없었음을 보여준다.
3. 개인 재난 준비는 자연재해를 적절하게 대응할 수 있다.
4. 개인 재난 준비는 자연재해 중에서 생존 가능성을 높여준다.
5. 개인 재난 준비는 비상계획개발, 재해 구호키트 마련, 지역 재해 대피소 확보와 관련이 있다.

주제: 초중학교에서 연간(year round, 연중 계속되는 3학기제 – 역자주)교육

개괄적 목적: 설득

구체적 목적: 청중에게 전국적으로 연간교육을 실시하는 학교를 돕도록 설득함

주제문: 초중학교에서 연간 교육을 실시하는 것은 교육적, 사회적, 경제적 혜택 때문이다.

요점:

1. 현재 9개월간 공부하는 학사일정은 학생, 세금납세자와 사회의 재원을 부족하게 한다.
2. 초중학생이 연간교육에 참여하면 교육적, 경제적, 사회적 혜택이 있다.

첫 번째 사례는 연사가 왜 변화가 필요하며, 무슨 변화가 있어야 하는지 설명하고, 어떤 행동을 취해야 하는지를 지적했다. 이 방법으로 청중에게 자연재해를 준비하라는 요점을 제시했다. 두 번째 사례는 연사가 청중에게 단순히 입장을 지지하고 변화의 필요성을 입증하고 변화의 혜택을 설명하였다.

정책 문제 스피치의 구성 유형

정책 문제 스피치는 일정한 변화를 요구하기 때문에 연사는 왜 변화가 있어야 하며 무엇을 해야 하는지 분명하게 표현해야 한다. 비록 앞에서 설명한 조직 유형이 적용되었지만 문제해결, 원인결과, 동기부여 순서의 세 가지 유형이 일반적으로 더욱 효과적이다.

문제해결 조직 유형

문제해결 조직 유형은 요구나 문제, 그리고 그것이 어떻게 해결되는지를 제시한다. 사례는 다음과 같다.

주제: 부모의 신체 체벌

개괄적 목적: 설득

구체적 목적: 청중에게 자녀들을 신체적으로 체벌하지 않을 것을 설득함

요점:

1. 신체적 체벌로 인해서 아이들이 신체적, 정신적 고통을 받는다.
2. 부모는 절대 자녀에게 신체적인 체벌을 가해선 안 된다.

이 유형을 성공적으로 사용하기 위해서 문제점을 분명하게 찾아야 한다. 만약 청중이 문제를 인식하지 못하면 해결은 무의미하다. 청중이 문제를 느끼면 해결은 합당해 보인다. 신체 체벌 스피치에서 해결은 자연스럽게 아이들을 때려서 괴롭히는 문제로부터 나온다. 따라서 부모는 체벌을 해서는 안 된다. 만약 집안에 디지털 카메라를 달고 모니터로 부모가 아이를 체벌하는지 살펴보는 것을 해결방안으로 제시하면 청중은 너무 극단적이라고 생각할 것이다.

원인결과 조직 유형

원인결과 조직 유형은 문제의 원인 한 단계를 추가해서 문제해결 유형을 확대한 것이다. 학교 내의 정크푸드에 대한 스피치의 사례를 살펴보자.

주제: 학교 내의 정크푸드

개괄적 목적: 설득

구체적 목적: 청중에게 학교 내에서 정크푸드 판매를 금지하는 청원서에 서명하도록 격려함

주제문: 비만, 낮은 영양, 면역시스템 문제로 정크푸드는 반드시 교내에서 금지되어야 한다.

요점:

1. 많은 대학생이 과체중, 볼품없는 먹거리, 연약한 면역 체계로 고생한다.
2. 정크푸드는 이러한 문제의 주요 요인이다.
3. 교내에서 정크푸드 판매를 금지시키기 위해 힘을 모아야 한다.

첫째 요점은 많은 대학생이 과체중, 볼품 없는 먹거리, 연약한 면역체계로 고생한다고 설명한다. 둘째 요점은 이러한 문제점의 원인이 바로 정크푸드라고 밝힌다. 셋째 요점은 적어도 학교에서는 정크푸드를 없애자는 해결방안을 제시한다. 여기 문제해결 조직 유형이 포함된 또 다른 정책 문제 스피치의 사례가 있다.

주제: 국경 경비 강화

개괄적 목적: 설득

구체적 목적: 청중에게 미국과 캐나다 국경 순찰 강화의 필요성을 확신시킴

주제문: 미국과 캐나다간 불법 이민을 막기 위해서 더 많은 경계활동이 필요하다.

요점:

1. 매년 수천 명이 미국 북쪽에 이웃한 캐나다로부터 불법 입국한다.
2. 미국과 캐나다 국경의 국경 경비는 느슨해서 미국에 불법적으로 넘어오기 쉽다.
3. 미국과 캐나다 사이의 순찰활동을 강화해야 한다.

문제해결 조직 유형은 청중이 문제를 인식하고 문제원인해결 유형을 사용한 스피치를 기억하게 한다. 연사는 반드시 문제점을 원인과 문제의 답으로 제시된 해결을 연결하여 보여준다.

▲ 신용카드 사용을 줄이도록 하는 설득 스피치에서 연사는 문제원인해결 유형으로 예산보다 채무와 비용(문제), 쉬운 카드사용이 불필요한 소비를 늘이며(원인), 자기 통제 하에 카드를 사용하도록(해결) 청중에게 강조한다. 만약 다른 유형을 조직에 사용한다면 이 스피치를 어떻게 바꿀 수 있을까?

먼로의 동기부여 순서

먼로(Monroe)의 동기부여 순서는 연사가 생각을 조직할 때 청중의 반응에 주목한다. 5단계 구성이 〈표 14.1〉에 요약되어 있는데, 조직 유형은 청중이 주목하도록 연사가 자신을 드러내고 무엇을 동기부여 해야 하는지를 보여준다.[8]

1. 첫 번째 청중의 주목 단계에서 연사는 청중과 관계된 주제로 자신의 삶과 청중이 귀 기울여야 하는 이유를 전달한다.
2. 두 번째 욕구의 창출과 문제의 발견에서 연사는 청중의 주요 정보 부족과 주목이 필요한 쟁점을 제공한다.
3. 세 번째 문제에 대한 만족에서 연사는 청중에게 부족한 정보를 채우거나 문제를 해결한다.

표 14.1 동기부여 순서 5단계

단계	연사의 행동	청중의 반응
주목	주제를 청중의 주목받도록 연결	나는 이 스피치가 나와 관련 있으므로 듣겠다.
욕구	문제점과 현재의 피해를 적시함	저기 나의 주의를 끄는 문제가 있다.
만족	문제에 대한 답을 제시함	여기 문제를 해결하는 답이 있다.
시각화	제안된 해결의 혜택 또는 지불되지 않은 비용	이 해결방안의 혜택을 눈으로 확인할 수 있고, 지불되지 않은 비용을 알 수 있다.
행동	어떻게 청중이 제시된 해결방안을 실행할 수 있는지 설명	이렇게 하겠다.

4. 네 번째 결과의 시각화에서 연사는 해결방안이 적용되었을 때 생겨날 일을 청중에게 시각적으로 보여준다.
5. 마지막 청중의 행동에서 연사는 청중이 해결방안을 이행하도록 자세한 내용을 보여준다.

각 단계가 기능을 하기 위해서는 앞 단계가 충족되어야 가능하다. 만약 앞 단계에서 원하는 청중의 반응을 이끌어내지 못하면 다음 단계 역시 불가능하다. 만약 청중에게 행동을 요구하는 설득 스피치를 한다면 5단계를 모두 거쳐야 하는데 예는 다음과 같다.

주제: 단순하게 살기

개괄적 목적: 설득

구체적 목적: 청중에게 단순한 삶을 살도록 설득함

주제문: 소비생활이 불필요하게 복잡하기 때문에 단순하게 살도록 마음먹게 한다.

요점:

주목: 더 많은 시간을 일하고 출퇴근에 시간을 소비하며, 휴가는 적다. 그리고 과거보다 더 많은 이메일과 음성메일을 사용한다.

욕구: 불필요한 것을 사며, TV시청과 인터넷 서핑에 시간을 낭비한다. 그리고 기름을 아끼려고 정해진 길을 벗어나 운전한다.

만족: '단순하기 살기'란 가장 중요한 가치와 가치를 수행하기 위한 활동에 집중하는 것을 의미한다.

시각화: 실제로 필요한 부분이 아니면 잘라내서 좋아하는 것을 얻는데 사용된 시간에 대해 생각한다.

행동: 단순하기 살기 위한 단계는 목표를 몇 개만 정해서 집중하고, 자신만의 시간을 따로 관리하며, 실제 사용하지 않는 것을 버리거나 기증해서 불필요한 부분을 없애 버릴 수 있다.

만약 청중의 동의나 지지를 원한다면, 다섯 번째 동기부여 과정, 즉 '행동' 단계를 생략한다. 예는 다음과 같다.

주제: 비디오 게임을 통한 협력

개괄적 목적: 설득

구체적 목적: 경쟁이 아닌 협력을 통해 비디오 게임이 사회에 기여한다는 것을 청중에게 설득함

주제문: 비디오 게임은 게이머 각자가 경쟁하는 것이 아니라 서로 협력해서 사회의 화합을 돕는다.

요점:

주목: 비디오 게이머는 10대 남자라는 편견이 있지만, 인터넷 게임 사용자의 40%가 여성이며 평균 나이는 28세라는 것을 아는가?

욕구: 폭력적인 내용이 있는 비디오 게임은 뉴스가 되지만 실제 문제는 오늘날 기본적인 팀워크 스킬 개발을 돕는 게임의 부족이다.

만족: 경쟁보다 협력을 기본으로 하는 비디오 게임은 팀워크 스킬을 발전시키는 논리적 방법을 제공한다.

시각화: 만약 비디오 게임을 하지 않는다면 실제 팀 업무에서 경험을 통해서 보다 일반적으로 사회에 기여하기 위한 협업 능력을 배우게 된다.

이 사례에서 연사는 청중에게 협력 기반의 비디오 게임을 하거나 개발하도록 요구하지 않는다. 대신에 이런 게임이 사회를 긍정적으로 만든다는 것을 동의하도록 요구한다.

설득 스피치는 사실 문제, 가치 문제, 정책 문제가 강조된다. 문제는 연사의 구체적 목적, 주제문, 요점, 생각의 조직에 영향을 준다. 연사는 세 가지 똑같은 설득 스피치 주제를 논의한다. 〈표 14.2〉는 연사의 설득 스피치 유형이 어떻게 주제 개발에 영향을 주는지 보여준다.

다른 유형의 청중 설득

광고주가 소비자에 대해서 잘 분석하고 어떻게 하면 효과적으로 도달할 수 있는지 아는 것처럼 연사는 청중이 스피치를 듣고 연사의 주장에 동의할 수 있도록 반드

표 14.2 하나의 주제에 대한 설득 스피치의 유형: 미국 교정시스템

스피치 유형	구체적 목적	주제문	요점
사실 문제	청중에게 미국 교정 예산시설은 25년 전보다 늘어났다는 것을 확신시킴	미국의 재소자 시설 비용은 건설과 운영, 교도관 인건비는 25년 전보다 늘어났다.	1. 교정시설 건설비는 25년 전보다 늘었다. 2. 교정시설 운영비는 25년 전보다 늘었다. 3. 교도관 비용은 25년 전보다 늘었다.
가치 문제	청중에게 미국 교정시스템은 실패했다는 것을 확신시킴	재소자가 넘쳐나고 교도소 내 폭력이 늘어나며, 폭행사범이 늘어나기 때문에 교정시설은 실패했다.	1. 재소자는 위협적으로 늘어났다. 2. 재소자 폭력은 계속해서 늘어난다. 3. 더 많은 전과자가 교도소로 다시 돌아온다.
정책 문제	청중에게 미국 교정시스템의 개혁을 지지하도록 설득함	미국 교정시스템은 국민과 재소자 모두에게 안전하지 않아서 수정되어야 한다.	1. 재소자는 범죄로부터 국민을 보호할 수 없다. 2. 재소자는 건강과 복지에 위협을 받는다. 3. 교정시스템 개혁은 문제해결을 위해 사회복귀 프로그램에 집중해야 한다. 4. 사회복귀는 범죄를 감소시키고 재소자의 건강과 복지를 향상한다.

시 주제에 대한 청중의 입장을 알아야 한다. 5장에서는 스피치에서 청중분석에 대해 알아보았다. 여기서는 부정(적의) 청중, 긍정(동의) 청중, 분리 청중, 무정보 청중, 무관심 청중의 다섯 가지 일반적인 청중의 유형의 태도, 가치, 신념을 강조한 연사의 설득 전략을 살펴본다(표 14.3 참조).

부정 청중

부정 청중/적의 청중

연사가 제공하는 주제와 연사에 대해 비호의적인 청중

부정 청중(negative audience)은 다른 말로 연사의 주제와 연사에 대해 비호의적인 **적의 청중**(hostile audience)이라고 한다. 부정 청중은 위협적으로 보이지만 다수의 청중에게 효과적인 설득을 시작할 때 다른 의견을 보이는 것뿐이다. 예를 들어, 대학에서 교양교육을 없앨 것을 청중에게 이야기한다고 가정해보자. 이 목표는 달성하기 어렵기 때문에 일반 이수과목의 학점을 낮출 것을 요구하는 것과 같은 보다 완화된 단계를 주장한다.

주제에 강하게 저항하는 청중을 만나게 될 때 다음의 전략을 사용하면 스피치 목표를 달성할 수 있다.[9]

표 14.3 청중 유형과 설득 전략

청중 유형과 주제 관점	설득 전략
부정 청중 (정보제공 → 비호감 또는 매우 비호감)	신뢰 형성 일반 수준의 접근방법 채택 긍정적인 방법으로 주제 시각화 목표에 대한 기대와 강조
긍정 청중 (정보제공 → 호감 또는 매우 호감)	이야기 만들기 실행을 강조하기 위해 증거 활용 화려한 언어와 이미지 사용 행동 제안
분리 청중 (정보제공 → 분리, 반은 긍정 청중, 반은 부정 청중)	부정과 긍정 청중을 위한 통합 전략
무정보 청중 (정보 없음 → 의견 없음)	주제에 대해 더 많은 정보를 얻도록 동기제공 전문성과 공정성 입증 반복과 중복 정교한 설득 유지
무관심 청중 (정보제공 → 중요하지 않음)	주목과 관심 획득 주제가 청중에 미치는 영향 제시 연사의 에너지와 열정을 전달 일방적(one sided) 접근방법

- 청중과 신뢰를 형성한다. 청중과 긍정적인 관계를 만들어가기 위해서 청중에게 관심을 보이고, 주제에 대한 전문성을 증명해서 좋은 인상을 남긴다.
- 주제를 기본적인 수준에서 접근한다. 청중과 동의의 정도를 밝히고 반대 입장으로 접근한다. 만약 청중이 연사와 비슷한 관점을 가졌다고 생각하면, 메시지에 더욱 가까워질 것이다.[10] 동성결혼에 대한 스피치에서 게이나 레즈비언이 서로 결혼하는 문제를 노예제 폐지, 아동 노동 반대법 통과, 여성의 참정권과 같은 다른 쟁점이나 시민의 권리와 비교할 수 있다. 이러한 쟁점에 얼마나 많은 저항이 있었는지와 이러한 권리는 지금 일반적인 것이 되었다는 것을 입증한다.

- 주제를 청중에게 긍정적인 방법으로 시각화한다. 첫 단계부터 효과적으로 설득하면 청중은 새로운 생각을 갖는다. 우주탐사 재원을 늘이기 위한 스피치를 할 때 청중의 상상과 주제의 호의적 인상을 제공할, 화성이나 멀리 있는 은하계의 흥미를 돋우는 디지털 슬라이드 몇 장을 보여준다.
- 마지막으로 연사의 입장에 부정적인 반응을 하는 청중에 대비한다. 청중이 스피치에 동의하지 않을 모든 이유를 고려한다. 그리고 이런 반응에 어떻게 대응할 것인지 결정한다. 예컨대 미국의 최저임금에 대한 스피치에서 이러한 인상안이 일자리를 잃게 한다는 연구결과를 인용해서 청중에게 강조한다. 스피치에 대한 청중의 관심에 감사한 마음을 표현함으로써 청중의 관점을 이해했음을 증명한다.

긍정 청중

긍정 청중/동의 청중

스피치를 듣고 연사의 주제와 입장에 호의적인 청중

긍정 청중(positive audience)은 다시 말하면 스피치를 듣고 난 후 연사의 주제와 관점에 호의적인 **동의 청중**(sympathetic audience)이다. 이 긍정 청중은 자신의 의견을 확인하고 강화하며, 관심 있는 사람들이 좋아할 사회적 행사에 참여하며 주제에 대해 더 많은 것을 배우려 하고 어떤 경우에는 원인을 찾아서 문제를 해결한다. 정치 캠페인 스피치와 종교 집회는 연사가 긍정(동의) 청중에게 스피치하는 예다. 청중의 생각과 행동을 강화하는 몇 가지 전략은 다음과 같다.[11]

- 요점에 맞춰 이야기를 만든다. 특별히 이야기는 이미 확보된 청중을 강화하기 좋다. 예컨대, 청중이 환경 보전의 가치를 알고 있다면 스피치는 환경보호주의 주제가 청중과 얼마나 관련 있는지 설명한다.
- 청중이 주제에 대해 더 많이 커뮤니케이션 할 수 있게 증거를 활용한다. 청중이 의미를 파악하도록 다양한 사실, 통계, 정리되지 않은 정의에서 벗어나 증거와 사례를 든다. 예컨대, 산림, 강, 습지, 호수를 오염과 도시 확장으로부터 지키는 다양하고 성공적인 정치 의제—지구의 모든 생명을 위해 값진 자연을 보존하고 삶의 질을 향상시키자는—를 설명한다.
- 주제에 대한 청중의 열정을 높이기 위해 화려한 언어와 이미지를 사용한다. "무성

한 녹색 숲, 차가운 얼음, 격노한 강, 비옥한 들판, 가볼만한 호수"는 "숲, 강, 습지, 호수"보다 효과적이다. 정치적 행동으로 파괴로부터 보존된 아름다운 들과 강을 보여주는 컬러 슬라이드 여러 장은 주제에 대한 청중의 깊은 감동을 불러낸다.

- 청중이 연사에 동의하면 행동을 제안한다. 예컨대, 올 해 지구의 날에 지역이나 대학의 환경단체에 참여할 것, 계류 중인 환경 법안을 지지, 플라스틱 재활용, 스팸메일 근절, 환경을 오염시키는 물건의 불매운동을 요청한다.

Christoper Ena/AP Photo

▲ 이스마엘 베아(Ishmael Beah)는 신뢰도가 높은 연사 중 1명이다. 아프리카 시에라 리온에서 태어나 '소년병'으로 참전하고 지금은 26살이 되었는데 전쟁으로 인한 어린이들의 권리를 옹호하였다. 사회적 스피치 스타일로 그의 개인경험은 그가 말한 주제에 대한 청중의 관점에도 불구하고 공감으로 이끌었다.

분리 청중

분리 청중(divided audience)은 스피치를 들었지만 관점이 절반은 호감으로 나머지 절반은 비호감으로 나눠진 경우다. 연사는 분리 청중을 만나게 되는데 특별히 다수의 청중을 대상으로 하거나 논쟁 주제에 대한 스피치를 할 때 더욱 그렇다. 분리 청중의 주된 문제는 동의하지 않는 청중을 설득해야 한다는 점이다. 따라서 부정 청중에 대응할 때와 같이 기본적인 접근이 필요하다. 연사의 신뢰를 쌓고 청중과 연결하며, 청중에게 주제 관련 긍정적인 방법으로 시각화하고 부정 청중의 반대에 대응하는 일반적인 수준에서 접근할 것을 말한다. 연사는 자신에게 동의하는 청중에 감사해야 한다. 소구력 있는 입증과 사례, 참여를 가능하게 하는 이미지 등 적절한 이야기는 적의 청중뿐 아니라 동의 청중을 응대하는 방법이다.

분리 청중
연사의 주제에 대한 스피치를 듣고 난 후, 똑같이 호감을 가진 쪽과 반대 의견으로 갈라진 것을 말함

만약 도시의 이웃들과 최근 몇 년간 늘어난 범죄율에 대해서 스피치한다고 가정해보자. 연사의 특별한 목적은 감시 카메라가 전역에 설치되어야 한다고 청중이 확신하는 것이다. 청중 중 일부는 카메라 설치가 범죄를 줄일 것이라고 믿는다. 다른 청중은 이 제안을 반대하고 사생활을 위해 카메라 설치를 반대할 것이다. 전체 청중에게 효과적으로 전달할 수 있는 전략은 다음과 같다.

- 논쟁 주제와 반대 쟁점의 정당성을 입증한다. 범죄의 증가는 반드시 해결되어야 할 문제지만 여전히 사생활 보호는 민주주의의 기본 원리이며 반드시 지켜져야 한다.
- 카메라 감시가 범죄를 현저하게 줄이지 못했다는 통계를 보여주어 신뢰를 확보한다.
- 청중 가운데 일반적인 수준에서 스피치 공간에 있는 모든 사람이 동의할 수 있는 사생활 권리에 맞춘다.
- 요점이 한사람의 권리를 침해하는 것이 아니라 모든 사람의 권리를 회복하기 때문에 감시 카메라가 지역민의 권리와 사생활보호를 침해한다고 반대를 강조한다.
- 동의하는 청중을 감시 카메라가 작동하는 지역에서 가져온 입증과 사례를 활용해서 입장을 강화한다.

마지막에 논쟁과 증거자료의 강조뿐만 아니라 연사가 사생활의 개념을 이해했다고 하면서 청중이 다시 한 번 생각하도록 해야 한다.

무정보 청중

무정보 청중

연사의 스피치 주제와 친근하지 않거나 의견이 없는 청중

무정보 청중(uninformed audience)은 스피치 주제를 잘 모르거나 관심이 없는 청중을 말한다. 청중은 잠재적으로 연사의 스피치에 관심이 있지만 노출이 부족하다. 예컨대 군인 가족은 정부가 군인연금을 조정한다는 정보에 관심이 있을 것이다. 연사의 스피치에 청중의 동의를 얻는 몇 가지 전략은 다음과 같다.[12]

- 주제에 대해 더 많은 정보를 얻도록 동기를 제공한다. 청중을 주제와 연결하고 "잘은 모르겠지만 해야만 한다"라는 결론에 이르도록 돕는다. 예컨대 연사가 청중에게 퇴역군인의 연금이 얼마나 영향을 받는지 알려준다. 관계는 즉각 일어나지 않는다. 퇴역군인 연금은 군인이 아닌 사람에게는 별 문제가 아니다. 그러나 연금의 증액은 납세자의 부담을 의미하며 연금의 감액은 지역 사회기관에 커다란 짐이 된다.
- 다양한 관점을 제시하면서 전문성과 공정성을 입증한다. 설득 스피치 연사로서

주제의 양면을 모두 다뤄야 한다. 연금의 수정이 군인가족에게 어떤 영향을 지지하는가? 설득 스피치를 정보 스피치로 바꾸지 않고 쟁점을 설명할 수 있다. 주제를 충분히 연구했다는 것을 보여주고, 여론 형성을 위해 청중이 알아야 할 것을 제공해야 한다. 청중이 공정하게 스피치를 들었고 쟁점을 잘 알았다고 믿으면 연사의 주장에 더 쉽게 동의한다.

- 주장을 위해서 반복과 중복한다. 청중에게 주제가 생소하므로 다양한 형식으로 주제 관련 정보를 제공한다. 예컨대 군인연금의 경우 연금의 목적을 정의하고, 군인에게 정부가 제공하는 혜택을 제시하고, 제안과 관련한 통계를 보여주고, 군인연금을 연구한 학자의 이야기를 들어보며, 군인연금으로 대학 졸업과 같이 중요한 목적을 이룬 퇴역군인의 이야기를 소개한다. 위와 같이 군인연금에 대한 다양한 자료가 스피치에서 중복된다.
- 정교한 설득을 한다. 청중에게 연사의 주장을 알리되 감정이입이 되어버리거나 격앙된, 혹은 격렬한 주장은 피해야 한다. 대신 사실에 입각한 방법을 택한다. 군인연금 스피치에서 연사는 "현재의 군인연금의 수정안을 찬성합니다. 그것을 여러분께 말씀드리겠습니다"라고 말할 수 있다. 만약 연사의 스피치 내용을 청중이 알 때까지 기다린다면, 청중은 잘못 이해하거나, 생각을 제쳐놓게 된다. 그러나 청중에게 주제를 여러 차례 강조하고 연사를 전문가로 이해하면 입장의 차이에도 불구하고 연사를 믿게 되고 주제를 정확하게 받아들인다.

무관심 청중

무관심 청중(apathetic audience)은 스피치는 듣고 있으나 관심이 없는 청중이다. 주제에 대해 알고 있으나 생각하지 않는다. 이 유형의 청중은 연사가 다음과 같은 방법으로 주제와 청중 사이의 긍정적인 연결을 한다.

무관심 청중
연사의 주제를 들었으나 관심이 없는 청중

- 청중의 주목 획득과 관심을 증대한다. 청중에게 왜 스피치에 주목해야 하는지를 보여준다. 예컨대 미국이 개발도상국에 지속적인 지원을 주장하다고 생각해보자. 이를 위해 개도국 소상공인의 초기 사업자본 제공을 제안한다. 이 때 청중은 자신의 삶과 전혀 관계가 없다고 생각한다. 청중분석에 따르면 청중은 자선

무관심 청중의 주목을 끌기 위해 언어만 사용해서는 부족하다. 주제에 적절한 이미지와 소리는 연사의 생각에 청중을 집중하게 하는 좋은 전략이다. 적절한 프레젠테이션 미디어의 활용은 청중에게 주제를 시각화하고, 감동을 주며, 언어만으로 구성된 스피치보다 설득적이다.[15] 예컨대, 미국이 개발도상국가를 돕는 정책을 지지하게 하려면 몇 가지 사진이 긍정적인 효과를 준다. 관련 주제를 다룬 공공라디오(NPR, National Public Radio)의 기사, 그리고 개발도상국가의 삶을 다룬 다큐멘터리를 요약한 15초 짜리 동영상은 처음부터 청중의 눈과 귀를 사로잡을 좋은 예이다.

과 지원이 지역 공동체 전체를 돕는 방법이라고 생각한다. 올바른 주장은 주제를 청중의 사회적 책임감으로 이어준다. 강력한 자료를 제시함으로써 경제적 지원이 개도국 국민의 삶의 질 향상에 긍정적인 영향을 줄 것이라는 것을 증명한다.

- 주제가 청중에 미치는 영향을 보여준다. 청중이 주제를 파악하고 자신과 관계를 확인하면 설득이 더욱 잘 된다.[13] 현재의 세계 경제시스템에 의존하는 미국의 상황을 설명하면 청중과 거리감이 있다. 개도국이 경제적인 어려움을 겪으면 세계 경제도 위협을 받는다는 것을 가능한 오래 이야기해야 한다. 이런 상황이 미국경제와 해외에서의 달러환율, 국가안보에도 부정적인 영향을 준다. 따라서 개도국에 직접 경제적 도움을 주지 않으면 청중의 지갑과 안전에도 영향을 준다.
- 연사의 에너지와 열정을 통해 주제에 대한 관심이 크다는 것을 청중에게 보여준다. 미국 경제를 유지하기 위해서 개도국을 돕는다는 스피치에서 연사는 주제에 대한 커다란 책임과 관심을 전달한다. 스피치는 빠르지만 명쾌하게, 약간 목소리를 크게 하고, 잠깐 쉬며, 몸동작과 움직임을 힘차고 의도를 가지고 움직인다. 이러한 비언어 신호는 주제에 대한 열정을 보여준다.[14]
- 주제에 일방적(one sided) 방법으로 접근한다. 마지막으로 부정 청중을 만나서 주제의 균형 잡힌 스피치를 하더라도 모든 관점을 강조할 필요는 없다. 청중이 무관심할 때 일방적 접근방법은 합리적이며 윤리적이다. 설득할 때 연사는 청중이 관심 가져야 할 이유에 맞게 주제에 대한 입장을 옹호한다.

설득 스피치의 윤리

윤리적인 연사는 미국커뮤니케이션학회(NCA)의 윤리 커뮤니케이션 기준(3장)에 맞아야 한다. 설득 스피치 연사는 다음의 원칙을 지켜야 한다. "우리는 왜곡, 위협, 강요, 폭력, 편협하고 증오가 담긴 표현으로 개인과 인간의 존엄을 떨어뜨리는 커뮤니케이션 행위를 비난한다." 윤리적인 설득 연사는 청중을 속이거나 조작하지 않는다. 대신 믿음직하고, 정확하며, 정직하게 정보와 논증을 제시한다. 또한 "표현의 자유, 관점의 다양성, 반대의견에 관용"을 보인다.[16]

윤리적 설득 스피치와 다른 스피치 사이의 차이점을 설명하기 위해서 친자확인 DNA검사를 예로 들 수 있다. DNA검사는 범죄학에서 필요한 수단으로 많은 사건에서 누가 범인인지를 밝혀내는 데 도움을 준다. DNA검사는 과학자들이 남겨진 흔적으로 나이를 판별할 때 사용한다. DNA는 유전 형질로 사람을 검사하는 다른 목적으로 사용된다.[17]

청중이 개인의 DNA자료분석에 동의하도록 설득 스피치를 준비한다. 그러나 윤리적인 고려가 주제와 관련이 된다면 어떻게 해야 하는가? 윤리적 연사는 DNA 검사가 주는 혜택뿐만 아니라 관련된 위험도 함께 조심스럽게 살펴본다. 예컨대 연사는 DNA 검사가 중독의 성향을 예방하고, 유전질환의 아동으로 유전 가능성을 측정하며, 헌팅톤병(Huntington's disease)과 같은 유전적 이상을 진단하는데 도움이 된다고 스피치한다. 연사는 DNA 검사가 친부모, 형제자매, 다른 친척을 찾는데 얼마만큼 도움이 되는지를 설명해서 청중을 설득한다. 또한 연사는 DNA 검사가 청중의 조상이 어디에서 왔는지 밝혀낸다.

이 주제에서 두 가지 윤리적 위반이 지적된다. 첫째, DNA검사가 본인도 모르는 정보를 전달한다. 둘째, 매우 심각한 DNA 검사의 문제점을 지적하지 않다. 예컨대, DNA 검사로 개인의 인종을 밝히지

> **Speaking of ... 설득인가? 조종인가?**
>
> 설득은 언어, 이미지, 다른 커뮤니케이션을 활용해 사람들의 태도, 신념, 가치, 행동의 변화를 가져오는 것을 의미한다. 이것은 조종과 어떻게 다른가? 무엇이 설득자와 조종자를 구분하는가? 이 둘을 구분하는 두 가지가 있다. 첫째, 조종은 다른 사람에게 영향을 줄 때 부정한 방법을 사용한다. 타인에게 중요한 정보를 빠뜨리고, 잘못되거나 부정확한 정보를 고의로 전달하는 것은 조종의 예이다. 둘째, 조종은 지배집단의 사회적 힘에 남용과 관련이 있다.[20] 예를 들면, 회사의 대표는 자신의 의견에 동의하지 않는 사람을 해고하거나 징계하고, 의사는 말을 잘 듣지 않는 환자에게 검사결과를 과장하는데, 이것이 상대방을 조종하기 위해 권한을 잘못 사용하는 경우이다. 윤리적인 연사는 청중을 조종하기보다는 설득한다.

않아도 유전자 구성(유럽인, 아프리카인, 아시아인, 미국 인디언)을 밝혀낼 수 있다.[18] 외모에 의한 인종구분은 믿을 수 있는 방법이 아니며, 유전학에 근거한 과학적 유형은 아니다. 윤리적 연사는 DNA 검사가 사람의 인종을 구분하는데 도움이 된다고 믿는 청중을 확신시키지 않는다.

가장 중요한 것은 연사가 자신이 오랫동안 믿었던 인종 정체성과 다른 결과를 받았을 때 겪게 되는 혼동과 같은 DNA검사와 관련된 커다란 위험에 대해 청중에게 경고해야 한다는 것이다. 예컨대, 하버드대학의 아프리카계 미국인 연구학과의 헨리 루이스 게이츠 주니어(Henry Louis Gates Jr.)는 그의 유전적 조상이 아프리카인뿐 아니라 유럽인의 피가 섞여 있는 것으로 밝혀져 완벽한 아프리카계라는 기존의 생각을 뒤집게 되었다.[19] DNA검사를 시행하는 회사에서는 의뢰인에게 특별히 유전적 정체성의 변화 가능성을 알린다. 따라서 청중을 설득할 때 윤리적 연사는 청중이 직면할 위험을 고려하고 강조한다.

Watch it!

동영상 링크 14.1: 설득 스피치

이 동영상에서 에린은 운전 중 전화통화의 위험에 대해 완벽한 설득 스피치를 한다.

Use it!

활동 링크 14.1: 설득 공식

이 과정은 설득 스피치를 분석할 기회를 가지며 자신의 스피치에서 적용할 것을 확인해본다.

요약

다른 사람을 설득할 때는 연사는 언어, 이미지, 다른 커뮤니케이션 의미를 사용하여 청중의 태도, 신념, 가치, 행동에 영향을 준다. 설득 스피치는 사실 문제, 가치 문제, 정책 문제를 전달한다. 사실 문제 스피치는 무엇이 참인지 거짓인지에 대해 다룬다. 가치 문제 스피치는 대상의 가치에 대한 입장을 취한다. 정책 문제 스피치는 실행여부에 관심을 갖는다. 사실 문제나 가치 문제는 주로 주제 유형, 시간 유형, 공간 유형, 원인결과 유형으로 조직된다. 정책 문제 스피치는 행동을 요구하거나, 일부 청중의 수동적인 동의를 얻어야 하기 때문에 문제해결 유형, 문제원인해결 유형, 동기부여 과정 유형은 이 같은 스피치에서 가장 좋은 조직의 유형이다.

일반적으로 설득 스피치 연사는 부정 청중, 긍정 청중, 분리 청중, 무정보 청중, 무관심 청중 다섯 가지 유형의 청중을 만난다. 각 유형은 다른 설득 전략이 필요하다. 예컨대, 부정 청중을 설득할 때는 일반 수준에서, 긍정적인 방법으로 주제를 시각화하여 반대의견을 해결할 연사의 신뢰성을 보여준다. 무관심 청중의 관심을 끌기 위해서 연사는 주제를 청중과 관련시키고 역동성을 보여주면서 주제에 일방적인 방법으로 접근한다.

윤리적인 연사는 미국커뮤니케이션학회(National Communication Association)의 커뮤니케이션 윤리 기준에 적합해야 한다. 윤리적인 연사는 정보와 논증이 진실되고, 정확하며, 정직해야 하고 절대 청중을 속이거나 조종해서는 안 된다.

온라인 자원 안내

이 책 〈퍼블릭 스피킹: 진화하는 발표기술〉을 위한 온라인 자원은 추가적인 샘플 스피치 동영상, 스피치 빌더 익스프레스, 인포트랙 대학편, 학습지원이다. 학습지원에는 주요단어 플래시 카드, 리뷰 퀴즈, 비판적 질문이 있으며, 궁금한 점이 있다면 교수님께 이메일로 보낼 수 있다. 또한, 온라인 자원의 특징은 생동감 있는 웹링크로 해당 챕터와 연결된다. 웹링크에는 최고의 정보 스피치 사례를 제공하는 웹사이트들이 포함된다. 링크된 사이트들은 정기적으로 관리되고 일정기간마다 추가된다.

●●● REVIEW IT ●●● 학습항목과 복습자료들

책 내부

- 요약
- 주요단어
- 비판적 질문

더 많은 학습 자원

- 스피치 스튜디오
- 퀴즈
- 웹링크

학생 워크북

- 14.1 토론
- 14.2 RFK in Indy
- 14.3 보충자료의 사실, 가치, 정책
- 14.4 윤리적 선을 정의할 때까지 광고 시청
- 14.5 좋은 비주얼을 결정하기 위한 광고 시청

스피치 친구 동영상

동영상 링크

- 설득 스피치

활동 링크

- 설득 공식

샘플 스피치 비디오

- 캐롤, '지방 차별' 설득 스피치
- 리사, '유방암 인식' 설득 스피치

스피치 빌더 익스프레스

- 목표
- 주제문
- 조직
- 개요
- 지원자료
- 전달
- 소개
- 결론
- 제목
- 인용
- 스피치 개요 완성

인포트랙

추천 검색어

- 제안된 개념 검색
- 설득 스피치
- 사실 문제
- 가치 문제
- 정책 문제
- 윤리적 커뮤니케이션
- 윤리적 스피치
- 청중 적응
- 적의 청중
- 동의 청중

음성 학습 수단

- 리사 '유방암 인식' 설득 스피치
- 비판적 사고 질문
- 학습목표
- 장 요약

주요단어

긍정(동의) 청중	무관심 청중	무정보 청중
부정(적의) 청중	분리 청중	사실 문제
설득	설득 스피치	정책 문제

비판적 질문: 확인과 토론을 위한 질문

1. 설득에 대해 충분히 이해했는가? 대인 커뮤니케이션, 스피치, 매스미디어 맥락에서 경험한 설득 메시지의 사례를 찾아보자. 어떤 것이 설득 메시지의 비판적 소비자가 되도록 하였는가?
2. 설득 스피치 연사가 청중을 조종하지 않기 위해서 해야 할 일은 무엇인가? 청중의 입장에서 연사의 스피치에 조종 당하지 않으려면 어떻게 해야 하나?
3. 청중에 적응하는 것은 설득 스피치 연사에게 특별히 중요하다. 연단의 반대편에 있는 청중의 입장을 고려한다. 설득 스피치 상황에서 청중의 의무는 무엇인가? 3장에서 다룬 생산적인 커뮤니케이션 분위기를 위해 무엇을 해야 하는가? 예컨대, 동의하지 않는 연사와 대화를 위해 스피치 분위기를 어떻게 이끌어 갈 수 있는가?
4. 사실 문제를 다루는 설득 스피치에서 고려할 윤리적인 문제는 무엇인가? 가치 문제와 관련한 윤리적 고민은 무엇인가? 정책 문제를 강조한 설득 스피치 연사가 꼭 알아야 할 윤리적 문제는 무엇인가?

15장 논증의 이해

Understanding Argument

Read it

Watch it

Use it

Review it

구글은 도서검색 사업의 일환으로 미시간대학교 도서관의 700만권 책을 쉽게 찾을 수 있도록 전자 DB를 만들었다. 출판사들은 소리 높여 구글이 저작권법을 위반했다고 반대했다.[1] 미시간대학교 총장 마리 수 콜맨(Mary Sue Coleman) 박사는 미국 출판인협회의 전문/학술출판 분과에서 "구글, 크메르 루즈, 그리고 공공의 선(Google, the Khmer Rouge, and the Public Good)"이란 제목으로 다음과 같이 스피치 하였다.

> 새로운 기술과 생각은 작고 놀라운 반응을 일으키는데 구글 도서검색은 아직 모두에게 익숙하지 않습니다. 이 사업은 편집자 페이지에서 방송을 넘어, 조직과 법정의 승인이라는 도전을 받았습니다. 이 자리에 연사로 참여한 것은 이것이 합법적이고 윤리적이며 우리사회를 변화시킬 고귀한 노력이라는 것을 믿도록 설명하기 위해서입니다. 저작권법이 디지털 파일로 된 수 백만권의 책을 공정하게 쓰도록 해주기 때문에 합법적입니다. 지식의 보전과 보호는 인류의 발전을 위해 매우 중요하기 때문에 윤리적입니다. 구글은 시대에 적합하고, 미래에 부응하며, 출판업계 상황에 맞는, 우리 모두를 위한 기업이므로 고결합니다.[2]

콜맨의 주제문은 구글 북 프로젝트가 합법적이고, 윤리적이며 고결하다고 분명하게 주장했다. 이러한 주장을 어떻게 뒷받침하여 원하는 청중의 반응을 얻어낼 수 있었을까?

논증이란 무엇인가

READ IT! 일반적으로 논증은 반대나 갈등이란 개념으로 정의된다. 스피치에서 논증은 사실 문제, 가치 문제, 정책 문제(14장)에 대한 연사의 주장을 지원하는데 사용된다. 논증은 설득의 토대를 만든다. 성공적인 연사는 논증을 효과적으로 만들고 청중에게 전달한다.

논증(argument)은 주장을 만들고 주장의 증거와 추론을 제시한다.[3] 스피치에서 **주장**(claim)은 연사의 입장이나 주장을 청중에게 전달하는 것이며, **증거**(evidence)는 이야기, 사례, 정의, 입증, 사실, 통계와 같이 연사의 주장을 강조하는 자료를 말한다. **추론**(reasoning)은 주장을 제시하거나 논증의 결론에 이르는 방법이나 과정이다.[4] 〈그림 15.1〉은 논증의 요소를 보여준다.

논증
주장을 펴고 증거와 추론을 지지함

주장
청중이 받아들이기 원하는 연사의 입장이나 주장

증거
이야기, 사례, 정의 입증, 사실, 통계와 같이 연사가 주장을 강조할 때 제시하는 근거자료

추론
주장과 증거를 연결하는 방법이나 과정

그림 15.1 논증의 구성요소

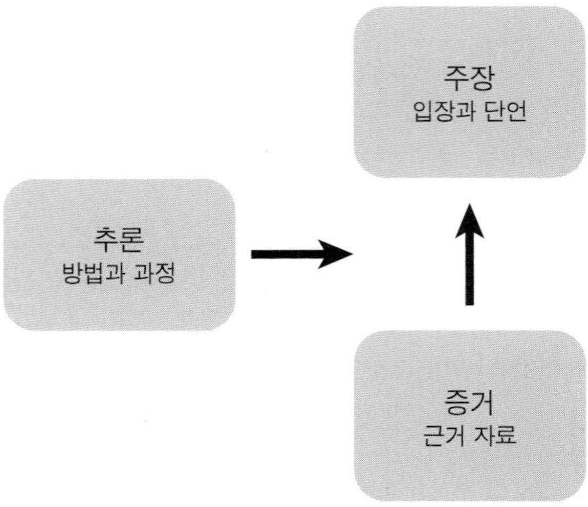

출처: 툴민(Toulmin, 2003)을 수정함.

이 장에서는 논증의 구성요소를 살펴보고 어떻게 설득 스피치의 토대를 이루는지 알아본다. 설득 스피치에서 연사가 어떻게 논증을 사용하는지 배우게 된다.

효과적인 주장의 활용

주장은 제시된 증거를 토대로 사실과 근거자료를 결론에 이르게 한다. 예컨대 연사는 "인류가 지구온난화를 초래했습니다"라고 말한다. 이 주장은 연사가 취한 입장이다. 연사는 과학적 연구를 주장에 보태고 있다. 그러나 "인류가 지구온난화를 초래했습니다"라는 주장은 여전히 다른 연구결과에 기초한 것이다. 따라서 주장은 청중의 인식—증거—을 뛰어넘어 결론에 이르게 한다.[5]

주장은 연사 주제문의 기초다. 연사의 주제와 입장에 대한 기본적인 질문에 답한다. 주장은 "연사의 주장이 무엇인가?"에 대한 답이다. 스피치를 개발할 때 주제에 대한 질문과 응답을 고려한다. 이에 대한 응답은 스피치에서 주제에 대한 연사의 입장을 밝히는데 도움이 된다. 〈표 15.1〉은 이런 주장에 대한 질문의 예로 미국

표 15.1 스피치에서 자동소총 규제에 대한 질문과 주장

주제 질문	주장
자동소총은 규제하고 다른 무기는 규제하지 않는 이유는 무엇인가?	자동소총의 특별한 문제는 법률에 의해 규제되었다.
자동소총의 어떤 문제가 강력범죄의 책임이 있다는 것인가?	자동소총은 다른 무기보다 강력범죄에 관련있다.
자동소총을 규제하지 않는 것이 개인의 총기 소유를 허락한 2차 수정헌법을 지킨 것인가?	2차 수정헌법은 오늘날 맥락에서 다시 고려되어야 한다.
어떻게 자동소총규제의 긍정적인 효과를 확신시킬 수 있는가?	자동소총을 규제한 지역에서 강력범죄가 감소하고 있다.

에서 자동소총 사용의 금지를 주제로 한 스피치에서 연사에게 묻게 될 질문이다.

주장의 유형

결론
주요 주장과 단언

전제
결론을 지지하는 이유를 제시하는 주장

논증은 결론과 전제, 두 가지 주장을 포함한다. **결론**(conclusion)은 연사가 만든 주된 주장이나 단언이다. **전제**(premise)는 결론을 지지하는 이유를 제시한다. 결론과 전제는 결론에 이르게 하는 주장으로, 연사가 추구하는 핵심 주장과 입장이다.[6] 이 장 앞부분 콜맨의 스피치는 세 가지 결론과 전제를 보여준다.

전제1: 미시간대학교 도서관의 모든 책을 디지털 파일로 만든 것은 합법적이다.

전제2: 미시간대학교 도서관의 모든 책을 디지털 파일로 만든 것은 윤리적이다.

전제3: 미시간대학교 도서관의 모든 책을 디지털 파일로 만든 것은 고결하다.

결론: 미시간대학교 도서관의 모든 책을 디지털 파일로 만든 것은 옳은 일이다.

결론에 동의하는 청중은 결론에 이르는 모든 전제를 찬성한다. 그러나 만약 한 가지 전제에 오류가 발견되면 결론을 지지하지 않는다. 콜맨의 스피치에서 모든 청중이 구글의 프로젝트가 합법적이고 윤리적인 것인지 확신하지 않았다. 반면 일부 청중은 프로젝트의 장점에 동의했다.[7]

표 15.2 전제와 결론의 사례

주제	시력	세계화와 노동	온라인 만남 서비스
전제	시력이 나쁘면 컴퓨터를 사용할 때 눈 수정체에 긴장을 준다. 시력이 나쁘면 컴퓨터를 사용할 때 목과 어깨에 통증을 유발한다.	세계화로 세계 여러나라의 상품 이동이 자유로워진다. 세계화로 세계 여러나라의 서비스 이동이 자유로워진다. 세계화로 세계 여러나라에 자유롭게 기업활동을 할 수 있다.	오늘날 미혼 남녀는 다른 미혼 남녀를 만나기 위한 클럽이나 조직에 참여할 시간이 없다. 오늘날 미혼 남녀는 결혼 상대방을 소개해줄 친구가 드물다.
결론	시력 증진은 컴퓨터 사용자의 눈 건강과 안전을 위해서 필요하다.	세계화는 각 나라 사이에서 근로자 개인의 이동을 자유롭게 하였다.	오늘날 온라인 만남 서비스는 결혼 상대자를 만날 수 있는 실질적인 방법이다.

내포하거나 인용된 특정 단어는 전제와 결론을 보여준다. 전제를 가리키는 단어로는 '왜냐하면', '반면', '때문에', '이유로', '인해서'가 있다. 결론을 보여주는 단어는 '그러므로', '결과적으로', '따라서', '때문에', '결국'이 있다. 다음과 같이 전제와 결론의 관계에 대해 생각해보자.

왜냐하면(전제 1), 때문에(전제 2), 따라서(전제 3), 결과적으로(결론)

콜맨은 단언했다. 왜냐하면 책을 디지털 파일로 만드는 것이 합법적이기 때문에, 윤리적이기 때문에, 고결하기 때문에 결과적으로 옳은 일이다. 비록 '때문에'와 '결과적으로'가 설명되지 않았지만 콜맨의 스피치는 전제와 결론의 관계를 분명하게 만들었다. 〈표 15.2〉는 전제와 결론의 다른 예시이다.

생략삼단논법

전제나 결론이 진술되지 않은 논증

때로는 논증의 전제와 결론이 명백한 인용보다 함축적이다. 이 같은 논증을 **생략삼단논법**(enthymemes)이라고 하는데, 청중이 전제와 결론을 이해할 수 있다고 가정한다. 생략삼단논법은 논증을 이해하는 청중의 사회적 정보나 지식에 의존한다.[8] 예컨대 영화를 DVD로 복사하는 정책 문제 스피치에서 연사는 다음과 같이 주장한다.

전제: 저작권이 보호되는 영화를 DVD로 복제하는 것은 위법이다.

결론: 저작권이 보호되는 영화를 DVD로 복제하면 안 된다.

기본적인 논증은 DVD 복제를 구매하면 실형을 살거나 벌금을 물 수도 있다는 하나의 전제가 생긴다.

사실이나 가치 문제 스피치는 자주 결론을 자세히 설명하지 않는다. 교통 정체의 경우 연사는 다음을 전제를 포함한다.

전제 1: 교통정체는 시간 낭비다.

전제 2: 교통정체는 자원의 낭비다.

전제 3: 교통정체는 공해를 유발한다.

진술되지 않은 결론은 교통정체에 대한 추가 논의가 필요하다. 그러나 이 스피치에서는 사실 문제를 강조하고, 연사는 무엇이 참(또는 거짓)인지를 다룰 뿐 구체적인 행동을 요구하지 않았다.

생략삼단논법은 연사와 청중의 대화를 풍부하게 해서 논증의 부족한 부분을 채우도록 청중의 참여를 유도한다.[9] 이런 유형의 참여는 청중이 생각을 통해 연사 주장에 호감을 갖고 잘 이해할 수 있도록 도와준다.[10] 마틴 루터 킹 주니어 박사는 설득적인 언변으로 잘 알려져 있다. 초기 민권운동 기간에, 앨라배마 몽고메리의 텍스터 애비뉴 침례교회에서 행한 연설[11]에서 다음과 같이 주장했다.

전제 1: 사랑은 적대세력에 대응하는 가장 좋은 방법이다.

전제 2: 핍박에 대한 대중의 비폭력 저항은 적대세력에 대한 사랑의 원칙에 기초한다.

그러나 킹은 전제와 결론을 자세히 진술하지 않았다. 첫째, 그는 청중이 핍박 받았다는 전제를 생략했다. 비록 세계의 유색인종이 핍박 받는다고 했지만, "우리는 핍박받습니다"나 "당신은 핍박받습니다"와 같이 말하지 않았다. 그는 청중이 이미 알고 있기 때문에 그렇게 할 필요가 없었다. 둘째, 그는 청중이 비폭력 시위에 참여해야 한다는 결론을 빠뜨렸다. 이것은 청중에게 시위에 참여해야 하는가?라는 물음을 남겼다. 논증에서 몇 부분을 빠뜨리는 것은 킹의 스피치에서 청중을 그의 스피치와 주장에 깊게 빠지게 하는 전략 중 하나다.

광고주 역시 청중의 결론이 어떻게 내려지는지 크게 개의치 않고 논증의 결론

© Miguel Pereira/Alamy

▲ 광고주는 시각적 생략삼단논법을 사용한다. 이 광고는 소비자에게 만약 콜라를 마시면 광고 속 여성들이 좋아하는 진짜 멋진 사람이 된다는 기본적인 주장을 하면서 구입하라고 설득한다. 광고는 콜라를 마시면 멋진 사람이 된다는 사회적 조건화를 통해 결론에 이르도록 설득하고 있다.

을 생략한다. 애플 광고에서 일반 컴퓨터와 매킨토시 컴퓨터를 비교하였지만 광고는 무엇을 정확하게 말하지 않았다. 대신, 광고는 다음과 같이 전제했다.

전제 1: 매킨토시 컴퓨터는 당신이 필요한 소프트웨어가 설치되어 있다.

전제 2: 매킨토시 컴퓨터는 포장을 뜯자마자 바로 사용할 수 있다.

논리적 결론은 매킨토시 컴퓨터를 구입하라는 것이다. 그러나 명백하게 자세한 진술을 하지 않고 청중이 2개의 전제를 살펴서 결국 매킨토시 컴퓨터를 구입하도록 하였다.

주장의 가이드라인

주장을 받아들이기 위해 청중은 논리적인지 살펴봐야 한다. 주장은 단언이기 때문에 도전을 받을 수 있다. "흡연은 암을 유발한다"나 "대학교육은 좋은 직장을 얻을 수 있다" 같은 주장은 쉽게 증명된다. 그러나 "미국 고용주는 근로자에게 충분한 휴가를 주지 않는다"와 "고래사냥은 고래의 멸종에 영향을 주지 않는다" 같은 주장은 일반적으로 받아들여지지 않는다. 비록 주제가 전혀 논쟁적인 것이 아니라도 수용되지 않는다. 예컨대, 옛날 사람들은 오늘날 누구도 의심하지 않는 "지구는 태양 주위를 돈다"라는 주장을 의심했다.

한정어

명쾌하게, 수정되어 다른 의미로 제한되는 단어나 문장

한정어(qualifier)는 "아마도, 할 것 같이, 자주, 주로"와 같이 주장의 범위를 가리키는 단어를 말한다. 이 한정어는 모든 경우에서 거부할 수 없는 주장이나 단언에 거리를 두게 한다. 한정어는 "주장이 얼마나 강한가?"에 대한 물음에 답한다. 예컨대, "주요 항공사의 외주(outsourcing)는 항공사고를 늘어나게 한다" 같은 주장 대신 "주요 항공사의 외주는 항공사고를 늘어나게 할 가능성이 있다"로 바꿔 말할 수 있다. 외주가 사고를 늘린다는 것을 알더라도, 완전하게 확신할 수 없다. 다른 요인이 사고를 증가시키고 외주가 사고를 전혀 일으키지 않을 수도 있다. 〈그림 15.2〉는 한정어가 논증의 요소로 사용된 것을 보여준다.

그림 15.2 한정어와 논증의 구성요소

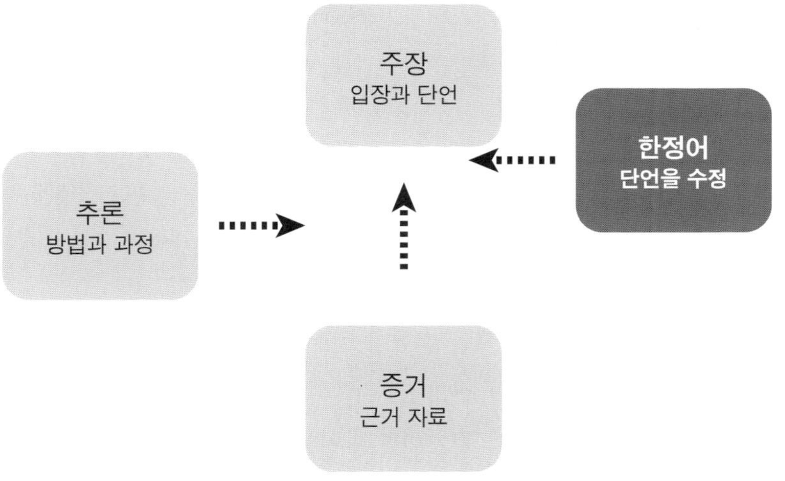

출처: 툴민(Toulmin, 2003)을 수정함.

Speaking of ... 이미지와 자연스러운 생략삼단논법

모든 주장은 말로 표현되지 않고 이미지로 표현되는 경우가 많다. 예컨대, 광고주는 반드시 제품이나 서비스를 사야 한다는 주장에 앞서 이미지를 활용한다. 청량음료 광고를 예로 들면 광고에 나타난 개인이나 집단이 웃으면서 즐거워 보인다. 이 주장은 다음의 전제를 갖는다.

전제 1: 모든 사람은 즐기기 좋아한다.
전제 2: 이 청량음료를 마시면 즐거워진다.
전제 3: 만약 이 청량음료를 마시면 당신은 즐거워진다.
결론: 이 청량음료를 반드시 구매해야 한다.

여전히 광고 안에서 아무것도 이야기하지 않지만 사회적, 문화적 경험을 토대로 시각적 주장을 이해한다. 왜냐하면 시각적 주장은 자연스러운 생략삼단논법으로 청중이 카메라 캡처로 실제 그들이 본 세상을 제시해 매우 효과적이기 때문이다.[12] 물론, 영화에서 컴퓨터를 이용한 이미지처럼 이미지가 분명하게 바뀌면 생략삼단논법은 사실이 아니다. 그러나 청중은 청량음료 광고에서 이미지가 각색되었다는 것을 안다면 시각 설득의 첫 단계인 실제를 재현한 것이라고 믿는다.

설득 연사는 인정과 조심스런 논리반박, 반대와 스피치에서 다른 관점을 통해 주제와 관련된 대안을 단정하거나 주장을 기대한다. 연사가 동의하지 않지만 청중의 관점을 이해했다는 것을 알려야 한다.[13] 콜맨은 구글 북 프로젝트 스피치에서 이런 전략을 사용했다. 저작권법에 기초한 적법한 주장을 펼쳤다.

> 저작권법이 보호하는 영역을 침해하는 것은 한계가 있습니다. 만약 북 프로젝트를 수행한다면 법을 따르고 준수해야 합니다. 기록보관에 저작권법이 적용된 모든 자료를 보호할 것입니다.
>
> 모든 저작물을 저작권법을 준수해서 사용하겠습니다. 확신합니다만 여러분이 저작권 범위 내에서 자료를 사용하도록 제공할 것이며, 특별히 인쇄된 책자에서 불법이 없도록 하겠습니다. 도서관이 소장한 디지털 복제본뿐만 아니라 새로운 복제도 하지 않겠다는 것입니다. 법을 위반하고 사람들에게 배포하는 일은 저작권에 위배됩니다.
>
> 저를 믿어 주세요. 학생들은 복사된 해리포터(Harry Potter) 책을 기숙사에서 읽지 않을 것입니다.[14]

위의 예에서 콜맨은 책을 스캔하거나 도서관 웹사이트에 올리고 수백 번 수천 번 다운로드 받고 수백만 명의 도서관 이용자가 무료로 이용하는 것을 청중이 걱정한다는 것을 강조했다. 저작권법의 한계를 인정했고, 이 점을 도서관이 어떻게 해결할 것인지를 설명했다.

이와 같이 세계화가 선진국과 후진국의 차이를 더욱 넓힐 것이라는 점을 인식했다면 연사는 세계화가 후진국의 삶의 질을 향상시킨다고 청중을 확신시키도록 스피치를 구성한다. 연사가 다른 목소리를 냄으로써 청중에게 공정하다는 신뢰를 얻어야 한다. 연사가 반대하는 의견의 정보를 숨기거나 다른 관점으로 이끌면 청중은 주제가 비윤리적이라 생각한다.

효과적인 증거 활용

증거는 주장의 기초를 제공한다. "연사의 주장이 무엇인가?"라는 질문에 대답할 수 있어야 한다. "연사의 목적이 무엇인가?"에 증거를 갖고 대답해야 한다. 주장에 대한 증거자료를 제시할 때 설득적인 연사는 1장에서 다룬 로고스, 에토스 파토스, 미토스 네 가지 증거를 활용한다. 이 소구방법은 〈표 15.3〉에 요약되어 있다. 이 장에서 좀 더 심도 있게 살펴보자.

표 15.3 소구의 네 가지 유형

소구방법	간략한 정의	사례
로고스(Logos)	논리적 증거	사실과 통계
에토스(Ethos)	연사의 신뢰도	주제에 대한 전문성을 말함
파토스(Pathos)	감성적 증거	유머스런 말이나 이야기
미토스(Methos)	문화적 신념과 가치	잘 알려진 우화

로고스: 논리에 소구

논리적 소구, 로고스는 잘 전달될 때 가장 설득적인 소구유형이다. 또한 청중이 주제에 대한 연사의 전문성을 기대할 때 연사는 스피치에서 논리적 소구방법을 선택한다.[15] 비록 논리적 소구가 사실과 통계를 활용하지만 정의와 입증 역시 증거의 유형에 속한다. **논리적 소구**(logical appeals)는 합리적이고 이성적으로 청중에 영향을 준다. 일반적으로 논리적 증거는 입증 가능하다. 청중은 연사가 스피치한 사실과 정의를 확인한다.

논리적 소구
청중에 영향을 주기 위해 논리, 사실, 분석에 기초한 이성적 소구를 사용

논리적 소구를 사용할 때 효과적인 연사는 현재의 통계, 사실, 정의, 전문가 의견을 검토한다. 예컨대 최근에 발행된 미국인의 의회 구성에 대한 태도는 정치 로비법률 개정에 적합한 논리적 증거가 된다. 청중을 지속적으로 스피치에 귀 기울이도록 조사내용이 최근의 것인지 살펴본다.

또한 청중은 연사가 제시한 논리적 증거를 이해할 수 있어야 한다. 지나치게 많은 사실과 통계는 청중에 부담을 줄 뿐 아니라 관심을 잃게 한다. 논리적 소구라 해서 건조하거나 지루하게 할 필요가 없다. 성공적인 연사는 언어와 프레젠테이션 도구를 활용해 증거를 명확하게 전달한다.

미국약물남용연구소 소장 노라 D. 볼코(Nora D. Volkow) 박사는 "약물 중독, 자유 의지인가? 뇌질환인가?" 스피치에서 논리적 소구를 포함하였다.[16] 로스엔젤리스 타운홀에서 LA시민을 대상으로 스피치했다. 아래는 그 일부를 옮겨왔는데 약물 중독이 뇌질환이라고 주장하였다.

약물 중독은 발달상의 질병입니다. 이것은 무엇을 의미합니까? 약물 중독이 사춘기

© A. Ramey/PhotoEdit

▲ 생각을 불러일으키고 쉽게 이해할 수 있는 방법으로 입증 가능한 증거를 제시하면 논리적 소구의 힘을 높여준다.

와 성년기를 포함한 일생동안 발전된다는 것을 수년 동안 지속된 유행병학 연구에서 확인했습니다. 그래프(디지털 슬라이드를 보여주며)는 개인의 성장 과정에서 마리화나에 의존한다는 것을 보여줍니다. 그래프는 코카인, 니코틴, 알코올 그래프와 같습니다. 그래프에서 18살 때 가장 높은 것을 볼 수 있습니다. 25살까지 마리화나와 같은 약물에 중독되지 않을 가능성은 매우 낮습니다. 중독률이 0은 아니며 매우 작을 뿐입니다.[17]

볼코는 주장을 펴기 위해 많은 연구를 살펴보았고 거기서 자료를 뽑아 제시했다. 통계를 보여주기 위해 디지털 슬라이드를 보여줬고 그래프가 의미하는 바를 청중에게 설명했다.

에토스: 연사의 공신력 소구

연사의 공신력 소구

청중에 영향을 주는 연사의 능력, 신뢰도, 열정, 호감에 대한 청중의 지각을 활용하는 방법

연사의 공신력 소구(appeals to speaker credibility)의 효과는 연사의 능력, 신뢰도, 열정, 호감, 즉 에토스에 대한 청중의 인식 정도이다. 특별한 능력이나 전문성은 연사의 설득에 직접효과를 준다. 만약 청중이 주제에 대한 연사의 전문성을 믿는다면 확신을 주기 쉽다.

연사의 공신력은 청중이 연사에 대해 느끼는 정도에 영향을 받는다. 연구에 따르면 연사가 청중과 좋은 관계를 맺지 못하면 전문성만으로 청중에 확신을 줄 수 없다.[18] 연사의 공신력은 철저한 사전준비보다 중요하다. 청중이 좋아할만하고 친하게 지내고 싶도록 느껴야 한다. 자연스런 몸동작, 약간 빠른 스피치, 어느 정도 큰 목소리, 눈맞춤, 얼굴의 미소, 친근감, 에너지, 열정과 같은 다른 비언어적 행동은 연사의 친근감에 대한 청중의 인식에 영향을 준다.[19]

청중이 느끼는 연사의 주제 관련성 또한 연사의 공신력에 영향을 준다.[20] 청중이 메시지의 정보원을 신뢰하지만 주제에 관심이 없을 때, 연사는 설득력이 없다고 판단한다. 마찬가지로, 만약 청중이 주제가 관련 없다고 생각하면 스피치에 주목하지 않는다.

EU 재무장관회의에서 행한 칼 J. 쉬람(Carl J. Schramm) 박사의 기업의 정신에 대한 스피치는 연사의 공신력 소구의 좋은 예이다.[21] 윙 메리온 카우프만 재단의 이사장이며 버지니아대학교 경영대학의 교수로 쉬람은 많은 교육과 경험, 충분한 자격이 있어 스피치에 적임자다. 청중에게 다가가는 것으로 스피치를 시작한 쉬람은 과감한 주장이 청중의 관심을 얻었고 주제가 청중에게 필요하다고 지적했다.

> 저는 크레이저 대사님의 부탁으로 여러분과 새로운 경제에 대해 이야기하게 된 것을 영광으로 생각합니다. 우리는 지금 자본주의의 변화 과정에 있습니다. 이른바 기업 자본주의 시대가 다가오고 있습니다. 이런 변화는 다양한 이유 때문에 구체적으로 설명을 하기 어렵습니다만 경제업무를 책임지는 경제학자와 정책담당자가 지혜를 발휘하고 깊은 애정으로 이해해 나가야 합니다. 다른 정책 접근이 요구되는 경제환경의 변화를 적극 대응해야 합니다. 그러나 변화하는 경제의 이론은 쉽지 않습니다. 그럼에도 불구하고 새로운 경제 질서는 미국, 아일랜드, 영국을 넘어서 중국과 인도를 변화시켰다는 것을 정확히 알아야 합니다.[22]

청중에게 직접 겸허한 주제문으로 시작한 쉬람의 방법은 호감을 얻고 친근감 있게 접근하였다. 그 다음 청중을 주제문으로 끌었다. "우리는 지금 자본주의의 변화 과정에 있습니다." 주제가 청중에게 관련 있음을 설명했고 "경제업무를 책임지는 경제학자와 정책담당자"라고 청중을 언급했다. 그리고 '우리'라는 말을 사용했다. 이런 방법으로 쉬람은 재단이사장이라는 연사 공신력을 주로 사용하여 나중에 그의 스피치 요점으로 발전시켰다.

> 기업 자본주의의 뼈대를 이루는 부분을 제안했고 여기서는 요약만 설명했습니다. 이 경제모델은 지난 백년간 노동자, 기업, 그리고 정부가 평형과 예측 가능성이라는 두 가지 우수한 목표를 달성하기 위해 힘의 균형과 상생을 이뤄왔습니다. 존 케네스 갈브레이드(John Kenneth Galbraith)는 두 주체 간의 균형 잡힌 힘은 '반대의 힘을 가진(countervailing)' 권력관계입니다.[23]

쉬람은 청중에게 적당한 전문용어를 사용해 그의 생각을 설명해 나갔다. 그가 맡은 분야를 언급하면서 다른 분야도 인용하였다. 그는 주제에 대한 조사와 연사의 공신력 소구를 권위적 언급으로 활용했다. 그리고 몇 가지 도표와 그림으로 능력을 보여주고, 보다 역동적인 프레젠테이션을 연출하였으며 연사로서 공신력을 높여 자신의 주장을 청중에게 시각화하였다.

파토스: 감성에 소구

에토스 소구

청중에 영향을 주는 감성적 증거와 감성의 자극을 사용함

에토스 소구(ethos appeals), 또는 파토스(pathos)는 감성적 증거와 감성의 자극을 사용한다. 연사는 주로 이야기, 사례, 정의, 실증으로 청중의 감성에 소구한다. 감성 소구가 잘 이루어질 때는 주제와 관련성을 높이고 연사의 메시지를 기억나게 하며 청중의 신념과 요구에 접근한다.[24] 감성 소구는 청중의 주제에 대한 입장, 청중의 행동의 자극을 강화하거나 변화시킨다. 청중에게 확신을 줄 때 감성소구 한 가지만 쓰이지 않으며 다른 유형의 소구와 함께 사용되어 회의적 청중을 설득한다.[25]

사회심리학자 아브라함 매슬로우(Abraham Maslow)는 사람은 생리, 안전, 사랑/소속감, 존경, 자아실현 5단계 욕구로 동기부여가 된다고 하였다.[26]

- 생리욕구는 인체의 기능에 필요한 음식, 물, 수면을 포함한다.
- 안전욕구는 위험으로부터 벗어나려는 요구와 관련 있다.
- 사랑/소속감욕구는 집단에 소속되기 원하고 타인에게 사랑받는 것을 포함한다.
- 존경욕구는 자신의 성취가 타인의 인정을 얻는데 집중된다.
- 자아실현욕구는 개인적인 성장과 자기성취를 다룬다.

개인의 욕구는 단계적 순서에 따라 아래 욕구에서 더 높은 단계의 욕구로 발전해 간다(그림 15.3). 다른 사람과 감성적으로 상호작용하고 소통하며 욕구는 충족된다. 예컨대 도움을 주는 사람에게 안전과 사랑을 느낀다. 음식과 물 같은 기본적 욕구는 타인의 도움이 필요하다.[27]

이 욕구 5단계 이론을 이해하면 청중에게 알맞은 감성적 소구를 할 때 도움이

그림 15.3 매슬로우의 욕구 5단계 이론[28]

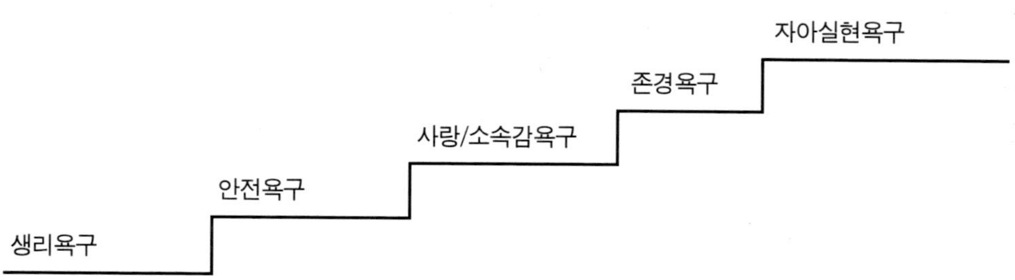

된다. 긍정적 소구인 행복이 부정적 소구인 공포보다 설득적이라는 것은 잘 알려져 있다. 그러나 설득 상황에서 공포 소구는 결과로 나타나는 무서운 결말을 바탕으로 청중이 무엇을 해야 하는지 위협한다. 이런 소구방법은 가장 기본적인 욕구인 생리욕구와 안전욕구를 목표로 한다. 공포 소구는 효과적이지만 지나치게 공포에 사로잡히면 효과가 없다. 이 경우 청중은 설득 의도에 저항하며 메시지를 부정하고 생각이나 행동의 변화를 거부한다. 만약 공포 소구가 감성적 반응을 얻고 위험을 통제할 수 있다고 믿으면 청중은 쉽게 설득된다.[29] 대통령 직속 신용도용 위원회의 첫 회의에서 연방거래위원회의 의장 데보라 플랫 마조라스(Deborah Platt Majoras)는 다음과 같이 말했다.

> 개인정보는 새로운 정보경제시대의 돈입니다. 지구촌 시장의 개방은 문 앞까지 디지털을 가져왔고, 손쉽게 사용할 수 있게 되었습니다. 그러나 현금과 같이 도난사고를 불러옵니다. 이런 신용도용은 사기행위이며 비겁한 짓입니다. 희생자와 달리, 신용도용 범죄자는 직장도 없고 돈을 벌 수 없으며 좋은 신용도 이름도 얻을 수 없습니다. 대신 타인의 신용을 가장 교활한 방법으로 훔칩니다.[30]

신용도용자와 희생자를 정의할 때 마조라스는 많은 사람들이 개인정보가 공유되고 누군가가 도용해서 사용하지 않은 비용이 청구가 될 것을 두려워한다는 것을 강조했다. 여기서 청중의 신체적 위협으로부터 안전을 느끼는 개념보다 개인정보의 도난으로부터의 안전욕구를 소구했다. 급속히 퍼져가는 이런 위험에 대응하는 위원회의 활동을 알렸다. 청중이 위협에 대응할 수 있다고 믿으면 공포 소구는 성공한 것이다.

개인의 이야기는 청중의 감성에 소구하는 가장 설득적인 소구방법이다. 리치몬드대학교에서 저술가 루이스 로리(Lois Lowry)는 이야기를 활용해 사람들이 너무 아프거나 어렵고 도전을 피한다고 자세히 말했다.[31] 스피치 끝부분에서 다음의 이야기를 하였다.

> 1994년 〈기부자(The Giver)〉가 뉴베리 상(Newbery Medal, 미국에서 해마다 가장 뛰어난 아동도서를 쓴 작가에게 주는 상—역자주)을 수상했을 때 〈할아버지의 여행(Grandfather's Journey)〉은 칼디코트 상(Caldecott, 매년 미국에서 가장 두드러진 어린이 그림책 미술가에게 주는 상—역자주)을 받았습니다. 이 책의 저자 겸 일러스트레이터는 알랜 세이(Allen Say)였습니다. 알랜은 일본인으로 어렸을 때부터 미국에 살았습니다.

저자가 서명을 한 〈할아버지의 여행〉 한 권을 나에게 주었습니다. 〈기부자〉 한권에 역시 일본어로 쓴 이름과 사인을 드렸습니다. 그는 그것을 보고 킥킥 웃으며 어떻게 그렇게 할 수 있었는지 물었습니다.

다음의 대화를 상상해보십시오.

"11살, 12살, 13살 때 일본에 살았습니다." 내가 말했습니다.

"몇년이죠?" 앨런이 물었습니다.

" 1948년, 49년, 50년. 1937년생이니까요."

"저도 같습니다. 동갑이군요. 어디 사셨습니까?"

"도쿄입니다." 내가 말했습니다.

"나도 마찬가지입니다." 그가 말했습니다. "어느 동네죠?"

"시부야!"

"어 나도! 어느 학교 나왔죠?" 알랜이 물었습니다.

"메구로. 나는 매일 같은 버스를 탔습니다."

"나는 시부야에 있는 학교에 다녔습니다."

"시부야에 있는 학교를 기억하는데," 나는 말했습니다. "나는 자전거를 빨리 타곤 했습니다."

잠시 정적이 흐른 후, "초록색 자전거를 타던 여학생 아닌가요?"

알랜과 나는 지금 가까운 친구가 되었습니다. 그러나 지난 57년 동안의 우정은 너무 멀어서 잃어버렸습니다. 그 곳과 그 때를 다시 회복하기엔 너무 힘들었습니다.[32]

로리의 이야기는 최고의 상을 받았고 새로운 친구를 얻었지만 거의 60년 동안 친구와 떨어져 살았던 행복과 슬픔, 두 가지를 제공했다. 그녀는 개인이 갖고 있는 아픈 과거를 청중의 존경욕구와 사랑/소속감욕구에 만족시켜 소구하였다.

설득 연사 역시 감성을 이끌어내기 위해서 프레젠테이션 미디어를 사용한다. 예컨대 마을에 새로운 극장이 필요하다는 주장을 펴기 위해 지역 극장에서 제공한 영상을 보여줄 수도 있고 현재의 초라한 장소를 보여준다. 디지털 슬라이드로 입양을 기다리는 버려진 애완동물을 보여주어 사람들의 동정심을 일으키고 애완동물은 불임수술과 거세가 필요하다는 주장을 지지하도록 한다.

감성소구는 감성적 반응의 자극 이상의 역할을 해야 한다. 이 같은 소구는 주장을 직접 지지하는 증거가 된다. 이야기를 할 때 개념을 정의하고 인용문을 말하고, 사진을 보여주며, 주장에 앞서 청중의 감성에 소구해야 한다. 설득 스피치에 아무런 증거를 포함하지 않으면 감성 소구는 주제와 관련 있고 청중에 적합하다.

미토스: 문화적 신념에 소구

문화적 신념에 소구(appeals to cultural beliefs), 또는 미토스(mythos)는 청중에 영향을 미치기 위해 문화적 서사와 이야기를 포함한 가치와 신념을 활용한다. 연사는 전통음악, 허무맹랑한 이야기, 시, 속담, 친근한 이야기를 사용해 사회적인 유대를 청중에게 제안한다. 예컨대 미국 영웅의 신화에서 선행하고, 근면하며, 역경을 넘어 문화에 잠재되어 있다.[33] 이야기는 타인을 돕고, 맡은 일에 충실하고, 당면한 어려움을 이겨내는 신화적 모습과 비슷하다. 미국의료협회(AMA)의 J. 에드워드 힐(J. Edward Hill) 박사는 연례회에서 다음과 같이 스피치하였다.

문화적 신념에 소구

청중에 영향을 주기 위해서 문화적 서사와 이야기를 포함한 가치와 신념을 사용하는 것

> 많은 분들이 이미 들으셨겠습니다만 저는 27년간 미시시피의 홀렌데일에서 살았으며 노동자와 달리, 미국의 가난한 환자처럼 델타의 작은 동네에 집이 있었습니다. 모든 것이 열악했고, 적어도 동료였던 존 에스츠(John Estes) 박사의 눈에는… 그리고 사망률이 안타까웠습니다. 어느 날 누구의 도움도 없이 집에서 출산을 마친 여성을 돌보기 위해 차를 몰아 집을 방문한 그 때 사건이 생겼습니다. 너무 많은 피를 흘려서 의식 없었고, 머리를 가누지 못했습니다. 응급 수혈을 마친 후 차를 몰아 지역의 병원으로 데려다 주었습니다. 그녀는 위기를 극복했습니다. 그날 밤, 텔레비전에서 닐 암스트롱(Neil Armstrong)이 유명한 달 표면을 걷는 뉴스를 보았습니다. 스스로에게 국가는 달에 사람을 보낼 정도로 위대한지 모르지만 여전히 기본적인 제공도 어려운, 미시시피 델타에 사는 농촌 여성의 의료보호는 형편없었습니다.[34]

힐이 언급한 암스트롱의 역사적 위업은 달에 발을 내딛어 우주를 정복한 미국 영웅의 이미지를 떠올리게 했다. 해결하기 어려운 사회적 문제에 당면할 때 "우리는 달에 누군가를 보냈지만 우리는 할 수 없었다(문제를 해결할 수 없었다)"와 같은 문장을 듣는다. 문화적 신념 틀에 소구한 그의 이야기는 의미 있는 미국의 사건과 환자에게 더 나은 의료보호를 제공하지 못하는 잘못된 상황의 극복을 예고했다. 닐 암스트롱의 역사적 이미지 역시 의사들이 미국의 의료보호시스템 개선에 앞장서야 한다는 힐의 주장을 도왔다.

현재 문화적 표상(icon)을 고상한 방법으로 제공하는 또 다른 전략은 미토스다. 저자 마이클 크릭톤(Michael Crichton)은 텍사스가 맨 위로 올라오고 노스 다코타가 바닥으로 뒤집어진 미국지도와 함께 시작된 스피치 제목은 '공포, 복잡성, 그리고 21세기의 환경 관리'였다. 크릭톤은 개인적으로 "인식하지 못하지만 추측은 우리의

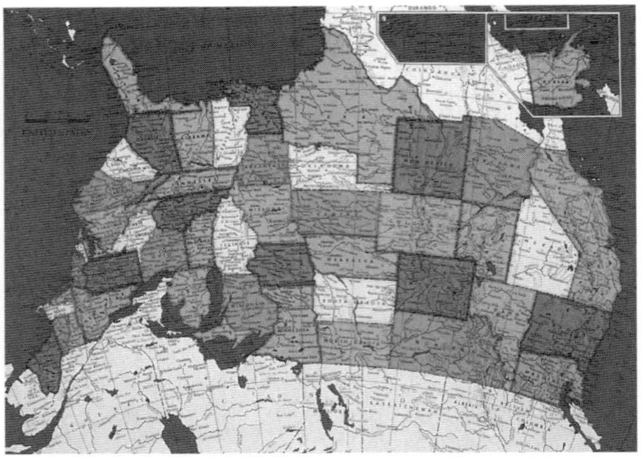

© Tom Friendman/Tom Friendman Gallery

▲ 마이클 크릭톤은 독특한 관점을 인식된 문화적 이미지로 사용하였는데, 청중이 환경 관리의 자유로운 관점을 가질 수 있도록 미국의 지도를 뒤집었다.

의식 깊이에 있다"라는 주장에 앞서 지도를 보여주었다.[35] 독특한 관점을 잘 이해한 문화적 이미지로 보여주면 청중은 당연한 신념으로 받아들였다.

논증에서 증거 활용의 가이드라인

다음은 설득 스피치에서 증거를 효과적으로 사용하기 위한 가이드라인이다.

- **증거를 주제와 관련 있게 한다.** 청중은 연사 주장의 증거가 얼마나 정확한지 빠르고 분명하게 이해한다. 예컨대, 청중이 문화재 반환운동에 동의할 것을 원한다면 규모가 얼마나 되는지 관련 통계를 인용한다. 또한 반환된 문화재를 예로 제시할 수 있다. 그러나 현재 이 논쟁과 관련 없이 거래되는 공예품이나 다른 작품은 스피치에 포함하면 안 된다. 포함된 증거는 논증을 지지한다.
- **신뢰도가 높은 증거를 선택한다.** 믿을 만한 증거는 확실하고 인정된 출처에서 나온다. 예컨대 교사의 급여가 부당하다는 것을 증명하려면 정부로부터 받는 급여 정보를 제시해야 한다. 인터뷰를 할 때는 이 주제에 정통한 전문가를 선택한다.
- **다양한 출처에서 증거를 선택한다.** 여러 출처로부터 수집된 증거는 주장의 탄탄한 기초가 되며, 이전에 진행한 연구는 연사의 공신력을 높인다. 예컨대 개

●●● THE EVOLVING ART ●●● 전통생활과 민속 학습

인터넷은 신화 전설, 민담, 상징 관련된 미국과 다른 문화를 공부할 수많은 자료를 제공한다. 미국민속협회(afsnet.org)는 민속의 관련 연구뿐 아니라 민속 주제 자료를 제공한다. 미 국회도서관 민속센터(loc.gov/folklife)는 민속 문화의 자료보관, 역사전문가, 관련 프로젝트, 스토리콥스(StoryCorps, 미국 국회도서관 부설 민속센터가 주관하여 미국 일반시민들의 삶을 음성으로 기록한다는 취지에서 시작한 사업—역자주), 미국과 각 주의 민속정보를 포함한 전통생활의 수집된 자료를 보관하였다. 방문교수인 D. L. 아쉴리만(Ashliman)은 민속을 세계적인 관점으로 각 나라의 신화와 민담을 포함하였다. 이런 잘 알려진 여러 이야기가 미국 문화에 영향을 주었다.

인적인 불꽃놀이의 금지를 옹호하는 스피치에서 불꽃놀이 관련 인명과 재산 피해 지역 통계를 인용하고 소방관 간부와 인터뷰로 불꽃놀이의 피해상황을 소개한다.

- **여러 소구방법을 강조한 증거를 포함한다.** 효과적인 연사는 주장에 앞서 로고스, 에토스, 파토스, 미토스를 활용한다. 하나의 증거만 사용한 스피치로 청중을 설득하기는 힘들다. 논리적 소구를 택하고 연사의 공신력을 소구하고 감성적 소구와 문화적 신념 소구는 주장을 지지하는 증거의 토대가 된다.

효과적인 추론 활용

추론은 연사가 증거와 주장을 연결하는데 사용하는 방법 또는 과정이다. 주장은 "연사가 말하는 것은 무엇인가?" 그리고 "연사가 주장하는 근거는 무엇인가?"에 대한 답이다. 추론은 주장과 증거 사이의 연결을 제공하고, 청중이 제시된 증거를 주장의 근거로 받아들여야 하는지를 알려준다. 비록 추론에는 여러 유형이 있지만 여기서는 설득 스피치에 가장 적절한 연역 추론, 귀납 추론, 인과 추론, 유추 추론을 다룬다. 〈표 15.4〉는 추론의 유형에 대한 설명이다.

연역 추론

연역 추론(deductive reasoning)은 연사가 일반적인 원칙에서 특별한 경우, 사례로 강조한다. 설득 연사는 연역 추론을 집단과 개인에 적용된 사람 목적, 과정, 사건, 주장에 사용한다. "그래니 스미스 사과는 신 맛이 난다. 나는 그래니 스미스 사과를 갖고 있다. 따라서 신 맛이 난다." 만약 일반원칙이 참이라면, 연역 추론으로 특수 사례 역시 참이다. 매일 삶 속에서 연역 추론을 한다. 호감이 가는 전공 관련 대졸 구인광고를 보고 졸업 후 진로가 좋을 것이라고 믿는다. 일반원칙—전공 관련 모든 대학생—에서 특수사례—개인—로 연역 추론한 것이다.

연역 추론
일반 상황에서 특별한 사례로 추론

연역 추론은 형식 논리와 대부분 일반적으로 대전제(일반 조건), 소전제(특수 사례), 결론 패턴에 의존한다. 이 형식의 추론은 대전제와 소전제 모두가 반드시

표 15.4 추론의 유형

유형	간략한 정의	장점	약점
연역	일반 원칙에서 특별한 사례 추출	논리적 형식을 세우는데 활용	타당하지 않은 전제는 잘못된 결론으로 이끎
귀납	특정 사례에서 일반 원칙 추출	시각화와 개인화된 논증	재현, 충분함, 적절성의 부족
인과	하나의 사건이 다른 하나의 원인	설명과 예측에 유용	잘못된 원인과 결과 연결
유추	두 특징적인 사례에서 유사점을 발견	친근한 것에서 친근하지 않은 것을 연결	주요 차이점 무시

삼단논법
대전제, 소전제, 결론으로 구성된 연역 추론

참이므로 결론이 참이어야 하며 **삼단논법**(syllogism)으로도 불린다. 다음은 연역 추론의 사례다.

대전제: 모든 철인 3종 경기 선수는 신체조건이 뛰어나다.
소전제: 테일러는 철인 3종 경기 선수다.
결론: 테일러는 신체조건이 뛰어나다.

대전제: 모든 컬리지와 대학은 인증 과정에 엄격한 평가를 거쳐야 한다.
소전제: 우리 대학은 인증되었다.
결론: 우리 대학은 엄격한 평가 과정을 거쳤다.

대전제: 우리 가족 중에서 동문회를 놓친 사람은 없다.
소전제: 애프린은 가족이다.
결론: 애프린은 동문회를 놓치지 않았다.

대전제: 국민은 정당하게 전제군주 정부를 타도할 수 있다.
소전제: 미국 식민시대 영국왕의 지배는 전제군주 정부였다.
결론: 미국 식민시대 국민은 정당하게 영국의 식민 정부를 타도할 수 있었다.

위의 삼단논법은 미국 독립선언을 만드는 기본적인 논증의 개요와 유사하다.[36] 주장—대전제, 소전제, 결론—에 사용된 단어를 살펴보면 삼단논법의 3부분 사이

그림 15.4 독립선언 바탕에 있는 삼단논법

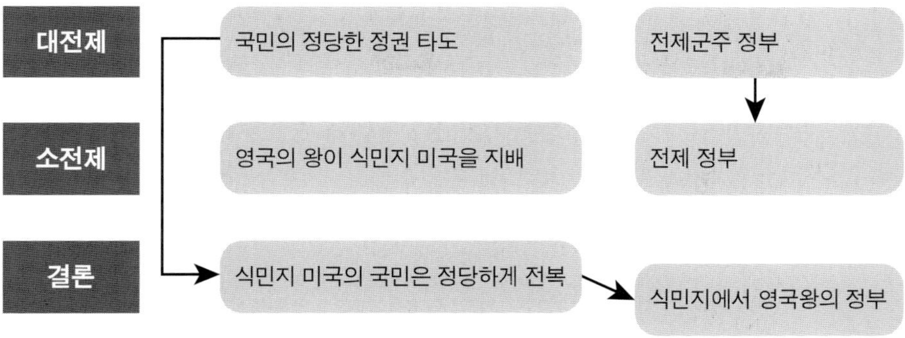

의 시각적 연결을 이해할 수 있다. 〈그림 15.4〉는 독립선언의 바탕에 있는 삼단논법을 보여준다.

대전제는 독립선언의 기초인 일반 조건 "전제군주 정부를 타도하는 것은 권리이며 도덕이다"를 잘 보여준다. 소전제는 현재 식민지 미국 역시 전제군주 정부라는 것을 주장한다. 따라서 분명한 결론은 영국지배의 종말을 분명하게 보여준다. 연역 추론의 장점은 대전제와 소전제로 결정되었기 때문에 결론에 의문의 여지가 없다.[37]

연역 추론에 기초한 논증에서 설득 연사는 반드시 증거를 지지하는 대전제와 소전제의 타당성을 입증하고 결론에 이르러야 한다. 만약 연사가 이렇게 하면 청중은 논증을 쉽게 거부할 수 없다. 공공장소 금연을 주제로 한 학생의 스피치 예를 살펴보자.

주제: 공공장소에서 금연

일반 목적: 설득

특별한 목적: 청중에게 모든 공공장소에서 흡연이 금지되어야 한다는 것을 확신시킴

주제문: 간접흡연은 비흡연자에게 해를 주므로 공공장소에서 흡연을 금지해야 한다.

대전제: 공공장소에서 개인의 안전을 지키는 것은 국가의 의무이다.

소전제: 공공장소에서 흡연은 가까이 있는 비흡연자에게 피해를 준다.

결론: 흡연은 모든 공공장소에서 반드시 금지되어야 한다.

청중이 공공장소에서 흡연이 금지되어야 한다는 결론을 받아들이기 위해서 연사는 "(1) 국가가 공공장소에서 국민이 피해를 당하지 않도록 보호할 의무가 있다. 그리고 (2) 간접흡연은 비흡연자에게 피해를 준다"는 것을 먼저 보여줘야 한다. 대전제는 주정부가 모든 위험으로부터 국민을 보호하지 못하기 때문에 문제를 제기한다. 예컨대, 도로 위에서 자동차 운전, 자전거타기, 걷기는 위험한 것으로 증명된다. 그렇다면 정부는 모든 도로를 통제해야 하는가? 그건 불가능하다. 대신 완벽하지는 않지만, 정부는 도로를 더 안전하게 만들도록 법과 규정을 손본다. 소전제에서 연사는 피해의 정도를 입증해야 한다. 간접흡연과 다른 질병 사이의 관계를 규명한 새로운 연구가 있었다.[38] 연사의 증거는 소전제가 참이라는 것을 청중에게 확신시킨다. 청중이 대전제와 소전제를 받아들이면 결론은 논리적으로 명백해진다.

연역 추론은 타당하거나 타당하지 않다. 앞에서 살펴본 예와 같이 연역 추론이 타당한 경우, 전제와 결론은 참이다. 그러나 전제가 결론이 참이라는 것을 보장하지는 않는다. 이 경우 논증은 타당하지 않다.[39] 다음의 삼단논법을 살펴보자.

대전제: 스트레스 감소는 학생들이 높은 학점을 받게 한다.

소전제: 게임은 스트레스를 감소한다.

결론: 게임은 학생들이 높은 학점을 받게 한다.

연사는 대전제와 부전제의 증거자료를 제시한다. 일부 청중에게 결론이 참이라고 알려준다. 그러나 다른 청중은 시험 준비, 과제, 좋은 학점을 받기 위한 노력의 시간을 소비해서 비디오 게임은 시간낭비라고 생각한다. 게임이 학생들이 높은 학점을 받게 한다는 결론은 증명되지 않았다. 일부에게는 참이지만 결론이 더 많은 일반적인 요인에 의해 영향을 받는다. 이 경우 논증이 타당하지 않으므로 결론은 전제로부터 나올 수 없다.

설득 스피치에서 주장과 증거의 연결에 연역 추론을 사용할 때 두 가지 핵심이 있다. 첫째, 연사는 일반 조건(대전제)와 특별한 사례(소전제)가 참이거나 옳다는 것을 청중이 확신할 수 있는 충분한 증거를 제시한다. 둘째, 연사는 결론이 전제에 기초해 옳다는 것을 보여주기 위해 충분한 증거를 제시한다.

귀납 추론

연사가 **귀납 추론**(inductive reasoning)을 사용할 때 특별한 사례나 예로 주장을 지지한다. 예에 의한 추론이라고도 불리는 귀납 추론은 청중이 몇 개의 사례나 하나의 사례를 바탕으로 일반 주장을 받아들이게 한다. 사람은 자신의 경험을 통해 얻은 결론을 바탕으로 자연스럽게 귀납적 사고를 한다.[40] 퍼블릭 스피킹 수업에서 스피치를 연습한다고 가정할 때 혼자보다는 친구들 앞에서 할 때 더 잘 된다. 이 한 가지 경험을 바탕으로 혼자보다는 청중을 놓고 연습하는 게 좋다고 생각할 것이다. 이 경우, 귀납 추론이 적용된 것이다.

귀납 추론
특별한 사례나 예로 주장을 지지하는 추론. 예에 의한 추론이라고도 함

연사가 주장에서 귀납 추론을 사용하면 논증에서 제시된 증거가 정확한 결론에 이르는 가능성이 커지는데 이것을 가능성의 원칙이라고 한다. 귀납 추론은 제시된 증거의 품질과 연사의 소구방법에 영향을 받는다. 언론인이자 전 CNN총국장이었던 프린셀 헤어(Princell Hair)는 방송언론인협회에서 행한 스피치의 많은 부분에서 귀납 추론을 사용했다.

> CNN, 텔레비전, CNN.com 또는 수백 개의 뉴스, 즉 언론은 사람들을 모아주는 '전국적 캠프파이어'를 제공합니다. 제가 언급한 '전국적 캠프파이어'에서 중요하고 복잡한, 많은 대화가 오가도록 하는 게 언론인의 역할입니다. 제게 그리고, 이 방에서 언론이 되려는 사람이나 이미 언론인이 사람들에게 좋은 뉴스는 미국인이 대화에서 듣고 싶고 참여하고 싶은 뉴스입니다. 단지 뉴스 브랜드는 이전보다 더 많은 사람에게 도달하는 것입니다.
>
> 예컨대 뉴스 네트워크 CNN은 매달 미국에서 1억 7천만 명에게 도달됩니다. 이 1억 7천만 명에는 레스토랑, 체육관, 공항과 CNN이 보이는 많은 장소를 포함하지 않고 집에서 시청하는 사람과 인터넷으로 본사람만 포함됩니다. 하루 동안 전 세계 CNN은 17억의 청중에게 노출됩니다.[41]

헤어는 언론을 사람들이 모이고 이야기하는 '전국적 캠프파이어'라는 결론으로 시작하였다. 그는 많은 사람이 뉴스를 시청하고 청취한다"라고 전제했다. 그의 주장을 지지하기 위해 CNN 시청자를 사례로 제시했다. 그의 추론은 특정 사례

(CNN)에서 일반(모든 언론이 시청자의 증가를 경험) 사례로 발전시키는 귀납형식을 따른다.

귀납 추론은 특정 사례를 제공하고 주장을 보다 생생하게 이해할 수 있게 만들기 때문에 설득적이다. 또한 인간은 기본적으로 귀납적으로 생각하기 때문에 청중의 사고 과정에 적합하게 주장과 증거를 연결한다. 그러나 귀납 추론 하나만으로 청중이 주장의 합법성을 확신하기는 어렵다. 귀납 추론은 연사가 복합적이고, 다양하며 적절한 예를 들 때 효과적이다.[42] 헤어는 스피치 후에 인터넷 뉴스 트래픽의 통계를 언급해 증거의 범위를 넓혔다. 또한 사례는 지지하는 일반 결론을 분명하게 제시한다. 방송뉴스 전용 네트워크로 CNN은 많은 사람이 시청하는 뉴스의 적당한 사례로 제시되었다.

인과 추론

인과 추론

두 사건이나 행위를 인과관계 주장과 연결시키는 추론

설득 연사는 어떤 일이 왜 일어났는지 설명하고, 누구의 책임인지 규명하며, 사람들이 사건을 통제할 수 있는지 살펴보고, 앞으로 어떤 일이 생겨 날 것인지를 예측하는 네 가지 방법으로 인과 추론을 한다. 각 경우, 연사는 원인을 보여주기 원한다. **인과 추론**(casual reasoning)에서 연사는 다른 결과를 낳는 행위와 사건을 주장한다.[43] 사람들은 자주 인과 추론을 일상의 경험에서 사용한다. 예를 들어 회사에서 특별한 프로젝트를 할 때, 성공하면 연봉이 오른다. 연봉 인상을 주장하기 위해서 프로젝트에 기여한 노력을 주장한다. 인과 추론은 미래를 예측할 때 중요한 역할을 한다. 지속적으로 발생한 두 가지 사건 사이의 인과관계를 규명한다면, 그것이 지속적으로 발생할 것이라고 기대한다. 예를 들어 낮 시간에 잠깐 수면을 취하면 그렇지 않은 날보다 저녁 때 훨씬 정신이 든다. 그러면 다음에도 낮잠을 잠깐 자면 훨씬 상쾌할 수 있다

Speaking of ... 예는 어느 정도가 적당한가

귀납 추론을 할 때 얼마나 많은 증거가 필요한가? 확실히 알지 못한다. 연역 추론이나 형식 논리와 달리 결론에서 귀납 추론은 결론이 참일 것이라는 가능성에 의존한다. 따라서 설득 연사는 연사의 주장이 참일 가능성이 높은 충분한 증거를 보여줘야 한다. 그러나 단순한 숫자 게임은 아니다. 세 가지 다양하고 재현 가능한 사례는 유사한 50개의 사례보다 강력한 설득력을 갖는다. 예를 들어 전교생이 학교에 새로운 학생회관을 짓는 것에 동의할 경우 한 사람의 친구를 인터뷰하는 것은 적절한 사례가 아니다. 그러나 나이, 전공, 학년, 주소와 같은 인구통계에 바탕을 둔 학생과 인터뷰 한다면 특별한 사례를 전체 학생에게 추론하는데 커다란 신뢰를 준다.

는 것을 예측할 수 있다.

미국 교육부의 차관 레이몬드 사이몬(Raymond Simon)은 미 의회 교육인적자원위원회(House committee on education and the workforce)에서 행한 "아동낙오방지법(No Child Left Behind Act, 일반교육 과정에서 낙제하는 학생이 없도록 하기 위한 법으로 미국의 각 주에서 정한 성취기준을 성취도 평가를 통해 만족시켜야 하는 미국의 법 – 역자주)" 스피치에서 인과 추론을 사용하였다. 아동낙오방지법은 초중등학교의 교육을 향상하도록 만들어진 연방법이다. 의회는 여야로 나뉘어 있다. 사이먼 차관은 법안에 찬성을 증언했다.

> 아동낙오방지법이 필요하다는 것을 알고 계실 겁니다. 저는 여기서 내용을 보고 드리고자 합니다. 전국적으로 저학년 읽기와 수학평가 성적은 향상했고 '성취도 차이'는 좁혀지기 시작했습니다. 뒤처졌던 학생들의 성적이 오르기 시작했으며 일부는 매우 빠르게 향상되었습니다.
>
> 이것은 아동낙오방지법 때문에 평가를 통해 얻은 학업 성과입니다. 법안의 도입으로 인해 아프리카계 미국인, 히스패닉, 장애학생, 경제적 빈곤층, 영어 능력 부족의 하위 학생집단의 성취도가 높아졌다는 것을 알고 있습니다.
>
> 알려진 것처럼, 이 데이터의 분석은 법안의 핵심입니다. 법안은 모든 학부모와 납세자가 볼 수 있도록 학교에 대한 책임을 다하는 것입니다. 또한 선생님들이 포기하지 않고 학생들을 가르칠 수 있게 합니다.[44]

그의 연설에서 사이몬은 정교한 노력—성적 향상, 성취도 차이 감소, 낙제 전에 학생 구제—을 기울였고 아동낙오방지법의 결과라고 하였다. 발언 이후에 본인의 추론을 지지할 기술적 정보를 제공했고 새로운 법으로 해결한 교육 문제를 설명했다. 그의 인과 추론은 두 가지 질문에 답했다. (1) 초중등학교(K-12)의 성적 향상의 책임은 무엇에 있는가? (2) 아동낙오방지법이 어떻게 초중등학교 교육을 향상시켰는가?

인과 추론은 인간이 기본적으로 왜 호기심이 많고, 그리고 어떻게 일이 생겨났는지 궁금해 하기 때문에 설득 스피치에 자주 사용된다. 또한 인과 추론이 제공하는 안정성과 예측성을 좋아한다. 설득 연사는 두 사건이 실제로 관련 있고 한 사건은 다른 한 사건에 원인이 된다는 사실을 명심해야 한다. 예컨대 다른 요인이 특별한 결과를 이끌어낸다는 점을 고려해야 한다. 사이먼 차관은 이 법안이 학업성취도를 높였다고 믿었다. 그러나 이외의 변인들뿐만 아니라 지역과 국가 교육의 변화가 아동낙오방지법 아래 완전하게 관련되지 않았다는 점도 고려해야 한다.

Summit Entertainment/Everett Collection

▲ 인과 추론을 사용할 때 사건과 행위의 진정한 이유에 대해 조심스럽게 생각한다. 예컨대 영화 속 폭력은 사람들의 폭력성의 원인이 되는가? 아니면 사람들이 폭력물을 좋아하기 때문에 영화 속에 폭력이 포함되는가? 사건이나 행위의 진짜 이유—주장을 보완한 증거의 사용—를 생각해보면 강력한 논증을 제공할 수 있다.

유추 추론

유추는 두 사물 사이의 비교를 말한다. 유추는 두 사물을 비교하여 관련성을 공유할 때 제 역할을 한다. 대부분의 사람들은 인터넷과 고속도로의 유추를 접근의 관점에서 네트워크와 관련이 있고 정보를 찾는 도구이므로 '인터넷은 정보 고속도로'라고 이해할 것이다. 그러나 '인터넷은 양계장'이라는 유추는 2개의 다른 사물이 분명한 비교의 관점이 없기 때문에 청중에게 울림을 주지 않을 것이다.

설득 연사가 **유추 추론**(analogical reasoning)을 사용할 때 두 가지 유사한 대상, 과정, 개념, 사건 그리고 하나의 참이 다른 참을 제안을 비교한다. 두 개념 사이의 유사성은 연사가 제공한 결론의 논리가 된다. 맥길대학교 교수 파리 카라카스(Fahri Karakas)의[45] 다양성 스피치는 북아메리카와 노아의 푸딩으로 불리는 스위트 후식 비교에서 유추 추론을 사용하였다.

유추 추론
두 가지 유사한 대상, 과정, 개념, 사건, 하나의 진실이 다른 진실을 포함하는 제안

> 오늘날 우리는 매우 특별하고, 독특하며, 진정한 후식을 갖고 있습니다. '아수라(Ashura)', 또는 '노아의 푸딩(Noah's pudding)'이라는 놀라운 후식을 소개합니다. 노아의 푸딩은 혼합 땅콩과 과일을 얹은 푸딩으로 중동에서 노아의 방주 사건을 기념하며, 친구, 가족, 이웃과 나눠왔습니다.
>
> 아수라는 다양성과 관용을 상징합니다. 40가지의 내용물은 서로 다른 방법으로 조리됩니다. 이것은 다양성을 진심으로 존중한다는 의미입니다. 아수라는 기본적으로 다양성을 환영합니다.
>
> 북아메리카는 모든 인류 문명의 풍부함과 다양성을 포함한 노아의 푸딩과 비슷합니다. 캐나다와 미국은 비교 우위에 있으며, 창의와 혁신을 이어가는 원천으로 경계에 있는 세계를 포함하여 포스트 내셔널(post national)과 다문화 사회로 접어들었습니다. 다양성에 가치를 두고 세계에 기여하면서 사회적으로, 경제적으로, 문화적으로, 정신적으로 성장해왔습니다.[46]

카라카스는 아수라와 미국의 다양성이 유사하다는 명료한 방법으로 설명했다. 기아, 문맹, 전쟁과 같은 세계적인 문제를 효과적으로 해결하는 핵심에 다양성이

있다는 주장의 형식으로 유추 추론을 사용했다. 카라카스는 많은 부분에서 구체적으로 설명한 후식과 다양성의 차이점을 확실하게 연결했기 때문에 유추가 제 역할을 했다.

유추는 연사가 반드시 주장하거나 전제하고 결론해야 할 논증이며 단순한 비교는 아니다. 카라카스의 스피치를 살펴보자.

전제: 아수라는 서로 다른 구성이 협력하여 조화를 이루어 무엇인가 새로운 것을 만들어낸다는 것을 보여준다.

전제: 북아메리카 사람들은 아수라 컵을 좋아한다.

결론: 북아메리카 사람들은 뭔가 새로운 것을 만들기 위해 협력할 수 있다.

모든 논증에서 유추 추론은 반드시 결론을 포함해야 한다.[47] 이 경우 카라카스는 다양한 사람이 세계적인 문제에 참여할 수 있음을 강조한 유추 추론으로 사용해 주장했다. "미국사람은 아수라를 좋아한다"는 말은 충분하지 않으며 비교에 불과하다.

연사가 유추 추론할 때 두 가지 사물은 비교가 믿을 수 있도록 충분히 유사해야 한다. 예를 들어 설득 연사가 음주와 마리화나가 유사하다고 강조하고, 따라서

Watch it!

동영상 링크 15.1: 논증의 요소 파악하기

안토니는 소리 논증의 요소를 재확인하였다.

Use it!

활동 링크 15.1: 나를 확신시키기

이 연습은 설득 스피치에서 논증을 분석과 각 논증의 향상 기회를 제공한다. 마지막으로 논증의 요소에서 배운 것을 자신의 설득 스피치에 적용한다.

합법화되어야 한다고 주장한다. 그러나 청중은 두 가지가 진짜로 같다고 확신한다. 또한 연사는 비교된 두가지 사이의 차이점을 알고 있어야 한다. 만약 차이점이 유사성보다 크거나 중요하면 유추는 일어나지 않는다. 예컨대, 두 도시가 동일한 환경 문제에 놓여 있다 해도 기후와 토양의 차이로 인해 한 도시에서 환경 문제의 해결방법이 다른 도시로 동일하게 적용되지 않는다.

논증에서 오류 피하기

오류(fallacy)는 논증 과정의 실수다. 실수는 주장할 때, 증거를 제시할 때, 추론을 진행할 때 나타난다. 잘못이 무엇이든, 오류는 잘못된 논증이다.[48] 청중은 연사에게는 도전이 되고 청중은 오류를 찾으려 한다. 오류는 타당하고 논리적으로 보이지만, 자세히 살펴보면 증거를 제시하지 못한다. 오류는 비판하지 않는 청중을 설득할 수 있다.[49] 설득 스피치에서 오류는—마치 의도하지 않을 것처럼—연사의 설득력을 떨어뜨리고 결국 비윤리적 행동을 낳는다.

오류

논증을 만들 때 저지르는 실수

오류는 네 가지 유형으로 나뉜다.

1. 주장 오류
2. 증거 오류
3. 추론 오류
4. 대응 오류

효과적인 연사는 스피치 논증의 오류를 확인하고 실제 스피치 전에 그것을 수정한다. 〈표 15.5〉는 스피치에서 일반적인 오류를 요약한 것으로 아래에서 더 자세히 살펴볼 것이다.

표 15.5 스피치에서 일반 오류

오류	요약 정의	사례
주장 오류		
잘못된 딜레마	선택을 둘로 줄인다.	학생 수업료를 올리거나 선생님을 줄이거나
질문 요구	어떤 것이 참이다. 왜냐하면…	프로그램은 최고다. 왜냐하면 수업료가 비싸기 때문에
미끄러운 비탈 오류	한 사건이 논리적 연결 없이 다른 사건을 이끈다.	만약 이 고속도로를 보수하면 도심으로 곧장 연결될 것이다.
무지에 호소	증명되지 않았기 때문에 참이다	엘브스는 하지 않았다는 증거가 없으므로 퇴장되어야 한다.
증거 오류		
관심 돌리기	부적절한 관점이나 사례로 전환시킨다.	온라인에서 시간 절약. 공동체의 단합이 약해지므로 사람들은 더 관심을 가져야 한다.
대중 선동	대중의 태도나 감정에 소구한다.	만약 진정한 애국자라면 시청을 새로 짓는 청원에 동의해야 한다.
전통 소구	이전의 상태를 지지한다.	도시 대학은 항상 면대면으로 수업하기 때문에 온라인 수업보다 오프라인 수업이 더 좋다.
비교 증거	통계의 부적절한 사용	도시의 폭력범죄는 전년대비 2배가 되었다(연사는 매우 낮았던 전년의 통계를 생략했다).
추론 오류		
분류	같은 비율로 전체를 부분으로 나눈다.	붉은 주는 공화당에 투표했다. 팻은 붉은 주에 살므로 공화당에 투표해야 한다.
성급한 일반화	불충분한 사례나 부적절한 샘플	운동장이 만들어진 이후에 지역 2개 식당의 장사가 잘된다. 따라서 모든 식당은 혜택을 받았다.
인과관계	인과관계의 잘못된 제시	부서의 새로운 매니저를 고용한 후 1년이 되자 매출이 늘었다.
불충분한 유추	주요한 차이점은 비교를 오도한다.	주식 투자는 돈과 위험에 관련 있기 때문에 도박과 같다.
대응 오류		
인신 공격	개인을 공격	관리자는 멍청해서 잘못된 결론으로 이끈다.
관련된 유죄	반대할만한 사람에 주장 연결	오사마 빈 라덴은 이 생각을 지지할 것이다.
풍자	주장의 잘못된 제시	나의 경쟁자의 위치는 경찰이 반드시 제거한다(사실상, 연사의 반대자는 작은 예산 삭감을 요구한다).
숨겨진 단어	감성적으로 충분한, 언어의 오용	사냥은 죄 없는 생명의 무자비한 살인이다.

주장 오류

잘못된 딜레마

연사가 다른 선택 대안에도 불구하고 2개의 선택만 가능하게 제한한 논증. 양자택일 오류라고도 함

오류는 연사가 기본 가정이나 주장에서 잘못 때문에 생긴다. **잘못된 딜레마**(false dilemma fallacy)는 양자택일 사고라고 하는데, 연사가 여러 가지 선택 대안이 있음에도 청중에게 단지 둘 중 하나만 선택하도록 할 때 생긴다. 예컨대, "우리는 반드시 이 프로그램의 기금을 모금해야 합니다. 아니면 반드시 그렇게 됩니다"라고 말하면 프로그램의 다른 부분을 빠뜨리고 모금 부분만 지지하게 된다.

질문 요구

연사가 사용하는 전제가 결론의 진실을 의미하거나 결론의 타당성이 자기 증거, 또는 순환 추론이라고 불리는 주장의 논증

질문 요구(begging the question)은 연사의 주장에 뿌리를 둔 오류로 순환 오류라고 한다. 연사가 질문을 요구할 때, 연사는 결론의 진실이 전제 또는 자기증거라는 주장에 있다고 암시한다. 초등학교 폐교로 비용절감을 강조하는 연사가 청중을 설득할 때 "학교 문을 닫으면 지역 교육청의 비용을 절감할 수 있습니다. 학교 문을 닫으면 지역 교육청의 재정 압박을 완화할 수 있습니다"라고 말할 수 있다. 그러나 연사는 학교를 닫으면 실제로 비용이 절감되는지 전제한 내용을 증명할 수 없다. 이 전제는 기본적으로 전제를 다시 인용하는 결론을 암시할 뿐이다.

미끄러운 비탈의 오류

한 사건이 다른 사건의 원인임을 논리적 관계의 설명 없이 주장하는 논증

연사가 두 사건 사이의 논리적 관계를 보여주지 않고 한 사건이 다른 사건의 원인이라고 말하는 것은 **미끄러운 비탈의 오류**(slippery slope fallacy)다.

비록 결론이 전제로부터 도출되지만 연사가 두 사건 사이의 단계를 건너뛴다. 예컨대, "만약 정부가 법안의 통과에 모든 시민의 신분증을 요구한다면 사생활을 침범하는 매우 쉬운 방법이 될 것이다"라고 연사가 주장한다. 따라서 신분증 요구는 모든 개인의 권리를 박탈할 것이다. 이 유형의 논증은 하나의 작은 사건이 더 크거나 의미 있는 사건을 필요로 하지 않기 때문에 오류가 된다.

무지에 호소

잘못을 보여주지 않았기 때문에 연사의 주장은 참이 되는 논증. 무지 소구라고도 함

무지에 호소(ad ignorantiam fallacy)는 무지에 소구하는 것으로, 주장에 잘못이 없으므로 참이라는 제안이다. 증명 오류의 부담이라고도 부르는데 상원의원 조셉 R. 매카시(Joseph R. MaCarthy)는 1950년대 정적을 공산주의자로 매도하는데 이 전술을 사용했다. 그는 만약 사람들이 그의 협의를 풀지 못하면 반드시 공산주의자라고 주장했다. UFO, 외계인의 유괴, 초자연적 현상의 주장은 주로 무지에 호소 오류를 사용한다. 과학자들은 UFO의 부재를 입증하는 증거를 갖고 있지 못한다.[50]

증거 오류

비록 연사가 타당한 주장을 하고 주장을 지지하는 증거를 제시하더라도 증거는 주장과 무관하고, 부정확하며, 불충분할 수 있다. 어떤 연사는 주장과 관계없는 증거를 제시한다. 이 경우 연사는 **관심 돌리기**(red herring)로 무관한 증거로 청중의 마음을 흔들어 놓는다. 대학 안의 모든 경쟁 스포츠의 지원을 중단하도로 청중을 설득할 때 연사는 "대학 내의 경쟁 스포츠를 없앨 것을 주장해야 합니다. 주 정부의 재정이 위기가 왔고 등록금은 인상되었습니다"라고 주장한다. 주 정부 재정의 위기와 등록금 인상은 경쟁 스포츠 예산 삭감과 직접 관련은 없지만 스피치는 주제를 선정적으로 다루어 청중을 실제 주제로부터 멀어지게 하였다.

관심 돌리기

무관한 증거를 제시하여 청중을 실제 주제로부터 마음을 돌려놓는 논증

비교 증거 오류(comparative evidence fallacy)는 연사가 통계나 숫자를 비교할 때 청중을 오도하거나 논증의 근거를 포함한 증거를 잘못 전달해서 생긴다. 연사가 의도하지 않고 통계자료를 잘못 옮길 때도 발생한다. 다른 경우는 연사가 숫자를 조작하거나 정보를 빠뜨리고 의도적으로 청중을 속이는 때다. 예컨대, 일부 도시에 있는 대학들은 한 두 블록 거리의 범죄 발생을 빠뜨리고, 캠퍼스의 범죄 발생이 낮은 것을 강조한다. 비록 통계가 정확하더라도 인근에서 일어난 사건을 생략해서 학생, 교수, 직원에게 잘못된 안전의식을 심어준다.

비교 증거 오류

연사가 통계의 인용이나 숫자를 비교할 때 증거를 잘못 사용하고 청중을 잘못 이끄는 논증

게다가 연사는 증언, 이야기, 사례와 같은 증거 형식으로 혜택의 개수와 같은 유리한 통계 증거만을 지나치게 강조한다. 비록 통계가 강력한 증거지만 가장 좋은 선택은 아니다. 통계는 예를 들어 어떻게 작동하는지를 정확히 설명하지 못한다. 연사는 과거 방식을 사용하는 학생보다 새로운 방법으로 높은 학점을 얻은 학생에게 보여주기 위해서 통계숫자를 사용한다. 그러나 새로운 방법은 학생의 주목을 집중할 수 있지만 스피치 자체보다 방법의 사용에 더 관심이 있다. 추가 증거 없이, 청중은 결론에 이르는 과정을 진행하지 않는다.[51]

대중 선동 오류(ad populum fallacy)는 주로 광고에서 나타난다. 비록 효과적인 연사는 이야기나 사례 다른 청중의 감정에 소구하는 증거를 사용하지만, 대중 선동 오류는 다른 증거자료의 제시 없이 대중의 태도에 직접 작용한다. 연사는 청중의 편견이나 집단의 욕망에 소구한다. 예를 들어 만약 군중과 함께하고 싶다면 특별한 차를 타거나 특정 치약을 사용한다. 다이어트의 열풍은 또 하나의 유형이 되었다.

대중 선동 오류

연사가 대중의 태도와 감성에 주장에 대한 증거의 제공 없이 소구하는 논증

'탄수화물 없음'만 살펴보면 비정상적인가? 사람들의 행동이 대중 선동 오류이기 때문에 탄수화물 줄이기 다이어트는 청중에게 설득된다.

전통 소구 오류

연사가 새로운 생각이나 방법보다 이전의 상태를 주장하는 논증

연사가 **전통 소구 오류**(appeal to tradition fallacy)를 사용할 때 현상의 유지나 새로운 생각이나 방법보다 현상의 유지를 주장한다. 청중은 변화에 대응하고 친근하고 잘 알려진 것을 선호하기 때문에 이런 설득의 오류를 발견한다. 비록 전통 소구 오류가 미토스의 적절한 사용, 또는 문화적 신념에 소구하는 것처럼 보이지만 전통에 기반한, 단순한 이전 상태의 우수성을 주장하는 오류다. 전통 소구 오류는 남자 대학에 여학생의 입학 허용과 아프리카계 아이들이 인종차별 학교에 입학 허용을 주장하는데 사용되었다.

추론 오류

추론 오류는 연사가 증거와 주장을 연결하는 과정에서 생기는 잘못과 관련 있다. 전체가 진실이면 마찬가지로 전체를 이루는 부분의 합도 진실이라는 연역 추론의 한 가지 잘못이 **분류 오류**(division fallacy)다. 예컨대 한 연구에서는 대학생들이 현재의 일반 교육 정책을 선호하는 것으로 나타났다면, 이것은 모든 학생들이 느낀 것일까? 가능한 이야기다. 그러나 조사를 확신하기는 어렵다.

분류 오류

전체가 진실이면 전체를 이루는 부분도 진실이라는 연사의 추정

연사가 결론을 맺을 때 작은 사례나 적당한 사례를 기초로 귀납 추론으로 성급한 결론을 내린다. **성급한 일반화 오류**(hasty generalization fallacy)는 연사가 한두 사례, 또는 예가 전체 집단을 대표하지 못하는 사례만 소개한 후 주장할 때 발생한다. 예컨대, 교사 연수의 품질 향상을 강조하는 연사는 몇 개 학교의 자료만 인용해서는 국가차원의 개정의 필요성을 확신하게 할 수 없다.

성급한 일반화 오류

연사가 너무 적거나 부적당한 사례를 바탕으로 결론을 내리는 논증

인과관계 오류(post hoc fallacy) 또는 실패원인 오류는 단순히 하나의 사건이 시간에 따라 다른 사건의 원인이 되기 때문에 결론에 인과관계가 존재한다. 예를 들어, 시의 경찰서장이 해임되고 범죄가 증가했다. 서장의 해임이 범죄율 증가의 원인인가? 그럴 수 있다. 그러나 연중의 일정한 시점, 지역 순찰의 감소, 범죄 보고서, 갑작스런 불경기 등 다른 많은 요인 역시 관련이 있다. 연사가 하나의 사건이 다른 한 사건의 원인이 된다고 강조할 때 왜 사건이 일어났는지 추가적인 설명이 필요하다.

인과관계 오류

하나의 사건이 시간의 흐름에 따라 발생하기 때문에 연사의 결론에 인과관계가 존재하는 논증. 실패원인 오류라고도 함

불충분한 유추 오류(weak analogy fallacy)는 비교가 불일치하고, 유추에 오류가 있는 두 사물 사이에서 나타난다. 예컨대 연사는 "그라피티(graffiti)는 대중예술의 한 형식이며 반드시 지원해야 합니다"라고 주장했다. 그러나 대중예술의 전시 과정은 그라피티의 전시 과정과 매우 다르다. 대중예술은 공동체 구성원이 형식과 전시를 결정한다. 그라피티의 경우, 페인트를 가진 사람이 선택을 결정한다.

불충분한 유추 오류
연사가 부정확한 비교로 두 사물이 불일치한 논증

대응 오류

청중은 연사의 논증을 비판할 때 논증에 오류를 범한다. 가장 많은 일반적인 오류가 **인신공격 오류**(ad hominem fallacy), 또는 대인 오류다. 증거보다 연사의 개성에 근거해 주장을 거절할 때 인신공격 오류는 발생한다. 인신공격 오류는 주로 "당신은 우리가 전체의 계획을 수용해야 한다고 생각합니다. 모든 사람은 당신이 나쁜 사람이라는 것을 압니다. 당신의 입장은 나쁩니다"라는 유형이다. 개인의 성격은 주된 주장과 무관하다. 비록 연사의 공신력을 확인하더라도 논증의 비판은 주제와 관련 없는 개인보다는 제시된 근거를 바탕으로 비판해야 한다. 연사 개인이나 증거의 출처를 공격하는 것은 주장의 주목성을 떨어뜨린다.

인신공격 오류
증거보다 연사의 개성에 근거해서 주장을 거절할 때 발생하는 오류

인신공격 오류와 같이 관련된 **유죄 오류**(guilty by association fallacy)는 연사 개성—연사의 주장을 지지하는 다른 사람—의 잘못을 지적한다. 나쁜 기업 오류로 잘 알려진 것처럼 이 오류는 청중이 반대하고, 슬프며, 역겹고, 악한 어떤 사람을 찾아 연사와 연결시킨다. 국민의료보호를 주장하는 연사에 반응하는 청중은 "피델 카스트로는 쿠바의 국민의료보호시스템을 구축했습니다. 나는 분명히 미국에서도 독재자가 나타나서 해결하길 바라지 않습니다." 물론 캐나다, 영국과 같은 민주국가에서 국민의료보호가 있지만 청중은 연사의 주장과 관련된 비호감 인물을 연결하여 연관된 유죄 오류를 범하였다.

유죄 오류
연사의 주장중 청중이 찾은, 반대할만한 내용과 관련된 논증으로 주장 나쁜 기업 오류라고도 불림

풍자 오류(caricature fallacy) 혹은 허수아비 오류는 연사의 주장을 원래 주장을 약화시키기 위해 잘못 전달하는 것과 관련이 있다. 받아들이기 어렵거나 단순하기 때문에 오즈의 마법사에 나오는 허수아비처럼 쉽게 논증이 논박당한다.[52] 풍자 오류는 정치캠페인에서 후보가 다른 경쟁자를 왜곡하고 과장할 때 자주 나타난다. 교육개혁에 호의적인 시장후보는 공립학교시스템을 없앨 후보로 매도된다. 기존의

풍자 오류
원래 주장을 약하게 하기 위해 다른 연사의 주장을 잘못 전달하는 논증. 허수아비 오류라고도 함

▲ 풍자 또는 허수아비 오류를 사용하는 연사의 주장은 전달 과정에서 논증이 잘못 확장되어 오즈의 마법사에 나오는 허수아비처럼 쉽게 넘어뜨린다.

학생 수행평가의 수정을 요구하는 교육감 선거 후보자는 최저 성적을 요구한다는 비난을 받는다. 두 경우 모두 논쟁이 분명하게 전달되지 않아 원래 주장은 잘못 전달된다.

숨겨진 단어 오류(loaded word fallacy)는 감성적으로 숨겨진 단어가 잘못 전달된 감성반응 때문에 연사의 논증과 주장의 평가를 떨어뜨린다.[53]

숨겨진 단어 오류

연사가 제시된 증거보다 오도된 감성적 반응을 토대로 한 숨겨진 단어의 주장을 평가할 때 사용하는 논증

이런 의도된 언어의 사용은 다른 본질적인 증거의 제공 없이 연사의 주장을 반박한다. 연사의 온라인 게임이 반드시 합법화되어야 한다는 주장에 다음과 같이 반응한다. "탐욕스런 인터넷 게임의 난립을 묵인하는 것은 더 많은 희생자들이 개탄스런 악덕업주들에게 시달리게 할 것입니다"라는 말은 감성적이지만 원래 주장을 반박하지 않는다.

요약

잘 만들어진 논증의 형식은 설득 스피치의 기본이다. 논증은 주장, 증거, 추론의 요소로 구성된다. 주장은 스피치의 주제문을 토대를 이루며, "무엇을 주장해야 하는가?"라는 물음에 답을 준다. 모든 주장은 적어도 하나의 전제와 결론을 담아야 한다. 연사가 생략삼단논법을 사용할 때 주장의 부분을 생략하고 청중을 완전히 주장으로 이끌어야 한다. 능력 있는 연사는 주장을 다듬고 연사의 입장을 벗어나 지점을 지적한다.

증거는 주장을 보완할 자원으로 "주장이 근거는 무엇인가?"라는 질문에 답을 준다. 연사는 논리적 소구(로고스), 연사의 공신력으로 소구(에토스), 감성적 소구(파토스) 또는 문화적 신념과 가치(미토스)를 활용 할 수 있다. 일반적으로 강력한 논증은 이 네 가지 요소를 효과적으로 활용한다. 게다가 증거는 주제에 적절하고 매우 신뢰할만한 자료이며, 다양한 자료를 제공한다.

추론은 연사가 증거와 주장을 어떻게 연결하는가를 보여준다. 추론은 "어떻게 증거자료와 주장을 함께 연결할 것인가?"의 질문에 답한다. 또한 청중에게 주제에 대한 연사의 입장을 정당화하도록 어떤 증거를 선택해야 하는지 알려준다. 설득 연사는 연역, 귀납, 인과, 유추 추론 네 가지를 활용한다. 연역 추론은 일반 원칙에서 특별한 사례를 강조한다. 귀납 추론은 주어진 사례에서 주장을 지원하는 것과 관련 있다. 인과 추론에서 연사는 어떤 원인을 강조한다. 연사는 유추 추론을 통해 유사한 두가지 사물을 비교한다.

오류가 발생할 때 잘못은 논증의 구성 과정에서 만들어진다. 비록 오류가 설득적이지만 청중을 확신시키기 위한 기만하거나 비윤리적 접근 방법이다. 오류는 주장, 증거, 추론, 대응에서 잘못으로 만들어진다. 주장에서 일반적인 오류는 잘못된 딜레마, 질문 요구, 미끄러운 비탈, 무지에 호소가 있다. 증거 오류에는 관심 돌리기, 대중선동, 전통에 소구, 비교 증거 오류로 나뉜다. 추론 오류에는 분류, 성급한 일반화, 인과관계, 불충분한 유추 오류가 있다. 청중이 설득 논증에 대응할 때 오류가 있는데 인신공격, 연관된 유죄, 풍자, 숨겨진 단어 오류를 포함한다.

온라인 자원 안내

이 책 〈퍼블릭 스피킹: 진화하는 발표기술〉을 위한 온라인 자원은 추가적인 샘플 스피치 동영상, 스피치 빌더 익스프레스, 인포트랙 대학편, 학습지원이다. 학습지원에는 주요단어 플래시 카드, 리뷰 퀴즈, 비판적 질문이 있으며, 궁금한 점이 있다면 교수님께 이메일로 보낼 수 있다. 또한, 온라인 자원의 특징은 생동감 있는 웹링크로 해당 챕터와 연결된다. 웹링크에는 문화적 신념을 활용한 재미있는 민속과 신화를 제공하는 웹사이트들이 포함된다. 링크된 사이트들은 정기적으로 관리되고 일정기간마다 추가된다.

●●● REVIEW IT ●●● 학습항목과 복습자료들

책 내부

요약

주요단어

비판적 질문

더 많은 학습 자원

스피치 스튜디오

퀴즈

웹링크

학생 워크북

15.1 주장의 변화

15.2 대통령의 전제

15.3 편집자에게 보내는 잘못된 편지

15.4 생략 삼단논법 사냥

15.5 나는 그것이 필요해

스피치 친구 동영상

동영상 링크

논증의 요소 파악하기

활동 링크

나를 확신시키기

샘플 스피치 동영상

딕시, '가정학습, 우수성과 성공' 설득 스피치

로버트, '최고의 선택이 아닌 가정학습' 설득 스피치

스피치 빌더 익스프레스

목표

주제문

조직

개요

지원자료

전달

소개

결론

제목

인용

시각적 지원

스피치 개요 완성

인포트랙

추천 검색어

제안된 개념 검색

퍼블릭 스피킹과 논증

논증과 주장

논증과 증거

추론

논증과 소구

생략삼단논법

삼단논법

추론 오류

음성 학습 수단

로버트의 '최고가 아닌 선택, 가정학습'

비판적 사고 질문

학습목표

장 요약

주요단어

감성 소구(파토스)	결론	관심 돌리기 오류
논리 소구(로고스)	논증	대중선동 오류
무지에 호소 오류	문화적 신념에 소구(미토스)	
분류 오류	불충분한 유추 오류	비교 증거 오류
삼단논법	생략삼단논법	성급한 일반화 오류
숨겨진 단어 오류	연관된 유죄 오류	연사 공신력(에토스)

연역 추론	오류	인과 추론
위험한 비탈 오류	유추 추론	인과관계 오류
인신공격 오류	잘못된 딜레마 오류	전제
전통 소구 오류	주장	증거
질문 요구 오류	추론	풍자 오류

비판적 질문: 확인과 토론을 위한 질문

1. 관심이 있고 양쪽의 주장을 확인하는 논쟁적 주제를 선택하라. 전제와 결론 모두가 청중의 수용을 요구하는가?
2. 잡지나 신문, TV와 온라인에서 3~4개의 광고를 골라보라. 광고주가 사용한 소구 방법은 무엇인가? 특별한 사례를 말해보라. 이러한 소구가 얼마나 효과적인가?
3. 나의 입장을 다른 사람에게 설득하기 위해 노력했던 최근의 토론을 떠올려 보자. 어떤 유형의 추론을 사용했는가? 추론 과정은 잘 되었는가?
4. 논쟁과 설득 교육에 대한 연구는 학생들이 논증의 기초를 배운 학생이 논증의 형식 훈련이 없는 학생보다 오류를 잘 발견한다는 것을 밝혀냈다. 이 장에서 논증과 오류에 대해 무엇을 어떻게 배웠는가? 논증에서 오류에 대한 경계심이 높아졌는가? 청중에게 설득 메시지에 반응하도록 영향을 주려면 어떻게 해야 하는가?

16장 특별한 상황과 그룹 스피치

Special Occasion and Group Speech

Read it

Watch it

Use it

Review it

모든 대학생들은 졸업식을 기다리는데 이 날의 하이라이트는 졸업식 축사다. 이 스피치 동안 연사는 자신의 인생 경험을 소개한다. 예컨대 윌리엄 & 매리 대학의 졸업식에서 코미디센트럴의 〈더 데일리 쇼(The Daily Show)〉의 진행자이며 제작 책임자인 존 스트워트(John Stewart)는 자신의 대학생활을 소개하며 추억에 잠겼다. 아메리카대학교에서 행한 주디 우드러프(Judy Woodruff)의 스피치는 대학 때부터 현재 CNN 선임기자의 자리까지 이른 기자생활을 소개했다. 사우스앰튼대학에서 커미트(Kermit)는 초년병(tadpole) 시절을 회상했다. 1962년 하버드를 졸업한 존 F. 케네디(John F. Kennedy) 대통령은 예일대학교 졸업식에서 라이벌이지만 예일대 졸업생들이 우수하다는 칭찬으로 스피치를 시작했다. 강의실 밖의 많은 프레젠테이션은 특별한 상황이나 그룹에서 업무와 관련이 있다. 이 장에서는 수상 소감과 같이 연사가 주인공이 되는 특별한 상황의 스피치를 알아본다. 다양한 유형의 소그룹 프레젠테이션 가이드라인과 평가방법도 살펴본다.

특별한 상황 스피치

READ IT! 특별한 상황 스피치는 다른 사람에게 살아온 인생을 말하는 일상적인 성격을 확대한 것이다. 예를 들어, 친구를 다른 사람에게 소개할 때 일부분은 특별한 상황 스피치다. 다른 특별한 상황 스피치는 지명(指名), 수상 소감, 수락 연설, 만찬 스피치, 찬사(讚辭), 조사(弔辭) 등이다. 여기서는 카메라 앞에서 스피치를 할 때 어떻게 해야 하는지도 알아본다.

소개 스피치

유명인이 이 연사로 나오는 퍼블릭 스피치에 가보면 앞부분에 연사를 짧게 소개한다. 이것이 **소개 스피치**(speech of introduction)다. 소개 스피치는 연사와 스피치를 청중에게 알리기 위해 준비된다. 소개 스피치에는 몇 가지 원칙으로 연사와 상황에 청중을 준비, 정확한 정보 제공, 청중과 스피치 연결이 있다.

소개 스피치
누군가를 청중에게 소개하는 짧은 스피치

청중 준비

연사를 소개하기 위해서 미리 간단한 설명을 준비해야 하며 동시에 연사와 상황에 청중을 대기시킨다. 청중은 연사를 소개하는 사람이 빨리 연사, 주제, 상황에 대해 설명해주기를 바란다. 예컨대 노르웨이 외무부 장관 조나스 가 스토어(Jinas Gahr Store)가 국제원자력기구(IAEA)의 총재 모하메드 엘바라데이(Mohamed Elbaradei) 박사를 다음과 같이 소개하였다.

> 무엇보다 엘바라데이 박사와 IAEA의 노벨평화상 수상을 축하합니다. 이상은 최고의 상이며 IAEA는 세계평화와 안보에 중대한 역할을 수행해 왔습니다. 뭔가 다른 일을 해 냈습니다.
>
> 이것은 핵무장 해제와 확산방지를 위해 IAEA가 지속적이고 효과적으로 수행해온 엘바라데이 박사와 직원들의 지치지 않는 노력 덕분입니다. 이번 수상이 중요한 역할을 계속 해낼 수 있기 바랍니다. 또한 우리 모두가 IAEA에 협력하는 기회가 되기를 바랍니다.
>
> 노르웨이 국민으로, 12월 10일 노벨평화상 수상식에 오신 것을 환영합니다. 노르웨이 국민은 노벨 평화상 월계관 수상자를 존경하며 이번 경우도 예외는 아닙니다.[1]

정확성과 최신 정보

소개 스피치를 할 때 연사에 대한 모든 것을 찾아본다. 예컨대, 연사의 개인 홈페이지나 페이스북 같은 소셜네트워킹사이트도 살펴보고, 일간지에 소개된 기사, 그리고 후즈후(Who's Who, 인명사전)사전의 세부내용, 연사가 쓴 글을 인터넷으로 확인한다. 가능하다면 이메일이나 전화, 인터넷 채팅, 면대면으로 연사와 인터뷰해서 가장 정확한 최신의 정보를 얻는다. 시간이 허락하면 소개 스피치 초고를 만들고 그것을 연사에게 확인을 부탁하면 소개는 정확해진다.

Justin Sullivan/Getty Images

▲ 소개 스피치는 청중에게 소개된 연사에 대해 알게 되고 연사의 공신력을 쌓는데 도움이 된다.

청중과 연결

청중이 잘 아는 연사라고 해도 제대로 소개하면 긍정적 반응과 청중의 주목을 이끌어낸다. 청중이 연사를 잘 모를 때는 소개하는 사람의 역할이 매우 중요하다. 연사와 청중을 연결할 때는 연사가 어떤 능력으로 청중의 관심을 끌어낼 수 있는 사람인지를 잘 알아야 한다. 성인난청협회 컨퍼런스(ALDA.com)에서 제인 슐라(Jane Schlau)는 기조연설을 맡은 연사를 이렇게 소개했다.

> 오늘 최고의 연사는 제 인생의 은인, 산자이 구라티(Sanjay Gulati) 박사입니다. 아동심리학자이며 청각을 잃은 환자를 위해 감동적인 활동을 해 오신 분입니다. 사실 그는 경력보다 훨씬 대단한 분입니다. 지난 주 저녁을 함께 하면서 이번 컨퍼런스의 연설에 대해 준비했습니다. 그리고 수많은 메일을 주고받았습니다. 스피치의 제목을 이메일로 '청각장애의 재해석'을 보내왔습니다. 저는 이 제목이 청각장애의 다양한 논의를 잘 말해주기 때문에 매우 좋았습니다. 산자이 구라티 박사를 소개하게 되어 무한한 영광입니다.[2]

슐라는 주제와 연사를 개인화하였고 청중에게 더욱 친근하게 접근하도록 만들었다. 연사와 여러 번의 커뮤니케이션을 언급해서 주제와 컨퍼런스의 목적을 연결하였고 청중의 관심을 일으키고 연사의 스피치에 준비할 수 있게 하였다.

지명 스피치

지명 스피치는 소개 스피치와 같이 특정인의 자격이나 성과에 주목한 스피치다. **지명 스피치**(nomination speech)는 왜 특별한 사람이 주어진 기회에서 성공적이었는지를 설명한다.

지명 스피치
특정인이 왜 주어진 기호에 성공적이었는지를 설명하는 스피치

지명 스피치에서는 몇 가지 가이드라인이 적용된다. 첫째, 누가 지명되었는지 못지않게 무엇 때문에 지명되었는지도 중요하다. 어떤 것—선출직, 지위, 인용, 수상, 보상—에 지명된 사람은 후보들과 경쟁하던 분야에서 선출되어 존경과 사랑을 받을 수 있어야 한다. 임명자는 반드시 임무를 요구받거나 적어도 지명된 사람의 지지를 충분히 받아야 한다. 특별히 이해관계가 큰 경우에는 지명 스피치는 앞서 정리가 잘되어야 한다.

임명자는 지명된 자에 대한 정보를 정확하고 간결하게 정리해야 한다. 청중은 왜 후보를 특별히 우호적으로 고려해야 하는지 알고 싶다. 지명된 자의 강력한 이유는 어떤 능력이나 성과에 대한 인정 때문인가? 연사는 임무나 공식적인 인정의 자격이 있다는 확신을 만드는 방법으로 지명된 것을 합당하게 설명해야 한다.

대부분 지명 스피치는 간단하다. 지명을 할 때 그룹의 지지를 요구하고 감사를

표하기 위해 지명된 자를 명확하게 밝히고, 가장 중요한 선택의 이유를 알리며, 지나치게 공식적이지 않게 후보를 개인화하여, 지명된 사람의 성과가 얼마나 신뢰할 만한지를 강조한다. 예컨대 만약 학교 안 조직의 회계담당자를 뽑는다면 "저는 리아 사라자(Rhea Salazar)를 우리 모임의 회계담당으로 지명합니다. 리아는 회계과목에서 우수한 성적을 얻었고 지역의 제빵점에서 파트타임으로 경리담당으로 일했기 때문에 가장 적합한 사람입니다. 몇 년 동안 살펴본 결과 그녀는 일을 시작할 때 헌신적입니다 그녀는 조직, 세부 구성, 문제해결 능력이 있습니다. 그녀를 지지해 주십시오. 고맙습니다"라고 말할 수 있다.

수상 프레젠테이션

수상 프레젠테이션

한 사람의 성과를 축하하기 위해 개인을 인정하는 스피치

수상 프레젠테이션(award presentation)은 누군가 이미 좋은 결과를 냈을 때 하는 축하다. 청중의 이해를 돕기 위해서 특별한 수상의 상황에서 연사는 상과 필요한 것에 대한 배경정보를 제공한다. 연사는 늘 유연하게 실제 상황에 대응해야 한다. 연사는 반드시 청중이 주어진 상황과 수상에 대해 얼마나 알고 있는지를 살펴야 한다. 두 번째 행사에 참석하는 일부 청중은 수상의 기원과 목적에 대해 관심이 없다. 이 상황에서 연사는 간략하게 그러나 강력하게 수상의 중요성과 성격을 강조해야 한다. 수상 프레젠테이션과 지명 스피치는 개인의 긍정적인 자질에 주목하는 스피치이기 때문에 친숙하다. 버지니아 공과대학교의 공학응용 과학상인 로버트 A. 블랜드 상을 수상한 카토 T. 로렌신(Cato T. Laurencin) 박사와 학장 제임스 H. 에일러(James H. Aylor) 박사는 다음과 같이 말했다.

> 많은 아프리카계 학생들에게 로렌신 교수님은 과학과 공학 분야 아프리카계 미국인의 첫 번째 성공사례로 인정받고 있으며, 그의 업적과 성과를 뒤따르고 싶어 하는 아프리카계 미국인 의사, 기술인, 연구원의 기초가 될 것입니다.
>
> "그는 선도적인 나를 도왔습니다", "그는 가치 있는 협력으로 나를 도왔습니다", "그는 발견의 기회를 제공하였습니다", "그는 보다 효과적으로 학생들을 가르칠 수 있게 하였습니다", "그는 성공적인 제안서를 작성하도록 도왔습니다"라는 평가는… 이번 수상의 지명을 지지하는 많은 편지에서 빛나는 글이었습니다.
>
> 분명하게 교육에 대한 그의 지속적인 노력은 리더로서의 강점을 만들었습니다.[3]

에일러 박사는 수상자의 존재가 상을 받을 만하고 후배들에게 멘토로서 칭송

받는 특별한 찬사를 인용해서 지명된 자의 자질을 강조하였다.

상이 수여될 때 수상과 수상자, 수상장면은 빛나게 된다. 청중은 상의 수여와 수상자의 스피치 이후에 수상과 수상자에 대해 신선하고 유익했음을 인정하게 된다.

수락 스피치

청중은 인정받고, 존경받으며 수상한 개인이 무대 위에서서 자리로 돌아가기 전에 **수락 스피치**(acceptance speech)를 기대한다. 개인적으로 공식적으로 인정받는 지위에 이르게 되면 무엇을 말할 것인가? 존경받거나 수상을 한 대부분 개인은 이전에 수상자들이 준비할 시간이 많을 것이라고 생각한다.

수락 스피치
인정받고, 존경받으며, 수상한 개인에 의한 스피치

수상 소감을 말할 때는 일반 규칙이 적용된다. 가장 중요한 것은 수상자가 반드시 시상자, 조직, 그리고 청중에게 감사의 말로 겸손을 간결하게 표현해야 한다. 또한 연사는 상황에 맞게 수상과 개인의 이야기를 통해 그간의 업적과 활동을 수상과 연결해 설명한다.

감사와 겸손으로

수상식 장면에서 많이 본 것처럼 청중은 수상자의 반응을 기대한다. 먼저 성공을 도와준 많은 분들에게 감사를 한다. 예컨대 파우더번(Powderbun)이 2007년 오스틴뮤직어워즈에서 최고 메탈밴드상을 받았을 때 이들은 "사랑하고 인정해주셔서 좋은 노래를 쓰고 장르에 구애 받지 않고 활동할 수 있게 해준 모든 분들과 이 지역에 고맙습니다"라고 감사를 표했다. 그룹 멤버는 함께 고맙습니다를 외쳤고 "유투브의 우리 팬과 마이페이스… 그리고 투표한 모든 분"에게 감사했다.[4]

수상자는 겸손함을 나타내려고 자신의 성과를 축소하려는 경향이 있다. 아동 넌픽션 북 상 수상작인 〈고릴라 닥터: 위험에 빠진 위대한 원숭이 구하기〉의 저자 팔마 S. 터너(Pamela S. Tuner)는 스피치의 마지막을 이렇게 장식했다.

> 뱅크스트리트교육대학이 〈고릴라 닥터〉가 어린 독자들의 영감을 불러일으켰다고 상을 주신 것에 매우 감사합니다. 그러나 저는 분명히 동물에 대한 어린이들의 믿음을 이끌지 못했습니다. 이미 어린이들은 동물을 좋아했습니다. 저는 분명히 동물에 대한 어린이들의 교감을 이끌지 못했습니다. 이미 어린이들은 동물과 교감하고 있었습니

Frederick M. Brown/Getty Images

▲ 얼마나 감사한지 청중에게 증명하기 위해서 수상의 감격을 보여준다. 감동의 수준은 상황—어떤 수상 프레젠테이션은 매우 공식적이다—에 맞추어야 한다.

다. 이 책의 저술이 어린이들이 이 세상을 존경심과 겸손함으로 그리고 동물의 왕국과 사랑을 나눌 수 있기를 기대합니다. 감사합니다.[5]

스피치 마지막에서 청중이 주목한 일반적인 목표보다 한 층 높여 동물에 대한 어린이의 윤리적 인식을 강조했다. 이런 방법으로 터너는 자신의 책이 어린이의 동물에 대한 태도에 영향을 준 것을 감사했지만 관련된 다른 요인들도 함께 표현하였다.

간결하게

연사가 무대에 설 때 지나치게 길게 이야기를 끌 수 있다. 그러나 청중은 수상의 소감을 짧게 요점만 듣기를 원한다. 웨버 상은 짧은 수상 소감—단지 5단어만 허락되는—만 허용한다. 예컨대, 2006년 스피치에서는 저스티스 러닝(법률 부문)의 "이것은 시의 정의", 국가과학재단 웹사이트(정부 부문)의 "우주과학보다 더 나은", 몬스터 커리어 어드바이스(고용 부문)의 "자신 표출: 이력의 향상"[6] 어떤 시상식에서는 짧은 단어의 축하는 연사에게 5단어만 말하게 요구하지만 수상자는 여전히 긴 소감을 말한다.

오스카 최고 다큐멘터리 필름 상을 수상한 〈불편한 진실(An Inconvenient Truth)〉의 다비스 구겐하임(Davis Guggenheim) 감독과 전 부통령 앨 고어(Al Gore)는 153단어로 소감을 말했다.

> 다비스 구겐하임: 저는 이 영화를 나의 아이들과 위대한 영화를 만들도록 가르쳐 주신 아버지를 위해 제작했습니다. 사랑하는 아내(청중 쪽을 가리키며). 함께 영화를 만든 로리, 로렌스, 스콧과 리슬리. 우리는 이 남자(앨 고어를 가리키며) 때문에 영화를 만들게 되었습니다. 제프 스콜이 재정을 담당했고 존 리스러는 멋지게 관리했습니다만 지난 30년간 이 진실을 알리기 위해 우리 모두는 노력해 왔습니다. 고맙습니다. 앨! 우리는 참으로 멋졌습니다. 함께 수상의 기쁨을 나누겠습니다.
>
> 앨 고어: 감사합니다. 티퍼와 가족, 그리고 아카데미와 함께 고생한 팀들께 감사합니다. 동료 미국인, 세계인, 우리 모두는 환경의 위기를 해결해 나가야 합니다. 이것은

정치적 쟁점이 아닙니다. 도덕적인 문제입니다. 자원을 새롭게 하는 필요한 모든 것을 시작해야 합니다. 새롭게 바꿔 나갑시다.[7]

1분 남짓 동안 연사는 영화 관계자에게 감사를 표했고, 왜 이 프로젝트에 참여했으며 아직 완성되지 않은 작업에 매진해야 하는지를 설명했다.

수상 배경을 설명

연사는 수상 경위나 상황과 관련한 이야기로 참여한 활동을 설명해서 수상의 배경을 설명해야 한다. 이런 제언은 수상을 개인적으로 만들고 청중이 수상자에게 보다 가깝게 연결되도록 한다. 나병환자를 돌봐 국제 간디상 수상한 요시 사사카와(Yoshei Sasakawa)는 그의 사회적 참여를 아버지 이야기로부터 시작했다.

> 30년 전부터 세계 나병환자를 돌보는 일에 참여해 왔습니다. 저의 아버지 료이치 사사카와(Ryoichi Sasakawa) 때문에 제가 이 일에 관여가 되었습니다.
>
> 아버지께서 1995년 96세로 돌아가실 때까지 어린 나이에 나병 환자의 비참함을 목격하고 개인과 가족, 그리고 그의 전 생애를 환자들을 위해 바쳤습니다. 그러나 더 많은 의료지원과 격려가 필요합니다. 아버지는 치료가 필요한 환자에게 접근할 수 있어야 한다고 생각했습니다.
>
> 그의 아들로서 저는 일을 도왔습니다. 그리고 그가 시작한 것을 마치기 위해 최선을 다할 뿐입니다.[8]

청중에게 자신의 동기를 설명해서 나병의 신체적 질병과 사회적 상처까지 모두 치료하려는 사사카와의 관심을 더 잘 이해하게 하였다. 또한 많은 사람이 확인할 수 있게 그의 일의 맥락을 제공하였다.

만찬 스피치

만찬 스피치는 주로 잘 짜인 이벤트의 한 부분으로 구성된다. 이 스피치는 전에는 저녁 만찬 모임의 순서로 준비되었으나 현재는 조찬이나 오찬에도 포함된다. 시간이 언제든 간에 만찬 스피치는 목표는 행사에 즐거움을 더하는 것이다. 행사의 후원자가 참석자에게 호감을 전달하고 즐거운 분위기를 연출한다. 연사는 이를 위해 주제를 스피치하는 동안 재미있고 밝은 분위기를 위해 노력한다.

재미있고 밝게

대부분의 만찬 스피치는 어떤 경우 주제가 심각하더라도 밝은 마음으로 즐거움을 전달한다.

유머는 만찬 스피치의 기본이지만 청중의 분위기를 돋우는 유일한 방법은 아니다. 어떤 연사는 유머감각이 있지만 다른 연사는 유머감각이 없을 수 있으므로 강제할 필요는 없다. 만찬 스피치는 우스갯소리나 재미있는 이야기를 포함하지만 언제나 유머가 필요한 것은 아니다. 청중이 관심 있는 주제에 대한 조언을 잘 듣고, 심사숙고해서 청중이 공감할 창의적인 내용으로 준비한다.

주제에 맞춰서

만찬 스피치가 낙관적이고, 즐길만하지만 주제문과 요점이 있어야 한다. 청중이 재미뿐만 아니라 유익함을 얻을 수 있어야 한다.

예컨대 동문회에서 만찬 스피치를 부탁받았다고 가정해보자. 옛날 학창시절 선생님과 친구들에 대해 이야기할 수 있다. 그러나 새로운 주제를 개발해야 한다. 예를 들어, 모두에게 고등학교 시절이 중요했으며 우정을 쌓은 것이 얼마나 큰 혜택이었는지를 말할 수 있다. 연례 판매회의에서 지난해 신제품을 소개한 것이 얼마나 힘들었는지를 재미있게 이야기한다. 그러나 궁극적으로 신제품과 회사의 성공 사례를 발표해야 한다.

●●● THE EVOLVING ART ●●● 만찬 스피치에서 프레젠테이션 미디어 사용 피하기

만찬 스피치의 청중은 강의 형식이나 지나치게 심각한 내용, 공격적인 형식, 반드시 기억해야 할 내용을 원하지 않는다. 매우 특별하고 제한된 목표가 있는 경우를 제외하고 연사는 이런 상황에서 프레젠테이션 미디어의 사용을 자제해야 한다.

음성이나 화상 요소는 스포츠, 미디어, 음악, 패션 주제에는 적합하지 않다. 그러나 연사는 반드시 조심스럽게 접근해야 한다. 만찬 스피치에서 프레젠테이션 미디어 사용에 적용되는 규칙은 특별히 기술적인 측면에서 중요한 기준이다. 만약 공간이 프레젠테이션 미디어를 활용하기에 정교하게 잘 갖춰져 있지 않다면 연사는 반드시 사용을 피해야 한다.

찬사와 조사

한 사람의 업적을 기리기 위해서 그가 누구이며, 어디서 살았는지, 그리고 무엇을 추구했는지를 살펴본다. **찬사**(speech of tribute, 讚辭)는 의미 있고 칭송받을 만한 인생, 새로운 분야를 개척한 개인이나 그룹에게 명예, 존경, 기념, 감사 또는 영감을 준다. **조사**(eulogies, 弔辭)는 고인에 대한 회고를 통해 찬사하는 특별한 스피치다.

이런 스피치는 자주 접하게 되거나 이미 경험했을 것이다. 결혼, 기념식, 은퇴식, 동문회, 가족 생일축하 파티, 집들이에서 찬사가 시행된다. 새로 결혼한 신랑과 신부를 위해서 최고의 남녀 연사가 간략한 찬사를 한다. 전쟁터에서 돌아온 퇴역군인의 귀향 축하연에서는 가장 친한 친구가 찬사를 한다. 고등학교 동문회에서는 가장 성공한 동문이 소개된다. 자녀들이 부모의 50주년 결혼기념일을 축하한다.

유명인—예컨대 전 대통령, 시민단체 대표, 스포츠 스타, 연예인—의 감동적인 찬사를 TV나 인터넷으로 본적이 있을 것이다. 그러나 최고의 조사는 집안에서 일어난다. 가족과 친구는 돌아가신 분의 장례식에서 조사를 듣는다. 조사는 칭송이나 돌아가신 분을 조명하는 것뿐 아니라 남겨진 가족과 친구들의 슬픔도 위로한다.

찬사
의미 있는 업적을 성취하고 칭송받을 삶을 산, 또는 새로운 길을 개척한 분에 대한 명예, 존경, 기념, 감사, 영감을 주는 스피치

조사
돌아가신 분에 대한 존경을 전하는 조사

감정을 적절하게 강조

찬사와 조사는 매우 감성적이다. 찬사의 분위기는 상황에 영향을 받지만 일반적으로 따뜻하고 친근하며 긍정적이다. 예컨대 코네티컷의 법원장 체이스 T. 로저스(Chase T. Rogers)가 주법원 법률 사서를 찬사한 스피치를 살펴보자.

> 2007년, 올해 법의 날 시상식에 법률 사서의 노고를 치하합니다. 법률 사서들은 키보드 위에 한 손을 올리고 다른 한 손은 국민의 법 감정을 돕고, 격려하며 법 지식 향상을 위해 도와 왔습니다. 몇 년 전 일간지 〈덴버포스트(Denver Post)〉에는 다음과 같은 사설이 실렸습니다. "법률 사서는 매우 특별한 사람들이다. 그들은 법 정신을 돌보는 사람이며, 희망을 키우는 사람이고, 진실의 수호자다. 아마 이보다 자기 분야 실무자의 관용이 강조된 직업은 없을 것이다."
>
> 전체 지방법원을 대신해서 축하해 마지않습니다. 우리는 시민들을 위해 일하는 가장 중요한 사람인 지방법원의 법률 사서들의 헌신으로 진정 행복합니다. 축하와 감사를 드립니다.[9]

법원장은 법률의 날에 수상 결정과 관련한 법률 사서의 노고를 밝혔다. 그들의 업적과 기여뿐 아니라 사회 전반에 대한 노력을 찬사했다.

영감을 제공

찬사 스피치는 청중에 영감을 줄 뿐 아니라 찬사를 받는 사람을 존경하기 위함이다. 아래는 8살 빈디 어윈(Bindi Irwin)이 그의 아버지 '악어 사냥꾼' 스티브 어윈(Steve Irwin)에게 띄우는 조사로 그의 가업을 잇겠다고 강조하고 있다.

> 아버지는 나의 영웅이었습니다. 내가 필요한 때 항상 그곳에 계셨습니다. 내 말에 귀를 기울였고 많은 것을 가르쳐 주셨습니다. 그러나 대부분 재미있었습니다.
>
> 아버지는 중요한 일을 하셨습니다. 세상 사람들이 야생동물을 사랑하도록 애쓰셨습니다. 동물병원을 세우고 많은 땅을 사서 동물들이 편하게 지낼 수 있도록 했습니다. 우리가족과 함께 모든 시간을 보냈습니다. 영화도 함께 만들었고 악어사냥과 숲속 동물을 함께 돌봤습니다.
>
> 저는 아버지보다 더 동물을 사랑하지는 못합니다. 그러나 아버지만큼 위험에 빠진 야생동물을 돕고 싶습니다. 아버지는 세상에서 제일가는 분이었습니다. 매일 그를 그리워 할 겁니다. 악어를 보면 아버지가 생각날 겁니다. 아버지가 만드신 동물원은 누구나 와서 동물사랑을 배워 가십시오. 아버지는 이곳을 만드는 데 전 생애를 바치셨습니다. 이제는 아버지께 돌려드릴 때입니다. 고맙습니다.[10]

수천 명이 모인 오스트레일리아 동물원에서 열린 기념식에서 빈디는 아버지에 대한 감상과 아버지의 동물보호에 대한 사명감을 함께 나타냈다.

효과적인 조사의 규칙은 유연하다. 어떤 조사는 준비된 원고를 청중에게 읽고, 다른 조사는 즉흥적으로 한다. 스피치 원고는 빠짐없이 잘 준비한다. 찬사나 조사 스피치가 잘 실행되고 전달되면 청중에게 높이 평가받고 특별히 연사에게 되돌려진다.

매개된 스피치

매스미디어를 통한 스피치는 연사의 부담을 덜고 새롭게 청중을 확장하는 방법이다. 그러나 전통 미디어는 스피치의 일부분만 담당할 수 있다. 정보와 커뮤니케이션 기술을 계속해서 세계로 넓힐 기회를 준다. 예컨대 소개와 다른 메시지를 동영상으로 자신과 조직의 웹사이트에서 전달한다. 또는 연사가 관심 있는 주제의 스피치를 준비하고, 전달하며 녹화하여 유트브나 비슷한 동영상 공유 사이트에 올린다.

카메라 앞에서 스피치를 진행할 때 다음의 가이드라인을 명심하라.

- 만약 지역 TV방송과 같은 미디어 행사에서 스피치하게 되면 출연 전에 프로그램의 구조와 형식을 알아둔다. 맡은 시간이 얼마나 되고, 방청객의 유무 등 행사의 형식을 확인한다.
- 적절한 복장을 준비한다. 검정색을 피하고 어두운 색이 완전히 밝은 색보다 좋다. 짙은 색이 흐린 색이나 무늬가 있는 것보다 낫다. 하의는 잘 보이지 않기 때문에 셔츠, 재킷, 블라우스에 특별히 신경 쓴다.
- 카메라가 돌기 전에 잠깐 볼 수 있도록 스피치의 개요를 주요 단어나 문장으로 간단히 준비한다. 이것은 전하고 싶은 중요한 강조점을 놓치지 않는다.
- 몸동작을 최소화해야 하지만, 몸이 굳어 있거나 불편하게 보이지 않는다.
- 분명하고 좋은 목소리로 빠르지 않게 말한다.
- 전문가들이 쓰는 속어나 축약어를 피하고 청중이 주제를 쉽게 이해할 수 있다.
- 한 사람의 청중에게 이야기할 때는 카메라가 아닌 그 사람을 보면서 이야기한다.

표준화된 미디어 대응 방법은 없다. 일반적으로 조직의 대변인이 맡지만 언론으로부터 개인적으로 요구받는 경우도 있다. 어떤 경우는 사전에 잘 준비가 되지만 갑작스럽게 해야 할 경우도 있다. 미디어 출연은 한 시간, 혹은 그 이상이 될 수도 있고 실제로는 몇 분이나 그 이하만 소개된다. 미디어 출연은 스튜디오나 다른 현장에서 제작된다. 그러나 위에 제시한 가이드라인은 이 상황 전체에 적용된다.

소그룹 프레젠테이션

조직에서 팀과 부서에서 업무 비중이 늘어나면서 다른 동료와 함께 일하는 동안 정보를 청중에게 전달하는 경우가 생긴다.[11] 그룹 프레젠테이션은 주로 부서 안과

소그룹

문제해결, 의사결정, 공동목표 달성을 위해 상호작용하는 개인들의 모임

밖의 상호작용과 관련이 있다. **소그룹**(small group)은 개인들의 모임으로 서로 상호작용하고 의존하면서 문제를 해결하고 의사를 결정하며 공동의 목표를 달성한다. 스피치 수업에서 주제를 브레인스토밍하거나 청중을 분석하는 것 같은 퍼블릭 스피킹 관련 다양한 기술을 그룹으로 진행했다. 교수님이 그룹 프레젠테이션을 과제로 부여했다. 수업에서 팀을 구성해 그룹 프레젠테이션에 참여하고 다른 전문적인 상황에서도 가능하다.[12] 여기선 그룹 프레젠테이션 다섯 가지 유형인 구두 보고, 패널 토론, 라운드테이블, 심포지엄, 포럼에 대해 살펴보자.

구두 보고

구두 보고

한 사람이 시사점을 그룹에게 전달하는 보고

그룹 프레젠테이션에서 **구두 보고**(oral report)는 대표가 그룹에게 보고 전체를 전달한다. 많은 구성원이 보고를 만들고 대표 한사람이 시사점을 관리자나 임원들에게 전달한다. 효과적인 구두 보고는 모든 조직원의 기여를 분명하게 인식한다. 연사는 '우리'나 '우리의'와 같은 단어를 사용해서 개인이 아닌 그룹이 보고를 만들었음을 알린다. 또한 특별히 구성원이나 부서를 밝혀서 보고서를 작성한 사람의 기여를 모든 사람이 알도록 한다. 연사는 보고의 전체 내용을 숙달해야 하며 확인이 필요한 부분은 참여한 팀원에게 확인한다.

구두 보고 형식은 프레젠테이션의 지속적이고 부드러운 전달을 제공한다. 구두 보고는 각 팀원이 발언 순서와 관련해 내재된 혼란을 피한다. 청중은 한사람의 이야기형식에 적응되어 있다. 구두 보고는 이런 약점을 강점으로 바꿔 놓는다. 조직은 구성원의 관점을 정확하게 전달하는 대변인에 의존한다. 또한 연사는 보고서 내용과 친근하지 않을 수 있으므로 일반적인 프레젠테이션 후의 질의응답에 어려움을 겪는다. 이 경우 모든 구성원은 반드시 참여해서 격려해야 한다.

패널 토론

패널 토론

사회자가 청중 앞에서 주제에 대해 전문가에게 질문하고 대답하는 토론

주말 TV 토크쇼에서 **패널 토론**(panel discussion) 장면을 보았을 것이다. 사회자나 진행자는 청중 앞에서 직접 그룹과 상호작용하는 질문을 한다. 패널 참여자는 진행 중인 주제와 다루게 될 일반 주제를 알고 있는 전문가이다. 사회자는 주로 소개하고 주제의 개요와 토론의 목적을 알려준다. 이때 사회자는 참석자의 경력을 알려주

거나 스스로 자신을 소개하게 한다.

비록 패널 토론이 예행연습을 하지는 않지만 전체적으로 즉흥적이지 않다. 토론 참가자는 토론하는 동안 누군지 밝혀지고 소개된다. 어떤 질문은 예상치 않았던 것이고 자발적인 반응이다. 참석자는 토론이 시작되면 조심스럽게 준비하고 단순히 '비약'하지 않는다. 매 학기 직업의 날 산호세주립대학교 커뮤니케이션학과에서 후원한 패널 토론의 예가 있다. 첫째 학생들에게 커뮤니케이션 전공으로 무엇을 할 수 있으며, 커뮤니케이션 전공 관련 선배를 초청해 전문적인 직업에 대해 이야기를 들었다. 학과 교수님들은 토론의 진행자 역할을 수행했다. 공식 프레젠테이션 후에 청중—대부분 커뮤니케이션 전공과 부전공인—패널로 참석한 사람들에게 질문을 하였다.

AP Photo

▲ 비록 한사람만 구두 보고를 하지만 좋은 생각은 보고를 준비하기 위해 함께 일한 결과다. 이것은 스피치에서 전체 그룹의 기여를 확인하고 공식 프레젠테이션 이후의 질의응답을 돕는다.

라운드테이블 토론

패널 토론과 다르게 **라운드테이블 토론**(round table discussions)은 청중 없이 그룹 구성원만 등장한다. 모든 그룹 구성원은 지도자나 진행자에 관계없이 라운드테이블 토론에 참여한다. 연사 토론 주제의 전문가이기 때문에 반응은 즉흥적이다. 만약 연사와 다른 참석자도 준비된 상태로 도착했어도 토론 주제를 알아야 한다.

라운드테이블 토론
전문가들이 참여하여 청중 없이 즉흥적으로 주제에 대해 토론하는 모임

라운드테이블 토론은 일반적으로 자유롭고 연사가 대화를 장려하고 참여를 높이기 위해 원을 그리고 앉는다. 진행자나 토론을 조직하는 사람은 토론의 목표, 토론 진행의 절차, 시간 제한 등 스피치의 개요 또는 소개를 제공한다. 이와 유사하게 진행자나 조직을 맡은 사람은 간단한 폐막인사와 토론의 결과로 나온 주제를 요약, 정보로 제공해야 한다. 또한 토론은 나중에 사용할 수 있는 정보 참여가 가능하게 녹화하거나 누군가는 기록한다.

라운드테이블 토론은 개인이 주제에 대한 정보와 아이디어의 교환 장소를 제공한다. 모든 토론자의 참여가 격려되고 주제에 대해 서로 다른 관점을 생각할 기회

Speaking of ... 라운드테이블에서 아이디어 교환하기

라운드테이블 토의에 참여는 스피치 프레젠테이션 리허설에 참여하지 않았기 때문에 두려울 수 있다. 그러나 이 형식은 타인과 아이디어를 교환할 때, 잘 모른 주제에 대해 배울 때 가장 좋은 방법이다. 학생들이 관심 있는 지역, 지방, 국가, 세계의 주제를 대학 캠퍼스 라운드테이블 토론 조직을 고려해보라. 학생들이 모여서 스피치 능력을 향상하는데 도움이 되고 새로운 생각과 정보를 자유롭게 교환한다.

를 극대화한다. 간혹 라운드테이블 토론은 새로운 아이디어를 만들고 혁신적인 문제접근을 가능하게 한다.

예컨대, 지역 경제를 활성화하기 위한 전략 개발 노력에서 아크론 비이콘 저널(Akron Beacon Journal)은 기업가 정신의 촉진과 소상인 지원, 오하이오 주 북동쪽의 개발을 논하기 위해 지역 전문가를 모셔왔다. 토론의 결과는 지역 공동체 지도자에게 전달되어 정책제안이 되었다.[13]

심포지엄

심포지엄
각 그룹의 구성원이 큰 주제의 일부에 대해 시행하는 스피치의 전달 형식

만약 퍼블릭 스피킹 수업에서 그룹 프레젠테이션을 한다면 심포지엄 형식일 것이다. **심포지엄**(symposium)에서 그룹은 다른 영역으로 주제를 선택하고 나눈다. 각 그룹이 음악을 주제로 선택한다면 재즈, 힙합, 컨트리, 클래식, 그리고 록을 부주제로 선택할 수 있다. 연사는 스피치에서 일관성을 제공하기 위해서 주로 같은 조직의 유형을 따른다. 음악의 예에서 각 연사는 음악 장르의 역사와 2~3명의 주요 음악가와 그룹, 그리고 몇 가지 사례를 토론한다.

대부분 그룹의 상호작용은 심포지엄 개발 초기단계에서 시작된다. 대략적인 형식의 앞선 계획은 필수적이다. 예컨대 그룹 구성원은 연단 사용의 여부, 복장의 형식, 사용할 프레젠테이션 미디어, 스피치의 구조를 어떻게 할 것인지를 반드시 논의한다.

한번 심포지엄의 토대가 완성되면, 그룹 구성원은 독립적으로 개인 스피치를 준비한다. 스피치 준비의 마지막 단계는 그룹 구성원이 실행과 필요한 수정을 종합하는 것이다.

포럼

포럼
그룹의 공식 프레젠테이션 이후에 뒤따르는 질의응답 시간

구두 보고, 패널 토론, 심포지엄 후에 청중 구성원은 질의응답 시간을 원한다. 공식 그룹 프레젠테이션 뒤에 오는 질의응답 시간은 **포럼**(forum)이다. 개인 스피치로

서 그룹 구성원은 반드시 효과적인 듣기 기술과 가능한 한 전체를 요약하고 진지하게 청중의 질문에 답한다.

협력을 잘하는 그룹 구성원이 준비한 스피치의 반응은 포럼에서 증명할 수 있다. 프레젠테이션 전에 어떤 그룹 구성원이 포럼을 진행할 것인지를 결정해야 한다. 패널 토론 이후에 진행은 사회자가 한다. 구두 보고에서 그룹은 연사 선택과 그룹의 다른 구성원을 진행자로 선택한다. 심포지엄에서 그룹 구성원 누구라도 질의응답 세션을 이끌 수 있다.

화상회의

컴퓨터에서 웹캠은 기본으로 장착되고 웹캠을 활용한 채팅과 다른 온라인 커뮤니케이션은 그룹 프레젠테이션의 일반 형식이 되었다. **화상회의**(videoconferencing)에서 사람들은 다양한 공간에서 실시간으로 음성과 영상으로 커뮤니케이션한다. 화상회의는 고가의 장비가 필요하지만 최근에는 컴퓨터와 웹캠, 그리고 상호작용 소프트웨어를 활용해 보다 저렴하고 일반적으로 접근한다.[14] 그럼에도 화상회의는 여전히 철저한 계획과 준비가 필요하다.

화상회의
개인들이 다양한 물리적 거리에서 실시간으로, 비디오와 고속 인터넷망으로 음성과 화상을 통한 소그룹 프레젠테이션

준비와 실행

좋은 프레젠터는 언제나 프레젠테이션 개요에 기초한 노트카드를 준비한다. 화상회의 전에 회의 주제와 영상 표시를 연습한다. 당연히 연구결과에서 화상회의를 제대로 준비한 개인이 보다 긍정적이고 생산적인 결과를 얻은 것으로 나타났다.[15]

화상회의 프레젠터는 디지털 슬라이드를 사전에 준비해야 한다. 또한 프레젠테이션 전에 모든 장비가 제 위치에서 작동하는지 살펴봐야 한다. 마이크로폰과 카메라도 이상이 없어야 한다.

프레젠테이션

회의 당일에는 시간 전에 도착해서 최종 장비 점검을 한다. 복장은—흰색이나 밝은 색은 피하고 보석은 카메라에 번쩍거리지 않아야 하고—적절해야 한다. 모든 노트와 동영상과 음성 자료가 준비되어야 한다.

프레젠테이션이 시작되면 회의 동안 무엇을 하고 어떤 말을 해야 하는지 잘 알아야 한다. 영상은 되돌릴 수 없으므로 음성과 동작을 조심스럽게 해야 한다. 연필 두드리거나 칠판을 긁는 소리 같은 너무 이상한 소리는 피한다. 이야기하지 않을 때는 타인의 목소리에 주목하고 관심을 정중하게 표현한다. 화상회의에서는 묵음 버튼을 눌러서 잡음이 들어가지 않도록 하고 특별히 많은 사람이 참여하는 화상회의의 경우 조심해야 한다.

이야기할 순서가 되면 분명하고 활발하게 말한다. 비록 청중이 화상회의에서 영상에 관심을 갖는다고 생각하겠지만 연구결과는 오디오—음성—가 가장 주목받는 것으로 나타났다.[16] 영상은 균형 잡힌 역동적 전달에 제약이 있다. 지나친 동작은 영상을 혼잡하게 하고 생각을 방해한다. 몸동작을 잘 살피는 것은 카메라가 전체를 보여주지 못하기 때문에 웹캠을 사용할 때 특별히 조심한다. 또한 느린 연결 속도는 종종 영상전달의 문제가 되기도 한다.

참여한 모든 사람이 말할 수 있도록 남은 시간을 잘 살펴 시간을 지킨다. 만약 프레젠테이션이 질의응답을 포함하면 사전에 진행자에게 이야기를 한다. 시작 전에 질의응답 시간이 있다고 설명하고 그룹에게 할당된 시간을 알려준다.

프레젠테이션 이후

프레젠테이션이 끝나면 연사와 청중, 참여한 모든 사람에게 감사를 전한다. 회의가 잘 끝났음과 다음 화상회의에서 논의할 주제를 알려준다.

소그룹 프레젠테이션 평가

그룹 프레젠테이션을 평가할 때 '그룹의 성격'과 전체적으로 얼마나 잘 구성되었는지 살펴본다. 그룹 프레젠테이션은 그룹보다는 개인의 노력을 강조한다. 따라서 주로 예상된 구두 전달—사전조사, 청중 중심, 참여를 유도 언어, 적절한 프레젠테이션 미디어와 같은—을 그룹의 노력을 프레젠테이션이 잘 반영하기 위해서 기호(signs)를 중심으로 평가한다.[17] 그룹의 응집력을 평가하기 위해서 그룹의 준비,

공조된 프레젠테이션, 효과적인 듣기, 그룹에 명확한 언급, 그룹 목표의 달성 다섯 가지 주요 영역이 있다.

그룹의 준비

그룹의 준비는 일관성 있는 그룹 프레젠테이션의 토대를 제공한다. 패널 토론에서도 프레젠터는 그룹 구성원은 함께 프레젠테이션을 준비한다. 이와 같이 라운드테이블 토론의 참가자는 전형적으로 다른 프레젠터가 말하려는 맥락 안에서 자신의 프레젠테이션 노트를 준비한다.

심포지엄은 그룹의 준비가 가장 많이 필요하다. 비록 자신만의 부주제가 있더라도 그룹 구성원이 함께 만들고 프레젠테이션 전체와 일관성이 있어야 한다. 예컨대 잘 모르는 팀 스포츠를 주제로 부주제로 카바디(kabaddi, 남아시아 스포츠), 배드민턴, 캐누 폴로(caneo polo), 컬링, 코프볼(korfball, 농구 비슷한 남녀 혼합 구기)을 부주제로 고른다. 심층 조사를 하기 전에 집단 구성원은 스피치에서 다룰 주제에 동의해야 한다. 예를 들면 스포츠의 일반 규정, 역사, 그리고 특별한 특징이나 관심사항을 포함한다. 그룹은 단순히 역사만 다루는 것을 피하고 왜 경기 방식과 경기진행을 알아야 하는지 제3의 관점을 논의한다. 그룹의 사전준비는 동일한 형식으로 진행되는 연사와 함께 동일한 재료의 반복이 아닌 연사와 자연스런 연결로 그룹 프레젠테이션의 증거가 된다.

공조된 프레젠테이션

그룹 구성원이 얼마나 준비를 잘했는지는 평가의 두 번째 영역이다. 예컨대 포럼에서 그룹 구성원은 반드시 사전에 누가 특정 주제 영역의 질문에 대답할 것인지를 결정한다. 이것은 동시에 구성원 몇 사람이 같은 질문에 대답하거나, 아무도 대답을 하지 않는 것을 막기 위해서 막아준다. 패널 토론에서 사회자나 진행자는 토론의 부드러운 진행의 주된 책임이 있다. 청중은 그룹 구성원이 서로 이야기할 때 방해 되는 것을 꺼린다. 각 연사는 부드럽게 다음으로 연결되어야 한다. 그리고 비록 프레젠테이션 미디어가 똑같을 필요는 없지만 표준화는 청중에게 일관성과 사전 계획을 알려준다.[18] 마지막으로 그룹 프레젠테이션의 유형을 고려하고 시작에

서 효과적인 개요 설명과 마무리 요약은 프레젠테이션의 일관성을 확보한다.[19]

효과적인 듣기

효과적인 듣기는 모든 그룹 프레젠테이션 성공의 주된 역할을 한다. 비록 환경과 그룹 구성원이 반드시 연사에게 주목하고, 동의, 연사와 눈맞춤, 간편 노트 휴대, 그리고 연사의 스피치에 관심 보이기와 같이 활발한 청취 능력을 보여 준다. 그룹 구성원은 반드시 자신만의 프레젠테이션이나 서로 대화나 속삭임, 그룹의 프레젠테이션을 손상시키는 활동에 참여해서는 안 된다. 조심스런 듣기는 참가자는 다른 사람의 이야기를 정확히 알 수 없기 때문에 특별히 라운드테이블과 패널 토론에서 중요하다. 대체로 다른 연사에게 반응은 토론에 주목을 필요로 한다. 또한 라운드테이블과 패널 토론은 표면적으로 다른 관점—과 반대—의 연사를 포함하고 비판적 듣기를 필수로 만든다. 이런 그룹 프레젠테이션의 유형에서 청중은 참가자가 다른 연사의 생각과 제시된 증거를 조심스럽게 점검하기를 기대한다.

Watch it!

동영상 링크 16.1: 그룹 프레젠테이션 평가
이 동영상에서 제인은 그룹의 스피치를 평가할 때 주목할 요인을 제안했다. 소그룹 프레젠테이션을 보여주었다.

Use it!

활동 링크 16.1: 그룹
이 활동으로 속한 그룹이 얼마나 협력이 잘되고 프레젠테이션을 완성했는지 평가할 수 있다.

그룹에 명확한 언급

현재 연사를 돕는 그룹 구성원의 듣기는 공동 프레젠터가 이야기한 것을 언급한다. 그룹에 명확한 언급은 4번째 평가의 중요한 영역이며, 그룹 프레젠테이션의 부분을 함께 연결하기 위해 다른 장치를 제공한다. 심포지엄에서 연사는 "실라(Sheila)는 자신의 프레젠테이션을 주의했다." 또는 "드류(Drew)가 발견한 것과 유사하다"라고 이야기할 수 있다. 이 조언은 프레젠테이션의 다른 부분이 어떻게 잘 맞는지 증명을 돕는다. 구두 보고에서 연사는 그룹 구성원이 개인적으로 일하는 특정한 프로젝트의 측면을 언급한다. 이렇게 간략한 인사는 보고를 개인화하고 청중 구성원이 프로젝트에 그룹의 구성원의 기여가 얼마나 다른지를 보여준다. '우리', '우리의' 또는 '우리에게'와 같은 단어의 사용은 그룹의 동질성을 반영한다. 포럼에서 질문에 답변하는 연사는 "우리의 조사에서, 우리는 밝혀냈습니다" 또는 "우리는 매우 놀랐습니다"와 같이 말한다. 그룹에 명확한 언급 만들기에서 청중은 개인적 기여와 설득에서 조직의 노력 모두를 알 수 있다.

목표의 달성

마지막 그룹 프레젠테이션의 평가 영역은 그룹의 목표 달성 정도와 관련 있다. 구두 보고에서 연사는 반드시 모든 구성원 관점의 균형을 잡아야 하고 정확하게 보고자의 부분을 담당한다. 패널 토론에서 모든 참가자에게 발언과 사회자의 질문에 적절하게 반응할 동등한 기회를 주어야 한다. 라운드테이블 토론은 문제해결 가능성을 만드는 연사 사이의 정보의 자유로운 이동에 의존한다. 심포지엄은 정보와 청중 설득을 위해 설계되었다. 포럼은 반드시 전체 청중의 참여가 가능해야 한다. 그룹 목표 달성의 평가는 "무엇이 달성되었는지"가 그룹의 궁극적인 성공을 결정한다.

요약

많은 특별한 상황에서 몇 가지 스피치의 유형이 필요하다. 소개 스피치는 청중이 연사에 대해 정보를 들을 수 있게 한다. 지명 스피치는 지명된 자가 자리나 수상에 최적임을 밝혀야 한다. 수상 프레젠테이션은 수상과 수상자의 배경 정보를 전달한다. 연사는 감사한 마음과 겸손함으로 간단한 소감과 함께 스피치해야 한다. 만찬 스피치는 재미있어야 한다. 조사나 찬사는 전형적으로 정신의 문제를 다룬다. 어떤 경우에는 매개된 스피치가 요구되기도 한다.

그룹은 구두 보고, 패널토의, 라운드테이블 토론, 심포지엄, 포럼 여러 가지 프레젠테이션의 기회가 있다. 구두 보고는 조직의 한 사람이 전체 보고를 진행한다. 패널토론은 청중 앞에서 진행자가 주제에 대한 생각을 전문가에게 묻는다. 라운드테이블 토론 역시 전문가 연사를 포함하지만 청중은 배제된 참가자 전체의 생각을 교환한다. 심포지엄은 가장 일반적인 수업의 그룹 프레젠테이션이다. 연사는 그룹의 주제에서 선택 소주제를 청중에게 개인적으로 스피치한다. 포럼은 질문과 응답으로 진행된다. 포럼은 사회자가 혼자 서서 진행하지만 구두 보고나 패널 토론, 심포지엄이 끝난 직후에 이어진다. 지리적으로 멀리 떨어진 사람 사이에는 화상회의를 한다.

또한 청중에게 효과적인 퍼블릭 스피킹은 품격을 갖춰야 하고 그룹 프레젠테이션은 하나의 형식을 지켜야 한다. 그룹 프레젠테이션의 응집력은 집단의 준비, 공조된 프레젠테이션, 효과적 듣기, 그룹에 명확한 언급, 그룹 목표의 달성 다섯 가지로 평가된다.

온라인 자원 안내

이 책 〈퍼블릭 스피킹: 진화하는 발표기술〉을 위한 온라인 자원은 추가적인 샘플 스피치 동영상, 스피치 빌더 익스프레스, 인포트랙 대학편, 학습지원이다. 학습지원에는 주요 단어 플래시 카드, 리뷰 퀴즈, 비판적 질문이 있으며, 궁금한 점이 있다면 교수님께 이메일로 보낼 수 있다. 또한, 온라인 자원의 특징은 생동감 있는 웹링크로 해당 챕터와 연결된다. 웹링크에는 디지털 스토리텔링과 화상회의 에티켓을 제공하는 웹사이트들이 포함된다. 링크된 사이트들은 정기적으로 관리되고 일정기간마다 추가된다.

●●● REVIEW IT ●●● 학습항목과 복습자료들

책 내부
- 요약
- 주요단어
- 비판적 질문

더 많은 학습 자원
- 스피치 스튜디오
- 퀴즈
- 웹링크

학생 워크북
- 16.1 소개
- 16.2 TV 노출
- 16.3 수상식 시청과 비평
- 16.4 그룹 경험
- 16.5 미디어 노출 실패

스피치 친구 동영상

동영상 링크
- 그룹 프레젠테이션 평가

활동 링크
- 그룹

샘플 스피치 동영상
- 제니퍼 메간, 스테파니와 다니엘 그룹, '항균식품의 지저분한 진실'
- 로위언스 스멜의 국립 미국인디언 박물관 개관식 특별상황 연설

스피치 빌더 익스프레스
- 목표
- 주제문
- 조직
- 개요
- 지원자료
- 전달
- 소개
- 결론
- 인용
- 스피치 개요 완성

인포트랙

추천 검색어
- 제안된 개념 검색
- 졸업식 스피치
- 소개 스피치
- 지명 수피치
- 수상 스피치
- 만찬 스피치
- 조사 스피치
- 찬사 스피치
- 키노트 연설
- 매개된 퍼블릭 스피킹
- 소그룹 프레젠테이션
- 효과적인 소그룹
- 심포지엄
- 화상회의

음성 학습 수단
- 제니퍼 메간, 스테파니와 다니엘 그룹의 '항균식품의 지저분한 진실'
- 비판적 사고 질문
- 학습목표
- 장 요약

주요단어

구두 보고	라운드테이블 토론	소개 스피치
소그룹	수락 스피치	수상 프레젠테이션
심포지엄	조사 스피치	지명 스피치
찬사	패널 토론	
포럼	화상회의	

비판적 질문: 확인과 토론을 위한 질문

1. 기억에 남는 특별한 상황의 스피치 한 가지를 떠올려보라. 왜 그 스피치가 생각났는가?
2. 포럼은 라틴어로 '시장' 또는 '공론장'의 의미를 갖는다. 연사로서 청중의 질문과 응답 시간에 스피치 내용과 다른 의견을 어떻게 설득할 수 있는가? 스피치를 방해하는 청중을 피하기 위해서 어떤 것이 필요한가?

참고문헌
Reference

1장

1. Frobish, T. (2000). Jamieson Meets Lucas: Eloquence and pedagogical model(s) in *The Art of Public Speaking. Communication Education*, *49*, 239–252.

2. Fox, S. (2005). *Digital Divisions: There are clear differences among those with broadband connections, dialup connections, and no connections at all to the internet.* Pew Internet & American Life Project. Retrieved February 2, 2007, from pewinternet.org

3. Ford, W. S. Z., & Wolvin, A. D. (1993). The differential impact of a basic communication course on perceived communication competencies in class, work, and social contexts. *Communication Education*, 42, 215–223.

4. Ford & Wolvin (1993).

5. Fox, S. (2006). *Online health search 2006*. Retrieved February 2007, from http://www.pewinternet.org

6. Seibold, D. R., Kudsi, S., & Rude, M. (1993). Does communication training make a difference? Evidence for the effectiveness of a presentation skills program. *Journal of Applied Communication Research*, 21, 111–131.

7. Langer, E. (1998). *The power of mindful learning*. New York: Perseus Publishing.

8. Fleury, A. (2005). Liberal education and communication against the disciplines. *Communication Education*, 54, 72–79.

9. Addley, E. (2005, June 5). Office hours: Stand up and be counted: Although we may hate public speaking, it's a vital skill, says Esther Addley. *The Guardian*, p. 2; Krapels, R. H., & Davis, B. D. (2003). Designation of "communication skills" in position listings. *Business Communication Quarterly*, 66(2), 90–96; Maes, J. D., Weldy, T. G., & Icenogle, M. J. (1997). A managerial perspective: Oral communication competency is most important for business students in the workplace. *Journal of Business Communication*, 34, 67–80.

10. Ford & Wolvin (1993).

11. Wirtz, C. (2003, April–May). Public speaking: An accounting marketing tool. *The National Public Accountant*. 14–15.

12. Gittlen, S. (2004, July 26). The public side of you: Be it for budget negotiations, project updates or industry conference panels, great public skills speaking will get you noticed—and promoted. *Network World*, p. 1; Green, M. C., & Brock, T. C. (2005). Organizational membership versus informal interaction: Contributions to skills and perceptions that build social capital. *Political Psychology*, 26, 1–25; Lublin, J. S. (2004, October 5). To win advancement, you need to clean up any bad speech habits. *Wall Street Journal*, p. B1.

13. Hassam, J. (2002). Learning the lesson—Speaking up for communication as an academic discipline too important to be sidelined. *Journal of Communication Management*, 7(1), 14–20; Murphy, T. A. (2005). Deliberative civic education and civil society: A consideration of ideals and actualities in democracy and communication education. *Communication Education*, 53, 74–91.

14. McMillian, J. J., & Harriger, K. J. (2002). College students and deliberation: A benchmark study. *Communication Education*, 51, 237–253; West, M., & Gastil, J. (2004). Deliberation at the margins: Participant accounts of face-to-face public deliberation at the 1999–2000 World Trade protests in Seattle and Prague. *Qualitative Research Reports in Communication*, 5, 1–7.

15. Hufstetter, P. J. (2005, November 13). Teen wins mayor race by 2 votes. Retrieved from post-gazette.com.

16. Fritz, C. A. (1922). A brief review of the chief periods in the history of oratory. *Quarterly Journal of Speech Education*, 8(1), 26–48.

17. Smith, C. R. (2003). *Rhetoric and human consciousness: A history* (2nd ed.). Prospect Heights, IL: Waveland.

18. Smith (2003).

19. Habinek, T. (2005). *Ancient rhetoric and oratory*. Oxford, England: Blackwell; Jasinski, J. (2001). *Sourcebook on rhetoric: Key concepts in contemporary rhetorical studies*. Thousand Oaks, CA: Sage; Smith (2003); Yagcioclu, S., & CemDeger, A. (2001). Logos or mythos: (De)legitimation strategies in confrontational discourses of sociocultural ethos. *Discourse & Society*, 12, 817–852.

20. Jasinski (2001).

21. Gross, A. G., & Dascal, M. (2001). The conceptual unity of Aristotle's rhetoric. *Philosophy and Rhetoric*, 34, 275–291.

22. Hoogestraat, W. E. (1960). Memory: The lost canon? *Quarterly Journal of Speech*, 46, 141–147.

23. Ishii, S. (1992). Buddhist preaching: the persistent main undercurrent of Japanese traditional rhetorical communication. *Communication Quarterly*, 40, 391–397.

24. Fisher, W. R. (1987). *Human communication as narration: Toward a philosophy of reason, value, and action*. Columbia, SC: University of South Carolina Press; Sprague, A. (2004). *The wisdom of storytelling in an information age*. Lanham, MD: Scarecrow Press.

25. Coopman, T. M. (2006, September). *Dumping dichotomies: Embracing the pervasive communication environment*. Paper presented at the Association of Internet Researchers conference, Brisbane, Australia.

26. Johannesen, R. L. (2002). *Ethics in human communication* (5th ed.). Prospect Heights, IL: Waveland; Rosenstand, N. (2006). *The moral of the story: An introduction to ethics* (5th ed.). New York, NY: McGraw–Hill.

27. Baron, L. (2001). Why information literacy? *Advocate*, 18(8), 5–7.

28. Elwood, J. (2005). Presence or PowerPoint: Why PowerPoint has become a cliché. *Development and Learning Organizations*, 19(3), 12–14.

2장

1. Ellis, M. (2003, April 30). Too scared for words: Fear of public speaking can be overcome, experts insist. *The Columbus Dispatch*, p. G1; Zimmerman, J. (2003, May 19). Fear not: Alleviating your anxiety over public speaking takes practice, humor and knowing the audience. *The Press Enterprise*, p. D1.

2. Addison, P., Ayala, J., Hunter, M., Behnke, R., & Sawyer, C. (2004). Body sensations of higher and lower anxiety sensitive speakers anticipating a public presentation. *Communication Research Reports*, 21, 284–290; Phillips, G. C., Jones, G. E., Rieger, E. J., & Snell, J. B. (1997). Normative data for the personal report of confidence as a speaker. *Journal of Anxiety Disorders*, 11, 215–220.

3. Addison et al. (2004); Behnke, R. R., & Sawyer, C. R. (2001). Patterns of psychological state anxiety in public speaking as a function of anxiety sensitivity. *Communication Quarterly*, 49, 84–94; Dwyer, K. K. (2000). The multidimensional model: Teaching students to self-manage high communication apprehension by self-selecting treatments. *Communication Education*, 49, 72–81; Harris, K. B., Sawyer, C. R., & Behnke, R. R. (2006). Predicting speech state anxiety from trait anxiety, reactivity, and situational influences. *Communication Quarterly*, 54, 213–226.

4. Duff, D. C., Levine, T. R., Beatty, M. J., Woolbright, J., & Sun Park, H. (2007). Testing public anxiety treatments against a credible placebo control. *Communication Education*, 56, 72–88.

6. Witt, P. L., & Behnke, R. R. (2006). Anticipatory speech anxiety as a function of public speaking assignment type. *Communication Education*, 55, 167–177.

7. McCroskey, J. C. (1970). Measures of communication-bound anxiety. *Speech Monographs*, 37, 269–277.

8. Feldman, P. J., Cohen, S., Hamrick, N., & Lepore, S. J. Psychological stress, appraisal, emotion and cardiovascular response in a public speaking task. *Psychology and Health*, 19, 353–368.

9. Hsu, C. (2004). Sources of differences in communication apprehension between Chinese in Taiwan and Americans. *Communication Quarterly*, 52, 370–389; Sawyer, C. R., & Behnke, R. R. (1999). State anxiety patterns for public speaking and the behavior inhibition system. *Communication Reports*, 12, 33–41.

10. Field, A. P., Hamilton, S. J., Knowles, K. A., & Plews, E. L. (2003). Fear information and social phobic beliefs in children; A prospective paradigm and preliminary results. *Behaviour Research and Therapy*, 41, 113–123.

11. Kelly, L., & Keaten, J. A. (2000). Treating communication anxiety: Implications of the communibiological paradigm. *Communication Education*, 49, 45–57; Sawyer, C. R., & Behnke, R. R. (2002). Reduction in public speaking anxiety during performance as a function of sensitization processes. *Communication Quarterly*, 50, 110–121.

12. Edwards, C. C., Myers, S. A., Hensley-Edwards, A., & Wahl, S. (2003). The relationship between student preperformance concerns and evaluation apprehension. *Communication Research Reports*, 20, 54–61.

13. Cornwell, B. R., Johnson, L., Berardi, L., & Grillon, C. (2006). Anticipation of public speaking in virtual reality reveals a relationship between trait social anxiety and startle reactivity. *Biological Psychiatry*, 59, 664–666; Edwards et al. (2003); Horvath, N. R., Moss, M. N., Xie, S., Sawyer, C. R., & Behnke, R. R. (2004). Evaluation sensitivity and physical sensations of stress as components of public speaking state anxiety. *Southern Communication Journal*, 69, 173–181; Keaten, J. A., & Kelly, L. (2004). Disposition versus situation: Neurocommunicology and the influence of trait apprehension versus situational factors on state public speaking anxiety. *Communication Research Reports*, 21, 273–283; Kozasa, E. H., & Leite, J. R. (1998). A brief protocol of cognitive modification and gradual exposure of reduction of fear symptoms of public speaking. *Journal of Behavior Therapy and Experimental Psychiatry*, 29, 317–326.

14. Gilovich, T., Kruger, J., & Medvec, V. H. (2002). The spotlight effect revisited: Overestimating the manifest variability of our actions and appearance. *Journal of Experimental Social Psychology*, 38, 93–99; Gilovich, T., Medvec, V. H., & Savisky, K. (2000). The spotlight effect in social judgment: An egocentric bias in estimates of the salience of one's own actions and appearance. *Journal of Personality and Social Psychology*, 78, 211–222.

15. haigh, J. (1994). Fear, truth and reality in making presentations. *Management Decision*, 32(6), 58–60; Hirsch, C. R., Mathews, A., Clark, D. M., Williams, R., & Morrison, J. A. (2006). The causal role of negative imagery in social anxiety: A test in confidenct public speakers. *Journal of Behavior Therapy & Experimental Psychiatry*, 37, 159–170; Kopecky, C. C., Sawyer, C. R., & Behnke, R. R. (2004). Sensitivity to punishment and explanatory style as predictors of public speaking state anxiety. *Communication Education*, 53, 281–285; McCullough, S. C., Russell, S. G., Behnke, R. R., Sawyer, C. R., & Witt, P. L. (2006). Anticipatory public speaking state anxiety as a function of body sensations and state of mind. *Communication Quarterly*, 54, 101–109.

16. Clarkson, M. (2003). *Intelligent fear: How to make fear work for you*. New York: Marlowe & Company.

17. Ayres, J., & Sonandré, D. M. A. (2003). Performance visualization: Does the nature of the speech model matter? *Communication Research Reports*, 20, 260– 268; Beatty, M. J., & Valencic, K. (2000). Context-based apprehension versus planning demands: A communibiological analysis of anticipatory public speaking anxiety. *Communication Education*, 24, 58–71; Peurifoy, R. Z. (2005). *Anxiety, phobias, and panic* (updated and revised). New York: Warner; Vassilopoulos, S. P. (2005). Anticipatory processing plays a role in maintaining social anxiety. *Anxiety, Stress & Coping*, 18, 321–332.

18. Ayres, J., & Ayres, T. A. (2003). Using images to enhance the impact of visualization. *Communication Reports*, 16, 47–55; Ayres, J., Hsu, C., & Hopf, T. (2000). Does exposure to visualization alter speech preparation processes? *Communication Research Reports*, 17, 366–374.

19. Patient handout: Relaxation techniques. (2003). *Alternative Medicine Alert*, 6(7), 81–82; Cosnett, G. (2003). Just breathe: Taking in a bit of fresh air isn't as easy as you think. *Training & Development Journal*, 56(9), 17–18.

20. Donnet, N. (1989) Letting nervousness work for you. *Training & Development Journal*, 43(4), 21–23.

21. Behnke, R. R., & Sawyer, C. R. (1999). Public speaking procrastination as a correlate of public speaking communication apprehension and self-perceived public speaking competence. *Communication Research Reports*, 16, 40–47.

22. Ellis (2003).

23. Ayres, J. (1996). Speech preparation processes and speech apprehension. *Communication Education*, 45, 228–235.

24. MacIntyre, P. D., & Thivierge, K. A., (1995). The effects of audience pleasantness, audience familiarity, and speaking contexts on public speaking anxiety and willingness to speak. *Communication Quarterly*, 43, 456–466.

25. Smith, T. E., & Frymier, A. B. (2006). Get "real": Does practicing speeches before an audience improve performance? *Communication Quarterly*, 54, 111–125.

26. Smith & Frymier (2006).

27. Aytes, 1996; Behnke, R. R., & Sawyer, C. R. (2001). Patterns of psychological state anxiety in public speaking as a function of anxiety sensitivity. *Communication Quarterly*, 49, 87–94; Behnke, R. R. & Sawyer, C. R. (2004). Public speaking anxiety as a function of sensitization and habituation processes. *Communication Education*, 53, 164–173; Bowers, Jr., D. A., & Bowers, B. M. (1996). Assessing and coping with computer anxiety in the social science classroom. *Social Science Review*, 14, 439–443; Finn, A. N., Sawyer, C. R., & Behnke, R. R. (2003). Audience-perceived anxiety patterns of public speakers. *Communication Quarterly*, 51, 470–481.

28. Addison, P. (2003). Worry as a function of public speaking state anxiety tips. *Communication Reports*, 16, 125–131.

29. Clarkson (2003).

30. Gray, J. A. (1995). A model of the limbic system and basal ganglia: Applications to anxiety and schizophrenia. M. S. Gazzaniga (Ed.), *The cognitive neurosciences* (pp. 1165–1176). Cambridge, MA: Bradford.

31. Gilovich, T., Savitsky, K., & Medvec, V. H. (1998). The illusion of transparency: Biased assessments of others' ability to read one's emotional states. *Journal of Personality & Social Psychology*, 75, 332–346; Savitsky, K., & Gilovich, T. (2003). The illusion of transparency and the alleviation of speech anxiety. *Journal of Experimental Social Psychology*, 39, 618–625.

32. MacIntyre, P. D., & MacDonald, J. R. (1998). Public speaking anxiety: Perceived competence and audience congeniality. *Communication Education*, 47, 359–365.

3장

1. Leslie, L. Z. (2004). *Mass communication ethics: Decision making in a postmodern culture* (2nd ed.). Boston, MA: Houghton Mifflin; Rosenstand, N. (2006). *The moral of the story: An intoduction to ethics* (5th ed.). New York: McGraw–Hill; Ruggiero, V. R. (2001). *Thinking critically about ethical issues* (5th ed.). New York: McGraw–Hill.

2. Hanley, C. J. (2003, August 10). U.S. justification for war: How it stacks up now. *The Seattle Times*, p. A4.

3. Kirtley, J. (2004). Scalia and his speeches. *American Journalism Review*, 26(3), 70.

4. National Communication Association (1999). NCA credo for ethical communication. Retrieved Octover 30, 2005, from natcom.org

5. Rosenfeld, L. B. (1983). Communication climates and coping mechanisms in the classroom. *Communication Education*, 32, 167–174.

6. Academy of Management (2005). Code of ethics. Retrieved February 25, 2007, from aomonline.org; Association for educational Communications and Technology (20005). Code of ethics. Retrieved Fbruary 25, 2007, from aect.org; National Speakers Association (2003). Code of professional ethics. Retrieved February 25, 2007, from nsaspeaker.org

7. National Communication Association.

8. Associated Press. (2005, November 12). Radio station pulls plug on chef's program. *The Seattle Times*, p. B3; Glassman, M. (2004, April 1). Shaw, D. L. (2005, October 14). CNY principal admitted plagiarism: So. Cayuga administrator loses job after not being recommended for tenure. *The Post-Standard*, p. A1.

9. Gayle, B. M. (2004). Transformations in a civil discourse public speaking class: Speakers' and listeners' attitude change. *Communication Education*, 53, 174–184.

10. Leets, L. (2001). Explaining perceptions of racist speech. *Communication Research*, 28, 676–706.

11. Chong, D. (2006). Free speech and multiculturalism in and out of the academy. *Political Psychology*, 27(1), 29–54; Demaske, C. (2004). Modern power and the first amendment: Reassessing hate speech. *Communication Law and Policy*, 9(3), 273–316.

12. Gates, Jr., H. L. (2004, January). America behind the color line. Speech presented at the Commonwealth Club. January 28, 2004. Retrieved November 2, 2005, from commonwealthclub.org/archive/04/04-01gates-speech.html

13. Fawkner, M., & Keremidchieva, G. (2005). Plagiarism, Cheating, and Academic dishonesty: Have you been there? *Information & Security*, 14, 113–137.

14. Olson, S. (2005). Schools face prevalence of online plagiarism: Educators try to thwart growing cheating problem as Web sites make it easy for students to purchase papers. *Indianapolis Business Journal*, 26(13), 17.

15. Nienhaus, B. (2004). Helping students improve citation performance. *Business Communication Quarterly*, 67, 337–348.

16. Johannesen, R. L. (2001). Communication ethics: Centrality, trends, and controversies. In W. B. Gudykunst (Ed.), *Communication yearbook* 25 (pp. 201–235). Mahwah, NJ: Erlbaum.

17. Agar, M. (1994). Language shock: Understanding the culture of conversation. New York: William Morrow.

18. Lull, J. (2000). *Media, communication, culture: A global approach*. New York: Cambridge University Press.

19. Neuliep, J. W., Hintz, S. M., & McCroskey, J. C. (2005). The influence of ethnocentrism in organizational contexts: Perceptions of interviewee and managerial attractiveness, credibility, and effectiveness. *Communication Quarterly*, 53, 41–56.

20. Lund, D. (2006). Rocking the racism boat: School-based activists speak out on denial and avoidance. Race, *Ethnicity & Education*, 9, 203–221.

21. Cochran, K. (2002, October 24). A lawyer's life. Speech presented to the Commonwealth Club of California. Retrieved July 23, 2006, from commonwealthclub.org.

22. Habinek.

23. Oliver, R. T. (1965). *History of public speaking in America*. Boston, MA: Allyn and Bacon.

24. Sellnow, D. D., & Treinen, K. P. (2004). The role of gender in perceived speaker competence: An analysis of student peer critiques. *Communication Education*, 53, 286–296.

25. Blumenstein, L. (2006). ACL listening tour at Louisville. *Library Journal*, 131(5), 17–18; Haskell, M. (2005, September 2). "Listening tour" focus: Health care. *Bangor Daily News*, B1; PR Newswire (1999, June 30). Hillary Rodham Clinton Listening tour July 7–10, 1999, p. 2769; Winchester, D. (2005, May 8). Parents quiz schools chief on achievement gap. *st. Petersburg Times*, p. 9.

26. Bostrom, R. N. (1996). Memory, congnitive processing, and the process of "listening." *Human Communication Research*, 23, 298–305.

27. Halone, K. K., & Pecchioni, L. L. (2001). Relational listening: A grounded theoretical model. *Communication Reports*, 14, 59–71; Krauss, R. M. (1987). The role of the listener: Addressee influences on message formulation. *Journal of Language and Social Psychology*, 6(2), 81–98.

28. Reisberg, D. (1978). Looking where you listen: Visual cues and auditory attention. *Acta Psychologica*, 42, 331–341.

29. Clark, A. J. (1989). Communication confidence and listening competence: An investigation of the relationships of willingness to communicate, communication apprehension and receiver apprehension to comprehension of content and emotional meaning in spoken messages. *Communication Education*, 38, 237–248.

30. Coopman, S. (1997). Personal constructs and communication in interpersonal and organizational contexts. In G. Neimeyer & R. Neimeyer (Eds.), *Advances in personal construct psychology*, Vol. 4 (pp. 101–147). Greenwich, CT: JAI Press.

31. Bavelas, J. B., Coates, L., & Johnson, T. (2002). Listener responses as a collaborative process: The role of gaze. *Journal of Communication*, 52, 566–580; Thomas, L. T., & Levine. T. R. (1994). Disentangling listening and verbal recall: Related but separate constructs? *Human Communication Research*, 21, 103–127; White, G. (1998). Listening. Oxford, England: Oxford University Press.

32. Nichols, R., & Stevens, L. M. (1957). Listening to people. *Harvard Business Review*, 35, 85–92.

33. Brownell, J. (2006). *Listening: Attitudes, principles, and skills* (3rd ed). Boston: Allyn and Bacon.

34. King, P. E., & Behnke, R. R. (2004). Patterns of state anxiety in listening performance. *Southern Communication Journal*, 70, 72–80.

35. National Communication Association (1999).

36. Underwood, J. D. M., & Underwood, G. (2005). The selective nature of memory: Some effects of taking a verbal record: A response to A. Plaut. *Journal of Analytical Psychology*, 50, 59–67.

37. Hammond, S. C., Anderson, R., & Cissna, K. N. (2003). The problematics of dialogue and power. In P. J. Kalbfleisch (Ed.), *Communication yearbook* 27 (pp. 125–157). Mahwah, NJ: Erlbaum; Johannesen, R. L. (2000). Nel Noddings's uses of Martin Buber's philosophy of dialogue. *Southern Communication Journal*, 2 & 3, 151–160; Levine, L. (1994). Listening with spirit and the art of team dialogue. *Journal of Organizational Change Management*, 7(1), 61–73; Stewart, J.,

& Zediker, K. (2000). Dialogue as tensional, ethical practice. *Southern Communication Journal*, 2 & 3, 224–242.

38. Thomas, Z. (2005, March 6). It pays to be a good listener: 100 best compaines to work for 2005. *Sunday Times* (london), p. 8.

39. Pearce, W. B., & Pearce, K. A. (2000). Combining passions and abilities: Toward dialogic virtuosity. *Southern Communication Journal*, 2 & 3, 161–175.

40. Gibb, J. R. (1961). Defensive communication. *Journal of Communication*, 11, 141–148.

4장

1. Cronkhite, G. (1986). On the focus, scope, and coherence of the study of human symbolic activity. *Quarterly Journal of Speech*, 72, 231–246; Kellermann, K. (1992). Communication: Inherently strategic and primarily automatic. *Communication Monographs*, 59, 288–300; Motley, M. T. (1990). On whether one can(not) not communicate: An examination via traditional communication postulates. *Western Journal of Speech Communication*, 54, 1–20.

2. Keith, W. (2004). Planning a no-sweat presentation. *Government Finance Review*, 20(4), 55–56.

3. Williams, G. (2002). Looks like rain: If you've thought and thought and still haven't come up with any great ideas, don't sweat. *Entrepreneur*, 30(9), 104–110.

4. Osborn, A. F. (1957). *Applied imagination*. New York, NY: Scribner; Prendergast, K. (2003, September 29). The ideal setting for ideas. Brainstorming sessions can be productive if done the correct way. *The Press Enterprise*, p. A7; Wellner, A. S. (2003). A perfect brainstorm. *Inc.*, 25(10), 31–35.

5. Kupperman, M. A (2003). Perfect brainstorm. *Inc.*, 25(10), 31–2, 35.

6. Snyder, A., Mitchell, J., Ellwood, S., Yates, A., & Pallier, G. (2004). Nonconscious idea generation. *Psychological Reports*, 94, 1325–1330.

7. Kollins, T. K. (1996). Tips for speakers. *Association Management*, 48(8), 175–179.

8. Ogden, H. V. S. (1948). On teaching the sentence outline. *College English*, 10(3), 152–158.

9. House, J. (1993). The first shall be last: Writing the essay backwards. *The English Journal*, 82(6), 26–28.

10. Watkins, K. J. (2005) Will they throw eggs? *Journal of Accountancy*, 199(4), 57–61.

5장

1. Gates, B. (2005, October). Remarks by Bill Gates, Chairman and Chief Software Architect, Microsoft Corporation, University of Michigan, Ann Arbor, Michigan. Retrieved December 26, 2005, from microsoft.com/billgates/speeches.asp; Gates, B. (2005, October 13). Remarks by Bill Gates, Chairman and Chief Software Architect, Microsoft Corporation, University of Waterloo, Waterloo, Ontario, Canada. Retrieved December 26, 2005, from microsoft.com/billgates/speeches.asp.

2. Morgan, N. (2003). *Working the room*. Cambridge, MA: Harvard Business School Press.

3. Haynes, W. L. (1990). Public speaking pedagogy in the media age. *Communication Education*, 38, 89–102.

4. Welch, J. M. (2005). The electronic welcome mat: The academic library web site as a marketing and public relations tool. *The Journal of Academic Librarianship*, 31, 225–228.

5. Agrawal, A., Basak, J., Jain, V., Kothari, R., Kumar, M., Mittal, P. A., ... Sureka, R. (2004). Online marketing research. *IBM Journal of Research & Development*, 48, 671–676.

6. Park-Fuller, L. M. (2003). Audiencing the audience: Playback Theatre, performative writing, and social activism. *Text and Performance Quarterly*, 23, 288–310.

7. Weissman, J. (2003). *Presenting to win: The art of telling your story*. Harlow, Essex, England: Financial Times Prentice Hall.

8. Bennett, S. (1998). *Theatre audiences*. London: Routledge; Jamieson, K. H., & Campbell, K. K. (2000). The interplay of influence. Belmont, CA: Wadsworth; McQuail, D. (1997). *Audience analysis*. London, England: Sage; Traudt, P. (2004). *Media, audience, effects: An introduction to the study of media content and audience analysis*. Boston: Allyn & Bacon; Yopp, J. J., & McAdams, K. C. (2002). *Researching audiences*. Boston, MA: Allyn & Bacon.

9. McCarty, H. (1998). *Motivating your audience*. Boston,

MA: Allyn & Bacon.

10. Myers, F. (1999). Argumentation and the composite audience: A case study. *Quarterly Journal of Speech*, 85, 55–71.

11. U.S. Department of Commerce. (1996). Population projections of the United States by *age, sex, race and Hispanic Origin: 1995–2050*. Retrieved March 3, 2007, from census.gov

12. National Center for Education Statistics. (2004). Digest of education statistics, 2004: Chapter 3, *post-secondary education*. Retrieved March 3, 2007, from nces.ed.gov

13. Brown, L. I. (2004). Diversity: The challenge for higher education. *Race Ethnicity and Education*, 7, 21–34; Bylander, J., & Rose, S. (2007). Border crossings: Engaging students in diversity work and intergroup relations. *Innovative Higher Education*, 31, 251–264; Engberg, M. E. (2007). Educating the workforce for the 21st century: A crossdisciplinary analysis of the impact of the undergraduate experience on students' development of a pluralistic orientation. *Research in Higher Education*, 48(3), 283–317; Mor Barak, M. (2005). *Managing diversity: Towards a globally inclusive workplace*. Thousand Oaks, CA: Sage; van Knippenberg, D., & Schippers, M. D. (2007). Work group diversity. *Annual Review of Psychology*, 58, 515–541.

14. Myers, F. (1999). Political argumentation and the composite audience: A case study. *Quarterly Journal of Speech*, 85, 55–71.

15. Atkinson, J. (2005). Conceptualizing global justice audiences of alternative media: The need for power and ideology in performance paradigms of audience research. *The Communication Review*, 8, 137–157; Harding, S. (1991). Whose science? Whose knowledge? *Thinking from women's lives*. Ithaca, NY: Cornell University Press.

16. Blethen, F. (2003, January). Diversity: The American journey. Keynote address presented at the third annual Martin Luther King Jr. Holiday Assemblies of the Granite Falls, WA High School and Middle School. Retrieved March 5, 2007, from seattletimescompany.com.

17. Orbe, M. P., & Warren, K. T. (2000). Different standpoints, different realities: Race, gender, and perceptions of inter cultural conflict. *Qualitative Research Reports in Communication*, 1(3), 51–57.

18. Dietz, T., Kalof, L., & Stern P. C. (2002). Gender, values, and environmentalism. *Social Science Quarterly*, 83, 353–364.

19. Fowler, G. A., Steinberg, B., & Patrick, A. O. (2007, March 1). Mac and PC's overseas adventures: Globalizing Apple's ads meant tweaking characters, clothing and body language. *The Wall Street Journal*, p. B1.

20. SRI Consulting Business Intelligence. (2001–2007). Welcome to VALSTM. Retrieved March 4, 2007, from sircbi.com/VALS/.

21. Miller, N. (2007). Snack attack: Minifesto for a new age. *Wired*, 15.03, 124–135.

22. Johnson, S. (2007). Snacklash. *Wired*, 15.03, 178.

23. Yook, E. L. (2004). Any questions? Knowing the audience through question types. *Communication Teacher*, 18, 91–93.

24. Parsons, R. D. (2007). A challenge to minority business owners. *Vital Speeches of the Day*, 73(1), 32–33.

25. Black, C. (2007, January). *Putting the pieces together*. Remarks given at the Magazine Publishers of American Breakfast with a Leader. Retrieved March 18, 2007, from hearstcorp.com/speeches/speechesarchive2007.html

26. Myers, S. A. (2004). The relationship between perceived instructor credibility and college student inclass and out-of-class communication. *Communication Reports*, 17, 129–137; Myers, S. A., & Bryant, L. E. (2004). College students' perceptions of how instructors convey credibility. *Qualitative Research Reports in Communication*, 5, 22–27.

27. Miller, A. (2002). An exploration of Kenyan public speaking patterns with implications for the American introductory public speaking course. *Communication Education*, 51, 168–182.

28. Smith, C. R. (2003). *Rhetoric and human consciousness: A history*. Prospect Heights, IL: Waveland.

29. Aune, R. K., & Kikuchi, T. (1993). Effects of language intensity similarity on perceptions of credibility, relational attributions, and persuasion. *Journal of Language and Social Psychology*, 12, 224–237; Myers & Bryant; Pfau, M., & Kang, J. G. (1991). The impact of relational messages on candidate influence in televised political debates. *Communication Studies*, 42, 114–128.

30. Queen Noor (2005, April). *Medallion speaker address*. Presented to the Commonwealth of California. Retrieved July 27. 2006, from commonwealth club.org

6장

1. Rainie, L., & Horrigan, J. (2005). *A decade of adoption: How the internet has woven itself into American life*. Retrieved February 12, 2005, from pewinternet.org

2. Fallows, D. (2005). *Search engine users: Internet searchers are confidect, Satisfied and trusting — but they are also unaware and naive*. Retrieved February 12, 2005, from pewinternet.org

3. Hansel, S. (2005, January 25). Google and Yahoo are extending search ability to TV programs. *The New York Times*, p. C7.

4. Campbell, D. G., & Fast, K. V. (2004). Academic libraries and the semantic web: What the future may hold for research-supporting library catalogues. *Journal of Academic Librarianship*, 30, 382–390.

5. Fitzgerald, M. A. (2004). Making the leap from high school to college: Three new studies about information literacy skills of first-year college students. *Knowledge Quest*, 32(4), 19–24.

6. Christensen, E. W., & Bailey, J. R. (1998). Task performance using the library and internet to acquire business intelligence. *Internet Research: Electronic Networking Applications and Policy*, 8(4), 290–302.

7. "Major search engines deliver significantly different results." (2005, May 12). *InformationWeek*. Retrieved May 20, 2005, from informationweek.com.

8. "Piled high." (2005, May 16). *Seattle Times*, p. C1.

9. Hamm, S. (2004, July 16). So many pages, such feeble search. *Business Week Online*. Retrieved February 21, 2005, from businessweek.com.

10. Devine, J., & Egger-Sider, F. (2004). Beyond Google: The invisible web in the academic Library. *Journal of Academic Librarianship*, 30, 265–259; Fallows (2005); Fox, S., & Fallows, D. (2003). *Internet health resources: Health searches and email become more commonplace, but there is room for improvement in searches and overall internet access*. Retrieved February 15, 2005, from pewinternet.org.

11. Palmer, S. (2004, August 8). The blog connection. *The Register-Guard* (Eugene, OR), p. L1; Taylor, C. (2004, December 27). 10 things we learned about blogs. *Time*, p. 110; Witt, H. (2004, September 18). True or false: Blogs always tell it straight. *Chicago Tribune*. Retrieved February 15, 2005, from chicagotribune.com.

12. Gillmor, D. (2004). *We the media: Grassroots journalism by the people, for the people*. Sebastapol, CA: O'Reilly.

13. Redfern, V. (2004). Natural language thesaurus: A survey of student research skills and research tool preferences. *Australian Academic Research Libraries*, 35(2), 137–150.

14. Fallows (2005).

15. Bangerter, A. (2000). Self-representation: Conversational implementation of self-presentation goals in research interviews. *Journal of Language and Social Psychology*, 19, 436–462; Johnson, J. C., & Weller, S. C. (2002). Elicitation techniques for interviewing. In J. F. Gubrium & J. A. Holstein (Eds.), *Handbook of interview research: Context & method* (pp. 491–514). Thousand Oaks, CA: Sage.

16. Stewart, C. J., & Cash, W. B. (2008). *Interviewing: Principles and practices* (12th ed.). New York: McGraw–Hill.

17. Johnson, J. M. (2002). In-depth interviewing. In J. F. Gubrium & J. A. Holstein (Eds.), *Handbook of interview research: Context & method* (pp. 103–119). Thousand Oaks, CA: Sage.

18. Spano, S., & Zimmermann, S. J. (1995). Interpersonal communication competence in context: Assessing performance in the selection interview. *Communication Reports*, 8, 18–26.

19. Stax, H. P. (2004). Paths to precision: Probing turn format and turntaking problems in standardized interviews. *Discourse Studies*, 6(1), 77–94.

20. Stein, M. L., & Paterno, S. F. (2001). *Talk straight, listen carefully: The art of interviewing*. Ames, IA: Iowa State University Press.

21. American Psychological Association (2001). *Publication manual of the American Psychological Association* (5th ed.). Washington, DC: American Psychological Association; Gibaldi, J. (2003). *MLA handbook for writers of research papers* (6th ed.). New York, NY: Modern Language Association of America.

7장

1. Student dissident Shen Tong offers a firsthand account of the violent crackdown in Tiananmen Square, China. (1999). In R. Torricelli & A. Carroll (Eds.), *In our own words: Extraordinary*

speeches of the American century (pp. 385–388). New York: Kodansha International.

2. Smith, C. R. (2003). *Rhetoric and human consciousness: A history* (2nd ed.). Prospect Heights, IL: Waveland.

3. Muscari, P. G. (2005). A plea for mythos. *Dialogue & Universalism*, 15 (3/4), 99–106; Yagcioglu, S., & CemDeger, A. (2001). Logos or mythos: (De)legitimation strategies in confrontational discourses of sociocultural ethos. *Discourse & Society*, 12, 817–852.

4. Fisher, W. R. (1987). *Human communication as narration: Toward a philosophy of reason, value, and action*. Columbia: University of South Carolina; Limon, M. S., & Kazoleas, D. C. (2004). A comparison of exemplar and statistical evidence in reducing counter-arguments and responses to a message. *Communication Research Reports*, 21, 291–298; Roberts, K. G. (2004). Texturing the narrative paradigm: Folklore and communication. *Communication Quarterly*, 52, 129–142.

5. Bono. (2004, May). Because we can, we must. University of Pennsylvania, *Almanac* Beteen Issues, May 19, 2004. Retrieved September 25, 2004, from upenn.edu/almanac/between/2004/commence-b.html.

6. Kelly, R. (2005, April 26). Through our eyes: A shared community vision for Saint Paul. State of the City Address, 2005, presented at the Dorothy Day Center, St. Paul, MN. Retrieved May 12, 2005, from stpaul.gov/mayor/speeches.

7. Morrison, T. (2004, December 7). Toni Morrison — Nobel Lecture. Nobel Foundation. Retrieved September 25, 2004 from nobelprize.org

8. Kaminski, J., Call, J., & Fischer, J. (2004). Word learning in a domestic dog: Evidence for "fast mapping". *Science*, 304, 1682–1683.

9. Annan, K. A. (2004, September 21). Secretary-General's address to the general Assembly. Retrieved September 25, 2004, from un.org.

10. Amory, L. (2007, August 10). Imagine a world ... Speech presented at the Rocky Mountain Institute RMI25 Gala. Retrieved December 28, 2007, from rmi.org

11. Bhatia, P. K. (2002). Introduction to presidential speech by Edward Seaton. Retrieved October 11, 2004, from asne.org.

12. Brain, M. (2004). How CDs work. Retieved December 30, 2007, from www.howstuffworks.com.

13. Clements, W. M. (2002). *Oratory in Native North America*. Tucson: University of Arizona Press; Dauenhauer, N. M., & R. Dauenhauer, R. (Eds.) (1990). *Haa tuwunáagu yís, for healing our spirit: Tlingit oratory* (Vol. 2). Seattle: University of Washington Press/Juneau: Sealaska Heritage Foundation.

14. *Compact Oxford English Dictionary* (2004). Grief. Retrieved January 6, 3005, from askoxford.com/concise_oed.

15. David Kadashan (1990). Hoohah, 1968. In N. M. Dauenhauer, & R. Dauenhauer (Eds), *Haa tuwunáagu yís, for healing our spirit: Tlingit oratory* (Vol. 2, pp. 235–239). Seattle: University of Washington Press/Juneau: Sealaska Heritage Foundation.

16. Associated Press. (2004, September 5). People Mover goes full circle again; Despite construction, a half-million people rode it last year. Operators expect a 60 percent rise. *The Grand Rapids Press*, P. A20; Chinni, D. (2001, March 8). Detroit's Gambit to lure people back downtown. *The Christian Science Monitor*, p. 3.

17. Freemantle, T. (2004, September 21). Eye on CBS; Rather apologizes for Guard story; After the mea culpa, what's left for Rather? Veteran anchor the latest face in the debate over media credibility. *The Houston Chronicle*, p. 1.

18. Hoeken, H. (2001). Anecdotal, statistical, and causal evidence: Their perceived and actual persuasiveness. Argumentation, 15, 425–437.

19. Fox, M. J. (2005, July 13). *Senate rally for HR 810*. Retrieved December 27, 2005, from michaeljfox.org/news.

20. Lipinski, W. O. (2001, November 6). Statement of Congressman William O. Lipinski: Special order speech — greater airline security. Retrieved October 10, 2004 from house.gov

21. Pew Research Center for the People and the Press (2007, August 9). *Internet news audience highly critical of news organizations: Views of press values and performance: 1985–2007*. Retrieved December 29, 2007, from peoplepress.org.

22. Horrigan, J. B. (2006, March 22). *For many broadband users, the internet is a primary news source*. Pew Internet & American Life Project. Retrieved August 20, 2006, from pewinternet.org; Lenhart, A., Madden, M., & Hitlin, P. (2005). *Teens and technology: Youth are leading the transition to a fully wired and mobile nation*. Pew internet & American Life Project. Retrieved December 4, 2005, from pewinternet.org; Pew Research Center for the People and the Press (2007,

August 9). *Internet news audience highly critical of news organizations*.

23. Madden, M. (2006, April 26). *Internet penetration and impact*. Pew Internet & American Life Project. Retrieved August 20, 2006, from pewinternet.org.

24. Horrigan, J. B., & Morris, S. (2005, November). *Relief donations after Hurricanes Katrina and Rita and use of the internet to get disaster news*. Retrieved December 26, 2005, from pewinternet.org.

25. Loory, S. H. (2005). CNN today: A young giant stumbles. *Critical Studies in Media Communication*, 22, 340–343.

26. Pew Research Center for the People and the Press (2007, August 9). *Internet news audience highly critical of news organizations*.

27. Fahmy, S., & Wanta, W. (2005). Testing priming effects: Differences between print and broadcast messages. *Simile*, 5(2); Lanie, L. (2001). How Americans used the internet after the terror attack. Pew Internet & American Life Project. Retrieved December 4, 2005, from pewinternet.org; Pew Research Center for the People and the Press (2004). *News audiences*. Pew Research Center for the People and the Press (2007). *Internet news audience highly critical of news organizations*; Project for Excellence in Journalism. (2007). *The state of the news media 2007*. Retrieved December 30, 2007, from stateofthemedia.org/2007

28. Fallows, D. (2007, February 6). *Election newshounds speak up: Newspaper, TV, and internet fans tell how and why they differ*. Retrieved December 30, 2007, from pewinternet.org; Pew Research Center for the People and the Press (2007). *Internet news audience highly critical of news organizations*; Project for Excellence in Journalism (2007).

29. Maier, S. R. (2005). Accuracy matters: A cross-market assessment of newspaper error and credibility. *Journalism & Mass Communication Quarterly*, 82, 533–551.

30. Project for Excellence in Journalism (2007).

31. Belo Interactive. (2004). *Online credibility surbey*. Retrieved December 30, 2007, from dallasnews.com/sharedcontent/dws/spe/credibility/.

32. Lee, T. (2005). The liberal media myth revisited: An examination of factors influencing perceptions of media bias. *Journal of Broadcasting & Electronic Media*, 49, 43–64. Pew Research Center for the People and the Press (2007).

8장

1. Adams, T., & Scollard, S. (2005). *Internet effectively: A beginner's guide to the World Wide Web*. Boston, MA: Pearson.

2. Lynch, C. (1995). Reaffirmation of God's anointed prophet: The use of chiasm in Martin Luther King's "mountaintop" speech. *Howard Journal of Communications*, 6(1/2), 12–31; Schank, R., & Berman, T. (2006). Living stories: Designing storybased education experiences. *Narrative Inquiry*, 16, 220–228.

3. Campbell, K. K., & Huxman, S. S. (2003). *The rhetorical act: Thinking, speaking, and writing critically* (3rd ed.). Belmont, CA: Wadsworth.

4. Awosika, M. (2003, March 18). Legendary Fabergé eggs still popular. *Sarasota Herald-Tribune*, p. E1.

5. Leech, T. (2004). *How to prepare, stage, and deliver winning presentations*. New York: American Management Association.

6. Leech (2004).

7. *Merriam-Webster Online Dictionary*. (2004). Subordinate. Retrieved October 24, 2004.

8. American Psychological Association. (2001). *Publication manual of the American Psychological Association* (5th ed.). Washington, DC: American Psychological Association; Gibaldi, J. (2003). *MLA handbook for writers of research papers* (6th ed.). New York: Modern Language Association of America.

9장

1. Novogratz, J. (2005, July). TEDTalks: Jacqueline Novogratz. Retrieved March 19, 2007, from ted.com/tedtalks.

2. Dennis, M. J., & Ahn, W.-K. (2001). Primacy in causal strength judgments: The effect of initial evidence for generative versus inhibitory relationships. *Memory & Cognition*, 29, 152–164; Miller, J. K., Westerman, D. L., & Lloyd, M. E. (2004). Are first impressions lasting impressions? An exploration of the generality of the primacy effect in memory for repetitions. *Memory & Cognition*, 32, 1305–1315; Richter, L., & Kruglanski, A. Q. (1998). Seizing on the Latest: Motivationally driven recency effects in impression formation. *Journal of Experimental Social Psychology*, 34, 313–329.

3. Winfrey, O. (2002). Acceptance speech. Retrieved December 4, 2005, from oprah.com.

4. Cosby, B. (2004, May 17). *Pound cake speech*. Speech at the NAACP's Gala to Commemorate the 50th Anniversary of Brown v. Board of Education, Washington DC. Retrieved December 4, 2005, from americanrhetoric.com.

5. Visco, F. (2005, May). Speech presented at the 13th Annual Advocacy Training Conference, Washington DC. Retrieved December 4, 2005, from natlbcc.org.

6. O'Connor, S. D. (2004, June). Full text of remarks by Supreme Court Justice Sandra Day O'Connor at the 113th Commencement Ceremony. Retrieved December 3, 2005, from news-service.stanford.edu.

7. Oppliger, P. A. (2003). Humor and learning. In J. Bruant, D. Roskos-Ewoldsen, & J. Cantor (Eds.), *Communication and emotion: Essays in Honor of Dolf Zillmann* (pp. 255–273). Mahwah, NJ: Lawrence Erlbaum; Wanzer, M. B., & Frymier, A. B. (1999). The relationship between student perceptions of instructor humor and student's reports of learning. *Communication Education*, 28, 48–62.

8. Downs, V. C., Javidi, M., & Nussbaum, J. F. (1988). An Analysis of teachers' verbal communication within the college classroom: Use fo humor, self-disclosure, and nattatives. *Communication Education*, 37, 127–141.

9. Hackman, M. Z. (1988). Reactions to the use of self-disparaging humor by informative public speakers. *Southern Speech Communication Journal*, 53, 175–183.

10. Fisher, M. (1992). Mary Fisher: 1992 Republication National Convention address: A whisper of AIDS. Retrieved December 4, 2005, from americanrhetoric.com.

11. Atkin, N. (2005). Building capacity in Aboriginal communities and non-Aboriginal institutions. *Vital Speeches of the Day*, 72(1), 19–22.

12. Costabile, K. A., & Klein, S. B. (2005). Finishing strong: Recency effects in juror judgments. *Basic & Applied Social Psychology*, 27, 47–58; Shakarian, D. D. (1995). Beyond lecture: Active learning strategies that work. *JOPERD: The Journal of Physical Education*, Recreation & Dance, 66(5)21–24; Vroomen, B. D. J. (1997). odality effects in immediate recall of verbal and non-verbal information. *European Journal of Cognitive Psychology*, 9, 97–110.

13. Crano, W. D. (1977). Primacy versus recency in retention of information and opinion change. *Journal of Social Psychology*, 101(1), 87–96; Igou, E. R., & Bless, H. (2003). Inferring the importance of arguments: Order effects and conversational rules. *Journal of Experimental Social Psychology*, 39, 91–99.

14. Eardley, A. F., & Pring, L. (2006). Remembering the past and imagining the future: A role for nonvisual imagery in the everyday cognition of blind and sighted people. *Memory*, 14, 925–936; Page, M. P. A., Cumming, N., Norris, D., Hitch, G. J., & McNeil, A. M. (2006). Repetition learning in the immediate serial recall of visual and auditory materials. *Journal of Experimental Psychology Learning, Memory & Cognition*, 32, 716–733; Tremblay, S., Parmentier, F. B. R., Guérard, K., Nicholls, A. P., & Jones, D. M. (2006). A spatial modality effect in serial memory. *Journal of Experimental Psychology/ Learning, Memory & Cognition*, 32, 1208–1215.

15. Brown, R. M. (nd). Retrieved March 13, 2006, from quotationspage.com.

10장

1. Words of wisdom from a young orator (2004, July 29). *The Virginian Pilot*, p. B10.

2. Obama, B. (2004, July). Speech presented at the Democratic National Convention, Boston, MA. Retrieved September 9, 200, from presidentialrhetoric.com.

3. SIL International. (2005). A brief history of SIL International. Retrieved January 14, 2005 from sil.org.

4. Ogden, C. K., & Richards, I. A. (1923). *The meaning of meaning: A study of the influence of language upon thought and of the science of symbolism*. New York: Harcourt, Brace.

5. Pear, R. (2004, February 24). Education chief calls union "terrorist," then recants. *The New York Times*. Retrieved February 25, 2004, from nytimes.com.

6. *Compact Oxford English Dictionary* (2004). Car. Retrieved January 14, 2005, from askoxford.com; concise_oed; Investorwords.com (2005). Car. Retrieved January 14, 2005, from investorwords.com; *Webster's Revised Unabridged Dictionary* (1913). Retrieved January 17, 2005, from humanities.uchicago.edu/orgs/ARTFL.forms_unrest/websters.form.html, p. 216; *Dorland's Illustrated Medical Dictionary* (2002). CAR. Retrieved January 14, 2005, from mercksource.com.

7. Baldwin, T. (2004). Keep the flame alive for rights. In Ridinger, R. B. (Ed.). *Speaking for our lives: Historic speeches and rhetoric for gay and lesbian rights* (1892–2000) (pp. 804–806). Binghamton, NY: Harrington Park Press.

8. Yim, S. (2003, October 9). Dictionary editor tells Portland, Ore., audience how new words get chosen. *The Oregonian*. Retrieved January 17, 2005, from oregonian.com.

9. Logue, C. M., & Messina, L. M. (Eds.) (2003). *Representative American speeches 2002–2003*. New York, NY: H. W. Wilson, p. 58.

10. Manovich, L. (2001). *The language of new media*. Cambridge, MA: MIT Press.

11. The original draft of President Bill Clinton's apology to the American people for his "improper relationship" with Monica Lewinsky & the speech he ultimately gave (1999). in R. Torricelli & A. Carroll (Eds.), *In our own words: Extraordinary speeches of the American century* (pp, 435–438). New York: Kodansha International.

12. *Roget's New Millennium Thesaurus* (2005). Available at thesaurus.reference.com.

13. Noveck, J. (2005, September 7). The use of the word "refugee" touches a nerve. *The Seattle Times*, p. A16.

14. Eckert, P., & McConnell-Ginet, S. (2003). *Language and gender*. Cambridge, England: Cambridge University Press; Mulac, A., Bradac, J. J., & Gibbons, P. (2001). Empirical support for the gender-as-culture hypothesis: An intercultural analysis of male/female language differences. *Human Communication Research*, 27, 121–152.

15. Haleta, L. L. (1996). Student perceptions of teachers' use of language: The effects of powerful and powerless language on impression information and uncertainty. *Communication Education*, 45, 16–27; Ruva, C. L., & Bryant, J. B. (2004). The impact of age, speech style, and question form on perceptions of witness credibility and trial outcome. *Jouranl of applied Social Psychology*, 34, 1919–1944; Sparks, J. R. & Areni, C. S. (2002). The effects of sales presentation quality and initial perceptions on persuasion: A multiple role perspective. *Journal of Business Research*, 55, 517–528.

16. Timmerman, L. M. (2002). Comparing the production of power in language on the basis of sex. In M. Allen, R. W. Preiss, B. M. Gayle, & N. A. Burrell (Eds.), *Interpersonal communication research: Advances through meta-analysis* (pp. 73–88). Mahwah, NJ: Erlbaum.

17. Natalle, E. J., & Bodenheimer, F. R. (2004). *The woman's public speaking handbook*. Belmont, CA: Wadsworth.

18. Women doctors change U.S. medical care (2005, January 12). Retrieved January 30, 2005, from medlineplus.gov.

19. Billings, A. C., Halone, K. K., & Denham, B. E. (2002). "man, that was a pretty shot": An analysis of gendered broadcast commentary surrounding the 2000 men's and women's NCAA Final Four Basketball Championships. *Mass Communication and Society*, 5, 295–315; Gidengil, E., & Everitt, J. (2003). Talking tough: Gender and reported speech in campaing news coverage. *Political communication*, 20, 209–232; Shugart, H. A. (2003). She shoots, she scores: Mediated constructions of contemporary female athletes in coverage of the 1999 U.S. women's soccer team. *Western Journal of Communication*, 67, 1–31; Versus, M. D. (2000). From women of the year to "soccer moms": The case of the incredible shrinking women. *Political Communication*, 17, 193–200.

20. Billings et al. (2002); Shugart (2003).

21. Kimberlin, J. (2004, May 24). The women of NASCAR: Hot guys, Hotter cars putting more female fans in stands. *The Virginian Pilot*, p. E1.

22. Chao, E. L. (2005, February 3). Remarks prepared for delivery by U.S. Secretary of Labor Elaine L. Chao, *LATINA Style 50*, Washington, DC. Retrieved March 5, 2005, from dol.gov.

23. Jolie, A. (2005, March 8). Speech at the National Press Club, Retrieved September 9, 2005, from npr.org.

24. McCormick, S. (2003). Earning one's inheritance: Rhetorical criticism, everyday talk, and the analysis of public discourse. *Quarterly Journal of Speech*, 89, 109–131.

25. Lennox. A. (2005, March 22). Annie Lennox speech. Retrieved April 3, 2005, from thedevelopmentline.co.uk/46664minisite.

26. In Gottheimer, J. (Ed.) (2003). *Ripples of hope: Great American civil rights speeches*. New York: Basic Books, p. 459.

27. Gottheimer (2003), P. 462.

28. In Logue, C. M., & Messina, L. M. (Eds.) (2002). *Representative American speeches 2001–2002*. New York: H. W. Wilson, p. 87.

29. Schwarz, T. J. (2003, November 12). Inaugural speech. Retrieved April 8, 2005, from purchase.edu.

30. Carmona, R. H. (2005, February 7). *The value and promise of every child*. Keynote speech presented at the 2005 National Early Childhood Conference hosted by U.S. Department of Education, Office of Special Education Programs, Washington, DC. Retrieved January 15, 2006, from surgeongeneral.gov/news/speeches/02072005.html. Emphasis added.

31. Weiss, E. (2005, March 3). Lessons learned from survivors. Retieved April 8, 2005, from feminist.com.

32. Jenkins, S. P. (2005, March 31). Raising the bar on integrity. Retrieved April 10, 2005, from boeing.com.

33. Nussbaum, M. C. (2003, May 16). Compassion and global responsibility. Commencement address at Georgetown University, Washington, DC. Retrieved May 2, 2005, from humanity.org/commencements.

34. DeNeal, D. (2004, October 12). Katabasis and Anabasis: A four year journey. *Wabash Magazine*, summer/fall. Retrieved may 2, 2005, from wabash.edu/magazine.

35. Hackman, M. Z. (1988). Reactions to the use of self-disparaging humor by informative public speakers. *Southern Speech Communication Journal*, 53, 175–183.

36. Natalle & Bodenheimer (2004).

37. Hirst, R. (2003). Scientific jargon, good and bad. *Journal of Technical Writing and Communication*, 33, 201–229.

38. Cole, J. G., & McCroskey, J. C. (2003). The association of perceived communication apprehension, shyness, and verbal aggression with perceptions of source credibility and affect in organizational and interpersonal contexts. *Communication Quarterly*, 51, 101–110.

11장

1. White, C., Easton, P., & Anderson, C. (2000). Students' perceived value of video in a multimedia language course. *Educational Media International*, 37, 167–175.

2. Galbreath, S. C., & Booker, J. (2000). Making multimedia presentations easy. *Public Management*, 82(5), 10–17.

3. Wormald, K. E. (2004). Pump up your presentations. *OfficeSolutions*, 21(2), 48–49.

4. Cyphert, D. (2004). The problem of PowerPoint. Visual aid or visual rhetoric? *Business Communication Quarterly*, 27, 80–84.

5. Mahin, L. (2004). PowerPoint pedagogy. *Business Communication Quarterly*, 27, 219–222.

6. DuFrene, D. D., & Lehman, C. M. (2004). Concept, content, construction, and contingencies: Getting the horse before the PowerPoint cart. *Business Communication Quarterly*, 27, 64–88.

7. Mahin (2004).

8. DuFrene & Lehman (2004).

9. Jones, J. H. (2004). Message first: Using films to power the point. *Business Communication Quarterly*, 27, 88–91.

10. Blokzijl, W., & Naeff, R. (2004). The instructor as stagehand. Dutch student responses to PowerPoint. *Business Communication Quarterly*, 27, 70–77.

11. Bell, S. (2004). End PowerPoint dependency now! *American Libraries*, 35(6), 56–59.

12장

1. Johnstone, C. L. (2001). Communicating in classical contexts: The centrality of delivery. *Quarterly Journal of Speech*, 87, 121–143.

2. Martini, M., Behnke, R. R., & King, P. E. (1992). The communication of public speaking anxiety: Perceptions of Asian and American speakers. *Communication Quarterly*, 40, 279–288.

3. Natalle, E. J., & Bodenheimer, F. R. (2004). *The woman's public speaking handbook*. Belmont, CA: Wadsworth.

4. Sellnow, D. D., & Treinen, K. P. (2004). The role of gender in perceived speaker competence: An analysis of student peer critiques. *Communication Education*, 53, 286–296.

5. Natalle & Bodenheimer (2004).

6. Natalle & Bodenheimer (2004).

7. National Institute on Deafness and Other Communication Disorders (2006, January). Statistics on voice, speech, and language. Retrieved July 30, 2006, from nidcd.org.

8. Whaley, B. B., & Golden, M. A. (2000). Communicating with persons who stutter: Perceptions and strategies. In D. O. Braithwaite & T. L. Thompson (Eds.), *Handbook of communication and people with disabilities: Research and application* (pp. 423–438). Mahwah, NJ: Erlbaum.

9. Connor, C. M., & Craig, H. K. (2006). African American preschoolers' language, emergent literacy skills, and use of African American English: A complex relation. *Journal of Speech, Language & Hearing Research*, 49, 771–792; Oetting, J. B., & Garrity, A. W. (2006). Variation within dialects: A case of Cajun/Creole influence within child SAAE and SWE. *Journal of Speech, Language & Hearing Research*, 49, 16–26.

10. Melancon, M. E. (2005). Stirring the linguistic gumbo. Retrieved September 3, 2006, from pbs.org.

11. Greene, D. M., & Walker, F. R. (2004). Recommendations to public speaking instructors for the negotiation of code-switching practices among black English-speaking African American students. *Journal of Negro Education*, 73, 435–442.

12. American Federation of the Blind. (2006). Blindness statistics. Retrieved July 30, 2006, from afb.org.

13. Harrington, T. (2004, July). Statistics: Deaf population of the United States. Retrieved July 30, 2006, from library.gallaudet.edu.

14. Omansky, B. (2006, August 2). Personal communication.

15. Christenfeld, N. (1995). Does it hurt to say um? *Journal of Nonverbal Behavior*, 19(3), 171–186; Engstrom, E. (1994). Effects of non-fluencies on speakers' credibility in newscast settings. *Perceptual and Motor Skills*, 78, 739–749.

16. Geonetta, S. C. (1981). Increasing the oral communication competencies of the technological student: The professional speaking method. *Journal of Technical Writing and Communication*, 11(3), pp. 233–244.

17. Croft, A. C. (1992). Ten ways to ruin a good new business presentation. *Public Relations Quarterly*, 37(3), 25–29.

18. Hackman, M. Z. (1988). Reactions to the use of self-disparaging humor by informative public speakers. *Southern Communication Journal*, 53, 175–183; sabitsky, K., & Gilovich, T. (2003). The illusion of transparency and the alleviation of speech anxiety. *Journal of experimental Social Psychology*, 39, 618–625.

19. Smith, T. E., & Frymier, A. B. (2006). Get "real": does practicing speeches vefore an audience improve performance? *Communication Quarterly*, 54, 111–125.

20. Smith & Frymier (2006).

13장

1. U.S. Department of Commerce (2004). *Entering the broadband age: A nation online*. Retrieved February 20, 2005, from ntia.doc.gov.

2. Bruns. A. (2005). *Gatewatching: Collaborative online news production*. New York, NY: Lang.

3. Rowan, K. E. (1995). A new pedagogy for explanatory public speaking: Why arrangement should not substitute for invention. *Communication Education*, 44, 236–250.

4. Al-Abdullah, Rania, Queen of Jordan (2003, October). Petra: Lost city of stone—excerpts. Speech presented at the New York Museum of Natural History, New York, NY. Retrieved September 10, 2006, from queenrania.jo.

5. Koster, R. (2005, March). Keynote: A theory of fun for games. Retrieved September 16, 2006, from crystaltips.typepad.com/wonderland/2005/03/raphs_keynote.html.

6. Cousteau, J. (2001, September 25). Congressional Oceans Day Keynote Address. Retrieved September 16, 2006, from oceanfutures.org.

14장

1. Villaraigosa, A. R. (2006, April 21). *"Accelerating our ambitions": Mayor Antonio Villaraigosa's first State of the City address*, Retrieved June 21, 2006, from lacity.org/mayor/.

2. Borchers, T. A. (2005). *Persuasion in the media age* (2nd ed.). New York: McGraw–Hill.

3. Powell, C. (2003, February 5). Iraq: Denial and deception. Speech presented to the United Nations Security Council. Retrieved June 25, 2006, from whitehouse.gov/news/releases/2003/02/20030205-1.html.

4. Hanley, C. J. (2003, August 10). U.S. justification for war: How it stacks up now. *Seattle Times*, p. A4.

5. Weisman, S. R. (2005, September 9). Powell calls his U.S. speech a lasting blot on his record. *The New York Times*, p. A10.

6. Centers for Disease Control and Prevention (2004). Surgeon General's 2004 Report: The health consequences of smoking on the human body. Retrieved June 25, 2006, from cdc.gov/Tobacco/sgr/sgr_2004/sgranimation/flash/index/html.

7. Simons, H. W. (2001). *Persuasion in society*. Thousand Oaks, CA: Sage; Tracy, L. (2005). Taming hostile audiences. *Vital Speeches of the Day*, 71(10), 306–312.

8. McKerrow, R. E., Gronbeck, B. E., Ehninger, D., & Monroe, A. H. (2003). *Principles and types of public speaking*, 15th ed. Boston, MA: Allyn & Bacon.

9. Simons (2001).

10. Neuman, Y., Bekerman, Z., & Kaplan, A. (2002). Rhetoric as the contextual manipulation of self and nonself. *Research on Language and Social Interaction*, 35, 93–112.

11. Simons (2001).

12. Simons (2001).

13. Claypool, H. M., Mackie, D. M., Garcia-Marques, T., McIntosh, A., & Udall, A. (2004). The effects of personal relevance and repetition on persuasive processing. *Social Cognition*, 22, 310–335.

14. Lewis, T. V. (1988). Charisma and media evangelists: An explication and model of communication influence. *Southern Communication Journal*, 54, 93–111.

15. Goossens, C. (2003). Visual persuasion: Mental imagery processing and emotional experience. In Scott, L. M., & Batra, R. (Eds.), Persuasive imagery: *A consumer response perspective* (pp. 129–138). Mahwah, NJ: Lawrence Erlbaum.

16. National Communication Association (1999). NCA credo for ethical communication. Retrieved June 23, 2006, from natcom.org.

17. Brown, K. (2002, March 1). Tangled roots? Genetics meets genealogy. *Science*, 1634–1635; Jasanoff, S. (2006). Just evidence: The limits of science in the legal process (DNA fingerprinting and civil liberties). *Journal of Law, Medicine & Ethics*, 34, 328–241; Mulligan, C. J. (2006). Anthropological applications of ancient DNA: Problems and prospects. *American Antiquity*, 71(22), 365–380.

18. Ossorio, P N. (2006). About face: Forensic genetic testing for race and visible traits. *Journal of Law, Medicine & Ethics*, 34, 277–292.

19. Kalb, C. (2006, February 6). In our blood; DNA testing: It is connecting lost cousins and giving families surprising glimpses into their pasts. Now scientists are using it to answer the oldest question of all: Where did we come from? Newsweek, p. 46.

20. O'Brien, A. J., & Golding, C. G. (2003). Coercion in mental healthcare: The principle of least coercive care. *Journal of Psychiatric & Mental Health Nursing*, 10(2), 167–173; Van Dijk, T. A. (2006). Discourse and manipulation. *Discourse & Society*, 17, 359–383.

15장

1. Walker, L. (2006, May 18). Google's goal: A Worldwide web of books. *Washington Post*, p. D1.

2. Coleman, M. S. (2006). Google, the Khmer Rouge and the public good. *Vital Speeches of the Day*, 72(9), 263–269; p. 264.

3. Munson, R., & Conway, D. A. (2001). *Basics of reasoning*. Belmont, CA: Wadsworth.

4. Toulmin, S. E. (2003). *The uses of argument* (updated ed.). Cambridge, UK: Cambridge University Press.

5. Campbell, K. K., & Huxman, S. S. (2003). *The rhetorical act* (2nd ed.). Belmont, CA: Wadsworth.

6. Munson & Conway (2001).

7. Foster, A. L. (2006). U. of Michigan president defends libraty's role in bookscanning project. *Chronicle of Higher Education*, 52(24), 40.

8. Brugidou, M. (2003). Argumentation and values: An analysis of ordinary political competence via an openended question. International Journal of Public Opinion Research, 15, 413–430; Dickinson, G.; Anderson, K. V. (2004). Fallen: O. J. Simpson, Hillary Rodham Clinton, and the recentering of White patriarchy. Communication and Critical/Cultural Studies, 1, 271–296; Smith, C A. (2005). President Bush's enthymeme of evil: The amalgamation of 9/11, Iraq, and moral values. American Behavioral Scientist, 49, 32–47.

9. Bitzer, L. F. (1959). Aristotle's enthymeme revisited. *Quarterly Journal of Speech*, 45, 399–408.

10. Walker (2006); Williams, M. A. E. (2003). Arguing with style: How persuasion and the enthymeme work together in On Invention, Book 3. *Southern Communication Journal*, 68, 136–151.

11. King, Jr., M. L. (1957, November). Loving your enemies. Speech delivered at the Dexter Avenue Baptist Church in Montgomery, AL. Retrieved July 3, 2006, from stanford.edu/group/King/popular_requests/voice_of_king.htm.

12. Finnegan, C. A. (2001). The naturalistic enthymeme and visual argument: Photographic representation in the "Skull Controversy." *Argumentation and Advocacy*, 37, 133–149.

13. Simons, H. W. (2001). Persuasion in society. Thousand Oaks, CA: Sage; Tracy, L. (2005). Taming hostile audiences. *Vital Speeches of the Day*, 71(10), 306–312.

14. Coleman (2006), p. 265.

15. Artz, N., & Tybout, A. M. (1999). The moderating impact of quantitative information on the relationship between source credibility and persuasion: A persuasion knowledge model interpretation. *Marketing Letters*, 10(1), 51–62; Lindsey, L. L. M., & Ah Yun, K. (2003). Examining the persuasive effect of statistical messages: A test of mediating relationships. *Communication Studies*, 54, 306–321.

16. Volkow, N. D. (2006). Drug addiction: Free will, brain disease, or both? *Vital Speeches of the Day*, 72(16/17), 505–508.

17. Volkow (2006), p. 506.

18. Pornpitakpan, C. (2004). The persuasiveness of source credibility: A critical review of five decades' evidence. *Journal of Applied Social Psychology*, 34, 243–281.

19. Buller, D. B. (1992). Social perceptions as mediators of the effect of speech rate similarity on compliance. *Human Communication Research*, 19, 286–311.

20. Bordia, P., DiFonzo, N., Haines, R., & Chaseling, E. (2005). Rumors denials as persuasive messages: Effects of personal relevance, source, and message characteristics. *Journal of Applied Social Psychology*, 35, 1301–1331; Eckstein, J. J. (2005). Conversion conundrums: Listener perceptions of affective influence attempts as mediated by personality and individual differences. *Communication Quarterly*, 53, 401–419.

21. Schramm, C. R. (2006). Making the turn: Entrepreneurial capitalism and its European promise. *Vital Speeches of the Day*, 72(16/17), 480–488.

22. Schramm (2006), p. 480.

23. Schramm (2006), p. 481.

24. Braun-Latour, K. A., & Zaltman, G. (2006). Memory change: An intimate measure of persuasion. *Journal of Advertising Research*, 46(1), 57–72; Page, T. J., Thorson, E., & Heide, M. P. (1990). The memory impact of commercials varying in emotional appeal and product involvement. In Agres, S. J., Edell, J. H., & Dubitsky, T. M. (Eds.), *Emotion in advertising: Theoretical and practical explorations* (pp. 255–268). Westport, CT: Quorum Books.

25. Perse, E. M., Nathanson, A. I., & McLeod, D. M. (1996). Effects of spokesperson sex, public service announcement appeal and involvement on evaluations of safe-sex PSAs. *Health Communication*, 8, 171–189.

26. Maslow, A. H. (1954). *Motivation and personality*. New York, NY: Harper; Maslow, A. H. (2000). The Maslow business reader. New York, NY: Wiley; Maslow, A. H., with Stephens, D. C., & Heil, G. (1971). *Maslow on management*. New York, NY: Wiley; Maslow, A. H. (1999). *Toward a psychology of being* (3rd ed.). New York, NY: Wiley; Rowan, J. (1998). Maslow amended. *Journal of Humanistic Psychology*, 38(1), 81–92.

27. Hanley, S. J., & Abell, S. C. (2002). Maslow and relatedness: Creating an interpersonal model of self-actualization. *Journal of Humanistic Psychology*, 42(4), 37–57.

28. Adapted from Maslow (1999).

29. Moore, D. J., & Harris, W. D. (1996). Affect intensity and the consumer's attitude toward high impact emotional advertising appeals. *Journal of Advertising*, 25(2), 39–50; Roskos-Ewoldsen, D. R., Yu, H. J., & Rhodes, N. (2004). Fear appeal messages affect accessibility of attitudes toward threat and adaptive behaviors. *Communication Monographs*, 71, 49–69; Witte, K. (1992). Putting the fear back into fear appeals: The extended parallel process model. *Communication Monographs*, 59, 329–349; Witte, K. (1994). Fear control and danger control: A test of the extended parallel process model (EPPM). *Communication Monographs*, 61, 113–134.

30. Majoras, D. P. (2006, May). Remarks by FTC chair Deborah Platt Majoras at the initial meeting of the President's Identity Theft Task Force, Washington, DC. Retrieved July 8, 2006, from ftc.gov/speeches/06speech.htm.

31. Lowry, L. (2005, March). How everything turns away. Speech presented at the University of Richmond "Quest" series. Retrieved July 9, 2006, from loislowry.com.

32. Lowry (2005), pp. 23–24.

33. Dorsey, L. G. (1997). Sailing into the "wondrous now": The myth of the American navy's world cruise. *Quarterly Journal of Speech*, 83, 447–465; Winfield, B. H., & Hume, J. (1998). The American hero and the evolution of the human interest story. *American Journalism*, 15(2), 79–99.

34. Hill, J. E. (2006, June). The coming revolution will not be viewed on television: Physicians turning trust into action. Speech at the annual meeting of the American Medical Association House of Delegates, Chicago. Retrieved July 10, 2006, from amaassn.org.

35. Crichton, M. (2005, November). Fear, complexity, and environmental management in the 21st century. Speech presented at the Washington Center for Complexity and Public Policy, Washington, D.C. Retrieved July 11, 2006, from crichton-official.com.

36. Howell, W. S. (1976). The Declaration of Independence: Some adventures with America's political masterpiece. *Quarterly Journal of Speech*, 62, 221–233.

37. Trent, J. D. (1968). Toulmin's model of an argument: An examination and extension. *Quarterly Journal of Speech*, 54, 252–259.

38. Centers for Disease Control and Prevention. (2004). Surgeon General's 2004 report: The health consequences of smoking on the human body. Retrieved June 25, 2006, from cdc.gov/Tobacco/sgr/sgr_2004/sgranimation/flash/.

39. Munson, R. & Conway, D. A. (2001). *Basics of reasoning*. Belmont, CA: Wadsworth.

40. Lin, T., & McNab, P. (2006). Cognitive trait modeling: The case of inductive reasoning ability. *Innovations in Education & Teaching International*, 43(2), 151–161.

41. Hair, P. (2004, April). Remarks presented at the Radio-Television News Directors Association & Foundation luncheon, Las Vegas. Retrieved July 11, 2006, from rtndf.org.

42. Heit, E., & Feeney, A. (2005). Relations between premise similarity and inductive strength. *Psychonomic Bulletin & Review*, 12, 340–344.

43. Epstein, R. L. (2006). *Critical thinking* (3rd ed.). Belmont, CA: Wadsworth; Munson & Conway (2001).

44. Simon, R. (2006, June 13). Deputy Secretary Raymond Simon;s testimony before the House Committee on Educa-tion and the Workforce. Retrieved July 14, 2006, from ed.gov/news.

45. Karakas, F. (2006). Noah's pudding: Reflection on diversity, richness, living in harmony and peace through Ashura. *Vital Speeches of the Day*, 72(12), 369–373.

46. Karakas (2006), pp. 369–370.

47. Epstein (2006).

48. Ikuenobe, P. (2004). On the theoretical unification and nature of fallacies. *Argumentation*, 18, 189–211.

49. Hansen, H. V. (2002). The straw thing of fallacy theory: The standard definition of "fallacy." *Argumentation*, 16, 133–155; Neuman, Y., Glassner, A., & Weinstock, M. (2004). The effect of a reason's truth-value on the judgment of a fallacious argument. *Acta Psychologica*, 116(2), 173–184.

50. Walton, D. The appeal to ignorance, or argumentum ad ignorantiam. *Argumentation*, 13, 367–377.

51. Broadfoot, P. (2004). "Lies, damned lies, and statistics!": Three fallacies of comparative methodology. *Comparative Education*, 40, 3–6.

52. Munson & Conway (2001), p. 82.

53. Munson & Conway (2001), p. 83.

16장

1. Støre, J. G. (2006, February 24). Luncheon in the Honour of Dr. ElBaradei, New York, 31 October 2005. Retrieved December 9, 2007, from norway-geneva.org.

2. Schlau, J. (2006). Introduction of keynote speaker Dr. Sanjay Gulati. Retrieved December 9. 2007, from hearing-lossweb.com.

3. Aylor, J. H. (2007). Robert A. Bland Award, 2007, Presentation speech. Retrieved December 10, 2007, from seas.virginia.edu/awards.

4. Powderburn (2007). Powderburn acceptance speech. Retrieved December 9, 2007, from youtube.com.

5. Turner, P. S. (2006). Acceptance speech for the 2005 Flora Stieglitz Straus Award. Retrieved December 9, 2007, from bankstreet.edu.

6. Webby Awards (2006). Archived winner speeches. Retrieved December 9, 2007, from webbyawards.com/press/archived-speeches.php.

7. Guggenheim, D., 7 Gore, A. (2007, February 25). Acceptance speech. Retrieved Decdmber 7, 2007, from oscar.com.

8. Sasakawa, Y. (2007). International Gandhi Award 2007 acceptance speech. Retrieved December 9, 2007, from nipponfoundation.or.jp/eng/.

9. Rogers, C. T. (2007, May 1). *Chief Justice Rogers Law Day Ceremony Honoring Law Librarians*. Retrieved March 6, 2008, from jud.ct.gov/external/news/Speech/rogers_050107.html.

10. Irwin, B. (2006, September 19). Eulogy for Steve Irwin. Retrieved December 13, 2007, from youtube.com.

11. LaFasto, F., & Larson, C. E. (2001). *When teams work best: 6,000 team members and leaders tell what it takes to succeed*. Thousand Oaks, CA: Sage; Pettigrew, A. M., & Fenton, E. M. (2000). *The innovating organization*. London, England: Sage.

12. Chen, G., Donahue, L. M., & Klimoski, R. J. (2004). Training undergraduates to work in organizational teams. *Academy of Management Learning & Education*, 3(1), 27–40; Greenberg, L. W. (1994). The group case presentation: Learning communication and writing skills in a collaborative effort. *Medical Teacher*, 16, 363–367.

13. Business roundtable discussion transcript (2006, February 5). *Akron Beacon Journal*. Retrieved February 21, 2006, from ohio.com/mld/ohio/business/ 13729361.htm.

14. "Videoconferencing sees record growth" (2007). *Business Communications Review*, 37(8), 6.

15. Anderson, A. H. (2006). Achieving understanding in face-to-face and videomediated multiparty interactions. *Discourse Processes*, 41, 251–287.

16. Adams, T., & Scollard, S. (2006). *Internet effectively: A beginner's guide to the World Wide Web*. Boston, MA: Pearson.

17. Light, W. H. (2007). Reframing presentation skills development for knowledge teams. *Organization Development Journal*, 25, 99–110.

18. Hanke, J. (1998). Presenting as a team. *Presentations*, 12(1), 74–78.

19. Bayless, M. L. (2004). Change the placement, the pace, and the preparation for the oral presentation. *Business Communication Quarterly*, 67, 222–225.

찾아보기

Index

ㄹ

ㅁ

ㅂ

ㅅ

ㅇ

ㅈ

ㅊ

ㅋ

G

H

I

J

K

L

M

N

T

U

V

W

퍼블릭 스피킹: 진화하는 발표기술

Public Speaking — The Evolving Art

역자 이수범, 이시훈, 이희복

발행일 2011년 12월 30일 1쇄

발행처 **한경사**

발행인 이계남

등록사항 제10-1951호 2000년 4월 14일

주소 서울시 마포구 신수동 85-19 201호

전화번호 02_717_7264/5

팩스번호 02_717_7226

홈페이지 hankyungsa.co.kr

전자우편 hankyungsa@hanmail.net

ISBN 978-89-93292-78-7 (93320)

가격 27,000원

이 책은 MBC재단 방송문화진흥회의 지원을 받아 출간되었습니다.